U0920844

山西省运城市统计局
国家统计局运城调查队 编

运城统计年鉴

YUNCHENG STATISTICAL YEARBOOK 2013

中国统计出版社
China Statistics Press

图书在版编目（CIP）数据
运城统计年鉴. 2013 / 运城市统计局, 国家统计局运城调查队编. -- 北京 : 中国统计出版社, 2013.9
ISBN 978-7-5037-6946-7
Ⅰ. ①运…
Ⅱ. ①运… ②国…
Ⅲ. ①统计资料 - 运城市 - 2013 - 年鉴
Ⅳ. ①C832.253-54
中国版本图书馆CIP数据核字(2013)第212459号

运城统计年鉴-2013

作　　者/ 山西省运城市统计局，国家统计局运城调查队
责任编辑/ 陈越月
责任校对/ 刘亚平　赵淑云　翟晋瑞　李　婕
装帧设计/ 蒋利辉　雷　晓
出版发行/ 中国统计出版社
地　　址/ 北京市丰台区西三环南路甲6号
邮政编码/ 100073
电　　话/ 邮购（010）63376909 书店（010）68783171
网　　址/ http://csp.stats.gov.cn
印　　刷/ 西安合鑫统计资料印刷厂
经　　销/ 新华书店
开　　本/ 890×1240毫米　1/16
字　　数/ 120万
印　　张/ 40
版　　别/ 2013年9月第1版
版　　次/ 2013年9月第1次印刷
定　　价/ 298.00元

《运城统计年鉴-2013》编辑委员会

主　　　任　邓梦海

第一副主任　宁　涛

副　主　任　李扎西　谢选立　王平安　薛占国
程传芳　梁安定　闫学军　亢大方
范桂柱　黄云久　陈甲业　滕凤兰

编　　　委　(以姓氏笔画为序)
王宝龙　王涞波　王运河　卢天选
卢玉梅　毕晓虹　刘中兴　刘亚平
曲　勇　曲　娟　任良安　李娟娟
苏　静　肖湛伟　杨星林　张宝珠
张效良　武文琦　赵淑云　党　永
郭自进　高艳炬　崔建雄　董泽波
董寅惠　薛晓艳

编辑工作人员

总 编 辑　刘亚平　赵淑云

校　　对　翟晋瑞　李　婕

◆地区生产总值

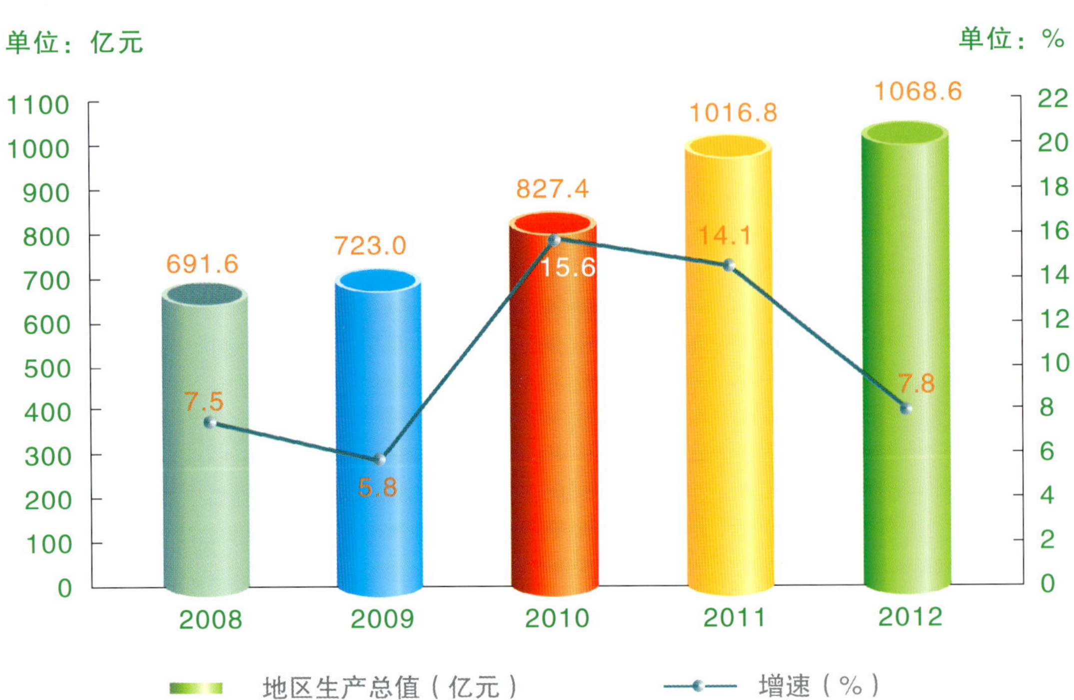

◆三次产业结构

2011年

 第一产业 16.2%

 第二产业 48.6%

 第三产业 35.2%

2012年

 第一产业 16.6%

 第二产业 46.0%

 第三产业 37.4%

◆规模以上工业增加值

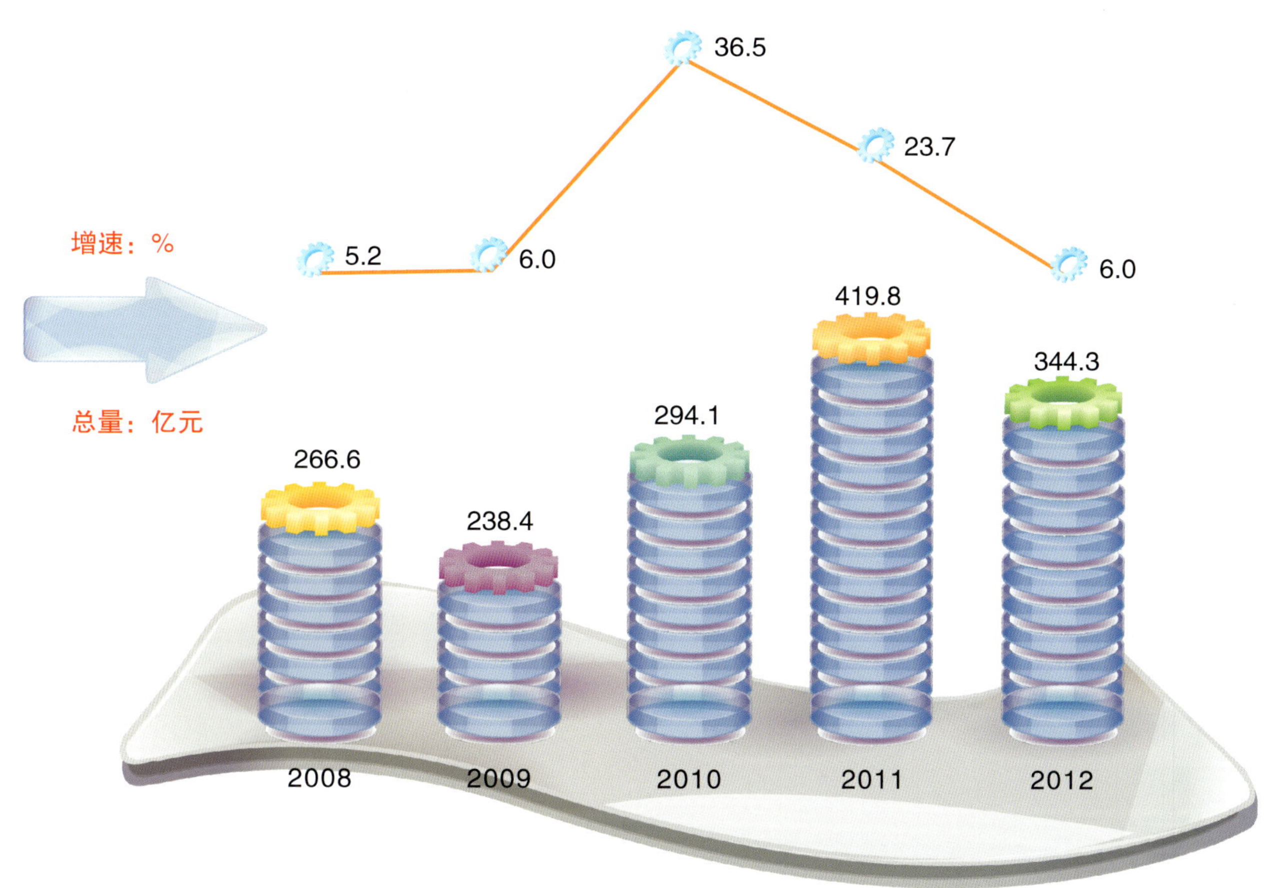

◆粮食总产量

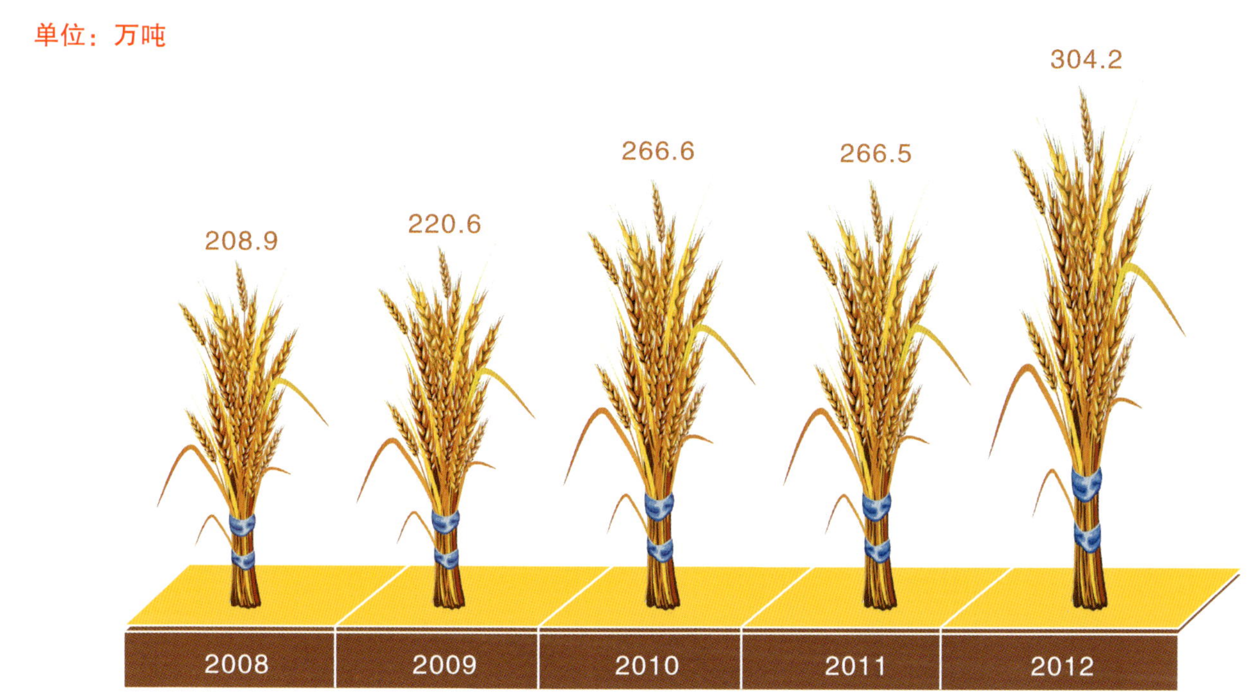

◆固定资产投资

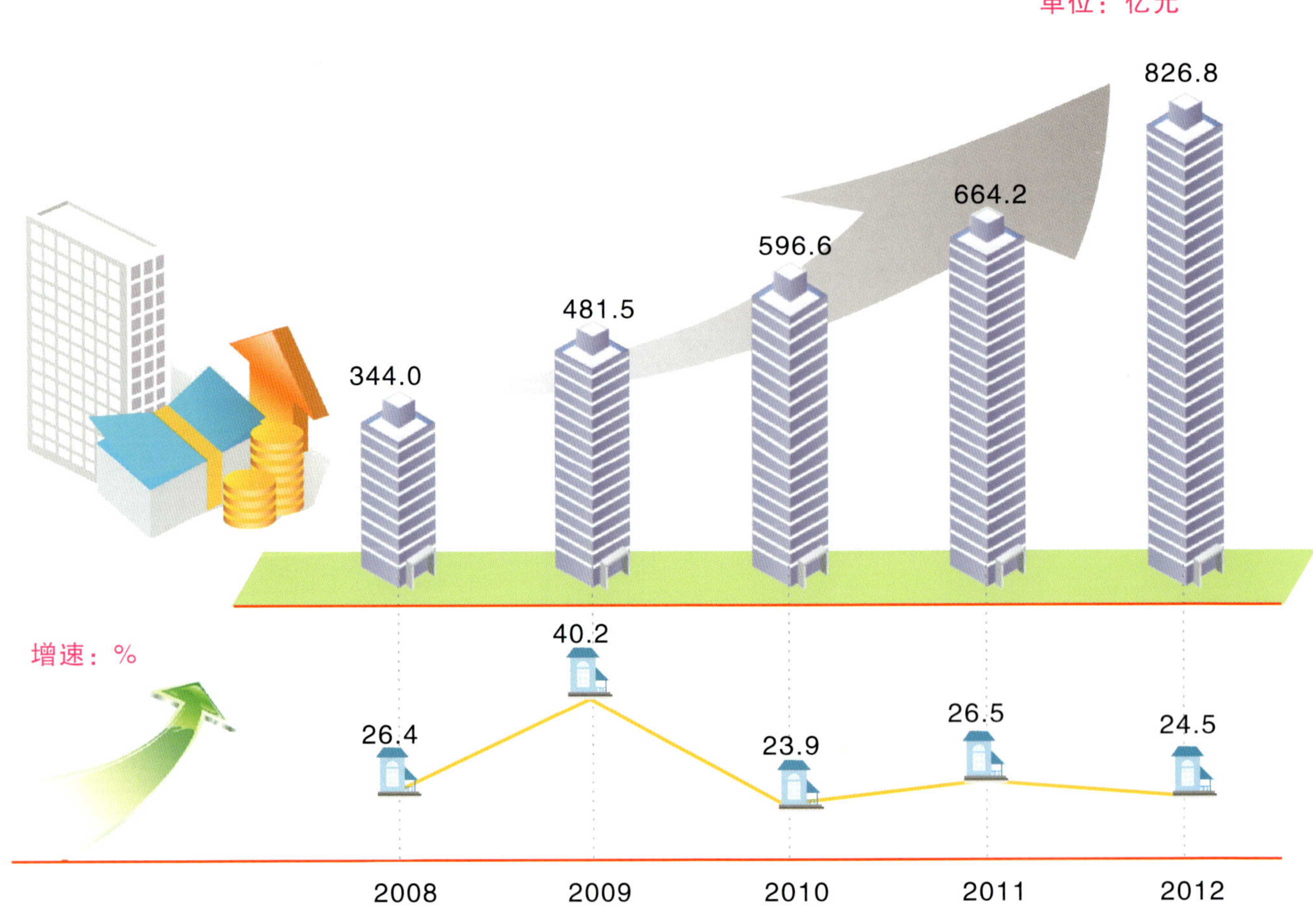

◆财政总收入、一般预算收入

◆社会消费品零售总额

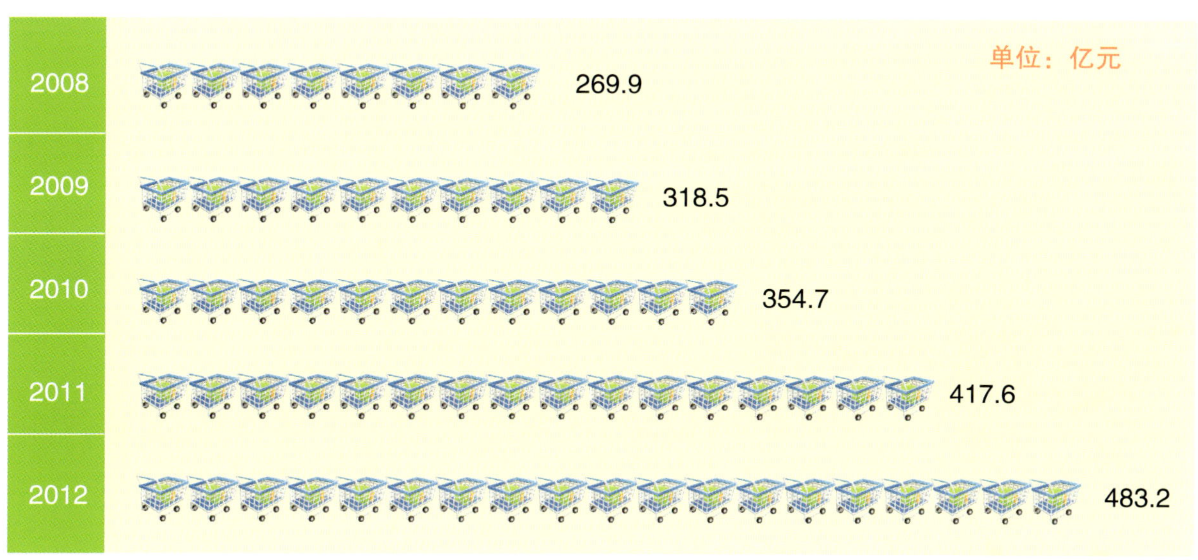

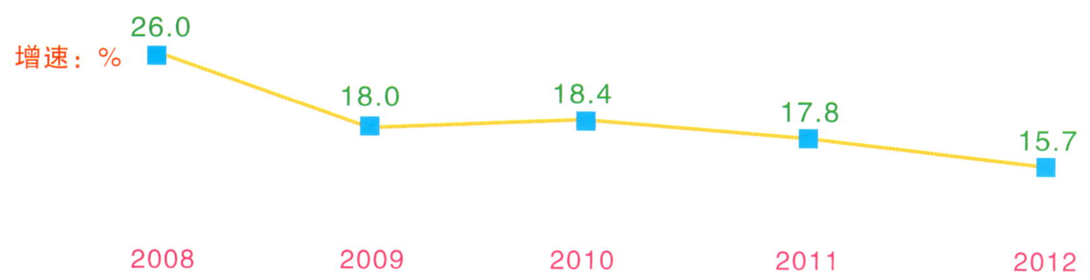

◆进出口总额

单位：亿美元

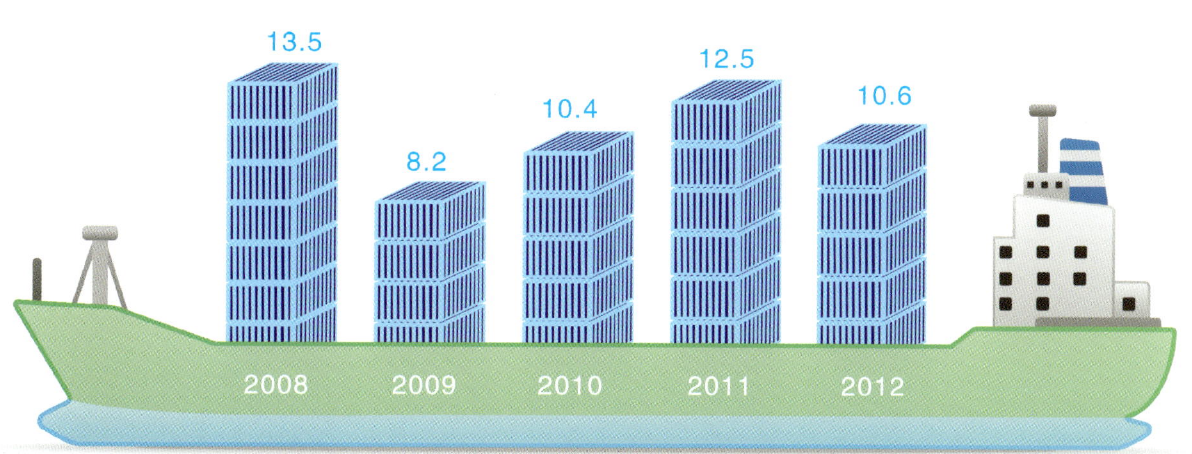

◆城镇居民人均可支配收入

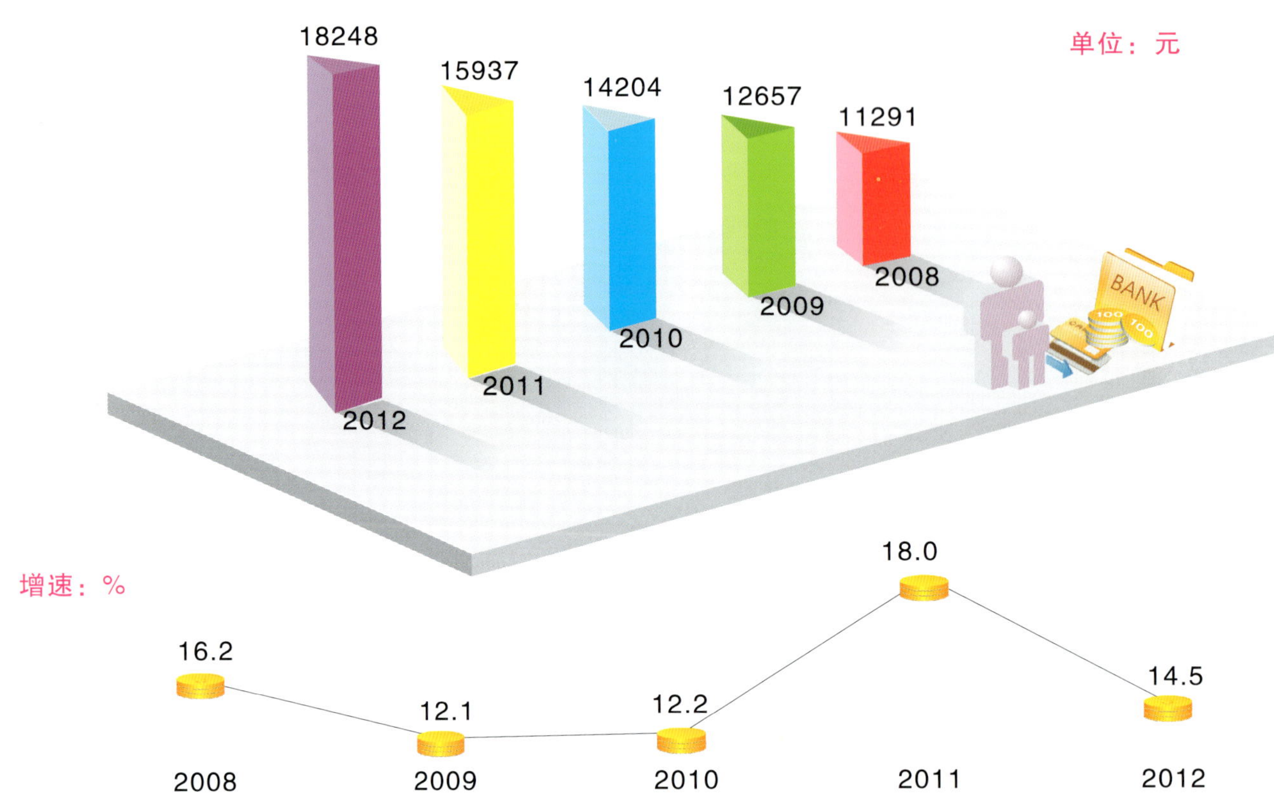

◆农民人均纯收入

编者说明

一、《运城统计年鉴—2013》(以下简称《年鉴》)系统收录了全市和各县(市、区)、各部门2012年经济、社会发展各方面的统计数据,是一部全面反映运城市经济和社会发展情况的资料性年刊。

二、本《年鉴》正文内容分为17个篇章,即:1.综合;2.人口、从业人员和劳动报酬;3.固定资产投资;4.能源;5.物价;6.人民生活;7.农业;8.工业;9.建筑业;10.交通运输、邮电业;11.贸易、餐饮业;12.外贸、旅游;13.财政、金融;14.教育、卫生、科技;15.城市概况;16.县(市、区)篇;17.企业篇。为方便读者使用,各篇章末附有《主要统计指标解释》。

三、本《年鉴》统计指标口径以国家现行统计报表制度为准。资料主要来源于统计年报,部分资料来自于抽样调查和有关部门。

四、本《年鉴》所使用的度量衡单位均采用国际统一标准计量单位。部分数据合计数或相对数由于单位取舍不同而产生的计算误差,均未做机械调整。

五、符号使用说明:《年鉴》各表中的“空格”表示该项统计指标数据不足本表最小单位数、数据不详或无该项数据;“#”表示其中的主要项。

编者说明

[illegible]

目 录

概 述

一、综 合

二、人口、从业人员和劳动报酬

三、固定资产投资

四、能　源

五、物　价

六、人民生活

七、农　业

八、工　业

九、建　筑　业

十、交通运输、邮电业

十一、贸易、餐饮业

十二、外贸、旅游

十三、财政、金融

十四、教育、卫生、科技

十五、城市概况

十六、县(市、区)篇

十七、企业篇

概　述

政府工作报告

——2013年3月24日在运城市第三届人民代表大会第四次会议上

运城市代市长　王清宪

各位代表：

现在，我代表市人民政府向大会作报告，请予审议，并请市政协委员和其他列席人员提出意见。

一、2012年工作回顾

2012年，是不平凡的一年。面对经济下行压力加大的严峻形势和挑战，我们深入贯彻科学发展观，认真落实中央、省一系列决策部署，大力实施工业强市和文化强市战略，抓投资上项目，调结构转方式，惠民生促和谐，攻坚克难，扎实工作，全年完成地区生产总值1068.1亿元，比上年增长7.8%；规模以上工业增加值344.3亿元，增长6%；固定资产投资826.8亿元，增长24.5%；社会消费品零售总额483.2亿元，增长15.7%；外贸进出口总额10.6亿美元，完成省目标任务；财政总收入80.1亿元，完成省调控任务；一般预算收入41.5亿元，增长1.8%；城镇居民人均可支配收入18248元，增长14.5%；农民人均纯收入6381元，增长13.5%。市三届人大二次会议确定的各项目标任务基本完成。

一是项目建设取得新成绩。按照全省“项目落地年”四位一体工作机制，全市落地项目1340个，投资总额达到2305亿元，超额完成省定任务，落地任务完成率和完成额排名全省前列。年初安排省市重点项目243个，总投资868.9亿元；实际完成投资超年度目标任务39.7%，省级重点工程完成率全省第三。新上的36个标志性产业项目完成投资125亿元，其中，8个建成投产。新增规模以上工业企业35户，完成全年任务的116.7%。

二是工业强市迈出新步伐。工业强市形成合力。制定了《工业强市行动方案》和相关配套文件。市县领导对157个工业重点项目进行包联，选派77名年轻干部进驻企业定点帮扶。工业投资大幅增长。全年完成520.8亿元，增长37.6%，高于全社会固定资产投资增速。战略合作不断引深。多家企业与山西焦煤、同煤、阳煤等大集团开展了一系列战略合作和重组，有效拓展了发展空间。第八届银保企洽谈会落实资金532亿元，履约率96.5%。深入开展“金融下乡、送贷入企”活动。全年本外币各项贷款余额713.4亿元，较年初增长17.9%，其中，中小微企业贷款余额249.8亿元，占全市贷款余额的35%。传统产业升级加快。启动实施27个传统产业改造升级项目。中铝山西分公司氧化铝改造项目建成投产，海鑫热轧板卷项目、中条山多金属综合捕集项目、新绛煤化循环园、稷山西社工业园等扎实推进。五个产业集群较快发展。全年完成增加值164.7亿元，增长14.5%，高于五大传统支柱行业增速8.4个百分点。产学研合作继续深化。西北工业技术研究院运城分院挂牌成立，与银光镁业签订建立研发中心合作协议。新认定高新技术企业7家，省级企业技术中心5家、市级9家。成功举办了以镁合金为主题的第十二届产学研合作交流活动。“品牌兴市”深入推进。成为全省唯一的国家商标战略实施示范城市。新增中国驰名商标3件，累计达到18件；新增省著名商标15件，累计达到117件。

三是农业农村发展取得新成效。农业生产喜获丰收。落实中央强农惠农富农政策，全年农林水事务支出26.2亿元，增长16.1%。粮食总产达到30.4亿公斤，增长14.2%，创历史新高。蔬菜总产25.3亿公斤，增长25.2%。苹果总产30.5亿公斤，增长19.8%。肉、蛋、奶产量分别增长13.5%、10.8%、10.6%。“五个计划”扎实推进。完成“双创”增粮田93.4万亩。新认定无公害产地8.4万亩、“三品一标”50个。新发展农民专业合作社

1310个,其中,国家级示范社3个,省级40个。新建和改扩建标准化养殖场95个。盐湖、永济、平陆、新绛4个国家级现代农业示范区(基地)建设顺利推进。依托F型杂交小麦研究与应用,山西运城国家农业科技示范园区总体规划及布局全面展开。7个省级现代农业示范县全面完成项目任务。“一村一品、一县一业”发展势头良好。“一村一品”专业村发展到661个。7个省级“一县一业”县产业规模进一步发展壮大,主导产业收入占到农民家庭经营收入的59%以上。新农村集中连片示范区建设扎实有效。整合环保、农业、开发、交通、水利、林业等各类资金30.7亿元,开工建设重点项目78个,168个行政村27.6万人受益。完成330个重点村“四化四改”、“五个一”工程建设任务。年度扶贫开发项目圆满完成,易地扶贫搬迁6430人,贫困人口减少2.1万人。农产品加工业快速发展。市财政拿出3000万元专项资金,以贴息方式扶持龙头企业发展,新建、改扩建项目159个。市级以上龙头企业发展到245家。全年农产品加工销售收入达到172.9亿元,同比增长28.7%。农业基础条件不断改善。“三引六扩、河库成网”项目进展顺利。小浪底引水、尊村引黄、禹门口灌区扩建等工程开工建设,汾河清水复流北赵连接段、西范灌区东扩完成可研批复。农业灌溉面积543万亩,新增有效灌溉24.3万亩,新增节水灌溉49万亩。大型灌区节水续建配套和泵站更新改造顺利推进。完成小一型水库除险加固34座、水土流失治理30万亩、淤地坝工程12座。建设高标准农田5万亩,完成中低产田改造5.5万亩。耕种收综合机械化水平达到64%。新一轮农村电网升级改造全面推进。进一步建立健全了基层农技推广、农产品质量监管和农村经营管理体系。

四是城镇化有了新进展。坚持以城乡规划为引领,以中心城市为龙头,以扩容提质为抓手,统筹推进特色城镇化。全市市政公用设施完成投资24.3亿元,城镇化率达到41.4%。“规划工程建设年”活动深入开展,完成了运城市城市总体规划、盐(湖)临(猗)夏(县)城镇群规划、12个县市建筑风格规划等38项编制任务。中心城市围绕中心文化广场、东部新区、北部新区、南山生态修复、城市规划5个项目群,启动实施30项重点工程。运城机场新航站楼投入使用,通航城市22个,年旅客吞吐量92.4万人次。天逸公园向市民开放。解放南路棚户区综合改造和红旗街、工农街、圣惠路三条道路复铺改造工程基本完成。各县(市)的污水处理、垃圾处理、园林绿化等一批市政公用设施相继建成并投入使用。扎实开展城建质量提升综合整治活动,大力实施城乡清洁工程,城乡面貌明显改观。

五是生态环境质量得到新提升。实施节能技术改造项目117个,节约标准煤106万吨。申报了6家资源节约与综合利用示范企业和5个资源综合利用重点项目。在全省率先实现天然气管网全覆盖。全市集中供热普及率、污水处理率和中心城区天然气普及率分别达到62%、83%、91%。造林工程完成55.5万亩,占全年任务的167%。发展以核桃为主的干果经济林31.9万亩。全市GDP综合能耗下降4.76%,二氧化硫等6项减排指标均超额完成省定任务。中心城市、12个县(市)二级以上优良天数完成省定任务,环境空气质量达到国家二级标准。“四城联创”活动全面启动。

六是文化旅游发展取得新收获。启动实施文化强市“十大行动”和“十大工程”。市财政安排1000万元文化产业发展资金。文化产业经营单位达到1924家,其中国家级文化产业示范基地1家,省级3家。举办了关公国际文化旅游节、舜帝德孝文化节和黄河金三角首届戏剧专业演员大赛等活动。荣获中国最佳楹联文化城市称号。抗日影片《咆哮无声》全国公映。蒲剧《山村母亲》获全国优秀保留剧目大奖,《生命》获文化部“文化奖”等多项大奖。稷山高台花鼓和绛州鼓乐应邀赴香港、央视春晚演出。电视连续剧《李家大院》开机拍摄。荣获“全国文化体制改革工作先进地区”称号。全年旅游总收入166亿元,增长31.7%。启动95081家庭服务网络平台,建设家政服务直营店8个。服务业增加值399.3亿元,增长8.6%。

七是改革开放开创新局面。转型综改初显成效。“一市两县”(盐湖、临猗)、“一市两园”(空港产业转型园、盐湖科技创新园)转型综改试点工作扎实推进。大运重卡被确定为首批省级转型综改重点标杆项目，亚宝药业、翔宇化工、东郊城镇化等7个项目，争取省综改扶持资金7300万元。各项改革有序推进。市食品公司、夏县制胶、永济印染、永济纺织、山西农药等企业和中心城市公交改制稳步推进。191家基层卫生机构、3597个村卫生室全面实施基本药物制度。4个试点县（市）全面取消“以药补医”。完成林权制度改革671.6万亩，占总面积的94%。土地承包经营权登记试点工作进展顺利。对外开放不断扩大。历经6年不懈努力，晋陕豫黄河金三角承接产业转移示范区批准设立，成为全国唯一跨省域的承接产业转移示范区。运城海关、商检机构获准设立。运城玻璃器皿、临猗纺织面料、闻喜铝镁合金被列为全省首批外贸转型升级示范基地。全年利用外资897万美元。招商引资卓有成效。在北京、上海、广州、重庆等重点区域，开展了人对人、企对企的招商推介活动。参加了中博会、能博会、晋商大会等大型招商活动。深入开展了“热爱运城、回乡创业”活动。全年招商引资到位资金562.3亿元，完成任务的124.9%。争取国家、省政策扶持资金20.6亿元，名列全省第一。

八是民生福祉得到新改善。全市一般预算支出192.6亿元，同比增长16.2%，其中用于教育、医疗卫生、社会保障和就业支出分别增长21%、12.6%和7.9%。农村新的“五个全覆盖”全面完成。123.5万低收入农户“暖心煤”按时发放。社会保障不断完善。全市城镇职工基本养老保险参保47.7万人，城镇基本医疗保险参保83.6万人。新型农村合作医疗参合率99.6%。城镇登记失业率2.02%。县乡村三级医疗卫生机构达标率98.4%。城乡低保纳保分别为9.4万人、18万人。城镇新增就业6.8万人。转移农村劳动力11万人。发放计生家庭奖励扶助资金8107.5万元。开工建设各类保障性住房12814套，竣工7004套（含续建项目）。社会事业加快发展。申报各类科技项目159项，专利申请量达到1035件。县乡村三级公共文化服务设施建设任务基本完成。五项文化惠民工程深入人心。食品安全放心城市创建活动扎实推进。新建28所公办幼儿园，学前三年毛入园率达到82%。完成了4个县（市）农村义务教育薄弱学校改造任务，教育均衡发展步伐加快，教育质量稳步提升。职业教育服务经济社会发展能力进一步增强。运城师范高等专科学校获省政府审批。安全生产进一步加强。深入开展“打非治违”、“百日安全生产”等各项整治活动，安全生产形势持续稳定好转，全年安全生产事故起数和死亡人数分别下降10.4%和3%。

九是民主法制和精神文明建设得到新加强。坚持依法行政，自觉接受人大法律监督、政协民主监督和社会舆论监督，认真办理人大代表建议和政协委员提案，满意率分别达到99.7%和100%。行政审批事项减少215项。阳光农廉网经验在全国推广。“六五”普法顺利实施。荣获“全国双拥模范城”和“山西省未成年人思想道德建设工作先进城市”称号。信访工作不断加强，群众利益诉求渠道更加畅通。认真贯彻党的民族宗教政策，民族团结局面进一步巩固。加强和创新社会管理，严厉打击违法犯罪活动，社会保持和谐稳定。审计、统计、档案、地震、文物、人防、地方志等工作不断加强，外事侨务、妇女儿童、老龄、残疾人等各项社会事业也取得了新的成绩。

各位代表，过去一年成绩来之不易。这是市委正确领导的结果，是市人大和市政协监督支持的结果，是全市广大干部群众团结奋斗的结果。在此，我代表市人民政府，向全市各条战线的广大干部群众，向大力支持政府工作的人大代表、政协委员、各民主党派、工商联、无党派和人民团体，向驻运部队、武警官兵和公安干警，向所有关心支持运城发展的社会各界人士，表示崇高的敬意和衷心的感谢！

同时，我们也清醒地看到，运城发展面临的突出矛盾和问题：一是转型发展任务艰巨。工业结构不优，冶金、焦炭、化工、电力等传统产业占整个工业增加值的51.7%，新兴产业增势明显，但要成为支柱产业尚待时日。二是经济总量和人均水平较低。全市人均地区生产总值为全国、全省平均水平的53.6%和61.3%；人均财政收入为全国、全省平均水平的18%和21%；城镇居民人均可支配收入为全国、全省平均水平的74.3%和89.4%；农民人均纯收入虽比全省平均水平略高，但仅为全国的80.6%。三是工业化、城镇化程度不高。2012年，全市二产占GDP比重为46%，比全省低11.8个百分点；城镇化率为41.4%，比全省低9.9个百分点。四是农业产业竞争力不强。农业基础薄弱、大而不强，现代化水平不高，农产品加工转化率低。五是发展环境有待进一步优化。个别干部领导科学发展的能力还不强，有些部门办事效率和行政效能不够高。对此，我们一定要高度重视，在今后工作中努力加以解决。

二、2013年工作安排

今年政府工作的总体思路是：全面贯彻落实党的十八大和全国、全省"两会"精神，以科学发展观为指导，紧紧围绕全面建成小康社会目标，坚持转型跨越发展主旋律和稳中求进工作总基调，以国家转型综改试验区建设为统领，以晋陕豫黄河金三角承接产业转移示范区建设为抓手，以提高经济增长质量和效益为中心，以改革开放为动力，进一步强化投资拉动、项目带动、招商推动、创新驱动，紧紧扭住工业新型化、农业现代化、市域城镇化、城乡生态化和文化旅游产业五大战略重点，在经济发展、改善民生、安全生产、社会管理、优化环境等方面取得新成效，努力建设美丽河东、大美运城。

主要预期指标：地区生产总值增长9%，固定资产投资增长20%，规模以上工业增加值增长12.5%，社会消费品零售总额增长14%，外贸进出口总额增长7%，财政总收入增长10%，一般预算收入增长6%，城镇居民人均可支配收入增长11%，农民人均纯收入增长13%，城镇新增就业5.65万人，城镇登记失业率控制在4%以内，居民消费价格水平涨幅控制在3.5%左右。

约束性指标：万元生产总值综合能耗下降3.5%，万元生产总值二氧化碳排放量下降3.7%，二氧化硫、化学需氧量、氨氮、氮氧化物、烟尘和粉尘6项主要污染物减排完成省下达任务，万元工业增加值用水量下降5.2%，人口自然增长率控制在6.5‰以内。

围绕上述目标任务，重点抓好以下九方面工作：

（一）以"六位一体"为抓手，加大投资力度，强力推进项目建设和招商引资

我市仍处于主要依靠投资拉动的发展阶段。要紧紧扭住投资不放，努力优化投资结构、扩大投资总量。

按照省委、省政府"项目推进年"的要求，认真落实项目储备、签约、落地、开工、建设、投产"六位一体"工作机制，采取领导包联、24小时"直通车"、现场办公和责任考核等措施，确保项目建设取得实效。全市实施重点项目267项，总投资3619亿元，年度计划完成投资900亿元。重点抓好郑煤氧化铝、润恒农产品冷链物流、同煤永济热电厂、明迈特镍铬合金、九龙高效节能电机、银光镁业镁合金汽车轮毂、同誉铝合金汽车轮毂等产业类项目；大西高铁运城段、蒙西至华中铁路运城段、侯西铁路电气化复线改造、运城至灵宝高速公路、垣曲至渑池高速公路、临猗黄河大桥及垣曲抽水蓄能电站等基础设施类项目；东郊城镇化、运城职业技术学院、国新天然气长输管网、清尚文化创意基地等社会民生类项目；中心城市南部生态区、闻喜涑水河公园、永济伍姓湖生态修复等生态建设类项目。

项目是投资增长的载体和依托，招商引资是项目投资的关键环节和主渠道。各县（市、区）、开发区要进一步明确主导产业定位，创意策划项目，确定招商的重点区域和对象，创新招商方式，坚持小分队走出去推介，把投资者大队伍请进来对接，大力开展专业化、定向化、集群化招商，提高招商引资实效。深入实施运城籍在外优秀企业家"回乡创业"工程。力争全年招商引资到位资金突破600亿元。

各位代表，投资既是转型问题，又是跨越问题。我们要落实"核心在转型、重点在项目、关键在领导、根本在落实"的工作机制，进一步强化投资意识，把投资作为一把手工程，作为检验一方干部发展能力和工作业绩的重要标尺，坚定不移抓招商、上项目、增投资，以大投资推动运城大发展！

（二）以工业强市为主导，千方百计做大工业总

量,强力推进工业新型化

继续实施工业强市战略,加快由工业小市向工业强市转变。传统产业抓改造。围绕冶金、焦化、电力、食品、纺织等产业,抓好重点企业的重组整合,重点项目的技改提升,推进产业链条延伸、产品升级换代、工艺流程再造、资源循环利用。积极推进与央企、省内大企业战略合作,大力支持阳煤、焦煤、同煤等大集团在我市发展非煤产业。加快煤炭企业基建进度,尽快投入生产。新兴产业抓壮大。以汽车和运输设备、铝镁深加工、新型化工、现代医药、农产品加工、高新技术、新材料、新能源等产业为重点,加大投入,加强联合,扩大规模,增强实力,拓宽市场,构筑运城工业经济新优势。产业集聚抓园区。要立足自身的资源禀赋、产业现状、比较优势,牢固树立全市经济发展"一盘棋"思想,各县(市、区)、开发区要坚持"错位发展、差异竞争、优势互动"的原则,大力发展产业园区。重点抓好"5+15"园区建设,提高产业集群在区域经济中的带动作用。工业引导资金主要用于对园区发展的支持。创新驱动抓科技。加大对企业人才引进、产品开发、品牌创建、市场开拓的支持力度,加快构建以企业为主体、市场为导向、产学研相结合的技术创新体系,加强与中科院北京分院、西北工业技术研究院等科研院所合作。重点支持和推动银光镁业与中科院合作研发新型铝镁合金产品。新认定省级企业技术中心2家。全年申报国家、省科技计划项目80项以上。民营企业抓服务。认真落实国家有关政策,结合我市实际,切实加强对中小微企业和民营企业在土地、人才、资金、技术等方面的扶持和服务。继续推进标志性产业和中小企业发展"两个规划",今年新增标志性产业项目36个,规模以上工业企业30户。培育销售收入超亿元企业10户,孵化小微企业1000户。瓶颈突破抓融资。深入开展"金融下乡、送贷入企"活动,组织好第九届银保企洽谈会。坚持股权融资和债权融资相结合,推进有条件的企业进行股份制改造,为嫁接资本市场创造条件。抓好永东化工、中磁科技、青山化工等企业上市。充分利用公司债、企业债、中小企业私募债等融资手段,多形式促进民间资本投入实体经济。

各位代表,运城发展之短在工业,运城发展希望也在工业。较之全省,运城发展工业天然不足在于缺少煤炭资源,但作为两千多年来传统的农业文明地区,运城人耕读传家,有智慧、能吃苦,积淀了不服输、敢为天下先的天性,这是我们加快发展最靠得住、最有竞争力、最持久、最绿色的资源!千百年来,河东人民能把农业经营得天下景仰,就一定能在新时期把工业发展得生机盎然!

(三)以农民增收为核心,加快现代农业示范区建设,强力推进农业现代化

认真贯彻中央"一号文件"精神,以工业化理念、产业化思维、市场化手段推进农业现代化。"一村一品"要巩固661个专业村,启动260个专业村建设。"一县一业"要继续抓好临猗、万荣、芮城、平陆的苹果,新绛、夏县的蔬菜,永济的肉鸡养殖等7个省级基地县建设。大力培育垣曲、闻喜的核桃,新绛、绛县、闻喜的中药材,绛县的樱桃、山楂,永济的芦笋等主导产业。果业要以打造运城品牌为重点,继续抓好果园技术改良,推进万荣、临猗精品苹果示范园,稷山红枣示范园,平陆、芮城优质苹果基地建设,进一步拓展国际高端市场。组织参加第三届山西农博会,积极推进"农超"对接,提升我市农产品在全国的知名度和市场占有率。龙头企业要重点扶持100家企业做大做强,全年农产品加工销售收入完成190亿元,增长10%。"五个计划"要完成"双创"增粮田120万亩。全年粮食总产达到23亿公斤以上。新增"三品一标"认证15个。每个县建立农产品质量追溯试点。新建和改扩建标准化养殖小区、规模养殖户100个。新增农民专业合作社400个。积极推进现代农业物流园区建设。现代农业标杆工程要重点抓好盐湖区国家现代农业示范县(区)、盐湖区国家休闲农业和乡村旅游示范县(区)、永济许家营国家级农业产业化示范基地和新绛国家级无公害标准化示范区建设。培育发展农村主导产业科技合作社10家。加快推进山西运城国家级农业科技园区建设。按照"区域集中、设施完善、特色明显、高产高效"的要求,每个县(市、区)建设1—2个高标准的现代农业示范区。

农业基础建设继续实施“三引六扩、河库成网”规划，加快小浪底引水、北赵东扩等工程建设。全面完成小二型水库除险加固任务。完成农业灌溉面积550万亩，新增和恢复水地60万亩，治理水土流失面积27万亩。完成夹马口、北赵引黄等灌区末级渠系配套1500公里，提高水资源利用率。建设高标准农田6.1万亩，完成中低产田改造5.5万亩。重视科技推广，提高农机化水平。新农村集中连片示范区要继续按照“一县一区、一区10村”要求，整合环保、农业、电力、土地、交通等资金，进一步提升13个新农村集中连片示范区和330个重点村建设水平。加快推进土地整理和高标准基本农田建设。今年，要改造农村困难家庭危房8380套，易地搬迁农村特困人口1.3万人，完成1805个行政村街道亮化任务，改造村级幼儿园69所，在1167个村开展乡村清洁工程。扶贫开发要完成夏县、万荣各3万亩核桃和平陆县2万亩秋番茄三个片区扶贫开发项目，启动实施垣曲第二轮易地扶贫项目，支持18家龙头企业带动农民增收致富。农村改革要按照“自愿、依法、有偿”的原则，积极推进土地流转，发展规模经营。培养新型经营主体，提高农民组织化程度。改善农村金融环境，激发农村经济活力。继续发挥“一网九平台”作用，把强农惠农政策落到实处。

各位代表，我国农业农村工作已经进入了新的发展阶段。运城是传统的农业地区，农村人口多，全面建成小康社会，难点在农村，重点也在农村。我们一定要把“三农”工作放在更加重要、更加突出的位置，改变就“三农”抓“三农”的思维模式，把“三农”工作放到城镇化和工业化的进程中去谋划、去推进，努力实现城镇化、工业化和农业现代化的良性互动，开创我市“三农”工作新局面！

（四）以城乡一体化发展为方向，统筹“四位一体”和“八区联动”，强力推进市域城镇化

城镇化既是实现城乡统筹的必由之路，是满足日益增长的城乡居民物质文化需求的基本路径，也是扩大内需、支撑经济增长的最大潜力。我们要按照“城市让人民生活更美好，文明让城市更美丽”的理念，坚持规划先行、成片开发、市场化运作、规范化管理，坚持“提升城市功能，拓展产业空间，集约利用土地”互动推进，矢志不渝推动“大运城”建设，统筹推进中心城市、大县城、小城镇、新农村“四位一体”协调发展。

2013年，全市实施城镇化建设项目215项，总投资295亿元，年度计划完成投资101.9亿元。提升中心城市辐射带动力。要围绕“百万人口、百平方公里”的城市规模和打造“百平方公里湿地、百平方公里绿色屏障”的生态环境目标，建设人与自然协调发展、绿色生态宜居的美丽新城。中心区、老城区、运城经济开发区、空港经济开发区、东部新区、西部关圣旅游景区、南部生态区、北部高新区要在发展规划、产业布局、基础设施、公共服务、社会管理等方面“八区”联动，同城共建。继续推进“规划工程建设年”，实施城建项目54项，总投资206.7亿元，完成投资53.55亿元。主要抓好禹都公园、东部文化广场、高铁站前广场、机场和高铁快线、解放路跨工农街高架桥、华源街大桥、南山环湖生态、关圣文化建筑群申遗、姚暹渠改造及城市水系建设、保障房建设等2013年城市建设十大标志性工程。积极推进盐临夏城镇群建设。增强“大县城”综合承载力。深入实施“大县城”战略，按照已批复的各自建筑风格规划，每个县城至少实施一个“大县城”重点工程，加大基础设施和公共服务设施建设，使城市功能和品位得到新提升。增强小城镇产业集聚力。突出特色，发挥优势，着力增强产业聚集功能，打造一批工业强镇、商贸重镇、历史文化名镇和旅游大镇。编制完成5个建制镇（乡集镇）总体规划。重点支持15个特色镇建设。增强新农村自我发展力。突出主导产业培育、基础设施完善、村容村貌整治，重点实施新农村建设项目35项，发挥好示范带动作用。加强城市管理。按照《中心城区综合治理管理办法》，深入推进城建质量提升综合整治，在绿化、卫生、交通、环保、治安等方面提升管理水平，探索建立长效机制。加强宣传教育，不断提高市民素质和城市文明程度，塑造城市良好形象。

各位代表，我国已进入城镇化、工业化快速推进阶段。运城作为传统农业大市，城镇化的任务十分艰巨。我们要正确把握“城”与“市”的关系，“城”的功能是服务，“市”的本质是产业；“城”是“市”的载体，“市”是“城”的支撑。要避免走就城镇发展城镇的弯路，坚持把工业化作为城镇化的切入点，作为城镇化的基础，使工业化、城镇化互动推进。

（五）以关圣文化建筑群申遗为契机，打造运城特色文化品牌，强力推进文化旅游产业和现代服务业发展壮大

大力实施文化强市战略，不断增强先进文化引领力、公共文化服务力、特色文化影响力、文化产业竞争力。以关圣文化建筑群申遗为契机，加快实施关圣文化建筑群项目，充分发挥关圣这一文化品牌的影响力，全面带动文化事业和文化产业发展。加大投入力度。市县两级财政都要安排专项资金扶持文化事业和文化产业发展。采取市场化手段，积极探索文化旅游产业发展投融资新机制、新模式。加强公共文化服务体系建设。实施文化惠民工程，丰富群众文化活动。大力推进文化科技法制卫生“四下乡”和博物馆、文化馆、图书馆免费开放。加快市新闻大厦、广电大楼建设，启动市群艺馆改扩建工程。搞好县级档案馆建设。大力发展文化产业。扶持运城制版、宇达青铜、凯达彩印等龙头企业做大做强。支持文化创意、工艺美术、制版印刷和演艺娱乐等支柱产业发展壮大。推动关公文化产业园、盐湖文化产业园、空港文化产业园、稷山印刷包装文化园、绛州澄泥砚等集约发展。提升关公文化节、舜帝德孝文化节、永乐宫国际书画节、鹳雀楼诗歌文化节节庆会展水平。精心打造关公故里、山西本命年、万荣笑话、绛州鼓乐等文化名片。完善文化人才培养、引进和激励机制，推出更多文化精品。扶持民间艺术发展。大力发展旅游产业。突出关公文化、根祖文化、盐文化、道教文化等特色文化，围绕关帝庙、永乐宫、舜帝陵、盐湖、鹳雀楼、普救寺、后土祠、李家大院等重点景区，在资源整合、文化融合、产品开发、品牌打造上下功夫。今年重点在上海、广州、南京、杭州以及东南亚地区开展文化旅游宣传推介，提高对该区域的客源市场占有率。全年旅游总收入增长15%以上。加快发展现代服务业。顺应产业优化升级趋势，大力发展家政、餐饮、住宿等生活性服务业和交通运输、现代物流、信息等生产性服务业，积极培育发展电子商务、网络文化、数字家庭等消费热点，打造城市15分钟便民商业圈。启动实施商贸流通“118”工程，打造一批各具特色的直营店、大型超市、商业综合体和物流园区。大力发展金融产业。创新资源理念，进一步推进商业股份制银行以及保险、证券、基金、产业投资、股权投资等金融机构入驻运城。着眼黄河金三角金融中心建设，下功夫优化信用环境，打造金融高地和资金洼地。争创全国金融生态示范城市。采取有效措施，鼓励各金融机构加大对我市的信贷投放，今年纯增贷款100亿元以上。积极探索设备租赁、信托融资、信用证融资、股权融资、票据融资等多种新型融资方式，努力为我市的重点项目建设和经济社会发展寻找更多资源，提供更多支持。

各位代表，文化资源是越挖越多的资源，是永续利用的资源。要让文化资源优势成为文化产业优势，必须开阔视野、整合资源、顶层策划、高端创意，促进文化与旅游的融合发展，让更多的产业元素与文化旅游资源相结合，使文化旅游资源转化为更多的适合现代人消费的文化旅游产品，努力打造区域商贸物流、文化旅游和金融服务中心城市！

（六）以建设美丽河东、大美运城为目标，深入开展“四城联创”，强力推进城乡生态化，持之以恒造林绿化。落实林业直补政策，强力推进山上治本、身边增绿和产业致富等工程，完成造林绿化40万亩，森林覆盖率年增长1个百分点。在全社会倡导各种各样的家庭纪念林。大力开展省级生态县创建活动。科学规划核桃产业发展，每年力争发展20万亩，使之成为旱垣山坡新的绿色风景和农民增收致富的主导产业。加强荒山荒坡荒沟生态治理、水生态保护及水土流失严重地区生态修复。加大节能减排力度。落实循环经济试点市各项任务，关小上大、扶优汰劣，提高工业废弃物处理和利用水平。搞好新能源应用、地热资源开发，推进工业循环、农业循环及生产流通消费过程的减量化、再利用、资源化。深入推进生态兴市。倡导节约用水。加强城市(镇)集中式饮用水水源地保护,确保水质达标率100%。实施汾河、涑水河、姚暹渠环境综合整治。建设乡宁至河津天然气长输管线,发展居民用户2万户。积极推进天然气向农村延伸。中心城市和12个县(市)二级以上优良天数完成省定任务。深入开展"四城联创"活动。落实部门责任,严格督查考核,完成省级园林城市验收、国家卫生城市申报、省级环保模范城市创建和省级文明和谐城市验收等阶段目标。启动实施创建国家新能源示范城市。

各位代表,加快建设资源节约型、环境友好型社会,促进人与自然和谐发展,就要树立"绿色、低碳、环保、健康"的发展理念,大力推进生态文明建设,突出现代生态宜居文化,使运城成为外地人羡慕、投资者向往、运城人自豪的幸福家园!

(七)以转型综改试验区建设为统领,充分聚合政策能量,强力推进改革开放

充分利用转型综改、承接转移、中原经济区等三大国家级政策品牌,深入研究政策,主动对接政策,积极争取政策,善于将政策优势转化为招商优势、项目优势、竞争优势。转型综改要按照"一市一板块"、"一县一任务"的要求,确定重点领域和重点任务,制定推进思路和改革措施,力求更大成效。力争中磁科技、中海金源新型材料、同誉铝合金轮毂、宏光医药包装、晋南生态铝工业基地规划、晋南牛产业化、F型杂交小麦等项目成为全省转型综改标杆项目。承接产业转移示范区建设要最大限度地争取和落实一批看得见、摸得着、用得上的优惠政策,继续深化在基础设施、文化旅游、苹果产业、治安联防、黄河生态治理等方面的合作。同时,要认真落实李克强总理重要批示,争取晋陕豫黄河金三角区域合作规划正式获批。重点围绕汽车和装备制造、铝镁深加工、特色文化旅游等优势产业,瞄准长三角、珠三角、环渤海等,加快承接一批科技含量高、资源消耗少、带动能力强的大项目、好项目。各项改革要扎实稳步推进。统筹推进农村综合改革。稳步推进事业单位分类改革。深化公立医院改革。推进农村信用社改制、城市公交体制改革。积极稳妥推进永济印染厂、市建筑公司改制,启动实施市医药公司、外贸公司改制,尽快完成县级医药公司、运城大酒店、夏县制胶厂等企业改制。推进财税体制改革,巩固扩权强县试点成果。对外开放要发挥开发区、工业园区在产业聚集、环境保护、服务管理等方面优势,使其在招商引资和项目建设中发挥主力军和排头兵作用。加强对外资企业的跟踪服务,力争年内新增外资企业5家,新增进出口企业20家,实际利用外资增长10%。大幅提高外贸企业自营份额,争取将进出口主要产品的异地代理和结算中心转回我市。积极推进运城海关、商检大楼建设,提高大通关能力。加强市场监管、价格调控和信用体系建设,营造诚信的市场环境和公正的社会环境。

各位代表,改革开放是推动发展的永恒动力。我们要让改革开放成为一种思维方式和工作方法,不断提升开放意识、开放能力、开放素质和开放自信,坚持以开放促改革,以改革促发展。以开放的理念和开放的胸怀,在更高的层面、更广的领域、更大的空间谋划运城、创意运城、发展运城!

(八)以保障和改善民生为根本,让发展成果惠及人民,强力推进各项社会事业发展

提高人民群众幸福指数是政府工作的出发点和落脚点。进一步提升居民收入水平。全面落实更加积极的就业政策,突出抓好城镇就业困难人员、退伍军人、高校毕业生等群体就业工作,新增就业5.65万人。推进"双创建"活动,力争两年内完成创业型城市、农村劳动力转移示范县(市)创建任务。转移农村劳动力7.1万人。全面实施事业单位绩效工资,建立完善公务员工资正常调整机制。进一步提升社会保障水平。完善城乡一体化社会保障体系,确保全市城镇职工基本养老保险、城镇基本医疗保险、城乡居民社会养老保险覆盖率达到95%以上。做好社保"一卡通"工作。提高城乡低保对象补助标准。新开工建设各类保障性住房13115套,基本建成1.4万套(含续建项目),推动公共租赁住房和廉租住房制度并轨运行。进一步提升群众健康水平。加快发展医疗卫生事业。继续推进村卫生室标准化建设,重视和加强基层全科医疗人才培养。开展新型农村合作医疗网络直补直报。整合优化卫生资源，筹建北部新区三级综合医院。吸引社会资本，打造集特色医疗、预防保健、康复养生、临终关怀等为一体的综合服务健康城。开展全民健身运动，促进群众体育和竞技体育全面发展。进一步提升教育水平。无论财政多么困难，都要加大投入，优先发展教育，确保我市教育稳定保持在全省的领先位置。今年增加1000万元教育支出，其中，500万元用于资助家庭贫困大学生入学。加强教师队伍建设，提高师德水平和教育质量。办好学前教育，新建、改扩建公办幼儿园28所。均衡发展九年义务教育。13个县(市、区)城区中小学和乡(镇)所在地中小学全部实现“班班通”。大力发展职业教育，加紧推进运城幼儿师范高等专科学校、运城职业技术学院专升本和运城工业职业技术学院筹建工作。加快运城学院升格运城大学步伐。重视人才工作，加强对企业经营管理人才、专业技术人才、高技能人才、农村实用人才的引进和培养。加强科普宣传，提高全民科学素质。加强人口计生工作。推进市县乡村档案建设。搞好第三次全国经济普查。巩固完善两轮“五个全覆盖”成果，建立完善长效管理机制，让人民群众长期得到实惠。

各位代表，为人民服务永无止境，改善民生永不停步。我们要时刻把群众利益放在最高位置，全力做好民生各项工作，努力让运城人民过上更加幸福美好的生活！

(九)以民主法制和精神文明建设为重点，加强安全生产和社会管理，强力推进和谐社会建设

加强民主法制建设。认真贯彻执行市人大及其常委会的决议、决定，自觉接受人大、政协监督，主动接受社会、舆论监督。认真办理人大代表建议和政协委员提案。支持各民主党派、工商联、无党派人士和工会、共青团、妇联等人民团体开展工作。深入实施“六五”普法，增强公民法制意识。加强精神文明建设。深化社会主义核心价值体系建设，坚持正确导向，提高舆论引导能力。提炼“运城精神”，引领运城发展。引深“讲文明、树新风”道德模范评选和志愿服务活动。扎实推进群众性精神文明创建活动。加强未成年人思想道德建设。高度重视安全生产。要以敬畏生命、敬畏责任、敬畏制度之心，落实企业安全生产主体责任和政府安全监管责任，毫不放松地抓好煤矿、非煤矿山、危险化学品、道路交通、水上运输、人员密集场所、学校、民爆物品、森林防火、地质灾害等重点领域的安全生产，强化薄弱环节的安全监管，推进重大危险源监测监控和隐患排查治理体系建设。扎实开展“工作落实年、执法行动年、基层建设年”和“百日安全生产”活动。继续抓好企业安全标准化建设、安全乡村创建工作和高危行业劳动用工管理。不断完善食品药品安全监管体制机制，扎实推进食品药品安全放心城市创建工作。加强和创新社会管理。以县乡村(社区)社会服务管理中心为基础，以网格化管理为着力点，实现全市基层社会服务管理体系全覆盖。创新完善对流动人口和特殊人群的管理服务。建立完善重大决策社会稳定风险评估机制，畅通民意表达渠道，及时排查化解社会矛盾。深化“平安运城”创建活动，健全社会治安防控体系，有效应对和处置各类突发事件。做好信访维稳和应急管理工作。加强网络舆情引导和管理。强化科技治超。提升城乡防震减灾能力。支持国防和军队后备力量建设，做好双拥、优抚安置和人防工作。发展妇女儿童、老龄、残疾人和红十字会等事业。做好地方史志、外事侨务、民族宗教等工作。

各位代表，做好今年的政府工作，必须按照为民务实清廉的要求，进一步加强政府自身建设。一要提高本领，建设学习型政府。学习的能力就是与时俱进的能力，就是接受新知识、解决新矛盾、开创新局面的能力。善于学习，就要大兴学习之风，切实把我们的实践上升到规律和全局的层面，切实把学习的成果转化为谋划发展的思路、推进工作的举措、解决问题的办法、科学发展的成效。二要真抓实干，建设务实型政府。各级政府领导干部要知大局、懂本行、干实事，对各项工作能够真正做到“想透、说清、干实”。“想透”，就是要用心谋事，使主观认识符合客观规律，符合当地实际；“说清”，就是要把工作思路、方法和措施向群众讲清楚，形成共识，凝聚力量，心往一处想，劲往一处使；“干实”，就是要脚踏实地，一抓到底，抓出成效。坚决反对无所作为的“不干”,坚决反对华而不实的“虚干”,坚决反对违背规律的“蛮干”。要深入基层求“实”,深入群众求“智”,深入思考求“是”,健全工作机制,严格目标考核,强化督查落实。三要依法行政,建设法治型政府。严格按照法定权限和程序行使权力,履行职责,坚持把依法行政贯穿于政府决策、执行、监督的全过程。进一步规范行政行为,大力推进政府信息公开。进一步转变政府职能,深化行政审批制度改革,精简审批流程,提高行政效能,严厉整治行政不作为、慢作为、乱作为。四要树好形象,建设廉洁型政府。“公生明,廉生威”。公正廉洁直接影响着政府的执行力和公信力。要认真落实党风廉政建设责任制,严格执行廉洁从政各项规定。牢固树立过“紧日子”的思想,厉行节约、反对浪费,把有限的资源和财力更好地用在发展经济、改善民生上。要强化行政监察和审计监督,严肃查处各类违法违纪行为。要树立务实清廉形象,真正赢得人民群众的信赖和支持。

各位代表,建设美丽河东、大美运城是全市人民的共同期盼,是各级政府的职责所在。我们要紧密团结在以习近平同志为总书记的党中央周围,在市委的正确领导下,认真学习领会十八大和全国、全省“两会”精神,全面贯彻落实省委、省政府工作部署,解放思想、提振精神,脚踏实地、扎实工作,加快转型跨越发展,努力开创运城全面建成小康社会的新局面!

附　注:

1、“五个产业集群”:即汽车和运输设备制造产业集群、铝镁深加工产业集群、新型化工产业集群、农产品加工产业集群和高新技术产业集群。

2、现代农业“五个计划”:即“双创”增粮计划、绿色农产品基地建设计划、农民专业合作社发展计划、规模健康养殖计划和农业物流体系建设计划。

3、新农村集中连片示范区:即围绕抓典型、出精品、成规模、做示范的工作思路,按照“一县一区、一区10村”的要求,使集中连片示范区达到道路循环、产业相连、林网方田、设施齐全、环境美观的标准。

4、“三引六扩、河库成网”工程:“三引”即小浪底水库引水、黄河青石板引水、三门峡水库引水;“六扩”即禹门口、西范、北赵、夹马口、尊村、大禹渡六大灌区改扩建。“河库成网”即结合“三引六扩”,在全市境内实施河与河、河与库、库与库之间的连通工程,逐步形成全市大水网体系,彻底改善运城生态,使城乡供水得到保障,使运城市区水面增加、活水常流。

5、新农村建设“四化四改”、“五个一工程”:“四化”即街巷硬化、村庄绿化、环境净化、路灯亮化。“四改”即改水、改厨、改圈、改厕。“五个一工程”是指一个文化活动室(院)、一个卫生计生室、一个农民休闲广场、一个便民连锁店、中心村有一所标准化小学。

6、“三品一标”:即无公害农产品、绿色食品、有机农产品和农产品地理标志。

7、“四城联创”:即创建国家园林城市、国家卫生城市、国家环保模范城市和省级文明和谐城市。

8、“95081”家庭服务网络平台:是指天津易盟网络信息技术有限公司运城分公司投资兴建的家庭服务网络平台,包括一个号码95081、一个网站www.95081.com。全市广大市民只要利用有线电话、手机、网络等通信设备就可享受到视频监护、家庭安防、健康终端、亲情定位、健康咨询、远程医疗、紧急救援、健康追溯、购物配送等家庭服务。

9、“一市两县两园”:全省转型综改试验试点工作明确1个地级市要确定2个试点县(省级1个,市级1个)和2个试点园(1个科技创新园,1个产业转型园)。我市盐湖区被确定为省级试点县(区),临猗县被确定为市级试点县,盐湖工业园被确定为省级科技创新试点园,空港经济开发区被确定为省级产业转型园。

10、晋陕豫黄河金三角承接产业转移示范区:由运城市牵头,联合临汾市、陕西省渭南市和河南省三门峡市于2008年共同提出设立。设定的目标是建设成为中西部地区重要的能源原材料与装备制造基地、区域性物流中心、区域合作发展先行区和新的经济增长极。共有47个县(市、区),总面积5.8万平方公里,人口约1700万,是全国唯一一个打破省际行政区划、为国家实施区域协调发展积累经验探索路径的试验区，对国家实施区域协调发展战略具有重大的现实意义和历史意义。试验区于2009年10月26日被国务院列入《促进中部地区崛起规划》，2012年5月正式获得国家发改委批准。

11、五项文化惠民工程：即广播电视“村村通”、乡镇和社区综合文化站建设、文化信息资源共享、农村公益电影放映、农家书屋建设。

12、山西省国家级资源型经济转型综合配套改革试验区：2010年12月，经国务院批准设立，是我国第一个全省域、全方位、系统性的国家级综合配套改革试验区。目的是抓住与资源型经济转型密切相关的重点领域和关键环节，紧紧围绕产业优化升级、战略性新兴产业发展、产业结构调整和资源型经济转型等方面进行大胆探索，积极改革，率先突破，努力建设全国重要的现代制造业基地、中西部现代物流中心和生产性服务业大省，早日建成中部地区经济强省和文化强省，再造一个新山西。

13、美丽河东、大美运城：建设美丽河东，就是充分展示1.4万平方公里河东大地的经济繁荣之美、政治安定之美、文化自强之美、社会和谐之美、生态文明之美；建设大美运城，就是突出彰显中心城市现代生态宜居文化的鲜明特色，体现的是开放包容大气之美、文明诚信大爱之美、心想事成大运之美。

14、24小时“直通车”制度：即中央和省属企业在运城投资的重大项目实行24小时直通车制度。对项目推进过程中遇到重大事项时，要在24小时内将有关情况直接报送分管副市长和市长；分管副市长和有关部门要在24小时内对所报事项提出处理意见，在24小时内对所报事项予以答复。

15、“5+15”工业园区：“5”即运城经济开发区、风陵渡经济开发区、绛县经济开发区、空港经济开发区、盐湖科技工业园5个省级开发区；“15”即河津铝工业园区、永济铝工业园区、运城盐化工业园区、平陆铝工业园区、闻喜城西工业园区、万荣汇源农副产品加工园区、新绛煤化工业园区、河津精细煤化工业园、绛县综合工业园、垣曲循环经济工业园区、稷山西社新型煤焦化循环经济示范区、临猗丰喜工业园、临猗楚侯工业园区、芮城工业产业聚集区、夏县水头工业园区等15个工业园区。

16、“一网九平台”：“一网”即运城市惩防体系信息网；“九平台”即惩防体系信息网上阳光农廉、食品安全、公共资源、工程建设、行政审批、举报投诉、司法监督、教育医疗、党务公开等九个监督平台。

17、“两个规划”：即“标志性产业项目建设规划”和“中小企业发展规划”。标志性产业项目建设规划，就是按照生产经营性项目投资5亿元以上的标准，每年全市至少新上36个项目，总投资180亿元以上；中小企业发展规划，就是全市每年力争纯增规模以上工业企业30户以上。

18、盐临夏城镇群规划：为统筹协调盐湖区、临猗县、夏县一区两县经济社会资源和城乡空间资源，市政府编制了《盐临夏城镇群规划》。规划指一区两县所辖行政区，土地总面积3929平方公里。规划期限为2011－2030年，按“三步走”战略，将盐临夏城镇群发展期限划分为近期2015年、中期2020年、远期2030年三个发展阶段。

19、“118”工程：即中心城市建设100个平价蔬菜直营店，星河地产建设的星海湾广场和山西美特好集团在中心城市、河津、永济、临猗、万荣、稷山、新绛、垣曲建设的10个大型超市或商业综合体，以及运城西部家居建材商贸物流港、新绛晋南农产品商贸物流园、夏县润恒农副产品冷链物流园、临猗阳煤现代物流园、芮城大汉隆成国际物流城、河津海圣物流园、空港运城义乌小商品城、运城经济开发区商超仓储加工配送物流园8大物流园区。

20、“一市一板块”、“一县一任务”：“一市一板块”，是指根据省转型综改领导组会议精神，全省每个市要结合本市经济社会发展实际和区域发展战略，围绕《山西省国家资源型经济转型综合配套改革试验总体方案》提出的产业转型、生态修复、城乡统筹、民生改善四大领域转型任务，可以选择某一领域中的一项具体任务，或综合多项具体任务，也可以选择不同领域或其中多项具体任务进行综合，形成具有特色的主题作为推进本市转型综改的“板块”，并制定整体推进思路和针对性的改革措施。

各市构造提出的“板块”将作为2013年转型综改省级试点重点推进，在取得成效和经验后向全省推广。“一县一任务”，是指省级转型综改试点县（市、区）围绕《山西省国家资源型经济转型综合配套改革试验总体方案》提出的综合配套改革措施，根据县域经济不同发展模式，针对制约本地转型发展的重点领域和关键环节，组织开展体制机制改革创新。各试点县（市、区）确定的改革任务将作为2013年省级试点重点推进，在取得成效和经验后向全省推广。

21、中小学“班班通”：即融合了基础设施、软件资源以及教育教学整合等内容的系统工程，指学校每个班级里具备与外界进行不同层次的信息沟通、信息化资源获取与利用、终端信息显示的软硬件环境，实现信息技术与学科日常教学的有效整合，促进教师教学方式和学生学习方式的变革，最终促进学生的发展。

运城市2012年国民经济和社会发展统计公报

运城市统计局　国家统计局运城调查队

（2013年3月10日）

2012年，在市委、市政府的正确领导下，全市上下坚持以科学发展观为主题，以加快转变经济发展方式为主线，认真贯彻中央、省的各项决策部署，积极应对复杂多变的经济形势，强力推进“两强战略”和“四基地一中心”建设，国民经济保持了平稳运行，人民生活得到明显改善，各项社会事业取得新的进步。

一、综　合

经济增长：初步核算，全年生产总值1068.1亿元，比上年增长7.8%。其中，第一产业增加值177.0亿元，增长6.4%；第二产业增加值491.8亿元，增长7.5%；第三产业增加值399.3亿元，增长8.6%。第三产业中，金融业30.8亿元，增长19.4%；房地产业28.3亿元，增长13.7%；批发和零售业84.9亿元，增长11.3%；交通运输、仓储和邮政业96.0亿元，增长5.0%。第一、第二和第三产业增加值占全市生产总值的比重分别为16.6%、46.0%和37.4%，对经济增长的贡献率分别为13.3%、44.9%和41.8%。

人均地区生产总值20618元，比上年增长7.2%，按2012年平均汇率计算为3266美元。

图1　2007—2012年全市生产总值及其增长速度

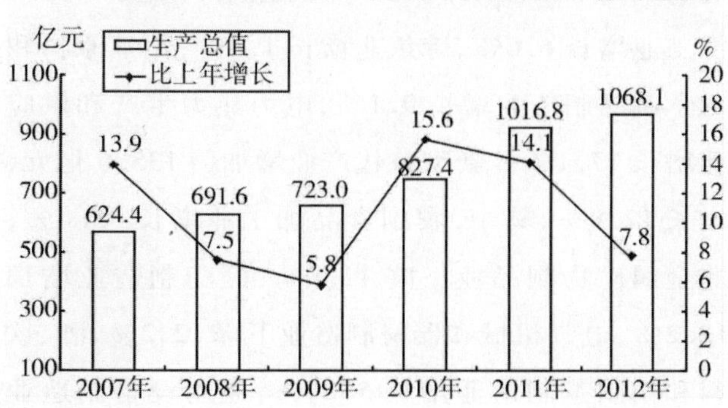

价格：全年居民消费价格比上年上涨2.5%。其中，食品价格上涨4.4%。商品零售价格上涨1.9%。工业生产者出厂价格下降8.8%，其中，生产资料价格下降9.8%，生活资料价格上涨0.4%。工业生产者购进价格下降3.0%。

表1　2007—2012年主要价格指数

上年=100

价格种类	2007年	2008年	2009年	2010年	2011年	2012年
居民消费价格	103.9	104.8	98.6	103.0	104.3	102.5
工业生产者出厂价格	104.3	111.1	80.4	105.2	105.3	91.2
工业生产者购进价格	103.1	111.4	95.2	109.7	107.1	97.0

就业：全年城镇新增就业人员6.75万人，城镇下岗失业人员再就业1.67万人，就业困难人员实现就业0.46万人。年末城镇登记失业率2.02%。

二、农　业

农业产值：全年农林牧渔服务业总产值331.6亿元，按可比价计算增长13.0%。其中，农业产值255.6亿元，增长14.4%；林业产值4.0亿元，增长7.3%；牧业产值48.0亿元，增长8.3%；渔业产值2.0亿元，增长21.9%；农林牧渔服务业产值22.0亿元，增长7.8%。

种植面积：全年农作物种植面积792.4千公顷，比上年下降0.8%。其中，粮食种植面积667.4千公顷，增长1.1%（小麦343.4千公顷，增长0.3%；秋粮324.0千公顷，增长2.0%；玉米275.8千公顷，增长5.0%）；棉花种植面积33.1千公顷，下降34.0%；油料种植面积10.9千公顷，下降3.4%；蔬菜种植面积57.3千公顷，增长2.5%；水果面积148.2千公顷,增长9.1%(苹果面积87.2千公顷,增长5.1%)。

农产品产量:全年粮食总产量30.4亿公斤,比上年增加3.8亿公斤,增长14.2%。

表2 2012年主要农产品产量及其增长速度

产品名称	计量单位	产 量	比上年增长(%)
粮 食	万吨	304.2	14.2
#夏 粮	万吨	154.2	27.4
秋 粮	万吨	150.0	3.2
#玉 米	万吨	140.9	2.8
棉 花	吨	41770	-28.0
油 料	吨	20959	12.5
蔬 菜	万吨	252.7	25.2
水 果	万吨	449.1	20.4
#苹 果	万吨	304.5	19.8

畜禽及水产品产量:全年肉类总产量15.1万吨,增长13.5%。其中,猪肉产量10.5万吨,增长8.8%;牛肉产量0.4万吨,下降16.4%;羊肉产量0.7万吨,增长5.5%;禽肉产量3.4万吨,增长32.1%。禽蛋产量19.9万吨,增长10.8%;奶类产量4.9万吨,增长10.6%。水产品产量1.7万吨,增长21.9%。

林业生产:全年造林合格面积22413公顷,零星(四旁)植树1300万株。年末实有封山育林面积30959公顷。

农业机械:年末全市农业机械总动力657.8万千瓦,比上年增长4.5%。机械耕地面积48.8万公顷,机械播种面积52.4万公顷,机械收获面积48.9万公顷。全年农机化经营总收入11.5亿元,同比增长7.5%。

三、工业和建筑业

工业:全年全部工业增加值423.8亿元,比上年增长6.8%,在第二产业中所占比重为86.2%,比上年下降1.7个百分点。其中,规模以上工业企业434户,完成工业增加值344.3亿元,比上年增长6.0%。产品销售率95.9%,比上年下降1.3个百分点。

图2 2007—2012年规模以上工业增加值及其增长速度

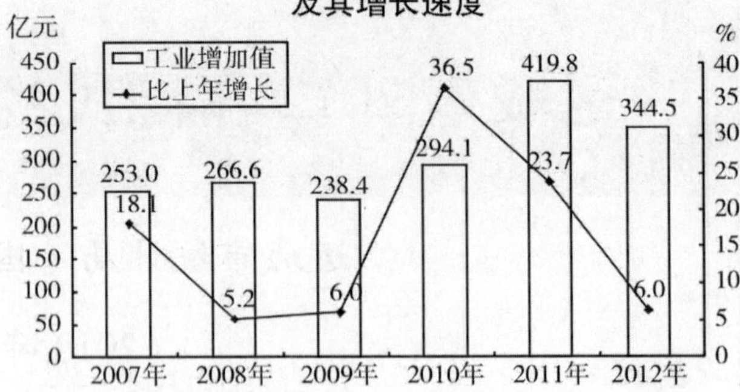

表3 2012年规模以上工业增加值及其增长速度

单位:亿元

指 标	增加值	比上年增长(%)
规模以上工业	344.3	6.0
#国有及国有控股企业	79.0	10.4
集体及集体控股企业	8.7	-18.8
非公有制企业	256.6	5.8
1.轻工业	63.1	25.5
重工业	281.2	2.8
2.国有企业	16.4	-4.5
集体企业	1.0	-47.7
股份合作企业	2.1	33.6
股份制企业	308.9	6.5
外商及港澳台企业	9.5	12.5
其他企业	6.4	8.2
3.中央企业	50.5	5.7
省属企业	25.1	22.1
市属企业	6.8	19.5
县及县以下企业	261.9	4.4
4.大型企业	187.3	7.6
中型企业	74.9	5.8
小型企业	80.8	3.1
微型企业	1.3	-26.6

在规模以上工业中,五大支柱行业增加值219.0亿元,比上年增长6.1%,其中,黑色金属冶炼和压延加工业增长6.4%,有色金属冶炼和压延加工业增长6.6%,炼焦业增长1.4%,化学原料和化学制品制造业增长9.1%,电力热力生产和供应业增长17.1%。新型替代产业增加值135.6亿元,增长12.8%,其中,农副食品加工业增长35.4%,非金属矿物制品业下降11.9%,医药制造业增长12.2%,电气机械和器材制造业下降12.2%,酒、饮料和精制茶制造业增长58.7%,通用设备制造业

下降2.3%,纺织业增长44.8%。

表4　2012年规模以上工业主要产品产量及其增长速度

产品名称	计量单位	产　量	比上年增长(%)
生　铁	万吨	603.9	-10.2
粗　钢	万吨	536.3	-14.0
钢　材	万吨	364.1	-20.8
铁合金	万吨	73.5	33.2
精炼铜(电解铜)	万吨	3.4	6.4
氧化铝	万吨	193.7	8.4
原　铝(电解铝)	万吨	63.9	-9.2
金属镁	万吨	14.9	-12.2
铝　材	万吨	24.6	3.8
焦　炭	万吨	1064.3	0.5
纯　碱	万吨	16.0	-13.8
精甲醇	万吨	21.7	14.2
合成氨	万吨	109.0	7.0
化肥(折纯)	万吨	76.2	5.3
合成洗涤剂	万吨	10.2	3.3
水　泥	万吨	694.7	18.0
发电量	亿千瓦时	196.3	18.2
原　煤	万吨	0.0	0.0
交流电动机	万千瓦	655.5	-32.9
纱	吨	35664.6	21.5
布	万米	2772.0	-27.1
载货汽车	辆	6824	135.8

全年规模以上工业主营业务收入1417.1亿元,比上年下降5.1%;实现利税67.2亿元,比上年下降26.2%;实现利润31.1亿元,下降35.3%。

表5　2012年规模以上工业实现利税、利润及其增长速度

单位:万元

指　标	利税总额		利润总额	
	绝对数	比上年增长(%)	绝对数	比上年增长(%)
规模以上工业	671575	-26.2	311202	-35.3
#国有及国有控股企业	-43972	-205.3	-151338	-88.1
集体及集体控股企业	36911	-24.9	28974	-20.6
非公有制企业	678636	-17.1	433566	-17.4
1.轻工业	227125	31.2	177344	34.9
重工业	444450	-39.6	133858	-61.7
2.国有企业	44184	393.1	8438	121.4
集体企业	2539	-45.6	22	-98.9
股份合作企业	977	105.3	-392	51.4
股份制企业	563526	-32.9	263016	-42.7
外商及港澳台企业	37283	-14.3	27382	-16.8
其他企业	23067	-35.9	12736	-53.1
3.中央企业	-13129	-144.8	-99588	-53.5
省属企业	19308	-61.8	-2599	-111.7
市属企业	-16919	-7.1	-29413	-24.7
县及县以下企业	682315	-19.3	442802	-19.1
4.大型企业	342285	-37.6	128192	-51.1
中型企业	162279	-26.7	80691	-39.2
小型企业	165585	11.6	101450	5.6
微型企业	1426	116.2	869	108.9

建筑业:全年具有资质等级的建筑企业159个,其中有工作量的131个,实现增加值68.0亿元,比上年增长12.2%。具有资质等级的总承包和专业承包建筑企业上缴税金3.7亿元,增长4.7%;实现利润4.4亿元,增长42.7%。

四、固定资产投资

固定资产投资:全年固定资产投资826.8亿元,比上年增长24.5%。其中,第一产业投资44.6亿元,比上年下降2.5%;第二产业投资522.2亿元,增长37.6%;第三产业投资260.1亿元,增长8.8%。在固定资产投资中,国有投资161.5亿元,增长14.8%;非国有投资665.3亿元,增长27.1%。

图4　2007—2012年国有、非国有固定资产投资占固定资产投资比重

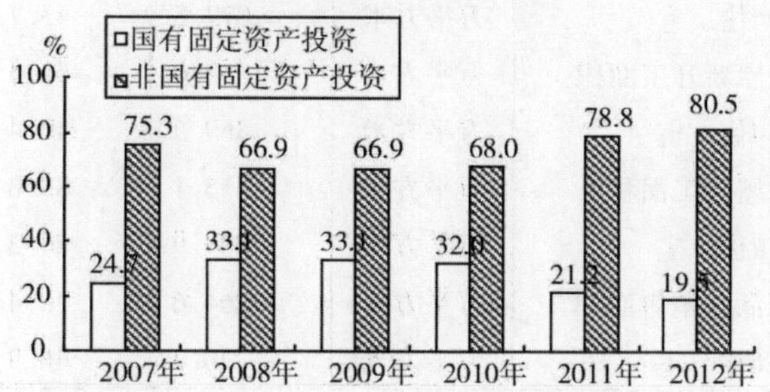

表6　2012年分行业固定资产投资及其增长速度

单位:万元

行　业	投资额	比上年增长(%)
合　计	**8268454**	**24.5**
第一产业	445782	-2.5
农、林、牧、渔业	445782	-2.5
第二产业	5221679	37.6
采矿业	550355	71.3
制造业	4230893	37.3
电力、热力、燃气及水的生产和供应业	426331	11.4
建筑业	14100	42.5
第三产业	2600993	8.8
批发和零售业	219361	27.6
交通运输、仓储和邮政业	653645	2.8
住宿和餐饮业	46058	-5.9
信息传输、软件和信息技术服务业	11899	37.8
金融业	578	
房地产业	842084	16.4
租赁和商务服务业	20107	-14.9
科学研究和技术服务业	73175	1034.5
水利、环境和公共设施管理业	570740	20.0
居民服务、修理和其他服务业	1860	-86.5
教　育	73428	-51.8
卫生和社会工作	35815	-45.5
文化、体育和娱乐业	26348	-35.6
公共管理、社会保障和社会组织	25895	11.9

房地产开发:全年房地产开发投资67.8亿元,比上年增长28.8%。其中,住宅投资52.3亿元,增长34.3%;商业营业用房投资8.6亿元,增长3.4%。

表7　2012年房地产开发和销售情况

指　标	单　位	绝对数	比上年增长(%)
投资完成额	万元	677742	28.8
#住　宅	万元	522581	34.3
房屋施工面积	万平方米	1110.9	41.5
#住　宅	万平方米	877.5	43.7
房屋新开工面积	万平方米	452.6	42.3
#住　宅	万平方米	369.5	40.4
房屋竣工面积	万平方米	355.1	83.8
#住　宅	万平方米	284.9	84.3
商品房销售面积	万平方米	264.6	40.4
#住　宅	万平方米	240.4	46.9

五、国内贸易

全年社会消费品零售总额483.2亿元,比上年增长15.7%。

表8　2012年社会消费品零售总额及其增长速度

单位:亿元

指　标	绝对数	比上年增长(%)
社会消费品零售总额	483.2	15.7
按规模分:限额以上	205.5	15.6
限额以下	277.7	15.8
按经营地分:城　镇	386.0	14.2
#城　区	278.4	11.6
乡　村	97.2	22.2
按消费形态分:商品批零业	423.9	13.9
住宿餐饮业	59.3	30.1

图5　2007—2012年社会消费品零售总额及其增长速度

注:1.2008年和2009年数据系统经济普查修订数据。

2.由于统计口径变化,2010年计算增长速度基数调整为299.5亿元。

表9　2012年限额以上商品批零业零售额及其增长速度

单位:亿元

指　标	绝对数	比上年增长(%)
限额以上商品批零业零售额	1979385	16.2
#汽车类	548362	12.4
石油及制品类	345961	12.9
粮油、食品、饮料、烟酒类	191114	24.3
服装、鞋帽、针纺织品类	137551	11.0
建筑及装璜材料类	135112	37.6
家用电器和音像器材类	132372	28.1
家具类	102229	41.1
五金电料类	71808	15.5
日用品类	54018	8.6
中西药品类	42708	1.2

表9　续

单位:亿元

指　标	绝对数	比上年增长(%)
书报杂志类	33841	18.4
机电产品及设备类	27944	19.2
文化办公用品类	26167	10.7
化妆品类	23979	10.4

六、对外经济

进出口贸易:全年货物进出口总额106405万美元,比上年下降15.2%。其中,出口38847万美元,下降0.3%;进口67558万美元,下降21.9%。

图6　2007—2012年海关进出口总额及其增长速度

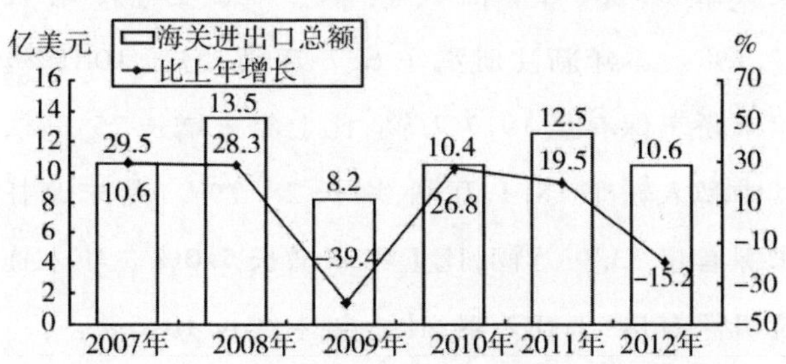

表10　2012年货物进出口总额及其增长速度

单位:万美元

指　标	绝对数	比上年增长(%)
货物进出口总额	106405	-15.2
货物出口额	38847	-0.3
#一般贸易	37671	0.3
加工贸易	1172	27.1
#机电产品	8223	70.3
高新技术产品	159	70.9
#国有企业	233	-93.0
外商投资企业	3674	37.5
其它企业	34940	5.9
货物进口额	67558	-21.9
#一般贸易	22589	-42.6
加工贸易	447	31.1
#机电产品	6097	-50.0
高新技术产品	2548	-69.5
#国有企业	20	-97.9
外商投资企业	52480	-17.1
其它企业	15058	-32.3

表11　2012年主要商品出口数量、金额及其增长速度

单位:万美元

商品名称	计量单位	数量	比上年增长(%)	金额(万美元)	比上年增长(%)
焦炭	吨	3807	-97.8	144	-98.2
纺织纱线、织物及制品				8055	32.1
镁及其制品(包括废碎料)	吨	17873	-33.5	5786	-33.3
玻璃制品				2178	9.4
机电产品				8223	70.3
高新技术产品				159	70.9
农产品				3859	51.4

表12　2012年主要商品进口数量、金额及其增长速度

单位:万美元

商品名称	计量单位	数量	比上年增长(%)	金额(万美元)	比上年增长(%)
铁矿砂	吨	3547538	11.3	44331	-19.7
铬矿砂	吨	254957	19.6	5674	-1.5
锰矿砂	吨	183438	4.1	3255	-20.6
铜矿砂	吨	21810	-9.7	5468	-26.7
金属加工机床	台	6	500.0	308	547.1
计量检测分析自控仪器及器具				426	-50.6
机电产品				6097	-50.0
高新技术产品				2548	-69.5
农产品				497	844.0

表13　2012年对主要国家和地区货物进出口额及其增长速度

单位:万美元

国家和地区	进出口额	比上年增长(%)	出口额	比上年增长(%)	进口额	比上年增长(%)
合计	106405	-15.2	38847	-0.3	67558	-21.9
澳大利亚	22828	153.0	1243	41.9	21585	164.9
巴西	21557	-28.3	971	-75.2	20586	-21.3
南非	5516	-20.8	1610	190.6	3906	-39.0
美国	5217	-0.6	4862	-3.2	355	58.2
印度	4955	-18.9	1561	10.6	3394	-27.8
德国	2946	-2.7	1075	-17.0	1870	7.9
日本	2630	-65.6	1439	-76.6	1191	-19.5
荷兰	1895	-38.9	1894	-38.9	1	
意大利	1753	-76.3	226	-39.6	1527	-78.2

表13 续

单位:万美元

国家和地区	进出口额	比上年增长(%)	出口额	比上年增长(%)	进口额	比上年增长(%)
土耳其	1693	6.6	297	23.4	1395	3.6
印度尼西亚	1340	43.8	587	-22.7	754	336.9
泰国	1269	19.3	1269	19.3	0	
越南	1252	-5.6	1252	-5.6	0	
加拿大	1163	-84.4	1097	1.7	66	-99.0
法国	1080	-43.1	86	0.6	994	-45.2
中国香港	829	108.5	827	144.9	2	-97.1
伊朗	717	-15.2	277	126.7	440	-39.2
韩国	714	-20.9	617	-30.3	97	424.0
马来西亚	711	502.4	613	419.0	98	
墨西哥	656	-81.9	656	79.4	0	
英国	506	-7.0	425	22.4	81	-58.9
俄罗斯	481	-94.8	303	-24.1	178	-98.0
新加坡	395	3553.6	395	5179.5	0	
中国台湾	343	-44.9	339	-45.4	5	30.8
秘鲁	158	230.5	158	230.5	0	
阿根廷	125	40.7	113	26.7	12	
埃及	104	89.8	102	85.6	2	
安哥拉	62	0.0	62	0.0	0	
新西兰	31	33.6	31	38.3	0	
欧盟组织	12878	-29.6	7526	6.8	5353	-52.4
东盟组织	5477	27.7	4625	12.4	852	384.6

全年合同利用外资总额4250万美元,实际利用外资1016.9万美元。当年新设立外商直接投资企业4家。

七、交通、邮电和旅游

交通运输:年末全市公路线路里程15509.1公里,其中,国道290.6公里,省道1452.1公里,县道2705.7公里,乡、村道及专用道11060.7公里;高速公路597.1公里。全市公路密度109.4公里/百平方公里。公路客运量5102万人次,比上年下降2.1%;公路货运量6842万吨,比上年增长20.0%。公路旅客运输周转量22.1亿人公里,比上年增长7.1%;公路货物运输周转量176.7亿吨公里,比上年增长21.0%。

运城机场全年新开通杭州-运城-乌鲁木齐、合肥-郑州-运城、天津-运城-昆明、三亚-运城-大同4条航线,总航线达到19条,通航城市达到22个。全年客运量92.4万人次,比上年增长23.2%;货运量2430.2吨,增长10.8%。飞机起降9641架次,增长18.6%。

年末全市民用车辆保有量84.2万辆,比上年末增长9.5%。民用汽车保有量达到37.9万辆(包括三轮汽车和低速货车2.9万辆),比上年末增长14.1%。其中,私人汽车31.6万辆,增长17.7%。本年新注册汽车6.7万辆,增长10.1%。年末轿车保有量19.7万辆,比上年末增长25.8%,其中私人轿车18.1万辆,增长28.7%。年末摩托车保有量33.9万辆,比上年末增长5.0%。年末拖拉机保有量11.0万辆,比上年末增长10.5%。

图7 2007—2012年全市年末电话用户数

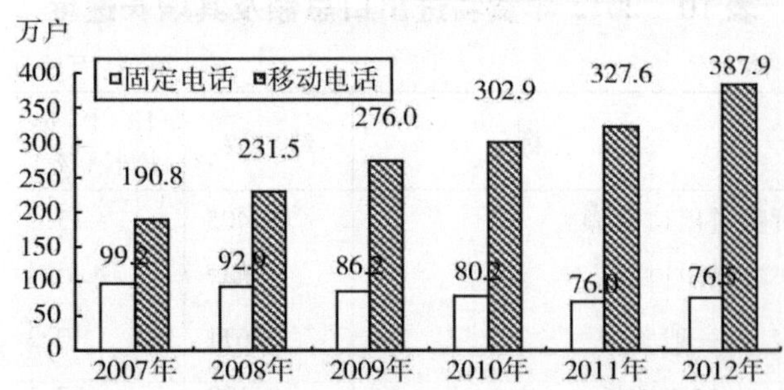

邮电:全年邮电业务总量32.2亿元,比上年增长13.0%。其中,邮政业务总量2.4亿元,增长8.1%;电信业务总量29.8亿元,增长13.4%。年末固定及移动电话用户总数达到464.4万户,比上年末增加60.8万户。其中,固定电话76.5万户,移动电话387.9万户。电话普及率达到89.4部/百人,其中固定电话和移动电话普及率分别达到14.7部/百人和74.7部/百人。全市宽带接入用户达到59.8万户,增长25.9%。

旅游:全年接待入境旅游人数15.9万人次,接待国内旅游人数2378.9万人次,分别增长18.0%和23.2%;旅游外汇收入4035.4万美元,国内旅游

图8 2007—2012年财政总收入及其增长速度

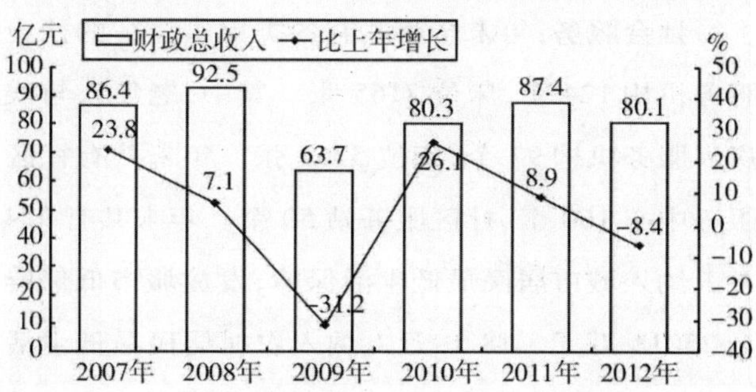

收入163.4亿元，旅游总收入166.0亿元，分别增长19.4%、32.0%和31.7%。

八、财政、金融、证券和保险

财政：全年财政总收入80.1亿元，比上年下降8.4%。一般预算收入41.5亿元，增长1.8%。在总收入中，税收收入67.2亿元，下降11.1%；非税收收入12.8亿元，增长8.9%。

图9 2007—2012年城乡居民人民币储蓄存款余额及其增长速度

一般预算支出192.6亿元，比上年增长16.2%。其中，农林水事务支出增长14.6%，教育支出增长21.3%，社会保障和就业支出增长8.4%，医疗卫生支出增长11.6%，文化体育与传媒支出增长36.9%。

金融：年末全部金融机构本外币各项存款余额1320.6亿元，比年初增长18.1%，其中人民币各项存款余额1318.4亿元，比年初增长18.2%。全部金融机构本外币各项贷款余额713.4亿元，比年初增长17.9%，其中人民币各项贷款余额708.7亿元，比年初增长17.3%。

年末农村金融机构（农村信用社、农商银行、村镇银行）人民币贷款余额290.1亿元，比年初增长14.6%。

表14 2012年年末金融机构本外币存贷款余额及其增长速度

单位：亿元

指标	年末余额	比年初增长（%）	人民币年末余额	比年初增长（%）
各项存款余额	1320.6	18.1	1318.4	18.2
企事业单位存款	378.9	23.6	378.1	24.1
城乡居民储蓄存款	879.5	15.9	878.2	15.9
各项贷款余额	713.4	17.9	708.7	17.3
#短期贷款	400.0	15.2	395.4	14.1
中长期贷款	253.1	23.8	253.1	23.8
#个人消费贷款	41.8	23.2	41.8	23.2

证券：全年运城辖区证券市场各类证券成交额247.1亿元，比上年下降9.2%。其中股票成交额238.0亿元，基金成交额1.8亿元，债券成交额5.5亿元。年末投资者资金账户开户总数8.8万户。

保险：年末全市共有保险公司28家，全年保费收入40.3亿元，比上年增长3.1%。其中，财产险保费收入11.9亿元，增长13.1%；人身意外伤害险保费收入1.9亿元，增长25.4%；健康险保费收入0.5亿元，增长12.3%；人寿险保费收入25.9亿元，下降2.3%。全年支付各类赔款及给付11.6亿元，增长23.5%。

九、教育、科学技术和文化

教育：全年全市高等院校招生15557人，在校生40682人，毕业生7892人。各类中等职业学校招生17373人，在校生43071人，毕业生18621人。普通高中招生49620人，在校生142529人，毕业生52886人。初中招生67657人，在校生226288人，毕业生87485人。普通小学招生55386人，在校生360523人，毕业生80648人。特殊教育招生109人，在校生1022人，毕业生107人。幼儿园在园幼儿138922人。

科学技术：全年受理专利申请1035件，比上年增长51.1%。其中，受理发明专利申请275件，比上年增长36.8%。全市授予专利权636件，其中，授予发明专利权61件。全年有83个项目列入国家、省各类科技计划，获得项目研究资金2873万元。

年末全市共有产品质量监督检验机构4个，法定计量鉴定技术机构13个，省授权行业建立的检验所1个。全年共监督抽查了168家企业30类、50种、80批次的产品和商品。完成强制检定计量器具39752台件。

全市有国家基本气象观测站3个，国家一般气象观测站10个。开展人工影响天气业务单位13个，防雹、增雨受益覆盖面积0.5万平方公里。天气预报服务网站2个，卫星云图接收站1个。

全市有市级地震台网中心1个，数字测震台网1个，数字测震子台5个，县级地震监测台（站）13个。全年小震活动90次，未发生3级以上地震。

文化：年末全市共有艺术表演团体16个，群众艺术馆1个，文化馆13个。公共图书馆13个，馆藏图书119.48万册。博物馆20个，档案馆14个。市级以上重点文物保护单位173处，其中国家级44处，省级92处，市级37处。拥有广播电视台12座，有线电视用户57.2万户。广播人口覆盖率95.71%，电视人口覆盖率97.35%。蒲剧《山村母亲》获文化部保留剧目奖，蒲剧《生命》获文化部戏剧文化奖，鼓乐《闻喜鼓车》、舞蹈《支边教师》获中国第十六届“群星奖”山西赛区特等奖，蒲剧《母亲的呼唤》获山西省第十三届戏剧“杏花奖”编剧奖、导演奖、表演奖。

体育：全年全市运动员在省级重大比赛中获金牌41枚、银牌34枚、铜牌44枚。全年销售中国体育彩票12709万元，比上年增长9.5%。

十、卫生和社会服务

卫生：年末全市共有医疗卫生机构5432个。其中医院223个，乡镇卫生院204个，社区卫生服务中心（站）67个，诊所（卫生所、医务室）1286个，村卫生室3568个，疾病预防控制中心14个，卫生监督所（中心）14个。卫生技术人员25195人，其中执业医师和执业助理医师11768人，注册护士7520人。医疗卫生机构床位29149张，其中医院16838张，乡镇卫生院7186张。

社会服务：年末全市共有各类提供住宿的社会服务机构124个，床位7165张。其中，老年人与残疾人服务机构97个，床位5767张。年末共有社区服务中心160个，社区服务站50个。年末共有9.4万人纳入城市居民最低生活保障，发放城市低保资金25018万元。18.0万人纳入农村居民最低生活保障，发放农村低保资金21881万元。1.5万人纳入农村五保供养。全年城市临时救济1253人次，农村临时救济2573人次。全年销售社会福利彩票2.6亿元，筹集社会福利资金7756万元，接收社会捐赠123万元。

十一、人口、人民生活和社会保障

人口：据2012年人口抽样调查，年末全市常住人口为519.46万人，比上年末增加2.78万人。男女性别比为104.66（女性为100）。全年出生人口5.84万人，出生率为11.27‰；死亡人口3.06万人，死亡率为5.90‰；自然增长率为5.37‰。城镇化率达到41.41%，比上年提高1.90个百分点。

表15　2012年年末人口数及其构成

指　　标	年末数（万人）	比　重（%）
全市常住人口	519.46	100.00
#男　性	265.64	51.14
女　性	253.82	48.86
#城　镇	215.12	41.41
乡　村	304.34	58.59

人民生活：全年城镇居民人均可支配收入18248.3元，比上年增长14.5%；城镇居民人均消费支出10804.8元，增长3.8%；城镇占调查总户数20%的低收入家庭人均可支配收入9692.5元，增长10.8%；城镇居民家庭恩格尔系数（即居民家庭食品消费支出占家庭消费总支出的比重）30.9%。中心城市（盐湖区）城镇居民人均可支配收入19661.4元，比上年增长13.4%；城镇居民人均消费支出11777.5元，增长5.3%；城镇占调查总户数20%的低收入家庭人均可支配收入6611.5元，增长3.2%；城镇居民家庭恩格尔系数28.5%。农村

居民人均纯收入6381.3元，增长13.5%；农村居民人均生活消费支出4739.6元，增长12.8%。农村占人口20%的低收入者收入2349.1元，增长1.9%。农村居民家庭恩格尔系数32.6%。

表16　2012年城乡居民收入增速及其所占比重

项目＼类别	城镇居民人均可支配收入						全市农民人均纯收入		
	全　市			中心城市(盐湖区)					
	绝对额(元)	增　速(%)	比　重(%)	绝对额(元)	增　速(%)	比　重(%)	绝对额(元)	增　速(%)	比　重(%)
一、人均收入	18248.3	14.5	-	19661.4	13.4	-	6381.3	13.5	100.0
二、家庭收入合计	19475.3	14.9	100.0	20789.5	13.1	100.0	-	-	-
1.工资性收入	13225.4	13.0	67.9	14904.8	15.5	71.7	3019.0	15.7	47.3
2.经营净收入	1329.4	-12.2	6.8	842.8	-1.6	4.1	2807.8	10.0	44.0
3.财产性收入	424.2	5.3	2.2	749.2	15.7	3.6	70.6	24.3	1.1
4.转移性收入	4496.3	35.1	23.1	4292.7	8.3	20.6	483.8	20.0	7.6

表17　2012年城乡居民消费支出及其增长速度

项目＼类别	城镇居民人均消费支出				全市农民人均生活消费支出	
	全　市		中心城市(盐湖区)			
	绝对额(元)	增　速(%)	绝对额(元)	增　速(%)	绝对额(元)	增　速(%)
合　计	**10804.8**	**3.8**	**11777.5**	**5.3**	**4739.6**	**12.8**
食　品	3339.5	10.6	3354.9	7.2	1543.7	2.4
衣　着	1503.2	-11.5	1354.5	-7.5	447.6	8.1
居　住	1177.1	-9.9	1514.9	-1.4	960.6	40.1
家庭设备用品及服务	785.9	29.3	817.4	-26.6	391.0	24.1
医疗保健	629.0	9.2	741.2	6.6	281.5	13.2
交通和通信	1655.0	11.6	2262.8	35.5	561.8	16.2
教育文化娱乐服务	1231.3	-0.9	1258.1	5.5	407.3	-3.5
其它商品和服务	483.8	0.8	473.7	22.9	146.1	16.0

表18　2012年城乡居民每百户主要消费品拥有量

品　名	单　位	全市城镇居民	中心城市(盐湖区)	全市农村居民
洗衣机	台	99.9	101.9	93.6
电冰箱	台	94.9	93.2	67.0
摩托车	辆	65.0	20.4	88.6
空　调	台	113.5	125.2	30.5
固定电话	部	76.9	60.2	38.9
移动电话	部	182.3	191.3	198.0
彩　电	台	118.1	114.6	124.5
家用汽车	辆	28.0	30.1	7.0
家用电脑	台	78.8	76.7	39.3
摄像机	架	4.7	6.8	-

注：由于统计方法变化，2011年计算增长速度基数调整为13504元。

图10　2007—2012年城镇居民人均可支配收入及其增长速度

社会保障：年末全市参加城乡居民社会养老保险329.8万人，其中，城镇职工基本养老保险47.7万人，城镇居民基本养老保险8.0万人。参加城镇基本医疗保险83.6万人，其中，城镇职工基本医疗保险49.1万人，城镇居民基本医疗保险34.5万人。

图11　2007—2012年农村居民人均纯收入及其增长速度

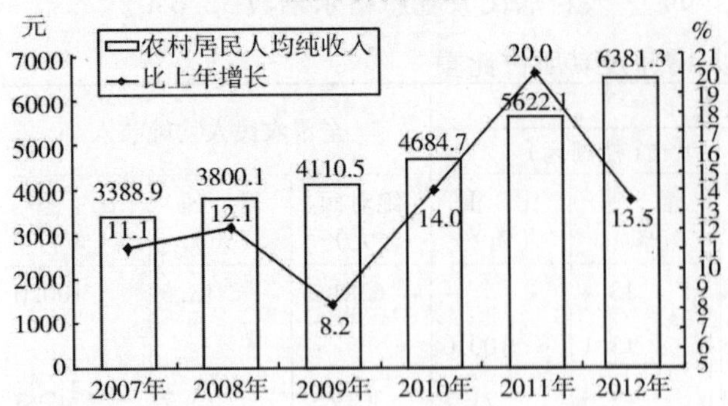

参加失业保险 32.9 万人。参加工伤保险 63.0 万人。参加生育保险 38.6 万人。

十二、资源、环境和安全生产

资源:年末全市常用耕地面积 504870 公顷,其中水浇地 290900 公顷。全年国有建设用地供应总量 3065.9 公顷。其中,工矿仓储用地 444.9 公顷,房地产用地 199.1 公顷,商业服务用地 75.2 公顷,基础设施等其它用地 2346.7 公顷。

全市拥有省级自然保护区 1 个,自然保护区面积达到 86861 公顷。

全年平均气温为 13.3℃,降水量 387.9 毫米,日照时数 2039.5 小时。

环境:全年中心城市空气质量二级以上天数为 351 天。年末中心城市建成区绿化覆盖率达到 37.2%;污水处理率达到 92.0%;城市生活垃圾无害化处理率达到 95.0%;集中供热普及率达到 89.0%。

能耗:初步核算,全年全社会能源消费总量 2398.1 万吨标准煤,比上年增长 2.6%。全市万元国内生产总值能耗下降 4.76%。

全年规模以上工业二次能源生产折标准煤 2298.8 万吨,比上年下降 13.7%。消费原煤2746.9 万吨,比上年下降 7.3%;洗精煤 1439.1 万吨,比上年下降 13.9%;焦炭 312.0 万吨,比上年下降 9.5%;电力 222.4 亿千瓦时,比上年下降 3.5%。

全年全社会用电总量 294.0 亿千瓦时。其中,第一产业用电 17.3 亿千瓦时,占全部用电量5.9%;第二产业用电 247.8 亿千瓦时,占全部用电量 84.3%,其中,工业用电 246.0 亿千瓦时;第三产业用电 8.8 亿千瓦时,占全部用电量 3.0%;城乡居民用电 20.2 亿千瓦时,占全部用电量 6.9%。

安全生产:全年安全生产事故死亡 226 人,下降 3.0%。其中,道路交通事故造成 216 人死亡,469 人受伤,直接经济损失 188.3 万元。煤矿、危险化学品、道路交通、消防等行业未发生一次死亡 10 人以上的事故。全年未发生较大及以上食品安全事故。

注　释:

1.本公报部分数据为初步统计数。

2.地区生产总值、各产业增加值绝对数按现价计算,增长速度按不变价格计算。

3.部分数据因四舍五入原因,存在与分项合计不等的情况。

4.纳入规模以上工业统计范围的工业企业起点标准为年主营业务收入 2000 万元;固定资产投资统计起点标准为项目计划总投资 500 万元;限额以上批发零售企业是指年主营业务收入 2000 万元及以上的批发企业和年主营业务收入 500 万元及以上的零售企业。限额以上住宿餐饮企业是指年主营业务收入 200 万元及以上的住宿餐饮企业。

5.节能降耗指标单独发布。

资料来源:

本公报中城镇新增就业、登记失业率、社会保障数据来自市人力资源和社会保障局;财政数据来自财政局;林业、自然保护区数据来自林业局;水产品产量数据来自水务局;农业机械数据来自农机发展中心;公路建设、公路运输数据来自交通运输局;邮政业务数据来自邮政局;电信业务数据来自联通、电信和移动;城市建设数据来自住房保障和城乡建设管理局;对外经济数据来自商务局;民航数据来自运城机场;旅游数据来自旅游局;金融数据来自人民银行;保险业数据来自保协会;证券业数据来自山西证券和大同证券;高等院校教育数据来自运城学院、运城农业职业技术学院、运城幼儿师范高等专科学校、运城职业技术学院、山西水利职业技术学院、运城护理职业学院、运城学院师范分院，其它教育数据来自教育局；科技数据来自科学技术局；质量检验数据来自质量技术监督局；气象数据来自气象局；地震数据来自地震局；艺术表演团体、博物馆、公共图书馆、文化馆、广播电视数据来自文化广电新闻出版局；档案数据来自档案馆；文物数据来自文物局；体育数据来自体育局；卫生数据来自卫生局；社会服务、低保和五保供养数据来自民政局；耕地、国有建设用地供应数据来自国土资源局；环境数据来自环境保护局；安全生产数据来自安全生产监督管理局。

1 综　合

资料整理:刘亚平　王宝龙　赵淑云
苏　静　翟晋瑞　李　婕
樊　雷

1—1 行政区划(2012)

县	市	区	乡	镇	街道办事处	社区居委会	村民委员会	自然村
10	2	1	55	81	13	128	3197	7175

盐湖区	镇	7	解州镇 北相镇 龙居镇 泓芝驿镇 三路里镇 东郭镇 陶村镇
	街道办事处	8	东城办事处 西城办事处 中城办事处 安邑办事处 姚孟办事处 大渠办事处 南城办事处 北城办事处
	乡	6	金井乡 王范乡 席张乡 上郭乡 上王乡 冯村乡
临猗县	镇	9	猗氏镇 嵋阳镇 七级镇 东张镇 临晋镇 孙吉镇 三管镇 耽子镇 牛杜镇
	乡	5	庙上乡 角杯乡 北辛乡 北景乡 楚候乡
万荣县	镇	4	解店镇 荣河镇 通化镇 汉薛镇
	乡	10	皇甫乡 西村乡 万泉乡 南张乡 高村乡 贾村乡 王显乡 光华乡 裴庄乡 里望乡
闻喜县	镇	7	桐城镇 东镇 河底镇 郭家庄镇 畖底镇 礼元镇 薛店镇
	乡	6	侯村乡 裴社乡 后宫乡 阳隅乡 神柏乡 石门乡
稷山县	镇	5	稷峰镇 化峪镇 翟店镇 清河镇 西社镇
	乡	2	太阳乡 蔡村乡
新绛县	镇	8	龙兴镇 三泉镇 泽掌镇 北张镇 古交镇 泉掌镇 万安镇 阳王镇
	乡	1	横桥乡
绛 县	镇	8	古绛镇 大交镇 安峪镇 横水镇 南樊镇 磨里镇 卫庄镇 陈村镇
	乡	2	冷口乡 郝庄乡
垣曲县	镇	5	新城镇 毛家湾镇 王茅镇 古城镇 历山镇
	乡	6	长直乡 华峰乡 英言乡 蒲掌乡 解峪乡 皋落乡
夏 县	镇	6	瑶峰镇 裴介镇 水头镇 庙前镇 泗交镇 埝掌镇
	乡	5	南大里乡 尉郭乡 禹王乡 胡张乡 祁家河乡
平陆县	镇	6	圣人涧镇 常乐镇 张村镇 曹川镇 张店镇 三门镇
	乡	4	洪池乡 杜马乡 部官乡 坡底乡
芮城县	镇	7	古魏镇 风陵渡镇 阳城镇 永乐镇 大王镇 西陌镇 陌南镇
	乡	3	学张乡 东垆乡 南卫乡
永济市	镇	7	虞乡镇 卿头镇 开张镇 栲栳镇 蒲州镇 韩阳镇 张营镇
	街道办事处	3	城东办事处 城西办事处 城北办事处
河津市	镇	2	樊村镇 僧楼镇
	街道办事处	2	城区办事处 清涧办事处
	乡	5	阳村乡 小梁乡 柴家乡 赵家庄乡 下化乡

1—2　历届市人民代表大会代表人数

项　　目	第一届	第二届	第三届
代表总数(人)	426	428	427
#女代表	88	90	94
占代表总数(%)	20.7	20.0	22.0

1—3　历届市政治协商会议委员人数

项　　目	第一届	第二届	第三届
委员总数(人)	336	363	360
#中国共产党委员	134	141	144
占委员总数(%)	39.9	39.7	40.0

1—4　国民经济和社会发展总量指标

指　标	总量指标						
	1980	1990	2000	2005	2010	2011	2012
一、年末总人口(万人)	**363.6**	**423.6**	**482.1**	**498.5**	**513.9**	**516.7**	**519.5**
城　镇	30.6	48.5	73.6	154.9	193	204.1	215.1
乡　村	333	375.1	408.5	343.6	320.9	312.6	304.4
二、全社会从业人员(万人)	**147.9**	**205.5**	**228.5**	**239.0**	**264.0**	**265.4**	**265.7**
#城镇单位职工人数	25.3	36.6	32.2	31.2	30.8	30.6	29.9
三、地区生产总值(万元)	**107774**	**449410**	**1878756**	**4712571**	**8274316**	**10168221**	**10686498**
第一产业	43562	181688	340933	552905	1415025	1645026	1769858
第二产业	26232	159902	900876	2633864	3652883	4941717	4923225
第三产业	37980	107820	636947	1525802	3206408	3581478	3993415
四、农业生产							
农林牧渔业总产值(万元)	68134	254519	613004	959022	2454731	2906330	3316018
主要农产品产量							
粮　食(万吨)	106.2	174.3	156.6	159.3	266.6	266.5	304.2
棉　花(万吨)	4.2	7	3.6	9.5	6.4	5.8	4.2
油　料(万吨)	0.4	4.6	6.5	2.2	1.9	1.9	2.1
水　果(万吨)	7	9.5	142.3	165.4	294.4	373.1	449.1
肉类总产量(吨)	35678	44759	61535	96748	101686	133172	150000
#猪牛羊肉(吨)	35603	44306	51492	78907	72204	98771	104568
大牲畜年末数(万头)	45.8	72.4	33.6	29.3	4.7	5.9	4.9
猪年末存栏数(头)	1160999	556292	529103	716644	720830	935926	1064988
羊年末存栏数(只)	687529	360046	527916	662874	420950	684880	733389
化肥施用量(吨)	193398	528891	803809	773546	931029	964281	972969
五、工业生产							
规模以上工业总产值(万元)	77290	367410	1778472	5106056	12618509	16617367	14106433
轻工业	33624	131340	351671	723990	1738474	2595132	2231748
重工业	43666	236070	1426801	4382066	10880035	14022235	11874685
规模以上工业增加值	25395	119722	597657	1830831	2940960	4197855	3443394
主要工业产品产量							
原　煤(万吨)	48.1	149.5	172.2	118.0			
焦　炭(万吨)	2.4	115.9	454.6	285.0	1170.7	1209.6	1064.3
发电量(亿千瓦小时)	8.8	19.1	49.2	94.3	211.2	164.5	196.3
粗　钢(万吨)	0.3	0.8	25.6	238.2	355.2	503.3	536.3
生　铁(万吨)	0.7	7.0	73.1	344.8	560.9	672.6	603.9
成品钢材(万吨)		0.5	25.4	282.9	403.2	459.4	364.1
氧化铝(万吨)			124.9	151.2	179.1	178.7	193.7
精炼铜(万吨)	1.3	0.5	2.0	2.8	8.1	3.2	3.4
水　泥(万吨)	11.0	44.3	169.4	291.2	797.8	725.0	694.7

1—4 续1

指　　标	总量指标						
	1980	1990	2000	2005	2010	2011	2012
布(万米)	3804.0	6765.0	5997.0	11437.0	3041.0	5377.0	2772.0
机制纸及纸板(万吨)		1.2	2.6	3.3	7.4	5.8	9.0
农　药(吨)	8208.0	2056.0	3458.0		988.7	1464.6	755.0
合成氨(万吨)	5.0	11.0	33.9	84.7	86.9	102.0	109.0
硫酸(万吨)	4.0	5.0	6.7	15.5	17.1	1.8	0.4
合成洗涤剂(万吨)	0.2	1.9	15.6	14.5	11.9	9.8	10.2
六、运输邮电							
公路通车里程(公里)	3919	4012	8260	8881	15109	15305	15509
全社会机动车辆(辆)		42895	575442	483284	793651	769291	842390
民用汽车(辆)					312979	332249	379182
公路货物运输量(万吨)	747	1380	2410	3089	4933	5700	6842.2
货物周转量(亿吨公里)	1.1	10.3	19.0	26.2	130.1	146.0	176.7
公路旅客发送量(万人)	467	2425	2995	4980	5662	5210	5102
旅客周转量(亿人公里)	1.5	9.8	13.7	25.5	21.4	20.7	22.1
邮政业务总量(亿元)	0.2	0.2	0.5	1.6	2.2	2.2	2.4
电信业务总量(亿元)			6.7	28.4	22.6	26.3	29.8
固定电话(万户)	0.5	0.9	47.9	119.7	80.2	76.0	76.5
移动电话(万部)			15.0	114.7	302.9	327.6	387.9
七、固定资产投资(万元)							
固定资产投资	14241	98169	546320	1604837	5965841	6642141	8268454
#住　宅				144420	308128	540523	589795
1. 国　有	8577	64652	277009	579045	1907891	1407007	1615063
非国有	5664	33517	269311	1025792	4057950	5235134	6653391
2. 城　镇	13956	96206	457616	1531073	5498829	6041534	7721764
农　村	984	1963	88704	73764	467012	600607	546690
3. 第一产业				7564	483168	454285	445782
第二产业				943782	3139155	3792813	5238129
第三产业				653491	2343518	2395043	2584543

1—4　续2

指　　标	总　量　指　标						
	1980	1990	2000	2005	2010	2011	2012
八、能源生产与消费							
能源消费总量(万吨标准煤)				1717	2138	2337	2398
万元 GDP 能耗(万吨标准煤)				3.64	2.72	2.48	2.36
九、国内贸易							
社会消费品零售总额(万元)	50594	143633	798756	1581807	3546543	4176138	4831791
#城　镇	19579	93058	613025	1248550	2731338	3263024	3860211
乡　村	31015	50575	185731	333257	815205	913114	971580
十、对外贸易(万美元)							
进出口总额			6797	65277	104482	125466	106405
出口额			5848	29134	28327	38964	38847
进口额			949	36143	76155	86502	67558
十一、财政与金融(万元)							
财政总收入	8548	26661	211720	556118	802788	874396	800889
一般预算收入	8548	26651	99121	184077	355403	408156	415406
一般预算支出	11532	43893	158931	437358	1348055	1657721	1926351
人民币年末存款余额	27326	265187	2099235	4335131	9516209	11150795	13183796
#城乡居民储蓄存款	5893	150003	1681095	3323560	6552370	7574698	8781597
人民币年末贷款余额	68286	409457	2013313	3727111	4998585	6044464	7087431
十二、物价指数(以上年为100)							
商品零售价格总指数		102.3	97.0	100.5	102.7	104.4	101.9
居民消费价格总指数		104.0	101.5	100.9	103.0	104.3	102.5
十三、工资与收入							
城镇单位在岗职工人数(人)	252595	365540	322200	311870	308430	306292	298841
城镇单位在岗职工工资总额(万元)	16060	65935	213928	383286	730206	844594	945357
城镇单位在岗职工平均工资(元)	688	1722	6728	12308	23690	27668	31950
城镇居民人均可支配收入(元)			4009	7507	14204	15937	18248
农村居民人均纯收入(元)	117	417	1961	2806	4685	5622	6381
十四、教育、文化							
高等学校在校学生数(人)	894	2593	3565	9169	18231	32731	40682
中等专业学校在校学生数(人)	3906	7995	21961	47667	70797	49195	43071
普通中学在校学生数(人)	273200	227756	310994	423735	397352	399782	368817
小学在校学生数(人)	561100	416865	509203	510063	410544	393626	360523
十五、卫　生							
卫生机构床位数(张)	8835	13502	13399	14347	25648	24921	29149
专业卫生技术人员(人)	8576	13516	12798	14396	23004	25464	25195
#执业医师和助理医师	3753	6557	9281		10713	12444	11768

注:城镇单位在岗职工1999年之前为全部职工。

1—5　平均每天主要社会经济活动

指　　标	1980	1990	2000	2005	2010	2011	2012
一、地区生产总值(万元)	**295.3**	**1231.3**	**4722**	**12899.4**	**22658.4**	**27858.1**	**29264.4**
二、农林牧渔总产值(万元)	**186.7**	**697.3**	**1679.5**	**2627.5**	**6139.7**	**7962.5**	**9085.0**
三、主要产品产量							
原　煤(吨)	1317.8	4095.9	4717.8	3232.3			
发电量(万千瓦小时)	241.6	522.7	1347.7	2583.6	5786.6	4506.8	5379.0
钢(吨)	7.7	20.7	701.1	6526.8	9732.8	13789.0	14694.5
成品钢材(吨)		14.9	696.6	7750.2	11045.3	12586.5	9975.9
氧化铝(吨)			3420.8	4142.3	4907.0	4895.2	5305.7
铝(吨)			272.2	572.6	1714.8	1928.5	1751.8
合成洗涤剂(吨)	5.3	52.3	427.1	396.4	327.3	269.6	278.5
水　泥(吨)	312.3	1211	4641.1	7976.8	21856.3	19864.0	19031.6
粮　食(吨)	2910.2	4774.5	4543.4	4364.5	7305.4	7300.5	8335.6
棉　花(吨)	115.1	192.8	99.5	260.9	175.3	158.9	115.1
油　料(吨)	11.3	126.8	177.3	60.3	51.0	51.0	52.1
肉类总产量(吨)	97.7	122.1	168.6	265.1	273.0	364.9	411.0
四、社会消费品零售总额(万元)	**138.6**	**393.5**	**1517.9**	**4333.7**	**9716.6**	**11441.5**	**13237.8**
五、固定资产投资(万元)	**39**	**269**	**1496.8**	**4396.8**	**16344.8**	**18197.6**	**22653.3**
六、人口变动							
出　生(人)	157	248	257	165	154	151	160
死　亡(人)	61	63	119	77	80	81	84

1—6 社会经济主要指标人均水平

指 标	1980	1990	1995	2000	2005	2009	2010	2011	2012
一、地区生产总值(元)	**308**	**1010**	**2233**	**3915**	**9485**	**14218**	**16170**	**19733**	**20628**
二、农林牧渔业总产值(元)	**189**	**610**	**1359**	**1279**	**1950**	**3792**	**4381**	**5640**	**6400**
三、主要产品产量									
原 煤(千克)	133	358	941	359	240	56			
发电量(千瓦小时)	244	457	484	1026	1917	4034	4129	3192	3789
钢(千克)	1	2	13	53	484	554	695	977	1035
成品钢材(千克)		1	2	53	575	653	788	892	703
水 泥(千克)	32	106	257	353	592	922	1560	1548	1341
氧化铝(千克)			145	261	307	254	350	347	374
粮 食(千克)	294	418	390	346	324	410	521	517	587
棉 花(千克)	12	17	13	8	19	19	13	11	8
油 料(千克)	1	11	9	14	5	4	4	4	4
猪牛羊肉(千克)	10	11	18	13	20	14	19	21	29
四、社会消费品零售额(元)	**140**	**244**	**744**	**1156**	**3216**	**6453**	**6934**	**8104**	**9326**
五、人民生活									
城镇单位在岗职工平均工资(元)	688	1722	3855	6728	12308	21186	23690	27668	31950
城镇居民可支配收入(元)			2525	4009	7507	12657	14204	15937	18248
城镇居民消费支出(元)			1911	2882	5165	8062	8423	10413	10805
农民家庭纯收入(元)	117	417	1135	1961	2806	4111	4685	5622	6381
城乡居民储蓄存款年末余额(元)	41	640	1730	3503	6667	11372	12805	14660	16950

1—7 国民经济主要比例关系

单位:%

指 标	1980	1990	2000	2005	2008	2009	2010	2011	2012
一、地区生产总值中三次产业比例									
第一产业	40.5	40.4	18.1	11.7	12.8	15.9	17.1	16.2	16.6
第二产业	24.3	35.6	48.0	55.9	50.6	44.3	44.1	48.6	46.0
第三产业	35.2	24.0	33.9	32.4	36.6	39.8	38.8	35.2	37.4
二、农林牧渔业总产值内部比例									
农业产值	84.1	82.0	84.6	78.0	75.9	73.4	77.3	77.1	77.1
林业产值	2.5	2.7	1.4	1.0	1.4	2.3	2.4	2.7	1.2
牧业产值	13.3	14.6	12.7	14.0	16.9	13.8	12.1	12.5	14.5
渔业产值	0.1	0.7	1.3	1.1	0.8	0.5	0.6	0.4	0.6
农林牧渔服务业				5.9	5.0	10.0	7.6	7.3	6.6
三、工业总产值中轻重工业比例									
轻工业	43.5	35.6	23.1	12.2	9.3	11.9	14.2	15.6	15.8
重工业	56.5	64.4	76.9	87.8	90.7	88.1	85.8	84.4	84.2
四、固定资产投资额占地区生产总值的比例	**1.5**	**21.8**	**29.1**	**34.1**	**50.5**	**66.1**	**72.1**	**65.3**	**77.4**
五、文教卫生科学事业费占财政支出的比例	**33.6**	**30.5**	**25.9**	**27.8**	**26.1**	**33.7**	**31.8**	**35.1**	**35.2**
六、地方财政收入占地区生产总值比例	**14.6**	**5.9**	**5.8**	**11.8**	**13.6**	**3.6**	**5.6**	**6.2**	**6.1**

1—8　人民物质文化生活提高情况

指　　标	2005	2010	2011	2012
一、城乡居民收入(元)				
城镇居民人均可支配收入	7507	14204	15937	18248
农民人均纯收入	2806	4685	5622	6381
城镇单位在岗职工平均工资	12308	23690	27668	31950
二、平均每人住房面积(平方米)				
城镇居民使用面积	25.5	32.5	36.1	35.8
农村居民居住面积	29.1	31.1	39.8	40.2
三、每百户耐用消费品拥有量				
电视机(彩电)(台)				
城镇居民	121	120	116	118
农村居民	103	118	120	125
洗衣机(台)				
城镇居民	99	99	100	100
农村居民	73	86	94	94
电冰箱(台)				
城镇居民	89	92	95	95
农村居民	13	33	60	67
移动电话(部)				
城镇居民	133	153	190	182
农村居民	13	119	187	198
空调(台)				
城镇居民	83	95	107	114
农村居民	4	12	27	31
四、储　蓄				
城乡居民储蓄存款年末余额(亿元)	332.4	655.2	757.5	878.2
平均每人储蓄存款余额(元)	6667	12805	14660	16950

1—9 农民物质文化生活提高情况

指　　标	单　位	2005	2010	2011	2012
一、农民人均纯收入	**元**	**2806.3**	**4685.0**	**5622.0**	**6381.3**
二、人均住房面积	**平方米**	**29.1**	**31.1**	**39.8**	**40.2**
三、收入结构					
1、工资性收入	元	1036.8	2018.9	2610.1	3019.0
2、家庭经营性收入	元	2443.6	3645.8	4545.1	5073.4
3、财产性收入	元	47.3	140.4	56.8	70.6
4、转移性收入	元	95.3	332.4	6510.3	552.6
四、人均生活消费支出	**元**	**1871.6**	**3053.8**	**4202.1**	**4739.6**
1、食　品	元	704.3	1147.2	1506.9	1543.7
2、衣　着	元	177.7	273.8	414.2	447.6
3、居　住	元	237.8	429.7	685.6	960.6
4、文教娱乐用品及服务	元	348.3	356.4	422.0	407.3
五、每百户耐用消费品拥有量					
1、洗衣机	台	73	86	94	94
2、电冰箱	台	13	33	60	67
3、空调机	台	4	12	27	31
4、摩托车	辆	74	87	89	89
5、电话机	部	77	75	34	39
6、彩　电	台	103	118	120	125
六、人均主要食品消费量					
1、粮　食	千克	212.4	164.6	174.9	149.7
2、蔬　菜	千克	62.1	58.0	64.1	59.3
3、油脂类	千克	6.0	7.1	7.5	7.8
4、肉　类	千克	4.8	7.4	7.3	7.0
5、蛋　类	千克	4.7	6.0	6.7	7.0

1—10　城镇居民物质文化生活水平提高情况

指　　标	单　位	2005	2010	2011	2012
一、城镇居民人均可支配收入	**元**	**7507**	**14204**	**15937**	**18248**
城镇单位在岗职工平均工资	元	12308	23690	27668	31950
二、城镇居民人均消费性支出	**元**	**5165**	**8423**	**10413**	**10805**
三、平均每人住房面积	**平方米**	**25.5**	**32.5**	**36.1**	**40.2**
四、每百户耐用消费品拥有量					
洗衣机	台	99	99	100	100
电冰箱	台	89	92	95	95
微波炉	台		37	36	39
彩色电视机	台	121	120	116	118
录放像机	台	11			
组合音响	套	23	21	29	20
空调器	台	83	95	107	114
照相机	架	37	29	32	31
摩托车	辆	77	61	80	65
家用电脑	台	35	57	76	79
移动电话	部	133	153	190	182
家用汽车	辆	6	11	25	28
五、人均主要食品消费量					
粮　食	千克	88.2	108.9	115.1	113.5
蔬　菜	千克	124.2	130.3	119.1	119.4
食用植物油	千克	6.4	8.5	6.8	7.5
猪　肉	千克	12.4	8.9	7.5	8.3
牛羊肉	千克	1.4	1.2	1.5	1.5
家　禽	千克	2.1	3.1	2.6	3.1
鲜　蛋	千克	12.0	13.0	12.7	13.4

1—11 主要年份地区生产总值

单位:万元

年份	地区生产总值	第一产业	第二产业	#工业	第三产业	#运输邮电业	#批零贸易餐饮业	人均地区生产总值(元/人)
1952	18053	15792	1286	758	975	109	539	92
1957	27137	21070	2820	2178	3247	526	925	131
1962	25093	16174	3483	2956	5436	604	1257	108
1965	43247	30428	6781	6087	6038	895	1851	162
1970	43671	24648	7986	6332	11037	1567	2216	142
1975	75986	33246	19425	17596	23315	2572	3983	219
1978	93633	38516	24736	23315	30381	3382	5087	263
1980	107774	43562	26232	24132	37980	4690	6527	308
1985	188731	81623	50346	38297	56762	8896	11346	490
1990	449410	181688	159902	136670	107820	24402	26743	1010
1991	453637	160528	168395	154820	124714	26851	30946	1063
1992	543947	176274	211550	185092	156123	29136	34528	1246
1993	692902	227312	262665	235807	202925	34568	38616	1574
1994	849729	259563	340215	307109	249951	41407	44878	1900
1995	1028269	305965	410852	382568	311452	56647	59203	2266
2000	1878756	340933	900876	839902	636947	138256	162075	3915
2001	2172338	342657	1082277	1005704	747404	166875	194683	4493
2002	2592500	378935	1323334	1227190	890231	204578	235894	5327
2003	3237939	435036	1734376	1608105	1068527	262376	281683	6611
2004	4070610	504480	2298209	2146112	1267921	315467	340362	8247
2005	4712571	552905	2633864	2461244	1525802	416663	368098	9485
2006	5524776	638640	3041910	2826598	1844226	534900	436752	11047
2007	6243893	776509	3267294	3023954	2200090	699128	488004	12410
2008	6916480	883711	3501485	3226002	2531284	792455	529549	13667
2009	7230077	1147330	3207912	2782419	2874835	871003	646447	14218
2010	8274316	1415025	3652883	3152452	3206408	978587	738486	16170
2011	10168221	1645026	4941717	4343355	3581478	1073258	865702	19733
2012	10686498	1769858	4923225	4242957	3993415	1164407	988147	20628

注:本表按当年价格计算;1992－2004、2005－2008年地区生产总值分别根据一经普、二经普数据统一调整(下同)。

1—12　主要年份地区生产总值指数

以上年为100

年　份	地区生产总值	第一产业	第二产业	#工　业	第三产业	#运输邮电业	#批零贸易餐饮业
1953	108.9	105.8	128.6	128.2	119.6	121.3	117.2
1957	100.2	97.3	102.9	97.9	116.8	121.6	91.3
1962	100.6	107.2	93.4	98.6	91.6	92.3	85.6
1965	126.5	118.9	152.2	163.6	108.4	111.3	107.2
1970	105.7	93.2	146.0	140.6	119.9	130.2	117.1
1975	115.1	117.9	116.9	127.6	107.1	109.6	99.3
1978	114.6	113.5	121.4	113.9	109.0	115.2	106.9
1980	99.2	98.5	98.4	94.9	111.2	114.3	109.2
1985	105.0	98.4	116.7	116.9	108.8	122.6	107.5
1990	103.2	97.1	106.5	105.6	110.2	114.5	113.4
1991	102.5	95.6	106.8	107.5	109.6	112.3	109.7
1992	111.8	105.1	113.1	114.7	119.0	114.8	110.5
1993	114.8	111.5	118.6	126.1	111.7	109.2	116.5
1994	113.6	106.8	118.4	118.7	114.0	111.8	118.5
1995	115.1	105.6	120.7	125.7	114.6	117.5	117.8
2000	111.6	100.3	113.8	115.6	112.4	113.6	110.2
2001	114.5	98.9	118.0	117.7	114.3	119.1	113.1
2002	115.6	106.7	119.0	118.5	115.1	119.3	118.5
2003	115.9	108.1	119.1	119.6	116.1	119.6	119.2
2004	116.1	109.1	119.3	120.2	115.7	116.5	115.4
2005	113.6	105.3	114.9	115.4	114.6	124.9	104.2
2006	113.8	112.6	113.5	112.6	114.5	120.3	107.0
2007	113.9	110.1	114.2	114.3	114.8	121.4	107.7
2008	107.5	109.7	104.5	105.0	111.8	115.2	109.3
2009	105.8	106.5	102.8	102.5	110.4	105.8	119.3
2010	115.6	107.1	121.6	121.6	109.8	112.2	111.5
2011	114.1	108.0	119.7	120.5	110.3	110.2	113.7
2012	107.8	106.5	107.5	106.8	108.6	105.8	111.0

注:发展速度按可比价格计算。

1—13 主要年份地区生产总值构成

单位:%

年　份	地区生产总　值	第一产业	第二产业	#工　业	第三产业	#运输邮电业	#批零贸易餐饮业
1952	100.0	87.5	7.1	4.2	5.4	0.6	3.0
1957	100.0	77.6	10.4	8.0	12.0	1.9	3.4
1962	100.0	64.5	13.9	11.8	21.6	2.4	5.0
1965	100.0	70.4	15.6	14.1	14.0	2.1	4.3
1970	100.0	56.4	18.3	14.5	25.3	3.6	5.1
1975	100.0	43.8	25.6	23.2	30.6	3.4	5.2
1978	100.0	41.2	26.4	24.9	32.4	3.6	5.4
1980	100.0	40.5	24.3	22.4	35.2	4.4	6.1
1985	100.0	43.2	26.7	20.3	30.1	4.7	6.0
1990	100.0	40.4	35.6	30.4	24.0	5.4	6.0
1991	100.0	35.4	37.1	34.1	27.5	5.9	6.8
1992	100.0	32.4	38.9	34.0	28.7	5.4	6.3
1993	100.0	32.8	37.9	34.0	29.3	5.0	5.6
1994	100.0	30.5	40.1	36.1	29.4	4.9	5.3
1995	100.0	29.7	40.0	37.2	30.3	5.5	5.8
2000	100.0	18.1	48.0	44.7	33.9	7.4	8.6
2001	100.0	15.8	49.8	46.3	34.4	7.7	9.0
2002	100.0	14.7	51.0	47.3	34.3	7.9	9.1
2003	100.0	13.4	53.6	49.7	33.0	8.1	8.7
2004	100.0	12.4	56.5	52.7	31.1	7.7	8.4
2005	100.0	11.7	55.9	52.2	32.4	8.8	7.8
2006	100.0	11.6	55.1	51.2	33.4	9.7	7.9
2007	100.0	12.4	52.3	48.4	35.2	11.2	7.8
2008	100.0	12.8	50.6	46.6	36.6	11.5	7.7
2009	100.0	15.9	44.3	38.5	39.8	12.0	8.9
2010	100.0	17.1	44.1	38.1	38.8	11.8	8.9
2011	100.0	16.2	48.6	42.7	35.2	10.6	8.5
2012	100.0	16.6	46.0	39.7	37.4	10.9	9.2

1—14　支出法地区生产总值

单位:万元

指　　标	2011	2012	以上年为 100 的速度
支出法地区生产总值	**10168221**	**10686498**	**107.8**
一、最终消费支出	4768818	5315506	110.2
居民消费支出	3746709	4126057	108.9
农村居民	1438476	1553959	106.8
城镇居民	2308233	2572098	110.2
政府消费支出	1022109	1189449	115.0
二、资本形成总额	6788053	7969367	115.8
固定资本形成总额	6206313	7312080	115.1
存货增加	581740	657287	111.2
三、货物和服务净流出	-1388650	-2598375	
流　出			
流　入			

注:以上年为 100 的速度按可比价格计算。

1—15 资本形成总额

单位:万元

指　　标	2011	2012
资本形成总额	**6788053**	**7969367**
一、固定资本形成总额	6206313	7312080
住　宅	540333	589795
非住宅建筑物	2186388	2790524
机器和设备	2351192	2836102
土地改良支出		
矿藏勘探费		
计算机软件		
其　他	1128400	1095659
二、存货增加	581740	657287
农林牧渔业	37321	59487
工　业	338505	373896
建筑业	46692	73725
交通运输、仓储邮政业	28396	30242
批发和零售业	35300	14327
住宿和餐饮业	26600	28861
房地产业	42260	48937
其他服务业	26666	27812

1—16　最终消费

单位:万元

指　　标	2011	2012
最终消费支出	**4768818**	**5315506**
一、居民消费支出	3746709	4126057
（一）农村居民	1438476	1553959
食品类支出	477250	476133
衣着类支出	131181	138048
居住类支出	139922	166681
家庭设备、用品及服务类支出	99827	120612
医疗保健类支出	78766	86832
交通和通信类支出	153193	173294
文化教育娱乐及服务类支出	133652	125618
银行中介服务支出	12358	13841
保险服务消费支出	7222	8089
自有住房服务虚拟支出	165231	199763
其它商品和服务类支出	39874	45048
（二）城镇居民	2308233	2572098
食品类支出	599366	700063
衣着类支出	337387	315112
居住类支出	247537	246745
家庭设备、用品及服务类支出	120667	164755
医疗保健类支出	114410	131864
交通和通信类支出	294541	346940
文化教育娱乐及服务类支出	246619	258113
银行中介服务支出	10731	12341
保险服务消费支出	10189	11717
自有住房服务虚拟支出	208541	261483
实物收入消费支出	22971	21544
其它商品和服务类支出	95274	101421
二、政府消费支出	1022109	1189449

1—17 总产出

单位:万元

指　　标	2011	2012	以上年为100的速度
总产出	**31553184**	**31439448**	**100.4**
第一产业	2906330	3316019	113.1
农　业	2206383	2556338	114.4
林　业	36637	39799	107.3
畜牧业	446716	479652	108.3
渔　业	16594	20230	121.9
农林牧渔服务业	200000	220000	107.8
第二产业	20608533	19035414	94.2
工　业	19280107	17523708	93.1
采掘业	600306	283167	70.0
制造业	18153779	16701476	93.5
电力、煤气及水的生产和供应业	526022	539065	102.0
建筑业	1328426	1511706	109.8
第三产业	8038321	9088015	110.8
交通运输、仓储和邮政业	1985685	2143313	106.5
交通运输和仓储业	1954741	2109906	106.5
邮政业	30944	33407	107.0
信息传输、计算机服务和软件业	425214	472778	110.1
批发和零售业	2155090	2464618	112.3
住宿和餐饮业	324260	366005	111.0
金融保险业	670374	822568	119.9
金融业	184990	225650	119.5
保险业	426517	524875	120.0
其　他	58867	72043	120.9
房地产业	518243	688750	125.0
房地产开发经营业	85407	179780	182.0
城市居民自有住房服务业	216432	261483	118.0
农村居民自有住房服务业	175682	199763	112.0
物业管理、中介服务及其他	40722	47724	115.0
租赁和商务服务业	209419	232800	109.8
科学研究、技术服务和地质勘查业	28653	31000	106.8
水利、环境和公共设施管理业	55464	59750	107.0
居民服务和其他服务业	308370	340850	108.0
教　育	368925	395433	107.0
卫生、社会保障和社会福利业	233774	251836	107.1
文化、体育和娱乐业	177555	197409	109.6
公共管理和社会组织	577295	620905	106.5

注:工业总产出等于按新口径计算的工业总产值加销项税。

1—18　分行业地区生产总值

单位:万元

行　业	2011	2012	以上年为100的速度
一、地区生产总值	**10168221**	**10686498**	**107.8**
第一产业	1645026	1769858	106.5
农　业	1300868	1406025	106.7
林　业	14655	15989	107.5
畜牧业	218747	222909	102.8
渔　业	5995	7935	132.2
农林牧渔服务业	104761	117000	109.5
第二产业	4941717	4923225	107.5
工　业	4343355	4242957	106.8
采掘业	205141	35400	86.4
制造业	4039172	4116052	107.9
电力、煤气及水的生产和供应业	99042	91505	98.4
建筑业	598362	680268	112.2
第三产业	3581478	3993415	108.6
交通运输、仓储和邮政业	889431	960025	105.0
信息传输、计算机服务和软件业	183827	204382	109.4
批发和零售业	742483	849061	111.3
住宿和餐饮业	123219	139086	109.0
金融保险业	250328	308056	119.4
房地产业	242368	283156	113.7
租赁和商务服务业	64920	72179	108.0
科学研究、技术服务和地质勘查业	17554	18910	102.1
水利、环境和公共设施管理业	29507	31787	106.3
居民服务和其他服务业	157269	174854	109.2
教　育	254104	273736	104.3
卫生、社会保障和社会福利业	154291	166212	105.1
文化、体育和娱乐业	95880	106601	110.5
公共管理和社会组织	376297	405370	105.6

1—19　地区生产总值构成项目(2012)

单位:万元

指　　标	增加值	劳动者报酬	生产税净额	#补贴	固定资产折旧	营业盈余
地区生产总值	**10686498**	**4463745**	**687772**	**88540**	**2476951**	**3058030**
第一产业	1769858	1652753	695	66249	107225	9185
农　业	1406025	1332205		66249	73820	
林　业	15989	15057			932	
畜牧业	222909	214533			8376	
渔　业	7935	7604			331	
农林牧渔服务业	117000	83354	695		23766	9185
第二产业	4923225	1235633	401441	22291	1485495	1800656
工　业	4242957	863500	338247	22291	1388683	1652527
采掘业	35400	9009	27600	3164	8888	-10097
制造业	4116052	838012	242478	18972	1307724	1727838
电力、煤气及水的生产和供应业	91505	16479	68169	155	72071	-65214
建筑业	680268	372133	63194		96812	148129
第三产业	3993415	1575359	285636		884231	1248189
交通运输、仓储和邮政业	960025	317287	31185		245950	365603
交通运输和仓储业	945850	312602	30785		242318	360145
邮政业	14175	4685	400		3632	5458
信息传输、计算机服务和软件业	204382	61312	9245		55183	78642
批发和零售业	849061	326654	113535		150703	258169
住宿和餐饮业	139086	49242	6180		23885	59779
金融保险业	308056	114786	22529		37550	133191
金融业	113825	42137	9939		15095	46654
保险业	152214	58195	9566		16383	68070
其　他	42017	14454	3024		6072	18467
房地产业	283156	31486	62784		181138	7748
房地产开发经营业	99759	28357	60784		6703	3915
城市居民自有住房服务业	82436				82436	
农村居民自有住房服务业	88505				88505	
物业管理、中介服务及其他	12456	3129	2000		3494	3833
租赁和商务服务业	72179	33200	7903		10827	20249
科学研究、技术服务和地质勘查业	18910	5673	2745		2489	8003
水利、环境和公共设施管理业	31787	10342	10241		5434	5770
居民服务和其他服务业	174854	82181	14597		24479	53597
教　育	273736	157459	456		35585	80236
卫生、社会保障和社会福利业	166212	86430	361		23269	56152
文化、体育和娱乐业	106601	44773	842		13859	47127
公共管理和社会组织	405370	254534	3033		73880	73923

注:本表按当年价格计算。

1—20　按行业划分的法人单位数、产业活动单位数及从业人数(2012)

行　业	法人单位数（个）	单产业法人	多产业法人	产业活动单位数（个）	法人单位就业人数（人）	#女　性
总　计	**19430**	**17330**	**2100**	**29685**	**769140**	**256186**
按行业划分	19430	17330	2100	29685	769140	256186
农、林、牧、渔业	1961	1958	3	2094	57399	11175
采矿业	372	366	6	409	11119	1885
制造业	3378	3312	66	3508	292821	95088
电力、燃气及水的生产和供应业	98	95	3	131	5732	1751
建筑业	448	440	8	498	48971	5305
交通运输、仓储和邮政业	541	530	11	783	18843	5128
信息传输、计算机服务和软件业	326	314	12	736	7386	2415
批发和零售业	3151	3001	150	4993	54895	23172
住宿和餐饮业	250	239	11	324	12327	7328
金融业	98	64	34	900	21564	6081
房地产业	543	539	4	567	9346	3037
租赁和商务服务业	663	643	20	802	9875	3662
科学研究、技术服务和地质勘查业	374	366	8	508	5915	1699
水利、环境和公共设施管理业	204	197	7	294	5856	1960
居民服务和其他服务业	345	339	6	380	4958	1605
教　育	942	842	100	2674	67042	38091
卫生、社会保障和社会福利业	509	431	78	2856	21659	12410
文化、体育和娱乐业	294	284	10	369	8952	3237
公共管理和社会组织	4933	3370	1563	6859	104480	31157

1—21 按登记注册类型划分的法人单位数、产业活动单位数及从业人数(2012)

行　业	法人单位数（个）	单产业法　人	多产业法　人	产业活动单位数（个）	法人单位就业人数（人）	#女　性
总　计	**19430**	**17330**	**2100**	**29685**	**769140**	**256186**
一、内　资	19384	17286	2098	29569	762145	254333
国　有	3386	2604	782	8118	210844	85234
集　体	458	359	99	2528	24038	9313
股份合作	108	104	4	128	4033	1115
国有联营	9	9		43	190	65
集体联营	13	13		20	192	50
国有与集体联营	3	3		3	63	14
其他联营	8	6	2	26	823	134
国有独资公司	15	13	2	34	10998	3390
其他有限责任公司	1602	1561	41	1801	85694	25167
股份有限公司	431	391	40	980	52363	12435
私营独资	3718	3702	16	4305	90317	25473
私营合伙	350	346	4	390	7426	2436
私营有限责任公司	3076	3016	60	3186	173686	56335
私营股份有限公司	449	443	6	464	15318	4658
其　他	5758	4716	1042	7543	86160	28514
二、港澳台商投资	13	12	1	16	2309	557
与港澳台商合资经营	7	7		9	757	232
与港澳台商合作经营	2	2		2	64	28
港澳台商独资	3	2	1	3	1288	287
港澳台商投资股份有限公司	1	1		2	200	10
三、外商投资	33	32	1	100	4686	1296
中外合资经营	15	14	1	21	3111	805
中外合作经营						
外资企业	14	14		41	1482	457
外商投资股份有限公司	4	4		38	93	34

1—22 按登记注册类型、从业人数组距划分的企业法人单位数(2012)

单位:个

项 目	7人以下	8－19人	20－49人	50－99人	100－299人	300－499人	500－999人	1000－4999人	5000－9999人	10000人以上
总 计	**4522**	**3478**	**2202**	**765**	**587**	**133**	**77**	**66**	**1**	**4**
一、内 资	4518	3469	2194	757	575	131	76	64	1	4
国 有	90	110	98	52	49	13	14	13		
集 体	72	106	98	37	21	8	9	1		
股份合作	27	32	20	10	6	1	1			
国有联营	1	5		1						
集体联营	4	4	3							
国有与集体联营		1	1							
其他联营	3	2			1		1			
国有独资公司	1	4	4			2				1
其他有限责任公司	578	480	270	113	92	25	15	13	1	
股份有限公司	121	122	89	47	22	7	6	8		1
私营独资	1443	1080	713	170	79	8				1
私营合伙	134	96	69	22	4					
私营有限责任公司	1204	802	516	210	223	57	21	27		1
私营股份有限公司	111	179	98	30	20	2	4	1		
其 他	729	446	215	65	58	8	4	1		
二、港澳台商投资	2	3	1	3	2	1		1		
与港澳台商合资经营	2	1		2	1	1				
与港澳台商合作经营		1		1						
港澳台商独资		1	1					1		
港澳台商投资股份有限公司				1						
三、外商投资	2	6	7	5	10	1	1	1		
中外合资经营		2	3	2	6		1	1		
中外合作经营										
外资企业		4	2	3	4	1				
外商投资股份有限公司	2		2							

主要统计指标解释

国内生产总值 是指一个国家或地区所有常住单位在一定时期内生产活动的最终成果。国内生产总值有三种表现形态,即价值形态、收入形态和产品形态。从价值形态看,它是所有常住单位在一定时期内所生产的全部货物和服务价值超过同期投入的全部非固定资产货物和服务价值的差额,即所有常住单位的增加值之和;从收入形态看,它是所有常住单位在一定时期内所创造并分配给常住单位和非常住单位的初次分配收入之和;从产品形态看,它是最终使用的货物和服务减去进口货物和服务。在核算中,国内生产总值的三种表现形态表现为三种计算方法,即生产法、收入法和支出法。三种方法分别从不同的方面反映国内生产总值及其构成。

三次产业 是根据社会生产活动历史发展的顺序对产业结构的划分,产品直接取自自然界的部门称为第一产业,对初级产品进行再加工的部门称为第二产业,为生产和消费提供各种服务的部门称为第三产业。它是世界上较为通用的产业结构分类,但各国的划分不尽一致。我国的三次产业划分是:

第一产业:农业(包括种植业、林业、牧业和渔业)。

第二产业:工业(包括采掘业、制造业、电力、煤气及水的生产和供应业)和建筑业。

第三产业:除第一、二产业以外的其他各业。由于第三产业包括的行业多、范围广,根据我国的实际情况,第三产业可分为两大部门:一是流通部门,二是服务部门。具体又可分为四个层次:

第一层次:流通部门,包括交通运输、仓储及邮电通信业,批发和零售贸易、餐饮业。

第二层次:为生产和生活服务的部门,包括金融、保险业,地质勘察业、水利管理业,房地产业,社会服务业,农、林、牧、渔服务业,交通运输辅助业,综合技术服务业等。

第三层次:为提高科学文化水平和居民素质服务的部门,包括教育、文化艺术及广播电影电视业,卫生、体育和社会福利业,科学研究业等。

第四层次:为社会公共需要服务的部门,包括国家机关、政党机关和社会团体以及军队、警察等。

国(地区)外净要素收入 是指本国(地区)居民对国(地区)外从事投资和提供劳务所取得的要素收入,与外国(地区)居民对本国(地区)从事投资和提供劳务所取得的要素收入的差额。主要包括企业收入(含利润和投资利息、股息等)、劳动者收入和财产收入三部分。

总产出 一定时期内生产的所有货物和服务的价值。它是货物和服务的全部价值,包括转移价值和新增价值两部分。总产出用生产者价格估价。

增加值 生产货物或提供服务过程中增加的价值,也称为追加价值,就是总产出与中间投入之间的差额。

总消费 指常住单位在一定时期内对于货物和服务的全部最终消费,也就是常住单位为满足人们物质、文化和精神生活的需要,从本国经济领土或外国购买的货物和服务。不包括非常住居民在本国经济领土内的消费。总消费分为居民消费和社会消费。

1. 居民消费是指常住居民在核算期内对于货物和服务的全部最终消费。包括①居民以货币直接购买的用于生活消费的各种货物,既有各种耐用消费品又有非耐用消费品。不包括居民购买的房屋和用于生产目的支出。②居民直接购买的用于生活消费的各种服务支出。如,交通费、学杂费、房租、洗理、日用修理、医疗保健(自己直接支付)、教育、文化、家庭保姆等支出。③居民自产自用的计入核算期社会产品中的货物。④自有住房的虚拟消费。⑤居民以实物工资获得的各种生活消费包括免费和低于市场价格获得的各种货物和服务。⑥职工从单位享受的公费医疗和集体福利设施及补贴。

居民消费不包括居民销售旧货、废品、废料得到的净收入。

2. 社会消费是指政府部门的总产出扣除销售收入后的价值。换句话讲,就是指社会公共服务部门将其生产活动总成果提供给政府,由政府部门购买并提供给全社会享用的消费品和劳物。

总投资　指常住单位在核算期内对固定资产和库存的投资支出合计，分为固定资产形成和库存增加两项。

1. 固定资产形成固定资产是生产过程中生产的，在其他生产过程中反复使用一年以上的有形和无形资产。固定资产形成是指常住单位在核算期内购置、转入和为自用而生产的固定资产，扣除已有固定资产的销售和转出后的价值。有形固定资产形成包括建筑工程、安装工程、设备与工具器具购置和其他费用四部分，不包括居民拥有的耐用消费品和作为纯军事目的而使用的耐用品。无形固定资产形成包括矿藏的勘探、计算机软件、娱乐、文学艺术品原件等。

2. 库存增加（存货变动）是指常住单位在核算期内库存实物量变动的市场价值。期末与期出差额为正值，表示库存增加；负值表示库存减少。具体包括：一是生产单位从其他单位购买的原材料、燃料和各种储备物资等。这部分购买入库的商品应按本期购买者价格估价。二是生产单位生产的各种产成品、在制品、半成品等。生产单位生产入库和各种产品应按本期生产者价格估价。

当年价格　指报告期的实际价格，如工厂的出厂价格，农产品的收购价格，商业的零售价格等。按当年价格计算，是指一些以货币表现的物量指标，按照当年的实际价格来计算总量。使用当年价格计算的数字，是为了使国民经济各项指标互相衔接，便于考察当年社会经济效益，便于对生产和流通、生产和分配、生产和消费进行经济核算和综合平衡。

按当年价格计算的价值指标，在不同年份之间进行对比时，因为包含有各年间价格变动的因素，不能确切地反映实物量的增减变动。必须消除价格变动因素后，才能真实反映经济发展动态。因此，在计算增长速度时都使用按可比价格计算的数字。

可比价格　指在不同时期的价值指标对比时，扣除了价格变动的因素，以确切表示物量的变化。按可比价格计算有两种方法，一种是直接按产品产量乘其不变价格计算，另一种是用价格指数进行缩减。

平均增长速度　我国计算平均增长速度有两种方法：一种是习惯上经常使用的“水平法”，又称几何平均法，是以间隔期最后一年的水平同基期水平对比来计算平均每年增长（或下降）速度；另一种是“累计法”，又称代数平均法或方程法，是以间隔期内各年水平的总和同基期水平对比来计算平均每年增长（或下降）速度。

在一般正常情况下，两种方法计算的平均每年增长速度比较接近；但在经济发展不平衡、出现大起大落时，两种方法计算的结果差别较大。

本《年鉴》内所列的平均增长速度，除固定资产投资用“累计法”计算外。其余均用“水平法”计算。从某年到某年平均增长速度的年份，均不包括基期年在内。如建国四十三年的平均增长速度是以1949年为基期计算的，则写为1950－1992年平均增长速度。其余类推。

2 人口、从业人员和劳动报酬

资料整理:郭自进　董泽波　薛张伟

2—1 主要年份总户数、常住人口数

单位:人

年　　份	总户数（户）	总人口	按性别分		按农业非农业分	
			男　性	女　性	非农业人口	农业人口
1952	449842	1949785	988822	960963	122062	1827723
1957	482569	2188333	1105803	1082530	139690	2048643
1962	540348	2505372	1263405	1241967	129819	2375553
1965	562475	2741981	1378225	1363756	162412	2579569
1970	637127	3130203	1579325	1550878	176799	2953404
1975	693242	3455077	1750412	1704665	250443	3204634
1978	741444	3569502	1807415	1762087	277123	3292379
1980	765103	3635831	1846654	1789177	306182	3329649
1985	848249	3851029	1963852	1887177	390374	3460655
1990	1036937	4235748	2161209	2074539	485029	3750719
1995	1144040	4567630	2334127	2233503	611525	3956105
2000	1227613	4821127	2464762	2356365	735670	4085457
2005	1329126	4984769	2534403	2450366	1631113	3385701
2006	1371184	5016814	2553608	2463206	1631113	3385701
2007	1497325	5045986	2565199	2480787	1709597	3336389
2008	1446176	5075670	2579250	2496420	1788363	3287307
2009	1498977	5095010	2584337	2510673	1866816	3228194
2010	1526960	5139218	2617950	2521268	1930497	3208721
2011	1591817	5166767	2628209	2538558	2041386	3125381
2012	1675644	5194592	2656374	2538218	2151157	3043435

注:2000 年以后人口数为抽样调查数据,其余为公安年报数;总户数为公安年报数,下同。

2—2 主要年份人口自然变动

单位:人

年份	出生		死亡		自然增长	
	人数	出生率(‰)	人数	死亡率(‰)	人数	自然增长率(‰)
1952	54171	28.18	19341	10.06	34830	18.12
1957	62800	28.97	20974	9.68	41826	19.20
1962	84777	34.47	22676	9.22	62101	25.25
1965	83457	30.81	21068	7.78	62389	23.03
1970	92821	30.08	18801	6.09	74020	23.99
1975	66671	19.42	23363	6.81	43308	12.61
1978	52406	14.74	22463	6.32	29943	8.42
1980	57348	15.87	22349	6.19	34999	9.68
1985	53389	13.90	21947	5.70	31442	8.20
1990	47447	23.45	23059	6.46	24388	16.99
1995	61602	13.57	22530	4.96	39072	8.61
2000	93853	19.56	43378	9.04	50475	10.52
2005	60072	12.09	27974	5.63	32098	6.46
2006	59054	11.81	27010	5.4	32044	6.41
2007	58382	11.57	29115	5.77	29267	5.8
2008	58295	11.52	28611	5.65	29684	5.87
2009	57148	11.23	30788	6.05	26360	5.18
2010	56111	10.95	29039	5.67	27072	5.28
2011	55115	10.70	29478	5.72	25637	4.98
2012	58402	11.27	30572	5.90	27830	5.37

2—3 主要年份从业人员年末人数

单位：人

年份	社会劳动者总计	职工	国有单位	城镇集体单位	其他单位	其他从业人员	城镇个体劳动者	农村集体和个体劳动者
1952	821454	18527	18527					802972
1957	966644	48857	48857					917787
1962	1008031	67369	67369					940662
1965	1114338	78755	78755					1035583
1970	1234282	106683	106683					1127599
1975	1392990	186142	145130	41012				1206848
1978	1433603	225915	159218	28449				1207688
1980	1479030	252595	219110	33485			797	1225647
1985	1799655	314128	256197	57743	188		7229	1478298
1990	2054691	365540	301289	64095	156		9852	1679299
1995	2278471	396837	333789	58679	4369		13425	1868209
1996	2274048	399996	338844	56741	4411	13192	16668	1844192
1997	2274996	363226	295511	50872	16843	14140	17819	1879811
1998	2254175	333690	271856	36426	25408	19244	17924	1883317
1999	2250645	319624	265039	29181	25404	18723	18776	1893522
2000	2284592	322200	265802	30433	25965	17884	19842	1924666
2005	2390281	311870	214787	20670	76413	12490	23466	2042455
2006	2408281	312992	215707	20966	76319	8020	20873	2066396
2007	2470034	304601	209001	18657	76943	7708	26200	2131525
2008	2630045	296879	203849	17696	75334	12445	169712	2151009
2009	2642425	304538	211184	15555	77799	16930	175164	2145793
2010	2640328	308430	212240	17063	79127	11908	224758	2095232
2011	2654322	306292	210978	19963	75351	11876	226356	2109798
2012	2657303	298841	214581	18538	65722	87496	228358	2042608

2—4 主要年份城镇单位分行业职工人数

单位:人

年份	合计	农林牧渔业	采掘业	制造业	电力煤气及水的生产和供应业	建筑业	交通运输仓储和邮政业	信息传输、计算机服务和软件业	批发和零售业	住宿和餐饮业
1990	365540	7874	19834	162477	6289	14249	8639		44370	
1991	383255	7802	19581	167952	6244	15905	8171		48191	
1992	392873	7934	19621	173016	6132	16868	8208		49103	
1993	393805	7015	18809	175233	6148	14438	9053		47968	
1994	391594	6712	19398	174558	6221	15049	8923		41973	
1995	396837	6408	20104	173867	8046	16389	9044		40481	
1996	399996	6276	22873	172146	8277	14966	9805		39554	
1997	383204	6097	3284	169092	8918	18013	8966		38528	
1998	333690	5518	2322	136629	9996	11008	8716		26384	
1999	319624	5386	1684	127773	9609	7908	8562		23283	
2000	322200	5248	1397	125064	9902	10763	8047		22547	
2005	311870	4806	1897	103775	9490	12668	7739		19197	
2006	312992	4720	1965	102389	9153	14445	7908		16855	
2007	304601	4743	1889	98951	8801	11030	7596		14916	
2008	296879	4542	2042	93724	8765	10828	6089		12490	
2009	304538	3074	1372	94866	8481	11245	5255	4179	12757	1810
2010	308430	2922	1219	96495	7134	13034	4692	3680	11153	1474
2011	306292	2800	545	90931	6794	7576	7259	2258	10137	1699
2012	298841	2546	537	78177	7308	7805	6336	3745	9371	1661

年份	金融业	房地产业	租赁和商务服务业	科学研究、技术服务和地质勘查业	水利、环境和公共设施管理业	居民服务和其他服务业	教育	卫生、社会保障和社会福利业	文化、体育和娱乐业	公共管理和社会组织
1990	7088	532		1739	6824	3874	37130	10779		33843
1991	7383	590		1762	7045	4400	39456	11190		39687
1992	7722	613		1820	6438	4869	40622	11533		38374
1993	8326	503		2320	5534	3978	40488	12276		41662
1994	8671	603		2203	5389	4168	42711	12729		42295
1995	9018	619		2294	5204	4215	43623	13169		44356
1996	9530	616		1973	3942	4897	45269	12973		46179
1997	8937	412		1498	4570	4883	46687	13788		47957
1998	10748	394		1419	3669	3629	45338	13448		53728
1999	10206	413		1533	3102	3635	46260	13779		55263
2000	10179	431		1626	3111	3698	48323	14048		56610
2005	9832	358		4575	5112	3097	61244	14776		51086
2006	11503	390		4510	5290	2763	60188	15118		51741
2007	11403	412		3263	5702	2728	60909	15409		52159
2008	11551	372		3279	5287	2206	60235	15695		53802
2009	11106	794	1825	2886	4571	114	53268	16455	5806	64674
2010	11114	782	1665	2771	4021	88	55548	17705	5550	67383
2011	11653	822	1378	2890	4750	90	59941	19311	6129	69329
2012	11723	552	1667	3180	5224	77	64279	20775	4466	69412

注:2009 年前为十五大行业,从 2009 年起执行十九大行业。

2—5 主要年份城镇单位分行业职工工资总额

单位:万元

年份	合计	农林牧渔业	采掘业	制造业	电力煤气及水的生产和供应业	建筑业	交通运输仓储和邮政业	信息传输、计算机服务和软件业	批发和零售业	住宿和餐饮业
1990	65935	1322	1654	30186	1725	2839	1549		6584	
1991	71094	1407	2842	33495	1895	3513	1481		7097	
1992	80103	1680	1112	38547	1988	3586	1737		7486	
1993	91244	1497	6851	40553	1938	2308	2084		7397	
1994	117817	1837	9529	48803	2903	4138	3295		8318	
1995	151985	2446	12994	65323	5558	4854	3915		9504	
1996	170962	274	15505	77276	6731	3109	4407		9610	
1997	177811	2905	887	89370	7917	4884	4794		9493	
1998	165622	2711	1197	74909	7336	3432	5529		7701	
1999	184310	2885	745	82223	8801	3163	5373		8163	
2000	213928	3113	604	94366	9631	5371	6444		9033	
2005	383286	5278	2331	132332	21764	10716	8095		13669	
2006	433341	5752	3282	146765	24151	16813	8125		14121	
2007	491532	7177	3310	172657	30309	11766	8138		12778	
2008	590949	8441	3540	192173	33316	14738	8548		12508	
2009	641996	6583	1309	194373	37572	14923	7732	15445	16211	1819
2010	730206	6423	2162	222484	42411	20220	9015	14933	15552	1863
2011	844594	7535	1378	239204	49619	16667	15723	11579	23122	2227
2012	945357	7592	2157	248034	51666	19832	18695	15532	25096	2762

年份	金融业	房地产业	租赁和商务服务业	科学研究、技术服务和地质勘查业	水利、环境和公共设施管理业	居民服务和其他服务业	教育	卫生、社会保障和社会福利业	文化、体育和娱乐业	公共管理和社会组织
1990	1150	21		296	1131	633	6691	1728		5404
1991	1243	20		329	1090	753	7407	1906		6618
1992	1590	22		426	1270	929	9015	2318		8396
1993	2424	16		601	1269	698	10396	2878		10225
1994	4312	148		806	1765	936	13962	3778		13289
1995	5049	214		931	2012	1085	16327	4666		17109
1996	5298	227		927	1456	1322	17871	5106		19084
1997	5805	157		705	1771	1450	20316	6335		20866
1998	7657	175		701	1507	1214	20347	6001		24782
1999	8205	235		826	1359	1492	23706	7441		28973
2000	9394	243		932	1623	1602	28429	9088		33256
2005	21893	316		5937	4658	2945	70094	16603		56990
2006	25754	393		5701	5798	3338	81080	18170		64419
2007	29585	442		5971	6767	3247	91226	21636		73751
2008	36527	423		6865	7327	3139	123773	25996		97316
2009	36073	977	2515	6813	5817	158	117847	31715	11849	132268
2010	46459	1094	2544	7667	6056	153	138814	37474	11037	143845
2011	59017	1269	2472	8148	8181	172	167555	46925	14269	169535
2012	67326	1292	3228.7	11887	10507	238	201577	59947	10073	187914

2—6 主要年份国有单位分行业职工人数

单位:人

年份	合计	农林牧渔业	采掘业	制造业	电力煤气及水的生产和供应业	建筑业	交通运输仓储和邮政业	信息传输、计算机服务和软件业	批发和零售业	住宿和餐饮业
1990	301289	7095	18947	134875	6289	7500	7758		24420	
1991	314317	6889	18689	139989	6244	7878	7339		25393	
1992	305353	7028	18717	126903	6132	8725	7439		26438	
1993	307844	6245	18809	126867	6148	7277	8283		26379	
1994	306974	6150	18940	122350	6221	7980	8359		25580	
1995	333789	5719	19005	143210	8046	9217	8611		25089	
1996	338844	5586	22491	143687	8277	8118	9468		24324	
1997	310994	5749	2991	131716	8918	8428	8312		23932	
1998	271856	5389	2093	100642	9786	5339	8638		16550	
1999	265039	5272	1431	94653	9348	3673	8106		15286	
2000	265802	4896	1199	91569	9688	6261	7950		14888	
2005	214787	4316	684	33990	8839	5464	6106		11854	
2006	215707	4235	610	33222	8082	7011	6434		10235	
2007	209001	4264	600	28898	7550	5008	6296		8834	
2008	203849	4194	711	26971	7453	4896	5432		7267	
2009	211184	2857	629	28831	7677	4802	5163	3938	4743	1106
2010	212240	2712	629	29651	6122	4939	4594	3598	3302	866
2011	210978	2608	0	20867	5825	3329	7188	2153	3872	862
2012	214581	2339		18192	6338	3719	6306	3566	3322	990

年份	金融业	房地产业	租赁和商务服务业	科学研究、技术服务和地质勘查业	水利、环境和公共设施管理业	居民服务和其他服务业	教育	卫生、社会保障和社会福利业	文化、体育和娱乐业	公共管理和社会组织
1990	4320	438		1739	6824	2746	36269	8946		33124
1991	4539	492		1762	7045	3249	38609	9357		36843
1992	4767	511		1820	6438	3432	39764	9530		37709
1993	5217	503		2320	5534	3628	39640	9831		41163
1994	5432	549		2203	5389	3765	41865	10423		41777
1995	5668	563		2294	5204	3822	42820	10658		43863
1996	6078	601		1973	3942	4439	44796	8958		45386
1997	5674	402		1498	4570	4299	46290	9527		47793
1998	5732	394		1419	3498	3319	45013	9879		53525
1999	5818	409		1533	2980	3324	45946	10960		55147
2000	5748	427		1626	2985	3386	46370	11190		56494
2005	5315	358		4575	5071	2815	59329	12197		51051
2006	5473	390		4510	5249	2506	59270	13095		51706
2007	6004	412		3263	5660	2477	60006	13306		52118
2008	5863	372		3279	5198	1949	59601	13424		53775
2009	6235	449	1238	2841	4417	27	51208	14843	5577	64603
2010	5312	511	1112	2761	3880	28	53785	15768	5347	67323
2011	5275	494	921	2880	4577	25	57300	17654	5905	69243
2012	5252	481	1354	3145	5081	25	61943	19057	4179	69292

2—7 主要年份国有单位分行业职工工资总额

单位:万元

年 份	合 计	农林牧渔 业	采掘业	制造业	电力煤气及水的生产和供 应 业	建筑业	交通运输仓储和邮政 业	信息传输、计算机服务和软件业	批发和零售 业	住宿和餐饮业
1990	57580	1224	1624	26818	1725	1691	1451		4030	
1991	61543	1299	2813	29904	1895	1987	1394		4064	
1992	65301	1560	1081	30108	1988	2070	1638		4264	
1993	74460	1377	6851	30295	1938	818	1975		4163	
1994	97875	1743	9416	35915	2903	2583	3140		5324	
1995	134960	2221	12639	56941	5558	3265	3779		6091	
1996	153041	2531	15435	68298	6731	1668	4304		5966	
1997	149534	2783	846	71173	7917	2328	4647		6132	
1998	143806	2673	1107	62311	7227	1538	5509		5433	
1999	155303	2858	674	62117	8662	1615	5171		5767	
2000	181781	3003	526	73160	9522	3405	6416		6434	
2005	264364	5047	803	38220	21123	5397	6913		9193	
2006	296628	5494	1033	40905	23018	8892	7339		9332	
2007	337144	6976	1014	47388	28614	6883	7391		8457	
2008	415245	8268	1532	57034	31118	8606	7510		7877	
2009	460291	6455	906	57793	35312	6786	7653	14531	6279	1211
2010	518524	6284	906	68659	39343	8101	8951	14322	4877	1202
2011	597159	7361		58181	45614	7458	15579	10594	12145	1118
2012	679616	7391		58437	48163	10600	18650	14074	12482	1601

年 份	金融业	房地产业	租赁和商务服务业	科学研究、技术服务和地质勘查业	水利、环境和公共设施管理业	居民服务和其他服务 业	教 育	卫生、社会保障和社会福利业	文化、体育和娱乐业	公共管理和社会组 织
1990	804	16		296	1131	414	6603	1471		5281
1991	849	14		329	1090	511	7303	1623		6470
1992	1129	16		426	1270	613	8899	1972		8267
1993	1682	12		601	1269	637	10261	2383		10090
1994	3129	145		806	1765	840	13821	3225		13119
1995	3359	211		931	2012	954	16084	4025		16892
1996	3623	223		927	1456	1145	17725	3876		18836
1997	4159	154		705	1771	1267	20129	4762		20791
1998	4581	175		701	1432	1188	20254	4595		24713
1999	5177	233		826	1319	1351	23641	6287		28941
2000	6004	241		932	1575	1470	27302	7833		33223
2005	13839	316		5937	4636	2688	69355	14799		56960
2006	15349	393		5701	5768	3023	80152	16697		64378
2007	18339	442		5771	6724	2908	90284	19808		73700
2008	22772	423		6865	7234	2775	122781	23387		97261
2009	22946	625	1816	6469	5700	45	116386	29406	11569	128403
2010	26781	780	1757	7656	5922	50	134054	34346	10814	143721
2011	32521	935	1679	8136	7942	45	161009	43522	13966	169354
2012	33794	1129	2578	11853	10277	56	195774	55553	9536	187669

2—8　主要年份城镇集体单位分行业职工人数

单位:人

年　份	合　计	农林牧渔　业	采掘业	制造业	电力煤气及水的生产和供　应　业	建筑业	交通运输仓储和邮政　　业	信息传输、计算机服务和软件业	批发和零售　　业	住宿和餐饮业
1990	64095	779	887	27446		6749	881		19950	
1991	68750	913	892	27775		8027	832		22798	
1992	69062	906	904	27655		8143	769		22665	
1993	64403	770		26978		7161	770		21589	
1994	57575	562	60	25850		7069	564		16393	
1995	58679	689	869	26829		7172	433		15264	
1996	56741	690	382	24326		6848	337		15222	
1997	55050	348	293	20842		9290	654		14561	
1998	36426	129	49	11091		5669	78		9717	
1999	29181	114	73	9013		4179	78		7584	
2000	30433	352	78	8772		4196	73		7090	
2005	20670	438	22	4032		2856	196		5234	
2006	20966	422	22	3567		3934	115		4599	
2007	18657	346	22	3477		2850	101		4245	
2008	17696	287	22	2662		3101	89		3378	
2009	15555	162		2864	315	1869			3625	219
2010	17063	162		3026	147	1805			4116	216
2011	19963	136	5	3143	121	2214	11		3830	194
2012	18538	170	170	2326	121	1900	10		3782	173

年　份	金融业	房地产业	租赁和商务服务业	科学研究、技术服务和地质勘查业	水利、环境和公共设施管理业	居民服务和其他服务　　业	教　育	卫生、社会保障和社会福利业	文化、体育和娱乐业	公共管理和社会组　　织
1990	2768	94				1128	861	1833		719
1991	2844	98				1151	847	1833		2844
1992	2955	102				1437	858	2003		665
1993	3109					180	848	2445		499
1994	3133	54				220	846	2306		518
1995	3350	56				210	803	2511		493
1996	3452	15				188	473	4015		793
1997	3263	10				288	397	4261		164
1998	5016				171	305	325	3569		203
1999	4388				122	306	314	2819		116
2000	4431					307	1953	2858		116
2005	4275				41	274	715	2549		35
2006	5318					203	718	1997		35
2007	4674					233	595	2079		35
2008	4966				45	252	634	2233		27
2009	4332	18	145	45	82	56	522	1036	210	55
2010	5064	17	168	10	83	30	509	1473	185	52
2011	5432	32	122	10	120	59	2605	1619	224	86
2012	5494	32	99	35	78	46	2300	1680	287	

2—9 主要年份城镇集体单位分行业职工工资总额

单位:万元

年份	合计	农林牧渔业	采掘业	制造业	电力煤气及水的生产和供应业	建筑业	交通运输仓储和邮政业	信息传输、计算机服务和软件业	批发和零售业	住宿和餐饮业
1990	8338	97	30	3351		1148	98		2554	
1991	9516	109	28	3555		1526	88		3033	
1992	10585	121	31	4223		1516	99		3222	
1993	11201	121		4719		1490	109		3234	
1994	11808	93	21	4933		1554	155		2994	
1995	15383	225	319	6896		1588	136		3413	
1996	15857	204	70	7039		1441	103		3642	
1997	16473	122	41	6609		2450	147		3346	
1998	13198	39	6	4199		1895	21		2242	
1999	11995	27	28	3665		1529	16		2217	
2000	14558	110	31	4055		1903	21		2392	
2005	18555	207	8	3239		2165	158		2674	
2006	22718	233	8	3330		4428	103		2850	
2007	21163	165	8	3711		1944	80		2419	
2008	26200	136	8	3779		3174	74		2429	
2009	25392	86		3544	319	2533			3212	196
2010	33557	93		4343	442	3192			3596	227
2011	49638	103	12	7127	382	4411	20		3945	194
2012	54231	143	12	6292	382	3529	21		4073	249

年份	金融业	房地产业	租赁和商务服务业	科学研究、技术服务和地质勘查业	水利、环境和公共设施管理业	居民服务和其他服务业	教育	卫生、社会保障和社会福利业	文化、体育和娱乐业	公共管理和社会组织
1990	346	5				219	88	257		124
1991	394	6				242	104	283		148
1992	461	6				317	116	347		129
1993	742	3				17	135	495		135
1994	1164	3				28	140	553		170
1995	1663	3				39	243	641		217
1996	1675	4				55	146	1230		248
1997	1646	3				88	187	1574		75
1998	3076				75	26	92	1406		69
1999	3028				40	140	65	1162		32
2000	3390				48	131	1128	1255		33
2005	7440				22	249	584	1780		30
2006	9232					305	742	1447		41
2007	10016					329	644	1806		43
2008	12543				46	360	992	2604		55
2009	11953	20	203	344	52	73	1226	1374	197	61
2010	17390	23	291	11	68	44	1279	2277	175	106
2011	22562	18	292	11	153	113	6460	3352	303	181
2012	28291	84	252	34	144	166	5710	4310	538	

2—10　主要年份其他单位分行业职工人数

单位：人

年　份	合　计	农林牧渔　业	采掘业	制造业	电力煤气及水的生产和供　应　业	建筑业	交通运输仓储和邮政　　业	信息传输、计算机服务和软件业	批发和零售　　业	住宿和餐饮业
1990	156			156						
1991	188			188						
1992	18458			18458						
1993	21558			21388						
1994	27045		398	26358						
1995	4369		230	3828					128	
1996	4411			4133					8	
1997	17160			16534		295			35	
1998	25408		180	24896	210				117	
1999	25404		180	24107	261	56	378		413	
2000	25965		120	24723	214	306	24		569	
2005	76413	49	1191	65753	651	4348	1437		2109	
2006	76319	63	1333	65600	1071	3500	1359		2011	
2007	76943	133	1267	66576	1251	3172	1199		1837	
2008	75334	61	1309	64091	1312	2831	568		1845	
2009	77799	55	743	63171	489	4574	92	241	4389	485
2010	79127	48	590	63818	865	6290	98	82	3735	392
2011	75351	56	540	66921	848	2033	60	105	2435	643
2012	65772	37	532	57659	849	2186	20	179	2267	498

年　份	金融业	房地产业	租赁和商务服务业	科学研究、技术服务和地质勘查业	水利、环境和公共设施管理业	居民服务和其他服务　　业	教　育	卫生、社会保障和社会福利业	文化、体育和娱乐业	公共管理和社会组　　织
1990										
1991										
1992										
1993						170				
1994	106					183				
1995						183				
1996						270				
1997						296				
1998						5				
1999		4				5				
2000		4				5				
2005	242					18	200	30		
2006	712				41	18	200	26		
2007	725				42	18	308	24		6
2008	722				44	5		38		
2009	539	327	442		72	31	1538	576	19	16
2010	738	254	385		58	30	1254	464	18	8
2011	946	296	335		53	6	36	38		
2012	977	39	214		65	6	36	38		120

2—11 主要年份其他单位分行业职工工资总额

单位：万元

年份	合计	农林牧渔业	采掘业	制造业	电力煤气及水的生产和供应业	建筑业	交通运输仓储和邮政业	信息传输、计算机服务和软件业	批发和零售业	住宿和餐饮业
1990	18			18						
1991	35			35						
1992	4217			4217						
1993	5583			5539						
1994	8134		91	7955						
1995	1642		36	1487						
1996	2064			1939					2	
1997	11803			11588		106			15	
1998	8618		84	8398	109				26	
1999	17012		43	16441	139	20	187		179	
2000	17589		47	17152	109	64	8		208	
2005	100368	24	1520	90873	641	3154	1024		1801	
2006	113995	25	2241	102530	1133	3493	683		1940	
2007	133225	36	2288	121558	1695	2939	667		1903	
2008	149503	37	2000	131361	2198	2958	964		2202	
2009	156313	42	403	133036	1940	5604	79	913	6721	411
2010	178125	46	1256	149482	2627	8927	64	611	7078	434
2011	197798	71	1367	173896	3623	4798	123	984	7032	915
2012	211510	58	2145	183306	3122	5702	25	1458	8540	912

年份	金融业	房地产业	租赁和商务服务业	科学研究、技术服务和地质勘查业	水利、环境和公共设施管理业	居民服务和其他服务业	教育	卫生、社会保障和社会福利业	文化、体育和娱乐业	公共管理和社会组织
1990										
1991										
1992										
1993						44				
1994	19					69				
1995						92				
1996						122				
1997						95				
1998										
1999		2				1				
2000		2				1				
2005	614					9	155	25		
2006	1173				31	10	185	25		
2007	1231				43	9	298	23		8
2008	1212				46	4		5		
2009	1174	332	496		65	40	4014	934	83	25
2010	2289	291	496		66	59	3481	852	48	18
2011	3933	316	502		85	15	86	50		
2012	5242	78	399		85	15	94	84		245

2—12 城镇单位分行业从业人员(2012)

单位:人

分组	单位从业人员	#女性	在岗职工合计	其他从业人员
总计	**324168**	**136781**	**298841**	**14220**
一、按企业、事业、机关分组				
企业	143733	52278	125323	7858
事业	121925	65677	117759	3994
机关	58386	18751	55635	2368
二、按国民经济行业分组				
农、林、牧、渔业	2602	849	2546	24
采掘业	547	202	537	10
制造业	83997	26834	78177	990
电力、煤气及水的生产和供应业	7356	2425	7308	21
建筑业	12826	5291	7805	5021
交通运输、仓储和邮政业	8072	3288	6336	322
信息传输、计算机服务和软件业	5562	2845	3745	
批发和零售业	10042	3632	9371	104
住宿和餐饮业	1661	934	1661	
金融业	15098	7355	11723	1417
房地产业	555	229	552	3
租赁和商务服务业	1681	570	1667	14
科学研究、技术服务和地质勘查业	3295	1109	3180	115
水利、环境和公共设施管理业	6114	2733	5224	888
居民服务和其他服务业	85	26	77	8
教育	65845	38542	64279	1528
卫生、社会保障和社会福利业	21366	13041	20775	509
文化、体育和娱乐业	4680	2133	4466	202
公共管理和社会组织	72784	24743	69412	3044

2—13　国有单位分行业从业人员(2012)

单位:人

分　　组	单位从业人员	#女　性	在岗职工合计	其他从业人员
总　　计	**233136**	**105741**	**214581**	**12123**
一、按隶属关系分组				
中　央	33092	15215	24181	4906
省	21178	7463	20119	204
地　区	30490	14012	26869	2137
县及县以下	148343	69037	143379	4876
二、按企业、事业、机关分组				
企　业	57572	24141	45746	5929
#地　方	27412	10111	24254	1062
事　业	117149	62827	113171	3826
#地　方	115898	62180	111947	3817
机　关	58369	18747	55618	2368
#地　方	56688	18209	54153	2338
三、按国民经济行业分组				
农、林、牧、渔业	2395	761	2339	24
采掘业				
制造业	20284	7412	18192	582
电力、煤气及水的生产和供应业	6359	2112	6338	21
建筑业	8552	4416	3719	4833
交通运输、仓储和邮政业	8042	3278	6306	322
信息传输、计算机服务和软件业	5383	2785	3566	
批发和零售业	3509	1100	3322	101
住宿和餐饮业	990	530	990	
金融业	6460	3254	5252	97
房地产业	484	214	481	3
租赁和商务服务业	1366	446	1354	12
科学研究、技术服务和地质勘查业	3260	1093	3145	115
水利、环境和公共设施管理业	5971	2712	5081	888
居民服务和其他服务业	25	8	25	
教　育	63454	36982	61943	1473
卫生、社会保障和社会福利业	19550	11934	19057	411
文化、体育和娱乐业	4388	2005	4179	197
公共管理和社会组织	72664	24699	69292	3044

2—14 集体单位分行业从业人员(2012)

单位:人

分组	单位从业人员	#女性	在岗职工合计	其他从业人员
总计	**20204**	**8782**	**18538**	**1106**
一、按企业、事业、机关分组				
企业	15458	5946	13980	938
事业	4729	2832	4541	168
机关	17	4	17	
二、按国民经济行业分组				
农、林、牧、渔业	170	80	170	
采掘业	5	1	5	
制造业	2369	970	2326	43
电力、煤气及水的生产和供应业	121	6	121	
建筑业	2088	349	1900	188
交通运输、仓储和邮政业	10	2	10	
信息传输、计算机服务和软件业				
批发和零售业	3785	1379	3782	3
住宿和餐饮业	173	107	173	
金融业	6758	3078	5494	704
房地产业	32	3	32	
租赁和商务服务业	101	21	99	2
科学研究、技术服务和地质勘查业	35	16	35	
水利、环境和公共设施管理业	78	7	78	
居民服务和其他服务业	54	14	46	8
教育	2355	1544	2300	55
卫生、社会保障和社会福利业	1778	1077	1680	98
文化、体育和娱乐业	292	128	287	5
公共管理和社会组织				

2—15 其他单位分行业从业人员(2012)

单位:人

分组	单位从业人员	#女性	在岗职工合计	其他从业人员
总计	**70828**	**22258**	**65722**	**991**
一、按注册类型分组				
内资	67267	21533	62161	991
港、澳、台商投资	625	45	625	
外商投资	2936	680	2936	
二、按国民经济行业分组				
农、林、牧、渔业	37	8	37	
采掘业	542	201	532	10
制造业	61344	18452	57659	365
电力、煤气及水的生产和供应业	876	307	849	
建筑业	2186	526	2186	
交通运输、仓储和邮政业	20	8	20	
信息传输、计算机服务和软件业	179	60	179	
批发和零售业	2748	1153	2267	
住宿和餐饮业	498	297	498	
金融业	1880	1023	977	616
房地产业	39	12	39	
租赁和商务服务业	214	103	214	
科学研究、技术服务和地质勘查业				
水利、环境和公共设施管理业	65	14	65	
居民服务和其他服务业	6	4	6	
教育	36	16	36	
卫生、社会保障和社会福利业	38	30	38	
文化、体育和娱乐业				
公共管理和社会组织	120	44	120	

2—16 城镇单位在岗职工人数和工资

分组	在岗职工人数(人)			在岗职工平均工资(元)		
	2011	2012	2012年比2011年增长(%)	2011	2012	2012年比2011年增长(%)
总　计	**306292**	**298841**	**-2.4**	**27668**	**31950**	**15.5**
一、按企业、事业、机关分组						
企　业	137567	125323	-8.9	30006	35681	18.9
事　业	113291	117759	3.9	25967	29855	15.0
机　关	55391	55635	0.4	25261	27887	10.4
二、按国民经济行业分组						
农、林、牧、渔业	2800	2546	-9.1	27104	29771	9.8
采掘业	545	537	-1.5	25288	40318	59.4
制造业	90931	78177	-14.0	26272	31425	19.6
电力、煤气及水的生产和供应业	6794	7308	7.6	72564	72616	0.1
建筑业	7576	7805	3.0	21307	28226	32.5
交通运输、仓储和邮政业	7259	6336	-12.7	21547	29451	36.7
信息传输、计算机服务和软件业	2258	3745	65.9	51256	41497	-19.0
批发和零售业	10137	9371	-7.6	22071	27040	22.5
住宿和餐饮业	1699	1661	-2.2	13167	16488	25.2
金融业	11653	11723	0.6	51172	57771	12.9
房地产业	822	552	-32.8	16479	23042	39.8
租赁和商务服务业	1378	1667	21.0	17903	19438	8.6
科学研究、技术服务和地质勘查业	2890	3180	10.0	28182	37857	34.3
水利、环境和公共设施管理业	4750	5224	10.0	17244	20318	17.8
居民服务和其他服务业	90	77	-14.4	19156	30844	61.0
教　育	59941	64279	7.2	28257	31909	12.9
卫生、社会保障和社会福利业	19311	20775	7.6	25042	29784	18.9
文化、体育和娱乐业	6129	4466	-27.1	23339	22915	-1.8
公共管理和社会组织	69329	69412	0.1	24587	26512	7.8

2—17 国有单位在岗职工人数和工资

分组	在岗职工人数(人)			在岗职工平均工资(元)		
	2011	2012	2012年比2011年增长(%)	2011	2012	2012年比2011年增长(%)
总计	**210978**	**214581**	**1.7**	**28478**	**32136**	**12.8**
一、按隶属关系分组						
中央	25214	24181	-4.1	37289	42263	13.3
省	20639	20119	-2.5	45946	52704	14.7
地区	26980	26869	-0.4	26556	30312	14.1
县及县以下	138129	143379	3.8	24612	27783	12.9
二、按企业、事业、机关分组						
企业	47128	45746	-2.9	37621	42503	13.0
#地方	24950	24254	-2.8	37769	42074	11.4
事业	108478	113171	4.3	26078	30012	15.1
#地方	107264	111947	4.4	26049	29990	15.1
机关	55329	55618	0.5	25267	27889	10.4
#地方	53507	54153	1.2	24726	27555	11.4
三、按国民经济行业分组						
农、林、牧、渔业	2608	2339	-10.3	28278	31543	11.5
采掘业						
制造业	20867	18192	-12.8	27685	31789	14.8
电力、煤气及水的生产和供应业	5825	6338	8.8	77681	78313	0.8
建筑业	3329	3719	11.7	21491	32940	53.3
交通运输、仓储和邮政业	7188	6306	-12.3	21560	29518	36.9
信息传输、计算机服务和软件业	2153	3566	65.6	49071	39446	-19.6
批发和零售业	3872	3322	-14.2	31431	38102	21.2
住宿和餐饮业	862	990	14.8	13015	15911	22.3
金融业	5275	5252	-0.4	62111	64801	4.3
房地产业	494	481	-2.6	18919	23478	24.1
租赁和商务服务业	921	1354	47.0	18130	19126	5.5
科学研究、技术服务和地质勘查业	2880	3145	9.2	28242	38199	35.3
水利、环境和公共设施管理业	4577	5081	11.0	17376	20404	17.4
居民服务和其他服务业	25	25	0.0	17840	22520	26.2
教育	57300	61943	8.1	28419	32172	13.2
卫生、社会保障和社会福利业	17654	19057	7.9	25483	30125	18.2
文化、体育和娱乐业	5905	4179	-29.2	23716	23213	-2.1
公共管理和社会组织	69243	69292	0.1	24592	27354	11.2

2—18　集体单位在岗职工人数和工资

分　组	在岗职工人数(人)			在岗职工平均工资(元)		
	2011	2012	2012年比2011年增长(%)	2011	2012	2012年比2011年增长(%)
总　计	**19963**	**18538**	**-7.1**	**25170**	**29641**	**17.8**
一、按企业、事业、机关分组						
企　业	15088	13980	-69.9	25735	30849	19.9
事　业	4813	4541	-99.6	23503	25979	10.5
机　关	62	17	-72.6	19274	20647	7.1
二、按国民经济行业分组						
农、林、牧、渔业	136	170	25.0	8366	8412	0.5
采掘业	5	170	3300.0	23400	24000	2.6
制造业	3143	2326	-26.0	22259	25515	14.6
电力、煤气及水的生产和供应业	121	121	0.0	32109	32658	1.7
建筑业	2214	1900	-14.2	21675	20532	-5.3
交通运输、仓储和邮政业	11	10	-9.1	18273	20800	13.8
信息传输、计算机服务和软件业						
批发和零售业	3830	3782	-1.3	10273	11054	7.6
住宿和餐饮业	194	173	-10.8	10249	14387	40.4
金融业	5432	5494	1.1	42243	52005	23.1
房地产业	32	32	0.0	15167	26375	73.9
租赁和商务服务业	122	99	-18.9	24325	25434	4.6
科学研究、技术服务和地质勘查业	10	35	250.0	11100	9162	-17.5
水利、环境和公共设施管理业	120	78	-35.0	12725	18487	45.3
居民服务和其他服务业	59	46	-22.0	19085	36087	89.1
教　育	2605	2300	-11.7	24797	25011	0.9
卫生、社会保障和社会福利业	1619	1680	3.8	20703	26155	26.3
文化、体育和娱乐业	224	287	28.1	13467	18667	38.6
公共管理和社会组织	86			21093		

2—19 其他单位在岗职工人数和工资

分组	在岗职工人数(人)			在岗职工平均工资(元)		
	2011	2012	2012年比2011年增长(%)	2011	2012	2012年比2011年增长(%)
总计	**75351**	**65722**	**-12.8**	**26076**	**31993**	**22.7**
一、按登记注册类型分组						
(一)内资	71668	62161	-13.3	25895	32208	24.4
1.股份合作制	560	174	-68.9	20781	20140	-3.1
2.联营	133	129	-3.0	32793	50434	53.8
#国有联营	133	129	-3.0	32793	50434	53.8
集体联营						
3.有限责任公司	39099	32604	-16.6	24589	29911	21.6
#国有独资	10283	9994	-2.8	29786	32687	9.7
4.股份有限公司	31660	29045	-8.3	27587	34831	26.3
5.其他	216	209	-3.2	18812	20659	9.8
(二)港、澳、台商投资	535	625	16.8	29310	21719	-25.9
(三)外商投资	3148	2936	-6.7	29622	29624	0.0
二、按国民经济行业分组						
农、林、牧、渔业	56	37	-33.9	13185	15730	19.3
采掘业	540	532	-1.5	25306	40472	59.9
制造业	66921	57659	-13.8	26020	31560	21.3
电力、煤气及水的生产和供应业	848	849	0.1	42772	36813	-13.9
建筑业	2033	2186	7.5	20709	27297	31.8
交通运输、仓储和邮政业	60	20	-66.7	20567	12450	-39.5
信息传输、计算机服务和软件业	105	179	70.5	98430	83314	-15.4
批发和零售业	2435	2267	-6.9	25368	36812	45.1
住宿和餐饮业	643	498	-22.6	14227	18391	29.3
金融业	946	977	3.3	41144	52467	27.5
房地产业	296	39	-86.8	11973	20026	67.3
租赁和商务服务业	335	214	-36.1	14976	18631	24.4
科学研究、技术服务和地质勘查业					18631	
水利、环境和公共设施管理业	53	65	22.6	16113	15196	-5.7
居民服务和其他服务业	6	6	0.0	25333	25333	0.0
教育	36	36	0.0	23972	26000	8.5
卫生、社会保障和社会福利业	38	38	0.0	12600	22105	75.4
文化、体育和娱乐业						
公共管理和社会组织		120			19125	

主要统计指标解释

总人口年度数 指当年12月31日24时的人口数。

市 指经国家批准成立市建制的城市。

镇 指经省人民政府批准建立的集镇。建镇的标准国家有过多次变化。1984年起调整为凡县级地方国家机关所在地;或总人口在20000人以下的乡,乡政府驻地非农业人口超过2000人的;或总人口在20000人以上的乡,乡政府驻地非农业人口占全乡人口10%以上的可以建镇。少数民族地区、人口稀少的边远地区、山区和小型工矿区、小港口、风景旅游、边境口岸等地,非农业人口虽不足2000人,如却有必要,也可设置镇的建制。

出生人数 指胎儿脱离母体时(不管怀孕月数),有过呼吸或其他生命现象的活产婴儿数。

出生率 指在一年内平均每千人中所出生的人数,用千分率表示。计算公式:出生率=年出生人数/年平均人数*1000‰。

年平均人数 指年初、年末人口的平均数。

死亡人数 指不管何种原因造成停止呼吸人数,包括出生后随即死亡的婴儿数。

死亡率 指在一年内平均每千人中所死亡的人数。用千分率表示。计算公式:死亡率=年死亡人数/年平均人数*1000‰

人口自然增长率 指在一年内自然增加的人数(出生人数减死亡人数)与年平均人数之比。用千分率表示。计算公式:人口自然增长率=(本年出生人数-本年死亡人数)/年平均人数*1000‰

全社会从业人员 指从事一定社会劳动并取得劳动报酬或经营收入的人员。从业人员按就业身份分组包括:职工;再就业的离退休人员;私营业主;个体户主;私营企业和个体从业人员;乡镇企业从业人员;农村从业人员;其他从业人员;其他从业人员中包括现役军人。

私营业主 指在工商行政管理部门登记和批准,领取个体经营营业执照,直接参加生产经营管理活动,并从生产经营的盈利中取得劳动收入的人员。

个体户主 指在工商行政管理部门登记和批准,领取个体经营营业执照,直接参加生产经营活动,并从生产经营的盈利中取得劳动收入的人员。

私营企业和个体从业人员 指在私营企业或个体经营者所经营的机构中劳动,并取得劳动报酬的人员。包括在私营或个体经营机构中劳动的帮工、学徒、雇佣人员。

农村从业人员 指户口在农村,并参加各种劳动,以取得相应实物或现金收入的人员。不包括在农村从事个体劳动,以及在私营企业、乡镇企业工作的人员。

各单位的从业人员 是指在各级国家机关、政党机关、社会团体及企业、事业单位中工作,并取得劳动报酬的全部人员。包括职工、再就业的离退休人员、民办教师以及在各单位中工作的外方人员和港、澳、台方人员。

单位从业人员 各单位的从业人员是指在各级国家机关、政党机关、社会团体及企业、事业单位中工作,取得工中其他形式的劳动报酬的全部人员。包括:在岗职工、再就业的离退休人员、民办教师以及在各单位中工作的外方人员和港澳台方人员、兼职人员、借用的外单位人员和第二职业者。不包括离开本单位保留劳动关系的职工。

在岗职工 指在本单位工作并由单位支付工资的人员,以及有工作岗位,但由于学习、病伤产假等原因暂未工作,仍由单位支付工资的人员。

离开本单位仍保留劳动关系的职工 指由于各种原因，已经离开本人的生产或工作岗位，并以不在本单位从事其他工作，但仍与用人单位保留劳动关系的职工。

下岗职工 指实行劳动合同制以前参加工作的正式职工(不含从农村招收的临时合同工)，以及实行劳动合同制以后参加工作且合同期未满的职工，由于企业的生产和经营状况等原因，已经离开本人的生产和工作岗位，并以不在本企业从事其他工作，但尚未与企业解除劳动关系，没有在社会找到其他工作的人员。

其他从业人员 各单位其他从业人员是指劳动统计制度规定不作职工统计，但实际参加各单位生产或工作并取得劳动报酬的人员。包括：再就业的离退休人员、民办教师以及在各单位中工作的外方人员和港、澳、台方人员。但不包括在单位中工作并领取劳动报酬的在校学生、兼职人员和从事第二职业的人员。单位其他从业人员与职工之和为该单位全部从业人员。

从业人员劳动报酬 指各单位在一定时期内直接支付给本单位全部从业人员的劳动报酬总额。包括职工工资总额和本单位其他从业人员劳动报酬两部分。

职工工资总额 指各单位在一定时期内直接支付给本单位全部职工的劳动报酬总额。

其他从业人员劳动报酬 指各单位在一定时期内直接支付给本单位其他从业人员的全部劳动报酬。包括支付给再就业离退休人员的劳动报酬和外籍、港、台人员的劳动报酬总额。

职工平均工资 指企业、事业、机关等单位的职工在一定时期内平均每人所得的货币工资额。它表明一定时期职工工资收入的高低程度，是反映职工工资水平的主要指标。计算公式为：职工平均工资 = 报告期实际支付的全部职工工资总额/报告期全部职工平均人数。

职工平均工资指数 指报告期平均工资与基期平均工资的比率，是反映不同时期职工货币工资水平变动情况的相对数。它表明报告期平均工资比基期平均工资提高或降低程度。计算公式为：职工平均工资指数 = 报告期职工平均工资指数/基期职工平均工资 * 100%。

工程技术人员 指负担工程技术和工程技术管理工作，并具有工程工作能力的人员，包括：

(1)取得工程技术职务资格，已被聘或任命工程技术职务，并担任工程技术工作的人员；

(2)无工程技术职务，但取得工程技术职务资格或从大学、中专理工科系毕业，并担任工程技术工作的人员；

(3)未取得工程技术职务资格或无学历，但实际担任工程技术工作的人员。

3 固定资产投资

资料整理：王运河　刘　畅

3—1 固定资产投资

单位:万元

分　　组	2011	2012	2012年比2011年增长(%)
一、投资总额	6642141	8268454	24.5
#住　宅	540523	589795	9.1
按登记注册类型分			
国　有	1407007	1615063	14.8
非国有	5235134	6653391	27.1
按城乡分			
城　镇	6041534	7721764	27.8
农　村	600607	546690	-9.0
按构成分			
建筑工程	2845304	3781839	32.9
安装工程	775346	973170	25.5
设备工器具购置	2332301	2836502	21.6
其他费用	689190	676943	-1.8
按三次产业分			
第一产业	454285	445782	-1.9
第二产业	3792813	5238129	38.1
第三产业	2395043	2584543	7.9
二、新增固定资产	5002822	6400277	27.9
三、房屋建筑面积(平方米)			
本年施工房屋面积	15267228	19711892	29.1
#住　宅	7382116	9390161	27.2
本年竣工房屋面积	6790223	7553757	11.2
#住　宅	2575509	3182634	23.6
四、本年资金来源小计	6892877	8537732	23.9
国家预算内资金	333725	391545	17.3
国内贷款	375395	1065156	183.7
利用外资	15000	16199	8.0
自筹资金	5302936	6265823	18.2
#企事业单位自有资金	1555425	2930628	88.4
其　他	865821	796509	-8.0

3—2 民间固定资产投资

单位:万元

分　　组	2011	2012	2012 年比 2011 年增长(%)
一、投资总额	5152312	6409470	24.4
#住　宅	458160	499000	8.9
按构成分			
建筑工程	1838373	2520180	37.1
安装工程	667914	830338	24.3
设备工器具购置	2145264	2569358	19.8
其他费用	500761	489594	-2.2
按三次产业分			
第一产业	376551	381365	1.3
第二产业	3502445	4592401	31.1
第三产业	1273316	1435704	12.8
二、新增固定资产	4006629	5064606	26.4
三、房屋建筑面积(平方米)			
本年施工房屋面积	12706118	17144500	34.9
#住　宅	6709022	8127389	21.1
本年竣工房屋面积	5345129	6343657	18.7
#住　宅	2219341	2726944	22.9
四、本年资金来源小计			
国家预算内资金	36669	34334	-6.4
国内贷款	214456	634525	195.9
利用外资		10375	
自筹资金	4604356	5355532	16.3
#企事业单位自有资金	1331525	2446375	83.7
其　他	576505	675685	17.2

3—3 1978—2012 年固定资产投资

单位:万元

年份	固定资产投资	国有	非国有	城镇	#房地产开发	农村	新增固定资产	房屋施工面积（万平方米）	房屋竣工面积（万平方米）	#住宅（万平方米）
1978	16634	11235	5399	16301		333	8910	38	18	5
1979	16445	11325	5120	16116		329	11704	39	27	8
1981	10855	4605	6250	10638		217	8844	64	51	7
1982	20463	11289	9174	20054		409	14351	137	93	13
1983	30335	22319	8016	29728		607	23296	101	37	17
1984	38879	25095	13784	38101		778	22815	99	32	11
1985	47415	31219	16196	46467		948	25662	108	34	15
1986	53453	39182	14271	52384		1069	28525	100	44	17
1987	71530	52660	18870	70099		1431	42455	98	39	7
1988	82775	55959	26816	81120		1656	94786	123	59	9
1989	96217	54877	41340	94293		1924	59701	89	25	5
1990	98169	64652	33517	96206		1963	61882	81	29	9
1991	128073	87360	40713	125512		2561	72221	105	39	12
1992	148367	109771	38596	145400		2967	81526	104	46	22
1993	149071	108754	40317	146090		2981	111794	102	56	12
1994	230510	170747	59763	225900		4610	405102	82	63	10
1995	157142	89273	67869	153999		3143	91807	70	38	11
1996	197028	120607	76421	193087		3941	171181	59	31	9
1997	219210	126892	92318	214826		4384	235290	64	39	9
1998	387915	286108	101807	380157		7758	226707	144	68	28
1999	499083	295120	203963	489101		9982	394001	90	81	
2000	546320	277009	269311	457616	23842	88704	520465	157	79	46
2001	681019	285673	395346	531823	37392	149196	249473	108	63	32
2002	809561	334585	474976	685146	64071	124415	521779	156	89	22
2003	1024331	443592	580739	1009308	76252	15023	604578	152	106	24
2004	1380117	577892	802225	1338080	105240	42037	671202	185	132	122
2005	1604837	560931	1043906	1531391	161450	73446	972437	378	203	95
2006	2224345	575239	1649106	2153134	200726	71211	1554533	597	265	120
2007	2718341	671983	2046358	2565772	263316	152569	2429900	785	408	244
2008	3439624	1133074	2306550	3186019	354306	253605	2668972	1278	809	492
2009	4814997	1593310	3221687	4464112	401944	350885	3333520	1126	550	314
2010	5965841	1907891	4057950	5498829	332492	467012	5713308	1321	663	232
2011	6642141	1407007	5235134	6041534	526776	600607	5002822	1527	679	258
2012	8268454	1615063	6653391	7721764	677742	546690	6400277	1971	755	318

3—4 2000—2012年按三次产业分固定资产投资

单位:万元

年份	总计	#住宅	第一产业	第二产业	第三产业
2000	546320	82450	1916	346547	197857
2001	681019	93640	781	443775	236463
2002	809561	114503	24638	499465	285458
2003	1024331	102207	4909	672949	346473
2004	1380117	136421	4648	1042975	332494
2005	1604837	144420	7564	943782	653491
2006	2224345	413840	8943	1479621	735781
2007	2718341	341692	32330	1587944	1098067
2008	3439624	464849	107789	1626653	1705182
2009	4814997	461200	277454	2549389	1988154
2010	5965841	333702	483168	3139155	2343518
2011	6642141	540523	454285	3792813	2395043
2012	8268454	589795	445782	5238129	2584543

3—5 按登记注册类型分固定资产投资

单位:万元

分组	2011	2012	2012年比2011年增长(%)
总计	**6642141**	**8268454**	**24.5**
内资	6554683	8100823	23.6
国有	1346964	1488841	10.5
集体	422706	179557	-57.5
股份合作	44038	71874	63.2
国有联营		23494	
集体联营	4830		
国有与集体联营	30633	5270	-82.8
其他联营	4194		
国有独资公司	60043	102728	71.1
其他有限责任公司	2692911	3655073	35.7
股份有限公司	543203	851105	56.7
私营	1057952	1246558	17.8
个体户	12694	49060	286.5
个人合伙	17560	44580	153.9
其他内资	316955	382683	20.7
港澳台投资	72638	98909	36.2
港澳台合资经营	20656	457	-97.8
港澳台合作经营	2436	1220	-49.9
港澳台独资	646	1712	165.0
港澳台股份有限	48900	88105	
外商投资	14820	68722	363.7
外商合资经营	14820	47555	220.9
外商合作经营			
外商独资		21167	
外商股份有限			

3—6　按国民经济行业分固定资产投资

单位:万元

行　　业	2011	2012	2012 年比 2011 年增长(%)
总　　计	**6642141**	**8268454**	**24.5**
农、林、牧、渔业	454285	445782	-1.9
采矿业	321327	473399	47.3
制造业	3083516	4307849	39.7
电力、燃气及水的生产和供应业	378077	442781	17.1
建筑业	9893	14100	42.5
批发和零售业	171906	219361	27.6
交通运输、仓储和邮政业	668666	575218	-14.0
住宿和餐饮业	48963	46058	-5.9
信息传输、计算机服务和软件业	8636	11899	37.8
金融业		578	
房地产业	723754	842084	16.3
租赁和商务服务业		20107	
科学研究、技术服务和地质勘查业	6450	73175	1034.5
水利、环境和公共设施管理业	470660	632717	34.4
居民服务和其他服务业	11653	1860	-84.0
教　育	152451	73428	-51.8
卫生和社会工作	67839	35815	-47.2
文化、体育和娱乐业	40931	26348	-35.6
公共管理、社会保障和社会组织	23134	25895	6.4
国际组织			

3—7 按国民经济行业分民间固定资产投资

单位:万元

行业	2011	2012	2012 年比 2011 年增长(%)
总计	**5152312**	**6409470**	**24.4**
农、林、牧、渔业	376551	381365	1.3
采矿业	272660	278291	2.1
制造业	2989113	4046772	35.4
电力、燃气及水的生产和供应业	234379	253238	8.0
建筑业	6293	14100	124.1
批发和零售业	161085	209361	30.0
交通运输、仓储和邮政业	148417	118198	-20.4
住宿和餐饮业	48963	46058	-5.9
信息传输、计算机服务和软件业		7670	
金融业			
房地产业	593447	724835	22.1
租赁和商务服务业		19132	
科学研究、技术服务和地质勘查业	3600	72383	1910.6
水利、环境和公共设施管理业	224534	205160	-8.6
居民服务和其他服务业	10653	1860	-82.5
教育	31063	15770	-49.2
卫生和社会工作	27775	5800	-79.1
文化、体育和娱乐业	15700	5735	-63.5
公共管理、社会保障和社会组织	8079	3742	-53.7
国际组织			

3—8 固定资产投资规模及新增生产能力(2012)

指　　标	计量单位	建设规模	本年施工规　模	#本年新开工	累计生产能力(或效益)	#本年新增
原煤开采	万吨/年	735	233	233	649	233
洗　煤	万吨/年	1280	982	982	920	920
焦　炭	万吨/年	368	289	29	171	171
铁矿选矿处理原矿量	万吨/年	110	110	110	110	110
铁矿石成品矿	万吨/年	15	15		15	15
生　铁	万吨/年	650	450	350	650	450
粗　钢	万吨/年	100	100		100	100
铁合金	万吨/年	37	37	37	30	30
铜采矿(原矿)	万吨/年	630	630			
铜选矿:(1)处理原矿	万吨/年	710	710	80	80	80
(2)铜含量	吨/年	30890	30890			
氧化铝	吨/年	557000	415615		557000	415615
铝加工	吨/年	592000	335000	263000	310000	195000
火力发电	万千瓦	0.5	0.5	0.5	0.5	0.5
风力发电	万千瓦	19.9	19.9	5.0	10.6	10.6
其他发电	万千瓦	9.6	9.6	6.6	6.6	6.6
输电线路长度(110KV及以上)	公里	572.5	572.5	250.0	203.8	203.8
水　泥	万吨/年	70	70	70	70	70
石墨及炭素制品	万重量箱/年	400	400	400	400	400
氮　肥	吨/年	150000	150000	150000	150000	150000
磷　肥	吨/年	21448	21448	21448	21448	21448
钾　肥	吨/年	50000	50000	50000	50000	50000
化学农药原药	吨/年	15000	14600	14600	15000	14600
精甲醇	吨/年	200000	200000			
塑料树脂及共聚物	万吨/年	20000	20000	20000	20000	20000
轮胎外胎	万条/年	300	240	240	280	220
棉纺锭	锭	200000	100000	100000	200000	100000
啤酒	万吨/年	26			26	
其他酒	万吨/年	2.2	2.2	0.2	0.2	0.2
机制纸浆	万吨/年	8	8	8	8	8
新建铁路里程	公里	4	4	4	4	4
新建公路	公里	860.6	837.5	705.2	835.4	816.4
#高速公路	公里	111.3	107.2		106.7	106.7
一级公路	公里	21	21	10	10	10
二级公路	公里	30.6	30.6	28.5	30.6	30.6
改建公路	公里	1213.3	1213.3	167.1	1156.2	1156.2
二级公路	公里	121.0	121.0	99.8	63.9	63.9
新建独立公路桥梁	延长米	2400	2400	2000	2400	2400
新建独立公路桥梁	座	2	2	1	2	2
新(扩)建公路客、货运站	个	5	5	3	4	4
新(扩)建公路客、货运站	平方米	23143.3	17189	15369	18878	15869
候机楼	座	1	1		1	1
候机楼	平方米	25000	25000		25000	25000
城市自来水供水能力	万吨/日	55.5	55.5	55.5	54.0	54.0
城市污水处理能力	万吨/日	21.5	17.5	11.0	11.5	11.5

3—9　分行业固定资产投资

单位:万元

行　　业	2011	2012	2012 年比 2011 年增长(%)
总　　计	**6642141**	**8268454**	**24.5**
(一)农、林、牧、渔业	454285	445782	-1.9
农　业	249035	203740	-18.2
林　业	43122	29271	-32.1
#林木的培育和种植	43122		
畜牧业	98419	171710	74.5
渔　业	6091	6300	3.4
农、林、牧、渔服务业	57618	34761	-39.7
(二)采矿业	321327	473399	47.3
煤炭开采和洗选业	211915	412291	94.6
石油和天然气开采业			
黑色金属矿采选业	40155	24568	-38.8
有色金属矿采选业	23689	12354	-47.8
非金属矿采选业	42868	21676	-49.4
其他采矿业	2700	2510	-7.0
(三)制造业	3083516	4307849	39.7
农副食品加工业	189187	214578	13.4
食品制造业	113373	145498	28.3
酒、饮料和精制茶制造业	33710	119070	253.2
烟草制品业		800	
纺织业	111278	131382	18.1
纺织服装和服饰业	21580	70807	228.1
皮革、毛皮、羽毛(绒)及其制品业			
木材加工及木、竹、藤、棕、草制	17510	17275	-1.3
家具制造业	28847	37064	28.5
造纸及纸制品业	71328	79248	11.1
印刷业和记录媒介的复制	40317	29519	-26.8
文教体育用品制造业	5440	7980	46.7
石油加工、炼焦及核燃料加工业	164634	115292	-30.0

3—9 续1

单位:万元

行　　业	2011	2012	2012 年比 2011 年增长(%)
化学原料及化学制品制造业	463073	647098	39.7
医药制造业	194747	181635	-6.7
化学纤维制造业	780	0	-100.0
橡胶和塑料制品业	115255	205471	78.3
非金属矿制品业	300387	379677	26.4
黑色金属冶炼及压延加工业	223895	347814	55.3
有色金属冶炼和压延加工业	410374	544365	32.7
金属制品业	107246	128143	19.5
通用设备制造业	135990	188204	38.4
专用设备制造业	69476	156256	124.9
汽车制造业	92453	154924	67.6
铁路、船舶、航空航天等制造业	36527	42701	16.9
电气机械及器材制造业	103889	226201	117.7
计算机、通信和其他电子设备制造业	14976	82728	452.4
仪器仪表制造业	13914	4500	-67.7
其他制造业	900	20324	2158.2
废弃资源综合利用业	2430	23495	866.9
金属制品、机械和设备修理业		5800	
(四)电力、热力、燃气及水的生产和供应业	378077	442781	17.1
电力、热力的生产和供应业	196292	326877	66.5
燃气生产和供应业	88944	44974	-49.4
水的生产和供应业	92841	70930	-23.6
(五)建筑业	9893	14100	42.5
房屋建筑业		3000	
土木工程建筑业		2600	
建筑安装业			
建筑装饰和其他建筑业	9893	8500	-14.1
(六)批发和零售业	171906	219361	27.6
批发业	77653	98069	26.3

3—9 续2

单位:万元

行 业	2011	2012	2012 年比 2011 年增长(%)
零售业	94253	121292	28.7
(七)交通运输、仓储和邮政业	668666	575218	-14.0
铁路运输业	7793	26234	236.6
道路运输业	585347	489677	-16.3
水上运输业			
航空运输业	15300	2690	-82.4
管道运输业			
装卸搬运和运输代理业	14051		
仓储业	46175	56617	22.6
邮政业			
(八)住宿和餐饮业	48963	46058	-5.9
住宿业	26466	44388	67.7
餐饮业	22497	1670	-92.6
(九)信息传输、软件和信息技术服务业	8636	11899	37.8
电信、广播电视和卫星传输服务业	8636	4229	-51.0
互联网和相关服务业		800	
软件和信息技术服务业		6870	
(十)金融业		578	
货币金融业		578	
资本市场业			
保险业			
其他金融业			
(十一)房地产业	723754	842084	16.3
房地产业	723754	842084	16.3
(十二)租赁和商务服务业		20107	
租赁业		2700	
商务服务业		17407	
(十三)科学研究和技术服务业	6450	73175	1034.5
研究与试验发展			

3—9 续3

单位:万元

行　业	2011	2012	2012年比2011年增长(%)
专业技术服务业	5450	1777	-67.4
科技交流和推广服务业	1000	71398	7039.8
(十四)水利、环境和公共设施管理业	470660	632717	34.4
水利管理业	81265	63776	-21.5
生态保护和环境治理业	11475	82190	616.3
公共设施管理业	377920	486751	28.8
(十五)居民服务、修理和其他服务业	11653	1860	-84.0
居民服务业	5531	1860	-66.4
机动车、电子产品和日用产品修理业	6122		
其他服务业			
(十六)教　育	152451	73428	-51.8
教　育	152451	73428	-51.8
(十七)卫生和社会工作	67839	35815	-47.2
卫　生	65357	34087	-47.8
社会工作	2482	1728	-30.4
(十八)文化、体育和娱乐业	40931	26348	-35.6
新闻和出版业			
广播、电视、电影和影视录音制作业	6075		
文化艺术业	22947	22215	-3.2
体　育	8949	4133	-53.8
娱乐业	2960		
(十九)公共管理、社会保障和社会组织	23134	25895	11.9
中国共产党机关			
国家机构	17752	22960	29.3
人民政协和民主党派			
社会保障	3882	1000	
群众团体、社会团体和其他成员组织			
基层群众自治组织	1500	1935	29.0
(二十)国际组织			
国际组织			

3—10　固定资产投资规模

单位：万元

分　　组	计　划 总投资	自开始建设 至本年底累 计完成投资	#本年完 成投资	本年新增 固定资产	施工项目 个数(个)	#本年 新开工	本年投产 项目个数 (个)
总　　计	**14581932**	**10733619**	**7590712**	**5911160**	**1401**	**1105**	**1087**
#本年新开工项目	8574886	5500863	5499863	3889026	1105	1105	864
#本年投产项目	7207770	7272502	5106983	5592596	1085	864	1085
按隶属关系分							
中　央	337553	63916	52560	53708	13	9	9
地　方	14244379	10669703	7538152	5857452	1388	1096	1078
按登记注册类型分							
国　有	3548935	2823986	1557457	1213958	451	339	358
非国有	11032997	7909633	6033255	4697202	950	766	729
按建设性质分							
新　建	8763885	6354827	4259050	3114774	752	595	569
扩　建	2528353	1682427	1388415	1106178	277	226	215
改建和技术改造	3087457	2524373	1828757	1582918	340	269	280
单纯建造生活设施	108074	89232	54167	52428	23	12	16
其　他	94163	82760	60323	54862	9	3	7
按三次产业分							
第一产业	100118	94213	79729	84370	33	30	27
第二产业	5677451	4236042	2891318	2266355	416	317	314
第三产业							
按投资总规模分							
500－1000万元	148715	144790	140372	135359	188	176	171
1000－3000万元	994099	961285	904197	886895	451	406	409
3000－5000万元	1103962	1035082	810474	812329	280	172	236
5000万元－1亿元	1923909	1618142	1435524	1202337	251	210	161
1亿元－5亿元	4010651	2971653	2175438	1869903	168	108	93
5亿元－10亿元	2674907	1756386	1007505	672493	42	21	13
10亿元以上	3725689	2246281	1117202	331844	21	12	4

注：本表不含房地产开发投资。

3—11　按登记注册类型分

行　　业	总　计	内　资 企　业	国　有 企　业	集　体 企　业	股份合作 企　业	联　营 企　业	国有联营 企　业
总　　计	**8268454**	**8100823**	**1488841**	**179557**	**71874**	**28764**	**23494**
农、林、牧、渔业	445782	442782	64417	33110			
农　业	203740	203740	20577	19510			
谷物种植	15936	15936	636				
玉米种植	636	636	636				
其他谷物种植	15300	15300					
豆类、油料和薯类种植	8500	8500					
豆类种植	8500	8500					
棉、麻、糖、烟草种植	2417	2417	2417				
棉花种植	413	413	413				
烟草种植	2004	2004	2004				
蔬菜、食用菌及园艺作物种植	71983	71983	1447	12650			
蔬菜种植	63870	63870	1447	9100			
食用菌种植	5950	5950		3550			
花卉种植	2163	2163					
水果种植	50270	50270	3658	6860			
仁果类和核果类水果种植	37700	37700	2043	4600			
葡萄种植	3475	3475	1615				
其他水果种植	9095	9095		2260			
坚果、含油果、香料和饮料作物种植	29790	29790	8340				
坚果种植	29790	29790	8340				
中药材种植	14540	14540					
中药材种植	14540	14540					
其他农业	10304	10304	4079				
其他农业	10304	10304	4079				
林　业	29271	29271	19362				
林木育种和育苗	29271	29271	19362				
林木育苗	14729	14729	14729				
造林和更新	14542	14542	4633				
畜牧业	171710	168710	114	9800			
牲畜饲养	122546	119546	114	6800			
牛的饲养	52486	49486					
猪的饲养	42360	42360	114	5800			
羊的饲养	23500	23500		1000			
其他牲畜饲养	4200	4200					
家禽饲养	45494	45494		3000			
鸡的饲养	42094	42094		3000			
鸭的饲养	3400	3400					
其他畜牧业	3670	3670					
其他畜牧业	3670	3670					

固定资产投资(2012)

单位:万元

集体联营企业	国有与集体联营企业	其他联营企业	有限责任公司	国有独资公司	其他有限责任公司	股份有限公司	私营企业	独资	合伙
	5270		**3757801**	**102728**	**3655073**	**851105**	**1246558**	**239493**	**71675**
			121139		121139	17310	95972	9500	47726
			63517		63517	5000	22948		20048
			8320		8320				
			8320		8320				
			36210		36210	5000	5563		2663
			33810		33810	5000	3400		500
			2400		2400				
							2163		2163
			9962		9962		5585		5585
			9962		9962		2985		2985
							2600		2600
			2800		2800				
			2800		2800				
							11800		11800
							11800		11800
			6225		6225				
			6225		6225				
			9909		9909				
			9909		9909				
			9909		9909				
			43713		43713	12310	67224	6600	24778
			39603		39603	3250	44858	3200	18578
			21300		21300		17468		10668
			9423		9423	3250	16690		5110
			4680		4680		10700	3200	2800
			4200		4200				
			1800		1800	7700	22366	3400	6200
			1800		1800	7700	18966		6200
							3400	3400	
			2310		2310	1360			
			2310		2310	1360			

3—11 续1

行　　业	总　计	内　资企　业	国　有企　业	集　体企　业	股份合作企　　业	联　营企　业	国有联营企　　业
渔　业	6300	6300		3800			
水产养殖	6300	6300		3800			
内陆养殖	6300	6300		3800			
农、林、牧、渔服务业	34761	34761	24364				
农业服务业	34181	34181	23784				
农业机械服务	597	597					
灌溉服务	8779	8779	8779				
农产品初加工服务	4000	4000					
其他农业服务	20805	20805	15005				
林业服务业	580	580	580				
森林防火服务	580	580	580				
采矿业	473399	473399	195108				
煤炭开采和洗选业	412291	412291	195108				
烟煤和无烟煤开采洗选	391115	391115	195108				
烟煤和无烟煤开采洗选	391115	391115	195108				
其他煤炭采选	21176	21176					
其他煤炭采选	21176	21176					
黑色金属矿采选业	24568	24568					
铁矿采选	24568	24568					
铁矿采选	24568	24568					
有色金属矿采选业	12354	12354					
常用有色金属矿采选	12354	12354					
铜矿采选	1575	1575					
铝矿采选	10779	10779					
非金属矿采选业	21676	21676					
土砂石开采	21676	21676					
石灰石、石膏开采	6656	6656					
建筑装饰用石开采	15020	15020					
其他采矿业	2510	2510					
其他采矿业	2510	2510					
其他采矿业	2510	2510					
制造业	4307849	4144895	23413	11598	53673	9930	4660
农副食品加工业	214578	214578		1000			
谷物磨制	25252	25252					
谷物磨制	25252	25252					
饲料加工	28320	28320		1000			
饲料加工	28320	28320		1000			
植物油加工	26067	26067					
食用植物油加工	26067	26067					
制糖业	2800	2800					

单位:万元

集体联营企业	国有与集体联营企业	其他联营企业	有限责任公司	国有独资公司	其他有限责任公司	股份有限公司	私营企业	独资	合伙
			4000		4000		5800	2900	2900
			4000		4000		5800	2900	2900
			4000		4000				
							5800	2900	2900
			200977		200977	11760	57689	164	10664
			185038		185038		24280		
			163862		163862		24280		
			163862		163862		24280		
			21176		21176				
			21176		21176				
			7768		7768		16800		
			7768		7768		16800		
			7768		7768		16800		
			1411		1411		10943	164	8500
			1411		1411		10943	164	8500
			1411		1411		164	164	
							10779		8500
			6760		6760	9250	5666		2164
			6760		6760	9250	5666		2164
			2680		2680		3976		2164
			4080		4080	9250	1690		
						2510			
						2510			
						2510			
	5270		2590605	26406	2564199	605506	604408	176470	10085
			116912		116912	26312	54004	12750	1000
			20102		20102		5150	5150	
			20102		20102		5150	5150	
			17952		17952		9368		
			17952		17952		9368		
			15396		15396	2421			
			15396		15396	2421			
			2800		2800				

3—11 续2

行业	总计	内资企业	国有企业	集体企业	股份合作企业	联营企业	国有联营企业
制糖业	2800	2800					
屠宰及肉类加工	58489	58489					
牲畜屠宰	7200	7200					
禽类屠宰	1307	1307					
肉制品及副产品加工	49982	49982					
蔬菜、水果和坚果加工	56014	56014					
蔬菜加工	40724	40724					
水果和坚果加工	15290	15290					
其他农副食品加工	17636	17636					
淀粉及淀粉制品制造	14656	14656					
蛋品加工	2980	2980					
食品制造业	145498	124331		4000			
焙烤食品制造	35960	35960					
糕点、面包制造	30610	30610					
饼干及其他焙烤食品制造	5350	5350					
糖果、巧克力及蜜饯制造	36287	36287					
糖果、巧克力制造	5600	5600					
蜜饯制作	30687	30687					
方便食品制造	19694	19694					
米、面制品制造	11409	11409					
速冻食品制造	5200	5200					
方便面及其他方便食品制造	3085	3085					
罐头食品制造	26467	5300		4000			
蔬菜、水果罐头制造	26467	5300		4000			
调味品、发酵制品制造	8960	8960					
酱油、食醋及类似制品制造	5960	5960					
其他调味品、发酵制品制造	3000	3000					
其他食品制造	18130	18130					
保健食品制造	9880	9880					
食品及饲料添加剂制造	6750	6750					
其他未列明食品制造	1500	1500					
酒、饮料和精制茶制造业	119070	110758					
酒的制造	54609	52897					
白酒制造	18678	18678					
啤酒制造	1712						
葡萄酒制造	20260	20260					
其他酒制造	13959	13959					
饮料制造	64461	57861					
瓶(罐)装饮用水制造	19350	19350					
果菜汁及果菜汁饮料制造	9030	2430					

单位:万元

集体联营企业	国有与集体联营企业	其他联营企业	有限责任公司	国有独资公司	其他有限责任公司	股份有限公司	私营企业	独资	合伙
			2800		2800				
			27118		27118	21571	9800		
							7200		
			1307		1307				
			25811		25811	21571	2600		
			27044		27044	2320	20850	7600	
			18754		18754	2320	15050	7600	
			8290		8290		5800		
			6500		6500		8836		1000
			6500		6500		5856		1000
							2980		
			60616		60616	3085	34050	20510	
			25030		25030		2350		
			22030		22030				
			3000		3000		2350		
			13697		13697		11590	5600	
							5600	5600	
			13697		13697		5990		
			9209		9209	3085	7400	5200	
			9209		9209		2200		
							5200	5200	
						3085			
			1300		1300				
			1300		1300				
							5960	2960	
							2960	2960	
							3000		
			11380		11380		6750	6750	
			9880		9880				
							6750	6750	
			1500		1500				
			65882		65882	13638	31238	9378	
			11971		11971	11288	29638	9378	
			1000		1000	8300	9378	9378	
							20260		
			10971		10971	2988			
			53911		53911	2350	1600		
			17000		17000	2350			
			830		830		1600		

3—11 续3

行业	总计	内资企业	国有企业	集体企业	股份合作企业	联营企业	国有联营企业
含乳饮料和植物蛋白饮料制造	2800	2800					
茶饮料及其他饮料制造	33281	33281					
烟草制品业	800	800					
烟叶复烤	800	800					
烟叶复烤	800	800					
纺织业	131382	131382					
棉纺织及印染精加工	79245	79245					
棉纺纱加工	60725	60725					
棉织造加工	18520	18520					
毛纺织及染整精加工	35760	35760					
毛条和毛纱线加工	3712	3712					
毛染整精加工	32048	32048					
丝绢纺织及印染精加工	1620	1620					
缫丝加工	1620	1620					
家用纺织制成品制造	14757	14757					
毛巾类制品制造	14757	14757					
纺织服装、服饰业	70807	70807					
机织服装制造	68307	68307					
机织服装制造	68307	68307					
服饰制造	2500	2500					
服饰制造	2500	2500					
木材加工和木、竹、藤、棕、草制品业	17275	17275					
木材加工	2475	2475					
其他木材加工	2475	2475					
人造板制造	11800	11800					
胶合板制造	9000	9000					
其他人造板制造	2800	2800					
木制品制造	3000	3000					
木门窗、楼梯制造	3000	3000					
家具制造业	37064	37064					
木质家具制造	32114	32114					
木质家具制造	32114	32114					
竹、藤家具制造	1150	1150					
竹、藤家具制造	1150	1150					
金属家具制造	3800	3800					
金属家具制造	3800	3800					
造纸和纸制品业	79248	79248	7168				
纸浆制造	1600	1600					
木竹浆制造	1600	1600					
造　纸	47409	47409	7168				

单位:万元

集体联营企业	国有与集体联营企业	其他联营企业	有限责任公司	国有独资公司	其他有限责任公司	股份有限公司	私营企业	独资	合伙
			2800		2800				
			33281		33281				
						800			
						800			
						800			
			123282	14757	108525		6000		
			71145		71145		6000		
			60725		60725				
			10420		10420		6000		
			35760		35760				
			3712		3712				
			32048		32048				
			1620		1620				
			1620		1620				
			14757	14757					
			14757	14757					
			68607		68607		2200	2200	
			66107		66107		2200	2200	
			66107		66107		2200	2200	
			2500		2500				
			2500		2500				
			5800		5800				
			2800		2800				
			2800		2800				
			3000		3000				
			3000		3000				
			30284		30284		5280	5280	
			25334		25334		5280	5280	
			25334		25334		5280	5280	
			1150		1150				
			1150		1150				
			3800		3800				
			3800		3800				
			35622		35622		33458	7600	
							1600	1600	
							1600	1600	
			23263		23263		16978		

3—11 续4

行业	总计	内资企业	国有企业	集体企业	股份合作企业	联营企业	国有联营企业
机制纸及纸板制造	30431	30431	7168				
加工纸制造	16978	16978					
纸制品制造	30239	30239					
纸和纸板容器制造	22539	22539					
其他纸制品制造	7700	7700					
印刷和记录媒介复制业	29519	29519					
印　刷	29519	29519					
包装装潢及其他印刷	29519	29519					
文教、工美、体育和娱乐用品制造业	7980	7980					
文教办公用品制造	2100	2100					
文具制造	2100	2100					
工艺美术品制造	5880	5880					
雕塑工艺品制造	3230	3230					
金属工艺品制造	2650	2650					
石油加工、炼焦和核燃料加工业	115292	115292			5709		
精炼石油产品制造	7469	7469			5709		
原油加工及石油制品制造	1760	1760					
人造原油制造	5709	5709			5709		
炼　焦	107823	107823					
炼　焦	107823	107823					
化学原料和化学制品制造业	647098	602593	4957		5240	4660	4660
基础化学原料制造	189877	189877				2970	2970
无机酸制造	10267	10267					
无机碱制造	13618	13618					
无机盐制造	3348	3348					
有机化学原料制造	73135	73135					
其他基础化学原料制造	89509	89509				2970	2970
肥料制造	82630	71525	4957			1690	1690
氮肥制造	17525	6420				1690	1690
复混肥料制造	8840	8840					
有机肥料及微生物肥料制造	14090	14090					
其他肥料制造	42175	42175	4957				
农药制造	20365	20365					
化学农药制造	17865	17865					
生物化学农药及微生物农药制造	2500	2500					
涂料、油墨、颜料及类似产品制造	13180	13180					
染料制造	13180	13180					
合成材料制造	37804	37804					
初级形态塑料及合成树脂制造	26564	26564					
其他合成材料制造	11240	11240					

单位:万元

集体联营企业	国有与集体联营企业	其他联营企业	有限责任公司	国有独资公司	其他有限责任公司	股份有限公司	私营企业	独资	合伙
			23263		23263				
							16978		
			12359		12359		14880	6000	
			7659		7659		14880	6000	
			4700		4700				
			12480		12480	13339	3700		
			12480		12480	13339	3700		
			12480		12480	13339	3700		
							5330	2680	
							2100	2100	
							2100	2100	
							3230	580	
							3230	580	
			63430		63430	26256			
			1500		1500	260			
			1500		1500	260			
			61930		61930	25996			
			61930		61930	25996			
			448840		448840	67997	23407	2400	
			125388		125388	25603	18177		
			10267		10267				
			13618		13618				
						3348			
			45420		45420		15886		
			56083		56083	22255	2291		
			57648		57648	4730			
						4730			
			8840		8840				
			11590		11590				
			37218		37218				
			20365		20365				
			17865		17865				
			2500		2500				
			13180		13180				
			13180		13180				
			20140		20140	17664			
			8900		8900	17664			
			11240		11240				

3—11 续5

行业	总计	内资企业	国有企业	集体企业	股份合作企业	联营企业	国有联营企业
专用化学产品制造	303242	269842			5240		
化学试剂和助剂制造	180512	147112			5240		
专项化学用品制造	102880	102880					
其他专用化学产品制造	19850	19850					
医药制造业	181635	181635					
化学药品原料药制造	19181	19181					
化学药品原料药制造	19181	19181					
化学药品制剂制造	70160	70160					
化学药品制剂制造	70160	70160					
中药饮片加工	29550	29550					
中药饮片加工	29550	29550					
中成药生产	4425	4425					
中成药生产	4425	4425					
兽用药品制造	6612	6612					
兽用药品制造	6612	6612					
生物药品制造	51707	51707					
生物药品制造	51707	51707					
橡胶和塑料制品业	205471	205471					
橡胶制品业	46239	46239					
轮胎制造	31701	31701					
再生橡胶制造	14538	14538					
塑料制品业	159232	159232					
塑料薄膜制造	68992	68992					
塑料板、管、型材制造	28148	28148					
塑料丝、绳及编织品制造	8300	8300					
塑料人造革、合成革制造	3500	3500					
塑料包装箱及容器制造	41232	41232					
其他塑料制品制造	9060	9060					
非金属矿物制品业	379677	349257		6598			
水泥、石灰和石膏制造	88818	88818		6598			
水泥制造	69892	69892		6598			
石灰和石膏制造	18926	18926					
石膏、水泥制品及类似制品制造	29050	29050					
水泥制品制造	28410	28410					
石棉水泥制品制造	640	640					
砖瓦、石材等建筑材料制造	135459	131044					
粘土砖瓦及建筑砌块制造	43215	38800					
建筑用石加工	21090	21090					
防水建筑材料制造	38434	38434					
隔热和隔音材料制造	1800	1800					

单位:万元

集体联营企业	国有与集体联营企业	其他联营企业	有限责任公司	国有独资公司	其他有限责任公司	股份有限公司	私营企业	独资	合伙
			212119		212119	20000	5230	2400	
			123974		123974				
			76380		76380	20000			
			11765		11765		5230	2400	
			47592		47592	92184	41859		
			8250		8250	10931			
			8250		8250	10931			
			4630		4630	65530			
			4630		4630	65530			
			21250		21250	8300			
			21250		21250	8300			
						4425			
						4425			
			6612		6612				
			6612		6612				
			6850		6850	2998	41859		
			6850		6850	2998	41859		
			111033		111033	47900	35678	2060	
			19189		19189	27050			
			4651		4651	27050			
			14538		14538				
			91844		91844	20850	35678	2060	
			56292		56292	3200	9500		
			12420		12420	14650	1078		
			2800		2800				
			3500		3500				
			12832		12832		23040		
			4000		4000	3000	2060	2060	
			214337		214337	28466	44515	22600	4375
			60925		60925				
			41999		41999				
			18926		18926				
			16300		16300	3000	6790	6150	
			16300		16300	3000	6150	6150	
							640		
			81930		81930	12054	22905	11180	4375
			27630		27630		8015	5400	2615
			2150		2150		7940	3980	1760
			23380		23380	12054	3000		
							1800	1800	

3—11　续6

行　　业	总　计	内　资企　业	国　有企　业	集　体企　业	股份合作企　　业	联　营企　业	国有联营企　　业
其他建筑材料制造	30920	30920					
玻璃制造	31009	31009					
其他玻璃制造	31009	31009					
玻璃制品制造	24790	24790					
玻璃包装容器制造	24790	24790					
玻璃纤维和玻璃纤维增强塑料制品制造	2932	2932					
玻璃纤维及制品制造	2932	2932					
陶瓷制品制造	12720	12720					
特种陶瓷制品制造	7080	7080					
日用陶瓷制品制造	5640	5640					
耐火材料制品制造	2500	2500					
石棉制品制造	2500	2500					
石墨及其他非金属矿物制品制造	52399	26394					
石墨及碳素制品制造	29576	3571					
其他非金属矿物制品制造	22823	22823					
黑色金属冶炼和压延加工业	347814	347814				5270	
炼　铁	245389	245389					
炼　铁	245389	245389					
炼　钢	14783	14783					
炼　钢	14783	14783					
黑色金属铸造	14335	14335					
黑色金属铸造	14335	14335					
钢压延加工	35632	35632				5270	
钢压延加工	35632	35632				5270	
铁合金冶炼	37675	37675					
铁合金冶炼	37675	37675					
有色金属冶炼和压延加工业	544365	522265	11288		42724		
常用有色金属冶炼	347265	347265	11288		11396		
铜冶炼	81106	81106					
镍钴冶炼	700	700					
铝冶炼	81268	81268	11288		11396		
镁冶炼	139041	139041					
其他常用有色金属冶炼	45150	45150					
有色金属合金制造	44418	22318					
有色金属合金制造	44418	22318					
有色金属铸造	9288	9288					
有色金属铸造	9288	9288					
有色金属压延加工	143394	143394			31328		
铜压延加工	3125	3125					
铝压延加工	135610	135610			31328		

单位:万元

集体联营企业	国有与集体联营企业	其他联营企业	有限责任公司	国有独资公司	其他有限责任公司	股份有限公司	私营企业	独资	合伙
			28770		28770		2150		
			11929		11929		9550		
			11929		11929		9550		
			19170		19170	3000	2620	2620	
			19170		19170	3000	2620	2620	
			2932		2932				
			2932		2932				
			9980		9980				
			7080		7080				
			2900		2900				
			2500		2500				
			2500		2500				
			8671		8671	10412	2650	2650	
			3571		3571				
			5100		5100	10412	2650	2650	
	5270		320047		320047		16847	5365	
			245389		245389				
			245389		245389				
			14783		14783				
			14783		14783				
			5812		5812		2873	2873	
			5812		5812		2873	2873	
	5270		27870		27870		2492	2492	
	5270		27870		27870		2492	2492	
			26193		26193		11482		
			26193		26193		11482		
			273980	11649	262331	139440	49331	2291	
			150637	11649	138988	121402	47040		
			11649	11649		69457			
			700		700				
			53241		53241	4303	1040		
			39897		39897	47642	46000		
			45150		45150				
			9895		9895	12423			
			9895		9895	12423			
			9288		9288				
			9288		9288				
			104160		104160	5615	2291	2291	
						3125			
			99501		99501	2490	2291	2291	

3—11 续7

行业	总计	内资企业	国有企业	集体企业	股份合作企业	联营企业	国有联营企业
贵金属压延加工	4659	4659					
金属制品业	128143	128143					
结构性金属制品制造	77747	77747					
金属结构制造	77747	77747					
金属工具制造	9375	9375					
切削工具制造	9375	9375					
集装箱及金属包装容器制造	10932	10932					
集装箱制造	10932	10932					
建筑、安全用金属制品制造	11329	11329					
建筑、家具用金属配件制造	9179	9179					
建筑装饰及水暖管道零件制造	2150	2150					
搪瓷制品制造	2780	2780					
建筑装饰搪瓷制品制造	2780	2780					
其他金属制品制造	15980	15980					
锻件及粉末冶金制品制造	14980	14980					
交通及公共管理用金属标牌制造	1000	1000					
通用设备制造业	188204	188204					
锅炉及原动设备制造	4750	4750					
锅炉及辅助设备制造	4750	4750					
金属加工机械制造	14903	14903					
金属成形机床制造	1523	1523					
铸造机械制造	13380	13380					
泵、阀门、压缩机及类似机械制造	32368	32368					
泵及真空设备制造	21500	21500					
气体压缩机械制造	9528	9528					
液压和气压动力机械及元件制造	1340	1340					
烘炉、风机、衡器、包装等设备制造	42798	42798					
烘炉、熔炉及电炉制造	2900	2900					
风机、风扇制造	9933	9933					
气体、液体分离及纯净设备制造	3741	3741					
制冷、空调设备制造	2900	2900					
风动和电动工具制造	3894	3894					
衡器制造	19430	19430					
通用零部件制造	91865	91865					
紧固件制造	47770	47770					
机械零部件加工	23225	23225					
其他通用零部件制造	20870	20870					
其他通用设备制造业	1520	1520					
其他通用设备制造业	1520	1520					
专用设备制造业	156256	149406					

单位:万元

集体联营企业	国有与集体联营企业	其他联营企业	有限责任公司	国有独资公司	其他有限责任公司	股份有限公司	私营企业	独资	合伙
			4659		4659				
			62803		62803	46380	9980	5780	3200
			28167		28167	46380	3200		3200
			28167		28167	46380	3200		3200
			375		375		3000	3000	
			375		375		3000	3000	
			10932		10932				
			10932		10932				
			11329		11329				
			9179		9179				
			2150		2150				
							2780	2780	
							2780	2780	
			12000		12000		1000		
			12000		12000				
							1000		
			143043		143043	14328	25053	12053	
			4750		4750				
			4750		4750				
			11597		11597	506	2800		
			1017		1017	506			
			10580		10580		2800		
			31340		31340	1028			
			21500		21500				
			8500		8500	1028			
			1340		1340				
			33604		33604	3894	2400		
			2900		2900				
			7533		7533		2400		
			3741		3741				
						3894			
			19430		19430				
			61752		61752	8900	18333	10533	
			47770		47770				
			10660		10660		9685	1885	
			3322		3322	8900	8648	8648	
							1520	1520	
							1520	1520	
			38624		38624	8559	89268	17433	

3—11 续8

行业	总计	内资企业	国有企业	集体企业	股份合作企业	联营企业	国有联营企业
采矿、冶金、建筑专用设备制造	3920	3920					
矿山机械制造	3920	3920					
化工、木材、非金属加工专用设备制造	29892	29892					
炼油、化工生产专用设备制造	15737	15737					
塑料加工专用设备制造	4655	4655					
模具制造	9500	9500					
食品、饮料、烟草及饲料生产专用设备制造	3904	3904					
农副食品加工专用设备制造	3904	3904					
电子和电工机械专用设备制造	70170	70170					
电工机械专用设备制造	70170	70170					
农、林、牧、渔专用机械制造	32445	32445					
拖拉机制造	5825	5825					
农林牧渔机械配件制造	21335	21335					
棉花加工机械制造	5285	5285					
环保、社会公共服务及其他专用设备制造	15925	9075					
环境保护专用设备制造	7000	7000					
地质勘查专用设备制造	6850						
其他专用设备制造	2075	2075					
汽车制造业	154924	125324					
汽车零部件及配件制造	154924	125324					
汽车零部件及配件制造	154924	125324					
铁路、船舶、航空航天和其他运输设备制造业	42701	42701					
铁路运输设备制造	38901	38901					
窄轨机车车辆制造	8000	8000					
铁路机车车辆配件制造	16086	16086					
铁路专用设备及器材、配件制造	14815	14815					
自行车制造	3800	3800					
助动自行车制造	3800	3800					
电气机械和器材制造业	226201	226201					
电机制造	81497	81497					
发电机及发电机组制造	4750	4750					
电动机制造	3000	3000					
微电机及其他电机制造	73747	73747					
输配电及控制设备制造	65874	65874					
变压器、整流器和电感器制造	61874	61874					
电力电子元器件制造	3000	3000					
光伏设备及元器件制造	1000	1000					
电线、电缆、光缆及电工器材制造	10350	10350					
电线、电缆制造	10350	10350					
电池制造	35500	35500					

单位:万元

集体联营企业	国有与集体联营企业	其他联营企业	有限责任公司	国有独资公司	其他有限责任公司	股份有限公司	私营企业	独资	合伙
			3920		3920				
			3920		3920				
			20629		20629	4655	4608	4608	
			11129		11129		4608	4608	
						4655			
			9500		9500				
						3904			
						3904			
							62500		
							62500		
			12000		12000		15160	5825	
							5825	5825	
			12000		12000		9335		
			2075		2075		7000	7000	
							7000	7000	
			2075		2075				
			74083		74083	7448	41743	12670	1510
			74083		74083	7448	41743	12670	1510
			74083		74083	7448	41743	12670	1510
			35701		35701		7000	7000	
			31901		31901		7000	7000	
			8000		8000				
			9086		9086		7000	7000	
			14815		14815				
			3800		3800				
			3800		3800				
			122585		122585	64874	30742	18620	
			48495		48495		25002	15640	
							4750	4750	
							3000	3000	
			48495		48495		17252	7890	
			1000		1000	64874			
						61874			
						3000			
			1000		1000				
			7590		7590		2760		
			7590		7590		2760		
			35500		35500				

3—11 续9

行业	总计	内资企业	国有企业	集体企业	股份合作企业	联营企业	国有联营企业
锂离子电池制造	17000	17000					
其他电池制造	18500	18500					
非电力家用器具制造	30000	30000					
燃气、太阳能及类似能源家用器具制造	30000	30000					
其他电气机械及器材制造	2980	2980					
其他未列明电气机械及器材制造	2980	2980					
计算机、通信和其他电子设备制造业	82728	82728					
通信设备制造	66328	66328					
通信终端设备制造	66328	66328					
电子器件制造	3600	3600					
半导体分立器件制造	3600	3600					
电子元件制造	12800	12800					
电子元件及组件制造	12800	12800					
仪器仪表制造业	4500	4500					
钟表与计时仪器制造	4500	4500					
钟表与计时仪器制造	4500	4500					
其他制造业	20324	20324					
煤制品制造	16834	16834					
煤制品制造	16834	16834					
其他未列明制造业	3490	3490					
其他未列明制造业	3490	3490					
废弃资源综合利用业	23495	23495					
金属废料和碎屑加工处理	15000	15000					
金属废料和碎屑加工处理	15000	15000					
非金属废料和碎屑加工处理	8495	8495					
非金属废料和碎屑加工处理	8495	8495					
金属制品、机械和设备修理业	5800	5800					
其他机械和设备修理业	5800	5800					
其他机械和设备修理业	5800	5800					
电力、热力、燃气及水生产和供应业	442781	442781	176705	8345		3313	3313
电力、热力生产和供应业	326877	326877	149362	3000		2700	2700
电力生产	160327	160327		3000			
火力发电	3000	3000		3000			
风力发电	95705	95705					
太阳能发电	19427	19427					
其他电力生产	42195	42195					
电力供应	116499	116499	112111			2700	2700
电力供应	116499	116499	112111			2700	2700
热力生产和供应	50051	50051	37251				
热力生产和供应	50051	50051	37251				

单位:万元

集体联营企业	国有与集体联营企业	其他联营企业	有限责任公司	国有独资公司	其他有限责任公司	股份有限公司	私营企业	独资	合伙
			17000		17000				
			18500		18500				
			30000		30000				
			30000		30000				
							2980	2980	
							2980	2980	
			79128		79128				
			66328		66328				
			66328		66328				
			12800		12800				
			12800		12800				
						4500			
						4500			
						4500			
			17324		17324		3000		
			13834		13834		3000		
			13834		13834		3000		
			3490		3490				
			3490		3490				
			18570		18570		4925	2000	
			13000		13000		2000	2000	
			13000		13000		2000	2000	
			5570		5570		2925		
			5570		5570		2925		
							5800	5800	
							5800	5800	
							5800	5800	
			110661		110661	102060	20498	12800	
			52404		52404	102060	17351	12800	
			50716		50716	102060	4551		
			2910		2910	92795			
			19427		19427				
			28379		28379	9265	4551		
			1688		1688				
			1688		1688				
							12800	12800	
							12800	12800	

3—11 续10

行业	总计	内资企业	国有企业	集体企业	股份合作企业	联营企业	国有联营企业
燃气生产和供应业	44974	44974	714	5345			
燃气生产和供应业	44974	44974	714	5345			
燃气生产和供应业	44974	44974	714	5345			
水的生产和供应业	70930	70930	26629			613	613
自来水生产和供应	26822	26822	23675				
自来水生产和供应	26822	26822	23675				
污水处理及其再生利用	33789	33789	1954			613	613
污水处理及其再生利用	33789	33789	1954			613	613
其他水的处理、利用与分配	10319	10319	1000				
其他水的处理、利用与分配	10319	10319	1000				
建筑业	14100	14100					
房屋建筑业	3000	3000					
房屋建筑业	3000	3000					
房屋建筑业	3000	3000					
土木工程建筑业	2600	2600					
铁路、道路、隧道和桥梁工程建筑	2600	2600					
市政道路工程建筑	2600	2600					
建筑装饰和其他建筑业	8500	8500					
工程准备活动	8500	8500					
其他工程准备活动	8500	8500					
批发和零售业	219361	219361	10000	15582	15000		
批发业	98069	98069	2000	7119			
农、林、牧产品批发	44815	44815					
林业产品批发	1200	1200					
其他农牧产品批发	43615	43615					
食品、饮料及烟草制品批发	13129	13129	2000	5649			
米、面制品及食用油批发	1000	1000	1000				
果品、蔬菜批发	12129	12129	1000	5649			
纺织、服装及家庭用品批发	1470	1470		1470			
其他家庭用品批发	1470	1470		1470			
医药及医疗器材批发	2000	2000					
中药批发	2000	2000					
矿产品、建材及化工产品批发	13500	13500					
煤炭及制品批发	13500	13500					
机械设备、五金产品及电子产品批发	3500	3500					
五金产品批发	3500	3500					
贸易经纪与代理	19655	19655					
其他贸易经纪与代理	19655	19655					
零售业	121292	121292	8000	8463	15000		
综合零售	39163	39163		4899			

单位:万元

集体联营企业	国有与集体联营企业	其他联营企业	有限责任公司	国有独资公司	其他有限责任公司	股份有限公司	私营企业	独资	合伙
			35935		35935				
			35935		35935				
			35935		35935				
			22322		22322		3147		
							3147		
							3147		
			22322		22322				
			22322		22322				
			11100		11100	3000			
						3000			
						3000			
						3000			
			2600		2600				
			2600		2600				
			2600		2600				
			8500		8500				
			8500		8500				
			8500		8500				
			127134		127134	17145	23250	1780	
			70020		70020		13450	980	
			31365		31365		13450	980	
			1200		1200				
			30165		30165		13450	980	
			2500		2500				
			2500		2500				
			2000		2000				
			2000		2000				
			11000		11000				
			11000		11000				
			3500		3500				
			3500		3500				
			19655		19655				
			19655		19655				
			57114		57114	17145	9800	800	
			14804		14804	8660	9000		

3—11　续11

行　业	总　计	内　资企　业	国　有企　业	集　体企　业	股份合作企　业	联　营企　业	国有联营企　业
百货零售	26459	26459		3299			
超级市场零售	10604	10604					
其他综合零售	2100	2100		1600			
食品、饮料及烟草制品专门零售	877	877		877			
果品、蔬菜零售	877	877		877			
纺织、服装及日用品专门零售	2337	2337		2337			
其他日用品零售	2337	2337		2337			
汽车、摩托车、燃料及零配件专门零售	49155	49155	8000		15000		
汽车零售	44020	44020	8000		15000		
汽车零配件零售	4770	4770					
机动车燃料零售	365	365					
五金、家具及室内装饰材料专门零售	29760	29760		350			
五金零售	350	350		350			
家具零售	29410	29410					
交通运输、仓储和邮政业	575218	575218	457020	41514			
铁路运输业	26234	26234	5290				
铁路货物运输	11837	11837					
铁路货物运输	11837	11837					
铁路运输辅助活动	14397	14397	5290				
客运火车站	700	700	700				
其他铁路运输辅助活动	13697	13697	4590				
道路运输业	489677	489677	447190	36648			
城市公共交通运输	3520	3520	3520				
其他城市公共交通运输	3520	3520	3520				
公路旅客运输	36776	36776	36776				
公路旅客运输	36776	36776	36776				
道路货物运输	800	800	800				
道路货物运输	800	800	800				
道路运输辅助活动	448581	448581	406094	36648			
客运汽车站	12607	12607	3648	4954			
公路管理与养护	435974	435974	402446	31694			
航空运输业	2690	2690	2690				
航空客货运输	2690	2690	2690				
航空旅客运输	2690	2690	2690				
仓储业	56617	56617	1850	4866			
谷物、棉花等农产品仓储	10438	10438	1850	2600			
谷物仓储	1850	1850	1850				
其他农产品仓储	8588	8588		2600			
其他仓储业	46179	46179		2266			
其他仓储业	46179	46179		2266			

单位:万元

集体联营企业	国有与集体联营企业	其他联营企业	有限责任公司	国有独资公司	其他有限责任公司	股份有限公司	私营企业	独资	合伙
			5500		5500	8660	9000		
			8804		8804				
			500		500				
			12900		12900	8485	800	800	
			12900		12900	8120			
							800	800	
						365			
			29410		29410				
			29410		29410				
			45650		45650	8334	4505	4005	500
			20944		20944				
			11837		11837				
			11837		11837				
			9107		9107				
			9107		9107				
						1834	4005	4005	
						1834	4005	4005	
							4005	4005	
						1834			
			24706		24706	6500	500		500
			333		333		500		500
			333		333		500		500
			24373		24373	6500			
			24373		24373	6500			

3—11 续12

行　业	总 计	内资企业	国有企业	集体企业	股份合作企业	联营企业	国有联营企业
住宿和餐饮业	46058	46058					
住宿业	44388	44388					
旅游饭店	32691	32691					
旅游饭店	32691	32691					
一般旅馆	8900	8900					
一般旅馆	8900	8900					
其他住宿业	2797	2797					
其他住宿业	2797	2797					
餐饮业	1670	1670					
正餐服务	1670	1670					
正餐服务	1670	1670					
信息传输、软件和信息技术服务业	11899	11899	3249				
电信、广播电视和卫星传输服务	4229	4229	3249				
电　信	4229	4229	3249				
移动电信服务	4229	4229	3249				
互联网和相关服务	800	800					
互联网信息服务	800	800					
互联网信息服务	800	800					
软件和信息技术服务业	6870	6870					
信息系统集成服务	6870	6870					
信息系统集成服务	6870	6870					
金融业	578	578	578				
货币金融服务	578	578	578				
货币银行服务	578	578	578				
货币银行服务	578	578	578				
房地产业	842084	840407	79234	27018			
房地产业	842084	840407	79234	27018			
房地产开发经营	687977	686300	35787	520			
房地产开发经营	687977	686300	35787	520			
自有房地产经营活动	1480	1480	870				
自有房地产经营活动	1480	1480	870				
其他房地产业	152627	152627	42577	26498			
其他房地产业	152627	152627	42577	26498			
租赁和商务服务业	20107	20107	975				
租赁业	2700	2700					
机械设备租赁	2700	2700					
农业机械租赁	2700	2700					
商务服务业	17407	17407	975				
人力资源服务	975	975	975				
其他人力资源服务	975	975	975				

单位:万元

集体联营企业	国有与集体联营企业	其他联营企业	有限责任公司	国有独资公司	其他有限责任公司	股份有限公司	私营企业	独资	合伙
			33591		33591	5000	3000	3000	
			33591		33591	5000	3000	3000	
			27691		27691	5000			
			27691		27691	5000			
			5900		5900		3000	3000	
			5900		5900		3000	3000	
			7850	980	6870	800			
			980	980					
			980	980					
			980	980					
						800			
						800			
						800			
			6870		6870				
			6870		6870				
			6870		6870				
			287721	28493	259228	20695	406156	18134	
			287721	28493	259228	20695	406156	18134	
			215169	28413	186756	17695	406156	18134	
			215169	28413	186756	17695	406156	18134	
			610		610				
			610		610				
			71942	80	71862	3000			
			71942	80	71862	3000			
			12632		12632		2700		2700
							2700		2700
							2700		2700
							2700		2700
			12632		12632				

3—11　续13

行　　业	总　计	内　资企　业	国　有企　业	集　体企　业	股份合作企　　业	联　营企　业	国有联营企　　业
旅行社及相关服务	16432	16432					
旅游管理服务	16432	16432					
科学研究和技术服务业	73175	73175	792				
专业技术服务业	1777	1777	792				
质检技术服务	985	985					
质检技术服务	985	985					
地质勘查	792	792	792				
基础地质勘查	792	792	792				
科技推广和应用服务业	71398	71398					
技术推广服务	71398	71398					
农业技术推广服务	47398	47398					
节能技术推广服务	24000	24000					
其他技术推广服务							
水利、环境和公共设施管理业	632717	632717	347432	36373	3201	15000	15000
水利管理业	63776	63776	60805	1680	1291		
防洪除涝设施管理	4758	4758	4758				
防洪除涝设施管理	4758	4758	4758				
水资源管理	7438	7438	7438				
水资源管理	7438	7438	7438				
天然水收集与分配	9767	9767	8476		1291		
天然水收集与分配	9767	9767	8476		1291		
其他水利管理业	41813	41813	40133	1680			
其他水利管理业	41813	41813	40133	1680			
生态保护和环境治理业	82190	82190	14483	1142			
生态保护	23626	23626					
自然保护区管理	23626	23626					
环境治理业	58564	58564	14483	1142			
水污染治理	3126	3126	1026				
大气污染治理	26352	26352		1142			
固体废物治理	7661	7661	3648				
其他污染治理	21425	21425	9809				
公共设施管理业	486751	486751	272144	33551	1910	15000	15000
市政设施管理	309236	309236	211435	24015		15000	15000
市政设施管理	309236	309236	211435	24015		15000	15000
环境卫生管理	16435	16435	9235	7200			
环境卫生管理	16435	16435	9235	7200			
城乡市容管理	600	600	600				
城乡市容管理	600	600	600				
绿化管理	7179	7179	7179				
绿化管理	7179	7179	7179				

单位:万元

集体联营企业	国有与集体联营企业	其他联营企业	有限责任公司	国有独资公司	其他有限责任公司	股份有限公司	私营企业	独资	合伙
			12632		12632				
			12632		12632				
			25580		25580	45818			
			25580		25580	45818			
			25580		25580	45818			
			1580		1580	45818			
			24000		24000				
			166951	46849	120102	10717	27580	12840	
			62135	20646	41489		1540		
			23626	20646	2980				
			23626	20646	2980				
			38509		38509		1540		
			2100		2100				
			20780		20780		1540		
			4013		4013				
			11616		11616				
			104816	26203	78613	10717	26040	12840	
			55696	26203	29493				
			55696	26203	29493				

3—11 续14

行业	总计	内资企业	国有企业	集体企业	股份合作企业	联营企业	国有联营企业
公园和游览景区管理	153301	153301	43695	2336	1910		
公园管理	41238	41238	27562				
游览景区管理	112063	112063	16133	2336	1910		
居民服务、修理和其他服务业	1860	1860					
居民服务业	1860	1860					
其他居民服务业	1860	1860					
其他居民服务业	1860	1860					
教　育	73428	73428	57658				
教　育	73428	73428	57658				
学前教育	990	990	990				
学前教育	990	990	990				
初等教育	7244	7244	4684				
普通小学教育	7244	7244	4684				
中等教育	40925	40925	27715				
普通初中教育	12426	12426	12426				
普通高中教育	12723	12723	12723				
中等职业学校教育	15776	15776	2566				
高等教育	17710	17710	17710				
普通高等教育	17710	17710	17710				
特殊教育	2030	2030	2030				
特殊教育	2030	2030	2030				
技能培训、教育辅助及其他教育	4529	4529	4529				
职业技能培训	2855	2855	2855				
其他未列明教育	1674	1674	1674				
卫生和社会工作	35815	35815	29494	2000		521	521
卫　生	34087	34087	28566	2000		521	521
医　院	24762	24762	23241	1000		521	521
综合医院	24682	24682	23161	1000		521	521
中医医院	80	80	80				
社区医疗与卫生院	5715	5715	4715	1000			
社区卫生服务中心(站)	1405	1405	1405				
乡镇卫生院	4310	4310	3310	1000			
计划生育技术服务活动	60	60	60				
计划生育技术服务活动	60	60	60				
其他卫生活动	3550	3550	550				
其他卫生活动	3550	3550	550				
社会工作	1728	1728	928				
提供住宿社会工作	1710	1710	910				
老年人、残疾人养护服务	1700	1700	900				
其他提供住宿社会救助	10	10	10				

单位:万元

集体联营企业	国有与集体联营企业	其他联营企业	有限责任公司	国有独资公司	其他有限责任公司	股份有限公司	私营企业	独资	合伙
			49120		49120	10717	26040	12840	
			13676		13676				
			35444		35444	10717	26040	12840	
			13210		13210				
			13210		13210				
			13210		13210				
			13210		13210				
			3000		3000		800	800	
			3000		3000				
			3000		3000				
			3000		3000				
							800	800	
							800	800	
							800	800	

3—11 续15

行业	总计	内资企业	国有企业	集体企业	股份合作企业	联营企业	国有联营企业
不提供住宿社会工作	18	18	18				
其他不提供住宿社会工作	18	18	18				
文化、体育和娱乐业	26348	26348	20613	275			
文化艺术业	22215	22215	18980	275			
文艺创作与表演	3200	3200	3200				
文艺创作与表演	3200	3200	3200				
艺术表演场馆	2764	2764	2764				
艺术表演场馆	2764	2764	2764				
文物及非物质文化遗产保护	588	588	588				
文物及非物质文化遗产保护	588	588	588				
博物馆	7170	7170	7170				
博物馆	7170	7170	7170				
群众文化活动	5533	5533	5258	275			
群众文化活动	5533	5533	5258	275			
其他文化艺术业	2960	2960					
其他文化艺术业	2960	2960					
体　育	4133	4133	1633				
体育场馆	1633	1633	1633				
体育场馆	1633	1633	1633				
其他体育	2500	2500					
其他体育	2500	2500					
公共管理、社会保障和社会组织	25895	25895	22153	3742			
国家机构	22960	22960	20218	2742			
国家行政机构	21008	21008	18266	2742			
综合事务管理机构	4180	4180	4180				
公共安全管理机构	15573	15573	12831	2742			
社会事务管理机构	1255	1255	1255				
人民法院和人民检察院	1952	1952	1952				
人民法院	1952	1952	1952				
人民检察院	0	0	0				
社会保障	1000	1000		1000			
社会保障	1000	1000		1000			
社会保障	1000	1000		1000			
基层群众自治组织	1935	1935	1935				
村民自治组织	1935	1935	1935				
村民自治组织	1935	1935	1935				

单位:万元

集体联营企业	国有与集体联营企业	其他联营企业	有限责任公司	国有独资公司	其他有限责任公司	股份有限公司	私营企业	独资	合伙
						2960			
						2960			
						2960			
						2960			

3—11 续16

行业							
	有限责任	股份有限	个体户	个人合伙	其他企业	港、澳、台商投资	合资经营
总计	**835255**	**100135**	**49060**	**44580**	**382683**	**98909**	**457**
农、林、牧、渔业	21746	17000	7850	30510	72474	3000	
农业		2900	2000	25510	44678		
谷物种植			2000	4980			
玉米种植							
其他谷物种植			2000	4980			
豆类、油料和薯类种植					8500		
豆类种植					8500		
棉、麻、糖、烟草种植							
棉花种植							
烟草种植							
蔬菜、食用菌及园艺作物种植		2900		4500	6613		
蔬菜种植		2900		4500	6613		
食用菌种植							
花卉种植							
水果种植				7530	16675		
仁果类和核果类水果种植				7530	10580		
葡萄种植					1860		
其他水果种植					4235		
坚果、含油果、香料和饮料作物种植				8500	10150		
坚果种植				8500	10150		
中药材种植					2740		
中药材种植					2740		
其他农业							
其他农业							
林业							
林木育种和育苗							
林木育苗							
造林和更新							
畜牧业	21746	14100	5850	2500	27199	3000	
牲畜饲养	8980	14100	2000		22921	3000	
牛的饲养		6800			10718	3000	
猪的饲养	8980	2600			7083		
羊的饲养		4700	2000		5120		
其他牲畜饲养							
家禽饲养	12766		3850	2500	4278		
鸡的饲养	12766		3850	2500	4278		
鸭的饲养							
其他畜牧业							
其他畜牧业							

单位:万元

合作经营	独资	股份有限	其他	外商投资	合资经营	合作经营	独资	股份有限	其他
1220	**1712**	**88105**	**7415**	**68722**	**47555**		**21167**		
			3000						
			3000						
			3000						
			3000						

3—11 续17

行业	有限责任	股份有限	个体户	个人合伙	其他企业	港、澳、台商投资	合资经营
渔业				2500			
水产养殖				2500			
内陆养殖				2500			
农、林、牧、渔服务业					597		
农业服务业					597		
农业机械服务					597		
灌溉服务							
农产品初加工服务							
其他农业服务							
林业服务业							
森林防火服务							
采矿业	45049	1812			7865		
煤炭开采和洗选业	24280				7865		
烟煤和无烟煤开采洗选	24280				7865		
烟煤和无烟煤开采洗选	24280				7865		
其他煤炭采选							
其他煤炭采选							
黑色金属矿采选业	16800						
铁矿采选	16800						
铁矿采选	16800						
有色金属矿采选业	2279						
常用有色金属矿采选	2279						
铜矿采选							
铝矿采选	2279						
非金属矿采选业	1690	1812					
土砂石开采	1690	1812					
石灰石、石膏开采		1812					
建筑装饰用石开采	1690						
其他采矿业							
其他采矿业							
其他采矿业							
制造业	350301	67552	38230	7600	199932	94232	
农副食品加工业	40254			4600	11750		
谷物磨制							
谷物磨制							
饲料加工	9368						
饲料加工	9368						
植物油加工					8250		
食用植物油加工					8250		
制糖业							

单位:万元

合作经营	独资	股份有限	其他	外商投资	合资经营	合作经营	独资	股份有限	其他
	1712	88105	4415	68722	47555		21167		

3—11 续18

行业	有限责任	股份有限	个体户	个人合伙	其他企业	港、澳、台商投资	合资经营
制糖业							
屠宰及肉类加工	9800						
牲畜屠宰	7200						
禽类屠宰							
肉制品及副产品加工	2600						
蔬菜、水果和坚果加工	13250			4600	1200		
蔬菜加工	7450			4600			
水果和坚果加工	5800				1200		
其他农副食品加工	7836				2300		
淀粉及淀粉制品制造	4856				2300		
蛋品加工	2980						
食品制造业	13540			3000	19580		
焙烤食品制造	2350				8580		
糕点、面包制造					8580		
饼干及其他焙烤食品制造	2350						
糖果、巧克力及蜜饯制造	5990				11000		
糖果、巧克力制造							
蜜饯制作	5990				11000		
方便食品制造	2200						
米、面制品制造	2200						
速冻食品制造							
方便面及其他方便食品制造							
罐头食品制造							
蔬菜、水果罐头制造							
调味品、发酵制品制造	3000			3000			
酱油、食醋及类似制品制造				3000			
其他调味品、发酵制品制造	3000						
其他食品制造							
保健食品制造							
食品及饲料添加剂制造							
其他未列明食品制造							
酒、饮料和精制茶制造业	21860					8312	
酒的制造	20260					1712	
白酒制造							
啤酒制造						1712	
葡萄酒制造	20260						
其他酒制造							
饮料制造	1600					6600	
瓶(罐)装饮用水制造							
果菜汁及果菜汁饮料制造	1600					6600	

单位:万元

合作经营	独资	股份有限	其他	外商投资	合资经营	合作经营	独资	股份有限	其他
				21167			21167		
				21167			21167		
				21167			21167		
	1712	6600							
	1712								
	1712								
		6600							
		6600							

3—11 续19

行业	有限责任	股份有限	个体户	个人合伙	其他企业	港、澳、台商投资	合资经营
含乳饮料和植物蛋白饮料制造							
茶饮料及其他饮料制造							
烟草制品业							
烟叶复烤							
烟叶复烤							
纺织业	6000				2100		
棉纺织及印染精加工	6000				2100		
棉纺纱加工							
棉织造加工	6000				2100		
毛纺织及染整精加工							
毛条和毛纱线加工							
毛染整精加工							
丝绢纺织及印染精加工							
缫丝加工							
家用纺织制成品制造							
毛巾类制品制造							
纺织服装、服饰业							
机织服装制造							
机织服装制造							
服饰制造							
服饰制造							
木材加工和木、竹、藤、棕、草制品业			2475		9000		
木材加工			2475				
其他木材加工			2475				
人造板制造					9000		
胶合板制造					9000		
其他人造板制造							
木制品制造							
木门窗、楼梯制造							
家具制造业					1500		
木质家具制造					1500		
木质家具制造					1500		
竹、藤家具制造							
竹、藤家具制造							
金属家具制造							
金属家具制造							
造纸和纸制品业	25858				3000		
纸浆制造							
木竹浆制造							
造　纸	16978						

单位:万元

合作经营	独资	股份有限	其他	外商投资	合资经营	合作经营	独资	股份有限	其他

3—11 续20

行业	有限责任	股份有限	个体户	个人合伙	其他企业	港、澳、台商投资	合资经营
机制纸及纸板制造							
加工纸制造	16978						
纸制品制造	8880				3000		
纸和纸板容器制造	8880						
其他纸制品制造					3000		
印刷和记录媒介复制业	3700						
印　刷	3700						
包装装潢及其他印刷	3700						
文教、工美、体育和娱乐用品制造业	2650				2650		
文教办公用品制造							
文具制造							
工艺美术品制造	2650				2650		
雕塑工艺品制造	2650						
金属工艺品制造					2650		
石油加工、炼焦和核燃料加工业					19897		
精炼石油产品制造							
原油加工及石油制品制造							
人造原油制造							
炼　焦					19897		
炼　焦					19897		
化学原料和化学制品制造业	21007				47492	33400	
基础化学原料制造	18177				17739		
无机酸制造							
无机碱制造							
无机盐制造							
有机化学原料制造	15886				11829		
其他基础化学原料制造	2291				5910		
肥料制造					2500		
氮肥制造							
复混肥料制造							
有机肥料及微生物肥料制造					2500		
其他肥料制造							
农药制造							
化学农药制造							
生物化学农药及微生物农药制造							
涂料、油墨、颜料及类似产品制造							
染料制造							
合成材料制造							
初级形态塑料及合成树脂制造							
其他合成材料制造							

单位:万元

合作经营	独资	股份有限	其他	外商投资	合资经营	合作经营	独资	股份有限	其他
		33400		11105	11105				
				11105	11105				
				11105	11105				

3—11 续21

行业	有限责任	股份有限	个体户	个人合伙	其他企业	港、澳、台商投资	合资经营
专用化学产品制造	2830				27253	33400	
化学试剂和助剂制造					17898	33400	
专项化学用品制造					6500		
其他专用化学产品制造	2830				2855		
医药制造业		41859					
化学药品原料药制造							
化学药品原料药制造							
化学药品制剂制造							
化学药品制剂制造							
中药饮片加工							
中药饮片加工							
中成药生产							
中成药生产							
兽用药品制造							
兽用药品制造							
生物药品制造		41859					
生物药品制造		41859					
橡胶和塑料制品业	33618		5500		5360		
橡胶制品业							
轮胎制造							
再生橡胶制造							
塑料制品业	33618		5500		5360		
塑料薄膜制造	9500						
塑料板、管、型材制造	1078						
塑料丝、绳及编织品制造			5500				
塑料人造革、合成革制造							
塑料包装箱及容器制造	23040				5360		
其他塑料制品制造							
非金属矿物制品业	17540		21405		33936	30420	
水泥、石灰和石膏制造					21295		
水泥制造					21295		
石灰和石膏制造							
石膏、水泥制品及类似制品制造	640				2960		
水泥制品制造					2960		
石棉水泥制品制造	640						
砖瓦、石材等建筑材料制造	7350		11875		2280	4415	
粘土砖瓦及建筑砌块制造			3155			4415	
建筑用石加工	2200		8720		2280		
防水建筑材料制造	3000						
隔热和隔音材料制造							

单位:万元

合作经营	独资	股份有限	其他	外商投资	合资经营	合作经营	独资	股份有限	其他
		33400							
		33400							
		26005	4415						
			4415						
			4415						

3—11 续22

行业	有限责任	股份有限	个体户	个人合伙	其他企业	港、澳、台商投资	合资经营
其他建筑材料制造	2150						
玻璃制造	9550		9530				
其他玻璃制造	9550		9530				
玻璃制品制造							
玻璃包装容器制造							
玻璃纤维和玻璃纤维增强塑料制品制造							
玻璃纤维及制品制造							
陶瓷制品制造					2740		
特种陶瓷制品制造							
日用陶瓷制品制造					2740		
耐火材料制品制造							
石棉制品制造							
石墨及其他非金属矿物制品制造					4661	26005	
石墨及碳素制品制造						26005	
其他非金属矿物制品制造					4661		
黑色金属冶炼和压延加工业	11482		2850		2800		
炼　铁							
炼　铁							
炼　钢							
炼　钢							
黑色金属铸造			2850		2800		
黑色金属铸造			2850		2800		
钢压延加工							
钢压延加工							
铁合金冶炼	11482						
铁合金冶炼	11482						
有色金属冶炼和压延加工业	47040				5502	22100	
常用有色金属冶炼	47040				5502		
铜冶炼							
镍钴冶炼							
铝冶炼	1040						
镁冶炼	46000				5502		
其他常用有色金属冶炼							
有色金属合金制造						22100	
有色金属合金制造						22100	
有色金属铸造							
有色金属铸造							
有色金属压延加工							
铜压延加工							
铝压延加工							

单位:万元

合作经营	独资	股份有限	其他	外商投资	合资经营	合作经营	独资	股份有限	其他
		26005							
		26005							
		22100							
		22100							
		22100							

3—11 续23

行业	有限责任	股份有限	个体户	个人合伙	其他企业	港、澳、台商投资	合资经营
贵金属压延加工							
金属制品业		1000	6000		2980		
结构性金属制品制造							
金属结构制造							
金属工具制造			6000				
切削工具制造			6000				
集装箱及金属包装容器制造							
集装箱制造							
建筑、安全用金属制品制造							
建筑、家具用金属配件制造							
建筑装饰及水暖管道零件制造							
搪瓷制品制造							
建筑装饰搪瓷制品制造							
其他金属制品制造		1000			2980		
锻件及粉末冶金制品制造					2980		
交通及公共管理用金属标牌制造		1000					
通用设备制造业	13000				5780		
锅炉及原动设备制造							
锅炉及辅助设备制造							
金属加工机械制造	2800						
金属成形机床制造							
铸造机械制造	2800						
泵、阀门、压缩机及类似机械制造							
泵及真空设备制造							
气体压缩机械制造							
液压和气压动力机械及元件制造							
烘炉、风机、衡器、包装等设备制造	2400				2900		
烘炉、熔炉及电炉制造							
风机、风扇制造	2400						
气体、液体分离及纯净设备制造							
制冷、空调设备制造					2900		
风动和电动工具制造							
衡器制造							
通用零部件制造	7800				2880		
紧固件制造							
机械零部件加工	7800				2880		
其他通用零部件制造							
其他通用设备制造业							
其他通用设备制造业							
专用设备制造业	71835				12955		

单位：万元

合作经营	独资	股份有限	其他	外商投资	合资经营	合作经营	独资	股份有限	其他
				6850	6850				

3—11 续24

行业	有限责任	股份有限	个体户	个人合伙	其他企业	港、澳、台商投资	合资经营
采矿、冶金、建筑专用设备制造							
矿山机械制造							
化工、木材、非金属加工专用设备制造							
炼油、化工生产专用设备制造							
塑料加工专用设备制造							
模具制造							
食品、饮料、烟草及饲料生产专用设备制造							
农副食品加工专用设备制造							
电子和电工机械专用设备制造	62500				7670		
电工机械专用设备制造	62500				7670		
农、林、牧、渔专用机械制造	9335				5285		
拖拉机制造							
农林牧渔机械配件制造	9335						
棉花加工机械制造					5285		
环保、社会公共服务及其他专用设备制造							
环境保护专用设备制造							
地质勘查专用设备制造							
其他专用设备制造							
汽车制造业	2870	24693			2050		
汽车零部件及配件制造	2870	24693			2050		
汽车零部件及配件制造	2870	24693			2050		
铁路、船舶、航空航天和其他运输设备制造业							
铁路运输设备制造							
窄轨机车车辆制造							
铁路机车车辆配件制造							
铁路专用设备及器材、配件制造							
自行车制造							
助动自行车制造							
电气机械和器材制造业	12122				8000		
电机制造	9362				8000		
发电机及发电机组制造							
电动机制造							
微电机及其他电机制造	9362				8000		
输配电及控制设备制造							
变压器、整流器和电感器制造							
电力电子元器件制造							
光伏设备及元器件制造							
电线、电缆、光缆及电工器材制造	2760						
电线、电缆制造	2760						
电池制造							

单位:万元

合作经营	独资	股份有限	其他	外商投资	合资经营	合作经营	独资	股份有限	其他
				6850	6850				
				6850	6850				
				29600	29600				
				29600	29600				
				29600	29600				

3—11　续25

行　　业	有限责任	股份有限	个体户	个人合伙	其他企业	港澳、台商投资	合资经营
锂离子电池制造							
其他电池制造							
非电力家用器具制造							
燃气、太阳能及类似能源家用器具制造							
其他电气机械及器材制造							
其他未列明电气机械及器材制造							
计算机、通信和其他电子设备制造业					3600		
通信设备制造							
通信终端设备制造							
电子器件制造					3600		
半导体分立器件制造					3600		
电子元件制造							
电子元件及组件制造							
仪器仪表制造业							
钟表与计时仪器制造							
钟表与计时仪器制造							
其他制造业	3000						
煤制品制造	3000						
煤制品制造	3000						
其他未列明制造业							
其他未列明制造业							
废弃资源综合利用业	2925						
金属废料和碎屑加工处理							
金属废料和碎屑加工处理							
非金属废料和碎屑加工处理	2925						
非金属废料和碎屑加工处理	2925						
金属制品、机械和设备修理业							
其他机械和设备修理业							
其他机械和设备修理业							
电力、热力、燃气及水生产和供应业	7698		2980		18219		
电力、热力生产和供应业	4551						
电力生产	4551						
火力发电							
风力发电							
太阳能发电							
其他电力生产	4551						
电力供应							
电力供应							
热力生产和供应							
热力生产和供应							

单位:万元

合作经营	独资	股份有限	其他	外商投资	合资经营	合作经营	独资	股份有限	其他

3—11　续26

行　业	有限责任	股份有限	个体户	个人合伙	其他企业	港、澳、台商投资	合资经营
燃气生产和供应业			2980				
燃气生产和供应业			2980				
燃气生产和供应业			2980				
水的生产和供应业	3147				18219		
自来水生产和供应	3147						
自来水生产和供应	3147						
污水处理及其再生利用					8900		
污水处理及其再生利用					8900		
其他水的处理、利用与分配					9319		
其他水的处理、利用与分配					9319		
建筑业							
房屋建筑业							
房屋建筑业							
房屋建筑业							
土木工程建筑业							
铁路、道路、隧道和桥梁工程建筑							
市政道路工程建筑							
建筑装饰和其他建筑业							
工程准备活动							
其他工程准备活动							
批发和零售业	11640	9830			11250		
批发业	2640	9830			5480		
农、林、牧产品批发	2640	9830					
林业产品批发							
其他农牧产品批发	2640	9830					
食品、饮料及烟草制品批发					2980		
米、面制品及食用油批发							
果品、蔬菜批发					2980		
纺织、服装及家庭用品批发							
其他家庭用品批发							
医药及医疗器材批发							
中药批发							
矿产品、建材及化工产品批发					2500		
煤炭及制品批发					2500		
机械设备、五金产品及电子产品批发							
五金产品批发							
贸易经纪与代理							
其他贸易经纪与代理							
零售业	9000				5770		
综合零售	9000				1800		

单位:万元

合　作 经　营	独　资	股　份 有　限	其　他	外　商 投　资	合　资 经　营	合　作 经　营	独　资	股　份 有　限	其　他

3—11 续27

行业							
						港、澳、台商投资	
	有限责任	股份有限	个体户	个人合伙	其他企业		合资经营
百货零售	9000						
超级市场零售					1800		
其他综合零售							
食品、饮料及烟草制品专门零售							
果品、蔬菜零售							
纺织、服装及日用品专门零售							
其他日用品零售							
汽车、摩托车、燃料及零配件专门零售					3970		
汽车零售							
汽车零配件零售					3970		
机动车燃料零售							
五金、家具及室内装饰材料专门零售							
五金零售							
家具零售							
交通运输、仓储和邮政业					18195		
铁路运输业							
铁路货物运输							
铁路货物运输							
铁路运输辅助活动							
客运火车站							
其他铁路运输辅助活动							
道路运输业							
城市公共交通运输							
其他城市公共交通运输							
公路旅客运输							
公路旅客运输							
道路货物运输							
道路货物运输							
道路运输辅助活动							
客运汽车站							
公路管理与养护							
航空运输业							
航空客货运输							
航空旅客运输							
仓储业					18195		
谷物、棉花等农产品仓储					5155		
谷物仓储							
其他农产品仓储					5155		
其他仓储业					13040		
其他仓储业					13040		

单位:万元

合作经营	独资	股份有限	其他	外商投资	合资经营	合作经营	独资	股份有限	其他

3—11 续28

行业	有限责任	股份有限	个体户	个人合伙	其他企业	港、澳、台商投资	合资经营
住宿和餐饮业				1670	2797		
住宿业					2797		
旅游饭店							
旅游饭店							
一般旅馆							
一般旅馆							
其他住宿业					2797		
其他住宿业					2797		
餐饮业				1670			
正餐服务				1670			
正餐服务				1670			
信息传输、软件和信息技术服务业							
电信、广播电视和卫星传输服务							
电　信							
移动电信服务							
互联网和相关服务							
互联网信息服务							
互联网信息服务							
软件和信息技术服务业							
信息系统集成服务							
信息系统集成服务							
金融业							
货币金融服务							
货币银行服务							
货币银行服务							
房地产业	384081	3941		2300	17283	1677	457
房地产业	384081	3941		2300	17283	1677	457
房地产开发经营	384081	3941			10973	1677	457
房地产开发经营	384081	3941			10973	1677	457
自有房地产经营活动							
自有房地产经营活动							
其他房地产业				2300	6310		
其他房地产业				2300	6310		
租赁和商务服务业					3800		
租赁业							
机械设备租赁							
农业机械租赁							
商务服务业					3800		
人力资源服务							
其他人力资源服务							

单位:万元

合作经营	独资	股份有限	其他	外商投资	合资经营	合作经营	独资	股份有限	其他
1220									
1220									
1220									
1220									

3—11 续29

行业							
	有限责任	股份有限	个体户	个人合伙	其他企业	港澳、台商投资	合资经营
旅行社及相关服务					3800		
旅游管理服务					3800		
科学研究和技术服务业					985		
专业技术服务业					985		
质检技术服务					985		
质检技术服务					985		
地质勘查							
基础地质勘查							
科技推广和应用服务业							
技术推广服务							
农业技术推广服务							
节能技术推广服务							
其他技术推广服务							
水利、环境和公共设施管理业	14740				25463		
水利管理业							
防洪除涝设施管理							
防洪除涝设施管理							
水资源管理							
水资源管理							
天然水收集与分配							
天然水收集与分配							
其他水利管理业							
其他水利管理业							
生态保护和环境治理业	1540				2890		
生态保护							
自然保护区管理							
环境治理业	1540				2890		
水污染治理							
大气污染治理	1540				2890		
固体废物治理							
其他污染治理							
公共设施管理业	13200				22573		
市政设施管理					3090		
市政设施管理					3090		
环境卫生管理							
环境卫生管理							
城乡市容管理							
城乡市容管理							
绿化管理							
绿化管理							

单位:万元

合作经营	独资	股份有限	其他	外商投资	合资经营	合作经营	独资	股份有限	其他

3—11 续30

行　业	有限责任	股份有限	个体户	个人合伙	其他企业	港、澳、台商投资	合资经营
公园和游览景区管理	13200				19483		
公园管理							
游览景区管理	13200				19483		
居民服务、修理和其他服务业					1860		
居民服务业					1860		
其他居民服务业					1860		
其他居民服务业					1860		
教　育					2560		
教　育					2560		
学前教育							
学前教育							
初等教育					2560		
普通小学教育					2560		
中等教育							
普通初中教育							
普通高中教育							
中等职业学校教育							
高等教育							
普通高等教育							
特殊教育							
特殊教育							
技能培训、教育辅助及其他教育							
职业技能培训							
其他未列明教育							
卫生和社会工作							
卫　生							
医　院							
综合医院							
中医医院							
社区医疗与卫生院							
社区卫生服务中心(站)							
乡镇卫生院							
计划生育技术服务活动							
计划生育技术服务活动							
其他卫生活动							
其他卫生活动							
社会工作							
提供住宿社会工作							
老年人、残疾人养护服务							
其他提供住宿社会救助							

单位:万元

合作经营	独资	股份有限	其他	外商投资	合资经营	合作经营	独资	股份有限	其他

3—11 续31

行业	有限责任	股份有限	个体户	个人合伙	其他企业	港、澳、台商投资	合资经营
不提供住宿社会工作							
其他不提供住宿社会工作							
文化、体育和娱乐业				2500			
文化艺术业							
文艺创作与表演							
文艺创作与表演							
艺术表演场馆							
艺术表演场馆							
文物及非物质文化遗产保护							
文物及非物质文化遗产保护							
博物馆							
博物馆							
群众文化活动							
群众文化活动							
其他文化艺术业							
其他文化艺术业							
体　育				2500			
体育场馆							
体育场馆							
其他体育				2500			
其他体育				2500			
公共管理、社会保障和社会组织							
国家机构							
国家行政机构							
综合事务管理机构							
公共安全管理机构							
社会事务管理机构							
人民法院和人民检察院							
人民法院							
人民检察院							
社会保障							
社会保障							
社会保障							
基层群众自治组织							
村民自治组织							
村民自治组织							

单位:万元

合作经营	独资	股份有限	其他	外商投资	合资经营	合作经营	独资	股份有限	其他

3—12 按构成分固定资产投资

单位:万元

行业	本年完成投资	#住宅	建筑工程	安装工程	设备工器具购置	其他费用
总计	**8268454**	**589795**	**3781839**	**973170**	**2836502**	**676943**
(一)农、林、牧、渔业	445782		250399	24438	94618	76327
农业	203740		120771	10460	42366	30143
谷物种植	15936		10492	2895	435	2114
玉米种植	636		636			
其他谷物种植	15300		9856	2895	435	2114
豆类、油料和薯类种植	8500		8500			
豆类种植	8500		8500			
棉、麻、糖、烟草种植	2417		2417			
棉花种植	413		413			
烟草种植	2004		2004			
蔬菜、食用菌及园艺作物种植	71983		39086	4103	20125	8669
蔬菜种植	63870		35993	3143	16747	7987
食用菌种植	5950		2730	960	1578	682
花卉种植	2163		363		1800	
水果种植	50270		28318	2262	10882	8808
仁果类和核果类水果种植	37700		19238	1562	8307	8593
葡萄种植	3475		2090	600	750	35
其他水果种植	9095		6990	100	1825	180
坚果、含油果、香料和饮料作物种植	29790		21869		1071	6850
坚果种植	29790		21869		1071	6850
中药材种植	14540		4960	160	7573	1847
中药材种植	14540		4960	160	7573	1847
其他农业	10304		5129	1040	2280	1855
其他农业	10304		5129	1040	2280	1855
林业	29271		15443	1884	3203	8741
林木育种和育苗	29271		15443	1884	3203	8741
林木育苗	14729		7421			7308
造林和更新	14542		8022	1884	3203	1433
畜牧业	171710		88094	8702	41847	33067
牲畜饲养	122546		58891	7343	28218	28094
牛的饲养	52486		24391	4929	9763	13403
猪的饲养	42360		19252	1042	11659	10407
羊的饲养	23500		11132	1372	6796	4200
其他牲畜饲养	4200		4116			84
家禽饲养	45494		27587	1339	12759	3809
鸡的饲养	42094		25187	1339	11759	3809
鸭的饲养	3400		2400		1000	
其他畜牧业	3670		1616	20	870	1164
其他畜牧业	3670		1616	20	870	1164

3—12　续1

单位:万元

行　　业	本年完成投　　资	#住宅	建筑工程	安装工程	设备工器具购置	其他费用
渔　业	6300		3250	700	2350	
水产养殖	6300		3250	700	2350	
内陆养殖	6300		3250	700	2350	
农、林、牧、渔服务业	34761		22841	2692	4852	4376
农业服务业	34181		22311	2642	4852	4376
农业机械服务	597		597			
灌溉服务	8779		8017	762		
农产品初加工服务	4000		2300	100	500	1100
其他农业服务	20805		11397	1780	4352	3276
林业服务业	580		530	50		
森林防火服务	580		530	50		
(二)采矿业	473399		128890	72214	189982	82313
煤炭开采和洗选业	412291		112501	63897	155600	80293
烟煤和无烟煤开采洗选	391115		99725	63497	147600	80293
烟煤和无烟煤开采洗选	391115		99725	63497	147600	80293
其他煤炭采选	21176		12776	400	8000	
其他煤炭采选	21176		12776	400	8000	
黑色金属矿采选业	24568		9570	5487	9511	
铁矿采选	24568		9570	5487	9511	
铁矿采选	24568		9570	5487	9511	
有色金属矿采选业	12354		1600	2611	7543	600
常用有色金属矿采选	12354		1600	2611	7543	600
铜矿采选	1575		700	411	464	
铝矿采选	10779		900	2200	7079	600
非金属矿采选业	21676		5009	194	15053	1420
土砂石开采	21676		5009	194	15053	1420
石灰石、石膏开采	6656		340	173	6143	
建筑装饰用石开采	15020		4669	21	8910	1420
其他采矿业	2510		210	25	2275	
其他采矿业	2510		210	25	2275	
其他采矿业	2510		210	25	2275	
(三)制造业	4307849	350	1362627	571270	2106691	267261
农副食品加工业	214578	350	77030	22559	107296	7693
谷物磨制	25252		9580	3843	10305	1524
谷物磨制	25252		9580	3843	10305	1524
饲料加工	28320		11260	5470	11420	170
饲料加工	28320		11260	5470	11420	170
植物油加工	26067	350	14131	2278	7553	2105
食用植物油加工	26067	350	14131	2278	7553	2105
制糖业	2800		1740	580	480	

3—12 续2

单位:万元

行业	本年完成投资	#住宅	建筑工程	安装工程	设备工器具购置	其他费用
制糖业	2800		1740	580	480	
屠宰及肉类加工	58489		13667	5676	38076	1070
牲畜屠宰	7200		1210		5700	290
禽类屠宰	1307		304	1003		
肉制品及副产品加工	49982		12153	4673	32376	780
蔬菜、水果和坚果加工	56014		25220	1527	27102	2165
蔬菜加工	40724		20420	410	18904	990
水果和坚果加工	15290		4800	1117	8198	1175
其他农副食品加工	17636		1432	3185	12360	659
淀粉及淀粉制品制造	14656		1132	3185	9780	559
蛋品加工	2980		300		2580	100
食品制造业	145498		53711	13792	73976	4019
焙烤食品制造	35960		12434	4887	18589	50
糕点、面包制造	30610		10734	4657	15219	
饼干及其他焙烤食品制造	5350		1700	230	3370	50
糖果、巧克力及蜜饯制造	36287		12588	4460	18969	270
糖果、巧克力制造	5600		2730	220	2650	
蜜饯制作	30687		9858	4240	16319	270
方便食品制造	19694		5722	2453	10990	529
米、面制品制造	11409		2032	1541	7439	397
速冻食品制造	5200		3690	530	980	
方便面及其他方便食品制造	3085			382	2571	132
罐头食品制造	26467		9472	142	16758	95
蔬菜、水果罐头制造	26467		9472	142	16758	95
调味品、发酵制品制造	8960		5250	90	3460	160
酱油、食醋及类似制品制造	5960		3400		2400	160
其他调味品、发酵制品制造	3000		1850	90	1060	
其他食品制造	18130		8245	1760	5210	2915
保健食品制造	9880		3685	440	3520	2235
食品及饲料添加剂制造	6750		4140	1170	950	490
其他未列明食品制造	1500		420	150	740	190
酒、饮料和精制茶制造业	119070		42431	13444	45606	17589
酒的制造	54609		19749	6406	20839	7615
白酒制造	18678		14300	4378		
啤酒制造	1712		379	607	726	
葡萄酒制造	20260		1120		11560	7580
其他酒制造	13959		3950	1421	8553	35
饮料制造	64461		22682	7038	24767	9974
瓶(罐)装饮用水制造	19350		9210	3381	6659	100
果菜汁及果菜汁饮料制造	9030		1770	65	6995	200

3—12　续3

单位:万元

行　　业	本年完成投　　资	#住宅	建筑工程	安装工程	设备工器具购置	其他费用
含乳饮料和植物蛋白饮料制造	2800		300	260	2240	
茶饮料及其他饮料制造	33281		11402	3332	8873	9674
烟草制品业	800		250		500	50
烟叶复烤	800		250		500	50
烟叶复烤	800		250		500	50
纺织业	131382		33545	13344	67857	16636
棉纺织及印染精加工	79245		15097	9223	44289	10636
棉纺纱加工	60725		7108	7019	38058	8540
棉织造加工	18520		7989	2204	6231	2096
毛纺织及染整精加工	35760		5612	2080	23568	4500
毛条和毛纱线加工	3712		2612	1100		
毛染整精加工	32048		3000	980	23568	4500
丝绢纺织及印染精加工	1620		1620			
缫丝加工	1620		1620			
家用纺织制成品制造	14757		11216	2041		1500
毛巾类制品制造	14757		11216	2041		1500
纺织服装、服饰业	70807		27125	7630	20016	16036
机织服装制造	68307		26425	7480	18726	15676
机织服装制造	68307		26425	7480	18726	15676
服饰制造	2500		700	150	1290	360
服饰制造	2500		700	150	1290	360
木材加工和木、竹、藤、棕、草制品业	17275		6590	3574	6567	544
木材加工	2475			980	1495	
其他木材加工	2475			980	1495	
人造板制造	11800		5730	2454	3572	44
胶合板制造	9000		4830	2098	2072	
其他人造板制造	2800		900	356	1500	44
木制品制造	3000		860	140	1500	500
木门窗、楼梯制造	3000		860	140	1500	500
家具制造业	37064		19704	1410	8400	7550
木质家具制造	32114		17004	1260	6300	7550
木质家具制造	32114		17004	1260	6300	7550
竹、藤家具制造	1150		1150			
竹、藤家具制造	1150		1150			
金属家具制造	3800		1550	150	2100	
金属家具制造	3800		1550	150	2100	
造纸和纸制品业	79248		26232	5256	41143	6617
纸浆制造	1600		100		1400	100
木竹浆制造	1600		100		1400	100
造　纸	47409		15278	3702	24401	4028

3—12 续4

单位:万元

行业	本年完成投资	#住宅	建筑工程	安装工程	设备工器具购置	其他费用
机制纸及纸板制造	30431		10698	1830	14953	2950
加工纸制造	16978		4580	1872	9448	1078
纸制品制造	30239		10854	1554	15342	2489
纸和纸板容器制造	22539		6754	1254	12242	2289
其他纸制品制造	7700		4100	300	3100	200
印刷和记录媒介复制业	29519		12704	5673	9578	1564
印　刷	29519		12704	5673	9578	1564
包装装潢及其他印刷	29519		12704	5673	9578	1564
文教、工美、体育和娱乐用品制造业	7980		3950		3700	330
文教办公用品制造	2100		2100			
文具制造	2100		2100			
工艺美术品制造	5880		1850		3700	330
雕塑工艺品制造	3230		1000		2050	180
金属工艺品制造	2650		850		1650	150
石油加工、炼焦和核燃料加工业	115292		22483	17804	70790	4215
精炼石油产品制造	7469		2055	1067	3947	400
原油加工及石油制品制造	1760		260	500	1000	
人造原油制造	5709		1795	567	2947	400
炼　焦	107823		20428	16737	66843	3815
炼　焦	107823		20428	16737	66843	3815
化学原料和化学制品制造业	647098		186915	80422	344045	35716
基础化学原料制造	189877		41501	25712	115302	7362
无机酸制造	10267		4027	80	6160	
无机碱制造	13618		1475	2567	6850	2726
无机盐制造	3348		550	998	1800	
有机化学原料制造	73135		15358	5122	50562	2093
其他基础化学原料制造	89509		20091	16945	49930	2543
肥料制造	82630		24973	10217	44641	2799
氮肥制造	17525		6866	1125	8308	1226
复混肥料制造	8840		2600	1660	4100	480
有机肥料及微生物肥料制造	14090		8107	741	4590	652
其他肥料制造	42175		7400	6691	27643	441
农药制造	20365		11580	2300	6085	400
化学农药制造	17865		9580	1800	6085	400
生物化学农药及微生物农药制造	2500		2000	500		
涂料、油墨、颜料及类似产品制造	13180		2042	432	9219	1487
染料制造	13180		2042	432	9219	1487
合成材料制造	37804		27760	2800	6364	880
初级形态塑料及合成树脂制造	26564		17260	2060	6364	880
其他合成材料制造	11240		10500	740		

3—12　续5

单位:万元

行　　业	本年完成投　　资	#住宅	建筑工程	安装工程	设备工器具购置	其他费用
专用化学产品制造	303242		79059	38961	162434	22788
化学试剂和助剂制造	180512		37782	25272	101434	16024
专项化学用品制造	102880		37182	9650	51494	4554
其他专用化学产品制造	19850		4095	4039	9506	2210
医药制造业	181635		80731	31238	66995	2671
化学药品原料药制造	19181		7750	4138	5863	1430
化学药品原料药制造	19181		7750	4138	5863	1430
化学药品制剂制造	70160		28500	12690	28810	160
化学药品制剂制造	70160		28500	12690	28810	160
中药饮片加工	29550		11602	4817	12510	621
中药饮片加工	29550		11602	4817	12510	621
中成药生产	4425		2800		1625	
中成药生产	4425		2800		1625	
兽用药品制造	6612		2592	348	3212	460
兽用药品制造	6612		2592	348	3212	460
生物药品制造	51707		27487	9245	14975	
生物药品制造	51707		27487	9245	14975	
橡胶和塑料制品业	205471		86303	34289	73897	10982
橡胶制品业	46239		19181	6878	19680	500
轮胎制造	31701		4643	6878	19680	500
再生橡胶制造	14538		14538	0		
塑料制品业	159232		67122	27411	54217	10482
塑料薄膜制造	68992		30190	11262	18228	9312
塑料板、管、型材制造	28148		13014	4218	10916	
塑料丝、绳及编织品制造	8300		2691	1480	4129	
塑料人造革、合成革制造	3500		1800	120	1511	69
塑料包装箱及容器制造	41232		14071	10079	15981	1101
其他塑料制品制造	9060		5356	252	3452	
非金属矿物制品业	379677		143244	52109	168563	15761
水泥、石灰和石膏制造	88818		27554	11563	48475	1226
水泥制造	69892		21980	7243	40195	474
石灰和石膏制造	18926		5574	4320	8280	752
石膏、水泥制品及类似制品制造	29050		11861	3314	13150	725
水泥制品制造	28410		11861	3314	12510	725
石棉水泥制品制造	640				640	
砖瓦、石材等建筑材料制造	135459		61791	15927	52249	5492
粘土砖瓦及建筑砌块制造	43215		16771	7053	18317	1074
建筑用石加工	21090		9850	3674	7420	146
防水建筑材料制造	38434		19131	1110	16110	2083
隔热和隔音材料制造	1800		550		980	270

3—12　续6

单位:万元

行　　业	本年完成投资	#住宅	建筑工程	安装工程	设备工器具购置	其他费用
其他建筑材料制造	30920		15489	4090	9422	1919
玻璃制造	31009		5827	5966	18225	991
其他玻璃制造	31009		5827	5966	18225	991
玻璃制品制造	24790		11250	6600	6620	320
玻璃包装容器制造	24790		11250	6600	6620	320
玻璃纤维和玻璃纤维增强塑料制品制造	2932		126	510	2296	
玻璃纤维及制品制造	2932		126	510	2296	
陶瓷制品制造	12720		5672	2043	4315	690
特种陶瓷制品制造	7080		3880	1300	1210	690
日用陶瓷制品制造	5640		1792	743	3105	
耐火材料制品制造	2500		750	310	1380	60
石棉制品制造	2500		750	310	1380	60
石墨及其他非金属矿物制品制造	52399		18413	5876	21853	6257
石墨及碳素制品制造	29576		4809	2600	17770	4397
其他非金属矿物制品制造	22823		13604	3276	4083	1860
黑色金属冶炼和压延加工业	347814		70864	73204	183071	20675
炼　铁	245389		53909	53616	122120	15744
炼　铁	245389		53909	53616	122120	15744
炼　钢	14783		7330	1455	5383	615
炼　钢	14783		7330	1455	5383	615
黑色金属铸造	14335		1893	2191	9951	300
黑色金属铸造	14335		1893	2191	9951	300
钢压延加工	35632		3894	8620	21192	1926
钢压延加工	35632		3894	8620	21192	1926
铁合金冶炼	37675		3838	7322	24425	2090
铁合金冶炼	37675		3838	7322	24425	2090
有色金属冶炼和压延加工业	544365		154119	78838	305402	6006
常用有色金属冶炼	347265		111918	38727	192752	3868
铜冶炼	81106		34840	4592	41674	
镍钴冶炼	700		700			
铝冶炼	81268		32988	14946	29516	3818
镁冶炼	139041		22070	15569	101352	50
其他常用有色金属冶炼	45150		21320	3620	20210	
有色金属合金制造	44418		22367	6506	15345	200
有色金属合金制造	44418		22367	6506	15345	200
有色金属铸造	9288		2730	1960	4598	
有色金属铸造	9288		2730	1960	4598	
有色金属压延加工	143394		17104	31645	92707	1938
铜压延加工	3125			52	3073	
铝压延加工	135610		16811	31121	85740	1938

3—12　续7

单位:万元

行　　业	本年完成投　　资	#住宅	建筑工程	安装工程	设备工器具购置	其他费用
贵金属压延加工	4659		293	472	3894	
金属制品业	128143		53083	11100	45727	18233
结构性金属制品制造	77747		34586	7845	22642	12674
金属结构制造	77747		34586	7845	22642	12674
金属工具制造	9375		6315	311	1260	1489
切削工具制造	9375		6315	311	1260	1489
集装箱及金属包装容器制造	10932		2200	240	6092	2400
集装箱制造	10932		2200	240	6092	2400
建筑、安全用金属制品制造	11329		5006	1420	4453	450
建筑、家具用金属配件制造	9179		4106	1420	3453	200
建筑装饰及水暖管道零件制造	2150		900		1000	250
搪瓷制品制造	2780		1730		780	270
建筑装饰搪瓷制品制造	2780		1730		780	270
其他金属制品制造	15980		3246	1284	10500	950
锻件及粉末冶金制品制造	14980		2346	1284	10500	850
交通及公共管理用金属标牌制造	1000		900			100
通用设备制造业	188204		56710	25813	95633	10048
锅炉及原动设备制造	4750			1400	3000	350
锅炉及辅助设备制造	4750			1400	3000	350
金属加工机械制造	14903		7388	494	5715	1306
金属成形机床制造	1523		298	409	310	506
铸造机械制造	13380		7090	85	5405	800
泵、阀门、压缩机及类似机械制造	32368		6278	5700	16759	3631
泵及真空设备制造	21500		4500	3240	10619	3141
气体压缩机械制造	9528		1138	2300	5600	490
液压和气压动力机械及元件制造	1340		640	160	540	
烘炉、风机、衡器、包装等设备制造	42798		15774	6352	16941	3731
烘炉、熔炉及电炉制造	2900		860	578	1462	
风机、风扇制造	9933		4873	1345	3475	240
气体、液体分离及纯净设备制造	3741			1000	2600	141
制冷、空调设备制造	2900		783	967	1150	
风动和电动工具制造	3894		1528	62	2304	
衡器制造	19430		7730	2400	5950	3350
通用零部件制造	91865		26770	11567	52498	1030
紧固件制造	47770		13810	6698	27262	
机械零部件加工	23225		5680	4085	13180	280
其他通用零部件制造	20870		7280	784	12056	750
其他通用设备制造业	1520		500	300	720	
其他通用设备制造业	1520		500	300	720	
专用设备制造业	156256		39821	16680	93255	6500

3—12　续8

单位:万元

行　　业	本年完成投资	#住宅	建筑工程	安装工程	设备工器具购置	其他费用
采矿、冶金、建筑专用设备制造	3920		220	900	2400	400
矿山机械制造	3920		220	900	2400	400
化工、木材、非金属加工专用设备制造	29892		9957	3698	16097	140
炼油、化工生产专用设备制造	15737		2842	958	11797	140
塑料加工专用设备制造	4655		3855	800		
模具制造	9500		3260	1940	4300	
食品、饮料、烟草及饲料生产专用设备制造	3904		1169	85	2650	
农副食品加工专用设备制造	3904		1169	85	2650	
电子和电工机械专用设备制造	70170		12580	7647	49943	
电工机械专用设备制造	70170		12580	7647	49943	
农、林、牧、渔专用机械制造	32445		8795	3245	15590	4815
拖拉机制造	5825		2325	475	2725	300
农林牧渔机械配件制造	21335		1810	2770	12865	3890
棉花加工机械制造	5285		4660			625
环保、社会公共服务及其他专用设备制造	15925		7100	1105	6575	1145
环境保护专用设备制造	7000		6100	820		80
地质勘查专用设备制造	6850		1000	110	4740	1000
其他专用设备制造	2075			175	1835	65
汽车制造业	154924		36170	12675	98077	8002
汽车零部件及配件制造	154924		36170	12675	98077	8002
汽车零部件及配件制造	154924		36170	12675	98077	8002
铁路、船舶、航空航天和其他运输设备制造业	42701		15463	4781	19385	3072
铁路运输设备制造	38901		14638	4561	17805	1897
窄轨机车车辆制造	8000		2100	290	4830	780
铁路机车车辆配件制造	16086		8662	4000	3243	181
铁路专用设备及器材、配件制造	14815		3876	271	9732	936
自行车制造	3800		825	220	1580	1175
助动自行车制造	3800		825	220	1580	1175
电气机械和器材制造业	226201		61266	30890	103933	30112
电机制造	81497		32587	15110	15338	18462
发电机及发电机组制造	4750		2600	1220	930	
电动机制造	3000		2060		420	520
微电机及其他电机制造	73747		27927	13890	13988	17942
输配电及控制设备制造	65874		6826	1800	48248	9000
变压器、整流器和电感器制造	61874		4326	800	47748	9000
电力电子元器件制造	3000		2200	800		
光伏设备及元器件制造	1000		300	200	500	
电线、电缆、光缆及电工器材制造	10350		530	2280	7220	320
电线、电缆制造	10350		530	2280	7220	320
电池制造	35500		18303	3800	12697	700

3—12 续9

单位:万元

行业	本年完成投资	#住宅	建筑工程	安装工程	设备工器具购置	其他费用
锂离子电池制造	17000		14500	2500		
其他电池制造	18500		3803	1300	12697	700
非电力家用器具制造	30000		1000	7900	20000	1100
燃气、太阳能及类似能源家用器具制造	30000		1000	7900	20000	1100
其他电气机械及器材制造	2980		2020		430	530
其他未列明电气机械及器材制造	2980		2020		430	530
计算机、通信和其他电子设备制造业	82728		36190	5530	28048	12960
通信设备制造	66328		31370	4700	17498	12760
通信终端设备制造	66328		31370	4700	17498	12760
电子器件制造	3600		1200	350	2050	
半导体分立器件制造	3600		1200	350	2050	
电子元件制造	12800		3620	480	8500	200
电子元件及组件制造	12800		3620	480	8500	200
仪器仪表制造业	4500		3500	1000		
钟表与计时仪器制造	4500		3500	1000		
钟表与计时仪器制造	4500		3500	1000		
其他制造业	20324		4073	3476	10950	1825
煤制品制造	16834		2068	3100	9950	1716
煤制品制造	16834		2068	3100	9950	1716
其他未列明制造业	3490		2005	376	1000	109
其他未列明制造业	3490		2005	376	1000	109
废弃资源综合利用业	23495		5460	4739	11441	1855
金属废料和碎屑加工处理	15000		4882	2741	5757	1620
金属废料和碎屑加工处理	15000		4882	2741	5757	1620
非金属废料和碎屑加工处理	8495		578	1998	5684	235
非金属废料和碎屑加工处理	8495		578	1998	5684	235
金属制品、机械和设备修理业	5800		2960		2840	
其他机械和设备修理业	5800		2960		2840	
其他机械和设备修理业	5800		2960		2840	
(四)电力、热力、燃气及水生产和供应业	442781		151753	90891	176900	23237
电力、热力生产和供应业	326877		94727	74528	138907	18715
电力生产	160327		34791	12183	104756	8597
火力发电	3000		450	503	1250	797
风力发电	95705		11370	4740	78795	800
太阳能发电	19427		7820	1690	6317	3600
其他电力生产	42195		15151	5250	18394	3400
电力供应	116499		30545	55012	24474	6468
电力供应	116499		30545	55012	24474	6468
热力生产和供应	50051		29391	7333	9677	3650
热力生产和供应	50051		29391	7333	9677	3650

3—12 续10

单位:万元

行业	本年完成投资	#住宅	建筑工程	安装工程	设备工器具购置	其他费用
燃气生产和供应业	44974		17577	8981	17657	759
燃气生产和供应业	44974		17577	8981	17657	759
燃气生产和供应业	44974		17577	8981	17657	759
水的生产和供应业	70930		39449	7382	20336	3763
自来水生产和供应	26822		17077	2139	3970	3636
自来水生产和供应	26822		17077	2139	3970	3636
污水处理及其再生利用	33789		20982	2750	9930	127
污水处理及其再生利用	33789		20982	2750	9930	127
其他水的处理、利用与分配	10319		1390	2493	6436	
其他水的处理、利用与分配	10319		1390	2493	6436	
(五)建筑业	14100		10760	2640	700	
房屋建筑业	3000		2500	500		
房屋建筑业	3000		2500	500		
房屋建筑业	3000		2500	500		
土木工程建筑业	2600		1260	640	700	
铁路、道路、隧道和桥梁工程建筑	2600		1260	640	700	
市政道路工程建筑	2600		1260	640	700	
建筑装饰和其他建筑业	8500		7000	1500		
工程准备活动	8500		7000	1500		
其他工程准备活动	8500		7000	1500		
(六)批发和零售业	219361		144052	21577	38334	15398
批发业	98069		60371	10466	17472	9760
农、林、牧产品批发	44815		24225	8157	9298	3135
林业产品批发	1200		800	60	340	
其他农牧产品批发	43615		23425	8097	8958	3135
食品、饮料及烟草制品批发	13129		7955	350	1169	3655
米、面制品及食用油批发	1000		1000			
果品、蔬菜批发	12129		6955	350	1169	3655
纺织、服装及家庭用品批发	1470		1470			
其他家庭用品批发	1470		1470			
医药及医疗器材批发	2000		1380			620
中药批发	2000		1380			620
矿产品、建材及化工产品批发	13500		5287	1959	3904	2350
煤炭及制品批发	13500		5287	1959	3904	2350
机械设备、五金产品及电子产品批发	3500		3500			
五金产品批发	3500		3500			
贸易经纪与代理	19655		16554		3101	
其他贸易经纪与代理	19655		16554		3101	
零售业	121292		83681	11111	20862	5638
综合零售	39163		22282	2962	10372	3547

3—12 续11

单位:万元

行 业	本年完成投 资	#住宅	建筑工程	安装工程	设备工器具 购 置	其他费用
百货零售	26459		15564	2450	7430	1015
超级市场零售	10604		4618	512	2942	2532
其他综合零售	2100		2100			
食品、饮料及烟草制品专门零售	877		877			
果品、蔬菜零售	877		877			
纺织、服装及日用品专门零售	2337		2337			
其他日用品零售	2337		2337			
汽车、摩托车、燃料及零配件专门零售	49155		28425	8149	10490	2091
汽车零售	44020		25980	7859	9010	1171
汽车零配件零售	4770		2080	290	1480	920
机动车燃料零售	365		365			
五金、家具及室内装饰材料专门零售	29760		29760			
五金零售	350		350			
家具零售	29410		29410			
(七)交通运输、仓储和邮政业	575218		427370	17571	53635	76642
铁路运输业	26234		2930	5600	16980	724
铁路货物运输	11837		650	3150	7350	687
铁路货物运输	11837		650	3150	7350	687
铁路运输辅助活动	14397		2280	2450	9630	37
客运火车站	700			200	500	
其他铁路运输辅助活动	13697		2280	2250	9130	37
道路运输业	489677		389704	8170	22324	69479
城市公共交通运输	3520		3520			
其他城市公共交通运输	3520		3520			
公路旅客运输	36776		33776			3000
公路旅客运输	36776		33776			3000
道路货物运输	800		800			
道路货物运输	800		800			
道路运输辅助活动	448581		351608	8170	22324	66479
客运汽车站	12607		8628	1675	1580	724
公路管理与养护	435974		342980	6495	20744	65755
航空运输业	2690		2690			
航空客货运输	2690		2690			
航空旅客运输	2690		2690			
仓储业	56617		32046	3801	14331	6439
谷物、棉花等农产品仓储	10438		4552	370	3156	2360
谷物仓储	1850		1652			198
其他农产品仓储	8588		2900	370	3156	2162
其他仓储业	46179		27494	3431	11175	4079
其他仓储业	46179		27494	3431	11175	4079

3—12 续12

单位:万元

行业	本年完成投资	#住宅	建筑工程	安装工程	设备工器具购置	其他费用
(八)住宿和餐饮业	46058		24047	5170	16300	541
住宿业	44388		22707	5155	15985	541
旅游饭店	32691		11680	5125	15445	441
旅游饭店	32691		11680	5125	15445	441
一般旅馆	8900		8230	30	540	100
一般旅馆	8900		8230	30	540	100
其他住宿业	2797		2797			
其他住宿业	2797		2797			
餐饮业	1670		1340	15	315	
正餐服务	1670		1340	15	315	
正餐服务	1670		1340	15	315	
(九)信息传输、软件和信息技术服务业	11899		4859	2563	3967	510
电信、广播电视和卫星传输服务	4229		4059			170
电　信	4229		4059			170
移动电信服务	4229		4059			170
互联网和相关服务	800		800			
互联网信息服务	800		800			
互联网信息服务	800		800			
软件和信息技术服务业	6870			2563	3967	340
信息系统集成服务	6870			2563	3967	340
信息系统集成服务	6870			2563	3967	340
(十)金融业	578		578			
货币金融服务	578		578			
货币银行服务	578		578			
货币银行服务	578		578			
(十一)房地产业	164342	52953	110818	22288	28644	2592
房地产业	164342	52953	110818	22288	28644	2592
房地产开发经营	10235	10235	9519	362		354
房地产开发经营	10235	10235	9519	362		354
自有房地产经营活动	1480	1480	1480			
自有房地产经营活动	1480	1480	1480			
其他房地产业	152627	41238	99819	21926	28644	2238
其他房地产业	152627	41238	99819	21926	28644	2238
(十二)租赁和商务服务业	20107		17232	175	2620	80
租赁业	2700		400	100	2120	80
机械设备租赁	2700		400	100	2120	80
农业机械租赁	2700		400	100	2120	80
商务服务业	17407		16832	75	500	
人力资源服务	975		900	75		
其他人力资源服务	975		900	75		

3—12 续13

单位:万元

行业	本年完成投资	#住宅	建筑工程	安装工程	设备工器具购置	其他费用
旅行社及相关服务	16432		15932		500	
旅游管理服务	16432		15932		500	
(十三)科学研究和技术服务业	73175		18412	14640	31046	9077
专业技术服务业	1777		1647			130
质检技术服务	985		935			50
质检技术服务	985		935			50
地质勘查	792		712			80
基础地质勘查	792		712			80
科技推广和应用服务业	71398		16765	14640	31046	8947
技术推广服务	71398		16765	14640	31046	8947
农业技术推广服务	47398		16765	7640	15046	7947
节能技术推广服务	24000			7000	16000	1000
其他技术推广服务						
(十四)水利、环境和公共设施管理业	632717		502323	37332	78818	14244
水利管理业	63776		45638	4308	12148	1682
防洪除涝设施管理	4758		4758			
防洪除涝设施管理	4758		4758			
水资源管理	7438		3990	1200	1305	943
水资源管理	7438		3990	1200	1305	943
天然水收集与分配	9767		5603	1031	3068	65
天然水收集与分配	9767		5603	1031	3068	65
其他水利管理业	41813		31287	2077	7775	674
其他水利管理业	41813		31287	2077	7775	674
生态保护和环境治理业	82190		34090	10890	34356	2854
生态保护	23626		13295	2216	7095	1020
自然保护区管理	23626		13295	2216	7095	1020
环境治理业	58564		20795	8674	27261	1834
水污染治理	3126		1935	10	910	271
大气污染治理	26352		1722	6808	17376	446
固体废物治理	7661		6764	551	87	259
其他污染治理	21425		10374	1305	8888	858
公共设施管理业	486751		422595	22134	32314	9708
市政设施管理	309236		289194	5218	9860	4964
市政设施管理	309236		289194	5218	9860	4964
环境卫生管理	16435		9235	2150	4550	500
环境卫生管理	16435		9235	2150	4550	500
城乡市容管理	600					600
城乡市容管理	600					600
绿化管理	7179		6162	1017		
绿化管理	7179		6162	1017		

3—12 续14

单位:万元

行业	本年完成投资	#住宅	建筑工程	安装工程	设备工器具购置	其他费用
公园和游览景区管理	153301		118004	13749	17904	3644
公园管理	41238		36228	2696	0	2314
游览景区管理	112063		81776	11053	17904	1330
(十五)居民服务、修理和其他服务业	1860		1860			
居民服务业	1860		1860			
其他居民服务业	1860		1860			
其他居民服务业	1860		1860			
(十六)教　育	73428	582	59581	8081	2252	3514
教　育	73428	582	59581	8081	2252	3514
学前教育	990		990			
学前教育	990		990			
初等教育	7244		4532	832	500	1380
普通小学教育	7244		4532	832	500	1380
中等教育	40925	582	34111	3303	1752	1759
普通初中教育	12426	582	10520	852	200	854
普通高中教育	12723		12416	307		
中等职业学校教育	15776		11175	2144	1552	905
高等教育	17710		14786	2924		
普通高等教育	17710		14786	2924		
特殊教育	2030		1940	90		
特殊教育	2030		1940	90		
技能培训、教育辅助及其他教育	4529		3222	932		375
职业技能培训	2855		2280	200		375
其他未列明教育	1674		942	732		
(十七)卫生和社会工作	35815	13329	30435	2313	1274	1793
卫　生	34087	12529	28915	2105	1274	1793
医　院	24762	12529	22524	1245		993
综合医院	24682	12529	22479	1210		993
中医医院	80		45	35		
社区医疗与卫生院	5715		4975	740		
社区卫生服务中心(站)	1405		1405			
乡镇卫生院	4310		3570	740		
计划生育技术服务活动	60		60			
计划生育技术服务活动	60		60			
其他卫生活动	3550		1356	120	1274	800
其他卫生活动	3550		1356	120	1274	800
社会工作	1728	800	1520	208		
提供住宿社会工作	1710	800	1510	200		
老年人、残疾人养护服务	1700	800	1500	200		
其他提供住宿社会救助	10		10			

3—12　续 15

单位:万元

行　　业	本年完成投　　资	#住宅	建筑工程	安装工程	设备工器具购置	其他费用
不提供住宿社会工作	18		10	8		
其他不提供住宿社会工作	18		10	8		
(十八)文化、体育和娱乐业	26348		17213	4097	4135	903
文化艺术业	22215		14980	4097	2335	803
文艺创作与表演	3200		2388	17	795	
文艺创作与表演	3200		2388	17	795	
艺术表演场馆	2764		2546			218
艺术表演场馆	2764		2546			218
文物及非物质文化遗产保护	588		588			
文物及非物质文化遗产保护	588		588			
博物馆	7170		3190	3980		
博物馆	7170		3190	3980		
群众文化活动	5533		4978	100	40	415
群众文化活动	5533		4978	100	40	415
其他文化艺术业	2960		1290		1500	170
其他文化艺术业	2960		1290		1500	170
体　育	4133		2233		1800	100
体育场馆	1633		1633			
体育场馆	1633		1633			
其他体育	2500		600		1800	100
其他体育	2500		600		1800	100
(十九)公共管理、社会保障和社会组织	25895		22895	1558	463	979
国家机构	22960		20460	1258	363	879
国家行政机构	21008		18688	1258	363	699
综合事务管理机构	4180		3140	880		160
公共安全管理机构	15573		14293	378	363	539
社会事务管理机构	1255		1255			
人民法院和人民检察院	1952		1772			180
人民法院	1952		1772			180
人民检察院						
社会保障	1000		500	300	100	100
社会保障	1000		500	300	100	100
社会保障	1000		500	300	100	100
基层群众自治组织	1935		1935			
村民自治组织	1935		1935			
村民自治组织	1935		1935			
(二十)国际组织						
国际组织						

3—13 按建设性质分固定资产投资(2012)

单位:万元

行业	总计	新建	扩建	改建和技术改造	单纯建造生活设施	迁建	恢复	单纯购置
总计	**7590712**	**4259050**	**1388415**	**1828757**	**54167**	**19466**	**5006**	**35851**
(一)农、林、牧、渔业	445782	316644	93577	35561				
农业	203740	157012	26192	20536				
谷物种植	15936	15300		636				
玉米种植	636			636				
其他谷物种植	15300	15300						
豆类、油料和薯类种植	8500		8500					
豆类种植	8500		8500					
棉、麻、糖、烟草种植	2417	413	2004					
棉花种植	413	413						
烟草种植	2004		2004					
蔬菜、食用菌及园艺作物种植	71983	53615	8968	9400				
蔬菜种植	63870	47902	8968	7000				
食用菌种植	5950	3550		2400				
花卉种植	2163	2163						
水果种植	50270	36650	3120	10500				
仁果类和核果类水果种植	37700	28315	885	8500				
葡萄种植	3475	3475						
其他水果种植	9095	4860	2235	2000				
坚果、含油果、香料和饮料作物种植	29790	27190	2600					
坚果种植	29790	27190	2600					
中药材种植	14540	13540	1000					
中药材种植	14540	13540	1000					
其他农业	10304	10304						
其他农业	10304	10304						
林业	29271	26886	1752	633				
林木育种和育苗	29271	26886	1752	633				
林木育苗	14729	13777	952					
造林和更新	14542	13109	800	633				
畜牧业	171710	114994	51986	4730				
牲畜饲养	122546	84210	35456	2880				
牛的饲养	52486	36203	16283					
猪的饲养	42360	26707	12773	2880				
羊的饲养	23500	17100	6400					
其他牲畜饲养	4200	4200						
家禽饲养	45494	29424	14220	1850				
鸡的饲养	42094	29424	10820	1850				
鸭的饲养	3400		3400					
其他畜牧业	3670	1360	2310					
其他畜牧业	3670	1360	2310					

注:本表不含房地产开发投资。

3—13　续1

单位:万元

行　　业	总　计	新　建	扩　建	改建和技术改造	单纯建造生活设施	迁　建	恢　复	单　纯购　置
渔　业	6300	2500	3800					
水产养殖	6300	2500	3800					
内陆养殖	6300	2500	3800					
农、林、牧、渔服务业	34761	15252	9847	9662				
农业服务业	34181	14672	9847	9662				
农业机械服务	597	597						
灌溉服务	8779	2063	5847	869				
农产品初加工服务	4000		4000					
其他农业服务	20805	12012		8793				
林业服务业	580	580						
森林防火服务	580	580						
(二)采矿业	473399	259006	106770	101588				6035
煤炭开采和洗选业	412291	241425	96469	74397				
烟煤和无烟煤开采洗选	391115	241425	96469	53221				
烟煤和无烟煤开采洗选	391115	241425	96469	53221				
其他煤炭采选	21176			21176				
其他煤炭采选	21176			21176				
黑色金属矿采选业	24568		1040	21584				1944
铁矿采选	24568		1040	21584				1944
铁矿采选	24568		1040	21584				1944
有色金属矿采选业	12354	9900	11	164				2279
常用有色金属矿采选	12354	9900	11	164				2279
铜矿采选	1575	1400	11	164				
铝矿采选	10779	8500						2279
非金属矿采选业	21676	5171	9250	5443				1812
土砂石开采	21676	5171	9250	5443				1812
石灰石、石膏开采	6656	311		4533				1812
建筑装饰用石开采	15020	4860	9250	910				
其他采矿业	2510	2510						
其他采矿业	2510	2510						
其他采矿业	2510	2510						
(三)制造业	4307849	2065232	979718	1236973				25926
农副食品加工业	214578	123182	46750	42346				2300
谷物磨制	25252	19150	3242	2860				
谷物磨制	25252	19150	3242	2860				
饲料加工	28320	13543	14777					
饲料加工	28320	13543	14777					
植物油加工	26067	15566	10501					
食用植物油加工	26067	15566	10501					
制糖业	2800		2800					

3—13　续2

单位:万元

行　业	总　计	新　建	扩　建	改建和技术改造	单纯建造生活设施	迁　建	恢　复	单　纯购　置
制糖业	2800		2800					
屠宰及肉类加工	58489	25299	10480	22710				
牲畜屠宰	7200	7200						
禽类屠宰	1307	1307						
肉制品及副产品加工	49982	16792	10480	22710				
蔬菜、水果和坚果加工	56014	40144	3950	11920				
蔬菜加工	40724	37454	950	2320				
水果和坚果加工	15290	2690	3000	9600				
其他农副食品加工	17636	9480	1000	4856				2300
淀粉及淀粉制品制造	14656	6500	1000	4856				2300
蛋品加工	2980	2980						
食品制造业	145498	52594	53461	39443				
焙烤食品制造	35960	8580	2350	25030				
糕点、面包制造	30610	8580		22030				
饼干及其他焙烤食品制造	5350		2350	3000				
糖果、巧克力及蜜饯制造	36287	21974	5600	8713				
糖果、巧克力制造	5600		5600					
蜜饯制作	30687	21974		8713				
方便食品制造	19694	5200	10294	4200				
米、面制品制造	11409		7209	4200				
速冻食品制造	5200	5200						
方便面及其他方便食品制造	3085		3085					
罐头食品制造	26467	4000	22467					
蔬菜、水果罐头制造	26467	4000	22467					
调味品、发酵制品制造	8960	2960	6000					
酱油、食醋及类似制品制造	5960	2960	3000					
其他调味品、发酵制品制造	3000		3000					
其他食品制造	18130	9880	6750	1500				
保健食品制造	9880	9880						
食品及饲料添加剂制造	6750		6750					
其他未列明食品制造	1500			1500				
酒、饮料和精制茶制造业	119070	59976	36416	22678				
酒的制造	54609	13865	23066	17678				
白酒制造	18678		1000	17678				
啤酒制造	1712	1712						
葡萄酒制造	20260		20260					
其他酒制造	13959	12153	1806					
饮料制造	64461	46111	13350	5000				
瓶(罐)装饮用水制造	19350	12000	2350	5000				
果菜汁及果菜汁饮料制造	9030	830	8200					

3—11 续3

单位:万元

行业	总计	新建	扩建	改建和技术改造	单纯建造生活设施	迁建	恢复	单纯购置
含乳饮料和植物蛋白饮料制造	2800		2800					
茶饮料及其他饮料制造	33281	33281						
烟草制品业	800	800						
烟叶复烤	800	800						
烟叶复烤	800	800						
纺织业	131382	74788	43380	13214				
棉纺织及印染精加工	79245	60031	6000	13214				
棉纺纱加工	60725	43511	4500	12714				
棉织造加工	18520	16520	1500	500				
毛纺织及染整精加工	35760		35760					
毛条和毛纱线加工	3712		3712					
毛染整精加工	32048		32048					
丝绢纺织及印染精加工	1620		1620					
缫丝加工	1620		1620					
家用纺织制成品制造	14757	14757						
毛巾类制品制造	14757	14757						
纺织服装、服饰业	70807	55607	2200	13000				
机织服装制造	68307	55607	2200	10500				
机织服装制造	68307	55607	2200	10500				
服饰制造	2500			2500				
服饰制造	2500			2500				
木材加工和木、竹、藤、棕、草制品业	17275	14475		2800				
木材加工	2475	2475						
其他木材加工	2475	2475						
人造板制造	11800	9000		2800				
胶合板制造	9000	9000						
其他人造板制造	2800			2800				
木制品制造	3000	3000						
木门窗、楼梯制造	3000	3000						
家具制造业	37064	9420	26144	1500				
木质家具制造	32114	8270	22344	1500				
木质家具制造	32114	8270	22344	1500				
竹、藤家具制造	1150	1150						
竹、藤家具制造	1150	1150						
金属家具制造	3800		3800					
金属家具制造	3800		3800					
造纸和纸制品业	79248	27572	9250	42426				
纸浆制造	1600	1600						
木竹浆制造	1600	1600						
造　纸	47409	11572	4750	31087				

3—13 续4

单位:万元

行业	总计	新建	扩建	改建和技术改造	单纯建造生活设施	迁建	恢复	单纯购置
机制纸及纸板制造	30431	11572	4750	14109				
加工纸制造	16978			16978				
纸制品制造	30239	14400	4500	11339				
纸和纸板容器制造	22539	6700	4500	11339				
其他纸制品制造	7700	7700						
印刷和记录媒介复制业	29519	15643	2500	11376				
印　刷	29519	15643	2500	11376				
包装装潢及其他印刷	29519	15643	2500	11376				
文教、工美、体育和娱乐用品制造业	7980	2650	5330					
文教办公用品制造	2100		2100					
文具制造	2100		2100					
工艺美术品制造	5880	2650	3230					
雕塑工艺品制造	3230		3230					
金属工艺品制造	2650	2650						
石油加工、炼焦和核燃料加工业	115292	96472		18820				
精炼石油产品制造	7469	5709		1760				
原油加工及石油制品制造	1760			1760				
人造原油制造	5709	5709						
炼　焦	107823	90763		17060				
炼　焦	107823	90763		17060				
化学原料和化学制品制造业	647098	281062	206334	157411				2291
基础化学原料制造	189877	102193	30985	54408				2291
无机酸制造	10267		5500	4767				
无机碱制造	13618			13618				
无机盐制造	3348			3348				
有机化学原料制造	73135	50550	22585					
其他基础化学原料制造	89509	51643	2900	32675				2291
肥料制造	82630	11630	4500	66500				
氮肥制造	17525			17525				
复混肥料制造	8840	5840		3000				
有机肥料及微生物肥料制造	14090	5790	3000	5300				
其他肥料制造	42175		1500	40675				
农药制造	20365	17965	2400					
化学农药制造	17865	15465	2400					
生物化学农药及微生物农药制造	2500	2500						
涂料、油墨、颜料及类似产品制造	13180		7500	5680				
染料制造	13180		7500	5680				
合成材料制造	37804	26404	11400					
初级形态塑料及合成树脂制造	26564	23664	2900					
其他合成材料制造	11240	2740	8500					

3—13 续5

单位:万元

行业	总计	新建	扩建	改建和技术改造	单纯建造生活设施	迁建	恢复	单纯购置
专用化学产品制造	303242	122870	149549	30823				
化学试剂和助剂制造	180512	97812	60362	22338				
专项化学用品制造	102880	15000	85080	2800				
其他专用化学产品制造	19850	10058	4107	5685				
医药制造业	181635	84159	24717	72759				
化学药品原料药制造	19181	10931	8250					
化学药品原料药制造	19181	10931	8250					
化学药品制剂制造	70160	42130	11230	16800				
化学药品制剂制造	70160	42130	11230	16800				
中药饮片加工	29550	21250		8300				
中药饮片加工	29550	21250		8300				
中成药生产	4425		4425					
中成药生产	4425		4425					
兽用药品制造	6612		812	5800				
兽用药品制造	6612		812	5800				
生物药品制造	51707	9848		41859				
生物药品制造	51707	9848		41859				
橡胶和塑料制品业	205471	123107	61294	21070				
橡胶制品业	46239	11401	34838					
轮胎制造	31701	11401	20300					
再生橡胶制造	14538		14538					
塑料制品业	159232	111706	26456	21070				
塑料薄膜制造	68992	31400	25200	12392				
塑料板、管、型材制造	28148	25814	1256	1078				
塑料丝、绳及编织品制造	8300	3500		4800				
塑料人造革、合成革制造	3500	3500						
塑料包装箱及容器制造	41232	38432		2800				
其他塑料制品制造	9060	9060						
非金属矿物制品业	379677	176213	99764	88145				15555
水泥、石灰和石膏制造	88818	42374		34529				11915
水泥制造	69892	26574		31403				11915
石灰和石膏制造	18926	15800		3126				
石膏、水泥制品及类似制品制造	29050	24950	500	2960				640
水泥制品制造	28410	24950	500	2960				
石棉水泥制品制造	640							640
砖瓦、石材等建筑材料制造	135459	75169	42420	17870				
粘土砖瓦及建筑砌块制造	43215	29615	13600					
建筑用石加工	21090	9470	11620					
防水建筑材料制造	38434	21234	17200					
隔热和隔音材料制造	1800	1800						

3—13 续6

单位:万元

行 业	总 计	新 建	扩 建	改建和技术改造	单纯建造生活设施	迁 建	恢 复	单纯购置
其他建筑材料制造	30920	13050		17870				
玻璃制造	31009	7100	4829	19080				
其他玻璃制造	31009	7100	4829	19080				
玻璃制品制造	24790		17960	3830				3000
玻璃包装容器制造	24790		17960	3830				3000
玻璃纤维和玻璃纤维增强塑料制品制造	2932			2932				
玻璃纤维及制品制造	2932			2932				
陶瓷制品制造	12720	5000	2900	4820				
特种陶瓷制品制造	7080	5000		2080				
日用陶瓷制品制造	5640		2900	2740				
耐火材料制品制造	2500		2500					
石棉制品制造	2500		2500					
石墨及其他非金属矿物制品制造	52399	21620	28655	2124				
石墨及碳素制品制造	29576	3571	26005					
其他非金属矿物制品制造	22823	18049	2650	2124				
黑色金属冶炼和压延加工业	347814	88388	24115	235311				
炼 铁	245389	61128		184261				
炼 铁	245389	61128		184261				
炼 钢	14783		7000	7783				
炼 钢	14783		7000	7783				
黑色金属铸造	14335	2873	2850	8612				
黑色金属铸造	14335	2873	2850	8612				
钢压延加工	35632	2492	14265	18875				
钢压延加工	35632	2492	14265	18875				
铁合金冶炼	37675	21895		15780				
铁合金冶炼	37675	21895		15780				
有色金属冶炼和压延加工业	544365	152765	53831	331989				5780
常用有色金属冶炼	347265	37950	34740	268795				5780
铜冶炼	81106			81106				
镍钴冶炼	700		700					
铝冶炼	81268		1040	80228				
镁冶炼	139041	800	25000	107461				5780
其他常用有色金属冶炼	45150	37150	8000					
有色金属合金制造	44418	22318		22100				
有色金属合金制造	44418	22318		22100				
有色金属铸造	9288	9288						
有色金属铸造	9288	9288						
有色金属压延加工	143394	83209	19091	41094				
铜压延加工	3125	3125						
铝压延加工	135610	75425	19091	41094				

3—13　续7

单位:万元

行　业	总　计	新　建	扩　建	改 建 和 技术改造	单纯建造 生活设施	迁　建	恢　复	单　纯 购　置
贵金属压延加工	4659	4659						
金属制品业	128143	35358	80805	11980				
结构性金属制品制造	77747	6647	71100					
金属结构制造	77747	6647	71100					
金属工具制造	9375		375	9000				
切削工具制造	9375		375	9000				
集装箱及金属包装容器制造	10932	10932						
集装箱制造	10932	10932						
建筑、安全用金属制品制造	11329	9179	2150					
建筑、家具用金属配件制造	9179	9179						
建筑装饰及水暖管道零件制造	2150		2150					
搪瓷制品制造	2780		2780					
建筑装饰搪瓷制品制造	2780		2780					
其他金属制品制造	15980	8600	4400	2980				
锻件及粉末冶金制品制造	14980	7600	4400	2980				
交通及公共管理用金属标牌制造	1000	1000						
通用设备制造业	188204	127646	18139	42419				
锅炉及原动设备制造	4750			4750				
锅炉及辅助设备制造	4750			4750				
金属加工机械制造	14903	11380	3017	506				
金属成形机床制造	1523		1017	506				
铸造机械制造	13380	11380	2000					
泵、阀门、压缩机及类似机械制造	32368	13000	1028	18340				
泵及真空设备制造	21500	4500		17000				
气体压缩机械制造	9528	8500	1028					
液压和气压动力机械及元件制造	1340			1340				
烘炉、风机、衡器、包装等设备制造	42798	26963	6294	9541				
烘炉、熔炉及电炉制造	2900			2900				
风机、风扇制造	9933	7533	2400					
气体、液体分离及纯净设备制造	3741			3741				
制冷、空调设备制造	2900			2900				
风动和电动工具制造	3894		3894					
衡器制造	19430	19430						
通用零部件制造	91865	74783	7800	9282				
紧固件制造	47770	47770						
机械零部件加工	23225	9465	7800	5960				
其他通用零部件制造	20870	17548		3322				
其他通用设备制造业	1520	1520						
其他通用设备制造业	1520	1520						
专用设备制造业	156256	86185	38032	32039				

3—13 续8

单位:万元

行业	总计	新建	扩建	改建和技术改造	单纯建造生活设施	迁建	恢复	单纯购置
采矿、冶金、建筑专用设备制造	3920	3920						
矿山机械制造	3920	3920						
化工、木材、非金属加工专用设备制造	29892	1655	7608	20629				
炼油、化工生产专用设备制造	15737		4608	11129				
塑料加工专用设备制造	4655	1655	3000					
模具制造	9500			9500				
食品、饮料、烟草及饲料生产专用设备制造	3904		3904					
农副食品加工专用设备制造	3904		3904					
电子和电工机械专用设备制造	70170	62500	7670					
电工机械专用设备制造	70170	62500	7670					
农、林、牧、渔专用机械制造	32445	11110	12000	9335				
拖拉机制造	5825	5825						
农林牧渔机械配件制造	21335		12000	9335				
棉花加工机械制造	5285	5285						
环保、社会公共服务及其他专用设备制造	15925	7000	6850	2075				
环境保护专用设备制造	7000	7000						
地质勘查专用设备制造	6850		6850					
其他专用设备制造	2075			2075				
汽车制造业	154924	107446	47478					
汽车零部件及配件制造	154924	107446	47478					
汽车零部件及配件制造	154924	107446	47478					
铁路、船舶、航空航天和其他运输设备制造业	42701	30541	10160	2000				
铁路运输设备制造	38901	27741	9160	2000				
窄轨机车车辆制造	8000		8000					
铁路机车车辆配件制造	16086	14086		2000				
铁路专用设备及器材、配件制造	14815	13655	1160					
自行车制造	3800	2800	1000					
助动自行车制造	3800	2800	1000					
电气机械和器材制造业	226201	202249	7000	16952				
电机制造	81497	65135	7000	9362				
发电机及发电机组制造	4750	4750						
电动机制造	3000	3000						
微电机及其他电机制造	73747	57385	7000	9362				
输配电及控制设备制造	65874	65874						
变压器、整流器和电感器制造	61874	61874						
电力电子元器件制造	3000	3000						
光伏设备及元器件制造	1000	1000						
电线、电缆、光缆及电工器材制造	10350	2760		7590				
电线、电缆制造	10350	2760		7590				
电池制造	35500	35500						

3—13 续9

单位:万元

行业	总计	新建	扩建	改建和技术改造	单纯建造生活设施	迁建	恢复	单纯购置
锂离子电池制造	17000	17000						
其他电池制造	18500	18500						
非电力家用器具制造	30000	30000						
燃气、太阳能及类似能源家用器具制造	30000	30000						
其他电气机械及器材制造	2980	2980						
其他未列明电气机械及器材制造	2980	2980						
计算机、通信和其他电子设备制造业	82728	3600	79128					
通信设备制造	66328		66328					
通信终端设备制造	66328		66328					
电子器件制造	3600	3600						
半导体分立器件制造	3600	3600						
电子元件制造	12800		12800					
电子元件及组件制造	12800		12800					
仪器仪表制造业	4500	4500						
钟表与计时仪器制造	4500	4500						
钟表与计时仪器制造	4500	4500						
其他制造业	20324	13834	3490	3000				
煤制品制造	16834	13834		3000				
煤制品制造	16834	13834		3000				
其他未列明制造业	3490		3490					
其他未列明制造业	3490		3490					
废弃资源综合利用业	23495	15000		8495				
金属废料和碎屑加工处理	15000	15000						
金属废料和碎屑加工处理	15000	15000						
非金属废料和碎屑加工处理	8495			8495				
非金属废料和碎屑加工处理	8495			8495				
金属制品、机械和设备修理业	5800			5800				
其他机械和设备修理业	5800			5800				
其他机械和设备修理业	5800			5800				
(四)电力、热力、燃气及水生产和供应业	442781	325767	31707	84807		500		
电力、热力生产和供应业	326877	258142	4688	64047				
电力生产	160327	143511	3000	13816				
火力发电	3000		3000					
风力发电	95705	95705						
太阳能发电	19427	19427						
其他电力生产	42195	28379		13816				
电力供应	116499	74566	1688	40245				
电力供应	116499	74566	1688	40245				
热力生产和供应	50051	40065		9986				
热力生产和供应	50051	40065		9986				

3—13 续10

单位:万元

行 业	总 计	新 建	扩 建	改建和技术改造	单纯建造生活设施	迁 建	恢 复	单纯购置
燃气生产和供应业	44974	28634	10560	5780				
燃气生产和供应业	44974	28634	10560	5780				
燃气生产和供应业	44974	28634	10560	5780				
水的生产和供应业	70930	38991	16459	14980		500		
自来水生产和供应	26822	10667	11208	4447		500		
自来水生产和供应	26822	10667	11208	4447		500		
污水处理及其再生利用	33789	27324	5251	1214				
污水处理及其再生利用	33789	27324	5251	1214				
其他水的处理、利用与分配	10319	1000		9319				
其他水的处理、利用与分配	10319	1000		9319				
(五)建筑业	14100	11500			2600			
房屋建筑业	3000	3000						
房屋建筑业	3000	3000						
房屋建筑业	3000	3000						
土木工程建筑业	2600				2600			
铁路、道路、隧道和桥梁工程建筑	2600				2600			
市政道路工程建筑	2600				2600			
建筑装饰和其他建筑业	8500	8500						
工程准备活动	8500	8500						
其他工程准备活动	8500	8500						
(六)批发和零售业	219361	164050	28972	26339				
批发业	98069	75789	9950	12330				
农、林、牧产品批发	44815	34005	980	9830				
林业产品批发	1200	1200						
其他农牧产品批发	43615	32805	980	9830				
食品、饮料及烟草制品批发	13129	9129	4000					
米、面制品及食用油批发	1000		1000					
果品、蔬菜批发	12129	9129	3000					
纺织、服装及家庭用品批发	1470		1470					
其他家庭用品批发	1470		1470					
医药及医疗器材批发	2000	2000						
中药批发	2000	2000						
矿产品、建材及化工产品批发	13500	11000		2500				
煤炭及制品批发	13500	11000		2500				
机械设备、五金产品及电子产品批发	3500		3500					
五金产品批发	3500		3500					
贸易经纪与代理	19655	19655						
其他贸易经纪与代理	19655	19655						
零售业	121292	88261	19022	14009				
综合零售	39163	17704	12350	9109				

3—13　续11

单位:万元

行　　业	总　计	新　建	扩　建	改建和技术改造	单纯建造生活设施	迁　建	恢　复	单　纯购　置
百货零售	26459	5500	11850	9109				
超级市场零售	10604	10604						
其他综合零售	2100	1600	500					
食品、饮料及烟草制品专门零售	877	877						
果品、蔬菜零售	877	877						
纺织、服装及日用品专门零售	2337		2337					
其他日用品零售	2337		2337					
汽车、摩托车、燃料及零配件专门零售	49155	39920	4335	4900				
汽车零售	44020	39120		4900				
汽车零配件零售	4770	800	3970					
机动车燃料零售	365		365					
五金、家具及室内装饰材料专门零售	29760	29760						
五金零售	350	350						
家具零售	29410	29410						
(七)交通运输、仓储和邮政业	575218	367595	37643	164275		4005	700	1000
铁路运输业	26234	3590	9107	11837			700	1000
铁路货物运输	11837			11837				
铁路货物运输	11837			11837				
铁路运输辅助活动	14397	3590	9107				700	1000
客运火车站	700						700	
其他铁路运输辅助活动	13697	3590	9107					1000
道路运输业	489677	322312	10922	152438		4005		
城市公共交通运输	3520	3520						
其他城市公共交通运输	3520	3520						
公路旅客运输	36776	18921	1187	16668				
公路旅客运输	36776	18921	1187	16668				
道路货物运输	800			800				
道路货物运输	800			800				
道路运输辅助活动	448581	299871	9735	134970		4005		
客运汽车站	12607	7882		720		4005		
公路管理与养护	435974	291989	9735	134250				
航空运输业	2690		2690					
航空客货运输	2690		2690					
航空旅客运输	2690		2690					
仓储业	56617	41693	14924					
谷物、棉花等农产品仓储	10438	9583	855					
谷物仓储	1850	1850						
其他农产品仓储	8588	7733	855					
其他仓储业	46179	32110	14069					
其他仓储业	46179	32110	14069					

3—13 续12

单位:万元

行业	总计	新建	扩建	改建和技术改造	单纯建造生活设施	迁建	恢复	单纯购置
(八)住宿和餐饮业	46058	37058	9000					
住宿业	44388	35388	9000					
旅游饭店	32691	23691	9000					
旅游饭店	32691	23691	9000					
一般旅馆	8900	8900						
一般旅馆	8900	8900						
其他住宿业	2797	2797						
其他住宿业	2797	2797						
餐饮业	1670	1670						
正餐服务	1670	1670						
正餐服务	1670	1670						
(九)信息传输、软件和信息技术服务业	11899	4229	800	6870				
电信、广播电视和卫星传输服务	4229	4229						
电　信	4229	4229						
移动电信服务	4229	4229						
互联网和相关服务	800		800					
互联网信息服务	800		800					
互联网信息服务	800		800					
软件和信息技术服务业	6870			6870				
信息系统集成服务	6870			6870				
信息系统集成服务	6870			6870				
(十)金融业	578		578					
货币金融服务	578		578					
货币银行服务	578		578					
货币银行服务	578		578					
(十一)房地产业	164342	110321		5557	48464			
房地产业	164342	110321		5557	48464			
房地产开发经营	10235	3289			6946			
房地产开发经营	10235	3289			6946			
自有房地产经营活动	1480				1480			
自有房地产经营活动	1480				1480			
其他房地产业	152627	107032		5557	40038			
其他房地产业	152627	107032		5557	40038			
(十二)租赁和商务服务业	20107	20107						
租赁业	2700	2700						
机械设备租赁	2700	2700						
农业机械租赁	2700	2700						
商务服务业	17407	17407						
人力资源服务	975	975						
其他人力资源服务	975	975						

3—13 续13

单位:万元

行业	总计	新建	扩建	改建和技术改造	单纯建造生活设施	迁建	恢复	单纯购置
旅行社及相关服务	16432	16432						
旅游管理服务	16432	16432						
(十三)科学研究和技术服务业	73175	46803	1580	24792				
专业技术服务业	1777	985		792				
质检技术服务	985	985						
质检技术服务	985	985						
地质勘查	792			792				
基础地质勘查	792			792				
科技推广和应用服务业	71398	45818	1580	24000				
技术推广服务	71398	45818	1580	24000				
农业技术推广服务	47398	45818	1580					
节能技术推广服务	24000			24000				
其他技术推广服务	0			0				
(十四)水利、环境和公共设施管理业	632717	406232	83781	135508			4306	2890
水利管理业	63776	21877	13346	27227			1326	
防洪除涝设施管理	4758	4512		246				
防洪除涝设施管理	4758	4512		246				
水资源管理	7438	4891	546	2001				
水资源管理	7438	4891	546	2001				
天然水收集与分配	9767	2150	2000	5617				
天然水收集与分配	9767	2150	2000	5617				
其他水利管理业	41813	10324	10800	19363			1326	
其他水利管理业	41813	10324	10800	19363			1326	
生态保护和环境治理业	82190	33533		42787			2980	2890
生态保护	23626	20646					2980	
自然保护区管理	23626	20646					2980	
环境治理业	58564	12887		42787				2890
水污染治理	3126	1026		2100				
大气污染治理	26352			23462				2890
固体废物治理	7661	7661						
其他污染治理	21425	4200		17225				
公共设施管理业	486751	350822	70435	65494				
市政设施管理	309236	222019	41844	45373				
市政设施管理	309236	222019	41844	45373				
环境卫生管理	16435	7296		9139				
环境卫生管理	16435	7296		9139				
城乡市容管理	600		600					
城乡市容管理	600		600					
绿化管理	7179	3416		3763				
绿化管理	7179	3416		3763				

3—13　续14

单位:万元

行　　业	总　计	新　建	扩　建	改建和技术改造	单纯建造生活设施	迁　建	恢　复	单　纯购　置
公园和游览景区管理	153301	118091	27991	7219				
公园管理	41238	40894		344				
游览景区管理	112063	77197	27991	6875				
(十五)居民服务、修理和其他服务业	1860		1860					
居民服务业	1860		1860					
其他居民服务业	1860		1860					
其他居民服务业	1860		1860					
(十六)教　育	73428	52885	2446	6329	2582	9186		
教　育	73428	52885	2446	6329	2582	9186		
学前教育	990	990						
学前教育	990	990						
初等教育	7244	4684		2560				
普通小学教育	7244	4684		2560				
中等教育	40925	22942	2446	3769	2582	9186		
普通初中教育	12426	9662		1182	1582			
普通高中教育	12723		950	2587		9186		
中等职业学校教育	15776	13280	1496		1000			
高等教育	17710	17710						
普通高等教育	17710	17710						
特殊教育	2030	2030						
特殊教育	2030	2030						
技能培训、教育辅助及其他教育	4529	4529						
职业技能培训	2855	2855						
其他未列明教育	1674	1674						
(十七)卫生和社会工作	35815	24689	4820	10	521	5775		
卫　生	34087	23771	4020		521	5775		
医　院	24762	16966	1500		521	5775		
综合医院	24682	16886	1500		521	5775		
中医医院	80	80						
社区医疗与卫生院	5715	3195	2520					
社区卫生服务中心(站)	1405	1405						
乡镇卫生院	4310	1790	2520					
计划生育技术服务活动	60	60						
计划生育技术服务活动	60	60						
其他卫生活动	3550	3550						
其他卫生活动	3550	3550						
社会工作	1728	918	800	10				
提供住宿社会工作	1710	900	800	10				
老年人、残疾人养护服务	1700	900	800					
其他提供住宿社会救助	10			10				

3—13　续 15

单位:万元

行　业	总　计	新　建	扩　建	改建和技术改造	单纯建造生活设施	迁　建	恢　复	单　纯购　置
不提供住宿社会工作	18	18						
其他不提供住宿社会工作	18	18						
(十八)文化、体育和娱乐业	26348	22137	4063	148				
文化艺术业	22215	18152	4063					
文艺创作与表演	3200		3200					
文艺创作与表演	3200		3200					
艺术表演场馆	2764	2764						
艺术表演场馆	2764	2764						
文物及非物质文化遗产保护	588		588					
文物及非物质文化遗产保护	588		588					
博物馆	7170	7170						
博物馆	7170	7170						
群众文化活动	5533	5258	275					
群众文化活动	5533	5258	275					
其他文化艺术业	2960	2960						
其他文化艺术业	2960	2960						
体　育	4133	3985		148				
体育场馆	1633	1485		148				
体育场馆	1633	1485		148				
其他体育	2500	2500						
其他体育	2500	2500						
(十九)公共管理、社会保障和社会组织	25895	24795	1100					
国家机构	22960	21860	1100					
国家行政机构	21008	19908	1100					
综合事务管理机构	4180	4180						
公共安全管理机构	15573	14473	1100					
社会事务管理机构	1255	1255						
人民法院和人民检察院	1952	1952						
人民法院	1952	1952						
人民检察院								
社会保障	1000	1000						
社会保障	1000	1000						
社会保障	1000	1000						
基层群众自治组织	1935	1935						
村民自治组织	1935	1935						
村民自治组织	1935	1935						
(二十)国际组织								
国际组织								

3—14　固定资产投资本年资金来源情况(2012)

单位:万元

行　　业	本年资金来源小计	国家预算内资金	国内贷款	债　券	利用外资	自筹资金	#企、事业单位自有资金	其他资金来源
总　　计	**8537732**	**391545**	**1065156**	**2500**	**16199**	**6265823**	**2930628**	**796509**
(一)农、林、牧、渔业	483835	33570	36615			395749	130653	17901
农　业	209672	11210	13335			177867	51446	7260
谷物种植	15456	636				14820	2000	
玉米种植	636	636						
其他谷物种植	14820					14820	2000	
豆类、油料和薯类种植	8500					8100		400
豆类种植	8500					8100		400
棉、麻、糖、烟草种植	2521	517				2004		
棉花种植	517	517				0		
烟草种植	2004					2004		
蔬菜、食用菌及园艺作物种植	78961	1193	6860			70908	16164	
蔬菜种植	71248	1193	6860			63195	13764	
食用菌种植	5950					5950	2400	
花卉种植	1763					1763		
水果种植	50650	3935	200			43695	15742	2820
仁果类和核果类水果种植	38130	3935	200			33075	13042	920
葡萄种植	1860					1860		
其他水果种植	10660					8760	2700	1900
坚果、含油果、香料和饮料作物种植	28540	1500	50			22950	5600	4040
坚果种植	28540	1500	50			22950	5600	4040
中药材种植	14740					14740	11940	
中药材种植	14740					14740	11940	
其他农业	10304	3429	6225			650		
其他农业	10304	3429	6225			650		
林　业	28051	9193				18683	9909	175
林木育种和育苗	28051	9193				18683	9909	175
林木育苗	14729	7353				7376		
造林和更新	13322	1840				11307	9909	175
畜牧业	201234	500	22780			170222	67362	7732
牲畜饲养	132856		7080			119096	46320	6680
牛的饲养	54700		1900			50300	18600	2500
猪的饲养	47696		5180			40336	16720	2180
羊的饲养	24460					24460	9000	
其他牲畜饲养	6000					4000	2000	2000
家禽饲养	64678	500	15700			47456	18762	1022
鸡的饲养	59278	500	15700			42056	18762	1022
鸭的饲养	5400					5400		
其他畜牧业	3700					3670	2280	30
其他畜牧业	3700					3670	2280	30

3—14 续1

单位:万元

行　　业	本年资金来源小计	国家预算内资金	国内贷款	债券	利用外资	自筹资金	#企、事业单位自有资金	其他资金来源
渔　业	9000		500			8500	1000	
水产养殖	9000		500			8500	1000	
内陆养殖	9000		500			8500	1000	
农、林、牧、渔服务业	35878	12667				20477	936	2734
农业服务业	35298	12667				19897	936	2734
农业机械服务	597					597		
灌溉服务	9996	6827				2129	459	1040
农产品初加工服务	4000					4000		
其他农业服务	20705	5840				13171	477	1694
林业服务业	580					580		
森林防火服务	580					580		
(二)采矿业	482029		11560			470416	333510	53
煤炭开采和洗选业	410422					410422	309520	
烟煤和无烟煤开采洗选	389836					389836	309520	
烟煤和无烟煤开采洗选	389836					389836	309520	
其他煤炭采选	20586					20586		
其他煤炭采选	20586					20586		
黑色金属矿采选业	25328		5560			19768	17824	
铁矿采选	25328		5560			19768	17824	
铁矿采选	25328		5560			19768	17824	
有色金属矿采选业	12323					12323	164	
常用有色金属矿采选	12323					12323	164	
铜矿采选	1564					1564	164	
铝矿采选	10759					10759	0	
非金属矿采选业	31446		6000			25446	6002	
土砂石开采	31446		6000			25446	6002	
石灰石、石膏开采	6656					6656	1812	
建筑装饰用石开采	24790		6000			18790	4190	
其他采矿业	2510					2457		53
其他采矿业	2510					2457		53
其他采矿业	2510					2457		53
(三)制造业	4362916	4230	463903		16199	3755403	1757677	123181
农副食品加工业	210077		8250			201327	80977	500
谷物磨制	24069					24069	8830	
谷物磨制	24069					24069	8830	
饲料加工	28320					28320	22145	
饲料加工	28320					28320	22145	
植物油加工	26026		3000			23026	21622	
食用植物油加工	26026		3000			23026	21622	
制糖业	2800					2800		

3—14 续2

单位:万元

行业	本年资金来源小计	国家预算内资金	国内贷款	债券	利用外资	自筹资金	#企、事业单位自有资金	其他资金来源
制糖业	2800					2800		
屠宰及肉类加工	54161		3450			50711	15000	
牲畜屠宰	7200		3000			4200		
禽类屠宰	870					870		
肉制品及副产品加工	46091		450			45641	15000	
蔬菜、水果和坚果加工	57114		1000			55614	7100	500
蔬菜加工	41824		1000			40824	3600	
水果和坚果加工	15290					14790	3500	500
其他农副食品加工	17587		800			16787	6280	
淀粉及淀粉制品制造	14607		800			13807	6280	
蛋品加工	2980					2980		
食品制造业	145785		18220		824	119501	35710	7240
焙烤食品制造	35960		7720			27740	24110	500
糕点、面包制造	30610		6000			24110	24110	500
饼干及其他焙烤食品制造	5350		1720			3630		
糖果、巧克力及蜜饯制造	37187		3000			31587	500	2600
糖果、巧克力制造	6500		3000			3500	500	
蜜饯制作	30687					28087		2600
方便食品制造	15697		3000			12697	5100	
米、面制品制造	9292		500			8792	4200	
速冻食品制造	4400		2500			1900	900	
方便面及其他方便食品制造	2005					2005		
罐头食品制造	28300		500		824	26976		
蔬菜、水果罐头制造	28300		500		824	26976		
调味品、发酵制品制造	9460		500			8960	2500	
酱油、食醋及类似制品制造	6460					6460	2500	
其他调味品、发酵制品制造	3000		500			2500		
其他食品制造	19181		3500			11541	3500	4140
保健食品制造	12680		2000			7080	2400	3600
食品及饲料添加剂制造	5260		1500			3760	1100	
其他未列明食品制造	1241					701		540
酒、饮料和精制茶制造业	115781		17588			92418	59681	5775
酒的制造	50290		14508			30007	7800	5775
白酒制造	19556		4000			11556	800	4000
啤酒制造	1775							1775
葡萄酒制造	15000		8000			7000	7000	
其他酒制造	13959		2508			11451		
饮料制造	65491		3080			62411	51881	
瓶(罐)装饮用水制造	21500		1000			20500	17000	
果菜汁及果菜汁饮料制造	8900		1580			7320	1600	

3—14 续3

单位:万元

行业	本年资金来源小计	国家预算内资金	国内贷款	债券	利用外资	自筹资金	#企、事业单位自有资金	其他资金来源
含乳饮料和植物蛋白饮料制造	1810		500			1310		
茶饮料及其他饮料制造	33281					33281	33281	
烟草制品业	800					800		
烟叶复烤	800					800		
烟叶复烤	800					800		
纺织业	131223		10020			114291	92408	6912
棉纺织及印染精加工	81148		5620			73436	56681	2092
棉纺纱加工	59728		4100			53536	46261	2092
棉织造加工	21420		1520			19900	10420	
毛纺织及染整精加工	33698		4400			24478	21478	4820
毛条和毛纱线加工	3000					3000		
毛染整精加工	30698		4400			21478	21478	4820
丝绢纺织及印染精加工	1620					1620		
缫丝加工	1620					1620		
家用纺织制成品制造	14757					14757	14249	
毛巾类制品制造	14757					14757	14249	
纺织服装、服饰业	68607	150	6500			61957	700	
机织服装制造	66107	150	6500			59457	700	
机织服装制造	66107	150	6500			59457	700	
服饰制造	2500					2500		
服饰制造	2500					2500		
木材加工和木、竹、藤、棕、草制品业	17275					16825	16825	450
木材加工	2475					2475	2475	
其他木材加工	2475					2475	2475	
人造板制造	11800					11350	11350	450
胶合板制造	9000					8550	8550	450
其他人造板制造	2800					2800	2800	
木制品制造	3000					3000	3000	
木门窗、楼梯制造	3000					3000	3000	
家具制造业	36114		800			33964	4040	1350
木质家具制造	31164		800			30164	4040	200
木质家具制造	31164		800			30164	4040	200
竹、藤家具制造	1150							1150
竹、藤家具制造	1150							1150
金属家具制造	3800					3800		
金属家具制造	3800					3800		
造纸和纸制品业	123120	950	1600			119282	32950	1288
纸浆制造	1600					1600		
木竹浆制造	1600					1600		
造　纸	63281	950	1100			60451	27470	780

3—14　续4

单位:万元

行　　业	本年资金来源小计	国家预算内资金	国内贷款	债券	利用外资	自筹资金	#企、事业单位自有资金	其他资金来源
机制纸及纸板制造	46303		1100			44423	27470	780
加工纸制造	16978	950				16028		
纸制品制造	58239		500			57231	5480	508
纸和纸板容器制造	22539					22031	5480	508
其他纸制品制造	35700		500			35200		
印刷和记录媒介复制业	29842					18466	13339	11376
印　刷	29842					18466	13339	11376
包装装潢及其他印刷	29842					18466	13339	11376
文教、工美、体育和娱乐用品制造业	7980		200			7780		
文教办公用品制造	2100					2100		
文具制造	2100					2100		
工艺美术品制造	5880		200			5680		
雕塑工艺品制造	3230		200			3030		
金属工艺品制造	2650					2650		
石油加工、炼焦和核燃料加工业	120449		28000			92049	6232	400
精炼石油产品制造	9000		3000			5600	1500	400
原油加工及石油制品制造	1500					1500	1500	
人造原油制造	7500		3000			4100		400
炼　焦	111449		25000			86449	4732	
炼　焦	111449		25000			86449	4732	
化学原料和化学制品制造业	660935		60967			589502	237907	10466
基础化学原料制造	192620		19687			171733	68722	1200
无机酸制造	16187		5687			10000	7000	500
无机碱制造	13618					13618	13618	
无机盐制造	3348					3348	3348	
有机化学原料制造	71933		10000			61933	16885	
其他基础化学原料制造	87534		4000			82834	27871	700
肥料制造	68627		2500			65177	39378	950
氮肥制造	14152					14152		
复混肥料制造	8840					8840	5840	
有机肥料及微生物肥料制造	14090		2500			11290	7600	300
其他肥料制造	31545					30895	25938	650
农药制造	20365					20365	10000	
化学农药制造	17865					17865	10000	
生物化学农药及微生物农药制造	2500					2500		
涂料、油墨、颜料及类似产品制造	15230		10500			4730	4730	
染料制造	15230		10500			4730	4730	
合成材料制造	51804					51804	32664	
初级形态塑料及合成树脂制造	40564					40564	32664	
其他合成材料制造	11240					11240		

3—14 续5

单位:万元

行业	本年资金来源小计	国家预算内资金	国内贷款	债券	利用外资	自筹资金	#企、事业单位自有资金	其他资金来源
专用化学产品制造	312289		28280			275693	82413	8316
化学试剂和助剂制造	201839		26280			169559	59328	6000
专项化学用品制造	90680		2000			88680	15000	
其他专用化学产品制造	19770					17454	8085	2316
医药制造业	186038	300	9300			174615	73604	1823
化学药品原料药制造	9501		1800			6218	3220	1483
化学药品原料药制造	9501		1800			6218	3220	1483
化学药品制剂制造	78830		5000			73830	7930	
化学药品制剂制造	78830		5000			73830	7930	
中药饮片加工	28750		2500			26250	5800	
中药饮片加工	28750		2500			26250	5800	
中成药生产	4425	300				4125		
中成药生产	4425	300				4125		
兽用药品制造	4880					4540		340
兽用药品制造	4880					4540		340
生物药品制造	59652					59652	56654	
生物药品制造	59652					59652	56654	
橡胶和塑料制品业	240157		4700			232597	118644	2860
橡胶制品业	46189					45889		300
轮胎制造	31651					31651		
再生橡胶制造	14538					14238		300
塑料制品业	193968		4700			186708	118644	2560
塑料薄膜制造	73192		2000			71192	60992	
塑料板、管、型材制造	52502		400			52102	11164	
塑料丝、绳及编织品制造	8450		900			7550	7550	
塑料人造革、合成革制造	3500					3500		
塑料包装箱及容器制造	42784					40224	36438	2560
其他塑料制品制造	13540		1400			12140	2500	
非金属矿物制品业	407733	1530	12725		1000	367378	153995	25100
水泥、石灰和石膏制造	93018		5325			87693	40943	
水泥制造	69892		5325			64567	36643	
石灰和石膏制造	23126					23126	4300	
石膏、水泥制品及类似制品制造	31050					26050	20100	5000
水泥制品制造	30410					25410	19460	5000
石棉水泥制品制造	640					640	640	
砖瓦、石材等建筑材料制造	136485	450	3900			132135	56100	
粘土砖瓦及建筑砌块制造	42795	450	1100			41245	8980	
建筑用石加工	21090					21090	13200	
防水建筑材料制造	35380		2800			32580	9200	
隔热和隔音材料制造	1800					1800	1800	

3—14　续6

单位:万元

行　业	本年资金来源小计	国家预算内资金	国内贷款	债券	利用外资	自筹资金	#企、事业单位自有资金	其他资金来源
其他建筑材料制造	35420					35420	22920	
玻璃制造	32309					32309	22480	
其他玻璃制造	32309					32309	22480	
玻璃制品制造	45620		1700			23920	0	20000
玻璃包装容器制造	45620		1700			23920	0	20000
玻璃纤维和玻璃纤维增强塑料制品制造	2932					2932	2932	
玻璃纤维及制品制造	2932					2932	2932	
陶瓷制品制造	12720	1080				11640	10640	
特种陶瓷制品制造	7080	1080				6000	5000	
日用陶瓷制品制造	5640					5640	5640	
耐火材料制品制造	2500		400			2000		100
石棉制品制造	2500		400			2000		100
石墨及其他非金属矿物制品制造	51099		1400		1000	48699	800	
石墨及碳素制品制造	29576					29576		
其他非金属矿物制品制造	21523		1400		1000	19123	800	
黑色金属冶炼和压延加工业	330928		120000			208928	103877	2000
炼　铁	233319		120000			113319	58778	
炼　铁	233319		120000			113319	58778	
炼　钢	11300					9300		2000
炼　钢	11300					9300		2000
黑色金属铸造	14335					14335	8612	
黑色金属铸造	14335					14335	8612	
钢压延加工	40176					40176	25005	
钢压延加工	40176					40176	25005	
铁合金冶炼	31798					31798	11482	
铁合金冶炼	31798					31798	11482	
有色金属冶炼和压延加工业	550302		46190		14375	477601	314869	12136
常用有色金属冶炼	347425		7000		9375	323914	248401	7136
铜冶炼	81106					81106	76774	
镍钴冶炼	700					700		
铝冶炼	80128					76992	69066	3136
镁冶炼	140341		7000		9375	123966	102561	
其他常用有色金属冶炼	45150					41150		4000
有色金属合金制造	45530		15000		5000	25530	2430	
有色金属合金制造	45530		15000		5000	25530	2430	
有色金属铸造	9288					9288		
有色金属铸造	9288					9288		
有色金属压延加工	148059		24190			118869	64038	5000
铜压延加工	2077					2077		
铝压延加工	141698		22690			114008	61268	5000

3—14 续7

单位:万元

行业	本年资金来源小计	国家预算内资金	国内贷款	债券	利用外资	自筹资金	#企、事业单位自有资金	其他资金来源
贵金属压延加工	4284		1500			2784	2770	
金属制品业	124223	500	3800			119923	58992	
结构性金属制品制造	81027	500	2000			78527	46380	
金属结构制造	81027	500	2000			78527	46380	
金属工具制造	9375					9375		
切削工具制造	9375					9375		
集装箱及金属包装容器制造	8132		1500			6632	6632	
集装箱制造	8132		1500			6632	6632	
建筑、安全用金属制品制造	11329					11329	3000	
建筑、家具用金属配件制造	9179					9179	3000	
建筑装饰及水暖管道零件制造	2150					2150		
搪瓷制品制造	2780		300			2480		
建筑装饰搪瓷制品制造	2780		300			2480		
其他金属制品制造	11580					11580	2980	
锻件及粉末冶金制品制造	10580					10580	2980	
交通及公共管理用金属标牌制造	1000					1000		
通用设备制造业	205954		22291			178310	53112	5353
锅炉及原动设备制造	4650					4650		
锅炉及辅助设备制造	4650					4650		
金属加工机械制造	17523		1521			16002		
金属成形机床制造	723		21			702		
铸造机械制造	16800		1500			15300		
泵、阀门、压缩机及类似机械制造	30347		5300			24047	11200	1000
泵及真空设备制造	19729		5300			13429	11200	1000
气体压缩机械制造	9478					9478		
液压和气压动力机械及元件制造	1140					1140		
烘炉、风机、衡器、包装等设备制造	51761		9950			41811	28130	
烘炉、熔炉及电炉制造	2900					2900	2900	
风机、风扇制造	16500		7000			9500	2900	
气体、液体分离及纯净设备制造	3731					3731		
制冷、空调设备制造	2900					2900	2900	
风动和电动工具制造	6300		2950			3350		
衡器制造	19430					19430	19430	
通用零部件制造	99073		5520			89200	13782	4353
紧固件制造	47770					47770		
机械零部件加工	30433		620			25460	10460	4353
其他通用零部件制造	20870		4900			15970	3322	
其他通用设备制造业	2600					2600		
其他通用设备制造业	2600					2600		
专用设备制造业	153753		57206			96547	68384	

3—14　续 8

单位:万元

行　　业	本年资金来源小计	国家预算内资金	国内贷款	债　券	利用外资	自筹资金	#企、事业单位自有资金	其他资金来源
采矿、冶金、建筑专用设备制造	3870					3870		
矿山机械制造	3870					3870		
化工、木材、非金属加工专用设备制造	28137					28137	21529	
炼油、化工生产专用设备制造	15637					15637	12029	
塑料加工专用设备制造	3000					3000		
模具制造	9500					9500	9500	
食品、饮料、烟草及饲料生产专用设备制造	5800		1000			4800		
农副食品加工专用设备制造	5800		1000			4800		
电子和电工机械专用设备制造	70170		38100			32070	32070	
电工机械专用设备制造	70170		38100			32070	32070	
农、林、牧、渔专用机械制造	28220		11500			16720	12935	
拖拉机制造	3700					3700	3700	
农林牧渔机械配件制造	17235		8000			9235	9235	
棉花加工机械制造	7285		3500			3785		
环保、社会公共服务及其他专用设备制造	17556		6606			10950	1850	
环境保护专用设备制造	8000					8000		
地质勘查专用设备制造	6850		5000			1850	1850	
其他专用设备制造	2706		1606			1100		
汽车制造业	124763	800	4026			114127	46321	5810
汽车零部件及配件制造	124763	800	4026			114127	46321	5810
汽车零部件及配件制造	124763	800	4026			114127	46321	5810
铁路、船舶、航空航天和其他运输设备制造业	41041		6700			28521	10455	5820
铁路运输设备制造	37241		6700			24721	9455	5820
窄轨机车车辆制造	8000		5500					2500
铁路机车车辆配件制造	15586					15266		320
铁路专用设备及器材、配件制造	13655		1200			9455	9455	3000
自行车制造	3800					3800	1000	
助动自行车制造	3800					3800	1000	
电气机械和器材制造业	202369		16000			170027	89102	16342
电机制造	77307					77307	15162	
发电机及发电机组制造	0							
电动机制造	2700					2700	700	
微电机及其他电机制造	74607					74607	14462	
输配电及控制设备制造	62032		13000			32690	31690	16342
变压器、整流器和电感器制造	58032		13000			28690	28690	16342
电力电子元器件制造	3000					3000	3000	
光伏设备及元器件制造	1000					1000		
电线、电缆、光缆及电工器材制造	10300					10300		
电线、电缆制造	10300					10300		
电池制造	20000		3000			17000	12000	

3—14　续9

单位:万元

行　　业	本年资金来源小计	国家预算内资金	国内贷款	债券	利用外资	自筹资金	#企、事业单位自有资金	其他资金来源
锂离子电池制造								
其他电池制造	20000		3000			17000	12000	
非电力家用器具制造	29750					29750	29750	
燃气、太阳能及类似能源家用器具制造	29750					29750	29750	
其他电气机械及器材制造	2980					2980	500	
其他未列明电气机械及器材制造	2980					2980	500	
计算机、通信和其他电子设备制造业	78928		8500			70428	66328	
通信设备制造	66328					66328	66328	
通信终端设备制造	66328					66328	66328	
电子器件制造	3600					3600		
半导体分立器件制造	3600					3600		
电子元件制造	9000		8500			500		
电子元件及组件制造	9000		8500			500		
仪器仪表制造业	0					0		
钟表与计时仪器制造	0					0		
钟表与计时仪器制造	0					0		
其他制造业	20124					20124		
煤制品制造	16634					16634		
煤制品制造	16634					16634		
其他未列明制造业	3490					3490		
其他未列明制造业	3490					3490		
废弃资源综合利用业	22815		320			22315	19225	180
金属废料和碎屑加工处理	15000		320			14500	13000	180
金属废料和碎屑加工处理	15000		320			14500	13000	180
非金属废料和碎屑加工处理	7815					7815	6225	
非金属废料和碎屑加工处理	7815					7815	6225	
金属制品、机械和设备修理业	5800					5800		
其他机械和设备修理业	5800					5800		
其他机械和设备修理业	5800					5800		
(四)电力、热力、燃气及水生产和供应业	437218	24378	115889			280392	129249	16559
电力、热力生产和供应业	310034	7759	97175			191519	84692	13581
电力生产	159642		23215			136427	57307	
火力发电	3000					3000	3000	
风力发电	90340					90340	30000	
太阳能发电	24107					24107	24107	
其他电力生产	42195		23215			18980	200	
电力供应	97640	3509	68960			25171	0	
电力供应	97640	3509	68960			25171	0	
热力生产和供应	52752	4250	5000			29921	27385	13581
热力生产和供应	52752	4250	5000			29921	27385	13581

3—14　续10

单位:万元

行　　业	本年资金来源小计	国家预算内资金	国内贷款	债券	利用外资	自筹资金	#企、事业单位自有资金	其他资金来源
燃气生产和供应业	57038		17855			37764	10740	1419
燃气生产和供应业	57038		17855			37764	10740	1419
燃气生产和供应业	57038		17855			37764	10740	1419
水的生产和供应业	70146	16619	859			51109	33817	1559
自来水生产和供应	26245	12245	859			12796	2368	345
自来水生产和供应	26245	12245	859			12796	2368	345
污水处理及其再生利用	33582	4374				27994	22130	1214
污水处理及其再生利用	33582	4374				27994	22130	1214
其他水的处理、利用与分配	10319					10319	9319	
其他水的处理、利用与分配	10319					10319	9319	
(五)建筑业	14100					11500		2600
房屋建筑业	3000					3000		
房屋建筑业	3000					3000		
房屋建筑业	3000					3000		
土木工程建筑业	2600							2600
铁路、道路、隧道和桥梁工程建筑	2600							2600
市政道路工程建筑	2600							2600
建筑装饰和其他建筑业	8500					8500		
工程准备活动	8500					8500		
其他工程准备活动	8500					8500		
(六)批发和零售业	224548		33260			183738	84948	7550
批发业	100907		2800			95107	41618	3000
农、林、牧产品批发	45078					45078	39118	
林业产品批发	1200					1200		
其他农牧产品批发	43878					43878	39118	
食品、饮料及烟草制品批发	15129		2800			9329		3000
米、面制品及食用油批发	1000					1000		
果品、蔬菜批发	14129		2800			8329		3000
纺织、服装及家庭用品批发	1150					1150		
其他家庭用品批发	1150					1150		
医药及医疗器材批发	1500					1500		
中药批发	1500					1500		
矿产品、建材及化工产品批发	13500					13500	2500	
煤炭及制品批发	13500					13500	2500	
机械设备、五金产品及电子产品批发	3500					3500		
五金产品批发	3500					3500		
贸易经纪与代理	21050					21050		
其他贸易经纪与代理	21050					21050		
零售业	123641		30460			88631	43330	4550
综合零售	42667		1050			37067	8330	4550

3—14　续11

单位:万元

行业	本年资金来源小计	国家预算内资金	国内贷款	债券	利用外资	自筹资金	#企、事业单位自有资金	其他资金来源
百货零售	28467		0			26077	5380	2390
超级市场零售	12100		1050			10490	2950	560
其他综合零售	2100					500		1600
食品、饮料及烟草制品专门零售	762					762		
果品、蔬菜零售	762					762		
纺织、服装及日用品专门零售	2337					2337		
其他日用品零售	2337					2337		
汽车、摩托车、燃料及零配件专门零售	48465					48465	35000	
汽车零售	41000					41000	33000	
汽车零配件零售	7100					7100	2000	
机动车燃料零售	365					365		
五金、家具及室内装饰材料专门零售	29410		29410					
五金零售								
家具零售	29410		29410					
(七)交通运输、仓储和邮政业	549015	85792	236190			194911	42096	32122
铁路运输业	27794	6030				21764	21764	
铁路货物运输	11837					11837	11837	
铁路货物运输	11837					11837	11837	
铁路运输辅助活动	15957	6030				9927	9927	
客运火车站	700	700						
其他铁路运输辅助活动	15257	5330				9927	9927	
道路运输业	448182	77112	230940			110338	10016	29792
城市公共交通运输	3520					3520		
其他城市公共交通运输	3520					3520		
公路旅客运输	30486	10918				19568		
公路旅客运输	30486	10918				19568		
道路货物运输	800	800						
道路货物运输	800	800						
道路运输辅助活动	413376	65394	230940			87250	10016	29792
客运汽车站	11864	200				11002	1000	662
公路管理与养护	401512	65194	230940			76248	9016	29130
航空运输业	1900	1900						
航空客货运输	1900	1900						
航空旅客运输	1900	1900						
仓储业	71139	750	5250			62809	10316	2330
谷物、棉花等农产品仓储	8160	750	1300			6110	500	
谷物仓储	1850	750				1100		
其他农产品仓储	6310		1300			5010	500	
其他仓储业	62979		3950			56699	9816	2330
其他仓储业	62979		3950			56699	9816	2330

3—14　续12

单位:万元

行　　业	本年资金来源小计	国家预算内资金	国内贷款	债券	利用外资	自筹资金	#企、事业单位自有资金	其他资金来源
(八)住宿和餐饮业	46038		5000			37888	24571	3150
住宿业	44368		5000			36368	24571	3000
旅游饭店	32671		5000			27671	18671	
旅游饭店	32671		5000			27671	18671	
一般旅馆	8900					5900	5900	3000
一般旅馆	8900					5900	5900	3000
其他住宿业	2797					2797		
其他住宿业	2797					2797		
餐饮业	1670					1520		150
正餐服务	1670					1520		150
正餐服务	1670					1520		150
(九)信息传输、软件和信息技术服务业	11899					11899	3249	
电信、广播电视和卫星传输服务	4229					4229	3249	
电　信	4229					4229	3249	
移动电信服务	4229					4229	3249	
互联网和相关服务	800					800		
互联网信息服务	800					800		
互联网信息服务	800					800		
软件和信息技术服务业	6870					6870		
信息系统集成服务	6870					6870		
信息系统集成服务	6870					6870		
(十)金融业	578					578		
货币金融服务	578					578		
货币银行服务	578					578		
货币银行服务	578					578		
(十一)房地产业	1081499	25030	96667			418445	168135	541357
房地产业	1081499	25030	96667			418445	168135	541357
房地产开发经营	930825	4859	96467			349074	155335	480425
房地产开发经营	930825	4859	96467			349074	155335	480425
自有房地产经营活动	1070					1070	610	
自有房地产经营活动	1070					1070	610	
其他房地产业	149604	20171	200			68301	12190	60932
其他房地产业	149604	20171	200			68301	12190	60932
(十二)租赁和商务服务业	21207	500				18632	1440	2075
租赁业	2700					2700		
机械设备租赁	2700					2700		
农业机械租赁	2700					2700		
商务服务业	18507	500				15932	1440	2075
人力资源服务	2075							2075
其他人力资源服务	2075							2075

3—14 续13

单位:万元

行业	本年资金来源小计	国家预算内资金	国内贷款	债券	利用外资	自筹资金	#企、事业单位自有资金	其他资金来源
旅行社及相关服务	16432	500				15932	1440	
旅游管理服务	16432	500				15932	1440	
(十三)科学研究和技术服务业	73175	792				72383	71398	
专业技术服务业	1777	792				985		
质检技术服务	985					985		
质检技术服务	985					985		
地质勘查	792	792						
基础地质勘查	792	792						
科技推广和应用服务业	71398					71398	71398	
技术推广服务	71398					71398	71398	
农业技术推广服务	47398					47398	47398	
节能技术推广服务	24000					24000	24000	
(十四)水利、环境和公共设施管理业	592817	161108	52001			339898	158002	39810
水利管理业	60173	32645				23371	1441	4157
防洪除涝设施管理	3690	3444				246		
防洪除涝设施管理	3690	3444				246		
水资源管理	8313	6395				1087		831
水资源管理	8313	6395				1087		831
天然水收集与分配	7617	3791				3626	1141	200
天然水收集与分配	7617	3791				3626	1141	200
其他水利管理业	40553	19015				18412	300	3126
其他水利管理业	40553	19015				18412	300	3126
生态保护和环境治理业	65249	6048	21346			37255	15416	600
生态保护	23626		20646			2980	2980	
自然保护区管理	23626		20646			2980	2980	
环境治理业	41623	6048	700			34275	12436	600
水污染治理	2898	798				2100		
大气污染治理	21791	1142	700			19349	2890	600
固体废物治理	5160	1850				3310	30	
其他污染治理	11774	2258				9516	9516	
公共设施管理业	467395	122415	30655			279272	141145	35053
市政设施管理	297772	112142	27918			131125	76067	26587
市政设施管理	297772	112142	27918			131125	76067	26587
环境卫生管理	19989	5489				14500	14500	
环境卫生管理	19989	5489				14500	14500	
城乡市容管理	600	600						
城乡市容管理	600	600						
绿化管理	7179	871				6208	3487	100
绿化管理	7179	871				6208	3487	100
公园和游览景区管理	141855	3313	2737			127439	47091	8366

3—14 续14

单位:万元

行业	本年资金来源小计	国家预算内资金	国内贷款	债券	利用外资	自筹资金	#企、事业单位自有资金	其他资金来源
公园管理	38136	2400				27420	1516	8316
游览景区管理	103719	913	2737			100019	45575	50
(十五)居民服务、修理和其他服务业	1860					1860		
居民服务业	1860					1860		
其他居民服务业	1860					1860		
其他居民服务业	1860					1860		
(十六)教　育	66849	22174	10000	2500		26664	9822	5511
教　育	66849	22174	10000	2500		26664	9822	5511
学前教育	990	990						
学前教育	990	990						
初等教育	7244	3746				2560	2560	938
普通小学教育	7244	3746				2560	2560	938
中等教育	25465	12661				10204	3662	2600
普通初中教育	12666	2974				7792	3000	1900
普通高中教育	10637	9687				750	0	200
中等职业学校教育	2162					1662	662	500
高等教育	27341		10000	2500		13900	3600	941
普通高等教育	27341		10000	2500		13900	3600	941
特殊教育	1280	1280						
特殊教育	1280	1280						
技能培训、教育辅助及其他教育	4529	3497						1032
职业技能培训	2855	2855						
其他未列明教育	1674	642						1032
(十七)卫生和社会工作	34912	7015	80			25407	15478	2410
卫　生	33212	7015	80			24607	15478	1510
医　院	24627	6435				17682	12768	510
综合医院	24547	6435				17602	12768	510
中医医院	80					80		
社区医疗与卫生院	5035	580	80			4375	710	
社区卫生服务中心(站)	725					725		
乡镇卫生院	4310	580	80			3650	710	
计划生育技术服务活动								
计划生育技术服务活动								
其他卫生活动	3550					2550	2000	1000
其他卫生活动	3550					2550	2000	1000
社会工作	1700					800		900
提供住宿社会工作	1700					800		900
老年人、残疾人养护服务	1700					800		900
其他提供住宿社会救助								
不提供住宿社会工作								

3—14 续15

单位:万元

行业	本年资金来源小计	国家预算内资金	国内贷款	债券	利用外资	自筹资金	#企、事业单位自有资金	其他资金来源
其他不提供住宿社会工作								
(十八)文化、体育和娱乐业	28652	14358	3991			10203		100
文化艺术业	22924	12210	3991			6623		100
文艺创作与表演	3200					3200		
文艺创作与表演	3200					3200		
艺术表演场馆	3000	3000						
艺术表演场馆	3000	3000						
文物及非物质文化遗产保护	588	400				188		
文物及非物质文化遗产保护	588	400				188		
博物馆	7191	3200	3991					
博物馆	7191	3200	3991					
群众文化活动	5985	5610				275		100
群众文化活动	5985	5610				275		100
其他文化艺术业	2960					2960		
其他文化艺术业	2960					2960		
体　育	5728	2148				3580		
体育场馆	3228	2148				1080		
体育场馆	3228	2148				1080		
其他体育	2500					2500		
其他体育	2500					2500		
(十九)公共管理、社会保障和社会组织	24585	12598				9857	400	2130
国家机构	21650	12598				6922	400	2130
国家行政机构	19685	10633				6922	400	2130
综合事务管理机构	4180					2630	310	1550
公共安全管理机构	14250	9378				4292	90	580
社会事务管理机构	1255	1255						
人民法院和人民检察院	1965	1965						
人民法院	1965	1965						
社会保障	1000					1000		
社会保障	1000					1000		
社会保障	1000					1000		
基层群众自治组织	1935					1935		
村民自治组织	1935					1935		
村民自治组织	1935					1935		

3—15　固定资产投资总规模及新增固定资产(2012)

单位:万元

行　　业	计　划总投资	自开始建设累计完成投　　资	#本　　年完成投资	施工项目个　　数（个）	#本　　年新开工	本年投产项目个数（个）	本年新增固定资产
总　　计	**17443690**	**12456177**	**8268454**	**1385**	**1105**	**1084**	**6400277**
(一)农、林、牧、渔业	556607	469551	445782	165	153	134	393255
农　业	248383	224762	203740	66	59	52	195675
谷物种植	30116	30116	15936	4	3	4	30116
玉米种植	636	636	636	1	1	1	636
其他谷物种植	29480	29480	15300	3	2	3	29480
豆类、油料和薯类种植	8500	8500	8500	1	1	1	8500
豆类种植	8500	8500	8500	1	1	1	8500
棉、麻、糖、烟草种植	2629	2429	2417	2	1	1	2004
棉花种植	625	425	413	1			
烟草种植	2004	2004	2004	1	1	1	2004
蔬菜、食用菌及园艺作物种植	91190	76183	71983	21	18	12	61215
蔬菜种植	80990	66070	63870	18	17	9	53102
食用菌种植	7000	6950	5950	2	1	2	5950
花卉种植	3200	3163	2163	1		1	2163
水果种植	56525	52900	50270	21	19	20	48035
仁果类和核果类水果种植	37620	37700	37700	15	15	15	37700
葡萄种植	4885	4905	3475	2	1	2	3475
其他水果种植	14020	10295	9095	4	3	3	6860
坚果、含油果、香料和饮料作物种植	31290	29790	29790	9	9	7	25040
坚果种植	31290	29790	29790	9	9	7	25040
中药材种植	14540	14540	14540	6	6	6	14540
中药材种植	14540	14540	14540	6	6	6	14540
其他农业	13593	10304	10304	2	2	1	6225
其他农业	13593	10304	10304	2	2	1	6225
林　业	30421	30771	29271	12	10	12	29271
林木育种和育苗	30421	30771	29271	12	10	12	29271
林木育苗	14379	14729	14729	5	5	5	14729
造林和更新	16042	16042	14542	7	5	7	14542
畜牧业	230692	172437	171710	65	63	52	134494
牲畜饲养	140899	122981	122546	44	43	36	98910
牛的饲养	57122	52486	52486	13	13	9	41403
猪的饲养	51302	42795	42360	19	18	17	37007
羊的饲养	24475	23500	23500	11	11	10	20500
其他牲畜饲养	8000	4200	4200	1	1		
家禽饲养	85306	45494	45494	19	19	15	33274
鸡的饲养	79906	42094	42094	18	18	15	33274
鸭的饲养	5400	3400	3400	1	1		
其他畜牧业	4487	3962	3670	2	1	1	2310
其他畜牧业	4487	3962	3670	2	1	1	2310

3—15 续1

单位:万元

行业	计划总投资	自开始建设累计完成投资	#本年完成投资	施工项目个数(个)	#本年新开工	本年投产项目个数(个)	本年新增固定资产
渔业	10000	6300	6300	2	2		
水产养殖	10000	6300	6300	2	2		
内陆养殖	10000	6300	6300	2	2		
农、林、牧、渔服务业	37111	35281	34761	20	19	18	33815
农业服务业	36011	34181	34181	19	19	17	32715
农业机械服务	1210	597	597	1	1		
灌溉服务	9996	8779	8779	5	5	4	7910
农产品初加工服务	4000	4000	4000	1	1	1	4000
其他农业服务	20805	20805	20805	12	12	12	20805
林业服务业	1100	1100	580	1		1	1100
森林防火服务	1100	1100	580	1		1	1100
(二)采矿业	1085178	964845	473399	41	21	29	232235
煤炭开采和洗选业	944537	881137	412291	22	10	16	181362
烟煤和无烟煤开采洗选	828537	765137	391115	21	10	15	160186
烟煤和无烟煤开采洗选	828537	765137	391115	21	10	15	160186
其他煤炭采选	116000	116000	21176	1		1	21176
其他煤炭采选	116000	116000	21176	1		1	21176
黑色金属矿采选业	64428	39228	24568	4	1	3	22428
铁矿采选	64428	39228	24568	4	1	3	22428
铁矿采选	64428	39228	24568	4	1	3	22428
有色金属矿采选业	36689	15089	12354	4	2	3	15089
常用有色金属矿采选	36689	15089	12354	4	2	3	15089
铜矿采选	25910	4310	1575	3	1	2	4310
铝矿采选	10779	10779	10779	1	1	1	10779
非金属矿采选业	37387	26881	21676	10	7	6	10846
土砂石开采	37387	26881	21676	10	7	6	10846
石灰石、石膏开采	12397	11861	6656	3		3	6656
建筑装饰用石开采	24990	15020	15020	7	7	3	4190
其他采矿业	2137	2510	2510	1	1	1	2510
其他采矿业	2137	2510	2510	1	1	1	2510
其他采矿业	2137	2510	2510	1	1	1	2510
(三)制造业	8147114	5743177	4307849	575	468	445	3407461
农副食品加工业	288486	276506	214578	48	43	44	258750
谷物磨制	26736	26736	25252	6	5	6	25252
谷物磨制	26736	26736	25252	6	5	6	25252
饲料加工	34485	28320	28320	8	8	7	28320
饲料加工	34485	28320	28320	8	8	7	28320
植物油加工	30635	29430	26067	5	4	4	23638
食用植物油加工	30635	29430	26067	5	4	4	23638
制糖业	2800	2800	2800	1	1	1	2800

3—15 续2

单位:万元

行业	计划总投资	自开始建设累计完成投资	#本年完成投资	施工项目个数(个)	#本年新开工	本年投产项目个数(个)	本年新增固定资产
制糖业	2800	2800	2800	1	1	1	2800
屠宰及肉类加工	113990	114390	58489	8	6	8	112690
牲畜屠宰	7200	7200	7200	1	1	1	7200
禽类屠宰	32000	32000	1307	1		1	32000
肉制品及副产品加工	74790	75190	49982	6	5	6	73490
蔬菜、水果和坚果加工	62204	57194	56014	15	14	13	48414
蔬菜加工	46804	41904	40724	9	8	7	33124
水果和坚果加工	15400	15290	15290	6	6	6	15290
其他农副食品加工	17636	17636	17636	5	5	5	17636
淀粉及淀粉制品制造	14656	14656	14656	4	4	4	14656
蛋品加工	2980	2980	2980	1	1	1	2980
食品制造业	167671	149128	145498	32	28	27	135369
焙烤食品制造	35960	35960	35960	4	4	4	35960
糕点、面包制造	30610	30610	30610	2	2	2	30610
饼干及其他焙烤食品制造	5350	5350	5350	2	2	2	5350
糖果、巧克力及蜜饯制造	51866	38232	36287	9	7	7	30687
糖果、巧克力制造	7000	5600	5600	1	1		
蜜饯制作	44866	32632	30687	8	6	7	30687
方便食品制造	21980	20809	19694	7	6	5	15165
米、面制品制造	12580	11409	11409	5	5	3	6880
速冻食品制造	5200	5200	5200	1	1	1	5200
方便面及其他方便食品制造	4200	4200	3085	1		1	3085
罐头食品制造	30925	27037	26467	5	4	4	26467
蔬菜、水果罐头制造	30925	27037	26467	5	4	4	26467
调味品、发酵制品制造	8960	8960	8960	3	3	3	8960
酱油、食醋及类似制品制造	5960	5960	5960	2	2	2	5960
其他调味品、发酵制品制造	3000	3000	3000	1	1	1	3000
其他食品制造	17980	18130	18130	4	4	4	18130
保健食品制造	9880	9880	9880	2	2	2	9880
食品及饲料添加剂制造	6600	6750	6750	1	1	1	6750
其他未列明食品制造	1500	1500	1500	1	1	1	1500
酒、饮料和精制茶制造业	274730	168938	119070	18	14	15	98748
酒的制造	199749	94807	54609	8	5	6	36637
白酒制造	23756	22678	18678	3	2	3	22678
啤酒制造	60000	35933	1712	1			
葡萄酒制造	100000	20260	20260	1	1		
其他酒制造	15993	15936	13959	3	2	3	13959
饮料制造	74981	74131	64461	10	9	9	62111
瓶(罐)装饮用水制造	21000	19350	19350	5	5	4	17000
果菜汁及果菜汁饮料制造	17900	18700	9030	3	2	3	9030

3—15 续3

单位:万元

行　　业	计划总投资	自开始建设累计完成投资	#本年完成投资	施工项目个数(个)	#本年新开工	本年投产项目个数(个)	本年新增固定资产
含乳饮料和植物蛋白饮料制造	2800	2800	2800	1	1	1	2800
茶饮料及其他饮料制造	33281	33281	33281	1	1	1	33281
烟草制品业	800	800	800	1	1	1	800
烟叶复烤	800	800	800	1	1	1	800
烟叶复烤	800	800	800	1	1	1	800
纺织业	208708	179631	131382	18	13	14	125503
棉纺织及印染精加工	124758	115805	79245	13	11	11	101553
棉纺纱加工	100088	97285	60725	8	6	7	85133
棉织造加工	24670	18520	18520	5	5	4	16420
毛纺织及染整精加工	59950	39998	35760	3	2	2	7950
毛条和毛纱线加工	7950	7950	3712	2	1	2	7950
毛染整精加工	52000	32048	32048	1	1		
丝绢纺织及印染精加工	8000	7828	1620	1			
缫丝加工	8000	7828	1620	1			
家用纺织制成品制造	16000	16000	14757	1		1	16000
毛巾类制品制造	16000	16000	14757	1		1	16000
纺织服装、服饰业	72707	72807	70807	5	4	5	70807
机织服装制造	70207	70307	68307	4	3	4	68307
机织服装制造	70207	70307	68307	4	3	4	68307
服饰制造	2500	2500	2500	1	1	1	2500
服饰制造	2500	2500	2500	1	1	1	2500
木材加工和木、竹、藤、棕、草制品业	17275	17275	17275	4	4	4	17275
木材加工	2475	2475	2475	1	1	1	2475
其他木材加工	2475	2475	2475	1	1	1	2475
人造板制造	11800	11800	11800	2	2	2	11800
胶合板制造	9000	9000	9000	1	1	1	9000
其他人造板制造	2800	2800	2800	1	1	1	2800
木制品制造	3000	3000	3000	1	1	1	3000
木门窗、楼梯制造	3000	3000	3000	1	1	1	3000
家具制造业	138420	67064	37064	7	6	5	13570
木质家具制造	53770	32114	32114	5	5	4	9770
木质家具制造	53770	32114	32114	5	5	4	9770
竹、藤家具制造	80850	31150	1150	1			
竹、藤家具制造	80850	31150	1150	1			
金属家具制造	3800	3800	3800	1	1	1	3800
金属家具制造	3800	3800	3800	1	1	1	3800
造纸和纸制品业	124780	79248	79248	19	19	17	76248
纸浆制造	1600	1600	1600	1	1	1	1600
木竹浆制造	1600	1600	1600	1	1	1	1600
造　纸	64841	47409	47409	5	5	4	47409

3—15 续4

单位:万元

行 业	计 划总投资	自开始建设累计完成投 资	#本 年完成投资	施工项目个 数(个)	#本 年新开工	本年投产项目个数(个)	本年新增固定资产
机制纸及纸板制造	47863	30431	30431	4	4	3	30431
加工纸制造	16978	16978	16978	1	1	1	16978
纸制品制造	58339	30239	30239	13	13	12	27239
纸和纸板容器制造	22539	22539	22539	11	11	11	22539
其他纸制品制造	35800	7700	7700	2	2	1	4700
印刷和记录媒介复制业	31689	31689	29519	5	4	5	31689
印 刷	31689	31689	29519	5	4	5	31689
包装装潢及其他印刷	31689	31689	29519	5	4	5	31689
文教、工美、体育和娱乐用品制造业	9799	7980	7980	4	4	3	5880
文教办公用品制造	3919	2100	2100	1	1		
文具制造	3919	2100	2100	1	1		
工艺美术品制造	5880	5880	5880	3	3	3	5880
雕塑工艺品制造	3230	3230	3230	2	2	2	3230
金属工艺品制造	2650	2650	2650	1	1	1	2650
石油加工、炼焦和核燃料加工业	330091	239387	115292	7	4	2	24867
精炼石油产品制造	17956	12189	7469	3	2	1	4980
原油加工及石油制品制造	11780	6480	1760	2	1	1	4980
人造原油制造	6176	5709	5709	1	1		
炼 焦	312135	227198	107823	4	2	1	19887
炼 焦	312135	227198	107823	4	2	1	19887
化学原料和化学制品制造业	1231837	899324	647098	88	73	75	647355
基础化学原料制造	464140	378320	189877	26	16	20	188534
无机酸制造	22440	10267	10267	2	2	1	5500
无机碱制造	24269	21618	13618	1			
无机盐制造	3348	3348	3348	1	1	1	3348
有机化学原料制造	221039	216452	73135	8	3	7	105435
其他基础化学原料制造	193044	126635	89509	14	10	11	74251
肥料制造	136603	136612	82630	13	11	13	133412
氮肥制造	20716	20725	17525	3	2	3	17525
复混肥料制造	8840	8840	8840	2	2	2	8840
有机肥料及微生物肥料制造	14090	14090	14090	5	5	5	14090
其他肥料制造	92957	92957	42175	3	2	3	92957
农药制造	21960	21890	20365	4	3	4	20365
化学农药制造	19460	19390	17865	3	2	3	17865
生物化学农药及微生物农药制造	2500	2500	2500	1	1	1	2500
涂料、油墨、颜料及类似产品制造	13180	13180	13180	2	2	2	13180
染料制造	13180	13180	13180	2	2	2	13180
合成材料制造	86804	37804	37804	5	5	4	31804
初级形态塑料及合成树脂制造	75564	26564	26564	3	3	2	20564
其他合成材料制造	11240	11240	11240	2	2	2	11240

3—15 续5

单位:万元

行业	计划总投资	自开始建设累计完成投资	#本年完成投资	施工项目个数(个)	#本年新开工	本年投产项目个数(个)	本年新增固定资产
专用化学产品制造	509150	311518	303242	38	36	32	260060
化学试剂和助剂制造	380289	186815	180512	19	18	14	145588
专项化学用品制造	102880	102880	102880	13	13	13	102880
其他专用化学产品制造	25981	21823	19850	6	5	5	11592
医药制造业	359583	276390	181635	20	13	14	112664
化学药品原料药制造	31998	31998	19181	3	1	3	30931
化学药品原料药制造	31998	31998	19181	3	1	3	30931
化学药品制剂制造	111962	89960	70160	5	3	2	19160
化学药品制剂制造	111962	89960	70160	5	3	2	19160
中药饮片加工	36600	29550	29550	5	5	3	29550
中药饮片加工	36600	29550	29550	5	5	3	29550
中成药生产	4425	4425	4425	1	1	1	4425
中成药生产	4425	4425	4425	1	1	1	4425
兽用药品制造	10600	10600	6612	3	2	3	10600
兽用药品制造	10600	10600	6612	3	2	3	10600
生物药品制造	163998	109857	51707	3	1	2	17998
生物药品制造	163998	109857	51707	3	1	2	17998
橡胶和塑料制品业	377909	274311	205471	30	26	22	134854
橡胶制品业	79546	71439	46239	5	4	3	41588
轮胎制造	65008	56901	31701	3	2	1	27050
再生橡胶制造	14538	14538	14538	2	2	2	14538
塑料制品业	298363	202872	159232	25	22	19	93266
塑料薄膜制造	99192	68992	68992	6	6	4	37190
塑料板、管、型材制造	98507	71788	28148	5	2	3	21024
塑料丝、绳及编织品制造	8300	8300	8300	4	4	4	8300
塑料人造革、合成革制造	3500	3500	3500	1	1	1	3500
塑料包装箱及容器制造	75824	41232	41232	6	6	5	18192
其他塑料制品制造	13040	9060	9060	3	3	2	5060
非金属矿物制品业	468900	388459	379677	77	70	65	326180
水泥、石灰和石膏制造	98309	88818	88818	14	14	11	77020
水泥制造	72083	69892	69892	9	9	8	63294
石灰和石膏制造	26226	18926	18926	5	5	3	13726
石膏、水泥制品及类似制品制造	31000	29050	29050	8	8	7	23400
水泥制品制造	30360	28410	28410	8	8	7	22760
石棉水泥制品制造	640	640	640				640
砖瓦、石材等建筑材料制造	147454	138383	135459	33	30	30	123609
粘土砖瓦及建筑砌块制造	50100	45619	43215	10	8	8	35815
建筑用石加工	21700	21610	21090	7	6	7	21090
防水建筑材料制造	38434	38434	38434	8	8	8	37984
隔热和隔音材料制造	1800	1800	1800	1	1	1	1800

3—15 续6

单位:万元

行业	计划总投资	自开始建设累计完成投资	#本年完成投资	施工项目个数(个)	#本年新开工	本年投产项目个数(个)	本年新增固定资产
其他建筑材料制造	35420	30920	30920	7	7	6	26920
玻璃制造	59680	31009	31009	5	5	2	19080
其他玻璃制造	59680	31009	31009	5	5	2	19080
玻璃制品制造	52620	27960	24790	3	2	2	12620
玻璃包装容器制造	52620	27960	24790	3	2	2	12620
玻璃纤维和玻璃纤维增强塑料制品制造	2932	2932	2932	1	1	1	2932
玻璃纤维及制品制造	2932	2932	2932	1	1	1	2932
陶瓷制品制造	12720	12720	12720	4	4	4	12720
特种陶瓷制品制造	7080	7080	7080	2	2	2	7080
日用陶瓷制品制造	5640	5640	5640	2	2	2	5640
耐火材料制品制造	2500	2500	2500	1	1	1	2500
石棉制品制造	2500	2500	2500	1	1	1	2500
石墨及其他非金属矿物制品制造	61685	55087	52399	8	5	7	52299
石墨及碳素制品制造	29674	29576	29576	2	2	2	29576
其他非金属矿物制品制造	32011	25511	22823	6	3	5	22723
黑色金属冶炼和压延加工业	605792	536989	347814	17	11	11	294542
炼　铁	241241	268261	245389	3	1	3	218369
炼　铁	241241	268261	245389	3	1	3	218369
炼　钢	27483	27483	14783	2	1	2	27483
炼　钢	27483	27483	14783	2	1	2	27483
黑色金属铸造	16523	14335	14335	4	4	3	8523
黑色金属铸造	16523	14335	14335	4	4	3	8523
钢压延加工	259765	167648	35632	5	3	1	2492
钢压延加工	259765	167648	35632	5	3	1	2492
铁合金冶炼	60780	59262	37675	3	2	2	37675
铁合金冶炼	60780	59262	37675	3	2	2	37675
有色金属冶炼和压延加工业	1340513	835796	544365	43	25	22	329866
常用有色金属冶炼	766117	484479	347265	25	17	17	244359
铜冶炼	274215	183445	81106	5	3		
镍钴冶炼	700	700	700	1	1	1	700
铝冶炼	116143	116143	81268	10	4	10	81268
镁冶炼	165541	139041	139041	7	7	5	117241
其他常用有色金属冶炼	209518	45150	45150	2	2	1	45150
有色金属合金制造	103550	88282	44418	3	1	1	51150
有色金属合金制造	103550	88282	44418	3	1	1	51150
有色金属铸造	9500	9288	9288	1	1	1	9288
有色金属铸造	9500	9288	9288	1	1	1	9288
有色金属压延加工	461346	253747	143394	14	6	3	25069
铜压延加工	8000	6875	3125	1			
铝压延加工	411346	219445	135610	12	6	3	25069

3—15 续7

单位:万元

行业	计划总投资	自开始建设累计完成投资	#本年完成投资	施工项目个数(个)	#本年新开工	本年投产项目个数(个)	本年新增固定资产
贵金属压延加工	42000	27427	4659	1			
金属制品业	200340	147891	128143	21	16	16	74456
结构性金属制品制造	134497	92395	77747	7	3	4	35367
金属结构制造	134497	92395	77747	7	3	4	35367
金属工具制造	11000	9375	9375	4	4	3	9000
切削工具制造	11000	9375	9375	4	4	3	9000
集装箱及金属包装容器制造	19633	10932	10932	1	1		
集装箱制造	19633	10932	10932	1	1		
建筑、安全用金属制品制造	11350	11329	11329	4	4	4	11329
建筑、家具用金属配件制造	9200	9179	9179	3	3	3	9179
建筑装饰及水暖管道零件制造	2150	2150	2150	1	1	1	2150
搪瓷制品制造	2780	2780	2780	1	1	1	2780
建筑装饰搪瓷制品制造	2780	2780	2780	1	1	1	2780
其他金属制品制造	21080	21080	15980	4	3	4	15980
锻件及粉末冶金制品制造	20080	20080	14980	3	2	3	14980
交通及公共管理用金属标牌制造	1000	1000	1000	1	1	1	1000
通用设备制造业	378008	204704	188204	39	35	30	159113
锅炉及原动设备制造	12478	4750	4750	1	1		
锅炉及辅助设备制造	12478	4750	4750	1	1		
金属加工机械制造	70330	26463	14903	5	3	3	23680
金属成形机床制造	15530	13083	1523	2		1	10300
铸造机械制造	54800	13380	13380	3	3	2	13380
泵、阀门、压缩机及类似机械制造	34028	34028	32368	7	6	7	34028
泵及真空设备制造	21500	21500	21500	4	4	4	21500
气体压缩机械制造	9528	9528	9528	2	2	2	9528
液压和气压动力机械及元件制造	3000	3000	1340	1		1	3000
烘炉、风机、衡器、包装等设备制造	155126	42798	42798	8	8	4	11100
烘炉、熔炉及电炉制造	2900	2900	2900	1	1	1	2900
风机、风扇制造	24300	9933	9933	3	3	2	5300
气体、液体分离及纯净设备制造	11226	3741	3741	1	1		
制冷、空调设备制造	2900	2900	2900	1	1	1	2900
风动和电动工具制造	5800	3894	3894	1	1		
衡器制造	108000	19430	19430	1	1		
通用零部件制造	101246	91865	91865	17	17	15	88785
紧固件制造	48144	47770	47770	9	9	9	47770
机械零部件加工	27880	23225	23225	5	5	4	20145
其他通用零部件制造	25222	20870	20870	3	3	2	20870
其他通用设备制造业	4800	4800	1520	1	0	1	1520
其他通用设备制造业	4800	4800	1520	1	0	1	1520
专用设备制造业	197711	188272	156256	16	14	11	166088

3—15 续8

单位:万元

行业	计划总投资	自开始建设累计完成投资	#本年完成投资	施工项目个数(个)	#本年新开工	本年投产项目个数(个)	本年新增固定资产
采矿、冶金、建筑专用设备制造	8800	3920	3920	1	1		
矿山机械制造	8800	3920	3920	1	1		
化工、木材、非金属加工专用设备制造	61900	61908	29892	5	3	5	61908
炼油、化工生产专用设备制造	39600	39608	15737	2	1	2	39608
塑料加工专用设备制造	12800	12800	4655	2	1	2	12800
模具制造	9500	9500	9500	1	1	1	9500
食品、饮料、烟草及饲料生产专用设备制造	5000	3904	3904	1	1		
农副食品加工专用设备制造	5000	3904	3904	1	1		
电子和电工机械专用设备制造	70170	70170	70170	2	2	2	70170
电工机械专用设备制造	70170	70170	70170	2	2	2	70170
农、林、牧、渔专用机械制造	34285	32445	32445	4	4	3	27160
拖拉机制造	5700	5825	5825	1	1	1	5825
农林牧渔机械配件制造	21335	21335	21335	2	2	2	21335
棉花加工机械制造	7250	5285	5285	1	1		
环保、社会公共服务及其他专用设备制造	17556	15925	15925	3	3	1	6850
环境保护专用设备制造	8000	7000	7000	1	1		
地质勘查专用设备制造	6850	6850	6850	1	1	1	6850
其他专用设备制造	2706	2075	2075	1	1		
汽车制造业	433016	221191	154924	14	9	9	151590
汽车零部件及配件制造	433016	221191	154924	14	9	9	151590
汽车零部件及配件制造	433016	221191	154924	14	9	9	151590
铁路、船舶、航空航天和其他运输设备制造业	119700	62355	42701	8	6	6	41700
铁路运输设备制造	115900	58555	38901	6	4	4	37900
窄轨机车车辆制造	8000	8000	8000	1	1	1	8000
铁路机车车辆配件制造	33000	32000	16086	3	2	2	25000
铁路专用设备及器材、配件制造	74900	18555	14815	2	1	1	4900
自行车制造	3800	3800	3800	2	2	2	3800
助动自行车制造	3800	3800	3800	2	2	2	3800
电气机械和器材制造业	564474	264205	226201	18	14	11	47502
电机制造	238382	85917	81497	8	6	6	21522
发电机及发电机组制造	9170	9170	4750	2	0	2	7070
电动机制造	3000	3000	3000	1	1	1	3000
微电机及其他电机制造	226212	73747	73747	5	5	3	11452
输配电及控制设备制造	153000	65874	65874	3	3	1	4000
变压器、整流器和电感器制造	108000	61874	61874	1	1		
电力电子元器件制造	3000	3000	3000	1	1	1	3000
光伏设备及元器件制造	42000	1000	1000	1	1	0	1000
电线、电缆、光缆及电工器材制造	12600	10350	10350	2	2	1	2760
电线、电缆制造	12600	10350	10350	2	2	1	2760
电池制造	68192	41400	35500	3	2	2	18500

3—15　续9

单位:万元

行　　业	计　划总投资	自开始建设累计完成投　　资	#本　　年完成投资	施工项目个　　数（个）	#本　　年新开工	本年投产项目个数（个）	本年新增固定资产
锂离子电池制造	49692	22900	17000	1			
其他电池制造	18500	18500	18500	2	2	2	18500
非电力家用器具制造	89320	57684	30000	1			
燃气、太阳能及类似能源家用器具制造	89320	57684	30000	1			
其他电气机械及器材制造	2980	2980	2980	1	1	1	720
其他未列明电气机械及器材制造	2980	2980	2980	1	1	1	720
计算机、通信和其他电子设备制造业	122300	82728	82728	3	3	1	16400
通信设备制造	100000	66328	66328	1	1		
通信终端设备制造	100000	66328	66328	1	1		
电子器件制造	9500	3600	3600	1	1		3600
半导体分立器件制造	9500	3600	3600	1	1		3600
电子元件制造	12800	12800	12800	1	1	1	12800
电子元件及组件制造	12800	12800	12800	1	1	1	12800
仪器仪表制造业	14700	14700	4500	2		2	14700
钟表与计时仪器制造	14700	14700	4500	2		2	14700
钟表与计时仪器制造	14700	14700	4500	2		2	14700
其他制造业	28950	23684	20324	5	4	3	9850
煤制品制造	22100	16834	16834	3	3	1	3000
煤制品制造	22100	16834	16834	3	3	1	3000
其他未列明制造业	6850	6850	3490	2	1	2	6850
其他未列明制造业	6850	6850	3490	2	1	2	6850
废弃资源综合利用业	32425	25925	23495	5	4	4	20195
金属废料和碎屑加工处理	15000	15000	15000	2	2	2	15000
金属废料和碎屑加工处理	15000	15000	15000	2	2	2	15000
非金属废料和碎屑加工处理	17425	10925	8495	3	2	2	5195
非金属废料和碎屑加工处理	17425	10925	8495	3	2	2	5195
金属制品、机械和设备修理业	5800	5800	5800	1	1	1	900
其他机械和设备修理业	5800	5800	5800	1	1	1	900
其他机械和设备修理业	5800	5800	5800	1	1	1	900
(四)电力、热力、燃气及水生产和供应业	804743	588915	442781	71	45	40	274467
电力、热力生产和供应业	563738	399340	326877	35	23	15	186514
电力生产	289825	217462	160327	11	6	6	102975
火力发电	3000	3000	3000	1	1	1	3000
风力发电	184378	138725	95705	4	2	2	57980
太阳能发电	45000	24107	19427	1			
其他电力生产	57447	51630	42195	5	3	3	41995
电力供应	186227	131827	116499	20	13	7	63553
电力供应	186227	131827	116499	20	13	7	63553
热力生产和供应	87686	50051	50051	4	4	2	19986
热力生产和供应	87686	50051	50051	4	4	2	19986

3—15 续10

单位:万元

行业	计划总投资	自开始建设累计完成投资	#本年完成投资	施工项目个数(个)	#本年新开工	本年投产项目个数(个)	本年新增固定资产
燃气生产和供应业	115314	97734	44974	13	5	8	38359
燃气生产和供应业	115314	97734	44974	13	5	8	38359
燃气生产和供应业	115314	97734	44974	13	5	8	38359
水的生产和供应业	125691	91841	70930	23	17	17	49594
自来水生产和供应	48030	39249	26822	13	10	9	22910
自来水生产和供应	48030	39249	26822	13	10	9	22910
污水处理及其再生利用	67342	42273	33789	8	5	6	16365
污水处理及其再生利用	67342	42273	33789	8	5	6	16365
其他水的处理、利用与分配	10319	10319	10319	2	2	2	10319
其他水的处理、利用与分配	10319	10319	10319	2	2	2	10319
(五)建筑业	14100	14100	14100	3	3	3	14100
房屋建筑业	3000	3000	3000	1	1	1	3000
房屋建筑业	3000	3000	3000	1	1	1	3000
房屋建筑业	3000	3000	3000	1	1	1	3000
土木工程建筑业	2600	2600	2600	1	1	1	2600
铁路、道路、隧道和桥梁工程建筑	2600	2600	2600	1	1	1	2600
市政道路工程建筑	2600	2600	2600	1	1	1	2600
建筑装饰和其他建筑业	8500	8500	8500	1	1	1	8500
工程准备活动	8500	8500	8500	1	1	1	8500
其他工程准备活动	8500	8500	8500	1	1	1	8500
(六)批发和零售业	305718	249796	219361	45	40	35	205409
批发业	147749	100584	98069	21	20	16	72699
农、林、牧产品批发	60650	47330	44815	8	7	6	43550
林业产品批发	8500	1200	1200	1	1		1200
其他农牧产品批发	52150	46130	43615	7	6	6	42350
食品、饮料及烟草制品批发	15099	13129	13129	7	7	6	10149
米、面制品及食用油批发	1000	1000	1000	1	1	1	1000
果品、蔬菜批发	14099	12129	12129	6	6	5	9149
纺织、服装及家庭用品批发	3000	1470	1470	1	1		
其他家庭用品批发	3000	1470	1470	1	1		
医药及医疗器材批发	2000	2000	2000	1	1	1	2000
中药批发	2000	2000	2000	1	1	1	2000
矿产品、建材及化工产品批发	13500	13500	13500	2	2	2	13500
煤炭及制品批发	13500	13500	13500	2	2	2	13500
机械设备、五金产品及电子产品批发	3500	3500	3500	1	1	1	3500
五金产品批发	3500	3500	3500	1	1	1	3500
贸易经纪与代理	50000	19655	19655	1	1		
其他贸易经纪与代理	50000	19655	19655	1	1		
零售业	157969	149212	121292	24	20	19	132710
综合零售	44424	39163	39163	12	12	10	31553

3—15 续11

单位:万元

行　　业	计划总投资	自开始建设累计完成投资	#本年完成投资	施工项目个数(个)	#本年新开工	本年投产项目个数(个)	本年新增固定资产
百货零售	28720	26459	26459	6	6	5	20649
超级市场零售	13604	10604	10604	4	4	3	8804
其他综合零售	2100	2100	2100	2	2	2	2100
食品、饮料及烟草制品专门零售	1850	877	877	1	1		
果品、蔬菜零售	1850	877	877	1	1		
纺织、服装及日用品专门零售	4375	4317	2337	1	0	1	2337
其他日用品零售	4375	4317	2337	1	0	1	2337
汽车、摩托车、燃料及零配件专门零售	53320	50855	49155	8	7	6	44820
汽车零售	45700	45720	44020	5	4	5	44020
汽车零配件零售	7100	4770	4770	2	2	1	800
机动车燃料零售	520	365	365	1	1		
五金、家具及室内装饰材料专门零售	54000	54000	29760	2		2	54000
五金零售	4000	4000	350	1		1	4000
家具零售	50000	50000	29410	1		1	50000
(七)交通运输、仓储和邮政业	1327059	1038351	575218	115	89	101	423482
铁路运输业	53406	40157	26234	6	1	5	16027
铁路货物运输	15000	11837	11837	1	1		
铁路货物运输	15000	11837	11837	1	1		
铁路运输辅助活动	38406	28320	14397	5		5	16027
客运火车站	5600	5600	700	2		2	700
其他铁路运输辅助活动	32806	22720	13697	3		3	15327
道路运输业	993690	869993	489677	90	74	82	322968
城市公共交通运输	3520	3520	3520	1	1	1	3520
其他城市公共交通运输	3520	3520	3520	1	1	1	3520
公路旅客运输	55176	44136	36776	5	2	4	36886
公路旅客运输	55176	44136	36776	5	2	4	36886
道路货物运输	800	800	800	1	1	1	800
道路货物运输	800	800	800	1	1	1	800
道路运输辅助活动	934194	821537	448581	83	70	76	281762
客运汽车站	25741	20605	12607	4	2	3	14250
公路管理与养护	908453	800932	435974	79	68	73	267512
航空运输业	44140	44140	2690	1		1	44141
航空客货运输	44140	44140	2690	1		1	44141
航空旅客运输	44140	44140	2690	1		1	44141
仓储业	235823	84061	56617	18	14	13	40346
谷物、棉花等农产品仓储	22400	13005	10438	6	5	4	11650
谷物仓储	1850	1850	1850	1	1	1	1850
其他农产品仓储	20550	11155	8588	5	4	3	9800
其他仓储业	213423	71056	46179	12	9	9	28696
其他仓储业	213423	71056	46179	12	9	9	28696

3—15 续12

单位:万元

行　　业	计　划 总投资	自开始建设 累计完成 投　　资	#本　年 完成投资	施工项目 个　　数 (个)	#本　年 新开工	本年投产 项目个数 (个)	本年新增 固定资产
(八)住宿和餐饮业	62200	62013	46058	8	4	6	38261
住宿业	59700	59363	44388	7	4	5	36591
旅游饭店	46600	46306	32691	3	1	2	27691
旅游饭店	46600	46306	32691	3	1	2	27691
一般旅馆	8900	8900	8900	3	3	3	8900
一般旅馆	8900	8900	8900	3	3	3	8900
其他住宿业	4200	4157	2797	1			
其他住宿业	4200	4157	2797	1			
餐饮业	2500	2650	1670	1		1	1670
正餐服务	2500	2650	1670	1		1	1670
正餐服务	2500	2650	1670	1		1	1670
(九)信息传输、软件和信息技术服务业	16099	16099	11899	4	3	4	16099
电信、广播电视和卫星传输服务	8429	8429	4229	2	1	2	8429
电　信	8429	8429	4229	2	1	2	8429
移动电信服务	8429	8429	4229	2	1	2	8429
互联网和相关服务	800	800	800	1	1	1	800
互联网信息服务	800	800	800	1	1	1	800
互联网信息服务	800	800	800	1	1	1	800
软件和信息技术服务业	6870	6870	6870	1	1	1	6870
信息系统集成服务	6870	6870	6870	1	1	1	6870
信息系统集成服务	6870	6870	6870	1	1	1	6870
(十)金融业	578	578	578	1	1	1	578
货币金融服务	578	578	578	1	1	1	578
货币银行服务	578	578	578	1	1	1	578
货币银行服务	578	578	578	1	1	1	578
(十一)房地产业	3563353	2097248	842084	37	22	25	671936
房地产业	3563353	2097248	842084	37	22	25	671936
房地产开发经营	3324465	1924828	687977	9	4	5	595298
房地产开发经营	3324465	1924828	687977	9	4	5	595298
自有房地产经营活动	2150	2150	1480	2	1	2	2150
自有房地产经营活动	2150	2150	1480	2	1	2	2150
其他房地产业	236738	170270	152627	26	17	18	74488
其他房地产业	236738	170270	152627	26	17	18	74488
(十二)租赁和商务服务业	32671	20107	20107	6	6	3	17692
租赁业	2700	2700	2700	1	1	1	2700
机械设备租赁	2700	2700	2700	1	1	1	2700
农业机械租赁	2700	2700	2700	1	1	1	2700
商务服务业	29971	17407	17407	5	5	2	14992
人力资源服务	2075	975	975	1	1		
其他人力资源服务	2075	975	975	1	1		

3—15 续13

单位:万元

行　　业	计　划 总投资	自开始建设 累计完成 投　　资	#本　　年 完成投资	施工项目 个　　数 (个)	#本　年 新开工	本年投产 项目个数 (个)	本年新增 固定资产
旅行社及相关服务	27896	16432	16432	4	4	2	14992
旅游管理服务	27896	16432	16432	4	4	2	14992
(十三)科学研究和技术服务业	92357	79755	73175	5	4	4	27357
专业技术服务业	1777	1777	1777	2	2	2	1777
质检技术服务	985	985	985	1	1	1	985
质检技术服务	985	985	985	1	1	1	985
地质勘查	792	792	792	1	1	1	792
基础地质勘查	792	792	792	1	1	1	792
科技推广和应用服务业	90580	77978	71398	3	2	2	25580
技术推广服务	90580	77978	71398	3	2	2	25580
农业技术推广服务	66580	53978	47398	2	1	1	1580
节能技术推广服务	24000	24000	24000	1	1	1	24000
(十四)水利、环境和公共设施管理业	1008607	757794	632717	218	180	181	529864
水利管理业	76712	75246	63776	31	28	28	69844
防洪除涝设施管理	4815	4758	4758	2	2	1	4512
防洪除涝设施管理	4815	4758	4758	2	2	1	4512
水资源管理	9647	7438	7438	6	6	4	5283
水资源管理	9647	7438	7438	6	6	4	5283
天然水收集与分配	18237	18237	9767	5	3	5	18236
天然水收集与分配	18237	18237	9767	5	3	5	18236
其他水利管理业	44013	44813	41813	18	17	18	41813
其他水利管理业	44013	44813	41813	18	17	18	41813
生态保护和环境治理业	165026	109550	82190	19	13	13	65197
生态保护	68980	23626	23626	2	2	1	2980
自然保护区管理	68980	23626	23626	2	2	1	2980
环境治理业	96046	85924	58564	17	11	12	62217
水污染治理	10800	11012	3126	2	1	2	3126
大气污染治理	28527	28502	26352	5	4	5	26352
固体废物治理	16480	9471	7661	3	1		
其他污染治理	40239	36939	21425	7	5	5	32739
公共设施管理业	766869	572998	486751	168	139	140	394823
市政设施管理	478981	369568	309236	131	114	114	283646
市政设施管理	478981	369568	309236	131	114	114	283646
环境卫生管理	25789	19865	16435	4	3	2	14735
环境卫生管理	25789	19865	16435	4	3	2	14735
城乡市容管理	600	600	600	1	1	1	600
城乡市容管理	600	600	600	1	1	1	600
绿化管理	7463	7179	7179	6	6	5	6903
绿化管理	7463	7179	7179	6	6	5	6903
公园和游览景区管理	254036	175786	153301	26	15	18	88939

3—15 续14

单位:万元

行业	计划总投资	自开始建设累计完成投资	#本年完成投资	施工项目个数(个)	#本年新开工	本年投产项目个数(个)	本年新增固定资产
公园管理	61213	46034	41238	9	5	6	31278
游览景区管理	192823	129752	112063	17	10	12	57661
(十五)居民服务、修理和其他服务业	4850	4850	1860	1		1	1860
居民服务业	4850	4850	1860	1		1	1860
其他居民服务业	4850	4850	1860	1		1	1860
其他居民服务业	4850	4850	1860	1		1	1860
(十六)教　育	294173	229672	73428	30	21	25	66497
教　育	294173	229672	73428	30	21	25	66497
学前教育	990	990	990	1	1	1	990
学前教育	990	990	990	1	1	1	990
初等教育	7244	7244	7244	4	4	4	7244
普通小学教育	7244	7244	7244	4	4	4	7244
中等教育	160837	129449	40925	16	12	12	18977
普通初中教育	15704	12426	12426	9	9	7	11844
普通高中教育	22087	22009	12723	3	1	2	4087
中等职业学校教育	123046	95014	15776	4	2	3	3046
高等教育	115600	82487	17710	2	0	1	29784
普通高等教育	115600	82487	17710	2	0	1	29784
特殊教育	2760	2760	2030	3	2	3	2760
特殊教育	2760	2760	2030	3	2	3	2760
技能培训、教育辅助及其他教育	6742	6742	4529	4	2	4	6742
职业技能培训	2855	2855	2855	2	2	2	2855
其他未列明教育	3887	3887	1674	2		2	3887
(十七)卫生和社会工作	55723	49486	35815	24	16	17	23576
卫　生	52328	46376	34087	20	14	14	20876
医　院	40888	35421	24762	10	6	5	11611
综合医院	37988	33322	24682	9	6	5	11611
中医医院	2900	2099	80	1			
社区医疗与卫生院	6830	6865	5715	7	6	7	5715
社区卫生服务中心(站)	2520	2555	1405	2	1	2	1405
乡镇卫生院	4310	4310	4310	5	5	5	4310
计划生育技术服务活动	1060	540	60	1			
计划生育技术服务活动	1060	540	60	1			
其他卫生活动	3550	3550	3550	2	2	2	3550
其他卫生活动	3550	3550	3550	2	2	2	3550
社会工作	3395	3110	1728	4	2	3	2700
提供住宿社会工作	2700	2700	1710	3	2	3	2700
老年人、残疾人养护服务	1700	1700	1700	2	2	2	1700
其他提供住宿社会救助	1000	1000	10	1		1	1000
不提供住宿社会工作	695	410	18	1			

3—15　续 15

单位:万元

行　业	计　划总投资	自开始建设累计完成投资	#本年完成投资	施工项目个数（个）	#本年新开工	本年投产项目个数（个）	本年新增固定资产
其他不提供住宿社会工作	695	410	18	1			
(十八)文化、体育和娱乐业	41838	40486	26348	12	8	8	29185
文化艺术业	35058	35301	22215	9	6	6	25485
文艺创作与表演	4200	4200	3200	1	0	1	3200
文艺创作与表演	4200	4200	3200	1	0	1	3200
艺术表演场馆	2764	2764	2764	1	1	1	2764
艺术表演场馆	2764	2764	2764	1	1	1	2764
文物及非物质文化遗产保护	588	588	588	1	1	1	588
文物及非物质文化遗产保护	588	588	588	1	1	1	588
博物馆	18094	18004	7170	2	1	1	14825
博物馆	18094	18004	7170	2	1	1	14825
群众文化活动	6452	6785	5533	3	2	1	1148
群众文化活动	6452	6785	5533	3	2	1	1148
其他文化艺术业	2960	2960	2960	1	1	1	2960
其他文化艺术业	2960	2960	2960	1	1	1	2960
体　育	6780	5185	4133	3	2	2	3700
体育场馆	4280	2685	1633	2	1	1	1200
体育场馆	4280	2685	1633	2	1	1	1200
其他体育	2500	2500	2500	1	1	1	2500
其他体育	2500	2500	2500	1	1	1	2500
(十九)公共管理、社会保障和社会组织	30722	29354	25895	24	21	22	26963
国家机构	27787	26419	22960	21	18	19	24028
国家行政机构	25202	23834	21008	19	17	17	21443
综合事务管理机构	4180	4180	4180	5	5	5	4180
公共安全管理机构	19767	18399	15573	13	11	11	16008
社会事务管理机构	1255	1255	1255	1	1	1	1255
人民法院和人民检察院	2585	2585	1952	2	1	2	2585
人民法院	2585	2585	1952	2	1	2	2585
社会保障	1000	1000	1000	1	1	1	1000
社会保障	1000	1000	1000	1	1	1	1000
社会保障	1000	1000	1000	1	1	1	1000
基层群众自治组织	1935	1935	1935	2	2	2	1935
村民自治组织	1935	1935	1935	2	2	2	1935
村民自治组织	1935	1935	1935	2	2	2	1935
(二十)国际组织							
国际组织							

3—16 房地产开发完成情况

单位:万元、平方米

指　　标	2011	2012	2012 年比 2011 年增长(%)
本年完成投资	526776	677742	28.7
#住　宅	389172	522581	34.3
本年新增固定资产	372356	574079	54.2
房屋施工面积	7852072	11109399	41.5
#新开工面积	3179737	4525609	42.3
#住　宅	6106476	8775180	43.7
房屋竣工面积	1932368	3550792	83.8
#住　宅	1545498	2848662	84.3
竣工房屋价值	315296	531444	68.6
#住　宅	246599	407664	65.3
商品房销售面积	1884210	2645781	40.4
#住　宅	1636240	2404251	46.9
商品房销售额	422040	668932	58.5
#住　宅	328671	577861	75.8
空置面积	1746467	2196770	25.8
#住　宅	1340612	1707326	27.4

3—17 房地产开发施工、销售和空置情况(2012)

单位:万元、套、平方米

指　　标	合　计	住　宅	#90平米及以下	#144平米以上	#别墅、高档公寓	办公楼	商业营业用　房	其他房屋
房屋施工面积	11109399	8775180	2173598	846218	43860	89265	1642378	602576
#新开工面积	4525609	3694868	795765	308981	30870	25388	628006	177347
房屋竣工面积	3550792	2848662	751442	282796	844	34468	500770	166892
#不可销售面积	344200	159678	9930	6151		10727	82162	91633
商品住宅竣工套数		27168	9869	1567	5			
竣工房屋价值	531444	407664	109093	50192	127	8107	95999	19674
批准预售面积	3446020	2885745	491035	333790	5107	13423	500046	46806
批准预售住宅套数		25413	5990	1971	20			
商品房销售面积	2645781	2404251	519899	290561	2429	9910	201241	30379
#现房销售面积	1128352	992785	344192	96472	1385	9739	111100	14728
期房销售面积	1517429	1411466	175707	194089	1044	171	90141	15651
商品房销售额	668932	577861	112785	86383	1503	3875	84146	3050
#现房销售额	244421	195202	55581	21747	521	3721	44079	1419
期房销售额	424511	382659	57204	64636	982	154	40067	1631
商品住宅销售套数		22374	6550	1743	11			
#现房销售套数		9489	4201	619	8			
期房销售套数		12885	2349	1124	3			
待售面积	2196770	1707326	268161	286125	24860	27746	404729	56969
#待售1－3年面积	970799	776336	67500	161964	12168	10257	160373	23833
待售3年以上面积	33856	5532		5254		6133	22191	

3—18 房地产开发投资

指　　标	企业个数（个）	计划总投资	自开始建设累计完成投资	本年完成投资	#配套工程投资
总　　计	**290**	**3285101**	**1897825**	**677742**	**12159**
按登记注册类型分					
内资企业	287	3156307	1777773	676065	12159
国有企业	2	191200	48426	29193	
集体企业	1	2835	2102	520	
国有独资公司	3	91000	81819	28413	
其他有限责任公司	76	875483	587765	183115	7401
股份有限公司	8	88675	48037	17695	
私营独资企业	4	78000	48264	18134	797
私营有限责任公司	182	1731865	905057	384081	3961
私营股份有限公司	7	28907	25058	3941	
其他企业	4	68342	31245	10973	
港澳台商投资企业	3	128794	120052	1677	
与港澳台商合资经营企业	2	103794	95825	457	
与港澳台商合资合作经营企业	1	25000	24227	1220	
外商投资企业					
按隶属关系分					
中　央	1				
省（自治区、直辖市）	2	54556	22332	5082	
地区（州、盟、省辖市）	19	523656	284272	100054	756
县（区、市、旗）	20	164613	88488	48384	
村委会	1				
其　他	247	2542276	1502733	524222	11403
按资质等级分					
一　级	2	139071	104135	26740	
二　级	11	298624	236058	42021	410
三　级	51	961531	589982	198255	1534
四　级	127	1388683	744852	299226	4528
暂　定	99	497192	222798	111500	5687

主要指标(2012)

单位:万元

按构成分本年完成投资						按用途分本年完成投资	
建筑工程	安装工程	设备工器具购置	其他费用	#旧建筑物购置费	#土地购置费	住宅	#90平方米以下
495735	**74352**	**6123**	**101532**	**3255**	**57468**	**522581**	**138294**
494369	74106	6123	101467	3255	57468	521544	138097
25407	3786					27796	27296
515			5			515	515
25673	950		1790		1790	19996	1699
116569	29473	3556	33517	2244	22875	119704	20410
12532	1706	230	3227		1445	14774	2092
8947	2512		6675			18134	5148
292950	35108	2337	53686	1011	31358	306667	76806
3865	76					3787	
7911	495		2567			10171	4131
1366	246		65			1037	197
457							
909	246		65			1037	197
4622	314	80	66			4410	483
82229	9733	863	7229		4130	79501	33142
24989	4387	120	18888		13139	28877	8787
383895	59918	5060	75349	3255	40199	409793	95882
15508	8476	1893	863			15311	3469
27978	12138		1905	23	857	37345	1590
139164	19707	1211	38173	800	24119	136774	22731
237990	25699	2197	33340	1450	13020	250118	85695
75095	8332	822	27251	982	19472	83033	24809

3—18 续

单位:万元

指 标	按用途分本年完成投资					本年新增固定资产
	#144平方米以上	#别墅、高档公寓	办公楼	商业营业用 房	其 他	
总 计	**68494**	**2519**	**4307**	**86343**	**64511**	**574079**
按登记注册类型分						
内资企业	68492	2519	4307	85813	64401	538665
国有企业				97	1300	
集体企业					5	2100
国有独资公司	2263			8417		33178
其他有限责任公司	18747	894	1170	32052	30189	169242
股份有限公司	3843		99	2441	381	18061
私营独资企业	4697					
私营有限责任公司	37190	1625	3038	42392	31984	298705
私营股份有限公司				112	42	4379
其他企业	1752			302	500	13000
港澳台商投资企业	2			530	110	35414
与港澳台商合资经营企业				457		30789
与港澳台商合资合作经营企业	2			73	110	4625
外商投资企业						
按隶属关系分						
中 央						
省(自治区、直辖市)	815	427		106	566	
地区(州、盟、省辖市)	11474	467	200	16782	3571	78633
县(区、市、旗)	4607		524	5529	13454	37799
村委会						
其 他	51598	1625	3583	63926	46920	457647
按资质等级分						
一 级	3669		99	7875	3455	38604
二 级	12391	2003	519	1904	2253	58718
三 级	19116	516	1704	39488	20289	208737
四 级	21810		1605	28849	18654	213200
暂 定	11508		380	8227	19860	54820

3—19 房地产开发资金来源情况(2012)

单位:万元

指标	本年资金来源合计	上年末结余资金	本年资金来源小计	国内贷款	银行贷款	非银行金融机构贷款
总计	**1208567**	**291248**	**917319**	**96467**	**88967**	**7500**
按登记注册类型分						
内资企业	1166089	274805	891284	81467	74967	6500
国有企业	60453	23871	36582	33000	33000	
集体企业	530	10	520			
国有独资公司	37451	566	36885	15000	15000	
其他有限责任公司	334680	58759	275921	8140	7540	600
股份有限公司	36644	8857	27787	4500	4500	
私营独资企业	42849	3747	39102			
私营有限责任公司	603611	153609	450002	20827	14927	5900
私营股份有限公司	17660	2174	15486			
其他企业	32211	23212	8999			
港澳台商投资企业	42478	16443	26035	15000	14000	1000
与港澳台商合资经营企业	40817	15882	24935	15000	14000	1000
与港澳台商合资合作经营企业	1661	561	1100			
外商投资企业						
按隶属关系分	1208567	291248	917319	96467	88967	7500
中央						
省(自治区、直辖市)	10620	432	10188			
地区(州、盟、省辖市)	183426	59356	124070	48000	48000	
县(区、市、旗)	80395	25180	55215	12440	11840	600
村委会	282	8	274			
其他	933844	206272	727572	36027	29127	6900
按资质等级分						
一级	71354	4043	67311	4500	4500	
二级	114808	32435	82373			
三级	394772	127300	267472	8000	8000	
四级	448259	98600	349659	67940	61840	6100
暂定	179374	28870	150504	16027	14627	1400

3—19 续

单位:万元

指标	利用外资	#外商直接投资	自筹资金	#自有资金	其他资金来源	#定金及预收款	#个人按揭贷款
总计			**340427**	**154120**	**480425**	**376932**	**87578**
按登记注册类型分							
内资企业			332496	154120	477321	374820	87244
国有企业			3582				
集体企业			520				
国有独资公司					21885	20851	1034
其他有限责任公司			120658	59638	147123	101195	43431
股份有限公司			5159	1123	18128	16187	1941
私营独资企业					39102	21998	17104
私营有限责任公司			186690	81372	242485	207019	22706
私营股份有限公司			11987	11987	3499	3499	
其他企业			3900		5099	4071	1028
港澳台商投资企业			7931		3104	2112	334
与港澳台商合资经营企业			7931		2004	1012	334
与港澳台商合资合作经营企业					1100	1100	
外商投资企业							
按隶属关系分			340427	154120	480425	376932	87578
中央							
省(自治区、直辖市)			7375		2813	2388	425
地区(州、盟、省辖市)			24194	13138	51876	45059	6812
县(区、市、旗)			22184	18364	20591	17219	880
村委会			274	274			
其他			286400	122344	405145	312266	79461
按资质等级分							
一级					62811	30432	32379
二级			31972	9425	50401	43003	7398
三级			77930	40941	181542	164318	13153
四级			116196	54199	165523	129517	29380
暂定			114329	49555	20148	9662	5268

3—20 房地产开发企业土地情况(2012)

单位:平方米、万元

指标名称	待开发土地面积	本年土地购置面积	本年土地成交价款
总　计	**2244913**	**1200704**	**147934**
按登记注册类型分			
内资企业	2244913	1200704	147934
国有企业			
集体企业			
国有独资公司			
其他有限责任公司	876784	247175	25902
股份有限公司		3182	477
私营独资企业	66777		
私营有限责任公司	1228341	943681	121333
私营股份有限公司	62216	6666	222
其他企业	10795		
港澳台商投资企业			
与港澳台商合资经营企业			
与港澳台商合资合作经营企业			
外商投资企业			
按隶属关系分	2244913	1200704	147934
中　央			
省(自治区、直辖市)			
地区(州、盟、省辖市)	72175	8533	1677
县(区、市、旗)	98821	112020	17827
村委会			
其　他	2073917	1080151	128430
按资质等级分			
一　级			
二　级		27539	7250
三　级	59838	186851	36459
四　级	785429	259372	17718
暂　定	1399646	726942	86507

3—21 房地产开发企业财务状况(2012)

单位:万元

指　　标	流动资产合　　计	#存　货	固定资产原　　价	累计折旧	#本年折旧	资产总计
总　　计	**2340947**	**1341044**	**85098**	**13743**	**3385**	**2572422**
按登记注册类型分						
内资企业	2266680	1314642	83628	13088	3233	2489136
国有企业	45799	8615	258	82	15	72902
集体企业	1252	834	159	24	7	1387
国有独资公司	86291	82907	34	13	5	86311
其他有限责任公司	740979	504926	34428	4697	1170	802247
股份有限公司	79760	56090	4669	800	236	83813
私营独资企业	94886	43676	52	20	13	97798
私营有限责任公司	1125211	583249	41335	7101	1707	1244555
私营股份有限公司	62713	22265	2444	241	40	69760
其他企业	29788	12080	251	110	41	30363
港澳台商投资企业	74267	26402	1469	655	152	83286
与港澳台商合资经营企业	55564	8312	1252	552	130	63853
与港澳台商合资合作经营企业	18703	18090	217	103	22	19433
外商投资企业						
按隶属关系分						
中　央	16399	15952				16399
省(自治区、直辖市)	25728	23267	319	103	45	26697
地区(州、盟、省辖市)	355409	237359	6057	1745	431	389190
县(区、市、旗)	121428	74000	7595	944	249	133639
村委会	2348	1537	11406	79		13815
其　他	1819636	988931	59720	10873	2660	1992683
按资质等级分						
一　级	110548	66013	10566	2242	482	118967
二　级	371812	185255	10848	1682	810	399144
三　级	700977	388169	37730	5005	867	781232
四　级	825245	519357	18714	3822	836	898576
暂　定	332365	182251	7241	992	390	374502

3—21 续1

单位:万元

指　　标	负债合计	所有者权益合计	实收资本	主营业务收入	土地转让收入	商品房屋销售收入
总　　计	**2046042**	**526380**	**451953**	**458172**	**131**	**449472**
按登记注册类型分						
内资企业	1983488	505649	435853	448521	131	440335
国有企业	72768	133	2327	144		144
集体企业	607	780	51	365		365
国有独资公司	73056	13255	13000	9055		9055
其他有限责任公司	659371	142876	129219	165014	75	162960
股份有限公司	42303	41510	19958	21096		21091
私营独资企业	68316	29482	15785	64644		64642
私营有限责任公司	977131	267424	243612	180391	56	174266
私营股份有限公司	61087	8673	9410	7559		7559
其他企业	28848	1516	2491	255		255
港澳台商投资企业	62554	20732	16100	9651		9137
与港澳台商合资经营企业	42671	21182	14000	9651		9137
与港澳台商合资合作经营企业	19883	-450	2100			
外商投资企业						
按隶属关系分						
中　央	9454	6945	7500			
省(自治区、直辖市)	23000	3697	6280			
地区(州、盟、省辖市)	374290	14899	27516	21265		19785
县(区、市、旗)	81028	52611	28241	25605	75	25518
村委会	7505	6311	5000	320		320
其　他	1550765	441917	377416	410983	56	403849
按资质等级分						
一　级	52002	66965	37000	72358		72358
二　级	368177	30968	36487	80160		79673
三　级	629204	152029	129647	143716		142546
四　级	727967	170610	139941	145370	81	139330
暂　定	268693	105809	108878	16568	50	15565

3—21 续2

单位:万元

指　　标	房屋出租收　　入	其他收入	主营业务成　　本	主 营 业 务税金及附加	其他业务利　　润	利润总额	应　交所得税
总　　计	**2372**	**6197**	**347123**	**27567**	**3293**	**20440**	**8690**
按登记注册类型分							
内资企业	1858	6197	341195	27016	3293	19827	8544
国有企业			96	19		-366	
集体企业			310	20		16	
国有独资公司			8909	113		-50	
其他有限责任公司	247	1733	136578	9765	2200	2091	1758
股份有限公司	4	1	14179	1223	11	3356	23
私营独资企业		1	39351	4784		19673	4229
私营有限责任公司	1608	4462	134923	10772	1100	-3877	2407
私营股份有限公司			6678	301	-19	-556	127
其他企业			172	18		-461	
港澳台商投资企业	514		5929	551		613	146
与港澳台商合资经营企业	514		5929	551		776	146
与港澳台商合资合作经营企业						-163	
外商投资企业							
按隶属关系分							
中　央						1	
省(自治区、直辖市)				205		-1012	51
地区(州、盟、省辖市)	4	1476	18573	2121	2200	-3763	436
县(区、市、旗)	2	10	16772	1017	11	4639	200
村委会			175	28		75	
其　他	2366	4711	311603	24195	1082	20500	8003
按资质等级分							
一　级			56855	3874	11	6017	666
二　级	358	130	68198	4962	3201	812	796
三　级	764	407	106261	7582	33	7825	1753
四　级	322	5637	104049	9841	47	17428	4868
暂　定	929	24	11760	1307		-11642	608

主要统计指标解释

固定资产投资 是以货币形式表现的在一定时期内会建造和购置固定资产的工作量以及与此有关的费用的总称。该指标是反映固定资产投资规模、结构和发展速度的综合性指标,又是观察工程进度和考核投资效果的重要依据。固定资产投资按登记注册类型可分为国有、集体、个体、联营、股份制、外商、港澳台商、其他等。与全社会固定资产投资相比,本指标不包含农村农户投资。

房地产开发投资 指各种登记注册类型的房地产开发公司、商品房建设公司及其他房地产开发法人单位和附属于其他法人单位实际从事房地产开发或经营活动的单位统一开发的包括统代建、拆迁还建的住宅、厂房、仓库、饭店、宾馆、度假村、写字楼、办公楼等房屋建筑物和配套的服务设施,土地开发工程(如道路、给水、排水、供电、供热、通讯、平整场地等基础设施工程)的投资;不包括单纯的土地交易活动。

固定资产投资的资金来源 指固定资产投资单位在报告期收到的,用于固定资产投资的各种货币资金。根据固定资产投资的资金来源不同,分为国家预算资金、国内贷款、债券、利用外资、自筹资金和其他资金。

(1)国家预算资金:自 2011 年起,各级财政的所有资金,包括税收和非税收入,均必须纳入预算管理,因此各级政府用于固定资产投资的财政资金均为预算资金。由于已经没有预算外资金,因此名称改为国家预算资金,包括中央预算资金和地方预算资金,旧的国家预算内资金的内容和现中央预算资金的内容基本一致。

国家预算包括一般预算、政府性基金预算、国有资本经营预算和社保基金预算。各类预算中用于固定资产投资的资金全部作为国家预算资金填报,其中一般预算中用于固定资产投资的部分包括基建投资、车购税、灾后恢复重建基金和其他财政投资。各级政府债券也应归入国家预算资金。

(2)国内贷款:指报告期固定资产投资项目单位向银行及非银行金融机构借入的用于固定资产投资的各种国内借款,包括银行贷款、非银行金融机构贷款等。

银行贷款:是指向各商业银行、政策性银行借入的用于固定资产投资的各项贷款。

非银行金融机构贷款:是指向除上述银行之外从事金融业务的机构借入的用于固定资产投资的各项贷款。非银行金融机构包括保险公司和养老基金(企业年金)、信托投资公司、金融租赁公司、金融资产管理公司、汽车金融服务公司、金融担保公司、证券公司、投资基金、证券交易所、其他金融辅助机构。

投资项目单位从上级部门、总公司或公司股东处取得的用于固定资产投资的资金中,来源于银行或非银行金融机构贷款的部分,也应归入国内贷款。

通过银行理财产品和信托产品筹集的资金,如果是用于固定资产投资的,也作为国内贷款统计。

报告期固定资产投资单位向银行及非银行金融机构借入的用于固定资产投资的长期借款和短期借款,均以报告期实际发生额计算。

(3)利用外资:指报告期收到的用于固定资产建造和购置的国外资金(包括设备、材料、技术在内)。包括对外借款(外国政府、国际金融组织贷款、出口信贷、外国银行商业贷款、对外发行债券和股票)、外商直接投资及外商其他投资。不包括我国自有外汇资金(国家外汇、地方外汇、留成外汇、调剂外汇和中国银行自有资金发行的外汇贷款等)。计算利用外资时,需要折算成人民币,折算中所使用的外汇汇率按现汇计算,即按使用外汇时的汇率计算。

(4)自筹资金:指固定资产投资单位在报告期收到的,由各企事业单位筹集用于固定资产投资的资金,包括各类企事业单位的自有资金和从其他单位筹集的用于固定资产投资的资金,但不包括各类财政性资金、从各类金融机借入资金和国外资金。自筹资金包括以下三项内容:企、事业单位自有资金、股东投入资金、借入资金。

（5）其他资金：指在报告期收到的除以上各种资金之外其他用于固定资产投资的资金，包括企业或金融机构通过发行各种债券筹集到的资金、群众集资、个人资金、无偿捐赠的资金及其他单位拨入的资金等。

固定资产投资按国民经济行业分 根据建设项目建成投产后的主要产品或主要用途及社会经济活动性质来确定国民经济行业。一般情况下，一个建设项目只能属于一种国民经济行业。

固定资产投资按隶属关系分 是按建设单位或企业、事业、行政单位的主管上级机关确定的。

（1）中央：是指中共中央、人大常委会和国务院各部、委、局、总公司以及直属机构直接领导的建设项目和企业、事业、行政单位。这些单位的固定资产投资计划由国务院各部门直接编制和下达，建设中所需物资、主要设备以及建设中的问题都由中央有关部门安排和解决。

（2）地方：是由省（自治区、直辖市）、地区（州、盟、省辖市）、县（旗、县级市）三级政府及业务主管部门直接领导和管理的建设项目、企业、事业、行政单位。地方项目还包括不隶属以上各级政府及主管部门的建设项目和企业、事业单位，如外商投资企业和无主管部门的企业等。

固定资产投资按建设性质分 根据整个建设项目情况来确定。建设项目的性质一般分为新建、扩建、改建和技术改造、迁建、恢复。

（1）新建：一般指从无到有"平地起家"开始建设的企业、事业和行政单位或建设项目。现有企业、事业、行政单位一般不属于新建。但如有的单位原有基础很小，经过建设后新增的固定资产价值超过该企、事业、行政单位原有固定资产价值（原值）三倍以上的也应作为新建。

（2）扩建：指在厂内或其他地点，为扩大原有产品的生产能力（或效益）或增加新的产品生产能力，而增建主要的生产车间（或主要工程）、分厂、独立的生产线。行政、事业单位在原单位增建业务用房（如学校增建教学用房、医院增建门诊部、病房等）也作为扩建。

现有企、事业单位为扩大原有主要产品生产能力或增加新的产品生产能力，增建一个或几个主要生产车间（或主要工程）、分厂，同时进行一些更新改造工程的，也应作为扩建。

（3）改建和技术改造：指现有企业、事业单位，对原有设施进行技术改造或更新（包括相应配套的辅助性生产、生活福利设施）？的建设项目。现有企业、事业单位为适应市场变化的需要，而改变企业的主要产品种类（如军工企业转产民用品等）？的建设项目，应作为改建。原有产品生产作业线由于各工序（车间）之间能力不平衡，为填平补齐充分发挥原有生产能力而增建不增加本企业主要产品设计能力的车间，也应作为改建。技术改造是指企业、事业单位在现有基础上，用先进的技术代替落后的技术，用先进的工艺和装备代替落后的工艺和装备，以改变企业落后的技术经济面貌，实现以内涵为主的扩大再生产，达到提高产品质量、促进产品更新换代、节约能源、降低消耗、扩大生产规模、全面提高社会经济效益的目的。技术改造具体包括以下内容：机器设备和工具的更新改造；生产工艺改革、节约能源和原材料的改造；厂房建筑和公共设施的改造；劳动条件和生产环境的改造等。

固定资产投资按构成分 固定资产投资活动按其工作内容和实现方式分为建筑安装工程，设备、工具、器具购置，其他费用三个部分。

（1）建筑安装工程（建筑安装工作量）：指各种房屋、建筑物的建造工程和各种设备、装置的安装工程。包括各种房屋建造工程；各种用途设备基础和各种工业窑炉的砌筑工程及金属结构工程；为施工而进行的各种准备工作和临时工程以及完工后的清理工作等；铁路、道路的铺设，矿井的开凿及石油管道的架设等；水利工程；防空地下建筑等特殊工程；列入房屋工程预算内的暖气、卫生、通风、照明、煤气等设备的价值及装设油饰工程；列入建筑工程预算内的各种管道（蒸汽、压缩空气、石油、给排水等管道）、电力、电讯电缆导线等的敷设工程；以及各种机械设备的安装工程；为测定安装工程质量，对设备进行的试运工作；房地产开发单位进行的商品房屋开发建设工程、土地开发工程。

在安装工程中,不包括被安装设备本身的价值。

(2)设备、工具、器具购置:指建设单位或企、事业单位购置或自制的,达到固定资产标准的设备、工具、器具的价值。新建单位及扩建单位的新建车间,按照设计或计划要求购置或自制的全部设备、工具、器具,不论是否达到固定资产标准均计入"设备、工具、器具购置"中。

(3)其他费用:指在固定资产建造和购置过程中发生的,除上述几项内容以外的各种应分摊计入固定资产的费用。

施工项目 指报告期内进行过建筑或安装施工活动的项目。凡是报告期内施过工的建设项目,不论施工时间长短,均作为施工项目统计。施工项目个数可以反映一定时期固定资产投资的实际规模,与同期全部建成投产项目个数相比,可以从建设速度的角度反映固定资产投资的效果。根据建设项目施工活动的不同性质,施工项目又分为:本年正式施工项目、本年收尾项目和以前年度全部停缓建项目。

全部建成投产项目 工业项目指设计文件规定形成生产能力的主体工程及其相应配套的辅助设施全部建成,经负荷试运转,证明具备生产设计规定合格产品的条件,并经过验收鉴定合格或达到竣工验收标准,与生产性工程配套的生活福利设施可以满足近期正常生产的需要,正式移交生产的建设项目。非工业项目指设计文件规定的主体工程和相应的配套工程全部建成,能够发挥设计规定的全部效益,经验收鉴定合格或达到竣工验收标准,正式移交使用的建设项目。

新增生产能力(或工程效益) 指通过固定资产投资活动而增加的设计能力(或工程效益),主要指标包括建设规模、本年施工规模、自开始建设累计新增生产能力(或工程效益)、本年新增生产能力(或工程效益)。

建设规模 指建设项目或工程设计文件中规定的全部设计能力(或工程效益)。包括已经建成投产和尚未建成投产的工程的生产能力(或工程效益)。

本年施工规模 指报告期内施工的单项工程(或更新改造项目)的设计能力(或工程效益),包括报告期以前已开工跨入本年继续施工的工程的设计能力和报告期新开工工程的设计能力。也包括报告期内建成投产或报告期施工后又停缓建的单项工程设计能力。不包括在报告期以前建成投产或已经停、缓建的工程,以及报告期内尚未正式开工的工程的设计能力。

自开始建设累计新增生产能力(或工程效益) 指自开始建设至本年底止建成投产的全部单项工程累计新增生产能力(或工程效益)。包括报告期以前已经建成投产和报告期内建成投产的单项工程的生产能力(或工程效益)。

本年新增生产能力(或工程效益) 指在本年度内按照新增生产能力(或工程效益)的计算条件和标准,实际建成投入生产或交付使用的生产能力(或工程效益)。

房屋施工面积 指报告期内施工的全部房屋建筑面积。包括本期新开工的面积、上期跨入本期继续施工的房屋面积、上期停缓建在本期恢复施工的房屋面积、本期竣工的房屋面积以及本期施工后又停缓建的房屋面积。多层建筑应填各层建筑面积之和。

房屋竣工面积 指在报告期内房屋建筑按照设计要求已全部完工,达到住人和使用条件,经验收鉴定合格或达到竣工验收标准,可正式移交使用的各栋房屋建筑面积的总和。

房屋竣工价值 指在报告期内按规定已经上报竣工的房屋本身的建造价值。一般按房屋设计和预算规定的内容计算。包括竣工房屋本身的基础、结构、房屋、装修以及水、电、卫等附属工程的建造价值,也包括作为房屋建筑组成部分而列入房屋建筑工程预算内的设备(如电梯、通风设备等)的购置和安装费用。不包括厂房内的工艺设备、工艺管线的购置和安装,工艺设备基础的建造,室外的水、暖、电、卫、道路工程、挡土墙等环境工程的费用,办公及生活用家具的购置等费用,购置土地的费用,迁移补偿费和场地平整的费用及城市建设配套投资等。

新增固定资产 指报告期内已经完成建造和购置过程,并已交付生产或使用单位的固定资产价值。该指标是表示固定资产投资成果的价值指标,也是反映建设进度,计算固定资产投资效果的重要指标。

项目建设投产率 指一定时期内全部建成投产项目个数与同期施工项目个数的比率。该指标是从建设单位建设速度的角度反映投资效果的指标。

固定资产交付使用率 指一定时期新增固定资产与同期完成投资额的比率。该指标是反映固定资产动用速度,衡量建设过程中宏观投资效果的综合指标。由于新增固定资产是较长时期内形成的结果,而投资额则是当年完成的,因此,该指标一般适宜于反映较长时期内固定资产的动用情况。

商品房销售面积 指报告期内出售商品房屋的合同总面积(即双方签署的正式买卖合同中所确定的建筑面积)。由现房销售面积和期房销售面积两部分组成。

商品房销售额 指报告期内出售商品房屋的合同总价款(即双方签署的正式买卖合同中所确定的合同总价)。该指标与商品房销售面积同口径,由现房销售额和期房销售额两部分组成。

商品住宅销售套数 指报告期内出售商品房屋合同中总的成套住宅数量(即双方签署的正式买卖合同中所确定的成套住宅数量)。由现房销售套数和期房销售套数两部分组成。

4 能 源

资料整理：卢玉梅　任良安
卫永泽　张　阳

4—1　分行业用电量情况

单位:万千瓦时

行　业	2011	2012	2012 年比 2011 年增长(%)
全社会用电总计	**2777005**	**2744945**	**-1.2**
A、全行业用电合计	2603969	2543395	-2.3
第一产业	171061	173009	1.1
第二产业	2359210	2282112	-3.3
第三产业	73698	88274	19.8
B、城乡居民生活用电合计	173035	201549	16.5
城镇居民	78395	91331	16.5
乡村居民	94640	110218	16.5
按行业用电分类	2603969	2543395	-2.3
一、农、林、牧、渔业	171061	173009	1.1
农　业	62993	57059	-9.4
林　业	201	238	18.4
畜牧业	1550	2056	32.6
渔　业	82	110	34.1
农、林、牧、渔服务业	106235	113545	6.9
二、工业总计	2345345	2264409	-3.5
#轻工业	76354	70306	-7.9
重工业	2268991	2194102	-3.3
(一)采矿业	77283	78281	1.3
煤炭采选业	5509	5652	2.6
石油和天然气开采业	18	20	11.1
黑色金属矿采选业	14721	19165	30.2
有色金属矿采选业	27045	27144	0.4
非金属矿采选业	10571	7753	-26.7
其他矿采选业	19419	18548	-4.5
(二)制造业	2117360	2038701	-3.7
食品、饮料和烟草制造业	17722	20462	15.5
纺织业	16754	17585	5.0
服装鞋帽、皮革羽绒及其制品业	744	1379	85.3
木材加工及制品和家具制品业	4628	5655	22.2
造纸及纸制品业	11894	11254	-5.4
印刷业和记录媒介的复制	869	1325	52.5
文教体育用品制造业	1	69	6800.0
石油加工及炼焦业	61056	62743	2.8
化学原料及化学制品制造业	307364	313010	1.8
医药制造业	7586	6978	-8.0

4—1 续

单位:万千瓦时

行　　业	2011	2012	2012年比2011年增长(%)
化学纤维制造业	207	281	35.7
橡胶制品业	8854	10787	21.8
非金属矿物制品业	82755	77547	-6.3
黑色金属冶炼及压延加工业	218442	311159	42.4
有色金属冶炼及压延加工业	1232973	1053843	-14.5
金属制品业	49036	66581	35.8
普通及专用设备制造业	85629	65823	-23.1
交通运输、电气、电子设备制造业	7631	8038	5.3
工艺品及其他制造业	2701	3636	34.6
废弃资源和废旧材料回收加工业	514	544	5.8
(三)电力、燃气及水的生产和供应业	150702	147426	-2.2
电力、热力的生产和供应业	146279	142535	-2.6
燃气生产和供应业	525	822	56.6
水的生产和供应业	3898	4069	4.4
三、建筑业	13866	17703	27.7
四、交通运输、仓储和邮政业	6164	5336	-13.4
交通运输业	3938	2881	-26.8
仓储业	1905	2219	16.5
邮政业	320	236	-26.3
五、信息传输、计算机服务和软件业	4136	4849	17.2
电信和其他信息传输服务业	3878	4628	19.3
计算机服务和软件业	258	221	-14.3
六、商业、住宿和餐饮业	21319	27302	28.1
批发和零售业	14437	19393	34.3
住宿和餐饮业	6882	7908	14.9
七、金融、房地产、商务及居民服务	16035	17079	6.5
金融业	1295	1684	30.0
房地产业	3057	3215	5.2
租赁和商务服务业、居民服务和其他	11683	12180	4.3
八、公共事业及管理组织	26044	33709	29.4
科学研究、技术服务和地质堪查业	576	584	1.4
水利、环境和公共设施管理业	8094	9584	18.4
教育、文化、体育和娱乐业	2953	7431	151.6
卫生、社会保障和社会福利业	2869	4068	41.8
公共管理和社会组织、国际组织	11554	12043	4.2

4—2 规模以上工业企业能源购进、消费及库存(2012)

类别	单位	年初库存	购进量		消费量			年末库存
			实物量	金额(万元)	合计	工业生产消费	非工业生产消费	
总计	**吨标准煤**				**41237874**	**41003256**	**234618**	
原煤	万吨	140	2574	1523389	2758	2747	12	173
#无烟煤	万吨	13	146	60413	142	141	1	13
炼焦烟煤	万吨	18	469	308328	471	471		15
一般烟煤	万吨	108	1959	1154647	2145	2134	11	146
褐煤	万吨							
洗精煤	万吨	42	1066	1198256	1439	1439		49
其它洗煤	万吨		2	283	41	41		
煤制品	万吨		2	1907	2	2		
焦炭	万吨	22	296	438553	312	312		20
其它焦化产品	万吨		61	151125	60	60		5
焦炉煤气	万立方米		49974	25627	88346	88266	80	
高炉煤气	万立方米				594088	594088		
转炉煤气	万立方米							
发生炉煤气	万立方米				96605	95743	862	
天然气(气态)	万立方米		11984	26302	12039	11952	87	
液化天然气(液态)	吨	1	151	48	152	152		
煤层气(煤田)	万立方米							
原油	吨							
汽油	吨	112	3721	3022	3675	845	2829	166
煤油	吨	14	65	52	66	66		14
柴油	吨	2941	38321	28369	38380	22006	16374	2835
燃料油	吨	485	1240	676	1712	1712		13
液化石油气	吨		160	95	160	160		
热力	百万千焦		786505	4130	18316882	17326765	990118	
电力	万千瓦时		1545286	815873	2111539	2072705	38835	
煤矸石用于燃料	吨		2186	238	226515	226515		
城市垃圾用于燃料	吨							
生物质废料用于燃料	吨		231105	7623	157678	157678		
余热余压	百万千焦				3918235	2799067	1119168	
其它工业废料用于燃料	吨		10116		10116	10116		
其它燃料	吨标准煤	227	6104	151	8541	8541		1739

4—2 续

类　　别	单　位	工业生产消费量	加工转换投入合计	火力发电	供热	原煤入洗	炼焦	制气	加工煤制品	能源加工转换产出	回收利用
总　　计	**吨标准煤**	**34589877**	**28878694**	**6442699**	**826448**	**8760459**	**12420349**	**264244**	**164495**	**22988057**	**881491**
原　煤	万吨	23558867	23001047	9567567	1231127	11958608		243744			
#1. 无烟煤	万吨	149350									
2. 炼焦烟煤	万吨	4713112	4699090			4699090					
3. 一般烟煤	万吨	18696406	18301956	9567567	1231127	7259518		243744			
4. 褐　煤	万吨										
洗精煤	万吨	14354938	14049578				13816452	50354	182772	8315356	
其它洗煤	万吨	403041	403041	403041						1781603	
煤制品	万吨	24758	6320					6320		159011	
焦　炭	万吨	1670449								10381524	
其它焦化产品	万吨	376658								405592	
焦炉煤气	万立方米	74074	21333	21333						153711	
高炉煤气	万立方米	594088	29538	29538							594088
转炉煤气	万立方米										
发生炉煤气	万立方米	95743								96605	
天然气(气态)	万立方米	7925									
液化天然气(液态)	吨										
煤层气(煤田)	万立方米										
原　油	吨										
汽　油	吨	217									
煤　油	吨	42									
柴　油	吨	12257	891	593	299						
燃料油	吨										
液化石油气	吨										
热　力	百万千焦	16710688								21728923	
电　力	万千瓦时	942922								1952837	
煤矸石用于燃料	吨	224329	224329	224329						409348	
城市垃圾用于燃料	吨										
生物质废料用于燃料	吨	157678	157678	157678							
余热余压	百万千焦	2799067	1576623	1576623							3445565
其它工业废料用于燃料	吨										
其它燃料	吨标准煤										

4—3　规模以上工业企业按行业分主要能源消费量(2012)

行　业	原　煤(万吨)	洗精煤(万吨)	其他洗煤(万吨)	煤制品(万吨)	焦　炭(万吨)	其他焦化产品(万吨)	焦炉煤气(万立方米)
总　计	**2758**	**1439**	**41**	**2**	**312**	**60**	**88346**
一、采矿业	211						
煤炭开采和洗选业	211						
有色金属矿采选业							
二、制造业	1827	1439	41	2	312	60	88346
农副食品加工业	2						
食品制造业	1						
酒、饮料和精制茶制造业	8						
纺织业	7						
纺织服装、服饰业	1						
木材加工和木、竹、藤、棕、草制品业							
造纸和纸制品业	5						
印刷和记录媒介复制业	1						
文教、工美、体育和娱乐用品制造业							
石油加工、炼焦和核燃料加工业	901	1266	37				25640
化学原料和化学制品制造业	245					43	13321
医药制造业	5						
橡胶和塑料制品业	0						
非金属矿物制品业	52				1	17	1668
黑色金属冶炼和压延加工业	94	150	2		310		12732
有色金属冶炼和压延加工业	500	5		2			34985
金属制品业							
通用设备制造业	1						
专用设备制造业							
汽车制造业							
铁路、航空航天和其他运输设备制造业							
电气机械和器材制造业							
计算机、通信和其他电子设备制造业							
其他制造业		18					
废弃资源综合利用业							
三、电力、热力及水生产和供应业	720						
电力、热力生产和供应业	720						

4—3 续1

行　业	高炉煤气（万立方米）	发生炉煤气（万立方米）	天然气（气态）（万立方米）	液化天然气（液态）（吨）	汽　油（吨）	煤　油（吨）	柴　油（吨）
总　计	**594088**	**96605**	**12039**	**152**	**3675**	**66**	**38380**
一、采矿业					38	27	3464
煤炭开采和洗选业					19	27	440
有色金属矿采选业					19		6
二、制造业	594088	96605	12039	152	3606	38	32774
农副食品加工业					97		46
食品制造业					100		
酒、饮料和精制茶制造业					162		61
纺织业			5	146	58		100
纺织服装、服饰业			1		58	1	
木材加工和木、竹、藤、棕、草制品业					5		181
造纸和纸制品业					12		63
印刷和记录媒介复制业					159		6
文教、工美、体育和娱乐用品制造业					7		84
石油加工、炼焦和核燃料加工业					212	14	10564
化学原料和化学制品制造业			2074		631	1	2310
医药制造业				6	49		159
橡胶和塑料制品业					66		4
非金属矿物制品业			2566		137		3738
黑色金属冶炼和压延加工业	594088				366		4396
有色金属冶炼和压延加工业		96605	7061		770	14	9961
金属制品业					166		121
通用设备制造业					137		120
专用设备制造业					73		50
汽车制造业			21		73	5	506
铁路、航空航天和其他运输设备制造业					27		16
电气机械和器材制造业					134	2	166
计算机、通信和其他电子设备制造业			90		34		24
其他制造业			221		63		88
废弃资源综合利用业							
三、电力、热力及水生产和供应业					29.65		2142
电力、热力生产和供应业					29.65		2142

4—3　续2

行　业	燃料油（吨）	液化石油气（吨）	热　力（百万千焦）	电　力（万千瓦时）	煤矸石用于燃料（吨）	余热余压（百万千焦）
总　计	**1712**	**160**	**18316882**	**2262449**	**226515**	**3918235**
一、采矿业				14045.82		
煤炭开采和洗选业				2240		
有色金属矿采选业				1748		
二、制造业	1712	160	18316882	1991995	226515	3918235
农副食品加工业				8968		
食品制造业			15540	869		
酒、饮料和精制茶制造业			136796	7022		
纺织业		55		20221		
纺织服装、服饰业				1123		
木材加工和木、竹、藤、棕、草制品业				4281		
造纸和纸制品业			2247	6095		
印刷和记录媒介复制业				1461		
文教、工美、体育和娱乐用品制造业				254		
石油加工、炼焦和核燃料加工业				60038	224329	391444
化学原料和化学制品制造业			579	255830		937811
医药制造业			8655	5435		
橡胶和塑料制品业				3597		
非金属矿物制品业			56372	84440	2186	374284
黑色金属冶炼和压延加工业				399182		2214696
有色金属冶炼和压延加工业	661		17679211	1102362		
金属制品业	1051			6966		
通用设备制造业				4630		
专用设备制造业				1931		
汽车制造业				6073		
铁路、航空航天和其他运输设备制造业				221		
电气机械和器材制造业			417483	4454		
计算机、通信和其他电子设备制造业				5663		
其他制造业		105		475		
废弃资源综合利用业				244		
三、电力、热力及水生产和供应业				256407		
电力、热力生产和供应业				256407		

4—4 规模以上工业企业按行业分水消费量(2012)

指　　标	取水量（万立方米）	支付费用的取水量（万立方米）	取水支付金额（万元）	外供水量（万立方米）
总　　计	**13417**	**11048**	**19058**	**3219**
(一)采矿业	55	39	52	
1、煤炭开采和洗选业	10	8	11	
2、石油和天然气开采业				
3、黑色金属矿采选业	26	11	20	
4、有色金属矿采选业	19	19	22	
5、非金属矿采选业				
6、其他采矿业				
(二)制造业	8943	7394	11546	613
1、农副食品加工业	27	17	17	
2、食品制造业	23	20	50	
3、饮料制造业	141	132	283	19
4、烟草制品业				
5、纺织业	126	123	211	
6、纺织服装、鞋、帽制造业	35	34	40	
7、皮革、毛皮、羽毛(绒)等				
8、木材加工及木、竹、藤等	3	3	7	
9、家具制造业				
10、造纸及纸制品业	269	133	98	
11、印刷业和记录媒介的复制	7	7	27	
12、文教体育用品制造业	1	1	2	
13、石油加工炼焦及核燃料	1130	1076	985	
14、化学原料及化学制品制造	995	960	1866	8
15、医药制造业	91	86	160	
16、化学纤维制造业				
17、橡胶制品业	10	10	28	
18、塑料制品业	125	114	293	
19、非金属矿物制品业	2165	1593	2654	1
20、黑色金属冶炼及压延	3377	2702	4380	584
21、有色金属冶炼及压延	9	9	28	
22、金属制品业	19	13	40	
23、通用设备制造业	4	4	7	
24、专用设备制造业	200	200	173	
25、交通运输设备制造业	2	2	3	
26、电气机械及器材制造业	179	151	190	
27、通信设备、计算机及其他	4	1	3	
28、仪器仪表及文化、办公用				
29、工艺品及其他制造业	1	1	1	
30、废弃资源和废旧材料回收				
(三)电力、煤气及水的生产等	4419	3615	7459	2606
1、电力、热力的生产和供应	1673	1545	4537	44
2、燃气生产和供应业				
3、水的生产和供应业	2746	2069	2923	2562

4—5　规模以上工业企业分品种水消费量

指　标	取水量(万立方米)		付费水(万立方米)		取水支付金额(万元)	
	2011	2012	2011	2012	2011	2012
总　计	**12234**	**13417**	**10276**	**11047.64**	**19051**	**19058**
1. 陆地地表水	3588	4272	2900	2993.1	4650	4019
#陆地湖咸水						
2. 地下水	6780	6519	5539	6157.03	11412	11883
其中:地下咸水						
3. 自来水	1794	1908	1791	1770.5	2917	2882
4. 海　水						
5. 其他水	73	718	46	127.01	73	275
#雨水收集利用	27	27		0.05		
海水淡化水						
再生水(中水)	45	564	45		70	
重复用水量	133795	193212				
河湖海冷却直排水量		18				
废水排放量	422	1651				

4—6　焦炭产品产、销、存

单位:万吨

指　标	2011	2012	2012 年比 2011 年增长 (%)
年初库存量	**73.9**	**62.9**	**-14.8**
生产量	1209.6	1038.1	-14.2
销售量	1147.9	975.2	-15.0
省内地销	276.3	295.9	7.1
销往煤焦集运站			
销往外省市	871.6	679.3	-22.1
年末库存量	64.2	60.4	-5.9

主要统计指标解释

能源购进量 是指报告期内企业在生产过程中实际消费的本年及本年以前购入的(包括借入和调剂串换的)各种一次能源和二次能源。一次能源生产企业用于本企业生产方面的自用量视同购入量统计。不包括企业自产自用的二次能源。

能源消费量 是指报告期内某一企业各种能源消费量的总和。不仅包括生产用的能源,而且包括非生产用的能源。它是企业生产用和非生产用的全部能源的数量。

工业生产能源消费量 是指报告期内企业直接用于产品生产过程的原材料、燃料、动力消耗和工艺消耗的各种能源。包括基本生产系统能源消费量和辅助生产系统能源消费量,即各基本生产车间消费的各种能源的数量和专为基本生产车间生产产品提供一定条件的辅助生产系统消费的各种能源的数量。

非工业生产能源消费量 是指报告期内企业除生产用能以外的其他能源消费量。包括:企业所属的非独立核算单位所消费的能源,以及企业附属的文教、卫生、福利设施如学校、医院、食堂、幼儿园等消费的能源。但不包括企业内独立核算的非工业生产单位如农场、建筑公司、运输公司等消费的能源。

能源库存量 是指报告期某一时点上实际结存的各种能源的数量。按观察的时点不同通常分为年初库存和年末库存。年初库存指一月一日的库存量,亦即上一年度十二月三十一日的库存量,二者必须一致。核算库存量的基本原则是"谁保管,谁统计"。

综合能源消费量 是指报告期内企业生产消费的各种能源的总和。根据企业性质的不同,该指标有两种不同的情况:1、对非能源加工转换企业,是指购入的各种一次能源和二次能源消费量的总和。2、对于能源加工转换企业,是指扣除向社会提供的自产二次能源后的消费量。计算公式为:企业综合能源消费量=购入能源消费量-由本企业加工转换的二次能源生产量+由本企业加工转换的二次能源自用量。

能源加工转换投入量 是指为生产二次能源产品而投入加工转换装置的各种能源消费量。不包括:加工转换装置本身的工艺用能,车间用能,辅助生产系统用能,经营管理用能以及上述各项以外的其他非生产用能。能源加工转换按加工转换类别分为①火力发电和供热。②洗煤、炼焦、炼油、制气。火力发电和供热的能源转换投入量指电站锅炉、燃汽轮机、内燃机等消费的煤炭、原油、燃料油、柴油、天然气等能源。洗煤、炼焦、炼油、制气类别的能源转换投入量分别指构成洗煤产品、炼焦产品、炼油产品、制气产品等实体而消费的各种能源。洗煤投入的为原煤;炼焦投入的为洗精煤或原煤;炼油投入的为原油;制气投入的为煤气、焦炭、燃料油。

能源加工转换产出量 指经过加工转换后产出的各种能源产品的生产量。火力发电产出的是电力,热电联产还同时产出热力;供热产出的是蒸汽和热水,统称为热力;洗煤产出的是洗精煤、其他洗煤(洗中煤、煤泥等);炼焦产出的是焦炭、焦炉煤气和其他焦化产品;炼油产出的是汽油、煤油、柴油、燃料油、液化石油气,炼厂干气和其他石油制品(石脑油、各种原料油、溶剂油、石蜡、润滑油、石油沥青等);制气产出的是焦炉煤气、其他煤气、焦炭和其他焦化产品(煤焦油、粗苯等)。

5 物 价

资料整理:宋化霞　薛武伟

5—1　主要年份各类物价总指数

上年价格 = 100

年　份	全市居民消费价格总指数	全市商品零售价格总指数
1985	106.4	
1986	105.4	
1987	108.3	
1988	126.2	
1989	116.9	
1990	104.0	
1991	104.3	
1992	108.6	
1993	109.1	
1994	123.4	
1995	115.8	
1996	106.7	
1997	100.5	
1998	97.7	
1999	98.8	
2000	101.5	97.0
2001	99.6	99.6
2002	99.2	99.2
2003	101.7	101.3
2004	102.9	101.3
2005	100.9	100.5
2006	102.7	100.8
2007	103.9	102.4
2008	104.8	104.5
2009	98.6	99.2
2010	103.0	102.7
2011	104.3	104.4
2012	102.5	101.9

5—2　民居消费价格分类指数

上年价格=100

指　　标	2011	2012	指　　标	2011	2012
居民消费价格总指数	**104.3**	**102.5**	四、家庭设备用品及维修服务	100.3	100.0
一、食　品	110.9	104.4	1.耐用消费品	99.6	98.5
1.粮　食	110.1	104.9	(1)家　具	104.7	99.9
2.淀粉及薯类	123.2	107.8	(2)家庭设备	97.5	97.9
3.干豆类及豆制品	107.9	102.5	2.室内装饰品	100.4	100.3
4.油　脂	112.3	105.5	3.床上用品	101.0	100.2
5.肉禽及其制品	122.8	101.0	4.家庭日用杂品	100.1	100.9
(1)食用畜肉及副产品	128.4	99.3	5.家庭服务及加工维修服务	104.7	105.4
(2)禽	112.4	103.2	五、医疗保健和个人用品	102.6	103.6
(3)肉禽加工制品	113.5	104.7	1.医疗保健	103.9	104.1
6.蛋	115.0	98.2	(1)医疗器具及用品	95.2	100.7
7.水产品	114.8	108.2	(2)中药材及中成药	112.6	106.8
(1)鱼	116.8	109.3	(3)西　药	100.9	103.8
(2)其他水产品	100.7	99.9	(4)保健器具及用品	101.7	107.2
8.菜	103.8	112.9	(5)医疗保健服务	101.4	101.2
(1)鲜　菜	103.4	115.3	2.个人用品及服务	100.4	102.7
(2)干菜及菜制品	101.0	100.1	(1)化妆美容用品	100.6	100.0
9.调味品	105.2	102.9	(2)清洁化妆品	97.1	100.2
10.糖	107.6	102.5	(3)个人饰品	100.9	100.0
11.茶及饮料	105.4	102.5	(4)个人服务	102.6	107.9
(1)茶　叶	111.5	104.3	六、交通和通信	98.2	99.3
(2)饮　料	99.7	100.5	1.交　通	99.7	101.2
12.干鲜瓜果	121.5	105.2	(1)交通工具	98.3	101.0
(1)鲜　果	123.9	106.1	(2)车用燃料及零配件	110.5	103.3
(2)干(坚)果及瓜果制品	114.0	102.1	(3)车辆使用及维修	100.7	104.1
13.糕点饼干面包	104.2	105.9	(4)市区公共交通	100.3	100.3
14.奶及奶制品	100.6	101.2	(5)城市间交通	102.9	101.9
15.在外用膳食品	105.9	105.5	2.通　信	96.4	96.9
(1)主　食	108.6	104.7	(1)通信工具	87.5	89.1
(2)炒　菜	101.1	103.9	(2)通信服务	100.0	99.7
(3)地方小吃	114.2	115.1	七、娱乐教育文化用品及服务	101.0	102.1
16.其他食品及食品加工服务	102.7	103.1	1.文娱用耐用消费品及服务	95.4	94.4
二、烟酒及用品	101.1	100.9	2.教　育	101.9	104.1
1.烟　草	100.7	101.6	(1)教材及参考书	103.2	106.1
2.酒	101.9	99.4	(2)教育服务	101.6	103.7
三、衣　着	101.9	100.9	3.文化娱乐用品	101.6	100.4
1.服　装	101.4	101.0	(1)文化娱乐	99.8	99.2
(1)男式服装	100.9	99.9	(2)书报杂志	100.1	99.3
(2)女式服装	101.8	101.9	(3)文娱费	108.6	105.1
(3)儿童服装	101.4	100.0	4.旅游及外出	102.0	102.5
2.衣着材料	111.8	104.1	八、居　住	104.9	103.8
3.鞋袜帽	100.6	99.4	1.建房及装修材料	104.9	105.2
(1)鞋	100.6	98.5	2.住房租金	114.8	104.6
(2)袜　子	100.3	107.3	3.自有住房	107.5	102.9
(3)帽　子	100.2	100.0	4.水、电、燃料	103.1	103.0
4.衣着加工服务	102.3	104.3			

5—3　商品零售价格分类指数

上年价格 = 100

指　　标	2011	2012
商品零售价格总指数	**104.4**	**101.9**
一、食品类	112.3	105.7
1. 粮　食	110.8	106.1
2. 淀粉及薯类	125.0	106.2
3. 干豆类及豆制品	106.5	97.3
4. 油　脂	114.7	111.7
5. 肉禽及其制品	131.3	100.3
6. 蛋	117.8	96.7
7. 水产品	112.7	106.9
8. 菜	102.8	117.1
9. 调味品	104.0	105.6
10. 糖	104.2	104.9
11. 干鲜瓜果	126.4	104.5
12. 糕点饼干面包	104.6	108.6
13. 液体乳及乳制品	99.9	102.1
14. 在外用膳食品	107.8	104.3
15. 其他食品	102.0	103.3
二、饮料、烟酒	102.5	102.3
1. 茶及饮料	102.9	102.1
2. 烟　草	100.2	104.0
3. 酒	103.5	101.5
三、服装、鞋帽类	99.3	98.9
1. 服　装	100.1	99.2
2. 鞋袜帽	98.0	97.9
3. 其　他	91.3	100.0
四、纺织品类	103.2	99.9
1. 衣着材料	106.5	101.8
2. 床上用品	99.4	97.7
五、家用电器及音像器材	102.7	95.0
1. 家庭设备	97.8	95.6
2. 文娱用耐用消费品	113.5	93.1

5—3 续

上年价格 = 100

指　　标	2011	2012
3. 专业音像器材类	98.2	97.2
六、文化办公用品	95.4	97.8
七、日用品	99.0	100.2
1. 日用百货	102.1	100.1
2. 日用杂品	83.3	100.5
3. 洗涤用品	102.7	100.4
4. 其他日用品	99.9	100.1
八、体育娱乐用品	101.5	100.9
1. 体育用品	102.5	100.4
2. 娱乐用品	100.3	101.5
九、交通、通信用品	90.2	95.1
1. 交通运输机械	94.6	99.5
2. 通讯器材类	84.1	88.2
十、家　具	106.4	98.5
十一、化妆品类	99.3	100.1
十二、金银珠宝类	113.1	102.5
十三、中西药品及医疗保健用品类	100.0	103.3
1. 医疗器具及用品	93.0	99.8
2. 中药材及中成药	112.7	106.5
3. 西　药	100.4	104.0
4. 保健器具及用品	102.8	110.0
十四、书报杂志及电子出版物类	101.2	102.7
1. 教材及参考书	102.3	106.3
2. 书报杂志	100.6	99.5
3. 电子音像制品	96.5	101.2
十五、燃料类	112.6	107.5
1. 煤炭及制品类	114.8	110.6
2. 石油及制品类	109.1	102.5
十六、建筑材料及五金电料类	105.5	104.6
1. 建筑装璜材料	107.4	103.0
2. 五金电料类	103.5	106.5

5—4　农业生产资料价格分类指数

上年价格 = 100

类　别	2011	2012
农业生产资料价格指数	**101.0**	**92.9**
一、农用手工工具	105.0	103.0
二、饲　料	102.4	91.7
三、产品畜	111.2	103.0
四、半机械化农具	95.9	90.9
五、机械化农具	99.6	91.4
六、化学肥料	97.1	84.2
七、农药及农药械	97.6	91.2
1. 化学农药	96.6	90.8
2. 农药器械	105.7	93.8
八、农用机油	107.4	98.0
九、其他农业生产资料	102.4	96.6
十、农业生产服务	102.6	106.0

5—5 工业生产者出厂价格指数

上年价格 = 100

类　别	2011	2012
全部工业品	**105.3**	**91.2**
1. 轻工业	106.3	100.0
以农产品为原料	105.7	99.7
以非农产品为原料	108.7	101.1
重工业	105.2	90.1
采掘工业	104.8	90.3
原料工业	105.3	88.0
加工工业	105.0	92.6
2. 生产资料	105.2	90.2
采掘工业	104.8	90.3
原料工业	105.3	88.0
加工工业	105.2	92.8
生活资料	106.0	100.4
食　品	106.0	100.3
衣　着	104.4	101.3
一般日用品	106.5	100.3
耐用消费品		
按工业部门分		
1. 冶金工业	103.8	84.6
2. 电力工业	109.0	108.2
3. 煤炭及炼焦工业	109.7	88.2
4. 石油工业		
5. 化学工业	106.6	98.9
6. 机械工业	101.7	102.5
7. 建筑材料工业	104.5	96.0
8. 森林工业	100.0	100.0
9. 食品工业	106.2	100.6
10. 纺织工业	106.0	92.1
11. 缝纫工业	104.4	101.3
12. 皮革工业		
13. 造纸工业	104.7	107.5
14. 文教艺术用品工业	101.6	100.0
15. 其他工业	100.5	100.0

5—6 工业生产者购进价格指数

上年价格＝100

类 别	2011	2012
总指数	**107.1**	**97.0**
一、燃料动力类	103.0	94.5
二、黑色金属材料类	106.0	92.6
钢 材	107.6	95.8
其 他	104.5	89.7
三、有色金属材料和电线类	123.7	102.8
四、化工原料类	103.3	97.8
五、木材及纸浆类	100.2	102.7
六、建筑材料及非金属矿类	101.9	96.6
七、其他工业原材料及半成品类	101.1	100.4
八、农副产品类	103.9	102.4
九、纺织原料类	116.3	97.8

主要统计指标解释

居民消费价格 反映居民用于支付购买生活消费品及获得服务项目的价格变动采用加权平均法计算。根据抽样方法在全市抽取13个调查市.县.区为填报单位。

商品零售价格指数 反映市场商品零售价格变动情况的相对数,采用加权平均法计算。

农产品收购价格指数 反映国家对农产品收购价格变动趋势的相对数,采用加权倒数平均法计算。

工业生产者价格指数 即原来的工业品价格指数。它是反映一个国家和地区一定时期内工业生产者出售工业产品价格水平变动趋势及幅度的相对数,该指数能够客观反映各工业行业产品价格水平和各种工业产品价格水平和结构变动情况,为国民经济核算、计算工业发展速度、宏观经济分析和调控、理顺价格体系等提供科学准确的依据。

工业生产者出厂价格指数 是反映工业企业生产的产品第一次进入流通领域的销售价格(不含增值税、运费、关税等)变动趋势和变动程度的相对数,通过调查收集部分代表企业的代表产品的价格变动资料,采用国际通行的链式拉式公式计算求出。

工业生产者购进价格指数 指工业企业组织生产时作为中间投入的原材料、燃料、动力购进价格(含增值税、运费、关税等)变动趋势和变动程度的相对数,通过调查收集部分代表企业的代表产品的价格变动资料,采用国际通行的链式拉式公式计算求出。

6 人民生活

资料整理:张　辉　任　飞

6—1 城镇居民家庭生活基本情况

指　　标	2011	2012
一、调查户数(户)	700	700
二、平均每户家庭人口数(人)	3.0	2.9
三、平均每户就业人口数(人)	1.6	1.5
四、平均每一就业者负担人数(人)	1.9	1.9
五、平均每人全年可支配收入(元)	15937.4	18248.3
高收入户	27595.1	32231.0
中等收入户	14717.4	16159.1
低收入户	8751.3	9692.5
六、平均每人全年消费性支出(元)	10412.5	10804.8
高收入户	16016.9	16403.6
中等收入户	10534.1	9629.0
低收入户	6616.4	7042.5
七、人均总建筑面积(平方米)	36.1	35.8

6—2 城镇居民家庭人均全部收入及构成

指　　标	2011	2012
家庭总收入(元)	**16951.9**	**19475.3**
#可支配收入	15937.4	18248.3
一、工资性收入	11708.5	13225.4
1. 工资及补贴收入	10914.0	12432.0
2. 其他劳动收入	794.5	793.3
二、经营净收入	1513.6	1329.4
三、财产性收入	402.9	424.2
#1. 利息收入	75.1	137.4
2. 股息与红利收入	29.7	55.1
3. 其他投资收入	125.5	72.4
4. 出租房屋收入	73.3	120.5
四、转移性收入	3326.9	4496.3
#1. 养老金或离退休金	2495.8	3619.6
2. 社会救济收入	55.9	40.4
3. 辞退金	1.6	5.4
4. 赡养收入	132.4	101.3
5. 捐赠收入	324.4	465.7
6. 提取住房公积金	57.2	74.1
家庭总收入构成(%)	**100.0**	**100.0**
#可支配收入	94.0	93.7
一、工资性收入	69.1	67.9
1. 工资及补贴收入	64.4	63.8
2. 其他劳动收入	4.7	4.1
二、经营净收入	8.9	6.8
三、财产性收入	2.4	2.2
#1. 利息收入	0.4	0.7
2. 股息与红利收入	0.2	0.3
3. 其他投资收入	0.7	0.4
4. 出租房屋收入	0.4	0.6
四、转移性收入	19.6	23.1
#1. 养老金或离退休金	14.7	18.6
2. 社会救济收入	0.3	0.2
3. 辞退金	0.0	0.0
4. 赡养收入	0.8	0.5
5. 捐赠收入	1.9	2.4
6. 提取住房公积金	0.3	0.4

6—3　城镇居民家庭平均每人全年消费性支出及构成

指　　标	2011	2012
消费性支出(元)	**10412.5**	**10804.8**
一、食　品	3018.1	3339.5
1.粮油类	538.8	553.5
2.肉禽蛋水产品类	476.8	533.0
3.蔬菜类	371.2	407.4
4.调味品	45.1	52.6
5.糖烟酒饮料类	267.7	292.2
6.干鲜瓜果类	272.3	326.3
7.糕点、奶及奶制品	289.5	305.4
8.其他食品	171.2	227.3
9.饮食服务	585.8	641.8
二、衣　着	1698.9	1503.2
三、家庭设备用品及服务	607.6	785.9
四、医疗保健	576.1	629.0
五、交通和通信	1483.2	1655.0
六、教育、文化、娱乐服务	1241.9	1231.3
七、居　住	1307.0	1177.1
八、杂项商品及服务	479.8	483.8
消费性支出构成(%)	**100.0**	**100.0**
一、食　品	29.0	30.9
1.粮油类	5.2	5.1
2.肉禽蛋水产品类	4.6	4.9
3.蔬菜类	3.6	3.8
4.调味品	0.4	0.5
5.糖烟酒饮料类	2.6	2.7
6.干鲜瓜果类	2.6	3.0
7.糕点、奶及奶制品	2.8	2.8
8.其他食品	1.6	2.1
9.饮食服务	5.6	5.9
二、衣　着	16.3	13.9
三、家庭设备用品及服务	5.8	7.3
四、医疗保健	5.5	5.8
五、交通和通信	14.2	15.3
六、教育、文化、娱乐服务	11.9	11.4
七、居　住	12.6	10.9
八、杂项商品及服务	4.6	4.5

6—4 主要年份城镇居民人均可支配收入增长情况

单位:元

年份	可支配收入	比上年增加额	比上年增长(%)	城镇居民消费价格指数(以1991年为100)	扣除物价上涨因素后	
					实际收入	比上年增长(%)
1991	1062			100.0	1062	
1995	2525			115.8	2181	
2000	4009			101.5	3950	
2001	4582	573	14.3	98.6	4647	17.7
2002	5507	925	21.0	99.2	5551	20.0
2003	6172	665	12.0	101.7	6067	10.0
2004	6808	636	11.0	102.9	6611	9.0
2005	7507	699	11.0	100.9	7440	13.0
2006	8416	909	13.0	102.7	8189	10.0
2007	9716	1300	16.0	103.9	9337	14.0
2008	11291	1575	16.2	104.8	10749	15.1
2009	12657	1366	12.1	98.6	12834	19.4
2010	14204	1547	12.2	103.0	13778	7.4
2011	15937		18.0	104.3	15252	10.7
2012	18248	2311	14.5	102.1	17865	12.1

6—5 主要年份城镇居民人均消费性支出增长情况

单位:元

年份	消费性支出	比上年增加额	比上年增长(%)	城镇居民消费价格指数(以1991年为100)	扣除物价上涨因素后	
					实际收入	比上年增长(%)
1991	1052			100.0	1052	
1995	1911			115.8	1650	
2000	2882			101.5	2839	
2001	3168	286	9.8	98.6	3213	13.2
2002	4010	842	27.0	99.7	4022	26.0
2003	4383	373	10.0	101.7	4309	8.0
2004	4702	319	8.0	102.9	4566	6.0
2005	5165	463	10.0	100.9	5118	12.0
2006	5613	449	9.0	102.7	5461	7.0
2007	6332	719	13.0	103.9	6085	12.0
2008	7198	866	13.2	104.8	6852	12.6
2009	8062	864	12.0	98.6	8175	19.3
2010	8423	361	4.5	103.0	8170	0.1
2011	10412	1989	23.6	104.3	9964	22.0
2012	10805	393	3.8	102.1	10578	1.6

6—6 城镇居民家庭平均每人全年购买的主要商品数量

指　　标	2011	2012
粮　食(公斤)	115.1	113.5
食用植物油(公斤)	6.8	7.5
猪　肉(公斤)	7.5	8.3
牛羊肉(公斤)	1.5	1.5
家　禽(公斤)	2.6	3.1
蛋　类(公斤)	12.7	13.4
鱼　虾(公斤)	1.8	2.0
蔬　菜(公斤)	119.1	119.4
酒　类(公斤)	1.4	1.8
服　装(件)	12.4	8.7
男　装		
女　装		
童　装		
鞋　类(双)	3.6	3.6
煤　炭(公斤)	50.8	39.4

6—7 城镇居民家庭平均每百户年末耐用消费品拥有量

品　　名	2011	2012
洗衣机(台)	100.3	99.9
电风扇(台)		
电冰箱(台)	94.9	94.9
微波炉(台)	36.2	39.5
电炊具(台)		
彩色电视机(台)	116.3	118.1
录放像机(台)		
组合音响(套)	28.9	20.0
空调器(台)	107.4	113.5
照相机(架)	32.3	30.9
摩托车(辆)	79.7	65.0
家用电脑(台)	76.4	78.8
移动电话(部)	189.9	182.3
家用汽车(辆)	24.6	28.0

6—8 城镇居民家庭年末居住构成情况

单位:%

指　　标	2011	2012
一、按房屋产权		
租赁公房	1.1	0.6
租赁私房	3.2	1.8
原有私房	29.3	19.0
房改私房	10.9	33.9
商品房	55.4	44.5
其　他	0.1	0.1
二、住宅建筑式样		
单栋住宅	24.4	13.9
四居室	4.9	5.6
三居室	39.9	39.8
二居室	13.1	21.0
一居室	1.0	0.4
普通楼房	3.2	3.0
平房及其他	13.4	16.4
三、饮水情况		
自来水	97.6	92.4
矿泉水	0.8	2.9
纯净水	1.2	4.6
井、河水	0.3	0.2
其　他		
四、用水情况		
独用自来水	97.7	92.4
公用自来水	2.1	2.9
井、河水	0.2	4.6
其　他	0.0	0.2
五、卫生设备		
无卫生设备	3.7	2.5
有厕所浴室	74.6	77.4
有厕所无浴室	19.1	14.7
公　用	2.7	5.4
六、取暖设备		
无取暖设备	3.5	2.9
空调设备	10.6	3.6
暖　气	79.8	84.1
其　他	6.1	9.4
七、炊用燃料使用情况		
管道天然气	6.9	7.9
液化石油气	3.0	28.5
煤	17.1	8.4
其　他	33.6	53.6
八、通信设备使用情况		
(1)无电话		
(2)有电话	100.0	100.0
#使用互联网	70.5	73.6

6—9 按收入等级分城镇居民家庭平均每人全年消费性支出(2012)

单位:元

指　　标	总计组	最　低 收入户	更　低 收入户	低　收 入　户	中　下 收入户	中　等 收入户	中　上 收入户	高　收 入　户	最　高 收入户
消费性支出	**10804.8**	**6746.6**	**4985.6**	**7433.2**	**8604.9**	**9629.0**	**12408.7**	**15073.2**	**19201.6**
一、食　品	3339.5	2332.2	1596.1	2342.8	2682.4	3433.4	3635.0	4713.3	4612.9
#1. 粮　食	369.7	331.0	254.6	323.7	326.4	398.0	363.2	485.0	347.6
2. 油脂类	88.9	74.9	63.4	82.0	74.9	100.3	97.1	105.0	78.7
3. 肉禽及制品	533.0	393.1	327.2	402.7	423.1	541.6	541.4	833.4	649.8
4. 蛋　类	101.7	76.2	66.7	83.0	85.9	106.2	111.0	134.1	116.2
5. 水产品类	37.1	27.6	24.4	27.7	26.1	41.5	29.7	71.7	43.1
6. 菜　类	407.4	285.4	242.9	315.6	360.1	410.0	434.5	585.7	442.4
7. 烟草类	152.4	84.8	52.7	107.2	78.6	135.9	236.2	215.5	222.6
8. 酒　类	36.2	17.2	13.0	22.7	25.9	27.0	36.9	78.7	57.9
9. 干鲜瓜果类	326.3	208.2	136.5	198.8	260.7	361.3	343.0	506.9	402.7
10. 奶及奶制品	230.2	159.4	79.4	147.0	177.6	228.1	260.5	338.7	327.3
11. 饮食服务	641.8	373.0	184.9	387.0	485.1	648.7	724.4	797.7	1386.1
二、衣　着	1503.2	850.4	595.4	943.8	1247.5	1542.7	1627.3	1993.9	2762.1
#服　装	1070.1	567.8	380.5	667.1	882.6	1064.3	1184.2	1434.7	2038.2
衣着材料	3.9	6.6	11.1	3.9	3.6	4.6	4.8	0.9	2.3
三、家庭设备用品及服务	785.9	394.9	309.1	515.0	505.9	597.3	970.6	1249.4	1749.7
#耐用消费品	421.6	210.7	115.7	222.7	241.9	236.4	562.9	735.9	1071.2
四、医疗保健	629.0	442.2	326.5	384.8	422.3	489.8	693.5	1194.7	981.7
五、交通和通讯	1655.0	959.7	606.0	1354.9	1167.7	1185.5	2010.1	2348.7	3644.3
六、娱乐文教服务	1231.3	853.9	691.9	884.5	1273.0	1033.3	1595.0	1025.6	2047.6
1. 耐用消费品	203.3	116.4	65.7	155.0	218.1	189.3	181.9	244.9	400.3
2. 教　育	719.1	665.2	578.5	494.1	835.3	615.7	883.4	446.3	1063.1
3. 文化娱乐	308.8	72.3	47.8	235.4	219.6	228.4	529.7	334.4	584.2
七、居　住	1177.1	692.0	735.7	754.6	924.5	985.9	1448.7	1508.3	2428.5
#住　房	244.3	159.2	108.7	72.1	119.7	184.4	291.2	284.3	980.7
水、电、燃料其他	797.2	490.6	574.4	559.2	726.7	685.5	988.9	971.5	1233.9
八、其它商品和服务	483.8	221.3	124.8	252.8	381.7	361.1	428.5	1039.2	974.7

6—10　按家庭规模分组城镇居民家庭平均每人全年消费性支出(2012)

单位:元

指　　标	一人户	二人户	三人户	四人户	五人及以上户
消费性支出(元)	**21131.8**	**13920.3**	**10940.3**	**9021.0**	**6932.4**
食　品	8849.8	4669.6	3246.2	2616.7	2087.5
#1.粮　食	864.1	518.9	342.8	298.6	270.2
2.油脂类	198.4	122.3	82.9	72.2	67.8
3.肉禽及制品	1058.8	811.4	454.5	422.7	413.6
4.蛋　类	230.9	136.6	97.2	74.8	86.1
5.水产品类	75.9	61.0	29.6	32.8	22.6
6.菜　类	831.8	594.8	376.3	313.2	284.1
7.烟草类	644.3	222.0	137.4	114.5	114.8
8.酒　类	197.2	58.8	31.5	26.6	20.2
9.干鲜瓜果类	662.7	493.0	303.3	253.9	187.7
10.奶及奶制品	434.8	332.3	221.1	191.0	123.0
11.饮食服务	2947.6	759.1	753.4	463.2	272.9
衣　着	2293.9	1739.5	1659.9	1320.8	812.8
#服　装	1676.8	1237.6	1180.0	917.5	614.2
衣着材料	21.5	4.0	4.6	4.1	1.2
设备用品及服务	961.4	1070.4	744.7	705.9	505.7
#耐用消费品	179.0	616.1	416.7	298.1	254.7
医疗保健	1299.2	989.0	518.5	492.9	494.6
交通和通讯	1938.7	1915.4	1802.3	1446.3	995.3
娱乐文教服务	2331.5	1039.9	1436.0	1213.4	937.1
1.耐用消费品	418.5	181.3	232.4	201.6	150.2
2.教　育	673.0	448.6	924.5	825.4	423.6
3.文化娱乐	1240.0	410.0	279.2	186.4	363.3
居　住	2841.1	1765.8	1017.4	929.0	913.6
#住　房	419.5	324.7	159.2	276.7	319.9
水、电、燃料及其他	2289.9	1208.6	728.6	571.4	541.5
杂项商品和服务	616.3	731.0	515.2	296.2	185.7

6—11　主要年份农民家庭基本情况

单位:人

年　　份	调查户数（户）	调查户常住人口	户均常住人口	平均每户整半劳动力	每个劳力负担人口	平均每人居住面积（平方米）
1996	560	2444	4.4	2.8	1.6	19.9
1997	560	2430	4.3	2.8	1.6	21.2
1998	560	2412	4.3	2.7	1.6	21.5
1999	560	2390	4.3	2.7	1.6	22.0
2000	560	2396	4.3	2.8	1.6	24.8
2001	560	2358	4.2	2.7	1.6	26.0
2002	560	2291	4.1	2.6	1.6	26.9
2003	560	2313	4.1	2.7	1.5	26.6
2004	560	2252	4.0	2.7	1.5	27.4
2005	560	2336	4.2	2.8	1.5	29.1
2006	560	2298	4.1	2.8	1.5	27.9
2007	560	2280	4.1	2.8	1.5	28.7
2008	560	2270	4.1	2.8	1.4	30.0
2009	560	2268	4.1	2.9	1.4	30.7
2010	560	2263	4.0	2.9	1.4	31.1
2011	560	2125	3.8	2.8	1.4	39.8
2012	560	2130	3.8	2.8	1.4	40.2

6—12　农民家庭人口状况(2012)

指　　标	抽样调查数总计	每户平均
一、调查户数(户)	560	
二、家庭常住人口(人)	2130	3.8
#整半劳动力数	1564	2.8
#整劳动力	988	1.8
1.学龄前人数	132	0.2
2.7－15岁	222	0.4
#在校人数	222	0.4
3.16－60岁	1564	2.8
4.60岁以上	213	0.4

6—13 农民家庭劳动力状况(2012)

单位:人

指　　标	抽样调查数总计	每百人
一、劳动力文化状况		
1.不识字或识字很少	7	0.5
2.小学程度	139	9.3
3.初中程度	975	65.4
4.高中程度	287	19.3
5.中　专	44	3.0
6.大专及以上	38	2.6
二、劳动力就业情况		
第一产业	849	57.0
第二产业	302	20.3
采矿业	14	0.9
制造业	151	10.1
电力煤气及水的生产供应业	8	0.5
建筑业	129	8.7
第三产业	339	22.8
#交通运输仓储及邮电通讯业	49	3.3
批发和零售贸易	63	4.2

6—14 农民家庭平均每户房屋情况

指　　标	2006	2007	2008	2009	2010	2011	2012
一、年内新建房屋面积(平方米)	3.1	4.1	4.2	3.2	1.9	2.0	2.3
#砖木结构面积	0.4	2.1	1.4	0.7	1.1	0.8	1.5
钢筋混凝土结构面积	2.7	2.0	2.9	2.5	0.5	1.2	0.8
年内新建房屋价值(元)	1232.1	1396.1	1541.1	1446.7	725.0	1153.6	1666.9
平均每平方米新建房屋价值(元)	396.2	341.3	366.1	452.1	381.6	576.8	723.0
新建房屋中楼房面积(平方米)	1.5	1.4	1.4	1.5	0.4	1.5	0.8
二、年末居住住房面积(平方米)	114.4	116.9	121.6	124.4	125.8	151.1	152.9
#砖木结构面积	72.9	74.1	76.1	73.5	76.9	99.3	94.7
钢筋混凝土结构面积	35.3	37.0	39.7	41.9	42.9	47.1	53.3
人均生活用房面积(平方米)	27.9	28.7	30.0	30.7	31.1	39.8	40.2
三、年末居住住房价值(元)	30538.1	31680.0	33717.0	34601.9	35187.5	64375.0	75368.4

6—15 农民家庭土地经营情况(2012)

单位:亩

指　　标	抽样调查数总计	每户平均	每人平均
一、期初实际经营土地面积	5678.2	10.1	2.7
#耕　地	3642.8	6.5	1.7
#有效灌溉面积	2749.6	4.9	1.3
二、期内增加的经营土地面积	327.5	0.6	0.2
#耕　地	288.5	0.5	0.1
#有效灌溉面积	274.0	0.5	0.1
三、期内减少的经营土地面积	181.8	0.3	0.1
#耕　地	155.4	0.3	0.1
#有效灌溉面积	120.8	0.2	0.1
四、期末实际经营的土地面积	5823.9	10.4	2.7
#耕　地	3775.9	6.7	1.8
#有效灌溉面积	2902.8	5.2	1.4

6—16 农民家庭收支情况(2012)

单位:元

指　　标	合 计	每人平均
一、总收入	**18564204**	**8716**
(一)工资性收入	6430495	3019
(二)家庭经营收入	10806277	5073
1. 第一产业	9595602	4505
#农　业	8286940	3891
林　业	41240	19
牧　业	1220944	573
2. 第二产业	202316	95
工　业	146976	69
建筑业	55340	26
3. 第三产业	1008359	473
交通、运输、邮电业	499767	235
批零贸易业、饮食业	345007	162
社会服务业	60969	29
文教卫生业	25776	12
其他行业	76070	36
(三)财产性收入	150420	71
(四)转移性收入	1177013	553
二、总支出	15600771	7324
(一)家庭经营费用	4131821	1940
1. 第一产业生产费用	3863983	1814
#农　业	2929147	1375
林　业	13814	6
牧　业	914352	429
2. 第二产业生产费用	38335	18
工　业	20890	10
建筑业	17445	8
3. 第三产业生产费用	229504	108
交通运输邮电业	111316	52
批零贸易餐饮业	74004	35
社会服务业	14870	7
文教卫生业	4687	2
其他行业	24627	12
(二)购置生产性固定资产支出	253162	119
(三)建造生产性固定资产雇工支出	350	
(四)税费支出	21114	10
(五)生活消费支出	10095289	4740
(六)财产性支出	5280	2
(七)转移性支出	1093755	513
三、全年可支配收入	12639597	5934
四、全年纯收入	**13592202**	**6381**

6—17　农民家庭平均每人家庭经营纯收入

单位:元

指　标	2006	2007	2008	2009	2010	2011	2012
家庭经营纯收入	**1760.8**	**1928.9**	**2007.7**	**2011.6**	**2254.6**	**2551.8**	**2807.8**
农业收入	1363.9	1492.5	1480.9	1503.3	1762.0	2012.2	2265.1
林业收入	12.6	11.1	9.0	21.0	12.8	13.9	12.8
牧业收入	51.4	86.9	95.8	87.8	95.7	159.2	128.9
渔业收入					0.1	3.6	5.1
工业收入	7.4	5.5	5.9	4.5	3.1	30.0	57.1
建筑业收入	18.7	22.5	44.1	32.6	32.5	32.1	16.1
运输业收入	95.6	91.6	109.1	100.7	101.6	106.3	158.7
商业、饮食业收入	76.5	85.4	99.5	143.0	136.9	140.3	109.3
服务业收入	58.5	63.5	44.8	34.6	23.8	20.1	21.1
其他收入	76.3	70.0	83.5	84.3	86.1	34.1	23.8

6—18　主要年份农村住户每人平均纯收入

单位:元

年　份	全年纯收入	按纯收入来源分				
		基本收入			转移性收入	财产性收入
			工资性收入	家庭经营纯收入		
1996	1555.5	1444.6	329.6	1115.1	63.5	47.4
1997	1783.4	1644.0	442.4	1201.6	97.6	41.9
1998	1937.2	1857.1	432.0	1425.0	53.2	27.0
1999	1886.0	1814.4	460.7	1353.6	46.0	25.7
2000	1960.6	1859.8	434.5	1425.3	76.9	23.9
2001	2003.5	1891.2	463.6	1427.6	67.5	44.8
2002	2158.4	2043.5	646.9	1396.6	86.7	28.1
2003	2321.4	2220.4	675.8	1544.6	84.3	16.7
2004	2587.3	2444.7	843.2	1601.5	91.5	51.1
2005	2806.3	2689.8	1036.8	1653.0	24.4	94.1
2006	3049.8	2872.8	1111.9	1760.9	97.8	79.3
2007	3388.9	3168.3	1239.4	1928.9	123.5	97.1
2008	3800.1	3478.2	1470.5	2007.7	167.3	154.7
2009	4110.5	3730.8	1719.2	2011.6	250.7	128.9
2010	4684.7	4272.7	2018.7	2254.0	272.0	140.0
2011	5622.1	5161.9	2610.1	2551.8	403.3	56.8
2012	6381.3	5826.9	3019.0	2807.8	483.8	70.6

6—19 主要年份农村住户每人平均生活消费支出

单位:元

年 份	生活消费支 出	食 品	衣 着	居 住	家庭设备用品及服务	医疗保健	交通和通讯	文教娱乐用品及服务	其他商品和服务
1996	1200.1	628.3	128.5	163.4	58.1	54.4	37.3	104.0	26.1
1997	1149.9	570.1	110.8	155.3	67.6	64.0	40.5	114.8	26.7
1998	1137.5	628.9	89.2	134.8	51.1	56.6	35.7	128.1	13.2
1999	1138.3	546.5	91.6	139.3	53.2	58.8	85.7	139.8	23.4
2000	1175.0	508.6	102.4	166.8	48.9	67.5	63.5	174.7	42.6
2001	1293.9	513.2	112.7	223.6	46.8	81.0	86.0	191.5	39.1
2002	1385.5	540.2	127.9	204.3	55.1	63.8	121.8	238.0	34.3
2003	1424.8	535.0	130.1	175.3	53.4	92.3	134.0	275.3	29.6
2004	1598.8	651.9	148.1	175.4	54.2	98.8	147.5	289.9	33.0
2005	1871.6	704.3	177.8	237.8	73.1	111.5	179.1	348.3	39.8
2006	2283.1	769.3	180.9	368.2	106.0	132.4	255.5	416.6	54.3
2007	2559.7	885.3	208.6	449.4	140.4	135.1	272.2	400.5	68.2
2008	2881.2	1066.4	228.7	489.6	141.3	170.6	363.3	358.4	62.9
2009	2943.4	1039.0	224.7	539.7	176.9	215.8	283.2	401.8	62.3
2010	3053.8	1147.2	273.8	429.7	203.5	260.8	318.9	356.4	63.5
2011	4202.1	1506.9	414.2	685.6	315.2	248.7	483.7	422.0	125.9
2012	4739.6	1543.7	447.6	960.6	391.0	281.5	561.8	407.3	146.1

6—20 农民家庭平均每人现金收入

单位:元

指 标	2006	2007	2008	2009	2010	2011	2012
一、人均现金收入	**3501.4**	**4053.3**	**4357.2**	**4848.9**	**5543.6**	**6986.4**	**7907.9**
工资性收入	1111.8	1239.4	1470.4	1718.9	2017.8	2608.0	3017.9
出售产品的收入	1711.8	2045.3	1943.5	2144.8	1399.4	3312.8	3111.3
工业服务性收入	8.2	9.1	9.1	7.8	5.5	38.2	69.0
运输业的收入	133.7	139.6	164.5	143.7	155.2	160.8	234.6
商业、饮食业收入	89.0	101.8	117.3	169.7	164.8	176.5	162.0
服务业的收入	37.6	54.3	55.3	42.9	34.5	22.7	28.6
其他经营的收入	189.2	162.7	94.9	101.5	34.4	47.9	35.7
建筑业服务性的收入	21.2	23.5	47.1	33.2	32.8	42.4	26.0
转移性收入	142.1	195.1	210.8	287.0	115.6	43.9	471.3
财产性收入	56.8	82.5	146.3	110.0	316.3	455.4	46.2
二、非收入所得	**882.6**	**997.2**	**1339.2**	**1304.6**	**1267.3**	**2299.5**	**2545.4**

6—21 农民家庭平均每人现金支出

单位:元

指　　标	2006	2007	2008	2009	2010	2011	2012
总　　计	**3134.4**	**3643.7**	**4030.7**	**4216.2**	**4444.9**	**6228.5**	**7096.0**
一、生产费用支出	848.7	964.0	1023.8	1148.5	1333.5	1775.7	2037.5
#家庭经营费用支出	767.7	891.9	961.9	1029.9	1242.2	1675.3	1918.4
购置生产性固定资产支出	81.0	71.2	61.0	118.6	91.3	99.8	118.9
二、税费支出			1.2	1.6	2.4	1.8	9.9
三、生活消费支出	2079.0	2374.9	2670.0	2724.3	2825.1	3952.9	4548.0
食　品	567.7	701.4	855.9	824.1	944.2	1258.6	1352.5
衣　着	180.2	208.5	228.5	224.7	273.8	413.6	447.5
居　住	366.6	448.9	489.3	536.2	404.0	685.3	960.3
家庭设备、用品及服务	105.9	140.4	141.2	176.2	203.4	315.2	391.0
医疗保健	132.4	135.1	170.6	215.8	260.8	248.7	281.5
交通和通讯	255.5	272.2	363.3	283.2	318.9	483.7	561.8
文教娱乐用品及服务	416.6	400.5	358.4	401.8	356.4	422.0	407.3
其他商品和服务	54.2	67.7	62.9	62.3	63.5	125.9	146.1
四、财产性支出	15.3	32.8	28.7	21.6	17.5	0.2	2.5
五、转移性支出	186.4	269.6	307.1	320.3	266.5	497.8	498.2

6—22 农民家庭平均每人主要消费品消费量

单位:公斤

指　　标	2006	2007	2008	2009	2010	2011	2012
粮　食(原粮)	208.2	185.6	195.1	174.5	164.6	174.9	149.7
蔬　菜	59.8	55.4	63.0	58.9	58.0	64.1	59.3
食　油	6.5	6.6	7.5	7.2	7.1	7.5	7.8
肉禽及其制品	6.1	5.6	6.0	6.0	7.4	7.3	7.0
#家　禽	0.4	0.4	0.7	0.4	0.6	0.8	0.7
蛋　类	6.0	5.1	5.5	5.8	6.0	6.7	7.0
鱼　虾	0.5	0.6	0.7	0.7	0.5	0.7	0.6
食　糖	0.8	0.9	1.0	0.9	1.0	0.9	0.9
酒	2.2	2.8	2.4	2.0	2.0	2.5	3.0

6—23 农民家庭平均每百户耐用消费品拥有量

指　　标	单　位	2011	2012
洗衣机	台	93.6	93.6
电冰箱	台	59.6	67.0
空调机	台	26.6	30.5
热水器	台	32.3	35.2
摩托车	辆	88.9	88.6
生活用汽车	辆	0.5	0.7
电话机	部	34.3	38.9
移动电话	部	187.1	198.0
彩色电视机	台	120.2	124.5
黑白电视机	台	1.3	3.2
影碟机	台	13.2	12.7
照相机	架	3.6	5.4
家用计算机	台	34.3	39.3

主要统计指标解释

城镇居民家庭就业人口　指从事社会劳动并取得劳动报酬或经营收入的人口。我国的就业方针是："在国家统筹规划和指导下,实行劳动部门介绍就业,自愿组织起来就业和自谋职业相结合"的方针。因此通过这三种方式就业的,不论在全民所有制、集体所有制单位工作或从事个体劳动,不论有固定性职业或临时性职业都是就业人口。

城镇居民家庭全部收入　指调查户的全部实际的现金收入,包括经常或固定得到的收入和一次性收入,不包括周转性的收入,如提取银行存款、向亲友借入款、收回借出款以及其他各种暂收款。

城镇居民家庭可支配收入　指居民家庭在支付个人所得税之后,所余下的实际收入。

计算公式为:可支配收入=实际收入-个人所得税-家庭副业生产支出-记帐补贴

城镇居民家庭消费性支出　指调查户用于日常生活的全部支出,包括购买各种商品支出和文化生活、服务等非商品支出。

农村居民家庭常住人口　主要用于计算农村住户平均每人收入,消费和积累水平及分析家庭人口状况的依据。常住人口是指全年经常在家或在家居住六个月以上,而且经济生活和本户连成一体的人口。在外劳动的合同工、临时工和其他副业工,他们的收入主要带回家中,其经济活动与调查户连成一体,应做为常住人口统计。在家居住,生活和本户连成一体的国家职工、退休人员也要计算在内。但是参军,在外居住的职工等,则不应计入。

常住人口中整半劳动力　劳动力是农村住户生产的基本要素之一,劳动力的多少和劳动力负担人口的多少,直接影响农村住户收入和生活消费水平的增长变化。整劳动力是指男子18周岁到50周岁,女子18周岁到45周岁;半劳动力是指男子16周岁到17周岁,46周岁到55周岁,同时具有劳动能力的人。虽然在劳动年龄之内,但已丧失劳动能力的人,不应算为劳动力;在劳动年龄以外,但能经常参加劳动,能顶上一个整劳动力或半劳动力的人,应计入劳动力数内。常住人口中的职工,若这些职工为劳动力,就包括在本户整半劳动力中。

农民总收入　指农民年内从各种来源得到的全部实际收入(包括现金收入和实物收入)。由基本收入、转移性收入和财产性收入等三部分组成。

农民纯收入　指农民全年总收入扣除费用性支出后可以直接用于进行生产和非生产性建设投资,改善生活以及用于再分配的支出和结余收入,是反映农民实际收入水平和经济效益的主要指标。全年纯收入计算公式如下:

全年纯收入=全年总收入-家庭经营费用支出-缴纳税款-生产性固定资产折旧-上交集体承包任务-集体摊派提留-调查补贴

农民总支出　指农民家庭全年用于生产、生活和再分配等方面的全部实际支出,包括家庭经营费用支出、缴纳税款、上交集体的承包任务、集体提留和各种摊派、购买生产性固定资产支出、生活消费支出和其他非借贷性支出。借贷性支出不包括在内。

主要统计指标解释

7 农　业

资料整理：党　永　张宝珠　刘　轶
郭亚芬　杨　勇

7—1 主要年份农林牧渔业总产值

（按现行价格计算） 单位:万元

年份	农林牧渔服务业总产值	农业产值	林业产值	牧业产值	渔业产值	农林牧渔服务业产值
1952	30370	25599	947	3824		
1957	37625	30141	2073	5411	5	
1962	31105	27167	1089	2827	22	
1965	54301	47475	2373	4431	22	
1970	44014	36659	3028	4322	5	
1975	59371	45223	3859	10283	6	
1978	71892	62401	1939	7546	6	
1980	68134	57237	2633	8262	2	
1985	100820	85033	5840	9815	132	
1990	254519	211102	6612	35045	1760	
1995	617009	492702	6810	112461	5036	
1996	609363	471119	7797	124508	5939	
1997	550404	458056	11636	74473	6239	
1998	639104	550445	6848	75331	6480	
1999	575992	488987	5238	74222	7545	
2000	613004	518214	7515	79437	7838	
2001	572201	469242	11788	82714	8457	
2005	959022	747820	9648	133950	10726	56878
2006	1094700	863342	20470	138187	12389	60312
2007	1273509	1054744	16315	138037	17176	47237
2008	1540273	1168591	21708	261239	12309	76426
2009	1931754	1457480	51531	252297	11534	158910
2010	2454731	1892126	66493	307322	10792	177998
2011	2906330	2206250	36697	446788	16594	200000
2012	3316018	2556338	39799	479652	20230	220000

注:农业产值中不包括农民家庭兼营工业,林业产值中竹木采运产值为全社会口径,下同。

7—2　主要年份农林牧渔业增加值

单位:万元

指　标	2005	2006	2007	2008	2009	2010	2011	2012
一、农林牧渔业总产值	959022	1094700	1273509	1540273	1931753	2454731	2906330	3316018
农　业	747820	863342	1054744	1168591	1457480	1892126	2206250	2556338
林　业	9648	20470	16315	21708	51531	66493	36697	39799
牧　业	133950	138187	138037	261239	252297	307322	446788	479652
渔　业	10726	12389	17176	12309	11534	10792	16594	20230
农林牧渔服务业	56878	60312	47237	76426	158910	177998	200000	220000
二、农林牧渔业中间消耗	418306	463938	547380	656562	791023	1039707	1261304	1546160
农　业	305937	341884	439569	484634	569198	748713	905519	1150313
林　业	6564	9889	10383	12482	27829	40428	21985	23810
牧　业	74145	75918	67606	120256	118850	155504	227969	256743
渔　业	6608	7306	6119	5379	5107	7104	10592	12295
农林牧渔服务业	25052	28941	23703	33811	70039	87958	95240	103000
三、农林牧渔业增加值	540716	630761	726129	883711	1140730	1415024	1645026	1769858
农　业	441883	521458	615175	683957	888282	1143413	1300732	1418167
林　业	3084	10581	5932	9226	23702	26065	14712	13943
牧　业	59805	62269	70431	140983	133447	151818	218819	212874
渔　业	4118	5083	11057	6930	6427	3688	6002	7875
农林牧渔服务业	31826	31371	23534	42615	88871	90040	104761	117000

7—3 主要年份主要农作物播种面积

单位:千公顷

年 份	总播种面积	#粮食作物	#谷 物	#油 料	#棉 花	#蔬 菜
1952	791.4	607.8		15.8	130.3	
1957	826.9	612.4		9.1	155.7	
1962	770.1	605.5		3.9	108.9	
1965	767.4	578.7		5.3	132.8	
1970	816.9	626.7		2.2	135.9	
1975	749.4	556.2		3.2	131.3	
1978	808.8	609.3		2.2	151.7	
1980	759.2	554.9		5.0	132.0	8.8
1985	667.9	498.0		27.2	73.2	10.5
1990	709.7	538.5		40.5	79.6	10.8
1995	636.3	487.9	428.9	24.5	69.1	17.5
2000	657.1	514.3	418.7	44.8	30.9	36.7
2001	577.3	411.1	354.5	23.8	66.6	42.0
2002	598.9	438.0	367.5	26.1	58.7	42.4
2003	566.8	389.5	311.1	25.8	80.1	39.5
2004	602.6	425.1	384.0	21.7	99.4	32.0
2005	662.5	521.9	486.9	10.0	79.2	26.2
2006	673.1	522.4	479.7	13.0	91.3	27.4
2007	681.4	527.6	485.2	11.9	89.7	34.1
2008	696.1	548.2	499.9	13.7	81.6	34.7
2009	771.8	624.9	569.0	12.7	66.2	51.7
2010	789.7	652.5	595.8	12.3	57.3	50.7
2011	799.0	660.2	607.8	11.3	50.1	55.9
2012	790.5	667.6	621.7	10.9	33.1	57.3

7—4　农作物播种面积

单位:千公顷

指　　标	2011	2012
农作物总播种面积	**799.0**	**790.5**
一、粮　食	660.2	667.6
(一)谷　物	607.8	621.7
#小　麦	342.5	343.4
玉　米	262.8	275.8
谷　子	2.1	1.4
高　粱	0.4	0.9
(二)豆　类	43.9	36.5
大　豆	14.7	12.8
杂　豆	29.2	23.7
(三)薯　类	8.5	9.2
马铃薯	0.3	0.3
红　薯	8.2	8.9
二、油　料	11.3	10.9
#花　生	2.5	2.5
油　菜	3.3	2.7
芝　麻	1.7	1.3
向日葵	3.6	4.1
三、棉　花	50.1	33.1
四、烟　叶	2.0	1.8
五、药　材	12.2	15
六、蔬　菜	55.9	57.3
七、瓜果类	3.8	4.6
八、其他作物	3.4	2.4
#青饲料	0.2	0.2

7—5 主要年份

年份	粮食	1.谷物					2.豆类
			小麦	玉米	谷子	高粱	
1952	427115		261620	48085	41590	13405	
1957	564935		371290	79400	32715	13480	
1962	645540		364230	100730	32045	17745	
1965	930330		654455	120945	22960	16190	
1970	717975		403590	140750	42130	12970	
1975	1234920		881085	161200	36860	25715	
1978	1165255		557035	323585	46450	50240	
1980	1062215		521985	324755	42835	14400	
1985	1488570		1166008	207439	11013	8343	
1990	1742676		1347155	246250	13162	6340	
1995	1772000		1397580	219738	8939	7854	
2000	1566390	1363368	1060053	280486	14176	7089	104802
2001	1113957	991232	782281	200084	6421	2106	54094
2002	1319447	1158970	832562	309464	12659	4090	68407
2003	1365957	1196225	881743	302753	8604	2338	59702
2004	1596254	1486489	925141	554754	4919	1313	39735
2005	1593028	1510272	831916	670808	6084	1300	27647
2006	1957328	1859730	1062144	790032	6760	631	43011
2007	1800046	1705241	735420	960805	7152	1483	42367
2008	2088606	1999968	1045689	947236	5483	1535	44062
2009	2206357	2106803	900576	1197865	4531	3679	52415
2010	2666475	2560685	1083586	1468330	5592	3046	60729
2011	2664700	2587422	1210016	1370800	4648	1942	37995
2012	3042493	1415578	1541930	1408948	3084	3387	33670

主要农作物产量

单位:吨

			油　料	棉　花	麻　类	烟　叶	蔬　菜
#大　豆	3.薯　类	#马铃薯					
12835	12625		7715	43735	97	104	
13945	14305		4200	50835	345	81	
7810	50455		2125	27650	159	90	
13340	42935		4565	65140	239	16	
11125	51670		1245	48395	172	49	
6830	90015		2215	44645	164	24	
10920	147525		1090	44635	201	232	
8360	121585		4140	42015	84	87	191620
9681	74499		41990	46165	37	593	240746
38761	67691		46274	70390	5	2251	277091
43723	80265		39102	60886		4231	505811
	98220		64707	36329		6897	929844
	68631		29164	72464		3871	1020199
39793	92070		34155	66760		2160	1213885
31304	110030		40309	81718		1891	1077684
23441	70030		34489	108281		2328	947893
20186	55109		22017	95236		2163	783092
25087	54587		19431	109111		3631	845092
23642	52438	1112	17233	106003		3756	1095178
25034	44576	817	21147	99054		5340	1085124
27073	47140	714	21121	76734		6220	1804159
28388	45061	2927	18609	63998		8455	1898333
12794	39605	1881	18627	57983		7609	2018792
11619	51316	1690	20959	41770		5824	2527392

7—6 主要年份主要油料作物产量

单位:吨

年 份	花生果	油菜籽	芝 麻	向日葵籽	蓖麻籽
1980	1936	312	651		
1985	27808	3239	3046		
1990	24587	5066	15323		
1995	20583	13217	4097		
2000	9999	6596	12461	31819	
2001	6683	4436	4589	12806	
2002	6119	4761	5699	16570	
2003	6513	5970	4291	22879	309
2004	5850	7235	4295	16721	
2005	5624	4059	1816	10309	
2006	5399	3947	1930	7934	
2007	4866	2780	1413	7755	97
2008	4764	5610	1351	9098	91
2009	4538	4171	1350	10694	35
2010	5651	3757	1774	6986	
2011	5154	3889	1974	7003	
2012	5091	4406	1580	8631	

7—7　主要年份主要农作物单位面积产量

单位:公斤/公顷

年　份	粮　食	谷　物	小　麦	玉　米	谷　子	高　粱	豆　类	薯　类	油　料	棉　花	烟　叶
1952	703		587	1319	938	1437		3013	488	336	800
1957	922		913	1332	756	1192		2101	462	326	623
1962	1066		985	1922	819	1612		2691	545	254	818
1965	1068		1800	1710	866	2268		2745	861	491	533
1970	1146		1087	1711	974	1829		2228	566	356	1225
1975	2220		2417	2361	1019	2020		3209	692	340	800
1978	1912		1557	3400	1261	2063		2550	495	294	1547
1980	1914		1447	3448	1458	2159		4001	828	318	2175
1985	2989		3030	3364	1368	2161		3514	1544	631	2045
1990	3236		3440	3613	1664	2745		3236	1143	884	1950
1995	3632		3828	3966	1882	3180	1548	3861	1596	881	1840
2000	3045	3256	3076	4371	2161	2858	1440	4298	1444	1177	2162
2001	2710	2796	2591	4149	1994	2771	1436	3606	1227	1088	1387
2002	3012	3153	2831	4589	2740	3170	1352	4631	1310	1138	1624
2003	3507	3845	3297	5210	2472	3076	1498	5951	1607	1020	1784
2004	3755	3871	3589	4505	2120	2525	1245	5317	1587	1089	1940
2005	3053	3102	2649	3982	1593	2826	1116	5361	2202	1202	1914
2006	3747	3877	3384	4874	1977	2337	1308	5604	1495	1196	2187
2007	3412	3514	2391	5510	2483	4008	1280	5651	1449	1182	2538
2008	3001	4001	3389	5029	2159	3570	1127	4840	1549	1214	2811
2009	3531	3703	2733	5078	1708	4640	1133	4880	1666	1159	2630
2010	4087	4298	3192	5790	2801	4569	1275	4961	1508	1118	3618
2011	4036	5801	3533	5217	2192	4796	865	4666	1649	1158	3742
2012	4559	5087	4485	5109	2212	3923	921	5578	1920	1263	3251

7—8 主要年份按人口平均的主要农产品产量

单位:公斤/人

年份	粮食		油料	棉花	猪牛羊肉	禽蛋
	按总人口	按农村劳动力				
1952	233	532	4.2	23.9		
1957	275	615	2.1	24.8		
1962	271	686	11.6	29.4		
1965	361	898	1.8	25.3		
1970	243	636	0.4	16.4		
1975	385	1023	0.7	13.9		
1978	354	964	0.3	13.6	6.9	
1980	319	843	1.2	13.6	10.7	
1985	430	1006	12.1	13.3	5.8	
1990	465	1038	12.3	18.8	11.9	
1995	448	972	9.9	15.4	20.0	
2000	387	778	16.0	9.0	12.7	
2001	274	551	7.2	17.9	13.7	
2002	270	630	7.0	14.8		
2003	270	640	8.2	16.6		
2004	320	740	7.0	21.9		
2005	310	730	4.4	19.1		
2006	390		3.9	21.7		
2007	357	796	3.4	21		
2008	411	920	4.2	19.5		
2009	528	965	5.1	18.4		
2010	637	1153	4.4	15.2		
2011	635	1132	4.4	13.8		
2012	587	1289.5	4.0	8.1		

7—9　主要年份造林面积和果园面积

单位:千公顷

年　份	造林面积	#用材林	零星植树（万株）	果园面积	#苹果园面积
1975				6.2	
1978				11.3	
1980				11.3	
1985				14.8	
1990				25.6	
1995				66.3	
2000				77.9	69.1
2001	25.7	333.0	1808.0	154.3	65.5
2002				84.8	64.7
2003				88.6	66.8
2004				92.3	70.0
2005				95.9	69.2
2006				98.7	69.1
2007	15.5		1405.4	103.3	70.9
2008	23.0		1207.0	109.9	76.2
2009	17.3		1383.3	114.7	75.5
2010				126.1	78.1
2011				135.9	83.0
2012				148.2	87.2

7—10 主要林产品与水果产量

单位:吨

指　　标	2005	2006	2007	2008	2009	2010	2011	2012
一、主要林产品产量								
核　桃			4022	4437			11378	13466
板　栗			205	204			59	2409
二、水果产量	1654401	1983642	1957637	2417152	2707080	2943956	3730749	4490934
#苹　果	1275054	1516037	1472026	1811565	1948915	2039835	2541445	3044936
梨	59235	109277	90238	122435	165095	103577	191476	236816
葡　萄	40226	39148	41270	46252	56754	137107	91293	106539
红　枣(鲜枣)	105194	109865	128658	142821	173631	221391	286233	316241
柿　子(鲜柿)	31741	27355	36137	48474	48267	71960	84666	143022
沙　果	106	26	10	97	47	677	1	
桃	108889	141280	153339	187158	235767	287291	404391	489573
杏	9974	12109	15819	31888	38528		43692	53655

7—11 主要年份化肥施用量、小水电站和农村用电量

年　份	农用化肥施用量（实物量、吨）	每公顷耕地施用化肥（公斤）	农村小型水电站		农村用电量（万千瓦小时）
			个　数（个）	装机容量（千瓦）	
2000	803809	1382	20	1631	120202
2001	787371	1371	20	1631	129154
2002	804199	1464	13	810	137689
2003	790254	1491	7	245	130254
2004	796103	1511	6	245	135832
2005	773546	1476	6	245	159332
2006	788175				171386
2007	795861	1510	4	471	188125
2008	820819	1494	4	470	195103
2009	732059		5	580	205281
2010	931029		4	490	208645
2011	964281		4	530	223120
2012	972969		4	530	263906

7—12　畜牧业生产情况

指　　标	2008	2009	2010	2011	2012
一、大牲畜年末存栏(头)	127075	60498	47184	58534	49499
#从事农事劳役的	56123	1182	1199	468	416
1.牛(头)	54418	50121	45224	57149	48391
2.马(匹)	611	66	367	250	216
3.驴(头)	966	106	454	389	245
4.骡(头)	2279	205	1139	746	645
二、猪年末存栏(头)	695236	633222	720830	935926	1064988
#能繁殖的母猪	90260	76424	76238	112023	116467
三、羊年末存栏(只)	472683	434605	420950	684880	733389
1.山　羊	177382	203964	188847	186947	186947
2.绵　羊	295301	230585	231703	497933	546442
四、家禽年末存栏(只)	17379690	14834741	13770100	21806057	22202300
五、养兔年末存栏(只)	428091	426413	449600	466200	439751
六、猪、牛、羊出栏					
猪全年出栏(头)	1046624	874367	897512	1140667	1222597
牛全年出栏(头)	43877	29009	45023	35270	29346
羊全年出栏(只)	296074	248377	422542	541247	559793
七、当年肉类总产量(吨)	113388	86073	101686	133172	150000
#猪肉产量	78631	62424	72204	98771	104568
牛肉产量	6013	4107	6256	5545	3635
羊肉产量	4493	3428	5819	5243	7026
禽肉产量	22586	13792	16309	23498	33603
兔肉产量	1563	1443	1098	1542	1168
八、畜禽产品产量(吨)					
1.奶　类	39141	32638	47289	44021	48667
#牛　奶	35527	32638	47289	44021	48188
2.绵羊毛产量	382	622	735	629	707
3.山羊毛产量	77	60	95	41	37
4.羊绒产量	19	10	22	11	16
5.禽蛋产量	105429	4445	158778	179420	198772
6.蜂蜜产量	836	765	687	1112	1180
7.蚕茧产量	443	409	321	422	433

主要统计指标解释

农林牧渔业总产值 指以货币表现的农林牧渔业全部产品总量。它用价值量的形式综合说明了一定时期(通常指一年)农林牧渔业生产的总成果和总规模。农、林、牧、渔业总产值的统计范围:

1、**农业产值** 包括种植业和其他农业的主产品和副产品产值。

(1)种值业产值,指从事农作物栽培取得的产品产值。包括粮食、棉花、油料、麻类、糖类、烟叶、药材、蔬菜、瓜类及其他种值业产值。

(2)其他农业产值,包括采集野生植物产值和农民家庭兼营的商品性工业产值两部分。

2、**林业产值** 包括林木的栽培(不包括茶园、桑园、果园的栽培、管理和收获等活动)、林产品的采集和村及村以下的竹木采伐产值。

3、**牧业产值** 除渔业以外的一切动物的饲养、放牧,及捕猎野兽、野禽产值。

4、**渔业产值** 包括水生动物和海藻类植物的养殖和捕捞产值。

农林牧渔业增加值 指各种经济类型的农林牧渔业生产单位和农户在报告期内从事农业生产经营活动所提供的社会最终产品的货币表现。

农林牧渔业中间消耗 指在农林牧渔业生产过程中所消耗的物质产品和劳务价值的总和。计算中间消耗有两个原则:一是计算口径范围要与总产值保持一致,即与总产值相对应的生产过程中所消耗的物质产品和劳务支出相一致。二是本期消耗的不属于固定资产的低值易耗品,应计入中间消耗;固定资产的消耗,则不应计入中间消耗,而以折旧形式直接计入增加值。

乡村人口 指乡村户数中的常住人口。包括常住人口中外出的民工、工厂合同工及户口在家的在外学生。但不包括户口在家领取工资的国家职工。

乡村实有劳动力 指乡村人口中实际参加各种行业劳动,并取得实物或货币收入的劳动力人数。包括劳动年龄内实际参加劳动的人口和不足或超过劳动年龄实际参加劳动的人口数。不包括户口在家的在外学生和丧失劳动能力的人,也不包括待业人员和家务劳动者。

耕地面积 指种植农作物,经常进行耕锄的田地,包括熟地、当年新开荒地、连续撂荒未满三年的耕地和当年休闲地(轮歇地)。以种植农作物为主,附带种植桑树、果树和其他林木的土地,以及沿湖地区已围垦利用的"湖田"也应包括在内。耕地面积是一个全社会数字,包括全民所有制耕地和集体所有制耕地。

农作物总产量 指本年度内生产的各种农作物总产量,不论计划内外、数量多少,耕地与非耕地上的农作物产量,都应统计在内。包括粮食、棉花、油料、麻类、糖类、药材、蔬菜、瓜类及其他农作物。

乡镇企业 是指以农村集体经济组织或者农民投资为主,在乡镇(包括所辖村)举办的承担支援农业义务的各类企业。它分为集体企业和私有企业两种类型。根据《国民经济行业分类和代码》的规定,乡镇企业划分为七大类即农业企业、工业企业、建筑企业、交通运输企业,批发零售贸易企业、饮食旅游服务业和其他企业。凡列入乡镇企业统计范围的,必须同时具备以下四个条件:①有固定的经营组织、场所、设备和生产经营人员;②常年从事生产经营活动,或从事季节性生产经营活动,但全年开工时间在三个月以上;③具有独立核算条件,能够独立计算收入、支出、盈亏情况;④除农业企业外,应持有工商行政管理部门颁发的《企业法人营业执照》或《企业营业执照》。

8 工 业

资料整理：曲　勇　毕晓虹　宋化霞　乔　鹏

8—1　主要年份工业企业单位数

单位:个

年份	工业企业单位数	按隶属关系分		按经济类型分			按轻重工业分		按企业规模分			
		中央企业	地方企业	国有经济	集体经济	其他经济	轻工业	重工业	大型企业	中型企业	小型企业	微型企业
1952	95											—
1957	171											—
1962	244											—
1965	307											—
1970	534											—
1975	783	7	776	291	492		462	321			783	—
1978	1135	6	1129	343	792		501	634	2	8	1125	—
1980	1268	10	1258	339	929		673	588	3	10	1248	—
1985	1356	18	1338	296	1060		715	641	7	10	1339	—
1990	1384	17	1367	369	1015		747	637	14	10	1360	—
1995	1220	18	1202	372	824	24	593	627	15	21	1184	—
1996	1184	19	1165	362	771	51	569	615	16	21	1147	—
1997	1017	18	999	311	650	56	479	538	19	23	975	—
1998	493	18	475	269	104	120	242	251	17	25	451	—
1999	442	17	425	226	79	137	202	240	19	20	403	—
2000	421	17	404	191	60	170	174	247	22	20	379	—
2001	421	15	406	178	55	188	168	253	20	19	382	—
2002	429	13	416	103	41	285	154	275	20	20	389	—
2003	433	16	417	78	26	329	128	305	10	76	347	—
2004	506	20	486	96	41	369	147	359	10	85	411	—
2005	486	14	472	80	38	368	150	336	14	92	380	—
2006	494	20	474	72	16	406	174	320	14	102	378	—
2007	449	13	436	25	10	414	141	308	16	110	323	—
2008	449	20	429	26	10	413	141	308	14	101	334	—
2009	520	23	497	27	8	485	186	334	15	111	394	—
2010	564	23	541	25	7	532	202	362	16	123	425	—
2011	430	22	408	17	3	410	134	296	36	101	284	9
2012	462	19	443	15	3	444	143	319	32	100	310	20

注:本表及以后各表1998年－2006年的数据统计口径为全部国有企业和年主营业务收入500万元及以上的非国有工业法人企业;2007年－2010年的数据统计口径为年主营业务收入500万元及以上的工业法人企业;2011年以后的数据统计口径为年主营业务收入2000万元及以上的工业法人企业。

8—2 主要年份工业总产值

单位:万元

年份	工业总产值	轻工业	以农产品为原料工业	以非农产品为原料工业	重工业	采掘工业	原料工业	制造工业
1952	2896	2458			438			
1957	8357	6226			2131			
1962	10501	4248			4253			
1965	21712	13852			7860			
1970	21107	12875			8232			
1975	50818	23640	14871	8769	27178	7449	6586	13143
1978	77712	30327	20664	9663	47385	10673	9921	26791
1980	77290	33624	22530	11094	43666	11668	11324	20674
1985	123603	54227	38341	15886	69376	1768	28615	38993
1990	367410	131340	98564	32776	236070	4151	134205	97714
1995	1046183	299931	223534	76397	746252	11694	508548	226010
1996	1154864	318061	237000	81061	836803	13425	515804	308294
1997	1290881	318282	226630	91652	972599	10885	658440	303274
1998	1405577	301348	198321	103027	1104229	152866	673585	277778
1999	1517703	336271	250455	85816	1181432	8882	913389	259161
2000	1778472	351671	213795	137876	1426801	19599	1122949	284253
2001	2012266	326557	245196	81361	1685709	10367	1379860	295482
2002	2453621	395012	307414	87597	2058609	32430	1649410	376769
2003	3478250	567131			2911119			
2004	4337840	625913			3711927			
2005	5106056	723990			4382066			
2006	6762733	931337			5831396			
2007	8391236	1144177			7247059			
2008	9524359	1102812			8421547			
2009	8645453	1261806			7383647			
2010	12618509	1738474			10880035			
2011	16617367	2595132			14022235			
2012	14106433	2231748			11874685			

8—2 续

单位:万元

年份	按隶属关系分		按经济类型分			按企业规模分			
	中央企业	地方企业	国有经济	集体经济	其他经济	大型企业	中型企业	小型企业	微型企业
1952									
1957									
1962									
1965									
1970									
1975	5517	45301	41146	9672				50818	
1978	6793	70919	55039	22673		13370	14572	50020	
1980	8655	68635	53669	23821		16732	11640	48918	
1985	36301	87302	94833	28770		31634	19823	72146	
1990	140727	226683	290672	76738		129923	60138	177349	
1995	391306	654877	794362	228331	23490	436127	188056	422000	
1996	364478	790386	768922	271751	114191	414794	215968	524102	
1997	412346	878535	798287	351745	140849	509834	219583	561464	
1998	413838	991739	716952	327692	360933	514219	222122	669236	
1999	436251	1081452	736892	337846	442965	604160	146531	767012	
2000	591292	1187180	853616	256402	668454	796376	140743	841353	
2001	471160	1541106	691604	435529	885133	833874	109830	1068562	
2002	245136	2208485	368223	85504	1999894	896484	109825	1447312	
2003	275585	3202665	402442	79538	2996270	1600735	1146567	730949	
2004	764895	3572945	416656	68803	3852381	1952942	1485413	899485	
2005	251238	4854818	395488	42363	4668205	2618899	1573404	913753	
2006	1210654	5552079	365036	44063		3230757	2497972	1034004	
2007	383390	8007847	470893	29268	7891076	4175504	2793366	1422365.9	
2008	1262886	8261473	594359	22967	8907033	4780621	3104353		
2009	1249886	7395567	600784	74518	7970151	3712294	3236792		
2010	1724531	10258288	817618	34843	11766048	5492468	4561541	2564500	
2011	2572925	14044442	917153	28850	15671363.9	8769601	3472198	4344944	30624
2012	2351014	11755419	819484	28114	13258835	7548183	3106093	3367214	84943

8—3 工 业 产

产品名称	1990	1995	1999	2000	2001	2002
原　煤(吨)	1495300	4271667	1975506	1721584	1102351	928379
洗　煤(吨)	221300	1610399	708348	37389	98277	98440
#洗精煤(吨)	45000	1610399	708348	37389	98277	98440
铁矿石原矿(吨)	130000	186722	30000	39393	43780	36125
铜金属含量(吨)	20230	27510	33268	33068	33233	33190
铝金属含量(吨)		1135231	782349	658284	438718	
发电量(万千瓦小时)	190790	316366	304585	491924	753372	828089
供电量(万千瓦小时)		387360	43817	504394	976062	
供热量(万百万千焦)	61	1592	171	160	113	
自来水生产量(万吨)		5623	1357	4814	9264	
小麦粉(万吨)	47	51	10	9	6	6
精制食用植物油(吨)	8662	23279	16870	23672	33992	105301
鲜冻蓄肉(吨)		1245	30	1265	1168	
饲料添加剂(吨)		132			2466	
配混合饲料(吨)	47893	35695	35772	55318	70740	88977
糖　果(吨)	2956	2015	793	2328	255	471
糕　点(吨)		1129		1663	1584	1421
方便主食品(吨)		15717	7366	7945	1800	
罐　头(吨)	5308		4400	12617	14201	20764
酱　油(吨)	1702	911	187	1690	2220	
饮料酒(吨)	6107	1879	1242	284	288	
#白　酒(吨)	2016	1719	689	284	288	
软饮料(吨)	2329	8789	1455	9119	9452	16257
皮　棉(吨)		22592		3940	5380	
纱(吨)	16280	18344	20879	28074	25823	27980
布(万米)	6765	6421	6237	5997	5830	6733
印染布(万米)	1398	2012	3709	4307	4736	3588
生　丝(吨)	3	29	72	76	57	43
针棉织品折用纱线量(吨)	11512	2462	537	644	501	530
服　装(万件)	1264	2591	702	733	710	728
人造板(立方米)	547					17828
纸　浆(吨)		317933	122394	17633	7400	
机制纸及纸板(吨)	12021	146950	140721	25617	24548	20103

品 产 量

2003	2004	2005	2006	2007	2008	2009	2010	2011	2012
1572431	1392766	1179802	835589	1114664	909605	283166			
186109	6651567	6808051	7706412	8824409	5641730	8857700	7474194	10804198	8392235
186109	6651567	6808051	7706412	642009	393082	1957153	2490012	3197417	3698381
36797	28258	40283	92270	252197	169297	15827		1811704	460477
25186	23552	66585	24115	30280	25849	17995	24768	25803	29518
895663	919566	943003	1016802	1620324	1816836	2055522	2112122	1644994	1963323
					1756	1670	1719	2344	2547
7	6	3	10	9	6	4	7	4	5
49163	44191	53325	51964	55192	50290	99658	82541	100712	102580
				64694			145272	204767	207329
92223	126363	234912	273503	354716	405647	565765	637120	858670	222853
598	372	236	461	247	185	384	611		
1469	1592	521	324	384	391	309	356		
							17826	13631	7504
26864	22870	26827	28058	32755	18328	12465	10988	5976	5872
				1412	134	730	1258		
						837	84192	130611	128187
						787	5474	12333	2253
22102	191212	14049	62791	96016	121839	122112	111957	169515	280635
29215	28460	35716	35314	33825	20610	15725	23319	36459	35665
8495	9231	11437	10651	10911	5783	927	3041	5377	2772
5829	4240	5703	5576	6511	6420	13170	10622	11019	12605
54	69	73	82	61	64	95	67	64	55
120	7868	4172	9476						
502	292	327	437	464	587	694	770	1055	899
18739	23752	131303	149007	210703	259530	551519	627776	478883	282563
				25778	45069	46799	47050	67658	52493
20791	24825	32646	53093	62770	45155	48967	74247	58257	89627

8—3 续1

产品名称	1990	1995	1999	2000	2001	2002
单色印刷品(万令)		207		0.1	0.3	
工艺美术制品(千元)		5390		12110	11650	
焦　炭(吨)	1159400	1687856	4546003	2849762	3403820	4235773
#机焦	890200	354041	4477096	2761333	3403820	
硫　酸(吨)	54145	89048	90290	67205	44970	55296
盐　酸(吨)		8638	10164	9453	10819	9201
烧　碱(吨)	7768	15022	8781	7299	7935	7613
纯　碱(吨)		72490		62863	55697	59338
合成氨(吨)	112477	182382	360330	339483	363622	552151
化学肥料(吨)	100039	165733	393867	374045	280756	501567
氮　肥(吨)	82082	127411	343870	322750	246949	434378
磷　肥(吨)	17927	37635	20365	13468	10693	33096
钾　肥(吨)	30	687	29452	37827	23114	
化学农药原药(吨)	2056	3246	536	3458	5782	1387
印染助剂(吨)				495	649	971
炭　黑(吨)		1403	19718	22551	42014	
合成洗涤剂(吨)	19072	77678	150273	155909	132153	158976
合成洗衣粉(吨)		77234		148809	121991	148428
香　精(吨)		893		1055	754	
化学药品原药(吨)	60	746	719	615	466	402
中成药(吨)	368	1285	1344	1438	2003	2076
橡胶胶管(万标米)		66		25	264	
胶　鞋(万双)		1709	722	915	726	757
塑料制品(吨)	4046	10824	12542	15045	15060	22063
塑料薄膜(吨)	1621	3916	9656	6441	6055	
塑料棒管材(吨)		1572		4144	3319	
塑料丝、绳及编织制品(吨)		2113	1179	2488	5312	
其它塑料制品(吨)		3191	1707	1972	374	
水　泥(万吨)	44	125	173	169	172	215
水泥预制构件(立方米)	260399	591541	666068	9002	5034	
油毡油纸(卷)				2204	3076	
日用玻璃制品(吨)	24990	17838	11013	15950	2735	35127
日用陶瓷(万件)	2867	550	448	348	713	679
耐火材料制品(吨)	5253	20931		8629	10589	11731
石棉制品(吨)		412				

2003	2004	2005	2006	2007	2008	2009	2010	2011	2012
					396				
6247561	7416372	8923235	10694543	11013840	8453937	9007603	11707211	1209	
6434	10642596								
			10694543	9658925	8453937	9007603	11707211	12096434	10642596
67091	78618	155156	93362	96991	80398	28977	170942	18274	4379
19901	21389	18958	18097	15184	7575	4686			
18528	20550	18529	18593	19055	7106	4257			
66234	110679	144291	169534	179000	158693	136107	175508	185517	159928
605727	714174	846500	964006	876049	1072099	1055506	869281	1019548	1090462
426565	471332	582171	687003	827147	791323	777617	612706	724230	762246
367621	471332	565391	687003	827147	791323	777617	612706	724230	762246
10534		16780							
1259	199					749	989	1465	755
938	786	3044	4952						
158593	147227	144670	153719	138117	103936	127252	119473	98419	101648
150653	138949	127691	129033	115961	86366	105973	93448	76099	75712
						317	310		
225	92	85	115	81	77	82	120	105	100
2541	3037	4583	3762	4496	4782	4706	4995	3662	6951
659	641	696	619	165					
18741	10422	22606	26874	27437	33818	34883	81383	50058	33284
			16816	18955	19094	21183	21320	22953	17740
			4235	4319	11129	10247	14046		
255	313	291	322	332	343	470	798	725	695
51712	87180	121993	112147	143719	112658	124602	161530	149867	124314
674	582	724	1628	7769	8510	2358	1391		
18059	40714	37873	26551	37060	38564	31039	109058	158728	28747

8—3　续2

产品名称	1990	1995	1999	2000	2001	2002
玻璃纤维纱(吨)		234	335	184	677	919
生　铁(吨)	69618	506179	575357	737186	1306472	1874218
粗　钢(吨)	7568	57172	426240	255905	631204	1291323
钢　材(吨)	5426	10619	257344	254248	581000	697148
铁合金(吨)		28128	31487	40534	75753	122417
十种有色金属(吨)	4727	70414	98035	171575	255113	294185
精炼铜(吨)	4727	16229	15365	20360	23456	20331
铅(吨)				339	855	
锌(吨)		1963	4187	3569	4862	6050
原　铝(吨)		40116	78483	99339	156751	185124
镁(吨)		12106		47968	69189	82680
氧化铝(吨)		657147	1143000	1248588	1318200	1367000
铜　材(吨)		1285	12842	4271	5646	6030
铜盘条(吨)		1723		5001	7729	
铝　材(吨)		72	15207	23888	31055	43761
铸铁管(吨)	5193	5721	224	202	365	
手工工具(万把)	255	266		10.5	9.7	
风动工具(台)						
电动工具(台)	434	30			4850	
金属切削机床(台)	91	189			182	280
泵(台)	21004	41733	41602	46243	49447	39186
风　机(台)		545	49	187	370	223
阀　门(吨)	575	405	1776	203073	1595	1843
粉末冶金零件(吨)		650	276	548	1931	2231
标准紧固件(吨)	2336	1767		1160	642	
铸　件(吨)					7289	
矿山专用设备(吨)	380	858	815	976	1486	1295
工矿配件(吨)	3476	9225	556	791	430	
棉花加工机械(台)		2163	3079	2355	2096	2560
炼油、化工生产专用设备(吨)	871	1667		1640	2136	
小型拖拉机(台)	16390	10065	3612	1238	724	
农业运输机械(辆)		25668	20000	17201	17200	18486
汽　车(辆)	253	1184	783	577	447	253
交流电动机(千瓦)	943200	27539	1275820	1404687	1418460	1426320
变压器(千伏安)				637800	670200	599700
电力电缆(公里)	936	769		622	645	457
电　线(公里)	2248	1205		8061	4357	
钢芯铝胶线(吨)				912	336	1491

2003	2004	2005	2006	2007	2008	2009	2010	2011	2012
986	992	1005	973	1313	752	392	408		
3060755	3329905	3448376	4078427	3813208	3951113	4223130	5608884	6726192	6038569
1927911	2288893	2382282	2624441	2503739	3194545	2821659	3552475	5032981	5363494
981730	1879789	2828828	3234658	3390497	2607879	3327626	4031539	4594066	3641207
153694	147054	175541	198706	269951	231817	253027	595355	598508	735326
353193	379579	393506	731889	977312	875647	823750	877553	911842	822262
24436	27722	28162	30880	47211	43224	18521	80610	31566	33573
6748	7945	6095	1833	422	628	523	400		
202202	200084	208998	562748	782350	710750	681126	625909	703894	639402
119807	143828	150151	134955	147329	121045	123581	170634	176383	149287
1418938	1406088	1511939	2196600	2242800	1979400	1293000	1791041	1786755	1936579
7750	7915	6727	2551	2356	1291	65			
56432	46329	42250	22251	26258	21362	24351	69076	197085	246157
441	570	434	314	197					
32214	37954	43392	49192	51923	53515	57444	90239	116031	99611
121	1407	1367	992	2317	1191	1869	1935	1851	3005
2285	1979	1919	176						
2782	5061	5221	6567	8879	7945	8511	12698	20090	4131
					13995	37881	49406	238938	
2555	3287	13485	8944	10990	14992	13859	12898	33225	9231
945	1288	1748	1209	1300	810	888	450		
			9929	17688	20326	24449	25772	38372	55704
						16214	20822	28352	18650
25931	25888	29647	28228	22274	12767				
152	74	41					4362	2894	6824
1427643	1843988	1438529	1775617	4044809	5841251	6791092	9870414	9700658	6554865
504300	679900	1860500	491600	860700	1122880	1386165	1269000	1453000	1504000
664	559	538	229	347	262	241	378	369	146
1750	1871	118							

8—4 工业企业主要

指　　标	企　业 单位数 （个）	#亏损企业	工　业 总产值 （当年价格）	工　业 销售产值 （当年价格）	#出　口 交货值	年　初 存　货
总　计	**462**	**118**	**14106433**	**13521031**	**188371**	**2739011**
一、按隶属关系分						
中央企业	19	13	2351014	2400816	49667	533056
省属企业	9	1	1072780	909756	3508	395517
地、市属企业	16	6	239716	241520	13407	38881
县(旗)属企业	119	23	2110428	2040394	40453	392283
街道属企业	1		11420	11430		1104
镇属企业	9	2	190092	180210		22507
乡属企业	2		41464	40082		2179
村办企业	1	1	10074	9895		1634
其　他	286	72	8079446	7686928	81336	1351850
二、按登记注册类型分组：						
内资企业	448	116	13769194	13212165	169557	2673482
国有企业	15	11	819484	881048	49667	184936
中央企业	9	6	742859	806179	49667	172360
地方企业	6	5	76625	74869		12576
集体企业	3	2	28114	27737		9786
股份合作企业	3		76880	70062		6883
联营企业	1		86837	83798		5427
其他联营企业	1		86837	83798		5427
有限责任公司	140	29	3683801	3484242	18052	856690
国有独资公司	2	1	326706	184735		273391
其他有限责任公司	138	28	3357095	3299508	18052	583299
股份有限公司	20	7	1723116	1729244	15353	422589
私营企业	244	63	6854956	6443565	74828	1124109
私营独资企业	10	2	219855	212123		22382
私营合伙企业	1		56826	49911		7477
私营有限责任公司	216	56	6199434	5817577	66707	1018541
私营股份有限公司	17	5	378841	363954	8121	75708
其他企业	22	4	496008	492469	11657	63063
港、澳、台商投资企业	1		84547	71773		8998
合资经营企业(港或澳、台资)	1		84547	71773		8998
外商投资企业	13	2	252692	237093	18814	56531
中外合资经营企业	10	2	215774	208004	18814	39628

经济指标(2012)

单位:万元

#产成品	#在产品	资产总计	#流动资产合计	#应收账款	#存货	#产成品	#在产品
1019937	**314088**	**17348290**	**8295093**	**1443915**	**2994922**	**1143845**	**369069**
115708	125955	3369837	1061273	333679	524632	123224	123018
177014	74013	2291184	1022200	71270	427291	214012	79252
15834	2919	540063	179188	29531	39109	13556	1697
213067	50748	2384415	1280161	251500	467423	236318	61392
1		5288	3486	1232	491	491	
10382	1730	192412	94031	15231	28346	13531	4159
1380	9	28335	22949	14556	1153	707	
1185	450	24806	6270	101	4716	2767	1874
485367	58264	8511949	4625536	726816	1501762	539240	97677
973167	309436	16953869	8093816	1416528	2936548	1105226	364770
86088	35476	1266082	593087	302481	165327	92789	21261
83780	32309	1126624	570580	300083	156188	90915	20102
2307	3168	139458	22507	2398	9138	1875	1159
4664	3405	27774	18895	7290	7458	2665	2906
5876	503	42165	19876	691	9280	6232	1053
5122	305	56359	30388	5893	5077	1780	3296
5122	305	56359	30388	5893	5077	1780	3296
378204	163705	5117571	2221990	306602	939408	416224	190756
133170	61754	861010	471464	21658	312266	174518	67012
245034	101951	4256561	1750526	284944	627142	241706	123744
99710	52049	3041898	1285193	184398	476111	128780	67903
356444	47754	6989220	3676332	540500	1246069	420013	68702
9465		212473	139031	64642	34980	21485	3
		38147	22370	8050	12893	8975	
330158	30683	6410339	3320146	416278	1141499	375038	55039
16821	17072	328261	194786	51530	56697	14515	13659
37059	6239	412801	248055	68673	87820	36743	8893
3886	564	98000	53101	4188	8064	3304	347
3886	564	98000	53101	4188	8064	3304	347
42884	4088	296421	148176	23198	50309	35316	3952
27313	3777	251164	110152	16401	44094	30534	3810

8—4 续1

指　标	企业单位数（个）	#亏损企业	工业总产值（当年价格）	工业销售产值（当年价格）	#出口交货值	年初存货
外资企业	3		36918	29089		16903
三、按经济组织类型分组						
独资企业	31	15	1104371	1149997	49667	234007
国有企业	15	11	819484	881048	49667	184936
集体企业	3	2	28114	27737		9786
私营独资企业	10	2	219855	212123		22382
外资企业	3		36918	29089		16903
合作、合伙企业	27	4	716550	696240	11657	82850
股份合作企业	3		76880	70062		6883
其他联营企业	1		86837	83798		5427
私营合伙企业	1		56826	49911		7477
其他企业（内资）	22	4	496008	492469	11657	63063
股份有限公司	37	12	2101957	2093198	23473	498297
股份有限公司（内资）	20	7	1723116	1729244	15353	422589
私营股份有限公司	17	5	378841	363954	8121	75708
有限责任公司	367	87	10183555	9581597	103573	1923856
国有独资公司	2	1	326706	184735		273391
私营有限责任公司	216	56	6199434	5817577	66707	1018541
合资经营企业（港或澳、台资）	1		84547	71773		8998
中外合资经营企业	10	2	215774	208004	18814	39628
其他有限责任公司	138	28	3357095	3299508	18052	583299
四、在总计中：亏损企业	118	118	3576706	3431598	2504	804802
在总计中：国有控股企业	45	23	3682199	3561949	54136	990417
在总计中：农村工业	3	1	51537	49977		3814
在总计中：轻工业	143	23	2231748	2078320	86583	435669
重工业	319	95	11874685	11442712	101788	2303342
在总计中：大型企业	32	9	7548183	7294276	109162	1651542
中型企业	100	28	3106093	2932626	51775	642229
小型企业	310	76	3367214	3209122	27433	438071
微型企业	20	5	84943	85009		7169
五、按工业行业大类分						
采矿业	17	1	242894	246232		14142
煤炭开采和洗选业	15	1	190460	189938		8171
黑色金属矿采选业	1		43826	45542		3814
有色金属矿采选业	1		8608	10752		

单位:万元

		资产总计	#流动资产合计				
#产成品	#在产品			#应收账款	#存 货		
						#产成品	#在产品
15571	311	45257	38023	6797	6215	4782	142
115788	39193	1551586	789036	381210	213979	121720	24313
86088	35476	1266082	593087	302481	165327	92789	21261
4664	3405	27774	18895	7290	7458	2665	2906
9465		212473	139031	64642	34980	21485	3
15571	311	45257	38023	6797	6215	4782	142
48057	7047	549472	320689	83307	115069	53730	13242
5876	503	42165	19876	691	9280	6232	1053
5122	305	56359	30388	5893	5077	1780	3296
		38147	22370	8050	12893	8975	
37059	6239	412801	248055	68673	87820	36743	8893
116531	69120	3370159	1479980	235928	532808	143295	81562
99710	52049	3041898	1285193	184398	476111	128780	67903
16821	17072	328261	194786	51530	56697	14515	13659
739562	198728	11877074	5705389	743469	2133066	825100	249952
133170	61754	861010	471464	21658	312266	174518	67012
330158	30683	6410339	3320146	416278	1141499	375038	55039
3886	564	98000	53101	4188	8064	3304	347
27313	3777	251164	110152	16401	44094	30534	3810
245034	101951	4256561	1750526	284944	627142	241706	123744
232974	128210	5031598	1829379	214247	815479	258505	138672
321931	202676	6194654	2218051	435550	1018336	371592	206223
2564	458	53142	29219	14657	5869	3475	1874
226472	34409	2617391	1378153	218556	503438	256952	40021
793465	279679	14730899	6916940	1225359	2491484	886894	329049
517750	196966	9946600	4639414	585697	1821449	603689	247578
259982	69821	4065406	2133831	493086	640465	248889	73168
238590	47300	3270720	1478644	346651	525109	289573	48324
3615		65564	43205	18481	7899	1695	
6641	1705	219177	100953	17827	14028	4813	2688
2904	832	68461	37476	13350	7165	1661	1979
2453		94506	39893	2004	5086	2287	
1284	873	56211	23585	2473	1777	865	708

8—4 续2

指　　标	企　业 单位数 (个)	#亏损企业	工　业 总产值 (当年价格)	工　　业 销售产值 (当年价格)	#出　口 交货值	年　初 存　货
制造业	435	110	13413318	12826324	188371	2697183
农副食品加工业	28	4	787481	737197		117029
食品制造业	19	3	123363	125248		23601
酒、饮料和精制茶制造业	14	3	247042	204506	13900	94267
纺织业	18	5	229573	213448	47931	51366
纺织服装、服饰业	5		123187	137642		24670
木材加工和木、竹、藤、棕、草制品业	6	1	94011	90829	770	23461
家具制造业	1		1332	1092		2195
造纸和纸制品业	10	1	59690	59136		6733
印刷和记录媒介复制业	6		61076	60197	1562	8829
文教、工美、体育和娱乐用品制造业	3	1	33785	25099		3027
石油加工、炼焦和核燃料加工业	24	9	1733227	1711113		257587
化学原料和化学制品制造业	62	17	1326323	1284828	16137	165374
医药制造业	18	3	279668	245001		57630
橡胶和塑料制品业	13	2	115151	108030	1614	31153
非金属矿物制品业	58	12	574839	555592	27804	95937
黑色金属冶炼和压延加工业	32	14	3343365	3185718	47272	639656
有色金属冶炼和压延加工业	40	16	2694606	2477139	15887	678554
金属制品业	8	2	105098	99809	42	12241
通用设备制造业	25	6	328208	329327	128	67415
专用设备制造业	8	2	154200	141542	2263	74805
汽车制造业	8	3	228547	234255	5772	70290
铁路、船舶、航空航天和其他运输设备制造业	4	1	39078	36719		3363
电气机械和器材制造业	14	2	532163	576599	7289	138909
计算机、通信和其他电子设备制造业	5	1	105335	92342		43916
其他制造业	3		50957	52533		4265
废弃资源综合利用业	1	1	2122	1832		178
金属制品、机械和设备修理业	2	1	39891	39555		734
电力、燃气及水的生产和供应业	10	7	450221	448475		27686
电力、热力生产和供应业	8	6	442416	440867		27417
水的生产和供应业	2	1	7805	7608		269

单位:万元

#产成品	#在产品	资产总计	#流动资产合计	#应收账款	#存　货	#产成品	#在产品
1012818	312383	16004341	8055537	1391553	2944723	1138128	366382
64595	16	568705	299711	25730	133558	68192	1095
12504	2868	149005	81623	17130	33328	23479	68
63865	12883	310685	165960	31413	109198	72930	11287
15828	1522	278247	169925	21381	52178	15629	3153
16222	1669	119680	61295	17670	18846	7960	810
892	908	303338	173775	19343	21632	3661	667
1895		16185	5556	457	3266	1258	
2900	37	64398	28831	5855	8509	3854	194
1816	4311	80316	37935	12520	9048	2597	4646
979	611	45189	32624	3174	8350	1922	1053
129511	5237	1970953	1127911	226347	276306	127872	44628
70722	10815	2023526	893700	133980	184261	84565	15655
22208	6484	502341	221585	28524	75099	34828	13699
18220	1891	161819	103478	28559	22550	12583	2855
40651	14208	742986	374325	119295	96001	37770	13612
141346	22522	3408019	1732098	127499	729184	181260	23803
200179	153799	3489307	1373640	90620	747936	265302	168704
7802	2585	99402	55542	13866	14735	9232	2181
30391	8101	319708	233843	95494	87724	24510	9116
48510	9820	256071	204135	42849	86751	39910	13867
38966	8633	301462	124826	31889	63212	32758	7908
1862	1089	33126	21356	7747	4812	881	574
66926	26776	607067	440905	271703	128061	78702	15057
10429	15423	118269	73297	14002	26126	4626	11650
3596		25983	11311	1103	3409	1612	
3	174	2846	1410	10	334	235	100
		5711	4943	3394	310		
478		1124773	138602	34534	36171	905	
478		1103367	133263	31744	35778	905	
		21406	5339	2790	393		

8—4 续3

指　　标	#固定资产合计	#固定资产原价	#累计折旧	#本年折旧	#在建工程	负债合计
总　　计	**7250922**	**13955116**	**7364072**	**1157270**	**970434**	**12016884**
一、按隶属关系分						
中央企业	1994796	3712701	1733298	189360	92958	2766777
省属企业	984380	1143206	366868	60898	137386	1463634
地、市属企业	311712	435098	131868	26537	21996	509694
县(旗)属企业	789179	990573	265838	61319	136611	1484562
街道属企业	1782	2237	455	455	20	210
镇属企业	83955	134864	57163	9697	5249	86565
乡属企业	4866	30509	26871	3489	770	17437
村办企业	18536	17186	1201	120	608	20021
其　他	3061716	7488742	4780511	805396	574836	5667983
二、按登记注册类型分组:						
内资企业	7084047	13691630	7252592	1143285	951222	11808284
国有企业	576307	865049	305594	47708	27130	1120450
中央企业	466688	721276	269620	36585	24516	1042018
地方企业	109620	143773	35974	11123	2614	78431
集体企业	8287	16721	8920	658	660	19199
股份合作企业	19966	20987	2713	342	1682	13214
联营企业	16329	196094	179765	21570		35326
其他联营企业	16329	196094	179765	21570		35326
有限责任公司	2343315	3222917	1148039	214769	250761	3476477
国有独资公司	192565	298863	107658	12632	109590	448479
其他有限责任公司	2150750	2924054	1040381	202137	141172	3027998
股份有限公司	1438285	2843964	1481995	153234	115243	2207946
私营企业	2576808	6408960	4097860	696266	504453	4672374
私营独资企业	72165	94426	23436	8061	1141	161699
私营合伙企业	15777	21415	7890	2467	88	30368
私营有限责任公司	2407369	6132718	3972062	668039	491849	4305436
私营股份有限公司	81498	160401	94472	17699	11375	174872
其他企业	104749	116939	27707	8739	51292	263300
港、澳、台商投资企业	42794	44601	10861	2112	8533	62520
合资经营企业(港或澳、台资)	42794	44601	10861	2112	8533	62520
外商投资企业	124082	218885	100619	11873	10680	146080
中外合资经营企业	118000	202214	90029	10401	10248	112008

单位:万元

#流动负债合　计	#应付账款	#非流动负债合计	所有者权益合计	#实收资本	#国家资本	#集体资本	#法人资本
9441415	**1977568**	**2252345**	**5312681**	**3157107**	**623946**	**47701**	**1340938**
1643167	426327	1123610	603060	710023	432119		277904
1192044	186215	264770	827550	313477	140801	11900	86402
377566	70049	132128	25960	144009	12229	11967	90565
1208667	293279	211940	896415	450469	8165	10660	257259
210	31		5078	1600			1590
74901	14192	9903	105846	45080	5180		23760
16337	10301	1100	10898	2606			
19001	16575	1020	4786	4786			4786
4909522	960600	507875	2833089	1485058	25451	13174	598673
9259484	1957963	2232496	5126861	3015861	610645	39801	1295907
648980	214536	471469	145698	204749	173226		31523
580181	203007	461837	84606	144208	117105		27104
68799	11530	9632	61092	60540	56121		4419
19199	12161		8575	3295		631	2626
12814	1104	40	28906	5986			3000
28277	-408	7049	21033	20000			
28277	-408	7049	21033	20000			
2776407	545176	634795	1636149	903842	113128	29016	583528
382720	89328	65759	412531	95386	87386	8000	
2393687	455848	569036	1223618	808456	25742	21016	583528
1397495	315225	807328	833952	553882	320951	3270	158408
4143801	824910	283368	2304806	1235674	2990	6885	497108
161358	10305	341	50640	25565			10258
22370	14724		7779	12000			12000
3824165	769583	251731	2092998	1147043	2990	6885	449486
135908	30299	31297	153389	51066			25365
232513	45258	28447	147743	88434	350		19714
50600	944	5100	35480	10000			
50600	944	5100	35480	10000			
131331	18661	14750	150340	131247	13301	7900	45031
97259	16773	14750	139155	120644	13301	7900	45031

8—4 续4

指　　标	#固定资产合　　计	#固定资产原　　价	#累计折旧	#本年折旧	#在建工程	负债合计
外资企业	6081	16672	10590	1472	432	34072
三、按经济组织类型分组						
独资企业	662840	992867	348540	57898	29363	1335419
国有企业	576307	865049	305594	47708	27130	1120450
集体企业	8287	16721	8920	658	660	19199
私营独资企业	72165	94426	23436	8061	1141	161699
外资企业	6081	16672	10590	1472	432	34072
合作、合伙企业	156821	355435	218074	33118	53063	342207
股份合作企业	19966	20987	2713	342	1682	13214
其他联营企业	16329	196094	179765	21570		35326
私营合伙企业	15777	21415	7890	2467	88	30368
其他企业(内资)	104749	116939	27707	8739	51292	263300
股份有限公司	1519783	3004365	1576467	170933	126618	2382817
股份有限公司(内资)	1438285	2843964	1481995	153234	115243	2207946
私营股份有限公司	81498	160401	94472	17699	11375	174872
有限责任公司	4911477	9602449	5220991	895321	761391	7956441
国有独资公司	192565	298863	107658	12632	109590	448479
私营有限责任公司	2407369	6132718	3972062	668039	491849	4305436
合资经营企业(港或澳、台资)	42794	44601	10861	2112	8533	62520
中外合资经营企业	118000	202214	90029	10401	10248	112008
其他有限责任公司	2150750	2924054	1040381	202137	141172	3027998
四、在总计中:亏损企业	2840746	6712351	3916623	520763	196021	4332069
在总计中:国有控股企业	3349347	5433305	2356630	291303	236363	4712115
在总计中:农村工业	23402	47696	28072	3609	1378	37458
在总计中:轻工业	948129	1338040	521417	92660	180377	1466840
重工业	6302792	12617076	6842656	1064610	790057	10550044
在总计中:大型企业	4078393	8651361	4953235	754401	643773	6834644
中型企业	1628272	3099147	1614819	253656	173820	2917965
小型企业	1531115	2179760	783284	148380	151516	2226925
微型企业	13142	24848	12735	833	1326	37351
五、按工业行业大类分						
采矿业	73267	124215	54157	8888	26097	123317
煤炭开采和洗选业	30557	61352	33683	4578	1777	24701
黑色金属矿采选业	34342	45588	11246	3499	3580	55429
有色金属矿采选业	8368	17276	9228	811	20739	43187

单位:万元

#流动负债合计	#应付账款	#非流动负债合计	所有者权益合计	#实收资本	#国家资本	#集体资本	#法人资本
34072	1888		11185	10602			
863609	238891	471809	216098	244211	173226	631	44406
648980	214536	471469	145698	204749	173226		31523
19199	12161		8575	3295		631	2626
161358	10305	341	50640	25565			10258
34072	1888		11185	10602			
295973	60678	35537	205461	126420	350		34714
12814	1104	40	28906	5986			3000
28277	-408	7049	21033	20000			
22370	14724		7779	12000			12000
232513	45258	28447	147743	88434	350		19714
1533402	345524	838625	987341	604947	320951	3270	183773
1397495	315225	807328	833952	553882	320951	3270	158408
135908	30299	31297	153389	51066			25365
6748431	1332476	906375	3903781	2181529	129419	43800	1078045
382720	89328	65759	412531	95386	87386	8000	
3824165	769583	251731	2092998	1147043	2990	6885	449486
50600	944	5100	35480	10000			
97259	16773	14750	139155	120644	13301	7900	45031
2393687	455848	569036	1223618	808456	25742	21016	583528
3006012	720353	1297214	698457	1176316	359069	28172	530505
3184581	706936	1514866	1482604	1178627	606374	23467	491030
35338	26876	2120	15683	7392			4786
1274242	174423	146101	1141669	505683	21439	3020	232304
8167173	1803146	2106244	4171012	2651425	602507	44681	1108634
5428181	997724	1226496	3107672	1614271	425339		658358
2466801	550190	394655	1143625	817327	124176	19263	336893
1517703	420900	630799	1034590	706408	72670	23438	338427
28731	8754	395	26795	19102	1761	5000	7261
84166	17870	38972	95660	40779			23605
23522	7179	1000	43559	30779			13620
41890	6426	13539	39077	5000			5000
18754	4266	24433	13024	5000			4985

8—4 续5

指　　标	#固定资产合　　计	#固定资产原　　价	#累计折旧	#本年折旧	#在建工程	负债合计
制造业	6228445	12343403	6769232	1076311	929091	10753942
农副食品加工业	255083	381658	174371	37606	46096	265052
食品制造业	56132	58112	10020	2017	9694	75800
酒、饮料和精制茶制造业	103604	146488	45845	8094	16253	174777
纺织业	94571	126820	45976	12199	17473	199937
纺织服装、服饰业	56756	54833	16785	4161	9898	53405
木材加工和木、竹、藤、棕、草制品业	74369	68665	19174	5133	28197	194297
家具制造业	3806	3959	154	24		12246
造纸和纸制品业	33670	38867	9130	2846	1866	30753
印刷和记录媒介复制业	39159	49441	23219	1852	5500	32602
文教、工美、体育和娱乐用品制造业	8924	9994	1869	313	723	23740
石油加工、炼焦和核燃料加工业	777115	2237495	1543045	252607	89679	1517357
化学原料和化学制品制造业	965605	1126978	380594	72443	86492	1435099
医药制造业	173103	249375	91427	12530	61387	259113
橡胶和塑料制品业	40554	71406	31049	3409	8356	81845
非金属矿物制品业	309235	466678	185103	38140	21990	462671
黑色金属冶炼和压延加工业	1202849	3641527	2554730	412779	279310	2327525
有色金属冶炼和压延加工业	1635919	2941645	1340790	168578	201015	2405785
金属制品业	36403	51054	20464	3596	2030	61652
通用设备制造业	77528	115774	40420	3440	1343	215077
专用设备制造业	46188	62410	18562	5077	2611	196977
汽车制造业	112898	168437	57021	9245	6395	222224
铁路、船舶、航空航天和其他运输设备制造业	9036	12376	3368	1110	63	16034
电气机械和器材制造业	76471	144352	68408	6700	20450	431911
计算机、通信和其他电子设备制造业	23919	89052	76808	10113	10917	42344
其他制造业	13524	23381	9858	2228	1146	8610
废弃资源综合利用业	1436	1110	117		209	2442
金属制品、机械和设备修理业	590	1517	927	73		4666
电力、燃气及水的生产和供应业	949210	1487498	540683	72071	15246	1139625
电力、热力生产和供应业	934260	1461351	529257	70910	15016	1129683
水的生产和供应业	14950	26147	11427	1161	230	9942

单位:万元

#流动负债合计	#应付账款	#非流动负债合计	所有者权益合计	#实收资本	#国家资本	#集体资本	#法人资本
8879773	1711888	1551225	5231809	2920448	552462	47701	1193947
244634	11865	8467	303280	70337			24824
58868	5275	14324	73056	16649	150	20	6383
166252	39569	6187	135907	76378		3000	44835
179718	18473	9718	74372	65997			3980
49573	10116	3832	66274	23400	10000		
152192	2879	41729	108533	19142			16642
12246	124		3939	3350			
26861	6912	3880	33645	18514			3900
30193	7092	2409	47309	22512			19184
7410	1641		21449	3776			2290
1289517	194985	219952	453224	290368	12500	500	141763
1179904	161667	244382	585130	338595	11413	6160	185572
218592	26407	40521	241081	116027	350		104287
79957	9494	1187	79893	42760			36033
399815	113556	49518	275100	163155	48061	20650	45347
2027018	539269	106773	1080736	636208	32235		199278
1719119	184770	652589	1083522	754822	331894	7000	301275
59797	12964	1855	37750	26437	518	90	7018
186953	75622	22161	104631	71597	20760	808	25970
183258	81391	13719	59094	22380	8180	7362	1500
111218	52739	101453	78790	29078	12576		6500
15323	2115	711	17083	8748			500
424753	141635	4841	173266	74616	63304	2112	6226
41431	5410	874	75924	22032			7730
8210	750		17373	3010			2909
2442	1705		404	39			
4520	3464	146	1046	522	522		
477477	247810	662148	-14788	195880	71484		123386
474220	246520	655463	-26251	184941	60545		123386
3257	1290	6685	11463	10939	10939		

8—4 续6

指　　标	#个人资本	#港澳台资本	#外商资本	营业收入	#主营业务收　　入	#营业成本
总　　计	**1050279**	**10090**	**84155**	**14536824**	**14071205**	**13133713**
一、按隶属关系分						
中央企业				2633752	2502812	2520583
省属企业	40374	10000	24000	1330802	1278587	1222675
地、市属企业	27871		1378	246231	242892	234095
县(旗)属企业	174385			2192585	2129982	1865821
街道属企业	10			7913	6143	6831
镇属企业	5940		10200	163580	162687	124661
乡属企业	2606			41774	41774	37309
村办企业				10074	10074	10280
其　他	799093	90	48577	7910113	7696256	7111459
二、按登记注册类型分组:						
内资企业	1045279	90	24140	14222147	13764460	12874492
国有企业				1032910	924875	917390
中央企业				959250	851730	863431
地方企业				73660	73145	53960
集体企业	39			45305	43651	42702
股份合作企业	2986			46148	46148	42588
联营企业	20000			68805	56466	61353
其他联营企业	20000			68805	56466	61353
有限责任公司	178169			4038008	3907110	3713486
国有独资公司				192627	191738	185688
其他有限责任公司	178169			3845381	3715372	3527798
股份有限公司	71253			1986671	1832087	1827175
私营企业	728462	90	140	6517937	6467868	5865010
私营独资企业	15307			218537	218515	192240
私营合伙企业				54302	54302	49543
私营有限责任公司	687454	90	140	5875950	5827652	5304742
私营股份有限公司	25701			369148	367399	318485
其他企业	44370		24000	486364	486256	404789
港、澳、台商投资企业		10000		64279	64279	54384
合资经营企业(港或澳、台资)		10000		64279	64279	54384
外商投资企业	5000		60015	250398	242466	204837
中外合资经营企业	5000		49413	214759	207995	172816

单位:万元

#主营业务成本	营业税金及附加	#主营业务税金及附加	其他业务收入	其他业务利润	销售费用	管理费用	#税金
12719088	**34912**	**34554**	**465618**	**39728**	**298135**	**426840**	**25406**
2376918	7794	7622	130940	3690	29712	89869	5079
1175276	7008	7008	52215	7121	32414	64654	2416
230130	1287	1287	3339	310	5878	10060	284
1803578	5944	5830	62603	3141	80758	84220	4725
6275	44	44	1771	1215	422	379	5
124056	284	284	893	57	8413	7703	413
37309	142	142			1757	1025	106
10280					28	464	405
6955265	12411	12338	213858	24195	138754	168468	11974
12466898	34305	33947	457687	39143	288894	412341	24703
801424	3954	3783	108035	1766	14760	63653	2035
747977	3572	3401	107520	1677	11299	53469	1538
53447	382	382	515	88	3462	10184	497
41260	368	320	1654		695	2113	36
42588	33	33			672	1033	49
60869	154	154	12339	11326	639	3220	
60869	154	154	12339	11326	639	3220	
3587119	9031	8917	130898	11136	88673	133753	8853
183242	1519	1519	889	749	5250	23034	589
3403876	7512	7398	130009	10387	83423	110719	8265
1690407	6766	6766	154584	4135	78606	72211	3479
5839154	9596	9571	50069	10762	95599	127847	9824
192227	633	633	22		2277	5029	393
49543	103	103			26	756	107
5279934	7814	7789	48298	10251	85340	112961	8737
317451	1047	1047	1749	511	7956	9101	586
404078	4403	4403	108	19	9250	8511	427
54384	94	94			481	1461	23
54384	94	94			481	1461	23
197806	514	514	7931	586	8760	13037	680
166912	412	412	6764	586	7432	11613	572

8—4 续7

指　标	#个人资本	#港澳台资本	#外商资本	营业收入	#主营业务收　入	#营业成本
外资企业			10602	35639	34472	32021
三、按经济组织类型分组						
独资企业	15346		10602	1332391	1221512	1184353
国有企业				1032910	924875	917390
集体企业	39			45305	43651	42702
私营独资企业	15307			218537	218515	192240
外资企业			10602	35639	34472	32021
合作、合伙企业	67356		24000	655619	643172	558272
股份合作企业	2986			46148	46148	42588
其他联营企业	20000			68805	56466	61353
私营合伙企业				54302	54302	49543
其他企业(内资)	44370		24000	486364	486256	404789
股份有限公司	96953			2355819	2199486	2145660
股份有限公司(内资)	71253			1986671	1832087	1827175
私营股份有限公司	25701			369148	367399	318485
有限责任公司	870623	10090	49553	10192996	10007036	9245428
国有独资公司				192627	191738	185688
私营有限责任公司	687454	90	140	5875950	5827652	5304742
合资经营企业(港或澳、台资)		10000		64279	64279	54384
中外合资经营企业	5000		49413	214759	207995	172816
其他有限责任公司	178169			3845381	3715372	3527798
四、在总计中:亏损企业	258391	90	90	3571329	3487057	3576780
在总计中:国有控股企业	43556		14200	4227787	4042107	4006424
在总计中:农村工业	2606			51848	51848	47590
在总计中:轻工业	221442		27478	2301372	2271580	1872322
重工业	828836	10090	56677	12235452	11799626	11261391
在总计中:大型企业	520374		10200	8214158	7869031	7523343
中型企业	269160	10000	57835	3022066	2937615	2662277
小型企业	255664	90	16120	3212977	3176946	2870330
微型企业	5081			87623	87613	77764
五、按工业行业大类分						
采矿业	17174			255097	243205	239463
煤炭开采和洗选业	17159			184630	182859	174010
黑色金属矿采选业				58175	48128	53199
有色金属矿采选业	15			12292	12218	12254

单位：万元

#主　营 业务成本	营业税金 及 附 加	#主营业务 税金及附加	其他业务 收　　入	其他业务 利　　润	销售费用	管理费用	#税　金
30894	102	102	1167		1328	1425	108
1065804	5057	4838	110878	1766	19061	72219	2572
801424	3954	3783	108035	1766	14760	63653	2035
41260	368	320	1654		695	2113	36
192227	633	633	22		2277	5029	393
30894	102	102	1167		1328	1425	108
557078	4693	4693	12447	11344	10587	13520	583
42588	33	33			672	1033	49
60869	154	154	12339	11326	639	3220	
49543	103	103			26	756	107
404078	4403	4403	108	19	9250	8511	427
2007858	7812	7812	156333	4646	86562	81313	4065
1690407	6766	6766	154584	4135	78606	72211	3479
317451	1047	1047	1749	511	7956	9101	586
9088348	17350	17211	185960	21973	181926	259788	18186
183242	1519	1519	889	749	5250	23034	589
5279934	7814	7789	48298	10251	85340	112961	8737
54384	94	94			481	1461	23
166912	412	412	6764	586	7432	11613	572
3403876	7512	7398	130009	10387	83423	110719	8265
3493442	7368	7202	84272	4376	55109	94798	7137
3811985	11946	11775	185680	11140	70110	169414	8173
47590	142	142			1786	1489	511
1850287	9391	9220	29792	9035	86977	95307	4912
10868801	25521	25335	435826	30693	211158	331533	20494
7212737	14552	14381	345127	17786	147090	244509	15695
2593239	11267	11219	84451	19741	75596	106389	4440
2835391	8835	8696	36031	2264	72330	74609	5244
77721	259	259	9	-63	3119	1334	28
218781	1298	1298	11892	1254	3303	9746	175
173454	797	797	1771	1180	2094	2946	31
37464	372	372	10047		318	4343	25
7864	129	129	74	74	892	2457	119

8—4 续8

指标	#个人资本	#港澳台资本	#外商资本	营业收入	#主营业务收入	#营业成本
制造业	1032094	10090	84155	13829807	13379156	12441316
农副食品加工业	45512			793946	787410	651037
食品制造业	10046		50	157730	157573	131614
酒、饮料和精制茶制造业	1116		27428	226260	223086	185084
纺织业	62017			227335	215737	206800
纺织服装、服饰业	13400			186893	185148	163993
木材加工和木、竹、藤、棕、草制品业	2500			92300	92093	75152
家具制造业	3350			1354	1354	1092
造纸和纸制品业	14614			58819	58819	53985
印刷和记录媒介复制业	3328			54546	54472	40192
文教、工美、体育和娱乐用品制造业	1486			22063	21549	18435
石油加工、炼焦和核燃料加工业	135605			1769214	1624465	1656717
化学原料和化学制品制造业	123250		12200	1688047	1629810	1521675
医药制造业	11390			294470	293891	191655
橡胶和塑料制品业	2314		4412	113490	112132	97302
非金属矿物制品业	49098			562049	550139	470034
黑色金属冶炼和压延加工业	370860		33835	3169428	3146823	2931253
有色金属冶炼和压延加工业	98514	10000	6140	2611136	2544160	2507590
金属制品业	18632	90	90	100117	99915	82794
通用设备制造业	24059			328180	327560	274284
专用设备制造业	5338			193872	189543	167957
汽车制造业	10002			270680	258518	241551
铁路、船舶、航空航天和其他运输设备制造业	8248			30739	30731	21749
电气机械和器材制造业	2974			686915	585614	590084
计算机、通信和其他电子设备制造业	14302			93683	92342	73241
其他制造业	101			52654	52654	43629
废弃资源综合利用业	39			2033	2033	1893
金属制品、机械和设备修理业				41853	41588	40523
电力、燃气及水的生产和供应业	1010			451920	448845	452935
电力、热力生产和供应业	1010			444311	441328	447188
水的生产和供应业				7609	7517	5747

单位:万元

#主营业务成本	营业税金及附加	#主营业务税金及附加	其他业务收入	其他业务利润	销售费用	管理费用	#税金
12054525	31948	31590	450651	38392	294285	414793	25194
649417	118	118	6537	3617	6642	13959	170
131461	356	356	158	4	3916	3846	79
179133	4692	4692	3174	369	12420	7822	1717
199095	276	276	11597	4522	2644	5309	445
163078	354	182	1746		2643	4401	182
74972	664	664	207	2	782	3865	531
1092	5	5			50	55	3
53985	58	58			1157	1288	142
40180	203	203	73	65	2298	2746	142
18435	35	35	514		847	1041	49
1549805	2921	2921	144750	12781	46614	41893	2671
1474988	2280	2279	58238	5305	45651	57712	2336
191143	1993	1993	579	167	38711	33423	1654
96108	364	315	1358	39	3280	4903	212
461004	2489	2355	11910	721	23620	23841	2080
2909363	3046	3046	22605	1316	24741	46892	5401
2441855	7173	7173	66977	3489	32079	71489	4955
82698	162	158	203	19	2628	3910	89
268379	582	582	620	402	8291	11531	359
165365	509	509	4329	1171	8325	7122	248
233772	108	108	12162	2770	11831	11927	90
20991	45	45	8	8	1413	1657	29
490218	2876	2876	101302	1323	9654	47007	1382
72207	477	477	1341	303	1457	4738	118
43629	67	67			1819	1928	84
1893	10	10			34	81	
40260	88	88	266		740	411	28
445782	1666	1666	3075	83	547	2301	37
440158	1588	1588	2984	71		1018	12
5624	79	79	92	12	547	1283	25

8—4 续9

指　　标	#差旅费	#工会经费	财务费用	#利息收入	#利息支出	营业利润
总　　计	**29063**	**2291**	**428094**	**13835**	**404425**	**378715**
一、按隶属关系分						
中央企业	3214	392	110534	1817	114489	－112963
省属企业	2015	151	45651	4504	47491	44004
地、市属企业	680	37	21945	190	21023	－26055
县(旗)属企业	12414	514	42019	4578	44649	112976
街道属企业	4	2	68		68	170
镇属企业	484	30	3783	45	3724	18470
乡属企业	380	20	239	11	236	1302
村办企业	5	1	－1		－1	－697
其　他	9867	1144	203855	2691	172748	341509
二、按登记注册类型分组：						
内资企业	28500	2204	420915	13720	397651	354404
国有企业	2395	283	42891	533	42808	4079
中央企业	2179	224	40371	508	40392	1751
地方企业	216	59	2520	25	2416	2327
集体企业	32	12	261	10	270	－610
股份合作企业	151	4	296	11	285	1694
联营企业	41	2	3113	50	1162	－205
其他联营企业	41	2	3113	50	1162	－205
有限责任公司	6908	618	116783	6440	115969	41057
国有独资公司	706		10597	354	10337	－717
其他有限责任公司	6202	618	106185	6086	105633	41773
股份有限公司	9921	345	85919	2637	85232	－43376
私营企业	8096	888	165603	2628	143845	303737
私营独资企业	432	34	3849	3	1234	14519
私营合伙企业	11	3	96			3778
私营有限责任公司	7127	829	155067	2831	136281	259597
私营股份有限公司	525	23	6590	－206	6330	25843
其他企业	957	52	6049	1411	8079	48028
港、澳、台商投资企业	57	1	2786		2508	5073
合资经营企业(港或澳、台资)	57	1	2786		2508	5073
外商投资企业	507	87	4393	115	4267	19239
中外合资经营企业	467	83	4007	55	3812	18718

单位:万元

资产减值损失	公允价值变动收益	投资收益	营业外收入	补贴收入	营业外支出	利润总额	应交所得税
17648	**553**	**136116**	**66712**	**22291**	**26761**	**418665**	**46502**
12379	551	－3448	7646	1615	9410	－114726	－3475
1562		54551	11436	7881	2584	52856	3145
209	1		2221	200	721	－24555	585
2132	1	153	14310	3615	2276	125009	9208
			672	670	447	395	
300		31	178		196	18452	1795
						1302	244
			1			－696	
1066		84829	30248	8310	11128	360629	34999
17632	553	136116	65664	22291	25964	394103	44733
1566	551	4335	3766	1256	595	7250	4482
881	551	4335	2058	633	78	3732	2533
685			1707	623	517	3518	1949
		74	243		6	－373	95
			26	1	90	1629	6
		16	1014	937	468	342	86
		16	1014	937	468	342	86
2924		7313	21615	11251	4590	58081	4981
		－149	7675	6957	1217	5741	585
2924		7462	13940	4293	3373	52340	4397
11645	2	42518	16229	1402	10663	－37809	2052
942		81724	21295	6354	9531	315502	32288
			260		30	14749	39
			88		114	3753	
331		80623	20042	5628	9166	270473	28003
611		1100	905	727	222	26527	4246
556		136	1478	1090	23	49482	744
						5073	
						5073	
16			1048		797	19490	1769
16			385		583	18520	1712

8—4 续10

指　　标	#差旅费	#工会经费	财务费用	#利息收入	#利息支出	营业利润
外资企业	40	4	386	60	455	521
三、按经济组织类型分组						
独资企业	2899	333	47387	606	44766	18508
国有企业	2395	283	42891	533	42808	4079
集体企业	32	12	261	10	270	-610
私营独资企业	432	34	3849	3	1234	14519
外资企业	40	4	386	60	455	521
合作、合伙企业	1159	60	9554	1472	9526	53295
股份合作企业	151	4	296	11	285	1694
其他联营企业	41	2	3113	50	1162	-205
私营合伙企业	11	3	96			3778
其他企业(内资)	957	52	6049	1411	8079	48028
股份有限公司	10446	368	92509	2432	91562	-17533
股份有限公司(内资)	9921	345	85919	2637	85232	-43376
私营股份有限公司	525	23	6590	-206	6330	25843
有限责任公司	14559	1530	278644	9326	258571	324444
国有独资公司	706		10597	354	10337	-717
私营有限责任公司	7127	829	155067	2831	136281	259597
合资经营企业(港或澳、台资)	57	1	2786		2508	5073
中外合资经营企业	467	83	4007	55	3812	18718
其他有限责任公司	6202	618	106185	6086	105633	41773
四、在总计中:亏损企业	3758	560	161219	3890	148839	-333956
在总计中:国有控股企业	5879	597	179083	6453	184918	-110488
在总计中:农村工业	385	21	238	11	235	605
在总计中:轻工业	13725	775	54239	4129	56601	209334
重工业	15338	1516	373855	9707	347824	169381
在总计中:大型企业	14807	1069	240452	9855	222809	199816
中型企业	8108	768	93519	3113	91530	83749
小型企业	6135	447	93518	866	89549	94768
微型企业	14	7	605	2	537	383
五、按工业行业大类分						
采矿业	213	124	4142		3642	5186
煤炭开采和洗选业	18	7	1804		1353	544
黑色金属矿采选业	77	54	1424		1401	4604
有色金属矿采选业	117	62	914		888	38

单位:万元

资产减值损失	公允价值变动收益	投资收益	营业外收入	补贴收入	营业外支出	利润总额	应交所得税
			663		213	970	57
1566	551	4409	4931	1256	844	22596	4673
1566	551	4335	3766	1256	595	7250	4482
		74	243		6	－373	95
			260		30	14749	39
			663		213	970	57
556		152	2605	2028	694	55206	835
			26	1	90	1629	6
		16	1014	937	468	342	86
			88		114	3753	
556		136	1478	1090	23	49482	744
12256	2	43619	17134	2129	10884	－11282	6298
11645	2	42518	16229	1402	10663	－37809	2052
611		1100	905	727	222	26527	4246
3271		87937	42041	16878	14339	352146	34696
		－149	7675	6957	1217	5741	585
331		80623	20042	5628	9166	270473	28003
						5073	
16			385		583	18520	1712
2924		7462	13940	4293	3373	52340	4397
12387		－7766	15996	4494	11718	－329679	－5973
14098	551	51103	25806	11622	12786	－97468	784
			1			605	244
2197	1	45067	10628	1595	3828	216134	12837
15451	552	91049	56084	20696	22933	202531	33664
14589	553	134947	31523	8984	17833	213506	20300
2305		1673	25870	10461	5458	104161	15068
754		－504	9305	2846	3463	100610	10931
			13		7	389	203
		16	3277	3164	649	7814	825
		5	3174	3164	459	3259	819
			52		125	4531	
		11	51		66	24	6

8—4　续11

指　　标			财务费用			营业利润
	#差旅费	#工会经费		#利息收入	#利息支出	
制造业	28775	2140	354928	13773	327475	441372
农副食品加工业	1890	240	13793	40	13101	90580
食品制造业	638	37	2776	5	2704	14745
酒、饮料和精制茶制造业	293	45	3283	37	3112	16093
纺织业	384	44	9520	584	9224	826
纺织服装、服饰业	518	24	1673	95	1651	13661
木材加工和木、竹、藤、棕、草制品业	62	5	5199	158	4243	6636
家具制造业	10	2	103	2	95	50
造纸和纸制品业	135	17	1014		1000	1432
印刷和记录媒介复制业	487	9	776	19	769	9622
文教、工美、体育和娱乐用品制造业	225		256		253	791
石油加工、炼焦和核燃料加工业	1741	111	56637	513	34508	-35694
化学原料和化学制品制造业	2961	232	50308	6702	53677	62081
医药制造业	7920	241	7071	1221	8815	20745
橡胶和塑料制品业	506	30	1509	84	1523	5999
非金属矿物制品业	2041	173	14949	151	14546	24938
黑色金属冶炼和压延加工业	692	386	77272	99	72761	175330
有色金属冶炼和压延加工业	2651	225	78878	1672	75265	-64494
金属制品业	341	37	3097	10	2955	8277
通用设备制造业	1331	130	4349	67	4075	35001
专用设备制造业	821	30	2723	159	2351	6570
汽车制造业	740	25	4933	1750	6467	689
铁路、船舶、航空航天和其他运输设备制造业	68	7	942	8	793	5690
电气机械和器材制造业	1773	62	10872	209	10678	26111
计算机、通信和其他电子设备制造业	226	5	2113	185	2038	11314
其他制造业	134	24	662	3	654	4502
废弃资源综合利用业			193		193	-177
金属制品、机械和设备修理业	188		26	2	25	55
电力、燃气及水的生产和供应业	76	28	69024	62	73308	-67843
电力、热力生产和供应业	41	1	68665	61	72949	-67484
水的生产和供应业	34	27	359	2	358	-359

单位:万元

资产减值损失	公允价值变动收益	投资收益	营业外收入	补贴收入	营业外支出	利润总额	应交所得税
17650	553	136100	62139	18972	25864	477647	45316
			1295	205	1101	90774	658
170			1697		221	16221	337
548			99		17	16175	1920
		-2541	419	164	46	1199	1486
157		3	210	56	3	13867	3499
307			478	3	50	7065	1329
						50	
			77		6	1504	213
5			59	291	798	8882	467
			25		51	765	23
		4155	8119	1069	3275	-30851	3858
1034		54836	12202	4397	2053	72229	2629
1114	1	6	4712	30	850	24607	2936
		66	500	480	79	6420	385
302		228	6467	2466	1052	30353	5367
16		82973	1138	42	4491	171977	18517
11665	1	-7887	19756	8590	11163	-55902	-4864
8			343		35	8584	1117
420			411		71	35341	646
		-81	792	538	46	7316	716
570			1239		256	1671	1395
			69		17	5743	5
726	551	4341	1348	594	103	27357	923
610			624	47	80	11857	923
						4502	831
			60			-117	
		2	2			57	
-1			1295	155	247	-66795	361
-1			1130		80	-66434	234
			165	155	167	-361	127

8—4 续12

指 标	亏损企业亏损总额	利税总额	应交税金及附加	本年应付职工薪酬	本年应交增值税	本年进项税额
总 计	**329679**	**787555**	**440798**	**716390**	**333978**	**2489431**
一、按隶属关系分						
中央企业	152989	-26566	89765	159753	80367	376142
省属企业	2834	81929	34634	121215	22065	353457
地、市属企业	39401	-16879	8545	22842	6390	22338
县(旗)属企业	15590	165623	54546	106358	34670	239943
街道属企业		1268	877	523	829	717
镇属企业	947	21128	4884	8189	2392	9203
乡属企业		2728	1776	573	1285	4710
村办企业	696	-696	405	617		1055
其 他	117222	559022	245365	296321	185981	1481866
二、按登记注册类型分组:						
内资企业	326529	755272	430604	699682	326864	2449695
国有企业	30034	44290	43557	61185	33086	126339
中央企业	25951	36846	37185	54380	29542	120050
地方企业	4083	7444	6372	6805	3544	6289
集体企业	638	1420	1924	6040	1425	4851
股份合作企业		2008	434	1554	346	727
联营企业		1894	1638	1611	1398	7358
其他联营企业		1894	1638	1611	1398	7358
有限责任公司	76327	133038	88792	222834	65926	675502
国有独资公司	2529	11210	6643	59906	3950	221027
其他有限责任公司	73797	121828	82149	162928	61976	454474
股份有限公司	105582	27922	71262	145210	58966	299755
私营企业	112443	484155	210764	251057	159057	1291152
私营独资企业	98	22998	8681	8518	7616	17372
私营合伙企业		5573	1927	2650	1717	6168
私营有限责任公司	110243	416675	182943	231134	138389	1233671
私营股份有限公司	2101	38909	17214	8756	11335	33941
其他企业	1506	60546	12234	10191	6661	44012
港、澳、台商投资企业		8738	3689	1276	3572	8896
合资经营企业(港或澳、台资)		8738	3689	1276	3572	8896
外商投资企业	3150	23545	6505	15432	3541	30841
中外合资经营企业	3150	21317	5082	14144	2386	26864

单位:万元

本 年 销项税额	土地和固定 资 产 支 出	#土地购置	#房屋和 建筑物	#机器设备	#运输工具	#其他费用	全部从业 人员年平 均 人 数 (人)
2681359	**1600198**	**45743**	**278868**	**1222643**	**42227**	**10716**	**200858**
448923	159985	9646	51998	85226	11302	1813	31263
355543	158163	3354	28235	121471	2043	3060	30345
28215	9729		607	8916	182	25	7792
263788	84033	8391	12652	56904	4918	1168	32502
1545	116			116			229
11754	90522		16913	72731	879		2646
5994	391	174		202	15		260
1714	17208		2806	14401			268
1563882	1080051	24177	165657	862677	22889	4651	95553
2637826	1489208	45199	255439	1136762	41312	10496	196335
157732	43871	3626	18504	19241	779	1721	12684
145875	40196	3626	17617	16512	749	1692	10580
11857	3675		887	2729	30	29	2104
6276	102			20	58	25	1307
990	308			127	166	15	614
8257							670
8257							670
713379	254027	9776	34170	200651	7024	2406	63583
227398	61823		2968	58855			13958
485982	192204	9776	31202	141795	7024	2406	49625
353161	132311	6279	36004	76811	12421	795	35791
1348172	1025070	22753	155579	822583	20280	3876	77767
25198	969			371		598	1989
7810							580
1274294	1000474	16305	152814	807999	20151	3206	71585
40870	23628	6448	2765	14213	129	73	3613
49860	33518	2766	11182	17329	584	1658	3919
12467							596
12467							596
31065	110990	544	23429	85881	915	220	3927
25871	110665	544	23429	85595	890	207	3510

8—4 续13

指　　标	亏损企业亏损总额	利税总额	应交税金及附加	本年应付职工薪酬	本年应交增值税	本年进项税　额
外资企业		2228	1423	1289	1155	3977
三、按经济组织类型分组						
独资企业	30770	70935	55584	77033	43282	152539
国有企业	30034	44290	43557	61185	33086	126339
集体企业	638	1420	1924	6040	1425	4851
私营独资企业	98	22998	8681	8518	7616	17372
外资企业		2228	1423	1289	1155	3977
合作、合伙企业	1506	70021	16233	16005	10122	58264
股份合作企业		2008	434	1554	346	727
其他联营企业		1894	1638	1611	1398	7358
私营合伙企业		5573	1927	2650	1717	6168
其他企业(内资)	1506	60546	12234	10191	6661	44012
股份有限公司	107683	66831	88476	153966	70301	333696
股份有限公司(内资)	105582	27922	71262	145210	58966	299755
私营股份有限公司	2101	38909	17214	8756	11335	33941
有限责任公司	189720	579769	280505	469387	210273	1944932
国有独资公司	2529	11210	6643	59906	3950	221027
私营有限责任公司	110243	416675	182943	231134	138389	1233671
合资经营企业(港或澳、台资)		8738	3689	1276	3572	8896
中外合资经营企业	3150	21317	5082	14144	2386	26864
其他有限责任公司	73797	121828	82149	162928	61976	454474
四、在总计中:亏损企业	329679	-245999	84845	189450	76312	439670
在总计中:国有控股企业	201884	16033	122458	302728	101555	745878
在总计中:农村工业	696	2032	2181	1189	1285	5766
在总计中:轻工业	16320	267018	68633	142075	41492	192976
重工业	313359	520538	372164	574316	292485	2296455
在总计中:大型企业	167624	428228	250716	442834	200170	1770018
中型企业	88538	196615	111961	174353	81187	366239
小型企业	72424	158107	73672	98234	48663	345539
微型企业	1093	4606	4448	969	3958	7635
五、按工业行业大类分						
采矿业	553	19614	12799	8442	10502	27829
煤炭开采和洗选业	553	9098	6689	2551	5042	18810
黑色金属矿采选业		8986	4480	3295	4083	5822
有色金属矿采选业		1529	1631	2596	1376	3196

单位:万元

本年销项税额	土地和固定资产支出	#土地购置	#房屋和建筑物	#机器设备	#运输工具	#其他费用	全部从业人员年平均人数（人）
5193	325			286	25	14	417
194400	45268	3626	18504	19918	862	2357	16397
157732	43871	3626	18504	19241	779	1721	12684
6276	102			20	58	25	1307
25198	969			371		598	1989
5193	325			286	25	14	417
66917	33826	2766	11182	17456	750	1673	5783
990	308			127	166	15	614
8257							670
7810							580
49860	33518	2766	11182	17329	584	1658	3919
394031	155939	12727	38769	91024	12551	868	39404
353161	132311	6279	36004	76811	12421	795	35791
40870	23628	6448	2765	14213	129	73	3613
2026012	1365166	26625	210414	1094244	28065	5818	139274
227398	61823		2968	58855			13958
1274294	1000474	16305	152814	807999	20151	3206	71585
12467							596
25871	110665	544	23429	85595	890	207	3510
485982	192204	9776	31202	141795	7024	2406	49625
524441	174728	14063	44761	102242	11453	2209	55694
818692	380913	10275	87015	266610	13767	3247	68925
7708	17599	174	2806	14603	15		528
219294	106918	7598	33019	59919	2251	4131	45396
2462064	1493280	38146	245849	1162724	39976	6586	155462
1846436	1336896	17230	224873	1056420	33909	4464	107477
436982	116501	18273	24419	67227	4176	2407	56167
386512	146736	10241	29577	98995	4077	3846	36808
11429	66			1	65		406
40273	141			141			3418
23970	141			141			1592
9906							1286
6396							540

8—4 续14

指　　标	亏损企业亏损总额	利税总额	应交税金及附加	本年应付职工薪酬	本年应交增值税	本年进项税额
制造业	252802	811885	404749	693842	302290	2386424
农副食品加工业	1276	91404	1458	18248	511	34895
食品制造业	1328	18728	2924	6217	2152	5865
酒、饮料和精制茶制造业	2395	26412	13874	8101	5545	28793
纺织业	7175	3707	4440	13383	2233	14252
纺织服装、服饰业		15709	5523	10192	1489	14948
木材加工和木、竹、藤、棕、草制品业	1373	8956	3751	4110	1227	4357
家具制造业		95	48	660	40	
造纸和纸制品业	122	1967	818	2806	405	5953
印刷和记录媒介复制业		10451	2178	3063	1365	7712
文教、工美、体育和娱乐用品制造业	102	1415	722	1909	615	727
石油加工、炼焦和核燃料加工业	71413	33869	71248	41448	61799	188928
化学原料和化学制品制造业	10533	91508	24244	86877	16999	175213
医药制造业	2497	44064	24046	30652	17464	47443
橡胶和塑料制品业	538	8388	2564	6326	1604	10259
非金属矿物制品业	8059	51719	28812	46389	18877	53692
黑色金属冶炼和压延加工业	23122	254925	106866	123295	79902	991354
有色金属冶炼和压延加工业	115474	5798	61790	199475	54526	605776
金属制品业	1236	10083	2704	5775	1337	22922
通用设备制造业	2151	39914	5578	14040	3991	37447
专用设备制造业	576	11404	5052	12266	3579	25806
汽车制造业	3096	3536	3349	12012	1756	4118
铁路、船舶、航空航天和其他运输设备制造业	6	6112	404	1087	324	2809
电气机械和器材制造业	66	49663	24611	38686	19430	89948
计算机、通信和其他电子设备制造业	102	16262	5446	3327	3928	10343
其他制造业		5136	1549	1810	567	2829
废弃资源综合利用业	117	－7	110	430	101	18
金属制品、机械和设备修理业	45	670	641	1261	526	16
电力、燃气及水的生产和供应业	76324	－43943	23249	14107	21185	75178
电力、热力生产和供应业	75348	－44315	22364	12012	20531	75112
水的生产和供应业	976	372	885	2094	654	66

单位:万元

本　　年 销项税额	土地和固定 资 产 支 出	#土地购置	#房屋和 建筑物	#机器设备	#运输工具	#其他费用	全部从业 人员年平 均 人 数 (人)
2552242	1561622	45719	278675	1184389	42126	10713	195231
34602	16567	518	12497	3292	245	16	6882
7462	4950	269	435	4047	126	72	3168
33650	39184	3977	12774	19271	498	2663	2055
11113	12788	10	8	11946	476	348	6291
12720	456	302		138	15		3180
5574	1444			556	9	878	1522
	2310		1895	415			160
6343	2360	667	540	1101	52		1680
8213	6100	637	766	4697			1144
1273	1457			1276	166	15	726
224554	97478		26943	67500	2501	534	18791
169505	186230	2999	38543	138040	5122	1527	25717
62902	8736	40	2118	5748	73	758	7912
11536	7342		3160	3452	256	474	2167
73055	37896	3917	8233	24811	628	306	14049
995388	880193	12552	114446	734894	17795	507	32368
661162	204041	13903	39711	139343	10873	212	42908
27322	2657		1415	1236		6	1790
40644	8432	623	3815	2979	504	512	6018
29247	1502		678	694	90	41	3277
5863	6612		916	3461	2100	135	4816
3346	292	273		19			353
109206	21950	520	9143	10106	474	1706	5911
13805	9141	4514	639	3896	93		992
3396	1470			1470			843
119							203
245	36				33	4	308
88844	38436	25	193	38114	101	4	2209
88124	38314	25	193	37992	101	4	1867
720	122			122			342

8—5 国有控股工业企业

指　　标	单位数（个）	#亏损企业	工　业总产值	工　业销售产值	#出口交货值	年　初存　货
总　　计	**45**	**23**	**3682199**	**3561949**	**54136**	**990417**
在总计中：						
亏损企业	23	23	1827435	1819908	962	395481
一、按隶属关系分：						
中央企业	19	13	2351014	2400816	49667	533056
地方企业	26	10	1331185	1161132	4469	457361
省属企业	6	1	962139	809010	3508	378278
市属企业	7	4	70063	71007		14738
县属企业	7	4	129289	120329	962	34688
县属以下企业	6	1	169694	160787		29657
二、按轻重工业分：						
轻工业	8	2	212065	211471	3508	68272
重工业	37	21	3470134	3350478	50629	922145
三、按企业规模分：						
大型企业	11	4	2744402	2642074	53175	808588
中型企业	16	11	483874	482288	962	136060
小型企业	17	8	450086	433751		45770
微型企业	1		3836	3836		
四、按工业行业大类分						
采矿业						
制造业	36	18	2823067	2658163	46847	849987
饮料制造业	3		53927	39560		27073
纺织服装、鞋、帽制造业	1		49968	66094		17307
石油加工、炼焦及核燃料加工业	1		48070	48070		15244
化学原料及化学制品制造业	8	3	703959	700893	4469	93520
医药制造业	1	1	9704	8871		1450
塑料制品业	7	4	97829	99047		21657
非金属矿物制品业	2	1	61195	59874	42378	20445
黑色金属冶炼及压延加工业	5	4	1633655	1473274		582476
金属制品业	3	3	25487	30384		17755
通用设备制造业	1		78152	72466		28261
专用设备制造业	2	1	21231	20074		24067
废弃资源和废旧材料回收加工业	2	1	39891	39555		734
电力、燃气及水的生产和供应业	7	5	435265	434862		25734
电力、热力的生产和供应业	5	4	427461	427253		25465
水的生产和供应业	2	1	7805	7608		269

主要经济指标(2012)

单位:万元

#产成品	#在产品	资产总计	#流动资产合计	#应收账款	#存　货	#产成品	#在产品
321931	**202676**	**6194654**	**2218051**	**435550**	**1018336**	**371592**	**206223**
38799	103491	2947512	664638	87130	400973	41683	114594
115708	125955	3369837	1061273	333679	524632	123224	123018
206223	76721	2824817	1156778	101872	493704	248368	83205
172570	73142	2150508	955386	66659	408916	209674	78580
3564	1967	296380	53027	21179	13876	2845	1088
16992	1547	171941	72574	7531	39107	20876	3305
13096	65	205988	75791	6502	31806	14972	232
37685	4863	433557	239191	36849	65535	34272	3982
284246	197813	5761097	1978860	398701	952801	337320	202241
259211	176599	4479219	1768892	329478	837210	312766	179911
36331	22971	971665	294569	71408	127039	29727	22326
26389	3105	739964	151592	32034	54087	29099	3986
		3806	2998	2631			
261832	182433	4641882	1702546	147933	879805	297619	197149
19491		54277	38145		31940	23126	
12702	1669	52438	27165	5621	7441	3399	810
3546		95899	37012	1921	14055	2951	
30156	7349	1348219	502237	39201	96675	36199	8597
802		12153	4550	1745	1499	958	
4851	7702	177155	53852	19764	18521	3988	5594
9309	7106	58725	38808	5957	20080	11034	5221
153763	144884	2618655	858928	28029	627772	197001	162040
2406	1239	74467	39824	9287	17582	2443	2050
17632	4451	76781	57122	26296	21069	8414	5701
7175	8033	67402	39960	6718	22862	8105	7137
		5711	4943	3394	310		
		1005290	115763	27852	31465		
		983885	110424	25062	31073		
		21406	5339	2790	393		

8—5 续1

指　　标	#固定资产合　　计	#固定资产原　　价	#累计折旧	#本年折旧	#在建工程	负债合计
总　　计	**3349347**	**5433305**	**2356630**	**291303**	**236363**	**4712115**
在总计中:						
亏损企业	2032399	3542175	1516759	190170	81876	2615437
一、按隶属关系分:						
中央企业	1994796	3712701	1733298	189360	92958	2766777
地方企业	1354551	1720604	623332	101944	143404	1945338
省属企业	915794	1067307	350193	56848	128176	1384559
市属企业	226189	310386	92202	15006	10392	340473
县属企业	89478	120432	33979	9749	3840	121312
县属以下企业	123091	222479	146957	20340	997	98993
二、按轻重工业分:						
轻工业	118723	207663	107692	7874	9341	307484
重工业	3230625	5225642	2248938	283429	227022	4404630
三、按企业规模分:						
大型企业	2140061	3474595	1547547	180709	213626	3160502
中型企业	642686	1126265	541131	62703	15249	803154
小型企业	565792	830035	266350	47785	7488	747457
微型企业	808	2411	1603	107		1002
四、按工业行业大类分						
采矿业						
制造业	2429673	3916729	1759199	217723	204570	3257271
饮料制造业	14360	31414	17054	2243		39209
纺织服装、鞋、帽制造业	25273	19352	8579	973	4762	26923
石油加工、炼焦及核燃料加工业	58887	116814	105250	13784		46986
化学原料及化学制品制造业	755320	839855	285956	46749	24213	989186
医药制造业	7603	13893	5941	-736		14556
塑料制品业	116916	164476	55582	13596	3232	109377
非金属矿物制品业	18568	35206	16638	1882	931	50181
黑色金属冶炼及压延加工业	1353944	2550903	1196960	134621	171102	1803309
金属制品业	34553	60043	26190	727	161	60166
通用设备制造业	17677	24366	6689	1081		51344
专用设备制造业	25984	58890	33434	2728	168	61368
废弃资源和废旧材料回收加工业	590	1517	927	73		4666
电力、燃气及水的生产和供应业	856163	1389241	533774	68305	13130	1064491
电力、热力的生产和供应业	841213	1363094	522348	67144	12900	1054549
水的生产和供应业	14950	26147	11427	1161	230	9942

单位:万元

#流动负债合计	#应付账款	#非流动负债合计	所有者权益合计	#实收资本	#国家资本	#集体资本	#法人资本
3184581	**706936**	**1514866**	**1482604**	**1178627**	**606374**	**23467**	**491030**
1419723	273787	1195714	332141	746169	355807	12900	376763
1643167	426327	1123610	603060	710023	432119		277904
1541414	280609	391256	879544	468604	174254	23467	213126
1125115	184096	259444	765948	274477	140801	11900	81402
220302	54902	120172	-44094	89516	12229	8067	67740
106978	28605	4789	50694	49350	6964		41184
89019	13005	6851	106995	55261	14261	3500	22800
255009	48900	52475	126073	91999	20939	3000	25686
2929572	658036	1462391	1356531	1086628	585435	20467	465344
2318390	387348	842111	1318717	827115	425339		351202
595491	206689	204540	168511	229480	110367	15500	101293
269699	111946	468214	-7428	120271	68907	7967	38534
1002	953		2805	1761	1761		
2353451	359271	891152	1384610	951702	471586	23400	399321
39209	2035		15069	11765		3000	6765
23113	8799	3810	25515	10000	10000		
37012	3012	6851	48913	14500	12500	500	1000
791934	115344	197253	359031	203589	11413	4900	134002
14556	1857		-2403	4419			4419
101892	17220	7485	67779	59681	48061	8000	2500
42343	15678	7838	8544	23761	23761		
1170569	148717	632740	815346	578994	328994		250000
43741	13083	16426	14301	21394	20760		634
51344	14789		25437	10000	3000	7000	
33221	15272	18604	6033	13078	12576		
4520	3464	146	1046	522	522		
445036	215953	619455	-59136	163193	71484		91709
441779	214663	612770	-70599	152254	60545		91709
3257	1290	6685	11463	10939	10939		

8—5 续2

指　　标	#个人资本	#港澳台资本	#外商资本	营业收入	#主营业务收　　入	#营业成本
总　　计	**43556**		**14200**	**4227787**	**4042107**	**4006424**
在总计中：						
亏损企业	700			1888085	1861044	1895853
一、按隶属关系分：						
中央企业				2633752	2502812	2520583
地方企业	43556		14200	1594035	1539295	1485842
省属企业	40374			1235039	1182825	1147304
市属企业	1481			68854	68720	83401
县属企业	1202			123217	122694	117695
县属以下企业	500		14200	166924	165058	137441
二、按轻重工业分：						
轻工业	40374		2000	284124	276067	258245
重工业	3183		12200	3943663	3766041	3748180
三、按企业规模分：						
大型企业	40374		10200	3275729	3100715	3098063
中型企业	2320			491263	487252	467400
小型企业	863		4000	456958	450304	437740
微型企业				3837	3836	3222
四、按工业行业大类分						
采矿业						
制造业	43196		14200	3219810	3134885	3076494
饮料制造业			2000	56446	55714	49317
纺织服装、鞋、帽制造业				113129	111384	102393
石油加工、炼焦及核燃料加工业	500			48070	48070	42974
化学原料及化学制品制造业	41074		12200	1097569	1046692	1024497
医药制造业				7750	7586	6090
塑料制品业	1120			95776	95277	78291
非金属矿物制品业				66197	60172	66201
黑色金属冶炼及压延加工业				1559742	1538093	1546025
金属制品业				30276	30061	31892
通用设备制造业				83281	80992	70480
专用设备制造业	502			19720	19257	17810
废弃资源和废旧材料回收加工业				41853	41588	40523
电力、燃气及水的生产和供应业				437072	436373	441547
电力、热力的生产和供应业				429463	428856	435801
水的生产和供应业				7609	7517	5747

单位:万元

#主　营 业务成本	营业税金 及 附 加	#主营业务 税金及附加	其他业务 收　　入	其他业务 利　　润	销售费用	管理费用	#税　金
3811985	**11946**	**11775**	**185680**	**11140**	**70110**	**169414**	**8173**
1865839	4952	4952	27042	2188	22643	51173	4122
2376918	7794	7622	130940	3690	29712	89869	5079
1435067	4152	4152	54739	7450	40398	79545	3094
1099906	3420	3420	52215	7121	28781	60869	2131
82371	273	273	134	54	1959	4422	52
116738	154	154	524	－14	4661	9207	537
136053	305	305	1867	289	4998	5048	375
251315	1158	986	8057	419	14682	18194	415
3560669	10788	10788	177622	10721	55428	151220	7759
2925656	8717	8545	175014	9225	51560	136671	6921
451694	1590	1590	4011	1518	13140	25508	1015
431454	1596	1596	6654	397	5410	7236	237
3180	43	43	1	1			
2987940	8077	7905	84925	9735	62049	123929	6854
48719	189	189	732	127	2899	1182	102
101479	248	77	1746		1895	2881	67
42974	130	130			1312	985	31
978874	1351	1351	50878	5304	23236	40083	1769
5840	38	38	164		925	2496	168
77158	489	489	499	116	3555	7905	324
54270	154	154	6025	272	1385	4142	115
1524895	4922	4922	21649	2504	20999	54777	4061
26677	21	21	216	156	391	3755	74
69350	425	425	2289	1158	3789	2742	81
17445	22	22	463	98	923	2571	33
40260	88	88	266		740	411	28
434394	1666	1666	699	82	547	1557	25
428770	1588	1588	607	70		274	
5624	79	79	92	12	547	1283	25

8—5 续3

指　　标	#差旅费	#工会经费	财务费用	#利息收入	#利息支出	营业利润
总　　计	**5879**	**597**	**179083**	**6453**	**184918**	**-110488**
在总计中：						
亏损企业	1712	294	112758	1649	111941	-204470
一、按隶属关系分：						
中央企业	3214	392	110534	1817	114489	-112963
地方企业	2666	205	68549	4636	70429	2475
省属企业	1749	110	42497	4504	44628	38321
市属企业	168	30	18172	180	18165	-38397
县属企业	382	45	2206	39	2060	-11039
县属以下企业	366	20	5675	-87	5577	13590
二、按轻重工业分：						
轻工业	1081	49	10943	1521	12397	27276
重工业	4799	548	168140	4932	172521	-137764
三、按企业规模分：						
大型企业	4310	402	99529	5985	101890	-32863
中型企业	1229	172	32342	301	36428	-36415
小型企业	341	22	47213	167	46600	-41825
微型企业			-1		-1	615
四、按工业行业大类分						
采矿业						
制造业	4157	516	101854	6188	103590	-64811
饮料制造业	24	6	1193	0	1192	1665
纺织服装、鞋、帽制造业	193	16	66	94	149	5492
石油加工、炼焦及核燃料加工业	295	3	2468	1	2469	201
化学原料及化学制品制造业	1343	131	33805	4190	36559	28971
医药制造业	159		2	0		-2487
塑料制品业	136	35	3718	197	3724	2590
非金属矿物制品业	45	105	520	127	632	-5
黑色金属冶炼及压延加工业	1372	152	56783	1461	55983	-101314
金属制品业	161	50	949	35	977	-1616
通用设备制造业	120	7	957	30	551	4607
专用设备制造业	123	13	1367	52	1330	-2971
废弃资源和废旧材料回收加工业	188	0	26	2	25	55
电力、燃气及水的生产和供应业	34	27	66924	60	71214	-68406
电力、热力的生产和供应业			66565	59	70856	-68046
水的生产和供应业	34	27	359	2	358	-359

单位:万元

资产减值损失	公允价值变动收益	投资收益	营业外收入	补贴收入	营业外支出	利润总额	应交所得税
14098	**551**	**51103**	**25806**	**11622**	**12786**	**-97468**	**784**
12217		-7785	12582	3108	9997	-201884	-6115
12379	551	-3448	7646	1615	9410	-114726	-3475
1719		54551	18159	10008	3377	17258	4259
1014		54551	11429	7881	2581	47169	3132
			676	200	260	-37982	209
711			6020	1926	470	-5488	12
-6			34		65	13558	906
1046		47375	1573	592	594	28255	1690
13052	551	3728	24232	11030	12192	-125723	-906
13388	551	51100	17344	8953	11840	-27358	-2760
710			7034	2624	747	-30128	3218
0		2	1427	45	199	-40597	199
						615	127
13376		46770	23477	10915	12488	-53822	-155
			46		1	1710	19
157		3	59	56	3	5549	1545
						201	50
1034		54699	8032	2307	1648	35355	855
685			767		326	-2046	
			1164	468	62	3692	2192
			150	25	12	133	142
11500		-7934	12976	7939	10405	-98743	-5940
			2		25	-1638	
			238	120	3	4842	602
			42		5	-2934	381
		2	2			57	
-1			1252	155	247	-67401	127
-1			1087		80	-67039	
			165	155	167	-361	127

8—5 续4

指　　标	亏损企业亏损总额	利税总额	应交税金及附加	本年应付职工薪酬	本年应交增值税	本年进项税额
总　　计	**201884**	**16033**	**122458**	**302728**	**101555**	**745878**
在总计中：						
亏损企业	201884	-142844	57047	122985	54088	265859
一、按隶属关系分：						
中央企业	152989	-26566	89765	159753	80367	376142
地方企业	48895	42599	32694	142975	21188	369736
省属企业	2834	67419	25512	117274	16829	341084
市属企业	38790	-36045	2197	9392	1663	1873
县属企业	7121	-3845	2192	8389	1489	16432
县属以下企业	150	15070	2792	7921	1207	10347
二、按轻重工业分：						
轻工业	3022	36254	10104	31376	6841	44538
重工业	198862	-20222	112354	271352	94714	701340
三、按企业规模分：						
大型企业	107013	50721	82241	254797	69363	623704
中型企业	51308	-12427	21934	34312	16110	63746
小型企业	43563	-23353	17680	13466	15649	58363
微型企业		1092	603	153	433	66
四、按工业行业大类分						
采矿业						
制造业	125891	18000	78522	255412	63746	603638
饮料制造业		2863	1273	1817	964	13014
纺织服装、鞋、帽制造业		6410	2473	7471	613	14434
石油加工、炼焦及核燃料加工业		817	697	1868	486	751
化学原料及化学制品制造业	7198	45348	12617	64547	8642	117342
医药制造业	2046	-1573	641	1797	434	871
塑料制品业	4560	8054	6878	7410	3873	7044
非金属矿物制品业	403	2812	2936	6874	2525	8687
黑色金属冶炼及压延加工业	107013	-51598	45266	150757	42223	428116
金属制品业	1638	-1318	395	3694	299	1044
通用设备制造业		8153	3994	4196	2887	10818
专用设备制造业	2988	-2637	712	3720	275	1502
废弃资源和废旧材料回收加工业	45	670	641	1261	526	16
电力、燃气及水的生产和供应业	75993	-44617	22936	13647	21117	65748
电力、热力的生产和供应业	75017	-44989	22051	11553	20463	65683
水的生产和供应业	976	372	885	2094	654	66

单位:万元

本年销项税额	土地和固定资产支出	#土地购置	#房屋和建筑物	#机器设备	#运输工具	#其他费用	全部从业人员年平均人数（人）
818692	**380913**	**10275**	**87015**	**266610**	**13767**	**3247**	**68925**
316228	124927	6564	35730	71790	10675	167	27812
448923	159985	9646	51998	85226	11302	1813	31263
369769	220929	629	35017	181384	2465	1434	37662
337723	125393	629	17217	104599	1545	1403	29300
2895	225			221		4	3193
18162	4764		887	3823	30	25	2827
10989	90546		16913	72741	890	2	2342
49229	8564		1821	6648	70	25	8453
769464	372350	10275	85194	259962	13697	3222	60472
666405	370388	9731	84980	259202	13316	3158	54481
78291	8950		1735	6938	199	79	11420
73498	1574	544	300	469	252	10	3013
499	1			1			11
640002	358324	10275	77839	255298	13341	1572	62442
14677							490
12180							1543
265							936
100407	155342	629	31449	119555	2345	1364	18020
1305	3163		887	2221	30	25	802
12283	390			386		4	3053
11103	17688	3626	7687	5937	438	0	2088
471348	179256	6020	37009	125771	10336	121	30607
717	1549		799	668	69	13	2011
13696	686		9	547	90	41	915
1777	213			213			1669
245	36				33	4	308
85591	1398		41	1348	10		1949
84871	1276		41	1226	10		1607
720	122			122			342

8—6 外商投资和港澳台投资工业

指　　标	单位数（个）	#亏损企业	工　业总产值	工　业销售产值	#出口交货值	年　初存　货
总　　计	**14**	**2**	**337238**	**308866**	**18814**	**65529**
在总计中:亏损企业	2	2	24984	24512		2747
港、澳、台商投资企业	1		84547	71773		8998
合资经营企业(港或澳、台资)	1		84547	71773		8998
外商投资企业	13	2	252692	237093	18814	56531
中外合资经营企业	10	2	215774	208004	18814	39628
外资企业	3		36918	29089		16903
在总计中:国有控股企业	4	1	135940	126571		16743
在总计中:轻工业	5		66000	50734	13920	27221
重工业	9	2	271238	258132	4894	38308
在总计中:大型企业	1		81394	82086		5950
中型企业	3		127913	117579	6456	16826
小型企业	10	2	127931	109202	12358	42753
按工业行业大、中、小类分						
采矿业						
制造业	14	2	337238	308866	18814	65529
酒、饮料和精制茶制造业	4		54198	38932	12358	26219
饮料制造	4		54198	38932	12358	26219
瓶(罐)装饮用水制造	1		6050	4514		106
果菜汁及果菜汁饮料制造	3		48148	34419	12358	26113
印刷和记录媒介复制业	1		11802	11802	1562	1002
印　刷	1		11802	11802	1562	1002
包装装潢及其他印刷	1		11802	11802	1562	1002
化学原料和化学制品制造业	3	1	115435	114277		9914
基础化学原料制造	1	1	20229	19971		2735
有机化学原料制造	1	1	20229	19971		2735
肥料制造	2		95207	94307		7179
氮肥制造	2		95207	94307		7179
橡胶和塑料制品业	1		6226	3993		6219
塑料制品业	1		6226	3993		6219
塑料板、管、型材制造	1		6226	3993		6219
黑色金属冶炼和压延加工业	1		31565	34003	4894	6826
黑色金属铸造	1		31565	34003	4894	6826
有色金属冶炼和压延加工业	3	1	108599	96230		13352
常用有色金属冶炼	2	1	89302	76315		9010
铝冶炼	1		84547	71773		8998
镁冶炼	1	1	4755	4541		13
有色金属合金制造	1		19297	19916		4342
金属制品业	1		9413	9627		1997
其他金属制品制造	1		9413	9627		1997
锻件及粉末冶金制品制造	1		9413	9627		1997
电力、燃气及水的生产和供应业						

企业主要经济指标(2012)

单位:万元

		资产总计	#流动资产合计				
#产成品	#在产品			#应收账款	#存　货		
						#产成品	#在产品
46770	**4652**	**394421**	**201277**	**27386**	**58373**	**38620**	**4299**
211	2525	28080	8184		4429	1469	2619
3886	564	98000	53101	4188	8064	3304	347
3886	564	98000	53101	4188	8064	3304	347
42884	4088	296421	148176	23198	50309	35316	3952
27313	3777	251164	110152	16401	44094	30534	3810
15571	311	45257	38023	6797	6215	4782	142
9355	2590	128349	40086	1894	20375	12051	2851
25292		65180	39386	4143	25838	24455	
21478	4652	329241	161891	23244	32535	14165	4299
1682		76805	14640	496	4891	980	
8400	1751	166550	96152	12968	14652	6317	1306
36688	2901	151066	90485	13922	38831	31322	2993
46770	4652	394421	201277	27386	58373	38620	4299
25292		54642	34913	3010	25228	24455	
25292		54642	34913	3010	25228	24455	
106		3712	267		23	11	
25186		50930	34646	3010	25205	24444	
		10538	4473	1133	611		
		10538	4473	1133	611		
		10538	4473	1133	611		
2704	2590	108734	24732	1894	10628	2568	2851
210	2525	23684	5301		3064	445	2619
210	2525	23684	5301		3064	445	2619
2494	65	85050	19431	1894	7564	2123	232
2494	65	85050	19431	1894	7564	2123	232
6219		14591	12765	1012	277	151	
6219		14591	12765	1012	277	151	
6219		14591	12765	1012	277	151	
4514	1187	58012	38578	7647	5977	3013	959
4514	1187	58012	38578	7647	5977	3013	959
6896	875	131294	79474	9974	13656	7288	489
3887	564	102396	55984	4188	9430	4327	347
3886	564	98000	53101	4188	8064	3304	347
1		4395	2883		1366	1024	
3009	311	28899	23491	5785	4226	2960	142
1145		16610	6341	2718	1998	1145	
1145		16610	6341	2718	1998	1145	
1145		16610	6341	2718	1998	1145	

8—6 续1

指标	#固定资产合计	#固定资产原价	#累计折旧	#本年折旧	#在建工程	负债合计
总计	**166875**	**263486**	**111480**	**13985**	**19212**	**208600**
在总计中:亏损企业	16497	22569	6072	1318	2038	11554
港、澳、台商投资企业	42794	44601	10861	2112	8533	62520
合资经营企业(港或澳、台资)	42794	44601	10861	2112	8533	62520
外商投资企业	124082	218885	100619	11873	10680	146080
中外合资经营企业	118000	202214	90029	10401	10248	112008
外资企业	6081	16672	10590	1472	432	34072
在总计中:国有控股企业	77775	123267	45493	7582	2792	60268
在总计中:轻工业	23579	42704	19127	2497	2	42477
重工业	143297	220782	92353	11488	19211	166123
在总计中:大型企业	56018	90522	34504	5249	755	25954
中型企业	57938	94472	45588	4069	15987	86690
小型企业	52920	78493	31388	4667	2471	95957
按工业行业大、中、小类分						
采矿业						
制造业	166875	263486	111480	13985	19212	208600
酒、饮料和精制茶制造业	17970	25751	7784	1712	2	41929
饮料制造	17970	25751	7784	1712	2	41929
瓶(罐)装饮用水制造	3386	3954	568	386	2	2335
果菜汁及果菜汁饮料制造	14583	21797	7216	1327		39594
印刷和记录媒介复制业	5609	16953	11344	785		549
印　刷	5609	16953	11344	785		549
包装装潢及其他印刷	5609	16953	11344	785		549
化学原料和化学制品制造业	74150	115855	41705	6732	2792	41468
基础化学原料制造	15002	21073	6072	1318	2038	11310
有机化学原料制造	15002	21073	6072	1318	2038	11310
肥料制造	59149	94782	35634	5414	755	30157
氮肥制造	59149	94782	35634	5414	755	30157
橡胶和塑料制品业	1826	6961	5135	382		7581
塑料制品业	1826	6961	5135	382		7581
塑料板、管、型材制造	1826	6961	5135	382		7581
黑色金属冶炼和压延加工业	9535	32918	23383	1172	7454	23621
黑色金属铸造	9535	32918	23383	1172	7454	23621
有色金属冶炼和压延加工业	48545	55808	16317	3202	8965	87575
常用有色金属冶炼	44290	46097	10861	2112	8533	62763
铝冶炼	42794	44601	10861	2112	8533	62520
镁冶炼	1496	1496				243
有色金属合金制造	4256	9711	5456	1090	432	24812
金属制品业	9241	9241	5813			5879
其他金属制品制造	9241	9241	5813			5879
锻件及粉末冶金制品制造	9241	9241	5813			5879
电力、燃气及水的生产和供应业						

单位:万元

#流动负债合计	#应付账款	#非流动负债合计	所有者权益合计	#实收资本	#国家资本	#集体资本	#法人资本
181931	**19606**	**19850**	**185820**	**141247**	**13301**	**7900**	**45031**
11554	1618		16526	15000	5100	4900	
50600	944	5100	35480	10000			
50600	944	5100	35480	10000			
131331	18661	14750	150340	131247	13301	7900	45031
97259	16773	14750	139155	120644	13301	7900	45031
34072	1888		11185	10602			
60268	8938		68080	49000	5100	7900	21800
42477	5103		22703	25658		3000	19231
139454	14503	19850	163117	115588	13301	4900	25800
25954	5114		50850	30000			19800
60021	3739	19850	79860	61515	8201		9479
95957	10753		55109	49732	5100	7900	15752
181931	19606	19850	185820	141247	13301	7900	45031
41929	4797		12714	16180		3000	9752
41929	4797		12714	16180		3000	9752
2335	2591		1377	1378			
39594	2206		11337	14802		3000	9752
549	306		9989	9479			9479
549	306		9989	9479			9479
549	306		9989	9479			9479
41468	8332		67266	44000	5100	4900	21800
11310	1605		12374	10000	5100	4900	
11310	1605		12374	10000	5100	4900	
30157	6727		54892	34000			21800
30157	6727		54892	34000			21800
7581	9		7010	4412			
7581	9		7010	4412			
7581	9		7010	4412			
8872	2489	14750	34391	42036	8201		
8872	2489	14750	34391	42036	8201		
75655	2706	5100	43719	21140			
50843	957	5100	39632	15000			
50600	944	5100	35480	10000			
243	12		4152	5000			
24812	1750		4087	6140			
5879	967		10731	4000			4000
5879	967		10731	4000			4000
5879	967		10731	4000			4000

8—6 续2

指 标				营业收入		营业成本
	#个人资本	#港澳台资本	#外商资本		#主营业务收入	
总 计	**5000**	**10000**	**60015**	**314676**	**306745**	**259221**
在总计中:亏损企业	5000			23426	20220	24235
港、澳、台商投资企业		10000		64279	64279	54384
合资经营企业(港或澳、台资)		10000		64279	64279	54384
外商投资企业	5000		60015	250398	242466	204837
中外合资经营企业	5000		49413	214759	207995	172816
外资企业			10602	35639	34472	32021
在总计中:国有控股企业			14200	132633	127801	109691
在总计中:轻工业			3428	70412	67975	57900
重工业	5000	10000	56587	244264	238770	201321
在总计中:大型企业			10200	76090	75437	56964
中型企业		10000	33835	110295	110084	86386
小型企业	5000		15980	128291	121224	115871
按工业行业大、中、小类分						
采矿业						
制造业	5000	10000	60015	314676	306745	259221
酒、饮料和精制茶制造业			3428	58538	56173	51933
饮料制造			3428	58538	56173	51933
瓶(罐)装饮用水制造			1378	5879	4219	5724
果菜汁及果菜汁饮料制造			2050	52659	51954	46209
印刷和记录媒介复制业				11875	11802	5967
印 刷				11875	11802	5967
包装装潢及其他印刷				11875	11802	5967
化学原料和化学制品制造业			12200	108530	104403	88563
基础化学原料制造				19972	16766	20670
有机化学原料制造				19972	16766	20670
肥料制造			12200	88558	87637	67893
氮肥制造			12200	88558	87637	67893
橡胶和塑料制品业			4412	3993	3993	3272
塑料制品业			4412	3993	3993	3272
塑料板、管、型材制造			4412	3993	3993	3272
黑色金属冶炼和压延加工业			33835	34142	34003	26035
黑色金属铸造			33835	34142	34003	26035
有色金属冶炼和压延加工业	5000	10000	6140	87911	86743	76553
常用有色金属冶炼	5000	10000		67733	67733	57949
铝冶炼		10000		64279	64279	54384
镁冶炼	5000			3454	3454	3565
有色金属合金制造			6140	20178	19011	18604
金属制品业				9688	9627	6898
其他金属制品制造				9688	9627	6898
锻件及粉末冶金制品制造				9688	9627	6898
电力、燃气及水的生产和供应业						

单位:万元

#主 营 业务成本	营业税金 及 附 加	#主营业务 税金及附加	其他业务 收 入	其他业务 利 润	销售费用	管理费用	#税 金
252190	**608**	**608**	**7931**	**586**	**9241**	**14499**	**703**
21029	33	33	3206		26	1702	43
54384	94	94			481	1461	23
54384	94	94			481	1461	23
197806	514	514	7931	586	8760	13037	680
166912	412	412	6764	586	7432	11613	572
30894	102	102	1167		1328	1425	108
105321	158	158	4832	231	3653	5340	370
55846	302	302	2437	382	4234	2683	197
196344	306	306	5494	203	5008	11816	506
56542	19	19	653		1329	3131	265
86328	248	248	211	165	2958	5958	130
109319	342	342	7067	421	4955	5410	308
252190	608	608	7931	586	9241	14499	703
49886	159	159	2365	317	2789	1351	122
49886	159	159	2365	317	2789	1351	122
4254			1660	190	200		
45632	159	159	705	127	2589	1351	122
5959	143	143	73	65	1445	1332	75
5959	143	143	73	65	1445	1332	75
5959	143	143	73	65	1445	1332	75
84771	61	61	4128	104	2203	4842	340
17464	31	31	3206		26	1503	39
17464	31	31	3206		26	1503	39
67307	30	30	922	104	2178	3339	301
67307	30	30	922	104	2178	3339	301
3272	14	14			189	359	64
3272	14	14			189	359	64
3272	14	14			189	359	64
25985	11	11	139	99	1032	3165	32
25985	11	11	139	99	1032	3165	32
75426	139	139	1167		893	2495	70
57949	96	96			481	1660	27
54384	94	94			481	1461	23
3565	2	2				199	4
17477	43	43	1167		412	834	43
6891	81	81	61		691	956	
6891	81	81	61		691	956	
6891	81	81	61		691	956	

8—6 续3

指　　标	#差旅费	#工会经费	财务费用	#利息收入	#利息支出	营业利润
总　　计	**564**	**87**	**7179**	**115**	**6774**	**24311**
在总计中:亏损企业	15	7	547	81	244	-3111
港、澳、台商投资企业	57	1	2786		2508	5073
合资经营企业(港或澳、台资)	57	1	2786		2508	5073
外商投资企业	507	87	4393	115	4267	19239
中外合资经营企业	467	83	4007	55	3812	18718
外资企业	40	4	386	60	455	521
在总计中:国有控股企业	79	21	3748	-8	3344	10140
在总计中:轻工业	291	7	675	10	804	4963
重工业	273	81	6504	105	5970	19349
在总计中:大型企业	42	9	2277	-90	2187	12456
中型企业	436	62	2790	61	2577	11951
小型企业	86	17	2113	144	2010	-95
按工业行业大、中、小类分						
采矿业						
制造业	564	87	7179	115	6774	24311
酒、饮料和精制茶制造业	18	5	664	1	804	1986
饮料制造	18	5	664	1	804	1986
瓶(罐)装饮用水制造			4			152
果菜汁及果菜汁饮料制造	18	5	660	1	804	1835
印刷和记录媒介复制业	273	1	12	9		2976
印　刷	273	1	12	9		2976
包装装潢及其他印刷	273	1	12	9		2976
化学原料和化学制品制造业	72	18	2942	-7	2541	10015
基础化学原料制造	15	7	539	81	236	-2791
有机化学原料制造	15	7	539	81	236	-2791
肥料制造	57	11	2403	-87	2305	12806
氮肥制造	57	11	2403	-87	2305	12806
橡胶和塑料制品业	28	1	-70	58	0	230
塑料制品业	28	1	-70	58	0	230
塑料板、管、型材制造	28	1	-70	58	0	230
黑色金属冶炼和压延加工业	107	60	-8	52	69	3902
黑色金属铸造	107	60	-8	52	69	3902
有色金属冶炼和压延加工业	66	2	3250	2	2970	4581
常用有色金属冶炼	57	1	2795		2516	4753
铝冶炼	57	1	2786		2508	5073
镁冶炼			8		8	-320
有色金属合金制造	9	1	455	2	454	-171
金属制品业			390		390	621
其他金属制品制造			390		390	621
锻件及粉末冶金制品制造			390		390	621
电力、燃气及水的生产和供应业						

单位:万元

资产减值损　失	公允价值变动收益	投资收益	营业外收　入	补贴收入	营业外支　出	利润总额	应交所得税
16			**1048**		**797**	**24562**	**1769**
6			4		43	－3150	－34
						5073	
						5073	
16			1048		797	19490	1769
16			385		583	18520	1712
			663		213	970	57
			28		108	10059	694
			16		425	4554	367
16			1032		372	20009	1403
			21		65	12412	685
16			4		440	11515	855
			1022		291	636	229
16			1048		797	24562	1769
			16			2002	4
			16			2002	4
			9			161	4
			6			1841	
					425	2552	363
					425	2552	363
					425	2552	363
			21		108	9929	694
6					43	－2834	－34
6					43	－2834	－34
－6			21		65	12762	729
－6			21		65	12762	729
						230	57
						230	57
						230	57
16			4		15	3891	492
16			4		15	3891	492
			667		213	5035	
			4			4756	
						5073	
			4			－316	
			663		213	278	
			340		35	925	159
			340		35	925	159
			340		35	925	159

8—6 续4

指　　标	亏损企业亏损总额	利税总额	应交税金及附加	本年应付职工薪酬	本年应交增值税	本年进项税额
总　　计	**3150**	**32283**	**10193**	**16708**	**7113**	**39736**
在总计中:亏损企业	3150	-2838	321	1735	279	7806
港、澳、台商投资企业		8738	3689	1276	3572	8896
合资经营企业(港或澳、台资)		8738	3689	1276	3572	8896
外商投资企业	3150	23545	6505	15432	3541	30841
中外合资经营企业	3150	21317	5082	14144	2386	26864
外资企业		2228	1423	1289	1155	3977
在总计中:国有控股企业	2834	10721	1726	6954	505	16364
在总计中:轻工业		6510	2521	3211	1655	13000
重工业	3150	25773	7673	13497	5459	26736
在总计中:大型企业		12656	1195	4902	226	419
中型企业		16391	5861	5805	4628	15712
小型企业	3150	3237	3138	6002	2260	23605
按工业行业大、中、小类分						
采矿业						
制造业	3150	32283	10193	16708	7113	39736
酒、饮料和精制茶制造业		2759	883	1432	599	12307
饮料制造		2759	883	1432	599	12307
瓶(罐)装饮用水制造		161	4	121		753
果菜汁及果菜汁饮料制造		2598	880	1312	599	11555
印刷和记录媒介复制业		3751	1638	1779	1056	693
印　刷		3751	1638	1779	1056	693
包装装潢及其他印刷		3751	1638	1779	1056	693
化学原料和化学制品制造业	2834	10494	1600	6390	505	7590
基础化学原料制造	2834	-2523	315	1226	279	7171
有机化学原料制造	2834	-2523	315	1226	279	7171
肥料制造		13017	1284	5164	226	419
氮肥制造		13017	1284	5164	226	419
橡胶和塑料制品业		367	259	303	124	494
塑料制品业		367	259	303	124	494
塑料板、管、型材制造		367	259	303	124	494
黑色金属冶炼和压延加工业		3902	534	2750		6124
黑色金属铸造		3902	534	2750		6124
有色金属冶炼和压延加工业	316	9179	4214	2401	4005	12528
常用有色金属冶炼	316	8424	3695	1784	3572	9531
铝冶炼		8738	3689	1276	3572	8896
镁冶炼	316	-314	6	509		635
有色金属合金制造		755	520	617	433	2997
金属制品业		1831	1065	1652	825	
其他金属制品制造		1831	1065	1652	825	
锻件及粉末冶金制品制造		1831	1065	1652	825	
电力、燃气及水的生产和供应业						

单位:万元

本　年 销项税额	土地和固定 资产支出	#土地购置	#房屋和 建筑物	#机器设备	#运输工具	#其他费用	全部从业 人员年平 均人数 （人）
43532	**110990**	**544**	**23429**	**85881**	**915**	**220**	**4523**
7461	544	544					521
12467							596
12467							596
31065	110990	544	23429	85881	915	220	3927
25871	110665	544	23429	85595	890	207	3510
5193	325			286	25	14	417
16698	91089	544	16913	72740	890	2	1539
13794	1498		43	1452		3	919
29738	109493	544	23387	84430	915	217	3604
644	90522		16913	72731	879		1050
19241	18981		6474	12306		201	1868
23647	1487	544	43	845	37	19	1605
43532	110990	544	23429	85881	915	220	4523
12076	594		43	548		3	436
12076	594		43	548		3	436
1001	127			127			27
11075	467		43	422		3	409
1718	904			904			483
1718	904			904			483
1718	904			904			483
7518	91089	544	16913	72740	890	2	1393
6874	544	544					269
6874	544	544					269
644	90545		16913	72740	890	2	1124
644	90545		16913	72740	890	2	1124
679							89
679							89
679							89
5056	18078		6474	11403		201	789
5056	18078		6474	11403		201	789
16485	325			286	25	14	1043
13055							848
12467							596
587							252
3431	325			286	25	14	195
							290
							290
							290

8—7 大中型工业企业主

指 标	单位数(个)	#亏损企业	工业总产值	工业销售产值	#出口交货值	年初存货
总 计	**132**	**37**	**10654276**	**10226901**	**160938**	**2293771**
一、按隶属关系分						
中央企业	13	9	2017240	2065467	49667	522271
省属企业	7		1049223	886632	3508	391533
地、市属企业	7	3	178024	181983	13407	31610
县(旗)属企业	32	6	1004504	960377	25861	202386
镇属企业	2		128592	120195		15218
其 他	71	19	6276693	6012247	68495	1130753
二、按登记注册类型分						
内资企业	128	37	10444969	10027237	154482	2270996
国有企业	10	6	624005	685631	49667	183954
中央企业	7	4	555646	619173	49667	172360
地方企业	3	2	68360	66458		11593
集体企业	2	1	25992	25904		9608
股份合作企业	1		12046	5914		1501
联营企业	1		86837	83798		5427
其他联营企业	1		86837	83798		5427
有限责任公司	41	12	2639767	2466199	14203	702388
国有独资公司	2	1	326706	184735		273391
其他有限责任公司	39	11	2313061	2281464	14203	428997
股份有限公司	13	3	1556942	1568154	15353	390962
私营企业	56	15	5267566	4960543	63601	949183
私营独资企业	1		145224	144678		5480
私营合伙企业	1		56826	49911		7477
私营有限责任公司	50	14	4789102	4503281	55481	875901
私营股份有限公司	4	1	276414	262673	8121	60325
其他企业	4		231814	231095	11657	27974
港、澳、台商投资企业	1		84547	71773		8998
合资经营企业(港或澳、台资)	1		84547	71773		8998
外商投资企业	3		124761	127891	6456	13778
中外合资经营企业	3		124761	127891	6456	13778
三、按经济组织类型分						
独资企业	13	7	795221	856213	49667	199042
国有企业	10	6	624005	685631	49667	183954
集体企业	2	1	25992	25904		9608
私营独资企业	1		145224	144678		5480
合作、合伙企业	7		387523	370718	11657	42379
股份合作企业	1		12046	5914		1501
其他联营企业	1		86837	83798		5427
私营合伙企业	1		56826	49911		7477
其他企业(内资)	4		231814	231095	11657	27974
股份有限公司	17	4	1833356	1830827	23473	451286
股份有限公司(内资)	13	3	1556942	1568154	15353	390962
私营股份有限公司	4	1	276414	262673	8121	60325

要经济指标(2012)

单位:万元

		资产总计	#流动资产合计				
#产成品	#在产品			#应收账款	#存货		
						#产成品	#在产品
777732	**266787**	**14012006**	**6773245**	**1078783**	**2461914**	**852578**	**320746**
112591	125439	2759191	974740	306416	513750	121395	122618
176564	71181	2261442	1012046	70911	422244	212692	76308
10262	2118	485008	155242	26488	29750	8992	1233
107201	20508	1407390	784985	149118	244107	107053	35604
7965	1456	142830	58360	12103	19533	8437	3256
363149	46085	6956145	3787872	513747	1232530	394010	81725
767650	265036	13768651	6662453	1065319	2442372	845280	319439
85253	35476	866921	527117	282827	163838	92352	21261
83780	32309	738578	508176	280864	156188	90915	20102
1472	3168	128343	18941	1963	7650	1437	1159
4661	3231	24928	17485	7280	7124	2430	2807
588	503	15209	5451	83	3268	890	1053
5122	305	56359	30388	5893	5077	1780	3296
5122	305	56359	30388	5893	5077	1780	3296
307665	138511	4136527	1708784	181773	747088	325671	166791
133170	61754	861010	471464	21658	312266	174518	67012
174496	76757	3275517	1237320	160115	434822	151152	99779
83787	44867	2763673	1232228	175973	440275	107802	62276
264457	39169	5647620	2970194	356223	1025453	305481	55869
		128485	84354	51417	10191		
		38147	22370	8050	12893	8975	
254867	23782	5240657	2721450	263973	958709	287388	44041
9590	15387	240331	142020	32783	43660	9117	11828
16118	2974	257415	170806	55267	50250	8875	6088
3886	564	98000	53101	4188	8064	3304	347
3886	564	98000	53101	4188	8064	3304	347
6196	1187	145355	57690	9276	11478	3993	959
6196	1187	145355	57690	9276	11478	3993	959
89914	38707	1020334	628956	341523	181153	94782	24068
85253	35476	866921	527117	282827	163838	92352	21261
4661	3231	24928	17485	7280	7124	2430	2807
		128485	84354	51417	10191		
21827	3782	367130	229015	69293	71488	20520	10437
588	503	15209	5451	83	3268	890	1053
5122	305	56359	30388	5893	5077	1780	3296
		38147	22370	8050	12893	8975	
16118	2974	257415	170806	55267	50250	8875	6088
93377	60255	3004003	1374248	208756	483935	116919	74104
83787	44867	2763673	1232228	175973	440275	107802	62276
9590	15387	240331	142020	32783	43660	9117	11828

8—7 续1

指　　标	单位数（个）	#亏损企业	工　业总产值	工　业销售产值	#出口交货值	年　初存　货
有限责任公司	95	26	7638176	7169144	76140	1601064
国有独资公司	2	1	326706	184735		273391
私营有限责任公司	50	14	4789102	4503281	55481	875901
合资经营企业(港或澳、台资)	1		84547	71773		8998
中外合资经营企业	3		124761	127891	6456	13778
其他有限责任公司	39	11	2313061	2281464	14203	428997
四、在总计中:亏损企业	37	37	2774512	2652837	962	695502
在总计中:国有控股企业	27	15	3228277	3124362	54136	944648
在总计中:轻工业	34	6	1256499	1176101	63037	241231
重工业	98	31	9397778	9050800	97900	2052540
在总计中:大型企业	32	9	7548183	7294276	109162	1651542
中型企业	100	28	3106093	2932626	51775	642229
五、按工业行业大类分						
采矿业	5	1	108796	112125		8859
煤炭开采和洗选业	3	1	56363	55830		2887
黑色金属矿采选业	1		43826	45542		3814
有色金属矿采选业	1		8608	10752		2157
制造业	124	34	10397294	9966788	160938	2265198
农副食品加工业	3		482424	434200		84063
食品制造业	2		26634	26133		3590
酒、饮料和精制茶制造业	1		22767	25819		6992
纺织业	6	2	171955	164054	38285	36322
纺织服装、服饰业	2		117579	132152		23295
木材加工和木、竹、藤、棕、草制品业	3		80920	76088	770	20263
造纸和纸制品业	2		21347	21275		2969
印刷和记录媒介复制业	1		11802	11802	1562	1002
文教、工美、体育和娱乐用品制造业	1		12046	5914		1501
石油加工、炼焦和核燃料加工业	15	5	1512833	1511311		238006
化学原料和化学制品制造业	13	3	904007	877296	16126	115446
医药制造业	7	2	204062	176491		43849
橡胶和塑料制品业	2	1	23776	23776		11874
非金属矿物制品业	15	4	286033	285315	27804	60425
黑色金属冶炼和压延加工业	15	6	3278686	3121485	47272	631761
有色金属冶炼和压延加工业	17	6	2089920	1890218	15887	638522
金属制品业	2		47399	47043	42	3594
通用设备制造业	7	3	231608	236001	128	55127
专用设备制造业	3	1	139607	124476		58310
汽车制造业	3	1	208501	216489	5772	66684
电气机械和器材制造业	2		440371	486138	7289	120925
计算机、通信和其他电子设备制造业	1		65440	53920		36994
其他制造业	1		17578	19394		3685
电力、燃气及水的生产和供应业	3	2	148186	147989		19715
电力、热力生产和供应业	2	1	144217	144217		19446
水的生产和供应业	1	1	3969	3772		269

单位:万元

#产成品	#在产品	资产总计	#流动资产合计	#应收账款	#存　货	#产成品	#在产品
572614	164043	9620538	4541025	459210	1725339	620356	212137
133170	61754	861010	471464	21658	312266	174518	67012
254867	23782	5240657	2721450	263973	958709	287388	44041
3886	564	98000	53101	4188	8064	3304	347
6196	1187	145355	57690	9276	11478	3993	959
174496	76757	3275517	1237320	160115	434822	151152	99779
166231	111737	3801322	1445344	142678	674504	170973	123619
295542	199570	5450884	2063461	400885	964249	342492	202237
106437	15047	1692495	880722	125525	274170	116962	21010
671295	251740	12319511	5892523	953258	2187744	735615	299736
517750	196966	9946600	4639414	585697	1821449	603689	247578
259982	69821	4065406	2133831	493086	640465	248889	73168
5285	1705	183465	80969	10531	8694	4072	711
1548	832	32748	17492	6054	1831	920	3
2453		94506	39893	2004	5086	2287	
1284	873	56211	23585	2473	1777	865	708
772447	265082	13422768	6652367	1063106	2429735	848506	320034
41898		391143	212497	19536	95457	44594	
834	2714	36898	18852	5055	5442	5409	
317		36618	8860	63	8328	158	
12148	646	232772	149102	19104	41427	11766	2447
15857	1669	111131	56585	16239	16771	7416	810
135		240214	166362	17444	19342	2605	
824		23564	8987	2560	3407	880	
		10538	4473	1133	611		
588	503	15209	5451	83	3268	890	1053
121049	5237	1793374	1057923	210612	254766	114032	43643
42585	7884	1649963	693142	86709	123007	50517	11986
16959	5513	418614	175864	17945	55368	25109	12760
3204	533	60747	49850	13656	8499	3307	144
23266	12383	470955	220207	61314	57184	18024	9607
136020	21263	3336114	1689210	116694	713173	174012	22860
180038	145621	3181767	1173411	51627	691102	228462	163753
2320	1275	38524	29431	5668	4394	2659	1735
26061	5234	233067	178113	72230	73191	18869	6172
41325	7825	228533	182263	46580	63869	31505	12629
36286	8633	266798	109993	26731	58542	29905	7057
63231	22941	553974	403757	260688	110907	74694	11731
4163	15208	78690	51783	11383	19646	2359	11649
3340		13563	6252	53	2035	1334	
		405773	39909	5147	23485		
		388174	37568	4988	23092		
		17599	2341	159	393		

8—7 续2

指标	#固定资产合计	#固定资产原价	#累计折旧	#本年折旧	#在建工程	负债合计
总计	**5706665**	**11750508**	**6568054**	**1008057**	**817592**	**9752609**
一、按隶属关系分						
中央企业	1485190	2967681	1497884	148144	89614	2099717
省属企业	968417	1120723	360040	59514	135040	1450981
地、市属企业	285037	403159	124900	24373	19578	481036
县(旗)属企业	400352	544136	150313	35410	95089	937833
镇属企业	75389	114736	40568	8130	2976	56271
其他	2492279	6600073	4394349	732487	475296	4726771
二、按登记注册类型分						
内资企业	5592710	11565515	6487962	998739	800851	9639965
国有企业	247942	386935	153906	20382	25194	601314
中央企业	144733	251188	121487	10252	24516	534668
地方企业	103209	135748	32419	10130	678	66646
集体企业	6851	15611	8803	658	451	16757
股份合作企业	7786	8496	1433	175	723	4805
联营企业	16329	196094	179765	21570		35326
其他联营企业	16329	196094	179765	21570		35326
有限责任公司	1960560	2749538	1007017	187649	216872	2914171
国有独资公司	192565	298863	107658	12632	109590	448479
其他有限责任公司	1767995	2450676	899358	175017	107282	2465692
股份有限公司	1225210	2537091	1386332	135759	111340	2009075
私营企业	2082357	5616677	3741215	629085	411697	3872196
私营独资企业	44131	58293	14162	6936	47	115879
私营合伙企业	15777	21415	7890	2467	88	30368
私营有限责任公司	1959683	5404906	3634991	604214	404375	3607737
私营股份有限公司	62766	132063	84172	15468	7188	118213
其他企业	45675	55073	9493	3462	34574	186322
港、澳、台商投资企业	42794	44601	10861	2112	8533	62520
合资经营企业(港或澳、台资)	42794	44601	10861	2112	8533	62520
外商投资企业	71161	140392	69231	7206	8208	50124
中外合资经营企业	71161	140392	69231	7206	8208	50124
三、按经济组织类型分						
独资企业	298925	460839	176871	27976	25691	733950
国有企业	247942	386935	153906	20382	25194	601314
集体企业	6851	15611	8803	658	451	16757
私营独资企业	44131	58293	14162	6936	47	115879
合作、合伙企业	85567	281078	198580	27674	35386	256819
股份合作企业	7786	8496	1433	175	723	4805
其他联营企业	16329	196094	179765	21570		35326
私营合伙企业	15777	21415	7890	2467	88	30368
其他企业(内资)	45675	55073	9493	3462	34574	186322
股份有限公司	1287975	2669154	1470504	151227	118527	2127288
股份有限公司(内资)	1225210	2537091	1386332	135759	111340	2009075
私营股份有限公司	62766	132063	84172	15468	7188	118213

单位:万元

#流动负债合计	#应付账款	#非流动负债合计	所有者权益合计	#实收资本	#国家资本	#集体资本	#法人资本
7894982	**1547914**	**1621152**	**4251297**	**2431598**	**549515**	**19263**	**995251**
1440833	325478	658883	659474	621401	370767		250634
1179617	184236	264544	810461	298477	135701	7000	81402
358694	60454	122342	3972	126933	11258	8000	85555
777722	192792	147529	469278	244051	5908	993	152775
46639	8728	9633	86558	35180	5180		19800
4091476	776226	418221	2221554	1105556	20701	3270	405085
7809007	1539061	1601302	4120586	2340083	541314	19263	965972
557297	172932	44017	265607	176652	171598		5053
497557	165851	37111	203910	117739	117105		634
59740	7081	6906	61697	58913	54493		4419
16757	10456		8171	3257		631	2626
4805	-123		10405	486			
28277	-408	7049	21033	20000			
28277	-408	7049	21033	20000			
2341352	410911	560237	1221866	699577	108348	15362	486276
382720	89328	65759	412531	95386	87386	8000	
1958632	321584	494479	809335	604191	20962	7362	486276
1243858	240010	762094	754598	477987	261368	3270	143019
3453686	667942	204560	1767814	908525			321198
115879	644		12607	12000			
22370	14724		7779	12000			12000
3213260	634770	188524	1625310	858025			303463
102177	17804	16036	122118	26500			5736
162976	37341	23346	71093	53600			7800
50600	944	5100	35480	10000			
50600	944	5100	35480	10000			
35374	7909	14750	95230	81515	8201		29279
35374	7909	14750	95230	81515	8201		29279
689933	184032	44017	286384	191908	171598	631	7679
557297	172932	44017	265607	176652	171598		5053
16757	10456		8171	3257		631	2626
115879	644		12607	12000			
218427	51533	30395	110310	86086			19800
4805	-123		10405	486			
28277	-408	7049	21033	20000			
22370	14724		7779	12000			12000
162976	37341	23346	71093	53600			7800
1346035	257815	778129	876716	504487	261368	3270	148754
1243858	240010	762094	754598	477987	261368	3270	143019
102177	17804	16036	122118	26500			5736

8—7 续3

指　　标	#固定资产合　　计	#固定资产原　　价	#累计折旧	#本年折旧	#在建工程	负债合计
有限责任公司	4034198	8339438	4722100	801181	637988	6634552
国有独资公司	192565	298863	107658	12632	109590	448479
私营有限责任公司	1959683	5404906	3634991	604214	404375	3607737
合资经营企业(港或澳、台资)	42794	44601	10861	2112	8533	62520
中外合资经营企业	71161	140392	69231	7206	8208	50124
其他有限责任公司	1767995	2450676	899358	175017	107282	2465692
四、在总计中:亏损企业	2070163	5570153	3523607	452592	164382	3184261
在总计中:国有控股企业	2782747	4600860	2088678	243412	228875	3963656
在总计中:轻工业	610140	817049	284992	56877	122937	989281
重工业	5096525	10933459	6283062	951181	694655	8763328
在总计中:大型企业	4078393	8651361	4953235	754401	643773	6834644
中型企业	1628272	3099147	1614819	253656	173820	2917965
五、按工业行业大类分						
采矿业	57559	99135	43904	7944	25267	112959
煤炭开采和洗选业	14849	36271	23429	3634	947	14343
黑色金属矿采选业	34342	45588	11246	3499	3580	55429
有色金属矿采选业	8368	17276	9228	811	20739	43187
制造业	5303036	11004722	6223339	973504	782206	9233364
农副食品加工业	175906	194630	50384	20009	31660	186731
食品制造业	10195	8562	2371	597	4004	17643
酒、饮料和精制茶制造业	24831	29888	5057	1871	370	15212
纺织业	72061	95858	33894	10130	13577	180096
纺织服装、服饰业	54547	51893	16053	4017	8970	49131
木材加工和木、竹、藤、棕、草制品业	48488	50778	14955	2240	12666	153021
造纸和纸制品业	14550	17896	5614	1803	816	9745
印刷和记录媒介复制业	5609	16953	11344	785		549
文教、工美、体育和娱乐用品制造业	7786	8496	1433	175	723	4805
石油加工、炼焦和核燃料加工业	680956	2058770	1452081	229716	73567	1364303
化学原料和化学制品制造业	827107	946646	322398	57617	60305	1220599
医药制造业	150185	216583	72305	9758	55011	223997
橡胶和塑料制品业	10842	28436	17594	1776	41	35997
非金属矿物制品业	208929	308441	112649	28778	9068	293149
黑色金属冶炼和压延加工业	1182235	3614498	2547079	411865	278108	2279975
有色金属冶炼和压延加工业	1549152	2856610	1322843	164240	196923	2204756
金属制品业	8747	19383	10636	1537		25276
通用设备制造业	51519	85223	34515	2258	287	172455
专用设备制造业	40613	53685	14552	4389	2479	174705
汽车制造业	94961	148070	54424	7454	6227	207219
电气机械和器材制造业	65451	129890	64315	5443	19071	394471
计算机、通信和其他电子设备制造业	12203	57076	56548	6792	7188	16051
其他制造业	6163	6458	295	255	1146	3481
电力、燃气及水的生产和供应业	346071	646652	300811	26610	10119	406286
电力、热力生产和供应业	331929	622916	290987	25556	9889	397346
水的生产和供应业	14142	23736	9824	1054	230	8940

单位:万元

#流动负债合　计	#应付账款	#非流动负债合计	所有者权益合计	#实收资本	#国家资本	#集体资本	#法人资本
5640587	1054534	768611	2977887	1649117	116549	15362	819017
382720	89328	65759	412531	95386	87386	8000	
3213260	634770	188524	1625310	858025			303463
50600	944	5100	35480	10000			
35374	7909	14750	95230	81515	8201		29279
1958632	321584	494479	809335	604191	20962	7362	486276
2386260	500554	780544	616480	921452	289080	11132	424482
2913881	594037	1046652	1487227	1056595	535706	15500	452495
866203	98243	106496	698551	316311	19178		125542
7028778	1449670	1514655	3552746	2115287	530337	19263	869709
5428181	997724	1226496	3107672	1614271	425339		658358
2466801	550190	394655	1143625	817327	124176	19263	336893
73987	14453	38972	70406	31000			17985
13343	3761	1000	18305	21000			8000
41890	6426	13539	39077	5000			5000
18754	4266	24433	13024	5000			4985
7568582	1412819	1428307	4181404	2326179	540337	19263	912026
178801	4896	1850	204412	26784			1358
9912	43	7731	19106	3180			65
15212	801		21406	24000			
161706	14313	7888	48764	52910			2200
45320	8834	3810	62001	22000	10000		
130915	953	21729	87193	5092			3592
9745	5182		13819	6764			
549	306		9989	9479			9479
4805	－123		10405	486			
1153395	156446	203021	428699	264518	12500	500	133883
989657	124216	220598	426408	240802	5480		145246
187970	21028	36027	194128	94939			92929
35997	6372		24750	13890			13890
255199	48456	31450	177682	104712	47395	10770	28433
1985329	527812	106683	1056139	618230	31546		191049
1547102	163628	650833	977011	663643	328994		266673
24516	179	760	13248	10442	428		30
156029	60209	16426	60612	47022	20760		13534
161486	80011	13219	53828	16092	8180	7362	
105767	50522	101453	59579	23654	12054		4100
390213	135146	4258	159503	63631	63000	631	
15478	2865	574	62639	12900			4656
3481	726		10082	1010			909
252413	120641	153873	－513	74418	9178		65240
250158	120304	147188	－9171	65240			65240
2255	337	6685	8659	9178	9178		

8—7 续4

指　　标	#个人资本	#港澳台资本	#外商资本	营业收入	#主营业务收入	#营业成本
总　　计	**789534**	**10000**	**68035**	**11236225**	**10806646**	**10185620**
一、按隶属关系分						
中央企业				2291932	2163179	2186742
省属企业	40374	10000	24000	1307676	1258668	1199659
地、市属企业	22120			184376	184174	179611
县(旗)属企业	84375			1150263	1097884	954181
镇属企业			10200	109697	109044	84662
其　他	642665		33835	6192281	5993698	5580765
二、按登记注册类型分						
内资企业	789534		24000	11049839	10621125	10042270
国有企业				837650	730082	728540
中央企业				772037	664724	682674
地方企业				65613	65358	45866
集体企业				43272	41618	40810
股份合作企业	486			5083	5083	3571
联营企业	20000			68805	56466	61353
其他联营企业	20000			68805	56466	61353
有限责任公司	89591			3016272	2901002	2823279
国有独资公司				192627	191738	185688
其他有限责任公司	89591			2823644	2709264	2637591
股份有限公司	70331			1818912	1666404	1662995
私营企业	587326			5031419	4992043	4546178
私营独资企业	12000			125142	125142	109805
私营合伙企业				54302	54302	49543
私营有限责任公司	554562			4584332	4546502	4157738
私营股份有限公司	20764			267644	266098	229093
其他企业	21800		24000	228428	228428	175543
港、澳、台商投资企业		10000		64279	64279	54384
合资经营企业(港或澳、台资)		10000		64279	64279	54384
外商投资企业			44035	122106	121242	88966
中外合资经营企业			44035	122106	121242	88966
三、按经济组织类型分						
独资企业	12000			1006063	896841	879155
国有企业				837650	730082	728540
集体企业				43272	41618	40810
私营独资企业	12000			125142	125142	109805
合作、合伙企业	42286		24000	356618	344278	290010
股份合作企业	486			5083	5083	3571
其他联营企业	20000			68805	56466	61353
私营合伙企业				54302	54302	49543
其他企业(内资)	21800		24000	228428	228428	175543
股份有限公司	91095			2086555	1932502	1892087
股份有限公司(内资)	70331			1818912	1666404	1662995
私营股份有限公司	20764			267644	266098	229093

单位:万元

#主营业务成本	营业税金及附加	#主营业务税金及附加	其他业务收入	其他业务利润	销售费用	管理费用	#税金
9805976	**25819**	**25600**	**429578**	**37527**	**222686**	**350897**	**20134**
2045211	6525	6354	128753	3601	28672	88155	5041
1155466	6961	6961	49009	7121	32076	62681	2357
178573	1131	1131	202	99	4534	7442	218
905135	2536	2536	52379	3062	60259	58960	2576
84240	53	53	653		2391	4599	315
5437350	8613	8565	198583	23644	94753	129061	9627
9663105	25553	25334	428714	37363	218399	341809	19739
612757	2931	2760	107568	1688	14689	62678	2022
567221	2583	2412	107313	1677	11299	53469	1538
45536	348	348	255	11	3390	9209	484
39367	359	311	1654		661	2032	36
3571	23	23			657	732	46
60869	154	154	12339	11326	639	3220	
60869	154	154	12339	11326	639	3220	
2712066	5718	5718	115269	11112	59472	105558	6288
183242	1519	1519	889	749	5250	23034	589
2528824	4199	4199	114380	10364	54223	82524	5699
1528572	6179	6179	152508	2799	76784	69993	3262
4530981	6272	6272	39376	10438	60279	92845	7769
109805	497	497			901	3330	
49543	103	103			26	756	107
4143575	4791	4791	37830	9927	54096	81401	7194
228058	882	882	1546	511	5257	7359	468
174922	3918	3918			5217	4751	317
54384	94	94			481	1461	23
54384	94	94			481	1461	23
88487	172	172	864	165	3806	7627	372
88487	172	172	864	165	3806	7627	372
761929	3787	3567	109222	1688	16251	68039	2058
612757	2931	2760	107568	1688	14689	62678	2022
39367	359	311	1654		661	2032	36
109805	497	497			901	3330	
288905	4198	4198	12339	11326	6539	9459	470
3571	23	23			657	732	46
60869	154	154	12339	11326	639	3220	
49543	103	103			26	756	107
174922	3918	3918			5217	4751	317
1756630	7060	7060	154054	3310	82041	77352	3730
1528572	6179	6179	152508	2799	76784	69993	3262
228058	882	882	1546	511	5257	7359	468

8—7 续5

指　标	#个人资本	#港澳台资本	#外商资本	营业收入	#主营业务收入	#营业成本
有限责任公司	644153	10000	44035	7786989	7633026	7124367
国有独资公司				192627	191738	185688
私营有限责任公司	554562			4584332	4546502	4157738
合资经营企业(港或澳、台资)		10000		64279	64279	54384
中外合资经营企业			44035	122106	121242	88966
其他有限责任公司	89591			2823644	2709264	2637591
四、在总计中:亏损企业	196759			2813774	2747507	2834139
在总计中:国有控股企业	42694		10200	3766993	3587967	3565462
在总计中:轻工业	147591		24000	1339746	1315673	1045716
重工业	641943	10000	44035	9896479	9490974	9139904
在总计中:大型企业	520374		10200	8214158	7869031	7523343
中型企业	269160	10000	57835	3022066	2937615	2662277
五、按工业行业大类分						
采矿业	13015			133043	12292	127109
煤炭开采和洗选业	13000			62576	62576	61656
黑色金属矿采选业				58175	48128	53199
有色金属矿采选业	15			12292	12218	12254
制造业	776519	1000	68035	10953136	10533987	9898681
农副食品加工业	25426			490163	485135	374273
食品制造业	3115			25373	25373	19021
酒、饮料和精制茶制造业			24000	28330	28330	18641
纺织业	50710			172095	160514	155715
纺织服装、服饰业	12000			179188	177442	157258
木材加工和木、竹、藤、棕、草制品业	1500			73045	73043	61840
造纸和纸制品业	6764			21275	21275	20563
印刷和记录媒介复制业				11875	11802	5967
文教、工美、体育和娱乐用品制造业	486			5083	5083	3571
石油加工、炼焦和核燃料加工业	117635			1603257	1458576	1496997
化学原料和化学制品制造业	79876		10200	1277630	1223617	1166175
医药制造业	2010			216245	216015	125709
橡胶和塑料制品业				35748	35247	32362
非金属矿物制品业	18114			293989	285803	240069
黑色金属冶炼和压延加工业	361800		33835	3098783	3084213	2860882
有色金属冶炼和压延加工业	57975	10000		2047660	1987074	1981702
金属制品业	9984			47043	47009	38828
通用设备制造业	12728			233514	233127	190942
专用设备制造业	550			169189	166371	146646
汽车制造业	7500			253734	241572	227353
电气机械和器材制造业				592720	491510	510533
计算机、通信和其他电子设备制造业	8244			55261	53920	44244
其他制造业	101			21938	21938	19394
电力、燃气及水的生产和供应业				150046	149737	159829
电力、热力生产和供应业				146274	146056	157304
水的生产和供应业				3772	3681	2525

单位:万元

#主 营 业务成本	营业税金 及 附 加	#主营业务 税金及附加	其他业务 收 入	其他业务 利 润	销售费用	管理费用	#税 金
6998512	10775	10775	153964	21204	117855	196047	13877
183242	1519	1519	889	749	5250	23034	589
4143575	4791	4791	37830	9927	54096	81401	7194
54384	94	94			481	1461	23
88487	172	172	864	165	3806	7627	372
2528824	4199	4199	114380	10364	54223	82524	5699
2767837	5477	5429	66267	4063	47673	77479	6008
3377351	10307	10135	179025	10742	64700	162178	7936
1032282	6807	6636	24073	8492	59121	70115	2781
8773694	19012	18964	405505	29036	163565	280782	17354
7212737	14552	14381	345127	17786	147090	244509	15695
2593239	11267	11219	84451	19741	75596	106389	4440
106984	844	844	10121	39	1452	7725	144
61656	343	343		-35	243	926	1
37464	372	372	10047		318	4343	25
7864	129	129	74	74	892	2457	119
9546271	24487	24267	419149	37407	220687	341889	19965
374273	7	7	5028	3610	1812	8564	50
19021	48	48			739	1004	28
18641	3478	3478			2840	1854	242
148639	209	209	11582	4507	2230	3968	379
156343	346	175	1746		2450	4278	178
61840	102	102	1		415	1708	94
20563	14	14			62	295	14
5959	143	143	73	65	1445	1332	75
3571	23	23			657	732	46
1390085	2555	2555	144682	12781	43699	39503	2503
1123829	1780	1780	54013	5201	33455	46377	1885
125396	1627	1627	230	19	34839	30629	1526
31988	234	186	501		717	1899	71
233910	1146	1146	8186	862	10269	14496	937
2847340	2959	2959	14570	1079	23760	44445	5360
1922269	6212	6212	60586	3458	27079	66365	4643
38828	39	39	34		563	1163	12
185726	384	384	387	268	6469	9098	224
145141	476	476	2817	1158	7363	5598	178
219574	97	97	12162	2770	11564	11024	86
410731	2283	2283	101210	1323	7555	43630	1306
43210	326	326	1341	307	332	3249	100
19394	1	1			373	680	30
152721	489	489	309	81	547	1283	25
150277	453	453	218	70			
2445	36	36	91	11	547	1283	25

8—7 续6

指　　标	#差旅费	#工会经费	财务费用	#利息收入	#利息支出	营业利润
总　　计	**22914**	**1837**	**333971**	**12968**	**314339**	**283564**
一、按隶属关系分						
中央企业	2955	389	66275	1766	70362	-73205
省属企业	1986	138	45112	4423	47256	46786
地、市属企业	474	31	20951	189	20155	-28551
县(旗)属企业	10663	416	23186	4354	26354	48491
镇属企业	422	24	3387	35	3387	14720
其　他	6415	840	175059	2201	146826	275323
二、按登记注册类型分						
内资企业	22436	1767	328904	12997	309575	259158
国有企业	2269	280	14090	484	14133	28676
中央企业	2059	224	11686	460	11717	24962
地方企业	210	56	2404	24	2416	3714
集体企业	32	12	69	10	77	-433
股份合作企业	146		63		63	36
联营企业	41	2	3113	50	1162	-205
其他联营企业	41	2	3113	50	1162	-205
有限责任公司	4526	460	99492	6263	100270	-17661
国有独资公司	706		10597	354	10337	-717
其他有限责任公司	3820	460	88895	5909	89934	-16944
股份有限公司	9754	344	69086	2631	68578	-27423
私营企业	4893	630	139572	2201	120617	244900
私营独资企业	41	27	2424			8186
私营合伙企业	11	3	96			3778
私营有限责任公司	4373	585	131793	2429	115607	212398
私营股份有限公司	468	16	5260	-228	5010	20538
其他企业	777	41	3419	1357	4674	31266
港、澳、台商投资企业	57	1	2786		2508	5073
合资经营企业(港或澳、台资)	57	1	2786		2508	5073
外商投资企业	421	69	2280	-29	2256	19334
中外合资经营企业	421	69	2280	-29	2256	19334
三、按经济组织类型分						
独资企业	2342	318	16582	494	14210	36429
国有企业	2269	280	14090	484	14133	28676
集体企业	32	12	69	10	77	-433
私营独资企业	41	27	2424			8186
合作、合伙企业	974	45	6691	1407	5900	34876
股份合作企业	146		63		63	36
其他联营企业	41	2	3113	50	1162	-205
私营合伙企业	11	3	96			3778
其他企业(内资)	777	41	3419	1357	4674	31266
股份有限公司	10222	360	74346	2403	73588	-6885
股份有限公司(内资)	9754	344	69086	2631	68578	-27423
私营股份有限公司	468	16	5260	-228	5010	20538

单位:万元

资产减值损　失	公允价值变动收益	投资收益	营业外收　入	补贴收入	营业外支　出	利润总额	应交所得税
16894	**553**	**136620**	**57394**	**19445**	**23291**	**317667**	**35367**
12379	551	－3450	6828	1615	9283	－75660	－3611
1556		54551	11436	7881	2539	55683	3178
209	1		1663	155	695	－27584	537
2122	1	152	12883	3153	1322	60052	5199
		31	123		97	14746	685
628		85336	24461	6641	9355	290429	29379
16878	553	136620	57368	19445	22786	293740	33827
1566	551	4335	2844	1211	578	30942	4482
881	551	4335	1479	633	78	26363	2533
685			1366	578	501	4579	1949
		74	182		6	－256	95
			25		51	11	
		16	1014	937	468	342	86
		16	1014	937	468	342	86
2508		7311	20540	10772	3539	－660	60
		－149	7675	6957	1217	5741	585
2508		7459	12865	3815	2322	－6401	－524
11645	2	42518	15278	690	10134	－22278	1972
611		82230	16457	4814	8004	253353	27118
						8186	
			88		114	3753	
		81130	15574	4087	7774	220198	23050
611		1100	794	727	116	21216	4068
548		136	1028	1021	7	32287	15
						5073	
						5073	
16			26		505	18854	1540
16			26		505	18854	1540
1566	551	4409	3027	1211	584	38872	4577
1566	551	4335	2844	1211	578	30942	4482
		74	182		6	－256	95
						8186	
548		152	2155	1958	639	36392	101
			25		51	11	
		16	1014	937	468	342	86
			88		114	3753	
548		136	1028	1021	7	32287	15
12256	2	43619	16073	1417	10250	－1062	6039
11645	2	42518	15278	690	10134	－22278	1972
611		1100	794	727	116	21216	4068

8—7 续7

指 标	#差旅费	#工会经费	财务费用	#利息收入	#利息支出	营业利润
有限责任公司	9377	1115	236352	8663	220642	219143
国有独资公司	706		10597	354	10337	-717
私营有限责任公司	4373	585	131793	2429	115607	212398
合资经营企业(港或澳、台资)	57	1	2786		2508	5073
中外合资经营企业	421	69	2280	-29	2256	19334
其他有限责任公司	3820	460	88895	5909	89934	-16944
四、在总计中:亏损企业	2833	497	103506	3660	92595	-259066
在总计中:国有控股企业	5539	574	131871	6286	138319	-69278
在总计中:轻工业	11374	596	40189	4058	43211	140736
重工业	11540	1242	293782	8909	271128	142829
在总计中:大型企业	14807	1069	240452	9855	222809	199816
中型企业	8108	768	93519	3113	91530	83749
五、按工业行业大类分						
采矿业	200	116	3588		3094	1626
煤炭开采和洗选业	6		1251		805	-3016
黑色金属矿采选业	77	54	1424		1401	4604
有色金属矿采选业	117	62	914		888	38
制造业	22680	1694	307546	12955	288988	309991
农副食品加工业	1123	206	10525	39	10564	74540
食品制造业	74	15	592	1	673	3697
酒、饮料和精制茶制造业	195	34	368		356	601
纺织业	279	38	8958	582	8680	-1123
纺织服装、服饰业	509	16	1552	94	1585	13151
木材加工和木、竹、藤、棕、草制品业	42	1	3212	158	2303	5767
造纸和纸制品业	44	8	155		155	386
印刷和记录媒介复制业	273	1	12	9		2976
文教、工美、体育和娱乐用品制造业	146		63		63	36
石油加工、炼焦和核燃料加工业	1604	94	54266	475	32199	-31198
化学原料和化学制品制造业	2316	156	41170	6325	45842	40571
医药制造业	7792	225	5842	1220	7067	16495
橡胶和塑料制品业	123	9	330	22	329	422
非金属矿物制品业	1196	72	11827	54	11648	15217
黑色金属冶炼和压延加工业	499	376	75916	96	71441	179523
有色金属冶炼和压延加工业	2147	191	70223	1554	67812	-81528
金属制品业	176	31	1436	5	1331	5816
通用设备制造业	1147	116	3503	64	3375	28220
专用设备制造业	602	26	2558	157	2183	6300
汽车制造业	594	23	3906	1718	5491	123
电气机械和器材制造业	1672	57	10227	206	10035	22660
计算机、通信和其他电子设备制造业	105		655	176	607	6100
其他制造业	23		252	0	252	1239
电力、燃气及水的生产和供应业	34	27	22836	12	27258	-28053
电力、热力生产和供应业			22476	11	26898	-27078
水的生产和供应业	34	27	360	1	360	-974

单位:万元

资产减值损失	公允价值变动收益	投资收益	营业外收入	补贴收入	营业外支出	利润总额	应交所得税
2524		88440	36140	14859	11818	243465	24651
		-149	7675	6957	1217	5741	585
		81130	15574	4087	7774	220198	23050
						5073	
16			26		505	18854	1540
2508		7459	12865	3815	2322	-6401	-524
12211		-7654	13802	4015	10898	-256162	-5951
14098	551	51100	24379	11577	12587	-57486	458
2015	1	45461	8236	821	2437	146535	8085
14879	552	91159	49158	18624	20855	171132	27282
14589	553	134947	31523	8984	17833	213506	20300
2305		1673	25870	10461	5458	104161	15068
		16	2605	2494	197	4034	10
		5	2502	2494	7	-521	4
			52		125	4531	
		11	51		66	24	6
16895	553	136604	54618	16796	22893	341716	35357
			908	200	497	74952	
			1431		35	5094	49
548			7			608	11
		-2146	96	19	37	-1064	1180
157		3	209	56	3	13356	3497
			474		15	6225	1287
						386	22
					425	2552	363
			25		51	11	
		4155	7761	1069	2988	-26425	3773
1034		54835	10838	4147	1654	49754	931
1107	1	6	4678	10	821	20351	2701
		66	16		6	433	29
2		228	5170	1944	731	19656	3695
16		82973	1079	42	4435	176167	18282
11709	1	-7887	18663	8590	10763	-73628	-5253
						5816	593
420			358		45	28533	513
		31	342	120	35	6607	602
570		0	1239		256	1105	1353
724	551	4341	1242	552	40	23863	843
610			85	47	56	6129	872
						1239	16
-1			171	155	201	-28083	
-1			6		34	-27107	
			165	155	167	-976	

8—7 续8

指 标	亏损企业亏损总额	利税总额	应交税金及附加	本年应付职工薪酬	本年应交增值税	本年进项税额
总 计	**256162**	**624843**	**362678**	**617187**	**281357**	**2136257**
一、按隶属关系分						
中央企业	113320	-2327	74763	152023	66807	340175
省属企业		84294	34145	119684	21650	345886
地、市属企业	38591	-20990	7348	19291	5463	17238
县(旗)属企业	9970	85099	32823	75692	22511	119658
镇属企业		15365	1620	6261	566	2716
其 他	94281	463402	211979	244237	164361	1310585
二、按登记注册类型分						
内资企业	256162	595797	355622	606481	276503	2120126
国有企业	6341	56833	32395	57252	22960	105102
中央企业	3319	48618	26326	51086	19671	99669
地方企业	3022	8216	6070	6165	3289	5432
集体企业	521	1426	1813	5611	1324	4833
股份合作企业		288	323	1145	254	600
联营企业		1894	1638	1611	1398	7358
其他联营企业		1894	1638	1611	1398	7358
有限责任公司	72030	54823	61832	189714	49766	547271
国有独资公司	2529	11210	6643	59906	3950	221027
其他有限责任公司	69501	43613	55189	129808	45816	326243
股份有限公司	86685	38774	66285	140152	54873	278940
私营企业	90585	400910	182444	205560	141285	1150040
私营独资企业		15152	6966	3452	6469	11046
私营合伙企业		5573	1927	2650	1717	6168
私营有限责任公司	89122	348080	158125	193595	123090	1109282
私营股份有限公司	1462	32106	15425	5864	10008	23545
其他企业		40847	8892	5436	4643	25983
港、澳、台商投资企业		8738	3689	1276	3572	8896
合资经营企业(港或澳、台资)		8738	3689	1276	3572	8896
外商投资企业		20308	3366	9431	1282	7236
中外合资经营企业		20308	3366	9431	1282	7236
三、按经济组织类型分						
独资企业	6862	73412	41175	66315	30754	120980
国有企业	6341	56833	32395	57252	22960	105102
集体企业	521	1426	1813	5611	1324	4833
私营独资企业		15152	6966	3452	6469	11046
合作、合伙企业		48602	12781	10842	8012	40109
股份合作企业		288	323	1145	254	600
其他联营企业		1894	1638	1611	1398	7358
私营合伙企业		5573	1927	2650	1717	6168
其他企业(内资)		40847	8892	5436	4643	25983
股份有限公司	88148	70880	81710	146016	64881	302485
股份有限公司(内资)	86685	38774	66285	140152	54873	278940
私营股份有限公司	1462	32106	15425	5864	10008	23545

单位:万元

本年销项税额	土地和固定资产支出	#土地购置	#房屋和建筑物	#机器设备	#运输工具	#其他费用	全部从业人员年平均人数(人)
2283417	**1453397**	**35502**	**249292**	**1123647**	**38085**	**6870**	**163644**
400052	159081	9646	51698	84866	11061	1809	30136
348133	157475	2810	28235	121326	2043	3060	29939
22125	9105		448	8458	180	19	6426
139949	19711	5030	2296	9614	2522	249	21682
3443	90522		16913	72731	879		1808
1369716	1017503	18016	149701	826653	21400	1734	73653
2263532	1343894	35502	225905	1038611	37207	6669	160726
126370	43785	3626	18504	19195	746	1714	11691
115625	40160	3626	17617	16512	716	1689	10055
10745	3625		887	2683	30	25	1636
6157	102			20	58	25	1104
854	308			127	166	15	360
8257							670
8257							670
574404	171894	6540	20752	138530	4422	1650	51631
227398	61823		2968	58855			13958
347006	110071	6540	17784	79675	4422	1650	37673
328181	131738	6020	36000	76667	12421	631	34750
1189422	963266	16591	139631	787171	18895	978	58575
18281							684
7810							580
1134025	943006	10145	137347	775770	18802	942	55105
29306	20260	6446	2285	11401	93	36	2206
29887	32800	2726	11018	16901	498	1657	1945
12467							596
12467							596
7418	109504		23387	85037	879	201	2322
7418	109504		23387	85037	879	201	2322
150808	43887	3626	18504	19215	804	1738	13479
126370	43785	3626	18504	19195	746	1714	11691
6157	102			20	58	25	1104
18281							684
46809	33108	2726	11018	17028	664	1672	3555
854	308			127	166	15	360
8257							670
7810							580
29887	32800	2726	11018	16901	498	1657	1945
357487	151998	12466	38284	88068	12514	666	36956
328181	131738	6020	36000	76667	12421	631	34750
29306	20260	6446	2285	11401	93	36	2206

8—7 续9

指　　标	亏损企业亏损总额	利税总额	应交税金及附加	本年应付职工薪酬	本年应交增值税	本年进项税额
有限责任公司	161153	431949	227012	394015	177710	1672683
国有独资公司	2529	11210	6643	59906	3950	221027
私营有限责任公司	89122	348080	158125	193595	123090	1109282
合资经营企业(港或澳、台资)		8738	3689	1276	3572	8896
中外合资经营企业		20308	3366	9431	1282	7236
其他有限责任公司	69501	43613	55189	129808	45816	326243
四、在总计中:亏损企业	256162	－192528	63691	159016	58157	336704
在总计中:国有控股企业	158321	38294	104175	289109	85473	687450
在总计中:轻工业	9870	183213	47544	108979	29871	124665
重工业	246293	441630	315134	508208	251486	2011592
在总计中:大型企业	167624	428228	250716	442834	200170	1770018
中型企业	88538	196615	111961	174353	81187	366239
五、按工业行业大类分						
采矿业	553	12299	8470	7468	7422	13956
煤炭开采和洗选业	553	1784	2310	1577	1962	4937
黑色金属矿采选业		8986	4480	3295	4083	5822
有色金属矿采选业		1529	1631	2596	1376	3196
制造业	219548	631861	345466	601321	265658	2090385
农副食品加工业		75153	252	13082	194	26019
食品制造业		5610	593	2014	468	1271
酒、饮料和精制茶制造业		5613	5259	2360	1528	3078
纺织业	6358	927	3549	9699	1782	9617
纺织服装、服饰业		15166	5484	9664	1464	14434
木材加工和木、竹、藤、棕、草制品业		6950	2106	3146	623	4126
造纸和纸制品业		514	163	1048	114	3503
印刷和记录媒介复制业		3751	1638	1779	1056	693
文教、工美、体育和娱乐用品制造业		288	323	1145	254	600
石油加工、炼焦和核燃料加工业	66338	33660	66362	38845	57531	183451
化学原料和化学制品制造业	5369	64479	17540	73385	12945	131692
医药制造业	2485	38175	22051	28402	16197	40366
橡胶和塑料制品业	521	1151	818	3204	484	1182
非金属矿物制品业	5133	31252	16229	30496	10450	29225
黑色金属冶炼和压延加工业	17480	258393	105869	119700	79268	980827
有色金属冶炼和压延加工业	110668	－14666	58352	192110	52750	497833
金属制品业		6133	922	1809	278	20645
通用设备制造业	1638	31805	4009	10061	2887	29100
专用设备制造业	570	10449	4621	9069	3366	22084
汽车制造业	2988	2892	3225	10820	1690	3708
电气机械和器材制造业		43367	21653	36152	17222	79996
计算机、通信和其他电子设备制造业		9555	4398	1933	3101	5289
其他制造业		1245	51	1398	6	1648
电力、燃气及水的生产和供应业	36061	－19317	8792	8398	8378	31916
电力、热力生产和供应业	35085	－18597	8510	6457	8057	31916
水的生产和供应业	976	－720	282	1941	221	

单位:万元

本　　年 销项税额	土地和固定 资产支出	#土地购置	#房屋和 建筑物	#机器设备	#运输工具	#其他费用	全部从业 人员年平 均人数 (人)
1728314	1224404	16685	181485	999337	24103	2794	109654
227398	61823		2968	58855			13958
1134025	943006	10145	137347	775770	18802	942	55105
12467							596
7418	109504		23387	85037	879	201	2322
347006	110071	6540	17784	79675	4422	1650	37673
401835	139278	12229	37858	78027	10722	442	44953
744696	379338	9731	86715	266140	13515	3237	65901
143604	79023	3981	26515	44219	1967	2342	31488
2139813	1374374	31522	222777	1079429	36118	4528	132156
1846436	1336896	17230	224873	1056420	33909	4464	107477
436982	116501	18273	24419	67227	4176	2407	56167
23391							2862
7089							1036
9906							1286
6396							540
2221106	1451999	35502	249251	1122300	38076	6870	159400
26170	15203		12325	2680	198		4429
1739	2550	76		2387	64	22	920
4817	32625	2726	11018	16727	498	1657	312
6110	12209			11385	476	348	4475
12180							2878
4668	126			126			1000
3617							651
1718	904			904			483
854	308			127	166	15	360
215794	97290		26943	67311	2501	534	17196
119280	160053	85	32296	123694	2609	1370	20952
55262	3591		1186	2306	55	44	6631
1666	691		358	333			821
40262	15046	3111	2645	8539	459	293	8742
984801	874351	12550	113434	730437	17424	506	31137
552477	195331	12442	37500	134451	10788	149	40552
20923	195			195			798
31307	2378		846	1395	81	56	4316
25386	686		9	547	90	41	2348
5398	6612		916	3461	2100	135	4172
97116	21240		9136	9930	474	1700	4977
7909	9141	4514	639	3896	93		561
1653	1470			1470			689
38920	1398		41	1348	10		1382
38699	1276		41	1226	10		1051
221	122			122			331

8—8 工业企业主要经济效益指标(2012)

指　　标	亏损面（%）	总资产贡献率（%）	资产负债率（%）	成本费用利润率（%）	人均利税（元/人年）	产品销售率（%）
总　　计	**25.5**	**6.8**	**69.3**	**2.9**	**39210**	**95.9**
一、按隶属关系分						
中央企业	68.4	2.6	82.1	-4.2	-8498	102.1
省属企业	11.1	5.5	63.9	3.9	26999	84.8
地、市属企业	37.5	0.7	94.4	-9.0	-21662	100.8
县(旗)属企业	19.3	8.6	62.3	6.0	50958	96.7
街道属企业	0.0	25.3	4.0	5.1	55362	100.1
镇属企业	22.2	12.9	45.0	12.8	79848	94.8
乡属企业	0.0	10.4	61.5	3.2	104919	96.7
村委会企业	100.0	-2.8	80.7	-6.5	-25981	98.2
其他企业	25.2	8.6	66.6	4.7	58504	95.1
二、按登记注册类型分组:						
内资企业	25.9	6.7	69.7	2.8	38469	96.0
国有企业	73.3	6.8	88.5	0.7	34918	107.5
中央企业	66.7	6.8	92.5	0.4	34826	108.5
地方企业	83.3	7.1	56.2	5.0	35380	97.7
集体企业	66.7	6.1	69.1	-0.8	10862	98.7
股份合作企业	0.0	5.4	31.3	3.7	32705	91.1
联营企业	0.0	5.3	62.7	0.5	28272	96.5
其他联营企业	0.0	5.3	62.7	0.5	28272	96.5
有限责任公司	20.7	4.7	67.9	1.4	20924	94.6
国有独资公司	50.0	2.5	52.1	2.6	8031	56.5
其他有限责任公司	20.3	5.2	71.1	1.4	24550	98.3
股份有限公司	35.0	3.6	72.6	-1.8	7801	100.4
私营企业	25.8	9.0	66.9	5.0	62257	94.0
私营独资企业	20.0	11.4	76.1	7.3	115623	96.5
私营合伙企业	0.0	14.6	79.6	7.4	96088	87.8
私营有限责任公司	25.9	8.6	67.2	4.8	58207	93.8
私营股份有限公司	29.4	13.8	53.3	7.8	107691	96.1
其他企业	18.2	16.3	63.8	11.6	154492	99.3
港、澳、台商投资企业	0.0	11.5	63.8	8.6	146612	84.9
合资经营企业(港或澳、台资)	0.0	11.5	63.8	8.6	146612	84.9
外商投资企业	15.4	9.3	49.3	8.4	59957	93.8
中外合资经营企业	20.0	10.0	44.6	9.5	60732	96.4

8—8　续1

指　　标	亏损面（%）	总资产贡献率（%）	资产负债率（%）	成本费用利润率（%）	人均利税（元/人年）	产品销售率（%）
外资企业	0.0	5.8	75.3	2.8	53432	78.8
三、按经济组织类型分组						
独资企业	48.4	7.4	86.1	1.7	43261	104.1
国有企业	73.3	6.8	88.5	0.7	34918	107.5
集体企业	66.7	6.1	69.1	-0.8	10862	98.7
私营独资企业	20.0	11.4	76.1	7.3	115623	96.5
外资企业	0.0	5.8	75.3	2.8	53432	78.8
合作、合伙企业	14.8	14.2	62.3	9.3	121081	97.2
股份合作企业	0.0	5.4	31.3	3.7	32705	91.1
其他联营企业	0.0	5.3	62.7	0.5	28272	96.5
私营合伙企业	0.0	14.6	79.6	7.4	96088	87.8
其他企业（内资）	18.2	16.3	63.8	11.6	154492	99.3
股份有限公司	32.4	4.6	70.7	-0.5	16960	99.6
股份有限公司（内资）	35.0	3.6	72.6	-1.8	7801	100.4
私营股份有限公司	29.4	13.8	53.3	7.8	107691	96.1
有限责任公司	23.7	7.0	67.0	3.5	41628	94.1
国有独资公司	50.0	2.5	52.1	2.6	8031	56.5
私营有限责任公司	25.9	8.6	67.2	4.8	58207	93.8
合资经营企业（港或澳、台资）	0.0	11.5	63.8	8.6	146612	84.9
中外合资经营企业	20.0	10.0	44.6	9.5	60732	96.4
其他有限责任公司	20.3	5.2	71.1	1.4	24550	98.3
四、在总计中：亏损企业	100.0	-2.0	86.1	-8.5	-44170	95.9
在总计中：国有控股企业	51.1	3.1	76.1	-2.2	2326	96.7
在总计中：农村工业	33.3	4.2	70.5	1.2	38477	97.0
在总计中：轻工业	16.1	12.2	56.0	10.3	58820	93.1
重工业	29.8	5.8	71.6	1.7	33483	96.4
在总计中：大型企业	28.1	6.5	68.7	2.6	39844	96.6
中型企业	28.0	7.0	71.8	3.6	35005	94.4
小型企业	24.5	7.6	68.1	3.2	42954	95.3
微型企业	25.0	7.8	57.0	0.5	113436	100.1
五、按工业行业大类分						
采矿业	5.9	10.6	56.3	3.0	57383	101.4
煤炭开采和洗选业	6.7	15.3	36.1	1.8	57149	99.7
黑色金属矿采选业	0.0	11.0	58.7	7.6	69876	103.9

8—8 续2

指　　标	亏损面（%）	总资产贡献率（%）	资产负债率（%）	成本费用利润率（%）	人均利税（元/人年）	产品销售率（%）
有色金属矿采选业	0.0	4.3	76.8	0.2	28322	124.9
制造业	25.3	7.0	67.2	3.5	41586	95.6
农副食品加工业	14.3	18.4	46.6	13.2	132816	93.6
食品制造业	15.8	14.4	50.9	11.4	59116	101.5
酒、饮料和精制茶制造业	21.4	9.5	56.3	7.8	128524	82.8
纺织业	27.8	4.4	71.9	0.5	5893	93.0
纺织服装、服饰业	0.0	14.4	44.6	8.0	49400	111.7
木材加工和木、竹、藤、棕、草制品业	16.7	4.3	64.1	8.3	58846	96.6
家具制造业	0.0	1.2	75.7	3.9	5931	82.0
造纸和纸制品业	10.0	4.6	47.8	2.6	11706	99.1
印刷和记录媒介复制业	0.0	14.0	40.6	19.3	91356	98.6
文教、工美、体育和娱乐用品制造业	33.3	3.7	52.5	3.7	19489	74.3
石油加工、炼焦和核燃料加工业	37.5	3.4	77.0	-1.7	18024	98.7
化学原料和化学制品制造业	27.4	6.8	70.9	4.3	35583	96.9
医药制造业	16.7	10.3	51.6	9.1	55692	87.6
橡胶和塑料制品业	15.4	6.1	50.6	6.0	38707	93.8
非金属矿物制品业	20.7	8.9	62.3	5.7	36813	96.7
黑色金属冶炼和压延加工业	43.8	9.6	68.3	5.6	78758	95.3
有色金属冶炼和压延加工业	40.0	2.3	69.0	-2.1	1351	91.9
金属制品业	25.0	13.1	62.0	9.3	56327	95.0
通用设备制造业	24.0	13.7	67.3	11.8	66324	100.3
专用设备制造业	25.0	5.3	76.9	3.9	34800	91.8
汽车制造业	37.5	2.7	73.7	0.6	7342	102.5
铁路、船舶、航空航天和其他运输设备制造业	25.0	20.8	48.4	22.3	173136	94.0
电气机械和器材制造业	14.3	9.9	71.2	4.2	84018	108.4
计算机、通信和其他电子设备制造业	20.0	15.3	35.8	14.5	163930	87.7
其他制造业	0.0	22.3	33.1	9.4	60924	103.1
废弃资源综合利用业	100.0	6.5	85.8	-5.3	-330	86.4
金属制品、机械和设备修理业	50.0	12.1	81.7	0.1	21750	99.2
电力、热力、燃气及水生产和供应业	70.0	2.6	101.3	-12.7	-198929	99.6
电力、热力生产和供应业	75.0	2.6	102.4	-12.9	-237360	99.7
水的生产和供应业	50.0	3.4	46.5	-4.6	10868	97.5

8—9　国有控股工业企业主要经济效益指标(2012)

指　　标	亏损面(%)	总资产贡献率(%)	资产负债率(%)	成本费用利润率(%)	人均利税(元/人年)	产品销售率(%)
总　　计	**51.1**	**3.1**	**76.1**	**-2.2**	**2326**	**96.7**
在总计中:						
亏损企业	100.0	-1.1	88.7	-9.7	-51361	99.6
一、按隶属关系分:						
中央企业	68.4	2.6	82.1	-4.2	-8498	102.1
地方企业	38.5	3.8	68.9	1.0	11311	87.2
省属企业	16.7	5.0	64.4	3.7	23010	84.1
市属企业	57.1	-6.1	114.9	-35.2	-112889	101.4
县属企业	57.1	-1.1	70.6	-4.1	-13601	93.1
县属以下企业	16.7	10.1	48.1	8.9	64347	94.8
二、按轻重工业分:						
轻工业	25.0	10.9	70.9	9.4	42889	99.7
重工业	56.8	2.6	76.5	-3.1	-3344	96.6
三、按企业规模分:						
大型企业	36.4	3.3	70.6	-0.8	9310	96.3
中型企业	68.8	2.4	82.7	-5.6	-10882	99.7
小型企业	47.1	3.1	101.0	-8.2	-77506	96.4
微型企业		28.7	26.3	19.1	992273	100.0
四、按工业行业大类分						
采矿业						
制造业	47.4	3.2	70.3	-0.8	9055	96.3
酒、饮料和精制茶制造业		7.5	72.2	3.1	58420	73.4
纺织服装、服饰业		12.3	51.3	5.2	41543	132.3
石油加工、炼焦和核燃料加工业		3.4	49.0	0.4	8729	100.0
化学原料和化学制品制造业	37.5	5.8	73.4	3.2	25165	99.6
医药制造业	100.0	-13.0	119.8	-21.5	-19613	91.4
非金属矿物制品业	57.1	6.5	61.7	4.0	26382	101.3
黑色金属冶炼和压延加工业	50.0	5.7	85.5	0.2	13465	97.8
有色金属冶炼和压延加工业	80.0	0.1	68.9	-5.9	-16858	90.2
通用设备制造业	100.0	-0.5	80.8	-4.4	-6552	119.2
专用设备制造业		11.3	66.9	6.2	89108	92.7
汽车制造业	50.0	-2.0	91.1	-12.9	-15802	94.6
电气机械和器材制造业		9.6	71.3	4.3	94066	110.6
金属制品、机械和设备修理业	50.0	12.1	81.7	0.1	21750	99.2
电力、热力、燃气及水生产和供应业	71.4	2.6	105.9	-13.2	-228922	99.9
电力、热力生产和供应业	80.0	2.6	107.2	-13.3	-279954	100.0
水的生产和供应业	50.0	3.4	46.5	-4.6	10868	97.5

8—10　外商投资和港澳台投资工业企业主要经济效益指标(2012)

指　　标	亏损面(%)	总资产贡献率(%)	资产负债率(%)	成本费用利润率(%)	人均利税(元/人年)	产品销售率(%)
总　　计	**14.3**	**9.9**	**52.9**	**8.5**	**71376**	**91.6**
在总计中：						
亏损企业	100.0	-9.5	41.2	-11.9	-54464	98.1
在总计中：						
港、澳、台商投资企业		11.5	63.8	8.6	146612	84.9
合资经营企业(港或澳、台资)		11.5	63.8	8.6	146612	84.9
外商投资企业	15.4	9.3	49.3	8.4	59957	93.8
中外合资经营企业	20.0	10.0	44.6	9.5	60732	96.4
外资企业		5.8	75.3	2.8	53432	78.8
在总计中：						
国有控股企业	25.0	11.0	47.0	8.2	69665	93.1
在总计中：						
轻工业		11.2	65.2	7.0	70842	76.9
重工业	22.2	9.6	50.5	8.9	71512	95.2
在总计中：						
大型企业		19.4	33.8	19.5	120530	100.9
中型企业		11.4	52.1	11.7	87746	91.9
小型企业	20.0	3.4	63.5	0.5	20167	85.4
微型企业						
按工业行业大中小类分						
采矿业						
制造业	14.3	9.9	52.9	8.5	71376	91.6
酒、饮料和精制茶制造业		6.5	76.7	3.5	63289	71.8
饮料制造		6.5	76.7	3.5	63289	71.8
瓶(罐)装饮用水制造		4.3	62.9	2.7	59667	74.6
果菜汁及果菜汁饮料制造		6.7	77.7	3.6	63528	71.5
印刷和记录媒介复制业		35.5	5.2	29.1	77660	100.0
印　刷		35.5	5.2	29.1	77660	100.0
包装装潢及其他印刷		35.5	5.2	29.1	77660	100.0
化学原料和化学制品制造业	33.3	12.0	38.1	10.1	75334	99.0
基础化学原料制造	100.0	-10.0	47.8	-12.5	-93807	98.7
有机化学原料制造	100.0	-10.0	47.8	-12.5	-93807	98.7
肥料制造		18.1	35.5	16.8	115813	99.1
氮肥制造		18.1	35.5	16.8	115813	99.1
橡胶和塑料制品业		2.1	52.0	6.1	41270	64.1
塑料制品业		2.1	52.0	6.1	41270	64.1
塑料板、管、型材制造		2.1	52.0	6.1	41270	64.1
黑色金属冶炼和压延加工业		6.8	40.7	12.9	49452	107.7
黑色金属铸造		6.8	40.7	12.9	49452	107.7
有色金属冶炼和压延加工业	33.3	9.3	66.7	6.1	88003	88.6
常用有色金属冶炼	50.0	10.7	61.3	7.6	99338	85.5
铝冶炼		11.5	63.8	8.6	146612	84.9
镁冶炼	100.0	-7.0	5.5	-8.4	-12468	95.5
有色金属合金制造		4.2	85.9	1.4	38708	103.2
金属制品业		13.4	35.4	10.4	63141	102.3
其他金属制品制造		13.4	35.4	10.4	63141	102.3
锻件及粉末冶金制品制造		13.4	35.4	10.4	63141	102.3
电力、热力、燃气及水生产和供应业						

8—11　大中型工业企业主要经济效益指标(2012)

指　　标	亏损面(%)	总资产贡献率(%)	资产负债率(%)	成本费用利润率(%)	人均利税(元/人年)	产品销售率(%)
总　　计	**28.0**	**6.6**	**69.6**	**2.9**	**38183**	**96.0**
一、按隶属关系分						
中央企业	69.2	2.4	76.1	-3.2	-772	102.4
省属企业		5.6	64.2	4.2	28155	84.5
地、市属企业	42.9	-0.2	99.2	-13.0	-32664	102.2
县(旗)属企业	18.8	7.6	66.6	5.5	39249	95.6
镇办企业		13.1	39.4	15.5	84985	93.5
村委会企业						
其他企业	26.8	8.7	68.0	4.9	62917	95.8
二、按登记注册类型分组						
内资企业	28.9	6.5	70.0	2.7	37069	96.0
国有企业	60.0	8.1	69.4	3.8	48613	109.9
中央企业	57.1	8.1	72.4	3.5	48352	111.4
地方企业	66.7	8.3	51.9	7.5	50218	97.2
集体企业	50.0	6.0	67.2	-0.6	12919	99.7
股份合作企业		2.3	31.6	0.2	7992	49.1
联营企业		5.3	62.7	0.5	28272	96.5
其他联营企业		5.3	62.7	0.5	28272	96.5
有限责任公司	29.3	3.6	70.5	0.0	10618	93.4
国有独资公司	50.0	2.5	52.1	2.6	8031	56.5
其他有限责任公司	28.2	3.9	75.3	-0.2	11577	98.6
股份有限公司	23.1	3.8	72.7	-1.2	11158	100.7
私营企业	26.8	9.2	68.6	5.2	68444	94.2
私营独资企业		11.8	90.2	7.0	221522	99.6
私营合伙企业		14.6	79.6	7.4	96088	87.8
私营有限责任公司	28.0	8.8	68.8	5.0	63167	94.0
私营股份有限公司	25.0	15.5	49.2	8.6	145538	95.0
其他企业		17.2	72.4	17.1	210011	99.7
港、澳、台商投资企业		11.5	63.8	8.6	146612	84.9
合资经营企业(港或澳、台资)		11.5	63.8	8.6	146612	84.9
外商投资企业		15.5	34.5	18.4	87461	102.5
中外合资经营企业		15.5	34.5	18.4	87461	102.5
三、按经济组织类型分组						
独资企业	53.9	8.5	71.9	4.0	54464	107.7
国有企业	60.0	8.1	69.4	3.8	48613	109.9
集体企业	50.0	6.0	67.2	-0.6	12919	99.7
私营独资企业		11.8	90.2	7.0	221522	99.6
合作、合伙企业		14.5	70.0	11.6	136715	95.7
股份合作企业		2.3	31.6	0.2	7992	49.1
其他联营企业		5.3	62.7	0.5	28272	96.5
私营合伙企业		14.6	79.6	7.4	96088	87.8
其他企业(内资)		17.2	72.4	17.1	210011	99.7
股份有限公司	23.5	4.7	70.8	-0.1	19179	99.9
股份有限公司(内资)	23.1	3.8	72.7	-1.2	11158	100.7
私营股份有限公司	25.0	15.5	49.2	8.6	145538	95.0

8—11 续

指 标	亏损面（%）	总资产贡献率（%）	资产负债率（%）	成本费用利润率（%）	人均利税（元/人年）	产品销售率（%）
有限责任公司	27.4	6.7	69.0	3.2	39392	93.9
国有独资公司	50.0	2.5	52.1	2.6	8031	56.5
私营有限责任公司	28.0	8.8	68.8	5.0	63167	94.0
合资经营企业（港或澳、台资）		11.5	63.8	8.6	146612	84.9
中外合资经营企业		15.5	34.5	18.4	87461	102.5
其他有限责任公司	28.2	3.9	75.3	-0.2	11577	98.6
四、在总计中：亏损企业	100.0	-2.7	83.8	-8.4	-42829	95.6
在总计中：国有控股企业	55.6	3.1	72.7	-1.5	5811	96.8
在总计中：农村工业						
在总计中：轻工业	17.7	13.1	58.5	12.1	58185	93.6
重工业	31.6	5.7	71.1	1.7	33417	96.3
在总计中：大型企业	28.1	6.5	68.7	2.6	39844	96.6
中型企业	28.0	7.0	71.8	3.6	35005	94.4
五、按工业行业大类分						
采矿业	20.0	8.4	61.6	2.9	42975	103.1
煤炭开采和洗选业	33.3	7.9	43.8	-0.8	17219	99.1
黑色金属矿采选业		11.0	58.7	7.6	69876	103.9
有色金属矿采选业		4.3	76.8	0.2	28322	124.9
制造业	27.4	6.7	68.8	3.2	39640	95.9
农副食品加工业		21.9	47.7	19.0	169684	90.0
食品制造业		17.0	47.8	23.9	60975	98.1
酒、饮料和精制茶制造业		16.3	41.5	2.6	179910	113.4
纺织业	33.3	3.9	77.4	-0.6	2070	95.4
纺织服装、服饰业		15.0	44.2	8.1	52696	112.4
木材加工和木、竹、藤、棕、草制品业		3.8	63.7	9.3	69500	94.0
造纸和纸制品业		2.8	41.4	1.8	7888	99.7
印刷和记录媒介复制业		35.5	5.2	29.1	77660	100.0
文教、工美、体育和娱乐用品制造业		2.3	31.6	0.2	7992	49.1
石油加工、炼焦和核燃料加工业	33.3	3.7	76.1	-1.6	19574	99.9
化学原料和化学制品制造业	23.1	6.3	74.0	3.9	30775	97.1
医药制造业	28.6	10.5	53.5	10.3	57570	86.5
橡胶和塑料制品业	50.0	2.4	59.3	1.2	14018	100.0
非金属矿物制品业	26.7	9.1	62.3	7.1	35749	99.8
黑色金属冶炼和压延加工业	40.0	9.9	68.3	5.9	82986	95.2
有色金属冶炼和压延加工业	35.3	1.6	69.3	-3.4	-3617	90.4
金属制品业		19.4	65.6	13.9	76851	99.3
通用设备制造业	42.9	15.1	74.0	13.6	73691	101.9
专用设备制造业	33.3	5.5	76.5	4.1	44503	89.2
汽车制造业	33.3	2.5	77.7	0.4	6932	103.8
电气机械和器材制造业		9.6	71.2	4.2	87136	110.4
计算机、通信和其他电子设备制造业		12.7	20.4	12.6	170319	82.4
其他制造业		11.0	25.7	6.0	18065	110.3
电力、热力、燃气及水生产和供应业	66.7	2.0	100.1	-15.2	-139775	99.9
电力、热力生产和供应业	50.0	2.1	102.4	-15.1	-176947	100.0
水的生产和供应业	100.0	-2.1	50.8	-20.7	-21746	95.0

主要统计指标解释

工　业　指采掘自然物质资源和对工业品原料及农产品原料进行加工的社会生产部门，可分为重工业和轻工业。

1984 年以前农村的村及村以下办工业归属农业，1984 年以后划归工业。

工业统计调查单位　工业统计调查单位分为三类：工业法人单位、工业产业活动单位和工业个体经营户。

（1）工业法人单位　法人单位是指有权拥有资产、承担负债，并独立从事社会经济活动（或与其他单位进行交易）的组织。法人单位应同时具备以下条件：①依法成立，有自己的名称、组织机构和场所，能够承担民事责任；②独立拥有（或授权使用）资产或者经费，承担负债，有权与其他单位签订合同；③具有包括资产负债表在内的账户，或者能够根据需要编制账户。企业法人是指依据《中华人民共和国企业法人登记管理条例》、《中华人民共和国公司登记管理条例》等国家法律和法规，经各级工商行政管理机关登记注册，领取《企业法人营业执照》的企业。包括三类：一类为公司制企业法人；二类为非公司制企业法人；三类为依据《中华人民共和国个人独资企业法》及《中华人民共和国合伙企业法》，经各级工商行政管理机关登记注册，领取《营业执照》的个人独资企业、合伙企业。个人独资企业、合伙企业不具有法人资格，但视同企业法人。工业法人单位是指上述法人中属于工业行业的企业。

（2）工业产业活动单位　产业活动单位是指位于一个地点，从事一种或主要从事一种社会经济活动的组织或组织的一部分。产业活动单位应同时具备以下三个条件：①在一个场所从事一种或主要从事一种社会经济活动；②相对独立组织生产活动或经营活动；③能够提供收入、支出等相关资料。工业产业活动单位是指上述产业活动单位中属于工业行业的产业活动单位。

（3）工业个体经营户　个体经营户是指生产资料归劳动者个人所有，以个体劳动为基础，劳动成果归劳动者个人占有和支配的一种经营组织。个体经营户包括：①按照《中华人民共和国民法通则》和《城乡个体工商户管理暂行条例》规定，经各级工商行政管理机关登记注册、领取《营业执照》的个体工商户。②依据《民办非企业单位登记管理暂行条例》，经国务院民政部门和县级以上地方各级人民政府民政部门核准登记，并领取《民办非企业单位（合伙）登记证书》或《民办非企业单位（个人）登记证书》的民办非企业单位。工业个体经营户是指上述个体经营户中属于工业行业的个体经营户。

本年鉴中涉及的企业登记注册类型按工商行政管理部门规定分为以下几种：：

（1）国有及国有控股企业　指国有企业加上国有控股企业。国有企业是指企业全部资产归国家所有，并按《中华人民共和国企业法人登记管理条例》规定登记注册的非公司制的经济组织。不包括有限责任公司中的国有独资公司。1957 年以前的公私合营和私营工业，后均改造为国营工业，1992 年改为国有工业，这部分工业的资料不单独分列时，均包括在国有企业内。企业控股情况是根据企业实收资本中某种经济成分的出资人的实际投资情况，或出资人对企业资产的实际控制、支配程度进行的分类。具体分为国有控股、集体控股、私人控股、港澳台商控股、外商控股和其他六类。国有控股包括：①在企业的全部实收资本中，国有经济成分的出资人拥有的实收资本（股本）所占企业全部实收资本（股本）的比例大于 50% 的国有绝对控股。②在企业的全部实收资本中，国有经济成分的出资人拥有的实收资本（股本）所占比例虽未大于 50%，但相对大于其他任何一方经济成分的出资人所占比例的国有相对控股；或者虽不大于其他经济成分，但根据协议规定拥有企业实际控制权的国有协议控股。③投资双方各占 50%，且未明确由谁绝对控股的企业，若其中一方为国有经济成分的，一律按国有控股处理。

（2）集体企业　指企业资产归集体所有，并按《中华人民共和国企业法人登记管理条例》规定登记注册的经济组织。是社会主义公有制经济的组成部分。

(3)股份合作企业 指以合作制为基础，由企业职工共同出资入股，吸收一定比例的社会资产投资组建，实行自主经营，自负盈亏，共同劳动，民主管理，按劳分配与按股分红相结合的一种集体经济组织。

(4)联营企业 指两个及两个以上相同或不同所有制性质的企业法人或事业单位法人，按自愿、平等、互利的原则，共同投资组成的经济组织。联营企业包括国有联营企业、集体联营企业、国有与集体联营企业和其他联营企业。

国有联营企业 指所有联营单位均为国有。

集体联营企业 指所有联营单位均为集体。

国有与集体联营企业 指联营单位既有国有也有集体。

其他联营企业 指上述三种联营企业之外的其他联营形式的企业。

(5)有限责任公司 指根据《中华人民共和国公司登记管理条例》规定登记注册，由两个以上，五十个以下的股东共同出资，每个股东以其所认缴的出资额对公司承担有限责任，公司以其全部资产对其债务承担责任的经济组织。有限责任公司包括国有独资公司以及其他有限责任公司。

国有独资公司 指国家授权的投资机构或者国家授权的部门单独投资设立的有限责任公司。

其他有限责任公司 指国有独资公司以外的其他有限责任公司。

(6)股份有限公司 指根据《中华人民共和国公司登记管理条例》规定登记注册，其全部注册资本由等额股份构成并通过发行股票筹集资本，股东以其认购的股份对公司承担有限责任，公司以其全部资产对其债务承担责任的经济组织。

(7)私营企业 指由自然人投资设立或由自然人控股，以雇佣劳动为基础的营利性经济组织。包括按照《公司法》、《合伙企业法》、《私营企业暂行条例》以及《个人独资企业法》规定登记注册的私营独资企业、私营合伙企业、私营有限责任公司、私营股份有限公司和个人独资企业。

私营独资企业 指按《私营企业暂行条例》的规定，由一名自然人投资经营，以雇佣劳动为基础，投资者对企业债务承担无限责任的企业。

私营合伙企业 指按《合伙企业法》或《私营企业暂行条例》的规定，由两个以上自然人按照协议共同投资、共同经营、共负盈亏，以雇佣劳动为基础，对债务承担无限责任的企业。

私营有限责任公司 指按《公司法》、《私营企业暂行条例》的规定，由两个以上自然人投资或由单个自然人控股的有限责任公司。

私营股份有限公司 指按《公司法》的规定，由五个以上自然人投资，或由单个自然人控股的股份有限公司。

个人独资企业 指按《个人独资企业法》、《个人独资企业登记管理办法》的规定，由一个自然人投资，财产为投资人个人所有，投资人以其个人财产对企业债务承担无限责任的经营实体。个人独资企业填表时归入私营独资企业。

(8)其他内资企业 指上述第(1)条至第(7)条之外的其他内资经济组织。

(9)与港澳台商合资经营企业 指港澳台地区投资者与内地的企业依照《中华人民共和国中外合资经营企业法》及有关法律的规定，按合同规定的比例投资设立，分享利润和分担风险的企业。

(10)与港澳台商合作经营企业 指港澳台地区投资者与内地企业依照《中华人民共和国中外合作经营企业法》及有关法律的规定，依照合作合同的约定进行投资或提供条件设立，分配利润、分担风险和亏损的企业。

(11)港澳台商独资经营企业 指依照《中华人民共和国外资企业法》及有关法律的规定，在内地由港澳台地区投资者全额投资设立的企业。

(12)港澳台商投资股份有限公司 指根据国家有关规定，经商务部(原外经贸部)批准设立，并且其中港、澳、台商的股本占公司注册资本的比例达25%以上的股份有限公司。凡其中港、澳、台商的股本占公司注册资本的比例小于25%的，属于内资中的股份有限公司。

(13)其他港、澳、台商投资企业 指在中国境内参照《外国企业或个人在中国境内设立合伙企业管理办法》和《外商投资合伙企业登记管理规定》，依法设立的港、澳、台商投资合伙企业。

(14)中外合资经营企业 指外国企业或外国人与中国内地企业依照《中华人民共和国中外合资经营企业法》及有关法律的规定，按合同规定的比例投资设立，分享利润和分担风险的企业。

(15)中外合作经营企业 指外国企业或外国人与中国内地企业依照《中华人民共和国中外合作经营企业法》及有关法律的规定，依照合作合同的约定进行投资或提供条件设立，分配利润、分担风险和亏损的企业。

(16)外资企业 指依照《中华人民共和国外资企业法》及有关法律的规定，在中国内地由外国投资者全额投资设立的企业。

(17)外商投资股份有限公司 指根据国家有关规定，经商务部(原外经贸部)批准设立，并且其中外资的股本占公司注册资本的比例达25%以上的股份有限公司。凡其中外资股本占公司注册资本的比例小于25%的，属于内资中的股份有限公司。

(18)其他外商投资企业 指在中国境内依照《外国企业或个人在中国境内设立合伙企业管理办法》和《外商投资合伙企业登记管理规定》，依法设立的外商投资合伙企业。

轻工业 指主要提供生活消费品和制作手工工具的工业。按其所使用的原料不同，可分为两大类：(1)以农产品为原料的轻工业，是指直接或间接以农产品为基本原料的轻工业。产要包括食品制造、饮料制造、烟草加工、纺织、缝纫、皮革和毛皮制作、造纸以及印刷等工业；(2)以非农产品为原料的轻工业，是指以工业品为原料的轻工业。主要包括文教体育用品、化学药品制造、合成纤维制造、日用化学制品、日用玻璃制品、日用金属制品、手工工具制造、医疗器械制造、文化和办公用机械制造等工业。

重工业 指为国民经济各部门提供物质技术基础的主要生产资料的工业。按其生产性质和产品用途，可以分为下列三类：(1)采掘(伐)工业，是指对自然资源的开采，包括石油开采、煤炭开采、金属矿开采、非金属矿开采和木材采伐等工业；(2)原材料工业，指向国民经济各部门提供基本材料、动力和燃料的工业。包括金属冶炼及加工、炼焦及焦炭、化学、化工原料、水泥、人造板以及电力、石油和煤碳加工等工业；(3)加工工业，是指对工业原材料进行再加工制造的工业。包括装备国民经济各部门的机械设备制造工业、金属结构、水泥制品等工业，以及为农业提供的生产资料如化肥、农药等工业。

工业总产值(当年价格) 指工业企业报告期内生产的以货币形式表现的工业最终产品和提供工业劳务活动的总价值量。

(1)工业总产值计算应遵循的原则

①工业生产的原则。即凡是企业在报告期内生产的最终产品和提供的劳务，均应包括在内。其中的最终产品，不管是否在报告期内销售，只要是报告期内生产的，就应包括在内。凡不是工业生产的产品，均不得计入工业总产值。

②最终产品的原则。即企业生产的成品价值必须是本企业生产的，经检验合格，本企业不需再进行任何加工的最终产品。企业对外销售的半成品也应视为最终产品计入工业总产值。而在本企业内各车间转移的半成品和在制品需按相关制度规定计算其期末期初差额价值。

③"工厂法"原则。即以法人工业企业作为一个整体计算其在报告期内生产的最终产品和提供劳务的总价值量，企业内部各车间生产的中间产品不应计算其产值。

④"不含税"原则。即企业在计算工业总产值时，其所依据的基础数据应按不含应交增值税(销项税额)的价格来计算。

(2)工业总产值的内容

包括三部分：生产的成品价值、对外加工费收入、自制半成品在制品期末期初差额价值。

①成品价值:指企业在报告期内生产,并在该时期内不再进行加工,经检验合格、包装入库的已经销售和准备销售的全部工业成品(包括半成品)价值合计。成品价值中包括企业生产的自制设备及提供给本企业在建工程、其他非工业部门和生活福利部门等单位使用的成品价值,但不包括用订货者来料加工的成品(半成品)价值。

工业总产值是按现行价格计算的。成品价值按成品实物量乘以报告期不含应交增值税(销项税额)的产品实际销售平均单价计算。会计核算中按成本价格转账的自制设备和自产自用的成品,也要按成本价格计算成品价值。

②对外加工费收入:指企业在报告期内完成的对外承做的工业品加工(包括用订货者来料加工生产)的加工费收入和对外工业品修理作业所收取的加工费收入,以及对企业内部非工业部门提供的加工修理、设备安装等收入。对外加工费收入按不含应交增值税(销项税额)的价格计算。需要注意的是,对外加工费收入不应包括被加工设备的价值。

对于以对外加工生产为主,对外加工费收入所占比重较大的企业,如果对外加工费收入出现跨报告期支付的情况,为保证总产值生产口径计算的准确性,则应将对外加工费收入按实际情况调整,记录本报告期应实际收取的对外加工费收入。

③自制半成品在制品期末期初差额价值。为了使工业总产值与工业中间投入中的物耗价值一致,以便同口径地计算工业增加值,规定本指标的计算原则是:凡是企业会计产品成本核算中计算半成品、在制品成本,则工业总产值中必须包括自制半成品在制品期末期初差额价值。反之则不包括。

自制半成品在制品期末期初差额价值等于自制半成品在制品期末价值减去期初价值后的余额,如果期末价值小于期初价值,该指标为负值,企业在计算产值时,应按负值计算,不能作为零处理。

(3)工业总产值计算的几种具体规定

①工业总产值是反映工业生产活动创造的价值,因此,对于技工贸一体,并以工业为主要生产经营活动的企业,其填报的工业总产值只应包含其中工业部分的数据,不应将工业以外其他经营活动的价值计入工业总产值。

②对于自备原材料(包括自备零部件)进行生产的工业企业,不论其工业生产活动繁简程度如何,一律按全价,即包括自备原材料的价值,计算工业总产值。

③对于从事来料加工、只收取加工费的工业企业,应按财务上结算的加工费计算工业总产值,即不包括定货者来料的价值。委托加工的企业(即发包单位)按全价计算工业总产值。

区分来料加工与自备原材料生产的依据是加工企业与委托加工企业间的财务结算关系。如果委托企业提供原材料而不与加工企业结算,加工企业收取加工费,产品返回委托企业销售,则这种模式是来料加工;如果委托加工企业提供的原材料与加工企业是结算的,制成品由加工企业返给委托企业也是结算的,则这种模式是自备原材料生产。

工业销售产值(当年价格) 指以货币形式表现的,工业企业在报告期内销售的本企业生产的工业产品或提供工业性劳务价值的总价值量。工业销售产值包括的内容为:

(1)销售成品价值 指企业在报告期内实际销售(包括本期生产和非本期生产)的全部成品、半成品的总价值,即按报告期产品的实际销售数量乘以不含增值税(销项税额)的产品实际销售平均单价计算。销售成品价值中包括企业生产的自制设备及提供给本企业在建工程、其他非工业部门和生活福利部门等单位使用的成品价值,但不包括用订货者来料加工,并且只收取加工费的成品(半成品)价值。

(2)对外加工费收入 指企业在报告期内完成的对外承接的工业品加工(包括用定货者来料加工的产品)的加工费收入;对外工业品修理作业可收取的加工费收入和对内非工业部门提供的加工修理、设备安装等收入。对外加工费收入按不含增值税(销项税额)的价格计算。

对于以对外加工生产为主,对外加工费收入所占比重较大的企业,如果对外加工费收入出现跨报告期支付的情况，为保证总产值生产口径计算的准确性，则应将对外加工费收入按实际情况调整，记录本报告期实际收取的对外加工费收入。

区分来料加工与自备原材料生产的依据同工业总产值中的规定。

产品产量　指工业企业在报告期内生产的并符合产品质量要求的实物数量，包括商品量和自用量两部分。

（1）产品生产量计算应遵循的原则

①产品质量标准：产品必须符合规定的质量标准或订货合同规定的技术条件，才可统计生产量。工业产品质量标准一律按国家标准或部颁标准执行。没有国家标准或部颁标准的产品，应按企业主管机关的标准或订货合同规定的技术条件执行，不得擅自更改标准或降低标准，不合格的产品不能计算生产量。

②统计时间：产品生产量反映的是报告期内的工业生产成果，凡报告期内生产的产品都应计算在内，即截止报告期最后一天检验合格并办理了入库手续的产品，其中规定要求包装的产品必须包装好才能计算其生产量。至于报告期最后一天以哪一个班次作为截止计算产量的班次则由企业主管机关规定，并应与会计核算的结算时间一致。结算时间一经确定，就要严格执行，不得随意提前或移后。

③准确度量：准确度量是计算产品产量的重要一环，企业应配备必要的计量设备，对产量进行实际度量，不得随意估算，对确有困难不得不推算的某些产品，一定要按照主管部门规定的推算方法计算，使之尽量接近实际。

（2）产品生产量包括的内容

①企业各车间（主要车间、辅助车间、附属品车间及副产品车间）用自备原材料生产的全部产品产量，不论是要销售的商品量还是本企业的自用量，均应统计生产量。

②凡用订货者来料加工生产的产品，并且加工企业只收取加工费的，如果订货者是境内非工业企业和境外企业，其产品生产量由加工企业统计；如果订货者是境内工业企业，产品生产量由委托企业（即发包企业）统计，加工企业（即承包企业）不统计。

区分来料加工与自备原材料生产的依据同工业总产值中的规定。

③经正式鉴定合格的新产品、自产自用的生产设备、未正式投入生产以前试生产的合格品以及基本建设附产的合格品，都应包括在产品生产量中。

④用进口原材料或关键零件生产的产品，或用进口整套散装零件及用进口组装件加工、装配的产品，不论是在国内销售还是外商经销，生产量均统计在国内同种产品生产量中。

⑤在我国国土范围内的外商投资和港、澳、台商投资工业企业生产的产品，其生产量全部统计在国内同种产品生产量中。

（3）工业产品生产量不应包括的内容

①在生产工业产品的同时，产生的下脚余料或废料，如冶金工业的氧化铁、汤道、中心注管、钢材切头、切尾，机械工业的切屑，木材工业的锯末，粮食加工工业的糠、麸，酿酒工业的酒糟等，一般做下脚料出售，不应统计为产品生产量。

②投入生产过程中的原材料没有完全消耗掉，而加以回收、提浓，再供本企业自用的，如机械工业回收的润滑油，合成洗涤剂厂回收的盐酸、硫酸等都不计算产品生产量。

③企业从外购进的工业品，未经本企业任何加工的，不得作为本企业的产品生产量统计。

④某些产品在检验产品质量时，需做破坏性试验（如试验灯泡的使用寿命，手电池的间歇放电时间等），这些用作试验的产品，不计算在产品生产量中。

实收资本　指企业各投资者实际投入的资本（或股本）总额，包括货币、实物、无形资产等各种形式的投入。实收资本按投资主体可分为国家资本、集体资本、法人资本、个人资本、港澳台资本和外商资本。根据会计“资产负债表”中“所有者权益”项下“实收资本”的期末余额数填报。

资产总计 指企业过去的交易或者事项形成的、由企业拥有或者控制的、预期会给企业带来经济利益的资源。资产一般按流动性(资产的变现或耗用时间长短)分为流动资产和非流动资产。其中流动资产可分为货币资金、交易性金融资产、应收票据、应收账款、预付款项、其他应收款、存货等;非流动资产可分为长期股权投资、固定资产、无形资产及其他非流动资产等。根据会计"资产负债表"中"资产总计"项目的期末余额数填报。

执行2006年《企业会计准则》的企业:资产总计=流动资产合计+非流动资产合计;未执行2006年《企业会计准则》企业的资产包括流动资产、长期投资、固定资产、无形资产和其他资产等。

流动资产合计 资产满足以下条件之一应归为流动资产:(1)预计在一个正常营业周期中变现、出售或耗用,主要包括存货、应收账款等;(2)主要为交易目的而持有;(3)预计在资产负债表日起一年内(含一年)变现;(4)自资产负债日起一年内,交换其他资产或清偿负债的能力不受限制的现金或现金等价物。包括货币资金、应收票据、应收账款、存货等项目。根据会计"资产负债表"中"流动资产合计"项目的期末余额数填报。

固定资产合计 指企业为生产商品、提供劳务、出租或经营管理而持有的,使用寿命超过一个会计年度的有形资产。包括使用期限超过一年的房屋、建筑物、机器、机械、运输工具以及其他与生产、经营有关的设备、器具、工具等。固定资产合计是时点指标,表示固定资产经过扣减折旧、减值准备等后的期末余额。执行2006年《企业会计准则》的企业,根据会计"资产负债表"中"固定资产"项目的期末余额数填报。

负债合计 指企业过去的交易或者事项形成的,预期会导致经济利益流出企业的现时义务。负债一般按偿还期长短分为流动负债和非流动负债。根据会计"资产负债表"中"负债合计"项目的期末余额数填报。

执行2006年《企业会计准则》的企业:负债合计=流动负债合计+非流动负债合计;未执行2006年《企业会计准则》企业的负债包括流动负债和长期负债。

流动负债合计 负债满足下列条件之一的应归为流动负债:(1)预计在一个正常营业周期中清偿;(2)主要为交易目的而持有;(3)自资产负债表日起一年内到期应予清偿;(4)企业无权自主地将清偿推迟至资产负债表日后一年以上。包括短期借款、应付票据、应付账款、应付职工薪酬、应交税费等项目。根据会计"资产负债表"中"流动负债合计"项目的期末余额数填报。

非流动负债合计 指流动负债之外的负债。包括长期借款、应付债券等。根据会计"资产负债表"中"非流动负债合计"项目的期末余额数填报。未执行2006年《企业会计准则》的企业,根据会计"资产负债表"中的"长期负债合计"的期末余额数填报。

所有者权益合计 指企业资产扣除负债后由所有者享有的剩余权益。公司的所有者权益又称股东权益。包括实收资本、资本公积、盈余公积、未分配利润等。根据会计"资产负债表"中"所有者权益合计"项目的期末余额数填报。

固定资产原价 指固定资产的成本,包括企业在购置、自行建造、安装、改建、扩建、技术改造某项固定资产时所发生的全部支出总额。根据会计"固定资产"科目的期末借方余额填报。

主营业务收入 指企业确认的销售商品、提供劳务等主营业务的收入。根据会计"主营业务收入"科目的期末贷方余额(结转前)填报。执行2006年《企业会计准则》的企业,如未设置该科目,以"营业收入"代替填报。

主营业务成本 指企业经营主要业务所发生的成本总额。根据会计"主营业务成本"科目的期末借方余额(结转前)填报。执行2006年《企业会计准则》的企业,如未设置该科目,以"营业成本"代替填报。

主营业务税金及附加 指企业经营主要业务应负担的营业税、消费税、城市维护建设税、教育费附加等。根据会计"主营业务税金及附加"科目的期末借方余额(结转前)填报。执行2006年《企业会计准则》的企业,如未设置该科目,以"营业税金及附加"代替填报。

其他业务利润 指企业经营除主要业务以外的其他业务实现的利润。根据会计"其他业务收入"科目的期末贷方余额减“其他业务成本”科目的期末借方余额计算填报。执行2006年《企业会计准则》的企业，如果未设置该科目，则在此处填0。

营业利润　指企业从事生产经营活动所取得的利润。执行2006年《企业会计准则》的企业，营业利润为营业收入减去营业成本、营业税金及附加、销售费用、管理费用、财务费用、资产减值损失，再加上公允价值变动收益和投资收益。未执行2006年《企业会计准则》的企业，营业利润为主营业务收入减去主营业务成本、主营业务税金及附加，加上其他业务利润后，再减去销售费用、管理费用、财务费用后的金额。根据会计“利润表”中“营业利润”项目的本期金额数填报。

利润总额　指企业在一定会计期间的经营成果，是生产经营过程中各种收入扣除各种耗费后的盈余，反映企业在报告期内实现的盈亏总额。根据会计“利润表”中“利润总额”项目的本期金额数填报。执行2006年《企业会计准则》的企业，利润总额为营业利润加上营业外收入，减去营业外支出后的金额；未执行2006年《企业会计准则》的企业，利润总额为营业利润加上投资收益、补贴收入、营业外收入，再减去营业外支出后的金额。

应交增值税　指企业按税法规定，从事货物销售或提供加工、修理修配劳务等增加货物价值的活动本期应交纳的税金，不含期初未抵扣税额。根据会计相关科目贷方累计发生额，按下述公式计算填报：

应交增值税 = 销项税额 -（进项税额 - 进项税额转出）- 出口抵减内销产品应纳税额 - 减免税款 + 出口退税

进项税额　指企业在报告期内购入货物或接受应税劳务而支付的、准予从销项税额中抵扣的增值税额。

销项税额　指企业在报告期内销售货物或提供应税劳务应收取的增值税额。

总资产贡献率　反映企业全部资产的获利能力，是企业经营业绩和管理水平的集中体现，是评价和考核企业盈利能力的核心指标。计算公式为：

总资产贡献率(%) =（利润总额 + 税金总额 + 利息支出）/平均资产总额 × 100%

资产负债率　该指标既反映企业经营风险的大小，也反映企业利用债权人提供的资金从事经营活动的能力。计算公式为：

资产负债率(%) = 负债总额/资产总额 × 100%

工业成本费用利润率　指在一定时期内实现的利润与成本费用之比，是反映工业生产成本及费用投入的经济效益指标，同时也是反映降低成本的经济效益的指标。

计算公式为：

工业成本费用利润率(%) = 利润总额/成本费用总额 × 100%

流动资金周转次数　指在一定时期内流动资产完成的周转次数，反映流动资产的周转速度。计算公式为：

流动资金周转次数 = 产品销售收入/全部流动资产平均余额

产品销售率　指报告期工业销售产值与同期全部工业总产值之比，是反映工业产品已实现销售的程度，分析工业产销衔接情况，研究工业产品满足社会需求程度的指标。计算公式为：

产品销售率(%) = 工业销售产值/工业总产值（现价）× 100%

全民劳动生产率　指根据产品的价值量指标计算的平均每一个从业人员在单位时间内的产品生产量。是考核企业经济活动的重要指标，是企业生产技术水平、经营管理水平、职工技术熟练程度和劳动积极性的综合表现。目前我国的全员劳动生产率是将工业企业的工业增加值除以同一时期全部从业人员的平均人数来计算的。计算公式为：

全员劳动生产率 = 工业增加值/全部从业人员平均人数

为了使各年度的全员劳动生产率数字可以比较，式中工业增加值为剔除价格因素的可比价工业增加值。

9 建筑业

资料整理：王峰春　李　凡

9—1 建筑施工企业主要经济指标

项　　目	2011	2012
施工企业个数(个)	147	159
直接从事生产经营活动的平均人数(万人)	5.3	4.8
期末从业人数(万人)	4.9	5.0
固定资产原价(万元)	200563	213597
固定资产合计(万元)	168303	169319
自有机械设备总台数(台)	14438	21325
自有机械设备净值(万元)	52502	70646
自有机械设备总功率(千瓦)	209826	243511
建筑业总产值(万元)	1165155	1275079
竣工产值(万元)	565847	637102
固定资产折旧(万元)	64923	65726
施工面积(平方米)	6857985	8446908
竣工面积(平方米)	2684580	2871275
营业利润(万元)	30681	33941
管理费用(万元)	35137	50943
利润总额(万元)	30641	33236
上缴税金(万元)	35274	42710
按总产值计算的全员劳动生产率(元/人)	219841	265642
实收资本金(万元)	214383	250563
资产总计(万元)	920664	1148110
负债合计(万元)	612073	806916
所有者权益合计(万元)	308592	341137
竣工率(按产值计算)(%)	48.6	50.0
技术装备率(元/人)	10715	14129
动力装备率(千瓦/人)	4.0	5.0
资产负债率(%)	66.5	70.3
产值利润率(%)	2.6	2.6

9—2 建筑业企业总产值和竣工产值(2012)

单位:万元

指　　标	建筑业总产值	#建筑工程	#安装工程	竣工产值
总　　计	**1275079**	**1031455**	**182319**	**637102**
#国有及国有控股企业	628888	497130	116986	252176
按登记注册类型分组				
内资企业	1255039	1016427	177308	621442
国有企业	457249	333048	113188	148170
集体企业	20894	18772	2121	11760
有限责任公司	256761	245641	5317	161738
其他有限责任公司	256761	245641	5317	161738
股份有限公司	15989	13489	2500	13613
私营企业	497892	399223	54182	285044
私营独资企业	12026	780	558	8630
私营合伙企业	7483			6600
私营有限责任公司	472538	394576	52445	264741
私营股份有限公司	5846	3867	1179	5073
其他企业	6255	6255		1116
港、澳、台商投资企业	20040	15029	5011	15660
合资经营企业(港或澳、台资)	20040	15029	5011	15660
外商投资企业				
按国民经济行业分组				
房屋建筑业	562707	490485	66651	323750

9—2 续

单位:万元

指　　标	建筑业总产值	#建筑工程	#安装工程	竣工产值
土木工程建筑业	645675	504890	108678	282739
铁路、道路、隧道和桥梁工程建筑	210296	187612	8822	146159
水利和内河港口工程建筑	27250	27250		1579
工矿工程建筑	400885	290029	99855	127757
架线和管道工程建筑	6325			6325
其他土木工程建筑	920			920
建筑安装业	8997	2923	6074	7525
管道和设备安装	497		497	436
其他建筑安装业	8500	2923	5578	7090
建筑装饰和其他建筑业	57700	33158	917	23087
建筑装饰业	20856	11344	917	10934
工程准备活动	9509	6157		4342
提供施工设备服务	26802	15484		7434
其他未列明建筑业	534	174		378
按隶属关系分组				
中　央	405185	292819	101365	130757
省(自治区、直辖市)	122196	120250		89662
地区(州、盟、省辖市)	95148	88006	4828	27717
县(区、市、旗)	86580	73357	13211	50768
其　他	565970	457024	62915	338198
按企业资质等级分组				
施工总承包	1129773	938404	166828	580252
专业承包	145306	93051	15491	56849

9—3　按主要用途分的房屋

指　　标	总　计	#住宅房屋	#商业及服务用房屋
总　　计	**2871275**	**1648283**	**88965**
#国有及国有控股企业	509619	137751	
按登记注册类型分组			
内资企业	2742025	1532411	85782
国有企业	329875	55860	
集体企业	125704	115920	
有限责任公司	492895	300218	
其他有限责任公司	492895	300218	
股份有限公司	14300	14300	
私营企业	1748182	1046113	54713
私营独资企业			
私营合伙企业			
私营有限责任公司	1713757	1046113	54713
私营股份有限公司	34425		
其他企业	31069		31069
港、澳、台商投资企业	129250	115872	3183
合资经营企业(港或澳、台资)	129250	115872	3183
外商投资企业			
按国民经济行业分组			
房屋建筑业	2541760	1625783	88965
土木工程建筑业	329515	22500	
铁路、道路、隧道和桥梁工程建筑	66500	22500	
水利和内河港口工程建筑			
工矿工程建筑	263015		
架线和管道工程建筑			
其他土木工程建筑			
建筑安装业			
管道和设备安装			
其他建筑安装业			
建筑装饰和其他建筑业			
建筑装饰业			
工程准备活动			
提供施工设备服务			
其他未列明建筑业			
按隶属关系分组			
中　央	265015	2000	
省(自治区、直辖市)	30947	13749	
地区(州、盟、省辖市)	176645	94725	
县(区、市、旗)	362719	236337	31069
其　他	2035949	1301472	57896
按企业资质等级分组			
施工总承包	2836850	1648283	88965
专业承包	34425		

建筑竣工面积(2012)

单位:平方米

#办公用房屋	#科研、教育 医疗用房屋	#文化、体育 娱乐用房屋	#厂房及建筑物	#仓　库	#其他未列明 的房屋建筑物
184660	**251729**	**1000**	**506955**	**22149**	**167534**
64867	22788		284213		
184660	241534	1000	506955	22149	167534
7000			267015		
1265	7143		1376		
58377	90940	1000	40510		1850
58377	90940	1000	40510		1850
118018	143451		198054	22149	165684
118018	143451		163629	22149	165684
			34425		
	10195				
	10195				
184660	251729	1000	243940	22149	123534
			263015		44000
					44000
			263015		
			263015		
			17198		
59132	22788				
7000	58625	1000	28688		
118528	170316		198054	22149	167534
184660	251729	1000	472530	22149	167534
			34425		

9—4 按主要用途分的房屋

指　　标	总　计	#住宅房屋	#商业及服务用房屋
总　　计	**330413**	**197112**	**8521**
#国有及国有控股企业	63095	13852	
按登记注册类型分组			
内资企业	314753	183012	8161
国有企业	45661	6519	
集体企业	11760	11173	
有限责任公司	53883	32807	
其他有限责任公司	53883	32807	
股份有限公司	1361	1361	
私营企业	201009	131152	7083
私营独资企业			
私营合伙企业			
私营有限责任公司	199632	131152	7083
私营股份有限公司	1377		
其他企业	1078		1078
港、澳、台商投资企业	15660	14100	360
合资经营企业(港或澳、台资)	15660	14100	360
外商投资企业			
按国民经济行业分组			
房屋建筑业	282596	193062	8521
土木工程建筑业	47817	4050	
铁路、道路、隧道和桥梁工程建筑	10675	4050	
水利和内河港口工程建筑			
工矿工程建筑	37142		
架线和管道工程建筑			
其他土木工程建筑			
建筑安装业			
管道和设备安装			
其他建筑安装业			
建筑装饰和其他建筑业			
建筑装饰业			
工程准备活动			
提供施工设备服务			
其他未列明建筑业			
按隶属关系分组			
中　央	37398	256	
省(自治区、直辖市)	4316	876	
地区(州、盟、省辖市)	14544	7862	
县(区、市、旗)	39860	27251	1078
其　他	234295	160866	7443
按企业资质等级分组			
施工总承包	329036	197112	8521
专业承包	1377		

建筑竣工价值(2012)

单位:万元

#办公用房屋	#科研、教育医疗用房屋	#文化、体育娱乐用房屋	#厂房及建筑物	#仓　库	#其他未列明的房屋建筑物
20054	**28170**	**120**	**55633**	**2514**	**18289**
5496	2665		41082		
20054	26970	120	55633	2514	18289
1500			37642		
21	500		66		
4036	12775	120	3978		169
4036	12775	120	3978		169
14498	13696		13947	2514	18120
14498	13696		12570	2514	18120
			1377		
	1200				
	1200				
20054	28170	120	18491	2514	11664
			37142		6625
					6625
			37142		
			37142		
			3440		
4017	2665				
1500	8807	120	1104		
14537	16698		13947	2514	18289
20054	28170	120	54256	2514	18289
			1377		

9—5 建筑业企业房屋建筑面积(2012)

单位:平方米

指　　标	房屋建筑施工面积	#本年新开工面　　积	#实行投标承包的面积
总　　计	**8446908**	**4323049**	**6989954**
#国有及国有控股企业	3160636	945447	3088193
按登记注册类型分组			
内资企业	8110232	4071342	6653278
国有企业	2038129	393655	2038129
集体企业	256418	201657	238801
有限责任公司	1828521	961784	1676191
其他有限责任公司	1828521	961784	1676191
股份有限公司	172830	50290	172830
私营企业	3777156	2426778	2490149
私营独资企业	7880	6000	6000
私营合伙企业			
私营有限责任公司	3734851	2386353	2484149
私营股份有限公司	34425	34425	
其他企业	37178	37178	37178
港、澳、台商投资企业	336676	251707	336676
合资经营企业(港或澳、台资)	336676	251707	336676
外商投资企业			
按国民经济行业分组			
房屋建筑业	6450238	3921235	5089125
土木工程建筑业	1994639	401814	1900829
铁路、道路、隧道和桥梁工程建筑	93810	80359	
水利和内河港口工程建筑			
工矿工程建筑	1900829	321455	1900829
架线和管道工程建筑			
其他土木工程建筑			
建筑安装业			
管道和设备安装			
其他建筑安装业			
建筑装饰和其他建筑业	2031		
建筑装饰业			
工程准备活动			
提供施工设备服务			
其他未列明建筑业	2031		
按隶属关系分组			
中　央	1905829	326455	1905829
省(自治区、直辖市)	122369	44639	49926
地区(州、盟、省辖市)	1140920	607118	1100103
县(区、市、旗)	821789	549900	805359
其　他	4456001	2794937	3128737
按企业资质等级分组			
施工总承包	8360441	4243613	6989954
专业承包	86467	79436	

9—6 建筑业企业机械设备情况(2012)

指 标	自有机械设备年末总台数(台)	自有机械设备年末总功率(千瓦)	自有机械设备净值(万元)
总 计	**21325**	**243511**	**70646**
#国有及国有控股企业	6237	85806	17791
按登记注册类型分组			
内资企业	20107	234881	69025
国有企业	3877	53964	9717
集体企业	637	4005	429
有限责任公司	5125	60202	14168
其他有限责任公司	5125	60202	14168
股份有限公司	540	8300	1350
私营企业	8938	103920	41888
私营独资企业	83	1667	3274
私营合伙企业	7	280	550
私营有限责任公司	8804	101708	37949
私营股份有限公司	44	265	115
其他企业	990	4490	1475
港、澳、台商投资企业	1218	8630	1621
合资经营企业(港或澳、台资)	1218	8630	1621
外商投资企业			
按国民经济行业分组			
房屋建筑业	14219	140170	32781
土木工程建筑业	5880	90935	31139
铁路、道路、隧道和桥梁工程建筑	2267	44795	23313
水利和内河港口工程建筑			
工矿工程建筑	3587	44430	6992
架线和管道工程建筑	20	1500	600
其他土木工程建筑	6	210	234
建筑安装业	271	2181	444
管道和设备安装			
其他建筑安装业	271	2181	444
建筑装饰和其他建筑业	955	10225	6282
建筑装饰业	765	1346	567
工程准备活动	126	5626	2347
提供施工设备服务	64	3253	3368
其他未列明建筑业			
按隶属关系分组			
中 央	3622	44875	7052
省(自治区、直辖市)	1907	22257	5382
地区(州、盟、省辖市)	1048	11963	3043
县(区、市、旗)	3688	39485	8266
其 他	11060	124931	46902
按企业资质等级分组			
施工总承包	19786	219517	55388
专业承包	1539	23994	15259

9—7 建筑业企业资本金及资产(2012)

单位:万元

指　　标	实收资本	资产总计	#流动资产合　　计	#固定资产合　　计	#固定资产原　　价
总　　计	**250563**	**1148110**	**858243**	**169319**	**213597**
#国有及国有控股企业	68206	618141	503560	48253	67659
按登记注册类型分组					
内资企业	247548	1129457	847121	162639	209997
国有企业	41779	421998	352914	27247	33382
集体企业	4280	9442	6259	2960	4053
有限责任公司	57454	275636	205074	39613	54432
其他有限责任公司	57454	275636	205074	39613	54432
股份有限公司	2110	4257	2555	1703	2093
私营企业	136562	403890	268195	89459	113976
私营独资企业	9994	16572	10542	6030	7081
私营合伙企业	1750	9844	8292	1552	963
私营有限责任公司	121608	366298	242200	77922	99597
私营股份有限公司	3211	11177	7161	3956	6334
其他企业	5362	14233	12126	1657	2062
港、澳、台商投资企业	3015	18653	11122	6681	3599
合资经营企业(港或澳、台资)	3015	18653	11122	6681	3599
外商投资企业					
按国民经济行业分组					
房屋建筑业	122322	429615	272245	85242	94756
土木工程建筑业	85687	613304	508734	59739	82009
铁路、道路、隧道和桥梁工程建筑	47268	215892	172748	39607	57095
水利和内河港口工程建筑	10673	25807	16010	7127	8794
工矿工程建筑	25542	365006	314552	11830	15028
架线和管道工程建筑	2000	6242	5300	942	963
其他土木工程建筑	205	358	124	234	130
建筑安装业	7392	10922	8465	2171	3043
管道和设备安装	100	229	199	30	56
其他建筑安装业	7292	10693	8265	2141	2987
建筑装饰和其他建筑业	35162	94269	68800	22168	33789
建筑装饰业	15248	35460	30733	3660	5044
工程准备活动	5174	16923	12389	4187	6840
提供施工设备服务	13460	40613	24593	14252	21903
其他未列明建筑业	1280	1272	1085	69	2
按隶属关系分组					
中　央	27542	368638	317126	12644	15666
省(自治区、直辖市)	26163	177701	138650	21569	32816
地区(州、盟、省辖市)	15604	55788	37492	8256	11295
县(区、市、旗)	25672	92552	69304	18851	23768
其　他	155582	453431	295671	108000	130051
按企业资质等级分组					
施工总承包	198401	1008096	758278	133475	162100
专业承包	52161	140014	99965	35845	51497

9—8 建筑企业负债及所有者权益(2012)

单位:万元

指　　标	负债合计	#流动负债	#长期负债	所有者权益合计
总　　计	**806916**	**719857**	**45774**	**341137**
#国有及国有控股企业	561498	516711	37095	56643
按登记注册类型分组				
内资企业	792198	705140	45774	337202
国有企业	386857	343294	35871	35141
集体企业	4399	4399		5043
有限责任公司	211823	210584	1224	63756
其他有限责任公司	211823	210584	1224	63756
股份有限公司	1741	1741		2516
私营企业	178826	136570	8679	225064
私营独资企业	5423	5305	118	11149
私营合伙企业	2683	2683		7161
私营有限责任公司	163411	121854	8561	202886
私营股份有限公司	7308	6728		3869
其他企业	8551	8551		5682
港、澳、台商投资企业	14718	14718		3935
合资经营企业(港或澳、台资)	14718	14718		3935
外商投资企业				
按国民经济行业分组				
房屋建筑业	227536	189234	5897	202079
土木工程建筑业	531963	487881	35904	81341
铁路、道路、隧道和桥梁工程建筑	170124	161876	70	45768
水利和内河港口工程建筑	14482	14432	50	11325
工矿工程建筑	346848	311063	35784	18159
架线和管道工程建筑	357	357		5884
其他土木工程建筑	153	153		205
建筑安装业	1963	1842		8959
管道和设备安装	111	111		118
其他建筑安装业	1852	1731		8841
建筑装饰和其他建筑业	45453	40900	3973	48758
建筑装饰业	15468	15351	118	19935
工程准备活动	11813	10921	311	5110
提供施工设备服务	18106	14562	3544	22507
其他未列明建筑业	66	66		1206
按隶属关系分组				
中　央	350668	314884	35784	17970
省(自治区、直辖市)	156324	155809	515	21377
地区(州、盟、省辖市)	36945	36186	760	18843
县(区、市、旗)	58244	50499	37	34308
其　他	204735	162479	8679	248639
按企业资质等级分组				
施工总承包	741718	659520	41615	266377
专业承包	65197	60337	4159	74760

9—9 建筑业企业工程结算收入(2012)

单位:万元

指　　标	工程结算收　　入	工程结算成　　本	工程结算税金及附加
总　　计	**1188980**	**1047948**	**36605**
#国有及国有控股企业	644469	581544	17229
按登记注册类型分组			
内资企业	1173618	1033541	36322
国有企业	443214	397834	14689
集体企业	19175	17073	497
有限责任公司	280238	251211	5580
其他有限责任公司	280238	251211	5580
股份有限公司	8738	7235	293
私营企业	418464	356691	15135
私营独资企业	12051	9517	306
私营合伙企业	7285	5586	98
私营有限责任公司	392967	336337	14569
私营股份有限公司	6161	5251	163
其他企业	3789	3497	128
港、澳、台商投资企业	15363	14406	284
合资经营企业(港或澳、台资)	15363	14406	284
外商投资企业			
按国民经济行业分组			
房屋建筑业	531959	465617	17782
土木工程建筑业	580073	517353	17207
铁路、道路、隧道和桥梁工程建筑	158060	137214	4287
水利和内河港口工程建筑	29558	27452	1011
工矿工程建筑	385211	347114	11666
架线和管道工程建筑	6325	4980	216
其他土木工程建筑	920	593	28
建筑安装业	9453	7252	276
管道和设备安装	496	316	17
其他建筑安装业	8957	6936	260
建筑装饰和其他建筑业	67496	57726	1340
建筑装饰业	25767	22188	889
工程准备活动	9909	8651	203
提供施工设备服务	31326	26479	234
其他未列明建筑业	495	408	15
按隶属关系分组			
中　央	389219	350673	11779
省(自治区、直辖市)	151788	139195	2820
地区(州、盟、省辖市)	96516	87331	1327
县(区、市、旗)	81479	70131	3880
其　他	469979	400617	16799
按企业资质等级分组			
施工总承包	1083777	961547	34110
专业承包	105204	86401	2495

9—10 建筑业企业费用情况(2012)

单位:万元

指　　标	管理费用	#差旅费	#工会经费	财务费用
总　　计	**50943**	**2885**	**771**	**10345**
#国有及国有控股企业	22873	1516	231	6651
按登记注册类型分组				
内资企业	50456	2848	763	10336
国有企业	14589	977	107	5163
集体企业	947	20	6	49
有限责任公司	11098	827	192	2276
其他有限责任公司	11098	827	192	2276
股份有限公司	649	3	2	87
私营企业	23055	1015	456	2722
私营独资企业	530	139	3	32
私营合伙企业	216	12	13	24
私营有限责任公司	21850	835	436	2625
私营股份有限公司	459	29	3	40
其他企业	118	6		41
港、澳、台商投资企业	487	38	8	9
合资经营企业(港或澳、台资)	487	38	8	9
外商投资企业				
按国民经济行业分组				
房屋建筑业	26010	1067	542	2630
土木工程建筑业	21496	1297	115	6766
铁路、道路、隧道和桥梁工程建筑	7674	317	28	2127
水利和内河港口工程建筑	1537	73	6	55
工矿工程建筑	11952	893	80	4543
架线和管道工程建筑	193	10		17
其他土木工程建筑	140	4	2	25
建筑安装业	706	197	7	48
管道和设备安装	100	33		
其他建筑安装业	606	164	6	48
建筑装饰和其他建筑业	2731	325	107	902
建筑装饰业	1068	62	18	326
工程准备活动	464	230	75	-13
提供施工设备服务	1161	32	15	587
其他未列明建筑业	38	1		2
按隶属关系分组				
中　央	12296	896	83	4550
省(自治区、直辖市)	6695	163	47	1527
地区(州、盟、省辖市)	3917	465	97	-6
县(区、市、旗)	2619	233	64	1216
其　他	25416	1129	479	3059
按企业资质等级分组				
施工总承包	45831	2261	646	8784
专业承包	5112	624	125	1562

9—11 建筑业企业工资总额、利润及税金情况(2012)

单位:万元

指　　标	利润总额	税金总额	#工程结算税金及附加	#管理费用中的税金	营业利润	其他业务利　润	本年应付工资总额
总　计	**33236**	**42710**	**38850**	**3860**	**33941**	**283**	**109356**
#国有及国有控股企业	11625	21605	19274	2331	12246	189	36970
按登记注册类型分组							
内资企业	33092	42373	38567	3806	33798	283	106034
国有企业	9403	14972	14825	147	9523	-315	29260
集体企业	343	511	497	14	343		2976
有限责任公司	6135	10260	7490	2770	6747	510	23623
其他有限责任公司	6135	10260	7490	2770	6747	510	23623
股份有限公司	305	295	293	2	305		1196
私营企业	16908	16203	15335	869	16883	88	48598
私营独资企业	1113	314	306	9	1114		796
私营合伙企业	1241	100	98	2	1272		144
私营有限责任公司	14484	15606	14768	838	14428	88	47051
私营股份有限公司	70	183	163	20	70		606
其他企业	-2	132	128	4	-2		381
港、澳、台商投资企业	144	338	284	54	143		3322
合资经营企业(港或澳、台资)	144	338	284	54	143		3322
外商投资企业							
按国民经济行业分组							
房屋建筑业	13661	22763	19797	2966	14278	504	68606
土木工程建筑业	15291	17987	17343	644	15597	-309	34674
铁路、道路、隧道和桥梁工程建筑	6159	4773	4287	486	6299	6	7280
水利和内河港口工程建筑	-498	1064	1011	53	-497	-1	2224
工矿工程建筑	8841	11889	11801	88	9007	-314	23762
架线和管道工程建筑	654	217	216	1	654		1286
其他土木工程建筑	135	44	28	16	135		123
建筑安装业	830	441	368	73	852	62	1380
管道和设备安装	27	17	17	1	27		145
其他建筑安装业	803	423	351	72	825	62	1234
建筑装饰和其他建筑业	3454	1520	1343	177	3214	26	4696
建筑装饰业	967	915	891	24	968	9	2563
工程准备活动	154	206	203	4	310		917
提供施工设备服务	2307	374	234	141	1911	17	1111
其他未列明建筑业	25	25	15	10	25		106
按隶属关系分组							
中　央	8825	12005	11915	90	8992	-314	24512
省(自治区、直辖市)	1438	4957	2820	2137	2056	393	6401
地区(州、盟、省辖市)	942	3610	3237	373	825	117	6367
县(区、市、旗)	2742	3957	3880	77	2694		15615
其　他	19290	18181	16999	1183	19373	87	56461
按企业资质等级分组							
施工总承包	26281	39797	36260	3536	27205	195	100613
专业承包	6955	2914	2590	324	6736	88	8743

主要统计指标解释

建筑业总产值(施工产值) 建筑业总产值是以经货币表现的建筑安装企业和附营施工单位在一定时期内生产的建筑产品的总和,它包括建筑工程产值,设备安装工程产值、房屋、构筑物修理产值,非标准设备制造产值。它是反映建筑业生产规模、发展速度、经营成果的重要标志。

竣工产值 指以货币表现的建筑业生产所形成的成品的价值,反映建筑业的成就,是考核建筑业施工速度和经济效益的依据之一。

建筑业增加值 建筑业增加值是建筑业企业在报告期内以货币表现的建筑业生产经营活动的最终成果。建筑业增加值有两种计算方法:一种是生产法,即建筑业总产值减去建筑业中间消耗后的余额;二是分配法(收入法),即从收入的角度出发,根据生产要素在生产过程中应得到的收入份额计算,具体构成项目有固定资产折旧、劳动者报酬、生产税净额、营业盈余。

产值利润率 指在一定时期内建筑施工企业已实现的利润与其总产值的比率。计算方法是利润总额除以总产值。产值利润率表明每百元产值可提供的利润额,利用这个指标进行动态对比,可以反映一定时期内建筑施工企业经济效果的大小。

资本金 根据财政部颁布的《企业财务通则》规定,资本金是指企业在工商行政管理部门登记的注册资金。

资本金按照投资主体分为四种:国家资本金、法人资本金、个人资本金、外商资本金。

资产 是指企业拥有或控制的能以货币计量的经济资源,包括各种财产、债权和其他权利。

负债 是指企业所承担的能以货币计量,将以资产或劳务偿付的债务。其偿还形式可以用货币,也可以用资产或提供劳务的方式进行偿还。

负债一般按其偿还期长短分为流动负债和长期负债。流动负债是将在一年内或者超过一年的一个营业周期内偿还的债务;长期负债是指偿还期在一年以上或者超过一年的一个营业周期以上的债务。

所有者权益 所有者权益是企业投资人对企业净资产的所有权,企业净资产等于企业全部资产减去全部负债后的余额。对股份制企业,所有者权益即为股东权益。

工程结算成本 是指报告期内与发包单位办理工程价款结算的已完工程实际成本。按照新会计制度规定,企业成本核算采用制造成本法(旧会计制度是完全成本法),产品成本只计算制造成本,即只包括直接材料、直接工人和制造费用,而将管理费用、销售费用和财务费用作为期间费用,而将管理费用、销售费用和财务费用作为期间费用,直接计入当期损益。

工程结算税金及附加 指因从事建筑业生产活动取得工程价款收入,而按规定应交纳的营业税、城市维护建设税、资源税和教育费附加等。

营业利润 是指企业从事生产经营活动所产生的利润。企业营业利润分为主营业务利润和其他业务利润。

固定资产原价 指企业在建造、购置、安装、改造、扩建、技术改造某项固定资产时,所支出的全部货币总额,一般包括买价、包装费、运杂费、安装费等。

固定资产合计指企业固定资产净值、固定资产清理、待处理固定资产损失所占用的资金。

利润总额 是企业在一定时期内实现的盈亏总额。是企业最终的财务成果,包括营业利润,(补贴收入)、投资收益、营业外净收入等。

即利润总额 = 营业利润(+ 补贴收入) + 投资收益 + (营业外收入 - 营业外支出)

营业外净收入 是指营业外收入与营业外支出的差额。营业外收入是指与企业生产经营没有直接关系的各种收入;营业外支出是指与企业生产经营没有直接关系的各项支出。

应交所得税 是指企业按照国家的税法规定应计算交纳的所得税。

利税总额 指企业的实现利润与上缴税金(利前税)之和,包括利润总额、工程结算税金及附加、管理费用中的税金。

工程结算收入 指企业承包工程实现的工程价额结算收入以及向发包单位收取的除工程价款以外按规定列作营业收入的各种款项,如临时设施费、劳动保险费、施工机械调迁费等,以及向发包单位收取的各种索赔费。

10 交通运输、邮电业

资料整理: 刘亚平　曲　勇　赵淑云　宋化霞
翟晋瑞　李　婕　赵　亚

10—1 公路建设情况

单位:公里

指　　标	2011	2012	2012 年比 2011 年增长(%)
年末公路通车里程	15305	15509	1.3
#国　道	291	291	0.0
省　道	1426	1452	1.9
县公路	2689	2706	0.6
乡公路	6144	6177	0.5
专用公路	84	84	0.0
村公路	4671	4799	2.7
按公路等级划分			
等级公路里程	15278	15483	1.3
#高速公路	571	597	4.6
一级公路	269	269	0.0
二级公路	1554	1691	8.8
三级公路	2013	1962	-2.5
四级公路	10871	10964	0.9
等外公路里程	27	26	-5.5
按公路铺装路面分			
公路有路面里程			
有铺装路面里程	7252	8155	12.5
简易铺装路面里程	7439	7183	-3.4
未铺装路面里程	614	172	-72.0

10—2 2000—2012 年货运量

单位:万吨

年 份	合 计	铁 路	#中央铁路	公 路	#汽 车	水 运	民 航
2000	2410			2410			
2001	2481			2481			
2002	2662			2662			
2003	2581			2581			
2004	2897			2897			
2005	3089			3089			
2006	3107			3101		6.3	
2007	4554	1211		3340		2.8	0.2
2008	6055			6053		1.9	0.1
2009	4539			4537		1.8	0.1
2010	4933			4932		1.1	0.2
2011	5700			5700			0.3
2012	6842			6842			0.2

10—3　2000—2012 年货物周转量

单位:万吨/公里

年　份	合　计	铁　路	公　路	#汽　车	水　运	民　航
2000	190436		190436			
2001	200050		200050			
2002	215619		215619			
2003	192472		192472			
2004	219574		219574			
2005	261893		261893			
2006	290117		290055		62	
2007	1750278	1435909	314200		26	143
2008	2754664		2754549		18	97
2009	1226150		1226000		18	132
2010	1301383		1301062		99	222
2011	1460216		1459923			293
2012	1767162		1766839			323

10—4 2000—2012年旅客运输量和周转量

年 份	客运量（万人）	#铁 路	#公 路	旅客周转量（万人公里）	#铁 路	#公 路
2000	2995		2995	136782		136782
2001	3152		3152	145200		145200
2002	3259		3259	119933		119933
2003	2923		2923	134897		134897
2004	3396		3396	165695		165695
2005	4980		4980	255277		255277
2006	5140		5140	268722		268700
2007	5558	208	5350	451530	93345	358185
2008	4416		4416	198253		198253
2009	4750		4750	196635		196635
2010	5662		5662	214446		214446
2011	5210		5210	206573		206573
2012	5102		5102	221169		221169

10—5 民用车辆拥有量(2012)

单位:辆

指标名称	总 计	营 运	非营运	进 口	个 人	新注册	报 废
合计	**842390**	**85030**	**646968**	**4940**	**763363**	**112745**	**1602**
一、汽 车	379182	68445	310737	4935	315644	67093	1353
1. 载客汽车	275457	9848	265609	4905	246059	53880	1068
其中:大 型	3231	2184	1047	24	394	574	81
中 型	2007	985	1022	46	582	195	349
小 型	243328	6424	236904	4808	219987	51290	609
微 型	26891	255	26636	27	25096	1821	29
其中:轿车	197282	5235	192047	1341	180524	40444	594
2. 载货汽车	81423	44422	37001	26	48644	12545	164
其中:重 型	27808	27331	477	8	4507	4755	44
中 型	7862	7200	662		5000	464	76
轻 型	37435	9305	28130	18	32030	7310	13
微 型	8318	586	7732		7107	16	31
其中:普通载货	41275	8337	32938	19	34992	6443	132
3. 其它汽车	22302	14175	8127	4	20941	668	121
其中:三轮汽车	13035	7164	5871		13010	438	71
低速货车	7686	6472	1214		7074	12	29
二、摩托车	338907	2819	336088	5	336130	43599	246
1. 普 通	336865	2819	334046	5	334098	43131	215
2. 轻 便	2042		2042		2032	468	31
三、拖拉机	110392				110392		
1. 大中型	20108				20108		
2. 小型方向盘式	90284				90284		
四、挂 车	13905	13763	142		1193	2053	3
五、其它类型车	4	3	1		4		
补充资料:机动车驾驶员(人)	794524						
其中:汽车驾驶员(人)	691657						

注:拖拉机为农机部门数据,其余为交警部门数据。

10—6　邮电业务总量

指　　标	2011	2012	2012 年比 2011 年增长(%)
邮政局所(处)	146	146	
国内函件(万件)	657	438	-33.3
国内包件(万件)	21	22	4.9
报刊累计数(万份)	5907	7025	18.9
杂志累计数(万份)	185	237	27.7
邮政储蓄年末余额(亿元)	144	163	13.7
邮政业务总量(万元)	21846	23625	8.1
固定电话用户(万户)	76	77	0.7
移动电话用户(万户)	328	388	18.4

11 贸易、餐饮业

资料整理：董寅惠　薛晓艳　崔创建　马京国

11—1 社会消费品零售总额

单位:万元

指　　标	2011	2012	2012年比2011年增长(%)
社会消费品零售总额	**4176138**	**4831791**	**15.7**
按销售单位所在地分			
城　镇	3380850	3860212	14.2
#城　区	2495735	2784386	11.6
乡　村	795288	971580	22.2
按行业分			
批发业	457346	500700	25.1
限额以上	44579	56875	64.9
限额以下	412767	443825	20.7
零售业	3262851	3738099	17.0
限额以上	1659069	1922511	52.4
限额以下	1603782	1815589	2.7
住宿业餐饮业	455941	592993	30.1
限额以上	74100	75343	1.7
限额以下	381841	517649	35.6

11—2 亿元交易市场经营情况(2012)

企　业　名　称	摊位数(个)	成交额(万元)	营业面积(平方米)
运城市禹都市场	5923	3229079	651000
临猗县郇阳市场	434	14099	17000
新绛县汾河湾市场	327	51713	25020

11—3 批发和零售业商品销售情况(2012)

单位:万元

指　　标	销售额	批发额	零售额	限额以上企业(单位)年末库存总额
合　　计	**9887682**	**5648883**	**4238799**	
批发业	3729838	3229139	500700	
限额以上	729584	672710	56875	
限额以下	3000254	2556429	443825	
零售业	6157844	2419744	3738099	
限额以上	2106905	184395	1922511	
限额以下	4050938	2235350	1815589	

11—4 限额以上住宿和餐饮业经营情况

单位:万元

指　　标	2011	2012	2012 年比 2011 年增长(%)
合　　计	**104996**	**95404**	**-9.1**
按行业分组			
住宿业	57982	43790	-24.5
餐饮业	47014	51613	9.8
按收入结构分组			
客房收入	30261	23971	-20.8
餐费收入	60001	62319	3.9
商品销售额	9377	5706	-39.1
其他收入	5356	3408	-36.4

11—5 限额以上批发和零售业商品销售分类情况(2012)

单位:万元

指 标	批发业		零售业	
	销售额	零售额	销售额	零售额
总 计	722441	56875	2106905	1922511
粮油、食品、饮料、烟酒类	456156	26762	172024	164352
#粮油、食品类	69231	25235	83887	82118
#粮油类	11529	2997	21597	21535
肉禽蛋类	9095	3229	16401	16387
水产品类	9523	3613	2582	2582
蔬菜类	23800	10579	5277	5267
干鲜果品类	2851	1224	4722	4710
#饮料类	1502	594	21402	20901
#烟酒类	385423	933	66735	61333
服装、鞋帽、针纺织品类	4540	2162	136465	135389
(1)服装类	1671	849	85060	84272
(2)鞋帽类	1386	617	29605	29481
(3)针、纺织品类	1483	696	21800	21636
化妆品类	2661		24165	23979
金银珠宝类			15582	15534
日用品类	2273		54919	54018
#洗涤用品类			25706	24965
儿童玩具类			5838	5766
五金、电料类	19650	7838	78709	63970
体育、娱乐用品类			868	865
书报杂志类	33066	11661	22993	22180
电子出版物及音像制品类			549	547
家用电器和音像器材类			132913	132372
中西药品类	127381	4253	41867	38454
#西药类	45045	2323	21528	21509
中草药及中成药类	82336	1931	11426	8033
文化办公用品类			26660	26167
家具类			102229	102229
通讯器材类			4499	3548
煤炭及制品类			13482	12989
木材及制品类			272	
石油及制品类			415060	345961
化工材料及制品类	17502		37160	
#化肥类	14267		34033	
金属材料类	37136		339	
建筑及装潢材料类	12657		141189	135112
机电产品及设备类			39679	27944
#农机类			13747	
汽车类			548362	548362
种子饲料类				
棉麻类				
其他类	9421	4198	96919	68539

11—6 限额以上批发和零售业

指　　标	法　人 企业数 （个）	年末从业 人 员 数 （人）	商　品 购进额
总　　计	**285**	**15412**	**2191206**
一、批发业	48	3576	756289
1. 按批发行业小类分组			
农畜产品批发	3	191	12598
谷物、豆及薯类批发	1	65	3041
其他农畜产品批发	2	126	9557
食品、饮料及烟草制品批发	10	1347	330136
糕点、糖果及糖批发	1	42	10611
果品、蔬菜批发	3	70	39979
肉、禽、蛋及水产品批发	2	99	31056
盐及调味品批发	3	122	12868
烟草制品批发	1	1014	235621
纺织、服装及日用品批发	2	32	5316
纺织品、针织品及原料批发	1	20	4619
文化、体育用品及器材批发	3	94	32923
图书批发	3	94	32923
医药及医疗器材批发	6	1367	96605
西药批发	3	145	8539
中药材及中成药批发	3	1222	88066
矿产品、建材及化工产品批发	17	358	245670
金属及金属矿批发	5	86	34096
建材批发	2	53	18982
化肥批发	4	101	13602
机械设备、五金交电及电子产品批发	3	108	20189
五金、交电批发	2	95	19454
其他批发	4	79	12853
再生物资回收与批发	2	36	4375
其他未列明的批发	2	43	8477
2. 按登记注册类型分组			
内资企业	48	3576	756289
国有企业	10	1438	299704
集体企业	5	221	21347
有限责任公司	10	1438	146292
其他有限责任公司	10	1438	146292
私营企业	19	372	239919
私营有限责任公司	18	362	222687
私营股份有限公司	1	10	17232

法人企业商品购销存(2012)

单位:万元

商品销售额	批发额	零售额	期末商品库存额	年末零售营业面积(平方米)
2927680	**1147824**	**1779857**	**152229**	**801988**
1003317	903955	99362	35881	78021
13858	12225	1633	1654	4330
4437	4437		1518	4000
9421	7788	1633	136	330
472039	440973	31066	12975	24756
10611		10611	6	654
42280	31479	10801	242	3758
33061	26857	6204	101	472
12322	8873	3449	585	11872
373764	373764		12041	8000
8910	4540	4370	118	680
4540	4540		80	230
33627	22603	11024	628	2811
33627	22603	11024	628	2811
127381	123127	4253	4223	2090
9163	9163		1078	1600
118218	113965	4253	3145	490
312411	283203	29208	14218	35267
35197	35197		493	1447
18905	18905		59	280
17502	17502		1042	1290
21576	12959	8617	660	4034
20797	12959	7838	623	3794
13517	4326	9191	1406	4053
4200	4200		370	900
9317	126	9191	1036	3153
1003317	903955	99362	35881	78021
440382	416925	23457	15419	17385
25634	22084	3550	860	14440
181969	163815	18155	5613	23184
181969	163815	18155	5613	23184
304493	256497	47996	13695	21950
287433	246923	40510	13522	21492
17060	9574	7486	173	458

11—6 续1

指　　标	法　人 企业数 （个）	年末从业 人 员 数 （人）	商　品 购进额
3. 按控股情况分组			
国有控股	11	1452	307074
集体控股	8	262	54064
私人控股	27	664	313095
其　他	2	1198	82056
4. 按经营形式分组	40	1086	402464
独立门店	1	1014	235621
其　他	6	1386	113747
二、零售业	237	11836	1434917
1. 按零售行业小类分组			
综合零售	54	3957	294157
百货零售	12	729	25590
超级市场零售	25	2475	93384
其他综合零售	17	753	175183
食品、饮料及烟草制品专门零售	13	396	48370
肉、禽、蛋及水产品零售	1	37	3591
饮料及茶叶零售	6	117	24338
烟草制品零售	3	163	10150
其他食品零售	1	42	460
纺织、服装及日用品专门零售	13	769	86377
纺织品及针织品零售	1	105	18012
服装零售	12	664	68365
文化、体育用品及器材专门零售	14	441	30698
文具用品零售	1	28	934
体育用品零售	1	15	683
图书零售	10	364	24067
珠宝首饰零售	2	34	5014
医药及医疗器材专门零售	9	356	35586
药品零售	9	356	35586
汽车、摩托车、燃料及零配件专门零售	61	3823	569141
汽车零售	45	2722	541182
汽车零配件零售	1	60	3761
摩托车及零配件零售	5	52	5189
机动车燃料零售	10	989	19009
家用电器及电子产品专门零售	37	842	118223
家用电器零售	24	616	78355
计算机、软件及辅助设备零售	11	189	38076
通信设备零售	1	22	821
五金、家具及室内装修材料专门零售	18	661	191248
五金零售	9	104	47402

单位:万元

商品销售额	批发额	零售额	期末商品库存额	年末零售营业面积（平方米）
446449	422693	23757	16722	34085
60836	49368	11467	1302	15464
383528	319390	64138	14598	27912
112504	112504		3260	560
478431	384098	94333	19220	53249
373764	373764		12041	8000
147033	142004	5029	4251	5772
1924363	243868	1680495	116347	723967
370139	76354	293785	17972	198151
35001		35001	2536	47961
103394		103394	11411	102967
231744	76354	155390	4025	47223
54431	6193	48238	3537	13435
3580		3580	11	130
26870	6193	20676	1807	2720
11719		11719	818	8723
492		492	426	432
97082	9025	88058	7476	48812
17015	9025	7990	2142	23
80067		80067	5334	48789
29383	2676	26706	3705	4725
873		873	61	300
553		553	130	400
23429	2676	20753	3027	3694
4527		4527	487	331
35065	708	34357	1706	5660
35065	708	34357	1706	5660
950783	111867	838916	63977	292235
541080	38559	502520	50677	280546
3621		3621	933	75
5943	48	5895	718	1724
400139	73260	326879	11648	9890
119950	6203	113747	6925	26280
79119	4158	74960	4444	22129
39299	2045	37254	2014	2678
844		844	185	1400
203068	13492	189575	4505	82759
52864	5805	47059	1079	10658

11—6 续2

指　　标	法　人 企业数 （个）	年末从业 人 员 数 （人）	商　品 购进额
家具零售	6	352	85295
其他室内装修材料零售	3	205	58551
无店铺及其他零售	18	591	61118
生活用燃料零售	10	325	33246
其他未列明的零售	8	266	27872
2. 按登记注册类型分组			
内资企业	235	11796	1416675
国有企业	27	868	105471
集体企业	19	1203	209892
有限责任公司	48	3852	434532
其他有限责任公司	48	3852	434532
股份有限公司	5	997	16783
私营企业	119	4180	572651
私营独资企业	30	880	68236
私营合伙企业	1	42	460
私营有限责任公司	83	3064	493608
私营股份有限公司	5	194	10348
其他企业	16	681	67871
外商投资企业	1	21	6004
外资企业	1	21	6004
3. 按控股情况分组			
国有控股	30	1797	107219
集体控股	20	1242	222937
私人控股	173	8083	1061597
外商控股	1	19	12238
其　他	13	695	30927
4. 按经营形式分组			
独立门店	217	9680	1341179
连锁门店	9	1476	29998
其　他	10	571	56080
5. 按零售业态分组			
有店铺零售	237	11836	1434917
便利店	1	15	
超　市	26	2028	67082
大型超市	6	1155	35598
百货店	33	1636	299684
专业店	92	3661	560917
专卖店	72	3102	412890
家居建材商店	3	89	23247
购物中心	2	46	13965
厂家直销中心	2	104	21534

单位:万元

商品销售额	批发额	零售额	期末商品库存额	年末零售营业面积（平方米）
88933		88933	2558	67706
61271	7688	53583	868	4395
64461	17349	47112	6546	51910
35545	2008	33537	3529	47750
28916	15342	13575	3017	4160
1902960	243868	1659092	116003	722637
109486	12441	97045	9736	19720
212608	65384	147225	4374	61890
507248	33073	474176	35991	341271
507248	33073	474176	35991	341271
395705	68709	326996	12755	25954
596831	64263	532568	46990	254442
67138	8333	58805	5599	35539
492		492	426	432
518032	54748	463284	40525	214830
11169	1182	9988	440	3641
71658		71658	6004	17860
7570		7570	324	930
7570		7570	324	930
496387	81150	415238	21422	33020
225117	65384	159734	4910	85890
1100841	88479	1012362	83208	576642
13833		13833	20	400
88185	8856	79329	6788	28015
1443831	160536	1283295	93359	680314
415597	69890	345707	13879	27761
57275	13442	43833	9096	5892
1924363	243868	1680495	116347	723967
55716	8839	46877	908	4568
75749		75749	8274	44713
39403		39403	4064	74605
305203	76539	228664	12422	117686
601482	37949	563533	37148	347626
785567	120540	665027	49439	76171
27781		27781	846	57200
14676		14676	499	322
18786		18786	2749	1076

11—7 限额以上批发和零售业

指　标	法人企业数（个）	#执行《2006年企业会计准则》企业数（个）	年初存货	流动资产合计	#应收账款	#存货
总　计	**284**	**260**	**146178**	**718747**	**143301**	**174309**
一、批发业	48	44	44553	236839	54378	38900
1、按国民经济行业分						
农、林、牧产品批发	3	3	7519	6255		4495
谷物、豆及薯类批发	1	1	2712	2605		1519
其他农牧产品批发	2	2	4807	3650		2976
食品、饮料及烟草制品批发	10	10	16891	88106	4055	13080
糕点、糖果及糖批发	1	1		44	16	
果品、蔬菜批发	3	3	193	655	161	119
肉、禽、蛋及水产品批发	2	2	109	3495		115
盐及调味品批发	3	3	826	1219		599
烟草制品批发	1	1	15762	82693	3878	12247
纺织、服装及家庭用品批发	2	2	305	376	94	53
纺织品、针织品及原料批发	1	1	80	244		15
家用电器批发	1	1	225	132	94	38
文化、体育用品及器材批发	3	2	1626	3142	1986	457
图书批发	3	2	1626	3142	1986	457
医药及医疗器材批发	6	5	3574	28178	12989	4435
西药批发	3	2	1626	10385	6665	1402
中药批发	3	3	1948	17793	6324	3033
矿产品、建材及化工产品批发	17	16	13217	100625	29556	14334
煤炭及制品批发	6	6	11200	87222	23756	12602
金属及金属矿批发	5	5	415	6079	778	947
建材批发	2	2	926	4269	4210	59
化肥批发	4	3	676	3055	811	727
机械设备、五金交电及电子产品批发	3	2	1188	7060	5302	660
五金产品批发	2	1	1157	6480	5179	623
计算机、软件及辅助设备批发	1	1	31	580	123	37
其他批发业	4	4	234	3097	397	1386
再生物资回收与批发	2	2	127	644	273	370
其他未列明的批发	2	2	108	2453	125	1016
2、按登记注册类型分						
内资企业	48	44	44553	236839	54378	38900
国有企业	10	9	21752	99144	12494	15615
集体企业	5	5	895	3264	743	848
有限责任公司	10	9	4307	28303	12522	5388
其他有限责任公司	10	9	4307	28303	12522	5388
私营企业	19	17	17403	97339	24850	16458
私营有限责任公司	18	16	17230	97218	24850	16378
私营股份有限公司	1	1	173	121		80
其他企业	4	4	196	8789	3771	591
3、按企业控股情况分						
国有控股	11	10	22041	100585	12494	16918
集体控股	8	7	1231	7193	928	1061

法人企业财务情况(2012)

单位:万元

固定资产合　　计	固定资产原　　价	累计折旧	#本年折旧	在建工程	资产总计	流动负债合　　计	#应付账款
205668	**280466**	**74928**	**15136**	**16550**	**1077267**	**648798**	**205636**
43010	66787	23777	3918	2411	368402	220656	107253
2104	3819	1715	127		8609	6132	506
473	1429	956	45		3078	2796	505
1631	2390	759	82		5531	3336	1
28483	43493	15010	3265	523	122861	23879	13547
16	52	36			63	58	1
1746	1758	12	12	195	3677	680	25
357	1864	1508	960		3986	1483	1
1622	2763	1141	119	69	3612	457	445
24743	37056	12313	2174	260	111524	21201	13076
64	114	50			2234	322	93
6	14	8			2000	230	1
58	100	43			234	92	92
1147	1565	418	43		4458	2175	1706
1147	1565	418	43		4458	2175	1706
2489	3830	1341	183		33089	28777	9980
1948	2829	882	3		14552	13205	4744
542	1001	459	181		18537	15573	5236
6602	11243	4640	74	310	181436	146218	73243
152	326	174	39		158891	134054	71677
339	428	89	17		6418	3379	591
4747	9019	4272	12	228	11125	5089	495
1364	1470	105	5	82	5002	3696	480
993	1268	274	133	1577	10705	9754	6801
918	1132	215	73	1577	10049	9397	6656
76	136	60	60		656	357	146
1127	1456	329	94		5011	3400	1378
32	106	74	0		676	554	531
1095	1350	255	94		4335	2846	847
43010	66787	23777	3918	2411	368402	220656	107253
27898	42518	14620	2264	260	133005	39206	19930
3474	4674	1201	119	299	7263	3139	298
7258	12443	5185	267	1805	42197	32252	13690
7258	12443	5185	267	1805	42197	32252	13690
4018	5269	1251	296	46	176524	142573	72534
3972	5211	1239	283		176349	142521	72534
46	59	12	12	46	175	52	
363	1883	1520	972		9413	3487	802
27914	42656	14742	2264	260	134635	40293	20986
4029	6764	2735	1083	299	12224	5083	950

11—7 续1

指 标	法人企业数(个)	#执行《2006年企业会计准则》企业数(个)	年初存货	流动资产合计	#应收账款	#存货
私人控股	27	25	19275	110121	34542	17595
其 他	2	2	2006	18941	6415	3327
4. 按经营形式分						
独立门店	40	36	24765	125011	37578	21702
连锁总店	1	1	15762	82693	3878	12247
连锁门店	1	1	554	710		554
其 他	6	6	3472	28426	12922	4397
二、零售业	236	216	101625	481908	88923	135409
1、按国民经济行业分						
综合零售	54	51	16170	72936	19785	12984
百货零售	12	12	2063	8562	851	439
超级市场零售	25	23	11394	56984	17494	10314
其他综合零售	17	16	2713	7390	1440	2231
食品、饮料及烟草制品专门零售	13	12	4676	15664	2194	4875
果品、蔬菜零售	1	1	150	238		238
肉、禽、蛋及水产品零售	1	1	3	231		3
营养和保健品零售	1		224	496		277
酒、饮料及茶叶零售	6	6	923	10359	1776	1538
烟草制品零售	3	3	3064	4125	418	2705
其他食品零售	1	1	313	215		114
纺织、服装及日用品专门零售	13	11	1947	5282	1932	585
纺织品及针织品零售	1	1	1125	835	55	1
服装零售	12	10	822	4447	1877	584
文化、体育用品及器材专门零售	14	13	3405	15251	8409	2734
文具用品零售	1	1	235	1470	1387	83
体育用品及器材零售	1	1	130	36	11	10
图书、报刊零售	10	9	2554	13585	7009	2621
珠宝首饰零售	2	2	487	161	3	20
医药及医疗器材专门零售	9	7	1592	5510	2163	1972
药品零售	9	7	1592	5510	2163	1972
汽车、摩托车、燃料及零配件专门零售	60	53	52649	212850	16926	63171
汽车零售	44	38	34176	191795	16142	44859
汽车零配件零售	1	1	574	2810	480	1276
摩托车及零配件零售	5	4	550	1101	98	540
机动车燃料零售	10	10	17348	17145	206	16497
家用电器及电子产品专门零售	37	37	7581	18104	2439	5609
家用视听设备零售	1	1	282	4633		
日用家电设备零售	24	24	4374	8894	1329	3540
计算机、软件及辅助设备零售	11	11	2757	4329	1092	1884
通信设备零售	1	1	168	247	18	185
五金、家具及室内装修材料专门零售	18	15	4632	78624	15717	35363
五金零售	9	7	1426	11059	1941	1206
家具零售	6	5	765	2573	111	1194
其他室内装修材料零售	3	3	2441	64992	13665	32963

单位:万元

固定资产合　计	固定资产原　价	累计折旧	#本年折旧	在建工程	资产总计	流动负债合　计	#应付账款
10641	16447	5806	381	1852	202103	158948	80223
427	921	494	190		19441	16332	5095
13109	22125	9015	1442	1934	219033	170726	84035
24743	37056	12313	2174	260	111524	21201	13076
1414	2548	1134	119	69	2418		
3743	5059	1315	183	148	35427	28730	10143
162658	213679	51151	11218	14139	708865	428142	98382
32190	46965	14775	2768	1750	120919	64907	11492
7416	11712	4296	353	189	17727	12321	913
21434	31497	10063	2397	756	88347	43231	9529
3341	3757	416	19	805	14846	9356	1049
3906	4893	987	543		20113	14149	834
176	216	40	12		414	11	11
111	153	42			343	274	
29	158	129	9		525	475	
2649	3162	513	385		13337	10682	785
899	1149	250	134		5104	2603	7
43	55	13	3		391	104	31
7256	9461	2205	1587	6624	23940	15698	418
182	224	43		324	1382	1268	55
7075	9237	2162	1587	6300	22557	14430	362
3176	5019	1843	249	680	20178	13554	10859
708	794	86			2200	413	81
10	12	2			83	23	23
2392	4130	1738	241	680	17418	12957	10742
66	84	18	8		477	160	13
1658	2420	763	55		7721	6317	1719
1658	2420	763	55		7721	6317	1719
52384	70767	18413	1575	3046	275107	199132	33079
15126	22638	7542	1524	602	216448	186833	32079
1269	1359	90	27	47	4126	3084	
62	136	74	3	168	1419	1462	552
35927	46635	10708	21	2230	53114	7753	448
18795	21269	2474	789		41585	21488	13747
1230	1241	11			5864	1564	1301
16091	18290	2198	764		29516	17501	11856
349	568	218	25		4834	2409	590
1124	1171	47			1372	15	
21200	25786	4686	1244	391	111175	42600	16736
1138	1864	727	38		12344	7404	2080
9971	10777	906	50		21067	7550	419
10091	13145	3053	1156	391	77764	27646	14237

11—7 续2

指　标	法 人 企业数 (个)	#执行《2006 年企业会计准则》企业数(个)	年 初 存 货	流动资产 合　计	#应收账款	#存　货
货摊、无店铺及其他零售业	18	17	8972	57688	19359	8117
生活用燃料零售	10	9	4792	34736	8950	5029
其他未列明的零售	8	8	4180	22951	10409	3087
2、按登记注册类型分						
内资企业	234	215	99466	467846	86423	124072
国有企业	27	25	5307	20233	7553	3812
集体企业	19	17	1296	7687	813	868
股份合作企业	1	1	100	280	99	164
有限责任公司	48	43	32319	164898	13409	36153
其他有限责任公司	48	43	32319	164898	13409	36153
股份有限公司	5	5	18115	18680	196	17304
私营企业	118	109	38553	237932	63571	60907
私营独资企业	30	28	5100	12602	3071	4362
私营合伙企业	1	1	313	215		114
私营有限责任公司	83	77	32922	224275	60373	56322
私营股份有限公司	4	3	219	840	127	109
其他企业	16	15	3775	18138	783	4864
港、澳、台商投资企业	1	1	1935	13566	2500	11060
港、澳、台商独资经营企业	1	1	1935	13566	2500	11060
外商投资企业	1		224	496		277
外资企业	1		224	496		277
3、按企业控股情况分						
国有控股	30	28	22812	40021	7723	20270
集体控股	20	18	1631	8642	813	1242
私人控股	172	160	68998	405325	76772	97700
外商控股	1	1	1935	13566	2500	11060
其　他	13	9	6250	14353	1114	5137
4. 按经营形式分						
独立门店	217	198	76142	423661	80332	111647
连锁总店	1	1	14	159	90	22
连锁门店	8	7	19452	23145	1722	18781
其　他	10	10	6017	34943	6780	4959
5. 按零售业态分						
有店铺零售	236	216	101625	481908	88923	135409
便利店	1	1	908	65		
超　市	26	22	9396	39170	9145	7102
大型超市	6	6	3916	23665	11457	3593
百货店	33	31	5920	17879	2170	4247
专业店	92	81	35295	241854	42389	59847
专卖店	71	69	43499	134333	20934	47048
家居建材商店	3	3	2129	14441	2531	11885
购物中心	2	1	120	1610	248	1
厂家直销中心	2	2	443	8891	49	1687

单位:万元

固定资产合计	固定资产原价	累计折旧	#本年折旧	在建工程	资产总计	流动负债合计	#应付账款
22093	27099	5006	2410	1647	88126	50296	9498
17942	20441	2499	368	1326	57248	33095	6983
4151	6658	2507	2042	321	30879	17201	2515
155070	203772	48833	10228	14139	685285	417299	95382
5197	8337	3140	279	1172	27586	20461	11376
6344	9693	3449	285	910	16544	11203	649
72	109	37	6	2	353	52	4
48271	61076	12805	2139	8091	236291	176938	44976
48271	61076	12805	2139	8091	236291	176938	44976
38643	49569	10926	5	2226	58097	10774	446
43011	57873	14862	4378	1739	308009	176530	36862
4006	5177	1170	213	352	17425	8994	2727
43	55	13	3		391	104	31
38670	52150	13480	4119	1386	288774	166671	33554
292	492	199	42		1418	760	549
13532	17115	3613	3136		38405	21342	1070
7560	9749	2189	980		23055	10368	3000
7560	9749	2189	980		23055	10368	3000
29	158	129	9		525	475	
29	158	129	9		525	475	
42290	56782	14492	284	3468	84680	33101	11945
8664	12279	3716	285	927	19929	11837	712
100881	130170	29319	9456	9744	561486	363200	78544
7560	9749	2189	980		23055	10368	3000
3264	4699	1435	213		19715	9635	4181
108979	145096	36246	10248	11775	592501	371216	77653
9944	10283	339	323		10220	10287	9906
38414	50390	11977	273	2215	65449	17139	6254
5322	7910	2589	374	150	40695	29499	4570
162658	213679	51151	11218	14139	708865	428142	98382
70	120	50			1850	940	
6918	10943	4025	541	642	48911	32621	10098
12297	20030	7733	674	6397	47165	22382	4110
15488	19579	4191	1700	1336	43449	21547	2036
54134	66262	12158	3941	3185	309928	201764	64414
59405	77640	18234	1830	2579	208062	115951	14585
8143	10959	2816	1030		31464	15562	3020
5779	7348	1570	1501		8719	7341	108
425	800	375			9318	10034	12

11—7 续3

指　　标	非流动负债合计	负债合计	所有者权益合计	#实收资本	#国家资本
总　　计	**46669**	**695506**	**381761**	**218497**	**32636**
一、批发业	2400	223056	145346	48920	1758
1、按国民经济行业分					
农、林、牧产品批发	878	7009	1600	2297	489
谷物、豆及薯类批发	490	3286	－208	489	489
其他农牧产品批发	387	3723	1808	1808	
食品、饮料及烟草制品批发	922	24802	98060	6600	148
糕点、糖果及糖批发	2	60	3	2	2
果品、蔬菜批发	313	993	2684	2121	
肉、禽、蛋及水产品批发	9	1492	2494	646	146
盐及调味品批发	598	1055	2557	2557	
烟草制品批发		21201	90323	1275	
纺织、服装及家庭用品批发	275	597	1637	149	
纺织品、针织品及原料批发	163	393	1607	119	
家用电器批发	112	204	30	30	
文化、体育用品及器材批发		2175	2283	705	378
图书批发		2175	2283	705	378
医药及医疗器材批发	79	28856	4232	2571	743
西药批发		13205	1348	1389	602
中药批发	79	15652	2885	1182	141
矿产品、建材及化工产品批发	246	146464	34973	34376	
煤炭及制品批发		134054	24837	23055	
金属及金属矿批发	246	3625	2794	3686	
建材批发		5089	6036	7000	
化肥批发		3696	1306	636	
机械设备、五金交电及电子产品批发		9754	951	600	
五金产品批发		9397	652	550	
计算机、软件及辅助设备批发		357	300	50	
其他批发业		3400	1610	1622	
再生物资回收与批发		554	122	122	
其他未列明的批发		2846	1489	1500	
2、按登记注册类型分					
内资企业	2400	223056	145346	48920	1758
国有企业	511	39717	93289	3360	1758
集体企业	733	3872	3392	2908	
有限责任公司	606	32859	9338	10023	
其他有限责任公司	606	32859	9338	10023	
私营企业	399	142972	33553	30363	
私营有限责任公司	399	142920	33429	30252	
私营股份有限公司		52	124	111	
其他企业	151	3638	5775	2266	
3、按企业控股情况分					
国有控股	511	40804	93832	3860	1758
集体控股	733	5816	6408	4076	

单位:万元

#集体资本	#法人资本	#个人资本	#外商资本	营业收入	#主营业务收　　入	营业成本	#主营业务成　　本
13602	**102325**	**69884**	**50**	**2759579**	**2724960**	**2426812**	**2376088**
5547	34750	6865		960739	960653	830756	815031
		1808		13888	13858	11837	9105
				4467	4437	4232	4232
		1808		9421	9421	7605	4873
5027	1301	125		426675	426664	337285	327079
				11		11	
1970	26	125		42280	42280	34096	29169
500				33061	33061	32077	32077
2557				12322	12322	10418	5150
	1275			339001	339001	260684	260684
	30	119		8910	8910	7355	7355
		119		4540	4540	3561	3561
	30			4370	4370	3794	3794
	327			32543	32528	30197	27489
	327			32543	32528	30197	27489
	1000	828		127718	127688	101009	100931
		787		9470	9470	8653	8653
	1000	41		118248	118218	92356	92278
521	31542	2314		316025	316025	309485	309484
	22000	1055		240806	240806	236140	236140
	2427	1259		35197	35197	34208	34207
	7000			22520	22520	23318	23318
521	115			17502	17502	15819	15819
	500	100		21463	21463	20639	20639
	500	50		20797	20797	20054	20054
		50		666	666	585	585
	50	1572		13517	13517	12948	12948
	50	72		4200	4200	4131	4131
		1500		9317	9317	8817	8817
5547	34750	6865		960739	960653	830756	815031
	1602			394272	394216	311900	309182
2894		14		25634	25634	24710	14515
2153	7571	300		185255	185225	148878	148800
2153	7571	300		185255	185225	148878	148800
	23930	6433		304380	304379	295906	293173
	23930	6322		287320	287320	278854	276121
		111		17060	17060	17052	17052
500	1647	119		51199	51199	49362	49362
	2102			400339	400284	317846	315128
4047	15	14		60836	60836	56616	46420

11—7 续4

指　　标	非流动负债合计	负债合计	所有者权益合计	#实收资本	#国家资本
私人控股	911	159859	42244	39725	
其　他	246	16578	2863	1259	
4. 按经营形式分					
独立门店	1489	172215	46819	41595	1156
连锁总店		21201	90323	1275	
连锁门店	598	598	1820	1820	
其　他	313	29043	6385	4230	602
二、零售业	44269	472450	236415	169577	30878
1、按国民经济行业分					
综合零售	14239	79146	41773	31140	1079
百货零售	1795	14116	3611	3045	130
超级市场零售	11703	54934	33413	23841	39
其他综合零售	741	10097	4749	4254	910
食品、饮料及烟草制品专门零售	152	14302	5812	2689	1013
果品、蔬菜零售		11	403	403	403
肉、禽、蛋及水产品零售		274	69	15	15
营养和保健品零售		475	50	50	
酒、饮料及茶叶零售	152	10835	2502	1044	
烟草制品零售		2603	2500	1147	595
其他食品零售		104	287	30	
纺织、服装及日用品专门零售	319	16017	7923	7776	281
纺织品及针织品零售		1268	114	84	84
服装零售	319	14749	7809	7692	197
文化、体育用品及器材专门零售	87	13596	6582	737	87
文具用品零售		413	1787	400	
体育用品及器材零售	20	43	40	20	
图书、报刊零售	45	12957	4460	173	87
珠宝首饰零售	22	182	295	145	
医药及医疗器材专门零售	2	6321	1400	1442	136
药品零售	2	6321	1400	1442	136
汽车、摩托车、燃料及零配件专门零售	17884	217098	58009	51821	27126
汽车零售	404	187318	29130	22858	300
汽车零配件零售		3084	1041	1000	
摩托车及零配件零售	71	1533	–114	206	6
机动车燃料零售	17409	25162	27952	27758	26820
家用电器及电子产品专门零售	1170	22658	18927	14766	
家用视听设备零售		1564	4300	4300	
日用家电设备零售	1071	18572	10944	7539	
计算机、软件及辅助设备零售	99	2508	2327	1926	
通信设备零售		15	1357	1000	
五金、家具及室内装修材料专门零售	6875	49476	61700	28495	1091
五金零售	330	7734	4610	2771	1091
家具零售	2648	10199	10868	2624	
其他室内装修材料零售	3897	31543	46222	23100	

单位:万元

#集体资本	#法人资本	#个人资本	#外商资本	营业收入	#主营业务收入	营业成本	#主营业务成本
1500	31633	6592		387030	387030	368318	365530
	1000	259		112534	112504	87976	87953
1139	32449	6851		470278	470222	453627	444186
	1275			339001	339001	260684	260684
1820				4089	4089	3625	2290
2588	1026	14		147371	147341	112820	107871
8055	67575	63019	50	1798840	1764308	1596056	1561058
7940	6534	15587		373365	364590	310387	296588
355	191	2369		31917	30051	25940	25940
5000	5631	13172		109704	102855	92647	86173
2586	712	46		231744	231683	191801	184475
	379	1247	50	55871	55657	47626	46664
				4201	4201	3826	3826
				75	75	8	8
			50	6470	6470	5079	5079
	379	665		27083	26870	23615	22673
		552		17550	17550	14754	14754
		30		492	492	344	325
	3869	3626		62582	62225	56900	56788
				17015	17015	16900	16900
	3869	3626		45567	45210	40000	39888
	460	191		26067	25961	21368	21068
	400			873	873	793	793
		20		553	553	483	483
	60	26		20114	20008	16039	15739
		145		4527	4527	4053	4053
	482	824		34338	34338	33456	33456
	482	824		34338	34338	33456	33456
	17396	7299		861208	852460	816059	807150
	16343	6215		503748	498735	482824	478350
	820	180		3621	3621	3359	3359
		200		4954	4954	4288	4273
	233	705		348884	345150	325589	321168
	2077	12689		117321	116181	106890	104314
		4300		689	689	644	644
	1677	5863		76489	75349	68864	66408
	400	1526		39299	39299	36563	36443
		1000		844	844	819	819
100	11150	16154		200924	187698	142648	136153
	1650	30		51444	45639	49410	43606
100	1400	1124		87483	81862	52232	52232
	8100	15000		61998	60198	41005	40315

11—7 续5

指 标	非流动负债合计	负债合计	所有者权益合计	#实收资本	#国家资本
货摊、无店铺及其他零售业	3540	53837	34290	30711	65
生活用燃料零售	3540	36635	20612	15291	
其他未列明的零售		17201	13677	15420	65
2、按登记注册类型分					
内资企业	40372	457710	227575	161527	30878
国有企业	422	20838	6748	2824	2738
集体企业	1488	12691	3853	3101	
股份合作企业		52	301	301	
有限责任公司	4846	181783	54507	29731	1320
其他有限责任公司	4846	181783	54507	29731	1320
股份有限公司	19926	30700	27397	27687	26820
私营企业	12300	188913	119095	88279	
私营独资企业	400	9399	8026	6596	
私营合伙企业		104	287	30	
私营有限责任公司	11900	178650	110124	81085	
私营股份有限公司		760	658	569	
其他企业	1390	22732	15674	9605	
港、澳、台商投资企业	3897	14265	8790	8000	
港、澳、台商独资经营企业	3897	14265	8790	8000	
外商投资企业		475	50	50	
外资企业		475	50	50	
3、按企业控股情况分					
国有控股	17594	50651	34030	29882	29668
集体控股	4222	16059	3870	3118	
私人控股	18255	381540	179946	119997	
外商控股	3897	14265	8790	8000	
其 他	300	9935	9779	8580	1210
4. 按经营形式分					
独立门店	27046	398302	194200	130974	4058
连锁总店		10287	-67	1205	
连锁门店	17173	34312	31137	27463	26820
其 他	50	29549	11146	9936	
5. 按零售业态分					
有店铺零售	44269	472450	236415	169577	30878
便利店		940	910	910	910
超 市	648	33270	15641	8956	59
大型超市	9068	31451	15715	13331	
百货店	4556	26102	17347	14498	676
专业店	5226	207027	102900	54345	1447
专卖店	19484	135437	72625	67309	27786
家居建材商店	5121	20683	10781	8500	
购物中心	165	7507	1212	610	
厂家直销中心		10034	-716	1118	

单位:万元

#集体资本	#法人资本	#个人资本	#外商资本	营业收入	#主营业务收入	营业成本	#主营业务成本
15	25229	5402		67165	65198	60722	58877
	11094	4197		39238	37303	35347	33502
15	14135	1205		27927	27896	25375	25375
8055	59575	63019		1777810	1745077	1579417	1545109
	60	26		79514	77654	69879	69579
3055		46		208666	202900	173842	166540
		301		9423	9423	9126	9126
	16695	11716		457248	451303	395667	389021
	16695	11716		457248	451303	395667	389021
	33	834		344506	344479	321664	320839
5000	36366	46914		598005	580299	537674	518468
	4037	2559		66544	62106	59430	53031
		30		492	492	344	325
5000	31960	44125		520981	507714	468726	459020
	369	200		9988	9988	9175	6093
	6422	3182		80448	79019	71567	71537
	8000			14560	12760	11560	10870
	8000			14560	12760	11560	10870
			50	6470	6470	5079	5079
			50	6470	6470	5079	5079
	75	139		415755	413885	383007	381882
3055	17	46		221175	215409	186153	178851
5000	58193	56804		1060513	1035449	970133	944280
	8000			14560	12760	11560	10870
	1290	6030	50	86838	86805	45205	45175
8004	63486	55425		1377002	1351047	1207096	1180655
	1205			6557	6530	5669	5669
	263	330	50	356690	352192	329815	324339
51	2621	7264		58592	54539	53477	50395
8055	67575	63019	50	1798840	1764308	1596056	1561058
				55716	55716	18900	18900
	1025	7872		74136	65523	59880	50295
5151	2800	5380		27110	26754	21923	21877
2889	5820	5113		286281	280486	246275	238883
15	26954	25929		558225	550507	505279	496877
	20908	18565	50	736217	726053	691714	682830
	8450	50		28508	26708	21693	21003
	600	10		14233	14233	12007	12007
	1018	100		18414	18329	18386	18386

11—7 续6

指　　标	营业税金及附加	#主营业务税金及附加	其他业务利润	销售费用	管理费用
总　　计	**35786**	**30056**	**9237**	**83236**	**60696**
一、批发业	21064	20882	1296	35058	25566
1、按国民经济行业分					
农、林、牧产品批发	70	39	296	150	235
谷物、豆及薯类批发				99	166
其他农牧产品批发	70	39	296	51	70
食品、饮料及烟草制品批发	19470	19341	156	7555	20142
糕点、糖果及糖批发					11
果品、蔬菜批发	164	40		38	2004
肉、禽、蛋及水产品批发	39	35		450	401
盐及调味品批发	150	148	5	460	919
烟草制品批发	19117	19117	151	6606	16808
纺织、服装及家庭用品批发	154	154	275	200	152
纺织品、针织品及原料批发	29	29	275	46	32
家用电器批发	125	125		154	120
文化、体育用品及器材批发	175	163	6	817	250
图书批发	175	163	6	817	250
医药及医疗器材批发	489	481	550	22535	1934
西药批发	3	3		416	393
中药批发	486	478	550	22119	1541
矿产品、建材及化工产品批发	658	657	12	3022	2311
煤炭及制品批发	182	182		1125	811
金属及金属矿批发	12	11		739	253
建材批发	353	353		158	702
化肥批发	112	112	12	1001	545
机械设备、五金交电及电子产品批发	46	46		529	180
五金产品批发	29	29		496	169
计算机、软件及辅助设备批发	17	17		33	11
其他批发业	2	2		251	362
再生物资回收与批发	1	1		116	60
其他未列明的批发	1	1		135	303
2、按登记注册类型分					
内资企业	21064	20882	1296	35058	25566
国有企业	19369	19346	436	7967	17684
集体企业	66	64	14	505	998
有限责任公司	1285	1160	275	23774	4705
其他有限责任公司	1285	1160	275	23774	4705
私营企业	299	292	544	2227	1359
私营有限责任公司	299	292	544	2227	1347
私营股份有限公司					12
其他企业	45	20	27	586	821
3、按企业控股情况分					
国有控股	19372	19349	436	7967	17764
集体控股	283	280	17	1749	1812

单位:万元

财务费用	资产减值损失	公允价值变动收益	投资收益	营业利润	营业外收入	利润总额
16377	**828**	**-352**	**7653**	**118103**	**4902**	**73290**
4954	167		8338	51530	2077	50389
177	36			1384	139	
110				-139	139	
67	36			1523		
-190			1	42415	1802	43877
				-10		1
56			1	5923		5923
				95		1
38				336		205
-285				36071	1802	37748
144	31			874		61
28	31			812		
116				61		61
122				987	1	986
122				987	1	986
475	100		237	1413	30	1
138				-133		-133
336	100		237	1546	30	134
4142			8100	4519	99	5511
3908			8100	6741	98	6839
112				-126		-126
121				-2132	2	-1238
2				36		36
3				66		66
				48		48
3				18		18
81				-128	5	-114
7				-115		-115
74				-13	5	1
4954	167		8338	51530	2077	50389
88	26			37244	1943	38643
12				-649		211
699	74		237	6081	31	4905
699	74		237	6081	31	4905
4123	31		8101	8537	103	6577
4123	31		8100	8540	103	6580
			1	-3		-3
32	36			317		53
93	26			37278	1943	38676
43				345		214

11—7 续7

指　　标	营业税金及附加	#主营业务税金及附加	其他业务利润	销售费用	管理费用
私人控股	994	838	836	3196	4524
其　他	416	416	7	22147	1466
4.按经营形式分					
独立门店	1219	1161	1132	5495	4062
连锁总店	19117	19117	151	6606	16808
连锁门店	24	24	5	421	865
其　他	704	580	7	22536	3832
二、零售业	14722	9174	7941	48177	35130
1、按国民经济行业分					
综合零售	5875	1498	3485	9139	8813
百货零售	204	169	811	1183	2567
超级市场零售	1337	1203	2456	7461	5134
其他综合零售	4333	126	217	495	1112
食品、饮料及烟草制品专门零售	951	932	350	4063	1254
果品、蔬菜零售	3	3		165	121
肉、禽、蛋及水产品零售					63
营养和保健品零售	27	27	89	689	29
酒、饮料及茶叶零售	228	209	261	1993	498
烟草制品零售	684	684		1076	537
其他食品零售	10	10		140	5
纺织、服装及日用品专门零售	287	281	515	1705	2369
纺织品及针织品零售	18	18		44	30
服装零售	269	263	515	1661	2340
文化、体育用品及器材专门零售	83	65	254	2909	1141
文具用品零售	3			22	18
体育用品及器材零售	3	3		7	20
图书、报刊零售	26	25	60	2733	964
珠宝首饰零售	52	38	194	147	140
医药及医疗器材专门零售	18	18	76	571	283
药品零售	18	18	76	571	283
汽车、摩托车、燃料及零配件专门零售	2261	2199	1633	19059	11582
汽车零售	1770	1712	1118	7449	7719
汽车零配件零售	4	4	52	119	50
摩托车及零配件零售	41	38	185	101	125
机动车燃料零售	447	445	278	11390	3689
家用电器及电子产品专门零售	503	460	1016	4284	1750
家用视听设备零售	4	4	9	105	55
日用家电设备零售	349	316	670	3521	1356
计算机、软件及辅助设备零售	150	139	337	634	324
通信设备零售				24	15
五金、家具及室内装修材料专门零售	4529	3505	3	3654	5098
五金零售	416	413		177	662
家具零售	2585	2135	3	2189	2928
其他室内装修材料零售	1528	958		1288	1508

单位:万元

财务费用	资产减值损失	公允价值变动收益	投资收益	营业利润	营业外收入	利润总额
4485	67		8338	13783	104	11352
332	74			124	30	146
4769	93		8338	9369	245	6661
-285				36071	1802	37748
3				-849		11
468	74			6938	30	5969
11424	661	-352	-685	66573	2825	22901
1997	235	-371	-1072	35849	1767	2113
541	46	-371	-1072	-7	619	124
1323	189			1934	1149	1893
133				33922		96
585			11	1497	129	1215
21				65		
				4	52	-2
34				701	2	703
454				295	8	308
75			11	434	67	208
				-2		-2
215	65			1060	27	76
23						
192	65			1060	27	76
126	21			706	56	726
1				36		36
1				41		41
-1				639	56	667
125	21			-10		-18
137				-46	27	-19
137				-46	27	-19
3965	224	19	21	8013	455	3118
3331	199	19	21	412	446	-1949
141				-51		1
21	26			353		-42
472				7299	9	5107
708	115			3072	204	152
				-120		-111
643	60			1697	187	-88
63	55			1511		350
2				-16	16	
1428			290	18027		16977
250			290	818		4
1035				684		447
143				16526		16526

11—7 续8

指　　标	营业税金及附加	#主营业务税金及附加	其他业务利润	销售费用	管理费用
货摊、无店铺及其他零售业	217	217	609	2793	2840
生活用燃料零售	166	166	599	1193	1994
其他未列明的零售	51	51	9	1600	846
2、按登记注册类型分					
内资企业	13907	8928	7852	47288	34800
国有企业	1092	1084	503	3425	1973
集体企业	1213	155	469	1644	5245
股份合作企业	6	6		96	90
有限责任公司	4502	738	1729	13224	6772
其他有限责任公司	4502	738	1729	13224	6772
股份有限公司	481	480	497	11240	4225
私营企业	6205	6072	4200	15509	13727
私营独资企业	1160	1093	473	1196	2364
私营合伙企业	10	10		140	5
私营有限责任公司	4982	4916	3727	13958	10925
私营股份有限公司	53	53		216	434
其他企业	409	393	454	2150	2768
港、澳、台商投资企业	789	219		200	300
港、澳、台商独资经营企业	789	219		200	300
外商投资企业	27	27	89	689	29
外资企业	27	27	89	689	29
3、按企业控股情况分					
国有控股	1495	1487	661	14639	5721
集体控股	1288	231	790	1650	5803
私人控股	7406	7093	6375	29794	21447
外商控股	789	219		200	300
其　他	3745	145	115	1894	1860
4. 按经营形式分					
独立门店	13101	7687	6151	29903	29646
连锁总店	18	18	27	1553	231
连锁门店	631	496	720	14248	4349
其　他	973	973	1043	2473	905
5. 按零售业态分					
有店铺零售	14722	9174	7941	48177	35130
便利店	3600			10	12
超　市	1181	1047	1651	5197	3821
大型超市	183	180	715	2915	2958
百货店	1499	406	1183	3439	6114
专业店	2494	2367	3450	15278	10230
专卖店	2954	2933	835	19144	10527
家居建材商店	2770	2200	3	1093	430
购物中心	34	34	20	733	742
厂家直销中心	8	8	85	367	296

单位:万元

财务费用	资产减值损　失	公允价值变动收益	投资收益	营业利润	营业外收　入	利润总额
2262			65	-1605	160	-1457
1299				-762	142	-641
963			65	-843	18	-816
11259	661	-352	-685	64291	2823	20617
116	65	-413	-782	2135	750	814
512	15			415	10	16
9				98		98
3419	96		11	33579	241	-1318
3419	96		11	33579	241	-1318
624				6595	331	4467
5885	302	19	86	18823	1420	14385
467	53			1875	480	255
				-2		-2
5393	249	19	86	16865	939	14113
24				87		19
695	183	42		2646	71	2155
130				1581		1581
130				1581		1581
34				701	2	703
34				701	2	703
933	65	-413	-782	9067	758	5598
515	15			292	331	-107
9596	581	61	97	21658	1712	15001
130				1581		1581
249				33975	24	828
10340	544	-352	-685	60190	2649	18706
25				-939	3	-942
481	6			7249	78	5156
578	111			73	94	-18
11424	661	-352	-685	66573	2825	22901
15				33179		
969	189	-413	-1072	1418	1262	504
206				-1075	186	-536
1259	46	42		2232	344	1607
5446	299	19	387	19878	759	13715
2904	126			8949	271	5632
491				2034		2034
134				604	4	607
-1				-646	1	-662

11—7 续9

指　　标	应交所得税	应付职工薪酬（本年贷方累计发生额）	应交增值税	进项税额
总　　计	**11591**	**58535**	**30778**	**635936**
一、批发业	9872	33954	22679	477779
1、按国民经济行业分				
农、林、牧产品批发		267		1410
谷物、豆及薯类批发		72		
其他农牧产品批发		195		1410
食品、饮料及烟草制品批发	9486	26377	13401	47073
糕点、糖果及糖批发		5		
果品、蔬菜批发		1830	1	1499
肉、禽、蛋及水产品批发		266	18	836
盐及调味品批发	48	437	207	1036
烟草制品批发	9437	23839	13174	43702
纺织、服装及家庭用品批发		55	5	867
纺织品、针织品及原料批发		37		785
家用电器批发		18	5	81
文化、体育用品及器材批发	79	487	166	2043
图书批发	79	487	166	2043
医药及医疗器材批发	46	5729	3621	16655
西药批发		412	6	1466
中药批发	46	5317	3615	15189
矿产品、建材及化工产品批发	242	608	5111	404637
煤炭及制品批发	10	372	429	403829
金属及金属矿批发	6	142	4282	483
建材批发	227	31		
化肥批发		63	400	325
机械设备、五金交电及电子产品批发	18	270	338	3363
五金产品批发	12	248	234	3319
计算机、软件及辅助设备批发	6	22	104	44
其他批发业		161	37	1731
再生物资回收与批发		58	24	304
其他未列明的批发		103	13	1427
2、按登记注册类型分				
内资企业	9872	33954	22679	477779
国有企业	9516	25065	13363	48737
集体企业	48	480	229	1347
有限责任公司	283	7431	4156	20246
其他有限责任公司	283	7431	4156	20246
私营企业	9	809	4929	406472
私营有限责任公司	9	797	4929	406472
私营股份有限公司		12		
其他企业	15	169	3	977
3、按企业控股情况分				
国有控股	9526	25085	13363	49895
集体控股	48	534	587	1474

单位:万元

销项税额	土地和固定资产支出	土地购置	房屋和建筑物	机器设备	运输工具	其他费用
306250	**25414**	**3260**	**17224**	**1008**	**1348**	**2575**
137534	8048		5019	265	593	2171
1391						
1391						
61268	7734		5003	75	485	2171
2315	950		870	75	6	
836						
1244	1					1
56874	6783		4134		480	2170
858						
772						
86						
2185						
2185						
20182	2			2		
1472	2			2		
18710						
46244	23		16		7	
40937						
4759						
548	23		16		7	
3683	188			188		
3535	188			188		
148						
1722	101				101	
282						
1440	101				101	
137534	8048		5019	265	593	2171
62025	6783		4134		480	2170
1813	974		885	75	13	1
24639	188			188		
24639	188			188		
48093	103			2	101	
48093	103			2	101	
963						
63056	6783		4134		480	2170
1985	974		885	75	13	1

11—7 续10

指　　标	应交所得税	应付职工薪酬（本年贷方累计发生额）	应交增值税	进项税额
私人控股	246	3071	5133	412845
其　他	51	5263	3596	13565
4. 按经营形式分				
独立门店	388	2349	5728	417243
连锁总店	9437	23839	13174	43702
连锁门店		291	176	333
其　他	46	7474	3601	16501
二、零售业	1719	24582	8099	158157
1、按国民经济行业分				
综合零售	498	4728	1437	29623
百货零售	24	838	294	2105
超级市场零售	474	3354	745	9585
其他综合零售		536	398	17933
食品、饮料及烟草制品专门零售	161	727	1581	3632
果品、蔬菜零售		2		
肉、禽、蛋及水产品零售		9		
营养和保健品零售	142	103	221	
酒、饮料及茶叶零售	10	291	1200	2032
烟草制品零售	9	283	160	1600
其他食品零售		40		
纺织、服装及日用品专门零售	6	1546	322	3664
纺织品及针织品零售		105		2238
服装零售	6	1441	322	1426
文化、体育用品及器材专门零售	172	1460	565	2214
文具用品零售		24	3	47
体育用品及器材零售	10	18	7	35
图书、报刊零售	162	1386	555	1621
珠宝首饰零售		32		512
医药及医疗器材专门零售	10	387	45	3104
药品零售	10	387	45	3104
汽车、摩托车、燃料及零配件专门零售	204	11533	1445	82476
汽车零售	181	5907	1322	78878
汽车零配件零售		95	17	547
摩托车及零配件零售	1	66	49	759
机动车燃料零售	22	5464	57	2293
家用电器及电子产品专门零售	55	1849	908	12349
家用视听设备零售	2	22	40	
日用家电设备零售	37	1430	772	6318
计算机、软件及辅助设备零售	16	360	95	5888
通信设备零售		37	1	143
五金、家具及室内装修材料专门零售	560	1266	1159	11234
五金零售	13	150	405	6226
家具零售	152	612	474	4058
其他室内装修材料零售	395	504	279	950

单位:万元

销项税额	土地和固定资产支出	土地购置	房屋和建筑物	机器设备	运输工具	其他费用
55332	291			190	101	
17161						
59235	314		16	190	108	
56874	6783		4134		480	2170
509	1					1
20916	950		870	75	6	
168717	17366	3260	12205	743	755	404
33447	884	242	248		10	384
2169	393				10	384
10375	490	242	248			
20904						
5631	66			6	60	
891						
3219	12				12	
1521	54			6	48	
4581	3412	3000	50	332	30	
2893						
1688	3412	3000	50	332	30	
2736	391		314	25	43	10
44						
28						
2153	391		314	25	43	10
511						
3135	2		2			
3135	2		2			
83687	2247	18	1528	352	349	
80151	2247	18	1528	352	349	
526						
744						
2266						
13253	10050		10021	23		7
40						
7105	10044		10021	23		
5965	7					7
143						
11930						
6870						
4145						
915						

11—7 续11

指　　标	应交所得税	应付职工薪酬（本年贷方累计发生额）	应交增值税	进项税额
货摊、无店铺及其他零售业	54	1087	637	9863
生活用燃料零售	41	405	319	4176
其他未列明的零售	13	682	318	5688
2、按登记注册类型分				
内资企业	1182	24309	7673	158157
国有企业	164	1796	598	5586
集体企业	10	1155	489	18080
股份合作企业	25	39	6	1364
有限责任公司	164	7058	1809	59385
其他有限责任公司	164	7058	1809	59385
股份有限公司	14	5424	84	2684
私营企业	429	7783	4635	65797
私营独资企业	18	1154	153	6749
私营合伙企业		40		
私营有限责任公司	411	6332	4442	57879
私营股份有限公司		257	40	1169
其他企业	378	1055	53	5262
港、澳、台商投资企业	395	170	204	
港、澳、台商独资经营企业	395	170	204	
外商投资企业	142	103	221	
外资企业	142	103	221	
3、按企业控股情况分				
国有控股	170	7125	616	5780
集体控股	10	1215	548	20297
私人控股	959	14909	6358	129133
外商控股	395	170	204	
其　他	185	1163	373	2947
4. 按经营形式分				
独立门店	1504	16658	7311	149865
连锁总店		543	145	1024
连锁门店	157	6114	370	1552
其　他	58	1266	273	5717
5. 按零售业态分				
有店铺零售	1719	24582	8099	158157
便利店		60		
超　市	80	2973	686	6960
大型超市	29	1548	318	2488
百货店	395	1662	641	23708
专业店	396	8258	4593	68573
专卖店	272	9394	1239	53247
家居建材商店	548	349	587	589
购物中心		68	4	11
厂家直销中心		270	31	2582

单位:万元

销项税额	土地和固定资产支出	土地购置	房屋和建筑物	机器设备	运输工具	其他费用
10318	314		41	5	264	4
4350						
5968	314		41	5	264	4
167826	17366	3260	12205	743	755	404
6945	393		316	25	43	10
18342	393				10	384
1369						
63877	15495	3000	11609	636	243	7
63877	15495	3000	11609	636	243	7
2495	475	242	233			
69036	610	18	47	82	459	4
6479						
61378	504		41	12	447	4
1179	106	18	6	70	12	
5762						
891						
891						
7159	393		316	25	43	10
20468	868	242	233		10	384
134291	16105	3018	11656	718	703	10
6799						
159014	7286	3260	2174	712	737	404
1114	10044		10021	23		
2635	36		10	9	18	
5953						
168717	17366	3260	12205	743	755	404
2788						
7702	51		25	9	18	
2799	3432	3000	50	332	40	10
24483	849	242	233			374
73066	12655	18	11897	399	328	14
54489	380			4	370	7
766						
15						
2610						

11—8 限额以上住宿业和餐饮业

指　　标	法人企业数（个）	从业人员期末人数（人）	营业额	客房收入	餐费收入
总　　计	**66**	**6163**	**72513**	**22234**	**42801**
一、住宿业	41	3943	40147	16812	17929
1. 按住宿行业小类分组					
旅游饭店	25	2661	24715	9375	10538
一般旅馆	14	1195	10526	5177	4882
其他住宿服务	2	87	4906	2260	2510
2. 按登记注册类型分组					
内资企业	41	3943	40147	16812	17929
国有企业	7	714	4603	1887	2684
集体企业	4	190	5306	2828	2123
有限责任公司	5	658	9710	3456	5367
其他有限责任公司	5	658	9710	3456	5367
股份有限公司	2	352	1530	730	692
私营企业	18	1560	14395	6978	6297
私营独资企业	8	692	5138	2527	2243
私营有限责任公司	10	868	9257	4451	4054
私营股份有限公司					
其他企业	5	469	4604	932	767
外商投资企业					
中外合资经营企业					
3. 按控股情况分组					
国有控股	6	687	4080	1766	2282
集体控股	5	362	6597	3419	2715
私人控股	25	2471	26490	10823	11251
其　他	4	396	2457	683	1279
4. 按经营形式分组					
独立门店	34	3505	34215	13659	15560
其　他	5	172	5026	2741	1893

法人企业经营情况(2012)

单位:万元

商品销售收入	其他收入	客房数（间）	床位数（个）	餐位数（位）	年末餐饮营业面积（平方米）
4772	**2706**	**25017**	**49130**	**27939**	**190446**
3063	2343	24270	47793	17325	114147
2691	2112	2353	4435	10648	74552
240	227	21833	43228	6463	34883
133	4	84	130	214	4712
3063	2343	24270	47793	17325	114147
32		811	1495	3088	17734
158	197	216	434	596	5466
308	579	539	923	4144	28386
308	579	539	923	4144	28386
	108	190	403	2600	7845
333	787	22258	44032	5844	38312
146	223	21201	41960	2626	10352
188	564	1057	2072	3218	27960
2233	672	256	506	1053	16404
32		721	1345	2688	13552
158	306	346	687	1396	9306
2836	1580	22922	45259	11312	77303
38	457	191	352	1529	9804
2926	2071	23400	46029	14271	94066
137	255	623	1264	874	12476

11—8 续

指　　标	法人企业数（个）	从业人员期末人数（人）	营业额	客房收入	餐费收入
5.按星级分组					
五　星	2	519	3238	937	1604
四　星	10	1365	14576	7323	6078
三　星	12	1406	12996	3826	6465
二　星	7	319	2699	1326	1103
其　他	10	334	6639	3399	2679
二、餐饮业	25	2220	32366	5423	24872
1.按餐饮行业小类分组					
正餐服务	22	2128	30597	5218	23451
快餐服务	1	12	193		193
其他餐饮服务	2	80	1576	205	1228
2.按登记注册类型分组					
内资企业	25	2220	32366	5423	24872
国有企业					
股份合作企业					
有限责任公司	4	386	5588	1048	3969
其他有限责任公司	4	386	5588	1048	3969
股份有限公司	1	53	746		746
私营企业	15	1000	18636	3461	13851
私营独资企业	5	189	7224	2287	4720
私营合伙企业					
私营有限责任公司	9	722	10356	996	8333
私营股份有限公司	1	89	1055	178	799
3.按控股情况分组					
国有控股					
集体控股	1	60	409	205	204
私人控股	21	1962	29528	5075	22559
其　他	2	73	1914		1770
4.按经营形式分组					
独立门店	25	2220	32366	5423	24872

单位:万元

商品销售收入	其他收入	客房数（间）	床位数（个）	餐位数（位）	年末餐饮营业面积（平方米）
99	598	250	485	1520	3700
484	691	21394	42344	6029	41362
2206	498	1139	2070	6190	41375
74	195	404	817	1682	9310
200	361	1083	2077	1904	18400
1708	363	747	1337	10614	76299
1565	363	612	1137	9542	74391
				92	108
144		135	200	980	1800
1708	363	747	1337	10614	76299
483	88	168	346	1889	9802
483	88	168	346	1889	9802
				500	2200
1185	138	342	635	5441	42497
217		115	196	594	4108
889	138	179	351	4598	37589
79		48	88	249	800
		135	200	800	1000
1531	363	592	1087	8134	68709
144				680	3000
1708	363	747	1337	10614	76299

11—9 限额以上住宿和餐饮业

指　　标	法人企业数（个）	#执行《2006年企业会计准则》企业数（个）	年初存货	流动资产合计	应收帐款
总　　计	**68**	**61**	**11966**	**41681**	**11916**
一、住宿业	43	38	8432	32552	8940
1. 按住宿行业小类分					
旅游饭店	26	23	7638	22733	6181
一般旅馆	15	13	455	9492	2620
其他住宿服务	2	2	339	327	139
2. 按登记注册类型分					
内资企业	43	38	8432	32552	8940
国有企业	7	6	413	4352	303
集体企业	5	5	220	1338	105
有限责任公司	5	4	376	2379	1142
其他有限责任公司	5	4	376	2379	1142
股份有限公司	2	1	45	1239	406
私营企业	19	18	7009	20806	6755
私营独资企业	8	8	6401	7169	3769
私营有限责任公司	11	10	609	13637	2987
其他企业	5	4	369	2438	229
3. 按控股情况分					
国有控股	6	5	412	3294	301
集体控股	6	5	220	2110	244
私人控股	26	23	7703	25076	8033
其　他	4	4	97	1014	360
4. 按经营形式分					
独立门店	36	31	8126	31448	8634
连锁总店（总部）	1	1	45	467	267
连锁门店	1	1		146	13
其　他	5	5	260	491	26

法人企业财务状况(2012)

单位:万元

存　货	固定资产合　计	固定资产原　价	累计折旧	本年折旧	在建工程	资产总计	流动负债合　计
5100	**58363**	**82927**	**25341**	**4280**	**3004**	**114269**	**56735**
2530	45023	63545	19299	3146	2278	87409	41323
2029	33659	47418	13908	2919	1346	63826	31017
453	10765	15674	5259	198	933	22653	10094
48	599	453	132	29		931	212
2530	45023	63545	19299	3146	2278	87409	41323
246	4269	10053	5784	291	578	10375	4215
42	1892	1920	306	80		3615	194
205	6713	11119	4406	894	127	9533	3665
205	6713	11119	4406	894	127	9533	3665
351	5483	7605	2332	661	444	9711	6883
1203	19432	24712	5471	906	1130	42999	22711
518	10283	10622	339	14	964	19054	15318
686	9149	14091	5132	893	166	23945	7393
483	7235	8136	1001	314		11176	3653
245	4001	9785	5784	291	326	8797	2464
330	7087	8922	2322	707	209	12304	6676
1874	33117	43781	10955	2068	1491	62824	30017
80	550	788	238	80		1907	415
2429	42255	59678	17923	3046	2044	82683	39675
62	287	602	315	34	234	1022	401
	1010	1806	796	10		1357	761
38	1471	1458	265	56		2347	485

11—9 续1

指　　标	法人企业数（个）	#执行《2006年企业会计准则》企业数（个）	年初存货	流动资产合计	应收帐款
5. 按星级分					
五　星	2	2	106	5290	863
四　星	11	11	6602	15443	4674
三　星	12	9	1315	7905	1451
二　星	8	8	189	1477	398
其　他	10	8	220	2437	1553
二、餐饮业	25	23	3534	9129	2976
1. 按餐饮行业小类分					
正餐服务	22	21	3512	8880	2897
快餐服务	1	1			
其他餐饮业	2	1	22	250	79
小吃服务	1		22	181	79
其他未列明餐饮业	1	1		68	
2. 按登记注册类型分					
内资企业	25	23	3534	9129	2976
集体企业	1	1		68	
有限责任公司	4	3	1624	2958	185
其他有限责任公司	4	3	1624	2958	185
股份有限公司	1	1	10	33	23
私营企业	15	14	1340	3933	1823
私营独资企业	5	5	20	392	92
私营有限责任公司	9	8	1294	3088	1462
私营股份有限公司	1	1	25	453	268
其他企业	4	4	561	2137	946
3. 按控股情况分					
集体控股	1	1		68	
私人控股	21	20	2178	6976	2871
其　他	2	1	32	214	102
4. 按经营形式分					
独立门店	25	23	3534	9129	2976

单位:万元

存货	固定资产合计	固定资产原价	累计折旧	本年折旧	在建工程	资产总计	流动负债合计
234	1309	1578	270	48	12	6720	3617
559	22514	32935	10699	1485	749	39293	16977
1395	17017	23367	6501	1347	698	29876	15605
88	2552	4117	1566	152	326	5300	3132
254	1633	1547	264	114	493	6219	1992
2571	13340	19382	6042	1134	726	26860	15413
2548	12940	18716	5776	868	726	25374	14790
						193	
23	400	666	266	266		1293	623
23						527	80
	400	666	266	266		766	543
2571	13340	19382	6042	1134	726	26860	15413
	400	666	266	266		766	543
1591	4633	5447	814	91		8887	5014
1591	4633	5447	814	91		8887	5014
10	8	80	71	2		175	91
486	7626	11685	4058	600	726	13542	6455
19	363	511	148	33		1106	454
442	7091	10738	3647	545	726	11811	5646
25	172	436	264	22		625	355
484	673	1505	833	175		3491	3310
	400	666	266	266		766	543
1162	8718	14420	5702	866	726	19210	11070
33	9	80	71	2		702	171
2571	13340	19382	6042	1134	726	26860	15413

11—9 续2

指 标	#应付账款	非流动负债合计	负债合计	所有者权益合计
总 计	**6882**	**15082**	**72827**	**41442**
一、住宿业	3637	11924	54246	33163
1. 按住宿行业小类分				
旅游饭店	3006	8142	39160	24666
一般旅馆	430	3594	14688	7965
其他住宿服务	201	187	399	532
2. 按登记注册类型分				
内资企业	3637	11924	54246	33163
国有企业	294	1591	5806	4569
集体企业	96	2373	2567	1048
有限责任公司	560	93	3759	5774
其他有限责任公司	560	93	3759	5774
股份有限公司	152	698	7581	2131
私营企业	2074	7056	30768	12231
私营独资企业	1184	1482	16800	2253
私营有限责任公司	890	5574	13967	9978
其他企业	462	112	3766	7410
3. 按控股情况分				
国有控股	274	1591	4055	4743
集体控股	215	2550	9226	3078
私人控股	2915	7783	38800	24024
其 他	212		415	1492
4. 按经营形式分				
独立门店	3510	10303	50978	31705
连锁总店(总部)	33	521	922	100
连锁门店		436	1197	160
其 他	95	665	1149	1198

单位:万元

#实收资本	#国家资本	#集体资本	#法人资本	#个人资本	营业收入	#主营业务收入	营业成本
35005	**2902**	**2973**	**18892**	**10238**	**69617**	**65222**	**37413**
29464	2902	2463	16535	7565	37713	33324	17539
23616	1317	1879	14365	6055	22919	21847	10363
5683	1585	454	2135	1510	9888	9318	5743
165		130	35		4906	2159	1433
29464	2902	2463	16535	7565	37713	33324	17539
2902	2902				4352	4352	1553
677		677			5223	4283	2925
7238			2630	4608	7730	5922	3292
7238			2630	4608	7730	5922	3292
1886		1786	100		1530	1530	632
15672			13245	2427	14334	12696	6414
4545			3915	630	4778	3727	2098
11127			9330	1797	9556	8969	4316
1090			560	530	4545	4541	2722
2681	2681				4225	4225	1553
2463		2463			6514	5574	3494
22797			15580	7217	24390	20945	11110
1303			955	348	2457	2453	1381
28602	2902	2033	16330	7338	31781	28349	14410
100			100		239	239	63
160				160	668	650	277
602		430	105	67	5026	4086	2789

11—9 续3

指　　标	#应付账款	非流动负债合计	负债合计	所有者权益合计
5.按星级分				
五　星	220	921	4537	2183
四　星	1800	7409	24386	14908
三　星	941	1835	17440	12437
二　星	585	1024	4156	1144
其　他	92	736	3728	2492
二、餐饮业	3245	3158	18581	8279
1.按餐饮行业小类分				
正餐服务	3217	3158	17958	7416
快餐服务				193
其他餐饮业	28		623	670
小吃服务	28		80	447
其他未列明餐饮业			543	223
2.按登记注册类型分				
内资企业	3245	3158	18581	8279
集体企业			543	223
有限责任公司	836	2582	7596	1290
其他有限责任公司	836	2582	7596	1290
股份有限公司	91	61	152	23
私营企业	1080	515	6980	6562
私营独资企业	77	116	570	535
私营有限责任公司	916	399	6055	5756
私营股份有限公司	88		355	270
其他企业	1239		3310	181
3.按控股情况分				
集体控股			543	223
私人控股	2927	593	11673	7537
其　他	119	61	232	471
4.按经营形式分				
独立门店	3245	3158	18581	8279

单位:万元

#实收资本					营业收入	#主营业务收入	营业成本
	#国家资本	#集体资本	#法人资本	#个人资本			
3750			3750		3238	2198	1293
16352	986	266	9840	5260	12498	11548	4282
5089	796	1786	1030	1478	12840	11014	5927
2591	1120	111	1260	100	2709	2705	1345
1682		300	655	727	6429	5860	4693
5540		510	2357	2673	31904	31898	19875
4838			2357	2481	30135	30129	18453
193				193	193	193	
510		510			1576	1576	1421
300		300			1168	1168	1158
210		210			409	409	263
5540		510	2357	2673	31904	31898	19875
210		210			409	409	263
909		300	49	560	5172	5172	2872
909		300	49	560	5172	5172	2872
23			23		746	746	441
3068			1885	1183	18590	18584	13019
535			243	293	7224	7224	6557
2263			1643	620	10311	10305	6003
270				270	1055	1055	459
1330			400	930	6988	6987	3279
210		210			409	409	263
4958			2285	2673	29129	29122	17772
323		300	23		1914	1914	1599
5540		510	2357	2673	31904	31898	19875

11—9 续4

指　　标	#主营业务成　本	营业税金及附加	#主营业务税金及附加	其他业务利　润
总　　计	**34886**	**3705**	**3327**	**1827**
一、住宿业	15084	2537	2305	1284
1.按住宿行业小类分				
旅游饭店	9625	1634	1546	182
一般旅馆	4663	494	351	982
其他住宿服务	796	409	409	119
2.按登记注册类型分				
内资企业	15084	2537	2305	1284
国有企业	594	191	46	31
集体企业	2925	289	280	307
有限责任公司	2656	502	502	11
其他有限责任公司	2656	502	502	11
股份有限公司	632	61	61	
私营企业	5556	860	784	923
私营独资企业	1612	269	203	778
私营有限责任公司	3944	592	581	144
其他企业	2721	634	634	12
3.按控股情况分				
国有控股	594	184	38	31
集体控股	3494	336	327	307
私人控股	9616	1871	1795	945
其　他	1380	138	138	
4.按经营形式分				
独立门店	12232	2190	1976	977
连锁总店(总部)	63	14	14	
连锁门店		59	50	
其　他	2789	274	265	306

单位:万元

销售费用	管理费用	#税　金	#差旅费	#工会经费	财务费用	#利息收入	#利息支出
16689	**10485**	**490**	**145**	**75**	**1584**	**153**	**759**
9310	7773	444	107	62	1061	23	636
6318	5552	422	67	32	721	18	554
2280	1625	22	39	30	125	5	82
712	596				215		
9310	7773	444	107	62	1061	23	636
1973	1067	1	2	2	79	3	81
143	258	10	20	29	83	18	3
2502	1560		7	3	169	1	1
2502	1560		7	3	169	1	1
504	230		4	2	112		
3174	3940	430	67	1	589	1	521
813	2069	24	17	1	394		349
2360	1871	406	51		195		173
1013	718	4	7	26	30		30
1973	920	1	1	2	79	3	81
545	420	10	24	31	194	18	3
6224	5972	430	73	28	786	1	551
567	314	4	9	2	3	1	1
8970	7393	444	104	43	949	23	629
102	68				1		
	134				7		7
237	178		2	19	103		

11—9 续5

指　　标	#主营业务成　本	营业税金及附加	#主营业务税金及附加	其他业务利　润
5. 按星级分				
五　星	833	188	125	
四　星	3322	839	709	665
三　星	5014	1094	1085	188
二　星	1344	135	119	6
其　他	4573	282	268	424
二、餐饮业	19802	1169	1022	543
1. 按餐饮行业小类分				
正餐服务	18453	1149	1002	543
快餐服务		1	1	
其他餐饮业	1349	19	19	
小吃服务	1086	14	14	
其他未列明餐饮业	263	5	5	
2. 按登记注册类型分				
内资企业	19802	1169	1022	543
集体企业	263	5	5	
有限责任公司	2800	223	142	354
其他有限责任公司	2800	223	142	354
股份有限公司	441	41	41	
私营企业	13019	513	476	156
私营独资企业	6557	56	35	156
私营有限责任公司	6003	398	382	
私营股份有限公司	459	59	59	
其他企业	3279	386	357	33
3. 按控股情况分				
集体控股	263	5	5	
私人控股	17772	1085	938	543
其　他	1527	55	55	
4. 按经营形式分				
独立门店	19802	1169	1022	543

单位:万元

销售费用	管理费用				财务费用		
		#税　金	#差旅费	#工会经费		#利息收入	#利息支出
942	1525				5		
4496	2878	158	54	3	305	3	231
2967	2417	267	15	29	434	1	168
456	620	11	21	11	26	19	7
449	333	8	17	19	291		230
7380	2713	45	39	13	523	130	123
7257	2656	41	39	13	521	129	123
	1	1					
122	56	4			3	1	
13	44				1		
109	12	4			1	1	
7380	2713	45	39	13	523	130	123
109	12	4			1	1	
481	1167				146		32
481	1167				146		32
245	26		15	10			
3499	921	32	15	3	249	129	91
70	191	14	5		34	20	9
3260	572	19	10		182	109	49
169	158			3	33		34
3046	587	9	8		127		
109	12	4			1	1	
6938	2562	41	24	3	469	129	123
258	71		15	10	1		
7380	2713	45	39	13	523	130	123

11—9 续6

指　　标	资产减值损　　失	投资收益	营业利润	营业外收　入
总　　计	**185**	**629**	**-805**	**1030**
一、住宿业	162	472	-1198	75
1. 按住宿行业小类分				
旅游饭店			-1848	54
一般旅馆	62	472	32	22
其他住宿服务	100		618	
2. 按登记注册类型分				
内资企业	162	472	-1198	75
国有企业		472	-13	26
集体企业	57		643	
有限责任公司	77		-372	
其他有限责任公司	77		-372	
股份有限公司			-8	
私营企业	28		-887	46
私营独资企业	28		-893	16
私营有限责任公司			6	30
其他企业			-561	4
3. 按控股情况分				
国有控股		472	14	26
集体控股	57		644	
私人控股	104		-1882	46
其　他			53	4
4. 按经营形式分				
独立门店	104	472	-1942	75
连锁总店(总部)			-9	
连锁门店			191	
其　他	57		563	

单位:万元

利润总额	应交所得税	应付职工薪酬（本年贷方累计发生额）	土地和固定资产支出	房屋和建筑物	机器设备	运输工具	其他费用
-437	**357**	**10483**	**1608**	**898**	**516**	**12**	**183**
-715	132	6674	701	280	383	12	26
-628	69	5049	408	280	113	4	12
-240	12	1478	293		270	9	15
153	51	147					
-715	132	6674	701	280	383	12	26
-1	10	1066	15		1		15
19		271					
-426	68	1048	238	211	24	4	
-426	68	1048	238	211	24	4	
1	1	551					
249	53	3193	437	69	348	9	12
447		2025					
-199	52	1169	436	69	347	9	12
-557	1	544	11		11		
26	10	1032	15		1		15
20		607					
-791	120	4515	437	69	348	9	12
57	2	487	249	211	35	4	
-665	81	6086	690	280	372	12	26
	1	216					
		117					
-51	50	256	11		11		

11—9 续7

指　　标	资产减值损　失	投资收益	营业利润	营业外收　入
5. 按星级分				
五　星			-716	
四　星	23	472	-677	26
三　星	77		-253	40
二　星			128	9
其　他	62		320	1
二、餐饮业	23	157	392	955
1. 按餐饮行业小类分				
正餐服务	23	157	174	955
快餐服务			191	
其他餐饮业			27	
小吃服务			10	
其他未列明餐饮业			18	
2. 按登记注册类型分				
内资企业	23	157	392	955
集体企业			18	
有限责任公司			296	4
其他有限责任公司			296	4
股份有限公司			-7	
私营企业	23	157	524	915
私营独资企业	23		293	
私营有限责任公司		157	54	915
私营股份有限公司			177	
其他企业			-437	36
3. 按控股情况分				
集体控股			18	
私人控股	23	157	377	954
其　他			2	
4. 按经营形式分				
独立门店	23	157	392	955

单位:万元

利润总额	应交所得税	应付职工薪酬（本年贷方累计发生额）	土地和固定资产支出	房屋和建筑物	机器设备	运输工具	其他费用
719		744	158	69	77		12
-1078	20	1994	278		270	9	
-445	63	2064	253	211	24	4	15
62		515	1		1		
27	50	1357	11		11		
279	225	3809	908	618	133		157
269	225	3638	908	618	133		157
		17					
10		154					
10		31					
		122					
279	225	3809	908	618	133		157
		122					
501	159	618	60		60		
501	159	618	60		60		
-9		143					
181	65	1416	691	618	73		
120		316					
-116	21	975	691	618	73		
177	44	125					
-394	2	1509	157				157
		122					
283	225	3380	908	618	133		157
		175					
279	225	3809	908	618	133		157

11—10 限额以上批发和零售业产业活动

指　　标	单位数（个）	年末从业人员数（人）	商品购进总　额
总　计	**66**	**879**	**151009**
一、批发业	1	78	7248
1. 按批发行业小类分组			
农畜产品批发	1	78	7248
种子、饲料批发	1	78	7248
2. 按登记注册类型分组			
个体工商户	1	78	7248
3. 按经营形式分组			
独立门店	1	78	7248
二、零售业	65	801	143761
1. 按零售行业小类分组			
综合零售	9	185	24150
超级市场零售	5	120	6829
食品、饮料及烟草制品专门零售	8	95	9315
粮油零售	2	22	2105
饮料及茶叶零售	6	73	7210
纺织、服装及日用品专门零售	3	35	21559
其他日用品零售	2	25	20548
医药及医疗器材专门零售	1	18	852
药品零售	1	18	852
汽车、摩托车、燃料及零配件专门零售	6	32	12011
摩托车及零配件零售	4	20	3912
机动车燃料零售	2	12	8099
家用电器及电子产品专门零售	17	163	26509
家用电器零售	12	124	19427
计算机、软件及辅助设备零售	5	39	7082
五金、家具及室内装修材料专门零售	16	228	40583
五金零售	1	8	1058
家具零售	5	105	12289
其他室内装修材料零售	7	86	16015
无店铺及其他零售	4	33	6242
其他未列明的零售	3	25	5082
2. 按登记注册类型分组			
个体工商户	65	801	143761
3. 按经营形式分组			
独立门店	64	775	142538
其　他	1	26	1223
5. 按零售业态分组			
有店铺零售	65	801	143761
食杂店	1	15	576
超　市	5	120	6829
百货店	1	15	19432
专业店	45	469	89069
专卖店	8	87	9973

单位(个体户)商品购销存(2012)

单位:万元

商品销售总额			年末商品库存总额	年末零售营业面积(平方米)
	批发额	零售额		
157619	**7637**	**149982**	**7252**	**35853**
7143	7143		105	4000
7143	7143		105	4000
7143	7143		105	4000
7143	7143		105	4000
7143	7143		105	4000
150476	494	149982	7147	31853
25198		25198	885	3700
8208		8208	553	3700
11683		11683	616	3477
2060		2060	91	400
9623		9623	524	3077
20269		20269	1331	8500
19258		19258	1290	8300
738		738	114	400
738		738	114	400
12384		12384	208	2040
4286		4286	206	1600
8099		8099	2	440
28320		28320	1423	4546
19990		19990	1092	3466
8329		8329	331	1080
43331		43331	2065	8080
1223		1223	58	200
14305		14305	464	3700
16585		16585	1361	3280
6201	494	5707	318	1110
5087		5087	271	450
150476	494	149982	7147	31853
149467	494	148973	6932	31453
1009		1009	214	400
150476	494	149982	7147	31853
2842		2842	100	97
8208		8208	553	3700
18183		18183	1249	8000
93160	494	92667	3598	17530
10532		10532	752	2526

11—11 限额以上住宿和餐饮业产业活动

指标名称	单位数（个）	年末从业人员数（人）	营业额	#客房收入
总　　计	**22**	**870**	**18363**	**1434**
一、住宿业	4	405	6346	1265
1. 按住宿行业小类分组				
旅游饭店	2	370	3669	756
一般旅馆	2	35	2677	509
2. 按登记注册类型分组				
内资企业	2	370	3669	756
国有企业	1	55	735	291
有限责任公司	1	315	2934	465
其他有限责任公司	1	315	2934	465
个体工商户	2	35	2677	509
3. 按经营形式分组			0	0
独立门店	4	405	6346	1265
二、餐饮业	18	465	12017	169
1. 按餐饮行业小类分组				
正餐服务	17	405	11303	169
2. 按登记注册类型分组				
个体工商户	18	465	12017	169
3. 按经营形式分组				
独立门店	18	465	12017	169

单位(个体户)经营情况(2012)

单位:万元

			客房间数(间)	床位数(个)	餐位数(位)	年末餐饮营业面积(平方米)
#餐费收入	#商品销售收入	#其他收入				
15835	**103**	**992**	**208**	**396**	**6332**	**18765**
4266		816	172	323	2089	8595
2098		816	139	257	1544	6895
2167			33	66	545	1700
2098		816	139	257	1544	6895
444		0	48	98	400	1500
1654		816	91	159	1144	5395
1654		816	91	159	1144	5395
2167		0	33	66	545	1700
0		0				
4266		816	172	323	2089	8595
11569	103	176	36	73	4243	10170
10856	103	176	36	73	4193	9670
11569	103	176	36	73	4243	10170
11569	103	176	36	73	4243	10170

11—12　亿元以上商品交易市场年末出租摊位数(2012)

单位:个

指　　标	运城经济开发区禹都市场	临猗县郇阳市场建设服务中心	新绛县汾河湾市场
总　　计	**5923**	**434**	**327**
食品、饮料、烟酒类	874	3	73
粮油、食品类	583		
蔬菜类	301		
干鲜果品类	282		
饮料类			53
烟酒类	291	3	20
服装、鞋帽、针纺织品类	1698	381	214
服装类	835	252	176
鞋帽类	474	53	23
针纺织品类	389	76	15
化妆品类		5	6
金银珠宝类		4	0
日用品类	981	38	25
洗涤用品类			11
儿童玩具类			14
五金、电料类	441	2	4
文化办公用品类			5
金属材料类	95		
建筑及装潢材料类	1121		
机电产品及设备类	140		
汽车类	23		
其他类	550		

11—13 亿元以上商品交易市场成交额(2012)

单位:万元

	运城经济开发区禹都市场	临猗县郇阳市场建设服务中心	新绛县汾河湾市场
总计	**3229079**	**14099**	**51713**
食品、饮料、烟酒类	766108	2	877
粮油、食品类	480809		
蔬菜类	224416		
干鲜果品类	256392		
饮料类			112
烟酒类	285299	2	765
服装、鞋帽、针纺织品类	464876	13360	7111
服装类	310726	10050	5021
鞋帽类	118578	1050	1205
针纺织品类	35572	2260	885
化妆品类		49	1712
金银珠宝类		70	
日用品类	452410	570	39421
洗涤用品类			24811
儿童玩具类			14610
五金、电料类	156217	35	1590
家用电器和音像器材类		13	
文化办公用品类			1002
金属材料类	399011		
建筑及装潢材料类	561637		
机电产品及设备类	63567		
汽车类	326994		
其他类	38259		

主要统计指标解释

批发零售贸易业 指专门从事批发和零售贸易活动的经济部门。我国长期以来把专门从事商品流通的机构分为国内商业、对外贸易业和物资供销业。新的国家统计报表制度根据《国民经济行业分类与代码》(国标修订方案),将专门从事商品流通的行业统称为批发零售贸易业。

批发零售贸易业法人企业 指具备如下条件的批发零售贸易企业:(1)依法成立,有自己的名称、组织机构和场所,能够承担民事责任;(2)独立拥有和使用资产,有权与其他间接签订合同;(3)独立核算盈亏,并能够编制资产负债表。

限额以上批发贸易企业 年主营业务收入2000万元以上企业。

零售企业 年年主营业务收入500万元以上企业。

外贸企业 一律包括在批发业中,按批发业标准执行。

餐饮业 年营业额200万元以上企业。

进口 指直接从国外进口的商品和委托外贸部门代理进口的商品,不包括从国内有关单位(包括对外贸易部门和其他部门)购进的进口商品。

出口 指直接向国(境)外出口商品和委托外贸部门代理出口的商品。不包括售给外贸部门出口或加工后出口的商品以及在国内市场以外币销售的商品。

社会消费品零售总额 指企业(单位、个体户)通过交易直接售给个人、社会集团非生产、非经营用的实物商品金额,以及提供餐饮服务所取得的收入金额。个人包括城乡居民和入境人员,社会集团包括机关、社会团体、部队、学校、企事业单位、居委会或村委会等。

国有控股 包括(1)在企业的全部实收资本中,国有经济成分的出资人拥有的实收资本(股本)所占企业全部实收资本(股本)的比例大于50%的国有绝对控股;(2)在企业的全部实收资本中,国有经济成分的出资人拥有的实收资本(股本)所占比例虽未大于50%,但相对大于其他任何一方经济成分的出资人所占比例的国有相对控股;或者虽不大于其他经济成分,但根据协议规定拥有企业实际控制权的国有协议控股;(3)投资双方各占50%,且未明确由谁绝对控股的企业,若其中一方为国有经济成分的,一律按国有控股处理。

商品销售额 指对本单位以外的单位和个人出售的商品金额(包括售给本单位消费用的商品,含增值税),本指标反映批发和零售业在国内市场上销售商品以及出口商品的总量。

营业额 指住宿和餐饮业单位在经营活动中因提供服务或销售商品等取得的全部收入,包括:客房收入、餐费收入、商品销售额(含增值税)和其他收入。不包括法人单位附营的其他行业产业活动单位的餐费收入、商品销售收入等各项收入。

客房收入 指住宿和餐饮业单位在经营活动中因提供住宿服务取得的收入。不包括法人企业附营的其他行业产业活动单位的客房收入。

餐费收入 指住宿和餐饮业单位因为顾客提供就餐服务取得的收入。包括:经烹饪、调制加工后出售的各种食品,如主食、炒菜、凉拌菜等的收入。不包括法人企业附营的其他行业产业活动单位的餐费收入。

商品销售额 指住宿和餐饮业单位出售商品的销售总额(含增值税)。不包括法人企业附营的其他行业产业活动单位的商品销售额。

其他收入 指营业额中除客房收入、餐费收入、商品销售额(含增值税)以外的其他收入。

零售业企业经营方式 批发和零售业、住宿和餐饮业企业、产业活动单位和个体经营户经营的基本形式,包括:

独立门店:以相对独立的店铺形式,单独组织批发和零售或住宿和餐饮经营活动的企业。

连锁总店(总部):负责连锁企业资源(如商号、商誉、经营模式、服务标准、管理模式等等)的开发、配置、控制或使用等功能的企业核心管理机构。连锁经营,是指经营同类商品或服务,使用统一商号的若干店铺,在同一总店(总部)的管理下,采取统一采购或特许经营等方式,实现规模效益的组织形式,包括志颖连锁、特许连锁和自愿连锁三种形式。

连锁门店:在连锁企业经营管理的基础上,按照总店(总部)的指示和服务规范要求,承担日常销售业务的店铺,称连锁门店,包括直营店和加盟店。直营店是指由连锁企业总部投资开设,按连锁经营管理模式,由总部统一管理的店铺。加盟店是指在特许连锁中,被特许人获得特许人授权后,使用其商标、商号、经营模式、专利和专有技术等经营资源建立的店铺,也包括自愿连锁的成员店。

其他方式:指不属于上述经营形式的企业、产业活动单位和个体经营户。

年末零售营业面积 指批发和零售业连锁门店用于零售的对外营业的门店建筑面积,不包括其办公用房、仓库和加工场地。该指标按年末实有建筑面积统计。

亿元以上商品交易市场 指年成交额在亿元及以上的商品交易市场。商品交易市场是指经有关部门和组织批准设立,有固定场所、设施,有经营管理部门和监管人员,若干市场经营者入内,常年或实际开业三个月以上,集中、公开、独立地进行生活消费品、生产资料等现货商品交易以及提供相关服务的交易场所,包括各类消费品市场、生产资料市场等。

12 外贸、旅游

资料整理：刘亚平　赵淑云　瞿晋瑞　李　婕

12—1　主要年份进出口总额

单位:万美元

年　份	进出口总额	出　口	进　口
1993	453	453	
1994	1096	1096	
1995	1865	1516	349
1996	2341	1543	798
1997	2130	1997	133
1998	3439	2362	1077
1999	4879	3846	1033
2000	6767	5848	949
2001	15591	8620	6971
2002	19381	10477	8935
2003	35946	15445	20500
2004	53535	22570	30965
2005	65277	29134	36143
2006	81469	29166	52303
2007	105510	30113	75397
2008	135366	54585	80781
2009	81979	15702	66277
2010	104482	28327	76155
2011	125466	38964	86502
2012	106405	38847	67558

12—2 分国别(地区)进出口总额(2012)

单位:万美元

项目	进出口		出口		进口	
	进出口额	比上年增长(%)	出口额	比上年增长(%)	进口额	比上年增长(%)
合计	**106405**	**-15.2**	**38847**	**-0.3**	**67558**	**-21.9**
澳大利亚	22828	153.0	1243	41.9	21585	164.9
巴西	21557	-28.3	971	-75.2	20586	-21.3
南非	5516	-20.8	1610	190.6	3906	-39.0
美国	5217	-0.6	4862	-3.2	355	58.2
印度	4955	-18.9	1561	10.6	3394	-27.8
德国	2946	-2.7	1075	-17.0	1870	7.9
日本	2630	-65.6	1439	-76.6	1191	-19.5
荷兰	1895	-38.9	1894	-38.9	1	
意大利	1753	-76.3	226	-39.6	1527	-78.2
土耳其	1693	6.6	297	23.4	1395	3.6
印度尼西亚	1340	43.8	587	-22.7	754	336.9
泰国	1269	19.3	1269	19.3		
越南	1252	-5.6	1252	-5.6		
加拿大	1163	-84.4	1097	1.7	66	-99.0
法国	1080	-43.1	86	0.6	994	-45.2
中国香港	829	108.5	827	144.9	2	-97.1
伊朗	717	-15.2	277	-15.2	440	-39.2
韩国	714	-20.9	617	-30.3	97	424.0
马来西亚	711	502.4	613	419.0	98	
墨西哥	656	-81.9	656	79.4		-100.0
英国	506	-7.0	425	22.4	81	-58.9
俄罗斯	481	-94.8	303	-24.1	178	-98.0
新加坡	395	3553.6	395	5179.5		-99.5
中国台湾	343	-44.9	339	-45.4	5	30.8
秘鲁	158	230.5	158	230.5		
阿根廷	125	40.7	113	26.7	12	
埃及	104	89.8	102	85.6	2	
安哥拉	62		62			
新西兰	31	33.6	31	38.3		-69.9
欧盟组织	12878	27.7	7526	12.4	5353	384.6
东盟组织	5477	-29.6	4625	6.8	852	-52.4

12—3 出口商品结构(2012)

单位:吨、万美元

项 目	绝对量		比上年增长(%)	
	数 量	金 额	数 量	金 额
出口贸易总值		**38847**		**-0.3**
焦 炭	3807	144	-97.8	-98.2
纺织纱线、织物及制品		8055		-32.1
#棉机及制品		6184		29.6
镁及其制品(包括废碎料)	17873	5786	-33.5	-33.3
钢 材	77	30	1132.3	1476.9
铁道及电车道机车等车辆的零件				
玻璃制品		2178		9.4
机电产品		8223		70.3
#金属制品		1277		218.5
机械设备		1724		-1.9
电器及电子产品		2997		138.7
运输工具		873		-34.6
仪器仪表		81		
其他产品		1270		1531.2
高新技术产品		159		70.9
#生物技术				
生命科学技术		53		-40.5
计算机与通信技术		93		
农产品		3859		51.4

12—4 进口商品结构(2012)

单位:万美元

项　　目	单　位	绝对量		比上年增长(%)	
		数　量	金　额	数　量	金　额
进口贸易总值			**67558**		**-21.9**
铁矿砂	吨	3547538	44331	11.3	-19.7
铬矿砂	吨	254957	5674	19.6	-1.5
氧化铝	吨				
锰矿砂	吨	183438	3255	4.1	-20.6
铜矿砂	吨	21810	5468	-9.7	-26.7
金属加工机床	台	6	308	500.0	547.1
#加工中心	台	5	207	400.0	336.2
数控制机	台				
金属扎床及零件					
集成电路	万个				
计量检测分析自控仪器及器具			426		-50.6
*机电产品			6097		-50.0
#金属制品			63		66.1
机械设备			3621		12.6
电器及电子产品			1962		-75.2
运输工具					
仪器仪表			427		50.5
*高新技术产品			2548		-69.5
#生物技术					
生命科学技术					
光电技术			101		180.1
计算机与通信技术			1428		-79.3
电子技术			23		340.4
计算机集成制造技术			996		-29.3
材料技术					
航空航天技术					
其他技术					
*农产品			497		844.0

12—5 主要年份旅游业发展情况

年 份	国内旅游人数（万人次）	国内旅游收入（亿元）	入境旅游人数（人次）	其中:外国人（人次）	旅游创汇（万美元）	星级饭店个数（个）
1995	43.0	0.7	3433		66.1	3
1996	81.0	1.6	10259		49.1	
1997	92.0	1.9	12625		99.2	
1998	94.1	2.3	11489		213.8	
1999	141.6	3.3	15516		228.5	
2000	251.2	5.6	16564		186.4	
2001	308.9	7.2	20118	1391	266.4	17
2002	439.0	10.3	22000	2070	317.8	25
2003	380.0	8.8	9880	1183	240.0	28
2004	520.0	13.7	25200	2358	509.5	32
2005	580.0	27.6	35006	3668	713.3	38
2006	708.3	36.1	49284	6327	1005.8	40
2007	1045.2	56.0	68547	10266	1416.8	43
2008	1149.3	71.7	90446	16183	1875.5	45
2009	1265.8	85.3	103231	20433	2326.3	45
2010	1570.0	101.0	120000	25438	2768.0	45
2011	1931.5	123.8	134826	28892	3381.3	50
2012	2378.9	163.4	159126	34213	4035.4	53

12—6 旅游业主要指标

指 标	单 位	2011	2012	2012 年比 2011 年增长(%)
接待国内游客人数	万人次	1931.5	2378.9	23.2
接待入境旅游者	人次	134826	159126	18.0
#外国人	人次	28892	34213	18.4
香港同胞	人次	37282	43772	17.4
澳门同胞	人次	31846	37065	16.4
台湾同胞	人次	36806	44076	19.8
接待入境者天数	人天	196938	233486	18.6
#外国人	人天	41956	49883	18.9
香港同胞	人天	55128	65196	18.3
澳门同胞	人天	47016	54649	16.2
台湾同胞	人天	52838	63758	20.7
国内旅游收入	亿元	123.8	163.4	32.0
旅游外汇收入	万美元	3381.3	4035.4	19.3
旅游总收入	亿元	126.0	166.0	31.7

12—7 主要年份主要旅

年份	指标	单位	中国死海	关帝庙	鹳雀楼
2005	接待人数	人数(万人次)	97.3	43.3	17.0
		同比增长(%)		15.6	-0.7
	门票收入	收 入(万元)	1528.0	645.4	453.8
		同比增长(%)		11.5	-0.3
	门票价格	价 格(元)		35.0	50.0
2006	接待人数	人 数(万人次)	66.6	48.8	18.7
		同比增长(%)		12.6	9.9
	门票收入	收 入(万元)	1896.4	732.8	466.5
		同比增长(%)	24.1	13.5	2.8
	门票价格	价 格(元)		48.0	50.0
2007	接待人数	人 数(万人次)	92.9	60.4	25.7
		同比增长(%)	39.5	23.7	37.7
	门票收入	收 入(万元)	2042.0	857.5	527.0
		同比增长(%)	7.7	17.0	12.9
	门票价格	价 格(元)		48.0	50.0
2008	接待人数	人 数(万人次)	78.5	57.6	21.0
		同比增长(%)	-15.5	-4.6	-18.4
	门票收入	收 入(万元)	2179.0	759.5	417.0
		同比增长(%)	6.7	-11.4	-20.9
	门票价格	价 格(元)		48.0	50.0
2009	接待人数	人 数(万人次)	80.7	55.4	20.6
		同比增长(%)	2.8	3.8	4.9
	门票收入	收 入(万元)	2422.4	837.7	404.9
		同比增长(%)	10.1	10.3	2.9
	门票价格	价 格(元)		48.0	50.0
2010	接待人数	人 数(万人次)	82.3	98.6	21.4
		同比增长(%)	2.0	78.1	4.0
	门票收入	收 入(万元)	2524.8	877.0	427.0
		同比增长(%)	4.2	4.7	5.4
	门票价格	价 格(元)		48.0	50.0
2011	接待人数	人 数(万人次)	89.9	106.0	24.3
		同比增长(%)	9.2	7.5	13.6
	门票收入	收 入(万元)	2672.4	1136.0	495.0
		同比增长(%)	5.8	29.5	15.9
	门票价格	价 格(元)		70.0	60.0
2012	接待人数	人 数(万人次)	97.5	126.2	26.2
		同比增长(%)	8.4	19.0	7.9
	门票收入	收 入(万元)	3047.9	1348.5	553.5
		同比增长(%)	14.1	18.7	11.8
	门票价格	价 格(元)		70.0	60.0

游景区接待情况

普救寺	历　山	永乐宫	铁牛馆	五老峰	万固寺	李家大院
20.2	23.9	6.7	6.5	7.6	2.4	
-1.1	-1.9	3.6	12.3	30.7	-81.9	
448.8	399.4	157.1	99.6	153.6	34.2	
-2.2	-0.3	-11.1	19.2	15.4	-27.5	
35.0	25.0	30.0	15.0	30.0	20.0	
22.1	22.3	10.6	6.9	9.5	2.6	
9.3	-6.6	58.5	6.2	24.6	11.9	
516.7	372.7	154.2	115.1	223.0	39.8	
15.1	-6.7	-1.8	15.6	45.2	16.3	
35.0	25.0	30.0	15.0	42.0	20.0	
26.8	18.9	12.5	8.6	9.8	5.0	
21.0	-15.4	17.7	23.9	2.5	90.5	
569.0	279.6	158.2	120.7	229.8	46.7	
10.1	-24.9	2.6	4.9	3.0	17.3	
35.0	25.0	30.0	25.0	42.0	20.0	
25.3	13.7	12.6	7.4	9.2	3.4	
-5.6	-27.5	1.0	-13.9	-5.9	-32.0	
509.0	204.5	150.5	106.6	186.8	41.7	
-11.8	-26.9	-4.9	-11.7	-18.7	-10.6	
35.0	25.0	30.0	15.0	42.0	20.0	
24.9	14.1	14.7	8.6	11.4	4.4	23.2
1.5	2.3	16.5	16.8	23.7	30.7	
482.5	386.9	156.4	153.3	220.2	52.1	252.0
5.2	8.2	3.9	23.9	17.8	24.9	
35.0	25.0	30.0	15.0	42.0	20.0	40.0
25.1	25.8	15.4	7.3	12.2	4.5	40.0
0.8	82.9	4.7	-15.6	7.1	2.0	72.1
486.0	791.6	156.5	130.5	237.1	53.2	681.7
0.7	104.6	0.3	-14.9	7.7	2.1	170.5
35.0	30.0	30.0	15.0	42.0	20.0	40.0
25.1	27.1	15.6	6.4	12.5	4.6	49.5
4.7	4.9	1.3	-12.3	2.5	2.2	23.8
575.0	680.5	112.6	165.9	297.4	53.5	682.3
20.8	-14.0	-28.1	27.1	25.4	1.0	1.0
50.0	50.0	50.0	25.0	60.0	20.0	50.0
30.5	41.0	22.0	7.3	12.3	2.6	58.9
21.4	50.4	178.5	14.8	14.3	18.2	19.0
771.8	2346.2	154.9	221.4	361.8	63.5	759.8
34.2	255.8	37.6	33.4	21.7	18.7	11.4
50.0	50.0	50.0	25.0	60.0	20.0	50.0

主要统计指标解释

进出口总额 指实际进出我国国境的货物总金额。包括对外贸易实际进出口货物,来料加工装配进出口货物,国家间、联合国及国际组织无偿援助物资和赠送品,华侨、港澳台同胞和外籍华人捐赠品,租赁期满归承租人所有的租赁货物,进料加工进出口货物,边境地方贸易及边境地区小额贸易进出口货物(边民互市贸易除外),中外合资企业、中外合作经营企业、外商独资经营企业进出口货物和公用物品,到、离岸价格在规定限额以上的进出口货样和广告品(无商业价值、无使用价值和免费提供出口的除外),从保税仓库提取在中国境内销售的进口货物,以及其他进出口货物。该指标可以观察一个国家在对外贸易方面的总规模。我国规定出口货物按离岸价格统计,进口货物按到岸价格统计。

实际利用外资 指我国各级政府、部门、企业和其他经济组织通过对外借款、吸收外商直接投资以及用其他方式筹措的境外现汇、设备、技术等。

外商直接投资 指外国企业和经济组织或个人(包括华侨、港澳台胞以及我国在境外注册的企业)按我国有关政策、法规,用现汇、实物、技术等在我国境内开办外商独资企业、与我国境内的企业或经济组织共同举办中外合资经营企业、合作经营企业或合作开发资源的投资(包括外商投资收益的再投资),以及经政府有关部门批准的项目投资总额内企业从境外借入的资金。

旅游人数

(1)入境旅游人数:指报告期内来我国观光、度假、探亲访友、就医疗养、购物、参加会议或从事经济、文化、体育、宗教活动的外国人、港澳台同胞等入境游客。统计时,外国人、港澳台同胞每入境一次统计1人次。

(2)国内旅游人数:指在报告期内在中国(大陆)观光游览、度假、探亲访友、就医疗养、购物、参加会议或从事经济、文化、体育、宗教活动的中国(大陆)居民人数,其出游的目的不是通过所从事的活动谋取报酬。统计时,国内游客按每出游一次统计1人次。

国际旅游(外汇)收入 指入境游客在中国(大陆)境内旅行、游览过程中用于交通、参观游览、住宿、餐饮、购物、娱乐等全部花费。

国内旅游收入 又称旅游总花费指国内游客在国内旅行、游览过程中用于交通、参观游览、住宿、餐饮、购物、娱乐等全部花费。

星级饭店 指设备、设施、服务符合《旅游饭店星级的划分与评定》(GB/T14308－2003),通过相关旅游管理部门评定,并取得星级饭店称号的饭店(含预备星级饭店)。

13 财政、金融

资料整理:刘亚平　赵淑云　翟晋瑞　李　婕

13—1 主要年份财政收支情况

单位:万元

年 份	财 政 总收入	一般预算 收 入	一般预算 支 出	一般预算 收支差额
1952	1760	1760	499	1261
1957	3323	3323	1810	1513
1962	4775	4775	2926	1849
1965	5380	5380	2495	2885
1970	6449	6449	4615	1834
1975	8933	8933	9084	-151
1980	8548	8548	11532	-2984
1985	15816	15816	20719	-4903
1990	26661	26651	43893	-17242
1995	77516	49904	88978	-39074
2000	211720	99121	158931	-59810
2005	556118	184077	437358	-253281
2006	697801	213140	545866	-332726
2007	863957	290097	722472	-432375
2008	925039	326455	930088	-603633
2009	636502	262742	1035827	-773085
2010	802788	355403	1348055	-992652
2011	874396	408156	1657721	-1249565
2012	800889	415406	1926351	-1510945

注:1994 年以前一般预算收支为财政收支。

13—2 地方财政收入

单位:万元

指　　标	2011	2012	2012 年比 2011 年增长(%)
地方财政收入合计	**630271**	**647256**	**2.7**
一、一般预算收入	408156	415406	1.8
1. 增值税	71925	54616	-24.1
国有企业增值税	9233	10552	14.3
集体企业增值税	1108	1066	-3.8
股份制企业增值税	42390	32368	-23.6
联营企业增值税			
港澳台和外商投资企业增值税	5400	2215	-59.0
私营企业增值税	11408	5795	-49.2
其他增值税	5262	5285	0.4
增值税税款滞纳金、罚款收入	298	105	-64.8
福利企业增值税退税	-2838	-2981	5.0
软件集成电路增值税退税			
三线搬迁增值税退税			
民贸企业增值税退税			
宣传文化单位增值税退税		-19	
森工综合利用增值税退税	-9	-94	944.4
其他增值税退税	-1377	-989	-28.2
免抵调增增值税	1050	1313	25.0
2. 营业税	87642	95893	9.4
金融保险业营业税(地方)	6139	8399	36.8
一般营业税	81377	87401	7.4
营业税税款滞纳金、罚款收入	126	93	-26.2
营业税退税			
3. 企业所得税	18057	16753	-7.2
其中:国有烟草企业所得税	2850	2844	-0.2
4. 企业所得税退税			
5. 个人所得税	9558	9058	-5.2
其中:利息所得税	164	49	-70.1
6. 资源税	2661	3496	31.4

13—2 续

单位:万元

指　　标	2011	2012	2012年比2011年增长(%)
7.固定资产投资方向调节税			
8.城市维护建设税	26486	24890	-6.0
9.房产税	12220	14086	15.3
10.印花税	7738	8504	9.9
证券交易印花税			
其他印花税	7686	8427	9.6
印花税税款滞纳金、罚款收入	52	77	48.1
11.城镇土地使用税	20225	22596	11.7
12.土地增值税	8162	7568	-7.3
13.车船税	10137	10451	3.1
14.屠宰税			
15.筵席税			
16.农业税			
17.农业特产税			
18.牧业税			
19.耕地占用税	2630	5298	101.4
20.契　税	12003	12772	6.4
21.国有资产经营收益			
22.国有企业计划亏损补贴			
23.行政性收费收入			
24.罚没收入	18633	20772	11.5
25.国有资源(资产)有偿使用收入	8367	10211	22.0
26.专项收入	50848	41056	-19.3
排污费收入	15036	8194	-45.5
27、利息收入	3697	4121	11.5
国库存款利息收入	2808	2467	-12.1
其他利息收入			
28、其他收入	2471	1712	-30.7
二、政府性基金收入合计	222119	231850	4.4

13—3　一般预算支出

单位:万元

指　　标	2011	2012	2012 年比 2011 年增长(%)
合　　计	**1657721**	**1926351**	**16.2**
一般公共服务	185995	201642	8.4
国　防	233	410	76.0
公共安全	88934	103820	16.7
公　安	58551	66561	13.7
检　察	10573	11899	12.5
法　院	13818	18657	35.0
司　法	3997	4959	24.1
教　育	375648	454469	21.0
普通教育	302031	325538	7.8
职业教育	24797	43567	75.7
教师进修及干部继续教育	3923	5103	30.1
教育费附加安排的支出	16200	18770	15.9
科学技术	13307	15348	15.3
技术研究与开发	9482	11394	20.2
文化体育与传媒	25696	35930	39.8
文　化	11055	10359	-6.3
文　物	4084	8130	99.1
体　育	2832	1957	-30.9
广播影视	6425	9895	54.0
社会保障和就业	234720	253351	7.9
人力资源和社会保障管理事务	11771	12384	5.2
民政管理事务	4140	4453	7.6
财政对社会保险基金的补助	42929	48311	12.5
行政事业单位离退休	74591	78197	4.8
就业补助	13493	13969	3.5
抚　恤	16820	20601	22.5
城市居民最低生活保障	25391	25324	-0.3

13—3 续

单位:万元

指　　标	2011	2012	2012 年比 2011 年增长(%)
自然灾害生活救助	4181	4920	17.7
农村最低生活保障	21036	21437	1.9
其他农村生活救助	3199	2925	-8.6
医疗卫生	166995	187986	12.6
医疗服务			
社区卫生服务			
医疗保障	104570	116971	11.9
疾病预防控制			
农村卫生			
节能环保	63554	69280	9.0
污染防治	23843	26283	10.2
退耕还林	9861	7571	-23.2
城乡社区事务	58368	70851	21.4
城乡社区管理事务	15150	22812	50.6
城乡社区公共设施	31258	35931	14.9
农林水事务	226040	262433	16.1
农　业	71090	85957	20.9
林　业	12666	23577	86.1
水　利	71067	71202	0.2
扶　贫	7279	10080	38.5
农业综合开发	16485	16809	2.0
交通运输	58660	47820	-18.5
公路水路运输	35552	28118	-20.9
金融监管等事务支出	7631	440	-94.2
住房改革支出	6474	9161	41.5
其他支出(类)	34005	32000	-5.9
其他支出(款)	33986	32000	-5.8

13—4 金融机构人民币信贷收入

单位:万元

指 标	2011 年末	2012 年末	2012 年末比 2011 年末增长(%)
资金来源总计	**11142743**	**12972702**	**16.4**
一、各项存款	11150795	13183796	18.2
单位存款	3047548	3781012	24.1
活期存款	2317331	2584538	11.5
定期存款	429403	620666	44.5
通知存款	5485	22254	305.7
保证金存款	242152	499944	106.5
个人存款	7575102	8785710	16.0
储蓄存款	7574698	8781597	15.9
保证金存款	199	114	-42.7
结构性存款	204	3999	1860.3
财政性存款	512114	588376	14.9
临时性存款	14749	25874	75.4
委托存款	-376	-382	1.6
其他存款	1658	3205	93.3
二、金融债券			
三、中长期贷款	299	147	-50.8
四、应付及暂收款	201135	327204	62.7
#应付利息	126936	205435	61.8
五、同业往来(来源方)	8	70	775.0
六、系统内资金往来(来源方)			
七、外汇买卖(来源方)	216463	96057	-55.6
八、各项准备	259730	270108	4.0
#贷款损失准备金	259116	268057	3.5
九、所有者权益	214758	310833	44.7
#实收资本	117384	168500	43.5
十、其 他	-900445	-1215513	35.0

13—5　金融机构人民币信贷支出

单位:万元

指　　标	2011 年末	2012 年末	2012 年末比 2011 年末增长(%)
资金运用总计	**11142743**	**12972702**	**16.4**
一、各项贷款	6044464	7087431	17.3
1、短期贷款	3465795	3953612	14.1
个人贷款及透支	1270265	1289348	1.5
#个人消费贷款	12752	20564	61.3
单位普通贷款及透支	1978963	2394132	21.0
#经营贷款	1975463	2392132	21.1
固定资产贷款	2500		
普通并购贷款			
银团贷款			
贸易融资	216568	270131	24.7
境外筹资转贷款			
2、中长期贷款	2044576	2530768	23.8
个人贷款	697396	956928	37.2
#个人消费贷款	326588	397608	21.7
单位普通贷款	1297180	1553587	19.8
#经营贷款	108323	161454	49.0
固定资产贷款	1188857	1392134	17.1
普通并购贷款			
银团贷款	50000	20000	-60.0
贸易融资		253	
境外筹资转贷款			
3、融资租赁			
4、票据融资	531556	601950	13.2
#贴　现	531556	601950	13.2
5、各项垫款	2523	1088	-56.9
二、有价证券	929	240642	25803.3
三、股权及其他投资	11680	4048	-65.3
四、应收及预付款	81636	92524	13.3
#应收利息	19395	28615	47.5
五、同业往来(运用方)	5246	19729	276.1
#境外同业往来			
六、系统内资金往来(运用方)	4549628	5172481	13.7
七、金银占款			
八、外汇买卖(运用方)	216425	95953	-55.7
九、固定资产	102887	137915	34.0
十、库存现金	123749	121951	-1.5
十一、投资性房地产	6100		

13—6 主要年份金融机构人民币存款余额

单位:万元

年 份	存款余额	#企业存款	#财政存款	#农业存款	#机关团体存款	#储蓄存款
1952	841	378	172	46	120	105
1957	4260	630	259	2791	165	405
1962	6807	1646	889	3139	253	457
1965	10732	2990	492	5716	261	857
1970	13451	4164	924	5437	684	1411
1975	16985	4682	1091	5078	830	2681
1978	20861	5854	2799	5884	1010	3705
1980	27326	7760	4569	8837	1150	5893
1985	74403	21622	5968	18337		23916
1990	265187	42513	5164	51549	6720	150003
1995	626841	102623	6166	3279	16919	493136
1996	800811	131695	10597	2258	18092	630333
1997	1378384	169800	7884	350845	21197	799536
1998	1682906	229051	16674	479922	21946	880425
1999	1344717	275877	21742	6352	26704	977031
2000	1494972	309023	26289	4977	29156	1075584
2001	1722531	338838	31856	3649	46430	1237145
2002	2746607	383426	42548	29677	67676	2148664
2003	3263608	419538	66165	50633	85652	2537080
2004	3662269	439837	68758	61959	117472	2864632
2005	4335131	539758	80123	68473	152591	3323560
2006	5265360	736084	140207	99731	193853	3853877
2007	5938944	750455	299311	145335	288584	4239329
2008	7164436	795170	362046	165230	379595	5173810
2009	8278837	1030638	372494	262413	437080	5793728
2010	9516209	1303206	431690	183461	706270	6552370
2011	11150795		512114			7574698
2012	13183796		588376			8781597

13—7　主要年份金融机构人民币贷款余额

单位:万元

年份	贷款余额	#工业贷款	#商业贷款	#农业贷款
1952	281	61	103	95
1957	9028	617	7125	1281
1962	20412	2311	13013	2039
1965	19065	448	15055	1138
1970	27550	3802	21392	1262
1975	40429	6305	29458	4001
1978	55619	9507	34940	8012
1980	68286	14105	41711	11687
1985	147721	29401	91121	19314
1990	409457	101518	189972	31561
1995	1113721	258839	328398	39045
1996	1300525	307975	383602	47294
1997	1793253	365455	444004	328177
1998	1955699	440552	474853	406933
1999	1596797	389370	511933	71330
2000	2013313	351548	491857	315870
2001	2240712	350073	522685	344912
2002	2577786	480746	556170	431316
2003	321526	624402	559211	561665
2004	3592323	646308	548558	210312
2005	3727111	614481	581162	715006
2006	4157655	715590	590022	814745
2007	4631030	903114	506214	967508
2008	4672437	694790	476142	1216048
2009	4795957	753151	374898	1356925

13—8　2010—2012年年末金融机构人民币贷款余额

单位:万元

年份	贷款余额	#短期贷款	#个人消费贷款	#中长期贷款	#个人消费贷款
2010	4998585	3031024	35698	1697142	251925
2011	6044464	3465795	12752	2044576	326588
2012	7087431	3953612	20564	2530768	397608

主要统计指标解释

财政收入 指国家财政参与社会产品分配所取得的收入，是实现国家职能的财力保证。财政收入所包括的内容几经变化，目前主要包括：

（1）各项税收：包括增值税、营业税、消费税、土地增值税、城市维护建设税、资源税、城市土地使用税、印花税、固定资产投资方向调节税、个人所得税、企业所得税、关税、农牧业税和耕地占用税等。

（2）专项收入：包括征收排污费收入、征收城市水资源费收入、教育费附加收入等。

（3）其他收入：包括其本建设贷款归还收入、基本建设收入、捐赠收入等。

（4）国有企业计划亏损补贴：这项为负收入，冲减财政收入。

财政支出 是指国家财政将筹集起来的资金进行分配使用，以满足经济建设和各项事业的需要。

存款 企业、机关、团体或居民根据可以收回的原则，把货币资金存人银行或其信用机构保管并取得一定利息的一种信用活动形式。根据存款对象的不同可划分：企业存款、财政存款、机关团体存款、城镇居民储蓄存款、农村存款等项日。

贷款 银行或其他信用机构根据必须归还的原则，按一定利率，为企业、个人等提供资金的一种信用活动形式。我国银行贷款分流动资金贷款、农业贷款、固定资产贷款等科目。

城乡居民储蓄存款年末余额 包括城镇居民储蓄和农民个人储蓄两部分的年末余额。不包括工矿企业、部队、机关团体等存款。

14 教育、卫生、科技

资料整理：刘亚平　武文琦　赵淑云
　　　　　翟晋瑞　程明芳　李　婕

14—1　教育基本情况

指　　标	计量单位	2011	2012	2012年比2011年增长(%)
高等教育				
高等学校数	个	6	7	16.7
教职工数	人	2880	3201	11.1
其中:专任教师	人	1912	2209	15.5
在校学生数	人	32731	40682	24.3
其中:本年招生数	人		15557	
毕业生数	人		7892	
中等教育				
高中阶段				
1、高　中				
教职工数	人	14162	13866	-2.1
其中:专任教师	人	11819	11341	-4.0
在校学生数	人	150058	142529	-5.0
其中:本年招生数	人		49620	
毕业生数	人		52886	
2、中等职业教育				
教职工数	人	4493	4024	-10.4
其中:专任教师	人	2986	2886	-3.3
在校学生数	人	49195	43071	-12.4
其中:本年招生数	人		17373	
毕业生数	人		18621	
初中阶段				
普通初中				
教职工数	人	20964	20781	-0.9
其中:专任教师	人	19296	18928	-1.9
在校学生数	人	249724	226288	-9.4
其中:本年招生数	人		67657	
毕业生数	人		83327	
初等教育				
普通小学				
教职工数	人	26751	26162	-2.2
其中:专任教师	人	25413	25016	-1.6
在校学生数	人	393626	360523	-8.4
其中:本年招生数	人		55386	
毕业生数	人		80648	
特殊教育				
教职工数	人	268	264	-1.5
其中:专任教师	人	213	212	-0.5
在校学生数	人	1049	1022	-2.6
其中:本年招生数	人		109	
毕业生数	人		107	
学前教育				
教职工数	人	6932	7606	9.7
其中:专任教师	人	4867	5318	9.3
在园幼儿数	人	142963	138922	-2.8

14—2 各级各类学校、教职工和专任教师情况

项 目	学校数(所)		教职工数(人)		专任教师(人)	
	2011	2012	2011	2012	2011	2012
高等教育						
研究生培养机构						
普通高校						
科研机构						
普通高等学校						
本科院校						
#独立学院						
专科院校						
#职业技术学院						
其他机构(教学点)						
成人高等学校						
民办的其他高等教育机构						
中等教育						
高中阶段教育	125	131	18655	17890	14805	14227
高　中	64	73	14162	13866	11819	11341
普通高中	64	73	14162	13866	11819	11341
成人高中						
中等职业教育	61	58	4493	4024	2986	2886
普通中专	16	13	1829	1453	959	807
成人中专	14	14	361	372	318	327
职业高中	31	31	2303	2199	1709	1752
技工学校						
其他机构(教学点)						
初中阶段教育	295	280	20964	20781	19296	18928
普通初中	295	280	20964	20781	19296	18928
职业初中						
成人初中						
初等教育	**1108**	**1078**	**26751**	**26162**	**25413**	**25016**
普通小学	1108	1078	26751	26162	25413	25016
成人小学						
工读学校						
特殊教育	**13**	**14**	**268**	**264**	**213**	**212**
学前教育	**677**	**727**	**6932**	**7606**	**4867**	**5318**

14—3 各级各类学生情况(2012)

单位:人

项目	招生数	#女生	在校学生数	#女生	毕业生数	#女生
高等教育						
研究生						
博士						
硕士						
普通本专科						
本科						
专科						
成人本专科						
本科						
专科						
其他高等学历教育						
中等教育						
高中阶段教育	66993	33202	185600	92942	71507	35949
高中	49620	24224	142529	70309	52886	25994
普通高中	49620	24224	142529	70309	52886	25994
成人高中						
中等职业教育	17373	8978	43071	22633	18621	9955
普通中专	4841	2675	11388	6820	7949	5093
成人中专					324	139
职业高中	12532	6303	31683	15813	10348	4723
技工学校						
初中阶段教育	67657	32525	226288	108153	87485	41893
普通初中	67657	32525	226288	108153	87485	41893
职业初中						
成人初中						
初等教育	**55386**	**26501**	**360523**	**170111**	**80648**	**37693**
普通小学	55386	26501	360523	170111	80648	37693
成人小学						
#扫盲班						
工读学校						
特殊教育	**109**	**56**	**1022**	**465**	**107**	**53**
学前教育	**53438**	**25589**	**138922**	**67222**	**48890**	**23345**

14—4 普通高中学校和学生情况(2012)

项 目	学校数(所)	高级中学	完全中学	招生数(人)	在校学生数(人)	毕业生数(人)
总 计	**73**	**52**	**21**	**49620**	**142529**	**52886**
教育部门和集体办	44	37	7	38809	111403	40218
民 办	29	15	14	10811	31126	12668
其他部门办						
城 市	21	12	9	14793	43719	16361
教育部门和集体办	10	9	1	10822	30695	10827
民 办	11	3	8	3971	13024	5534
其他部门办						
县 镇	47	36	11	33376	94319	34760
教育部门和集体办	33	27	6	27821	79862	28981
民 办	14	9	5	5555	14457	5779
其他部门办						
农 村	5	4	1	1451	4491	1765
教育部门和集体办	1	1		166	846	410
民 办	4	3	1	1285	3645	1355
其他部门办						

14—5 普通初中学校和学生情况(2012)

项　　目	学校数（所）	#初级中学	#九年一贯制	招生数（人）	在　校学生数（人）	毕业生数（人）
总　　计	**280**	**210**	**70**	**67657**	**226288**	**87485**
教育部门和集体办	219	193	26	48141	163410	68214
民　办	61	17	44	19516	62878	19271
其他部门办						
城　市	36	27	9	17697	56750	18835
教育部门和集体办	25	22	3	9878	31486	11417
民　办	11	5	6	7819	25264	7418
其他部门办						
县　镇	142	106	36	38321	128228	50755
教育部门和集体办	113	99	14	29337	99282	41549
民　办	29	7	22	8984	28946	9206
其他部门办						
农　村	102	77	25	11639	41310	17895
教育部门和集体办	79	72	9	8926	32642	15248
民　办	21	5	16	2713	8668	2647
其他部门办						

14—6　普通小学学校和学生情况(2012)

项　　目	学校数(所)	招生数(人)	在校学生数(人)	毕业生数(人)
总　　计	**1078**	**55394**	**360523**	**80648**
教育部门和集体办	1046	48946	312276	70503
民　办	32	6448	48247	10145
其他部门办				
城　市	78	11831	69586	12829
教育部门和集体办	67	8704	51762	9737
民　办	11	3127	17824	3092
其他部门办				
县　镇	280	23568	158320	35063
教育部门和集体办	270	21123	135137	29913
民　办	10	2445	23183	5150
其他部门办				
农　村	720	19995	132617	32756
教育部门和集体办	709	19119	125377	30853
民　办	11	876	7240	1903
其他部门办				

14—7 幼儿园基本情况(2012)

项目	园数(所)	班数(个)	在园幼儿数(人)	教职工数(人)	#教师(人)
总计	**727**	**5185**	**138922**	**7606**	**5318**
教育部门办	169	2242	60288	2246	1696
集体办	145	537	12590	576	407
民办	400	2249	61522	4438	3007
其他部门办	13	157	4522	346	208
城市	77	666	21447	1856	1242
教育部门办	17	185	6797	441	342
集体办	3	12	315	18	14
民办	54	429	13015	1281	803
其他部门办	3	40	1320	116	83
县镇	266	1936	58375	3389	2374
教育部门办	60	794	25806	1237	931
集体办	55	240	6397	309	230
民办	142	814	23280	1618	1090
其他部门办	9	88	2892	225	123
农村	384	2583	59100	2361	1702
教育部门办	92	1263	27685	568	423
集体办	87	285	5878	249	163
民办	204	1006	25227	1539	1114
其他部门办	1	29	310	5	2

14—8 教育事业主要指标情况

指　　标	计量单位	2011	2012
国家财政性教育经费	万元	368835	410231
在园幼儿数	人	142963	138922
#女　童	万人	68350	67222
学前教育毛入学率	%	80	82
其中:男　童	%		
女　童	%		
小学学龄儿童净入学率	%		
其中:男　童	%		
女　童	%		
小学六年巩固率	%	100	100
其中:男　童	%		
女　童	%		
小学学生辍学率	%	0	0
其中:男　童	%		
女　童	%		
初中阶段毛入学率	%		
其中:男　童	%		
女　童	%		
初中三年巩固率	%	100	100
其中:男　童	%		
女　童	%		
初中辍学率	%	0	0
其中:男　童	%		
女　童	%		
特殊教育在校学生数	人	1049	1022
其中:女　生	人	471	471
普通中小学残疾儿童在校学生数	人	971	950
其中:女　生	人	439	465
高中阶段毛入学率	%	96.6	98.2
其中:男　童	%		
女　童	%		

14—9 医疗卫生机构、

机构分类	机构个数	已报机构	编制床位数	实有床位数	编制人数	合计	在岗卫生 小计	执业(助理)医师
总　计	**5432**	**5433**	**25138**	**29149**	**26618**	**36257**	**25195**	**11768**
一、医　院	223	223	16505	16838	11862	17481	14583	5789
综合医院	72	72	9861	10209	8454	11634	9926	3776
中医医院	57	57	2596	2398	1553	2301	1868	831
中西医结合医院	2	2	65	65	13	68	62	19
民族医院								
专科医院	92	92	3983	4166	1842	3478	2727	1163
口腔医院	5	5	105	100	159	174	147	73
眼科医院	4	4	240	240	107	180	137	56
耳鼻喉科医院	2	2	69	50		126	88	31
肿瘤医院	1	1	100	100	21	25	25	12
心血管病医院	3	3	98	98	40	76	68	43
胸科医院								
血液病医院	1	1	200	200	170	235	205	65
妇产(科)医院	12	12	281	311	149	349	282	112
儿童医院	1	1	49	50	17	30	26	9
精神病医院	3	3	319	316	145	110	94	34
传染病医院	1	1	300	300	190	323	268	99
皮肤病医院	4	4	100	120	34	109	77	48
结核病医院	1	1	50	50		11	6	5
职业病医院								
骨科医院	16	16	917	895	209	403	280	131
康复医院	1	1	20	20	10	21	19	15
整形外科医院								
美容医院								
其他专科医院	37	37	1135	1316	591	1306	1005	430
护理院								
二、基层医疗卫生机构	5148	5149	8078	11801	12283	16029	8558	5275
社区卫生服务中心(站)	67	67	927	994	1001	1252	1052	571
社区卫生服务中心	16	16	729	718	742	778	664	351
社区卫生服务站	51	51	198	276	259	474	388	220

注：本表人员合计中包括乡村医569人和卫生员563人；不含乡镇卫生院在村卫生室工作的执业(助理)医师、注册护士数。

床位、人员数(2012)

单位:个、人

职工									
技术人员							其他技术人员	管理人员	工勤技能人员
#执业医师	注册护士	药师(士)	技师(士)	#检验师	其他	#见习医师			
8847	**7520**	**1208**	**1499**	**1047**	**3228**	**655**	**1445**	**1342**	**2007**
5033	5841	784	978	684	1191	402	806	973	1119
3443	4346	510	626	436	668	262	498	544	666
688	540	150	142	94	205	65	109	167	157
16	10	6	7	4	20		1		5
886	945	118	203	150	298	75	198	262	291
53	17				57	11	5	6	16
51	57	5	6	4	13	2	10	12	21
24	31	3	4	2	19		21	10	7
10	6	2	3	2	2				
28	11	4	6	4	4		3	2	3
65	98	10	17	17	15	8	5	5	20
80	102	9	17	12	42	11	8	19	40
5	6	1	4	3	6		2	1	1
27	30	9	7	6	14	1	2	9	5
90	133	13	23	21			21	15	19
31	18	4	3	2	4		13	12	7
4	1								5
99	87	15	29	18	18	12	28	38	57
6	2	2						2	
313	346	41	84	59	104	30	80	131	90
3277	1250	363	332	195	1338	236	373	208	622
413	294	50	54	34	83	43	53	64	83
242	166	35	46	29	66	38	18	36	60
171	128	15	8	5	17	5	35	28	23

14—9 续1

机构分类	机构个数	已报机构	编制床位数	实有床位数	编制人数	合计	在岗卫生	
							小计	执业(助理)医师
卫生院	204	204	7151	7186	3869	4732	3941	1978
街道卫生院	68	68	1712	1737	725	1024	871	436
乡镇卫生院	136	136	5439	5449	3144	3708	3070	1542
中心卫生院	61	61	2976	2944	1858	2208	1855	903
乡卫生院	75	75	2463	2505	1286	1500	1215	639
村卫生室	3568	3569			6902	6902	642	600
门诊部	23	23		3621	82	211	152	67
综合门诊部	5	5		3530	23	61	45	11
中医门诊部	2	2		4	6	12	11	6
中西医结合门诊部								
民族医门诊部								
专科门诊部	16	16		87	53	138	96	50
诊所、卫生所、医务室	1286	1286			429	2932	2771	2059
诊　所	1260	1260			428	2870	2719	2015
卫生所、医务室	26	26			1	62	52	44
护理站								
三、专业公共卫生机构	53	53	555	510	2303	2585	2011	686
疾病预防控制中心	14	14			688	695	419	229
省　属								
省辖市(地区)属	1	1			95	86	63	39
地辖市属	3	3			180	179	115	58
县　属	10	10			413	430	241	132
其　他								
专科疾病防治院(所、站)	4	4			16	27	19	13
专科疾病防治院								
传染病防治院								
结核病防治院								
职业病防治院								
其　他								
专科疾病防治所(站、中心)	4	4			16	27	19	13
口腔病防治所(站、中心)	4	4			16	27	19	13
精神病防治所(站、中心)								
皮肤病与性病防治所(中心)								

单位:个、人

职工 技术人员 #执业医师	注册护士	药师(士)	技师(士)	#检验师	其他	#见习医师	其他技术人员	管理人员	工勤技能人员
1198	684	274	248	144	757	158	320	144	327
262	149	60	58	39	168	44	69	29	55
936	535	214	190	105	589	114	251	115	272
578	357	137	122	66	336	75	143	54	156
358	178	77	68	39	253	39	108	61	116
323	42								
49	38	14	21	11	12	8			58
9	16	5	12	6	1	1			16
4	2	1	1	1	1				1
36	20	8	8	4	10	7			41
1294	192	25	9	6	486	27			154
1267	189	25	9	6	481	27			144
27	3				5				10
522	421	55	185	166	685	17	186	135	253
162	50	10	91	86	55		89	57	130
33	4		14	14	6			9	14
30	11	5	41	40	6		24	12	28
99	35	5	36	32	43		65	36	88
7	1				5		3	3	2
7	1				5		3	3	2
7	1				5		3	3	2

14—9 续2

机构分类	机构个数	已报机构	编制床位数	实有床位数	编制人数	合计	在岗卫生 小计	执业(助理)医师
结核病防治所(站、中心)								
职业病防治所(站、中心)								
地方病防治所(站、中心)								
血吸虫病防治所(站、中心)								
药物戒毒所(中心)								
其　他								
健康教育所(站、中心)								
妇幼保健院(所、站)	14	14	555	510	863	1081	873	386
省　属								
省辖市(地区)属	1	1	150	113	210	295	230	90
地辖市属	3	3	90	80	173	205	166	83
县　属	10	10	315	317	480	581	477	213
其　他								
妇幼保健院	14	14	555	510	863	1081	873	386
妇幼保健所								
妇幼保健站								
生殖保健中心								
急救中心(站)	1	1			33	30	26	16
采供血机构	3	3			32	150	114	21
卫生监督所(中心)	14	14			602	539	512	
省　属								
省辖市(地区)属	1	1			54	53	53	
地辖市属	3	3			138	162	162	
县　属	10	7			277	244	244	
其　他		3			133	80	53	
四、其他卫生机构	8	8			170	162	43	18
疗养院								
卫生监督检验(监测、检测)所(站)								
医学科学研究机构	1	1			15	8	8	8
医学在职培训机构								
临床检验中心(所、站)								
其　他	7	7			155	154	35	10

单位:个、人

职工									
技术人员							其他技术人员	管理人员	工勤技能人员
#执业医师	注册护士	药师(士)	技师(士)	#检验师	其他	#见习医师			
306	294	41	57	47	95	14	61	51	96
87	104	7	10	10	19		27	15	23
65	38	6	16	12	23	12	13	10	16
154	152	28	31	25	53	2	21	26	57
306	294	41	57	47	95	14	61	51	96
16	9		1	1				2	2
16	52	2	29	27	10	3	14	16	6
					512		9	4	14
					53				
					162				
					244				
					53		9	4	14
15	8	6	4	2	14		80	26	13
8									
7	8	6	4	2	14		80	26	13

14—10 工业企业

分组	单位数（个）	有R&D活动单位数（个）	有科技机构单位数（个）	有科技活动单位数（个）
总计	**462**	**14**	**15**	**21**
一、按隶属关系分组				
中央	19	2	3	6
省（自治区、直辖市）	9	3	4	4
地（区、市、州、盟）	16	1		1
县（区、市、旗）	119	4	4	4
街道	1			
镇	9			
乡	2			
村委会	1			
其他	286	4	4	6
二、按登记注册类型分组				
内资企业	448	13	15	20
国有企业	15		1	1
集体企业	3			
股份合作企业	3			
联营企业	1			
其他联营企业	1			
有限责任公司	140	5	6	9
国有独资公司	2	1	1	1
其他有限责任公司	138	4	5	8
股份有限公司	20	4	5	6
私营企业	244	3	2	3
私营独资企业	10			
私营合伙企业	1			
私营有限责任公司	216	2	1	2
私营股份有限公司	17	1	1	1
其他企业	22	1	1	1
港、澳、台商投资企业	1			
合资经营企业（港或澳、台资）	1			
外商投资企业	13	1		1
中外合资经营企业	10	1		1
外资企业	3			
三、按国民经济行业大类分组				
采矿业	17			
煤炭开采和洗选业	15			
黑色金属矿采选业	1			
有色金属矿采选业	1			

科技情况(2012)

年末从业人员（人）	工业总产值（万元）	主营业务收入（万元）	利润总额（万元）	资产总计（万元）	出口交货值（万元）
198445	**14106433**	**14071205**	**418665**	**17348290**	**188371**
30571	2351014	2502812	-114726	3369837	49667
28231	1072780	1278587	52856	2291184	3508
7790	239716	242892	-24555	540063	13407
32599	2110428	2129982	125009	2384415	40453
231	11420	6143	395	5288	
2790	190092	162687	18452	192412	
271	41464	41774	1302	28335	
273	10074	10074	-696	24806	
95689	8079446	7696256	360629	8511949	81336
193813	13769194	13764460	394103	16953869	169557
12372	819484	924875	7250	1266082	49667
1296	28114	43651	-373	27774	
622	76880	46148	1629	42165	
670	86837	56466	342	56359	
670	86837	56466	342	56359	
61469	3683801	3907110	58081	5117571	18052
13882	326706	191738	5741	861010	
47587	3357095	3715372	52340	4256561	18052
35178	1723116	1832087	-37809	3041898	15353
78189	6854956	6467868	315502	6989220	74828
1860	219855	218515	14749	212473	
585	56826	54302	3753	38147	
71990	6199434	5827652	270473	6410339	66707
3754	378841	367399	26527	328261	8121
4017	496008	486256	49482	412801	11657
575	84547	64279	5073	98000	
575	84547	64279	5073	98000	
4057	252692	242466	19490	296421	18814
3607	215774	207995	18520	251164	18814
450	36918	34472	970	45257	
3427	242894	243205	7814	219177	
1585	190460	182859	3259	68461	
1300	43826	48128	4531	94506	
542	8608	12218	24	56211	

14—10 续

分　组	单位数（个）	有 R&D 活动单位数（个）	有科技机构单位数（个）	有科技活动单位数（个）
制造业	435	14	15	20
农副食品加工业	28			
食品制造业	19			
酒、饮料和精制茶制造业	14			
纺织业	18			
纺织服装、服饰业	5			
木材加工和木、竹、藤、棕、草制品业	6			
家具制造业	1			
造纸和纸制品业	10			
印刷和记录媒介复制业	6	1		1
文教、工美、体育和娱乐用品制造业	3			
石油加工、炼焦和核燃料加工业	24			
化学原料和化学制品制造业	62	2	3	4
医药制造业	18	3	3	3
橡胶和塑料制品业	13	1	1	1
非金属矿物制品业	58	1	2	2
黑色金属冶炼和压延加工业	32			
有色金属冶炼和压延加工业	40	5	4	6
金属制品业	8			
通用设备制造业	25			
专用设备制造业	8	1	1	1
汽车制造业	8			
铁路、船舶、航空航天和其他运输设备制造业	4			
电气机械和器材制造业	14		1	1
计算机、通信和其他电子设备制造业	5			
其他制造业	3			
废弃资源综合利用业	1			
金属制品、机械和设备修理业	2			1
电力、热力、燃气及水生产和供应业	10			1
电力、热力生产和供应业	8			1
水的生产和供应业	2			
四、按企业控股情况分组				
国有控股	45	5	7	10
集体控股	17	1	1	1
私人控股	379	7	7	8
外商控股	8			
其　他	13	1		2

年末从业人员（人）	工业总产值（万元）	主营业务收入（万元）	利润总额（万元）	资产总计（万元）	出口交货值（万元）
192810	13413318	13379156	477647	16004341	188371
7075	787481	787410	90774	568705	
2909	123363	157573	16221	149005	
2089	247042	223086	16175	310685	13900
6346	229573	215737	1199	278247	47931
3092	123187	185148	13867	119680	
1565	94011	92093	7065	303338	770
165	1332	1354	50	16185	
1720	59690	58819	1504	64398	
1139	61076	54472	8882	80316	1562
738	33785	21549	765	45189	
18259	1733227	1624465	－30851	1970953	
24117	1326323	1629810	72229	2023526	16137
7989	279668	293891	24607	502341	
2205	115151	112132	6420	161819	1614
13936	574839	550139	30353	742986	27804
32378	3343365	3146823	171977	3408019	47272
42608	2694606	2544160	－55902	3489307	15887
1757	105098	99915	8584	99402	42
5987	328208	327560	35341	319708	128
3242	154200	189543	7316	256071	2263
4810	228547	258518	1671	301462	5772
346	39078	30731	5743	33126	
5870	532163	585614	27357	607067	7289
1087	105335	92342	11857	118269	
864	50957	52654	4502	25983	
205	2122	2033	－117	2846	
312	39891	41588	57	5711	
2208	450221	448845	－66795	1124773	
1862	442416	441328	－66434	1103367	
346	7805	7517	－361	21406	
66309	3682199	4042107	－97468	6194654	54136
6804	399748	400557	22953	475940	3011
120388	9726885	9342256	482222	10303682	124768
1928	126325	124934	3083	191423	4894
3016	171276	161351	7876	182592	1562

14—11 工业企业R&D活动人员情况(2012)

单位:人

分　　组	R&D人员合计	参加项目人　　员	管理和服务人员	#女　性	#研究人员
总　　计	**1366**	**1196**	**170**	**432**	**430**
一、按隶属关系分组					
中　央	65	63	2	6	26
省(自治区、直辖市)	543	522	21	183	187
地(区、市、州、盟)	31	29	2	4	8
县(区、市、旗)	572	460	112	165	169
街　道					
镇					
乡					
村委会					
其　他	155	122	33	74	40
二、按登记注册类型分组					
内资企业	1335	1167	168	428	422
国有企业					
集体企业					
股份合作企业					
联营企业					
其他联营企业					
有限责任公司	474	448	26	65	122
国有独资公司	56	51	5	14	49
其他有限责任公司	418	397	21	51	73
股份有限公司	652	544	108	270	234
私营企业	145	114	31	68	37
私营独资企业					
私营合伙企业					
私营有限责任公司	113	87	26	59	31
私营股份有限公司	32	27	5	9	6
其他企业	64	61	3	25	29
港、澳、台商投资企业					
合资经营企业(港或澳、台资)					
外商投资企业	31	29	2	4	8
中外合资经营企业	31	29	2	4	8
外资企业					
三、按国民经济行业大类分组					
采矿业					
煤炭开采和洗选业					
黑色金属矿采选业					
有色金属矿采选业					

14—11 续

单位:人

分组	R&D人员合计	参加项目人员	管理和服务人员	#女性	#研究人员
制造业	1366	1196	170	432	430
农副食品加工业					
食品制造业					
酒、饮料和精制茶制造业					
纺织业					
纺织服装、服饰业					
木材加工和木、竹、藤、棕、草制品业					
家具制造业					
造纸和纸制品业					
印刷和记录媒介复制业	31	29	2	4	8
文教、工美、体育和娱乐用品制造业					
石油加工、炼焦和核燃料加工业					
化学原料和化学制品制造业	444	434	10	176	154
医药制造业	319	196	123	176	106
橡胶和塑料制品业	35	32	3	11	5
非金属矿物制品业	32	27	5	9	6
黑色金属冶炼和压延加工业					
有色金属冶炼和压延加工业	398	380	18	38	138
金属制品业					
通用设备制造业					
专用设备制造业	107	98	9	18	13
汽车制造业					
铁路、船舶、航空航天和其他运输设备制造业					
电气机械和器材制造业					
计算机、通信和其他电子设备制造业					
其他制造业					
废弃资源综合利用业					
金属制品、机械和设备修理业					
电力、热力、燃气及水生产和供应业					
电力、热力生产和供应业					
水的生产和供应业					
四、按企业控股情况分组					
国有控股	608	585	23	189	213
集体控股	266	259	7	16	52
私人控股	461	323	138	223	157
外商控股					
其他	31	29	2	4	8

14—12 工业企业 R&D 活动

分组	1. R&D 经费内部支出合计	经常费支出	资产性支出	政府资金
总计	**18025**	**14916**	**3108**	**1815**
一、按隶属关系分组				
中央	1285	1264	21	148
省(自治区、直辖市)	3741	2658	1083	257
地(区、市、州、盟)	114	114		
县(区、市、旗)	11054	9237	1816	1193
街道				
镇				
乡				
村委会				
其他	1832	1644	188	217
二、按登记注册类型分组				
内资企业	17911	14803	3108	1815
国有企业				
集体企业				
股份合作企业				
联营企业				
其他联营企业				
有限责任公司	8782	7261	1521	1203
国有独资公司	983	974	8	
其他有限责任公司	7800	6287	1513	1203
股份有限公司	7075	5924	1151	406
私营企业	1600	1454	146	207
私营独资企业				
私营合伙企业				
私营有限责任公司	689	548	141	207
私营股份有限公司	910	905	5	
其他企业	454	164	291	
港、澳、台商投资企业				
合资经营企业(港或澳、台资)				
外商投资企业	114	114		
中外合资经营企业	114	114		
外资企业				
三、按国民经济行业大类分组				
采矿业				
煤炭开采和洗选业				
黑色金属矿采选业				
有色金属矿采选业				

经费支出情况(2012)

单位:万元

企业资金	境外资金	其他资金	2. R&D 经费外部支出合计	对境内研究机构支出	对境内高等学校支出	对境外支出
16209			**1217**	**544**	**480**	
1137			4		4	
3483			988	474	322	
114						
9861			148	16	132	
1615			76	54	22	
16096			1217	544	480	
7580			479	154	132	
983			331	138		
6597			148	16	132	
6669			661	336	326	
1393			76	54	22	
482			76	54	22	
910						
454						
114						
114						

14—12 续

分　　组	1. R&D 经费内部支出合计	经常费支出	资产性支出	政府资金
制造业	18025	14916	3108	1815
农副食品加工业				
食品制造业				
酒、饮料和精制茶制造业				
纺织业				
纺织服装、服饰业				
木材加工和木、竹、藤、棕、草制品业				
家具制造业				
造纸和纸制品业				
印刷和记录媒介复制业	114	114		
文教、工美、体育和娱乐用品制造业				
石油加工、炼焦和核燃料加工业				
化学原料和化学制品制造业	2689	1384	1305	257
医药制造业	4227	3928	299	77
橡胶和塑料制品业	955	621	333	150
非金属矿物制品业	910	905	5	
黑色金属冶炼和压延加工业				
有色金属冶炼和压延加工业	8607	7501	1106	1331
金属制品业				
通用设备制造业				
专用设备制造业	524	463	61	
汽车制造业				
铁路、船舶、航空航天和其他运输设备制造业				
电气机械和器材制造业				
计算机、通信和其他电子设备制造业				
其他制造业				
废弃资源综合利用业				
金属制品、机械和设备修理业				
电力、热力、燃气及水生产和供应业				
电力、热力生产和供应业				
水的生产和供应业				
四、按企业控股情况分组				
国有控股	5026	3922	1104	406
集体控股	6090	5013	1077	1043
私人控股	6796	5868	928	367
外商控股				
其　他	114	114		

单位:万元

企业资金	境外资金	其他资金	2. R&D经费外部支出合计	对境内研究机构支出	对境内高等学校支出	对境外支出
16209			1217	544	480	
114						
2432			658	336	322	
4150			76	54	22	
805						
910						
7276			483	154	136	
524						
4620			992	474	326	
5047			148	16	132	
6429			76	54	22	
114						

14—13 工业企业全部R&D项目情况(2012)

分　　组	项目数(项)	项目经费内部支出(万元)
总　　计	**107**	**15941**
一、按隶属关系分组		
中　央	2	910
省(自治区、直辖市)	23	2627
地(区、市、州、盟)	6	114
县(区、市、旗)	61	10744
街　道		
镇		
乡		
村委会		
其　他	15	1546
二、按登记注册类型分组		
内资企业	101	15827
国有企业		
集体企业		
股份合作企业		
联营企业		
其他联营企业		
有限责任公司	52	8242
国有独资公司	7	629
其他有限责任公司	45	7614
股份有限公司	33	5878
私营企业	14	1366
私营独资企业		
私营合伙企业		
私营有限责任公司	11	461
私营股份有限公司	3	905
其他企业	2	341
港、澳、台商投资企业		
合资经营企业(港或澳、台资)		
外商投资企业	6	114
中外合资经营企业	6	114
外资企业		
三、按国民经济行业大类分组		
采矿业		
煤炭开采和洗选业		
黑色金属矿采选业		
有色金属矿采选业		

14—13 续

分组	项目数（项）	项目经费内部支出（万元）
制造业	107	15941
农副食品加工业		
食品制造业		
酒、饮料和精制茶制造业		
纺织业		
纺织服装、服饰业		
木材加工和木、竹、藤、棕、草制品业		
家具制造业		
造纸和纸制品业		
印刷和记录媒介复制业	6	114
文教、工美、体育和娱乐用品制造业		
石油加工、炼焦和核燃料加工业		
化学原料和化学制品制造业	14	1847
医药制造业	28	3995
橡胶和塑料制品业	1	928
非金属矿物制品业	3	905
黑色金属冶炼和压延加工业		
有色金属冶炼和压延加工业	51	7659
金属制品业		
通用设备制造业		
专用设备制造业	4	493
汽车制造业		
铁路、船舶、航空航天和其他运输设备制造业		
电气机械和器材制造业		
计算机、通信和其他电子设备制造业		
其他制造业		
废弃资源综合利用业		
金属制品、机械和设备修理业		
电力、热力、燃气及水生产和供应业		
电力、热力生产和供应业		
水的生产和供应业		
四、按企业控股情况分组		
国有控股	25	3537
集体控股	39	6012
私人控股	37	6278
外商控股		
其他	6	114

14—14 工业企业办科技机构情况(2012)

分组	机构数(个)	机构人员合计(人)	#博士毕业(人)	#硕士毕业(人)	#本科毕业(人)	机构经费支出(万元)	科技机构仪器和设备原价(万元)	进口(万元)
总计	**18**	**2100**	**47**	**284**	**1299**	**30917**	**44129**	**1931**
一、按隶属关系分组								
中央	3	580	1	81	317	14191	28763	795
省(自治区、直辖市)	4	737	7	93	531	4537	5794	887
地(区、市、州、盟)	1	42		1	40	437		
县(区、市、旗)	4	451	21	70	221	7304	6842	26
街道								
镇								
乡								
村委会								
其他	6	290	18	39	190	4448	2730	223
二、按登记注册类型分组								
内资企业	17	2058	47	283	1259	30480	44129	1931
国有企业	1	425	1	72	260	14037	23736	
集体企业								
股份合作企业								
联营企业								
其他联营企业								
有限责任公司	7	772	13	92	496	8232	8536	223
国有独资公司	1	56		4	37	594	409	223
其他有限责任公司	6	716	13	88	459	7637	8127	
股份有限公司	6	644	19	106	378	5186	9401	1479
私营企业	2	182	12	7	121	3019	2380	203
私营独资企业								
私营合伙企业								
私营有限责任公司	1	113	12	7	91	432	1176	203
私营股份有限公司	1	69			30	2587	1204	
其他企业	1	35	2	6	4	5	77	26
港、澳、台商投资企业								
合资经营企业(港或澳、台资)								
外商投资企业	1	42		1	40	437		
中外合资经营企业	1	42		1	40	437		
外资企业								
三、按国民经济行业大类分组								
采矿业								
煤炭开采和洗选业								
黑色金属矿采选业								
有色金属矿采选业								

14—14 续

分　　组	机构数（个）	机构人员合计（人）	#博士毕业（人）	#硕士毕业（人）	#本科毕业（人）	机构经费支出（万元）	科技机构仪器和设备原价（万元）	进口（万元）
制造业	18	2100	47	284	1299	30917	44129	1931
农副食品加工业								
食品制造业								
酒、饮料和精制茶制造业								
纺织业								
纺织服装、服饰业								
木材加工和木、竹、藤、棕、草制品业								
家具制造业								
造纸和纸制品业								
印刷和记录媒介复制业	1	42		1	40	437		
文教、工美、体育和娱乐用品制造业								
石油加工、炼焦和核燃料加工业								
化学原料和化学制品制造业	4	709	13	116	466	5106	5312	690
医药制造业	3	266	22	49	143	2143	1665	203
橡胶和塑料制品业	1	12	1	5	6	76	307	
非金属矿物制品业	3	104	2	5	58	2662	1254	20
黑色金属冶炼和压延加工业								
有色金属冶炼和压延加工业	4	470	8	32	258	6340	11706	1018
金属制品业								
通用设备制造业								
专用设备制造业	1	72		4	68	116	150	
汽车制造业								
铁路、船舶、航空航天和其他运输设备制造业								
电气机械和器材制造业	1	425	1	72	260	14037	23736	
计算机、通信和其他电子设备制造业								
其他制造业								
废弃资源综合利用业								
金属制品、机械和设备修理业								
电力、热力、燃气及水生产和供应业								
电力、热力生产和供应业								
水的生产和供应业								
四、按企业控股情况分组								
国有控股	7	1317	8	174	848	18728	34557	1682
集体控股	1	259	8	19	164	5592	6270	
私人控股	8	417	27	65	211	4886	3302	249
外商控股								
其　他	2	107	4	26	76	1711		

14—15 工业企业科技活动产

分组	专利申请数（件）	发明专利（件）	有效发明专利数（件）	新产品开发项目数（项）	新产品开发经费支出（万元）
总计	**257**	**133**	**195**	**183**	**69363**
一、按隶属关系分组					
中央	146	69	93	72	41006
省（自治区、直辖市）	38	13	17	25	16193
地（区、市、州、盟）			14	8	581
县（区、市、旗）	26	16	60	57	8133
街道					
镇					
乡					
村委会					
其他	47	35	11	21	3450
二、按登记注册类型分组					
内资企业	257	133	181	175	68782
国有企业	105	57	53	68	39462
集体企业					
股份合作企业					
联营企业					
其他联营企业					
有限责任公司	62	21	47	51	20770
国有独资公司			1	5	926
其他有限责任公司	62	21	46	46	19844
股份有限公司	64	39	72	36	6692
私营企业	22	14	8	20	1858
私营独资企业					
私营合伙企业					
私营有限责任公司	2	1	4	17	948
私营股份有限公司	20	13	4	3	910
其他企业	4	2	1		
港、澳、台商投资企业					
合资经营企业（港或澳、台资）					
外商投资企业			14	8	581
中外合资经营企业			14	8	581
外资企业					
三、按国民经济行业大类分组					
采矿业					
煤炭开采和洗选业					
黑色金属矿采选业					
有色金属矿采选业					

出及相关情况(2012)

新产品产值(万元)	新产品销售收入(万元)	出口(万元)	发表科技论文(篇)	拥有注册商标数量(件)	#境外注册(件)	形成国家或行业标准(项)
592330	**573663**	**10725**	**214**	**528**	**17**	**202**
311204	318306		102	2		5
95857	88314	2367	101	290	2	15
110027	93586	15	10	201	15	174
75241	73458	8343	1	35		8
592330	573663	10725	214	528	17	202
311204	318306		81			4
99287	89156		93	22		19
			20	8		10
99287	89156		73	14		9
64850	62060	2367	40	480	17	176
74691	72888	8343		24		3
15300	15102			23		2
59390	57786	8343		1		1
42298	31253	15		2		

14—15 续

分　组	专　利申请数（件）	发明专利（件）	有效发明专利数（件）	新产品开发项目数（项）	新产品开发经费支出（万元）
制造业	257	133	195	183	69363
农副食品加工业					
食品制造业					
酒、饮料和精制茶制造业					
纺织业					
纺织服装、服饰业					
木材加工和木、竹、藤、棕、草制品业					
家具制造业					
造纸和纸制品业					
印刷和记录媒介复制业			14	8	581
文教、工美、体育和娱乐用品制造业					
石油加工、炼焦和核燃料加工业					
化学原料和化学制品制造业	54	27	17	17	16335
医药制造业	21	12	43	38	4393
橡胶和塑料制品业	1	1	1		
非金属矿物制品业	32	21	6	3	910
黑色金属冶炼和压延加工业					
有色金属冶炼和压延加工业	44	15	61	42	6856
金属制品业					
通用设备制造业					
专用设备制造业				4	524
汽车制造业					
铁路、船舶、航空航天和其他运输设备制造业					
电气机械和器材制造业	105	57	53	68	39462
计算机、通信和其他电子设备制造业					
其他制造业					
废弃资源综合利用业					
金属制品、机械和设备修理业				3	301
电力、热力、燃气及水生产和供应业					
电力、热力生产和供应业					
水的生产和供应业					
四、按企业控股情况分组					
国有控股	184	82	110	97	57199
集体控股	3	3	19	34	4530
私人控股	58	36	52	43	5462
外商控股					
其　他	12	12	14	9	2173

新产品产值（万元）	新产品销售收入（万元）	出口（万元）	发表科技论文（篇）	拥有注册商标数量（件）	#境外注册（件）	形成国家或行业标准（项）
592330	573663	10725	210	528	17	202
106598	92743	2382	75	285	2	10
15300	15102		1	231	15	172
883	617					
59940	58356	8343		1		1
66847	61716		44	11		15
31557	26824		6			
311204	318306		81			4
			3			
			4			
			4			
407062	406620	2367	203	292	2	20
66847	61716		10	1		4
118421	105328	8358	1	234	15	173
				1		5

14—16 工业企业科技

分组	使用来自政府部门的科技活动资金（万元）	研究开发费用加计扣除减免税（万元）	高新技术企业减免税（万元）	引进国外技术经费支出（万元）	引进技术的消化吸收经费支出（万元）
总计	**7323**	**6107**	**3984**		**2792**
一、按隶属关系分组					
中央	2288	2544	1108		
省（自治区、直辖市）	3315	7	40		2670
地（区、市、州、盟）		44	167		
县（区、市、旗）	1445	3359	1463		
街道					
镇					
乡					
村委会					
其他	275	153	1206		122
二、按登记注册类型分组					
内资企业	7323	6063	3816		2792
国有企业	100	2500	1100		
集体企业					
股份合作企业					
联营企业					
其他联营企业					
有限责任公司	4103	3397	48		2
国有独资公司					
其他有限责任公司	4103	3397	48		2
股份有限公司	2860		1429		2670
私营企业	260	153	1206		120
私营独资企业					
私营合伙企业					
私营有限责任公司	260	153	452		120
私营股份有限公司			754		
其他企业		13	35		
港、澳、台商投资企业					
合资经营企业（港或澳、台资）					
外商投资企业		44	167		
中外合资经营企业		44	167		
外资企业					
三、按国民经济行业大类分组					
采矿业					
煤炭开采和洗选业					
黑色金属矿采选业					
有色金属矿采选业					

其它情况(2012)

购买国内技术经费支出(万元)	技术改造经费支出(万元)	从事科技活动人员合计(人)	大学本科以上学历人员(人)	基础研究支出(旧)(万元)	应用研究支出(旧)(万元)	试验发展支出(旧)(万元)
5729	**251305**	**5507**	**1630**			**18025**
16	116382	1777	399			1285
5230	128306	2234	631			3741
		42	41			114
442	5853	905	312			11054
41	763	549	247			1832
5729	251305	5465	1589			17911
		1017	333			
3959	147972	1868	601			8782
379	76887	127	41			983
3580	71085	1741	560			7800
1730	102571	2137	503			7075
40	762	333	140			1600
40	438	221	110			689
	324	112	30			910
		110	12			454
		42	41			114
		42	41			114

14—16 续

分　　组	使用来自政府部门的科技活动资金（万元）	研究开发费用加计扣除减免税（万元）	高新技术企业减免税（万元）	引进国外技术经费支出（万元）	引进技术的消化吸收经费支出（万元）
制造业	7323	6107	3984		2792
农副食品加工业					
食品制造业					
酒、饮料和精制茶制造业					
纺织业					
纺织服装、服饰业					
木材加工和木、竹、藤、棕、草制品业					
家具制造业					
造纸和纸制品业					
印刷和记录媒介复制业		44	167		
文教、工美、体育和娱乐用品制造业					
石油加工、炼焦和核燃料加工业					
化学原料和化学制品制造业	3315	13	35		2670
医药制造业	130	31	1865		122
橡胶和塑料制品业	150				
非金属矿物制品业	5		754		
黑色金属冶炼和压延加工业					
有色金属冶炼和压延加工业	3623	3512	16		
金属制品业					
通用设备制造业					
专用设备制造业		7	40		
汽车制造业					
铁路、船舶、航空航天和其他运输设备制造业					
电气机械和器材制造业	100	2500	1100		
计算机、通信和其他电子设备制造业					
其他制造业					
废弃资源综合利用业					
金属制品、机械和设备修理业			8		
电力、热力、燃气及水生产和供应业					
电力、热力生产和供应业					
水的生产和供应业					
四、按企业控股情况分组					
国有控股	5603	2551	1148		2670
集体控股	1295	3346			
私人控股	425	166	2669		122
外商控股					
其　他		44	167		

购买国内技术经费支出（万元）	技术改造经费支出（万元）	从事科技活动人员合计（人）	大学本科以上学历人员（人）	基础研究支出(旧)(万元)	应用研究支出(旧)(万元)	试验发展支出(旧)(万元)
5729	250151	5425	1630			18025
	374					
		42	41			114
4851	51097	2166	595			2689
441	185	559	214			4227
		37	12			955
	324	251	65			910
437	193624	1229	298			8607
	322	116	72			524
	4224					
		1017	333			
		8				
	1154	82				
	1154	82				
5246	244689	4011	1030			5026
42	1509	418	191			6090
441	5107	971	303			6796
		107	106			114

14—17 工业企业科技项目(课题)(2012)

分组	科技项目			R&D 项目		
	项目(课题)数(项)	#研究人员	项目(课题)经费内部支出(万元)	项目(课题)数(项)	#研究人员	项目(课题)经费内部支出(万元)
总计	**234**	**91**	**85808**	**91**	**32**	**15604**
一、按项目(课题)来源分组						
国家科技项目	9	3	3505	5		766
地方科技项目	10	4	2174	8	2	1956
企业委托科技项目	14		1463	8		962
自选科技项目	200	84	78595	70	29	11920
其它科技项	1		70			
二、按项目(课题)合作形式分组						
与国内高校合作	35	7	24217	18	2	4277
与国内独立研究机构合作	37	7	14589	19	3	4314
与境内注册外商独资企业合作	1		577			
与境内注册其他企业合作	24	34	18244	9		2282
独立完成	136	43	28179	45	26	4732
其 他	1	1	1			
三、按项目(课题)活动类型分组						
基础研究				91	32	15604
应用研究				91	32	15604
试验发展	91	32	15604	91	32	15604
R&D 成果应用	143	60	70204	91	32	15604
科技服务				91	32	15604
四、按学科分类分组						
工程与技术科学	234	91	85808	91	32	15604
五、按项目(课题)服务的国民经济行业中类分组						
制造业	233	90	85807	91	32	15604
印刷和记录媒介复制业	8		581	6		114
印 刷	8		581	6		114
化学原料和化学制品制造业	38	36	32078	14	10	1847
基础化学原料制造	4	11	622	2	8	341
肥料制造	5	20	24801			
涂料、油墨、颜料及类似产品制造	1	1	1274			
日用化学产品制造	28	5	5381	12	2	1506
医药制造业	21	3	4064	16	3	3788
化学药品原料药制造	1		126	1		126
化学药品制剂制造	20	3	3938	15	2	3662
橡胶和塑料制品业	1	4	928	1	4	928
橡胶制品业	1	4	928	1	4	928
非金属矿物制品业	11	4	2787	3	1	905
耐火材料制品制造	2	2	200			

14—17 续

分组	科技项目			R&D 项目		
	项目(课题)数(项)	#研究人员	项目(课题)经费内部支出(万元)	项目(课题)数(项)	#研究人员	项目(课题)经费内部支出(万元)
石墨及其他非金属矿物制品制造	9	1	2587	3	1	905
有色金属冶炼和压延加工业	79	36	13867	47	15	7529
常用有色金属冶炼	79	36	13867	47	15	7529
专用设备制造业	4		493	4		493
化工、木材、非金属加工专用设备制造	4		493	4		493
电气机械和器材制造业	68	6	30708			
电机制造	68	6	30708			
金属制品、机械和设备修理业	3	2	300			
铁路、船舶、航空航天等运输设备修理	3	2	300			
电力、热力、燃气及水生产和供应业	1	1	1			
电力、热力生产和供应业	1	1	1			
电力生产	1	1	1			
六、按项目(课题)社会经济目标分组						
环境保护及污染防治	3	2	13114	1		84
促进能源的生产、分配和合理利用	34	18	8242	13	5	3070
促进工商业发展	197	72	64451	77	26	12449
七、按执行部门分组						
工业企业	234	91	85808	91	32	15604
八、按登记注册类型分组						
内资企业	226	91	85227	85	31	15490
国有企业	68	6	30708			
有限责任公司	81	36	37372	48	8	8150
国有独资公司	9	6	900	6	3	623
其他有限责任公司	72	30	36472	42	5	7527
股份有限公司	57	34	13394	27	13	5780
私营企业	16	4	3131	8	3	1219
私营有限责任公司	7	3	544	5	2	314
私营股份有限公司	9	1	2587	3	1	905
其他企业	4	11	622	2	8	341
外商投资企业	8		581	6		114
中外合资经营企业	8		581	6		114
九、按隶属关系分组						
中　央	86	36	36526	2	10	901
省(自治区、直辖市)	46	31	31575	22	5	2621
地(区、市、州、盟)	8		581	6		114
县(区、市、旗)	74	16	12396	52	13	10622
其　他	20	8	4730	9	3	1345

14—18 工业企业研究机构(2012)

分　　组	机构数（个）	R&D 人员（人）	#博士毕业	#硕士毕业	R&D 经费支出（万元）	科研用器设备原价（万元）	#进　口
总　　计	**16**	**596**	**22**	**76**	**8338**	**44129**	**1931**
一、按执行部门分组							
工业企业	16	596	22	76	8338	44129	1931
二、按学科分组							
工程与技术科学	16	596	22	76	8338	44129	1931
三、按机构服务的国民经济行业分组							
制造业	16	596	22	76	8338	44129	1931
化学原料和化学制品制造业	3	141	4	23	888	5312	690
医药制造业	3	151	12	29	1921	1665	203
橡胶和塑料制品业	1	11	1	5	61	307	
非金属矿物制品业	3	20			905	1254	20
有色金属冶炼和压延加工业	4	207	5	15	4446	11706	1018
专用设备制造业	1	66		4	116	150	
电气机械和器材制造业	1					23736	
四、按研究机构组成类型分组							
单位自办	16	596	22	76	8338	44129	1931
五、按登记注册类型分组							
内资企业	16	596	22	76	8338	44129	1931
国有企业	1					23736	
有限责任公司	6	274	6	25	4684	8536	223
国有独资公司	1	25		2	391	409	223
其他有限责任公司	5	249	6	23	4293	8127	
股份有限公司	6	226	9	45	2505	9401	1479
私营企业	2	76	6	3	1146	2380	203
私营有限责任公司	1	56	6	3	241	1176	203
私营股份有限公司	1	20			905	1204	
其他企业	1	20	1	3	3	77	26
六、按隶属关系分组							
中　央	3	17		1	13	28763	795
省(自治区、直辖市)	4	212	3	26	1392	5794	887
县(区、市、旗)	4	284	13	44	5712	6842	26
其　他	5	83	6	5	1220	2730	223

主要统计指标解释

普通高等学校 指按照国家规定的审批程序批准举办，通过全国统一招生考试招收高级中等学校毕业生和具有同等学历者，实施高等教育，培养高等专门人才的学校。包括大学、专门学院、专科学院和短期职业大学。

成人高等学校 指按照国家规定的审批程序批准举办，招收在职高中毕业或同等学历者，利用多种形式对成人实施高等教育，培训相当普通高等学校专科或本科毕业水平的专门人才的学校。包括广播电视大学、职工高等学校、农民高等学校、于部管理学院、教育学院、独立函授学院以及普通高等学校举办的函授、夜大学等。

小学学龄儿童入学率 指调查范围内已人小学学习的学龄儿童数占全部小学学龄儿童总数（包括弱智儿童在内，但不包括盲聋哑儿童）的比重。计算公式是：

小学学龄儿童入学率 = 已入学的小学学龄儿童数/校内外小学学龄儿童总数 × 100%

卫生机构 指从卫生行政部门取得《医疗机构执业许可证》，或从民政、工商行政、机构编制管理部门取得法人单位登记证书，为社会提供医疗保健、疾病控制、卫生监督服务或从事医学科研和教育等工作的单位。卫生机构包括医院、疗养院、社区卫生服务中心（站）、卫生院、门诊部、诊所（卫生所、医务室）、急救中心（站）、采供血机构、妇幼保健院（所、站）、专科疾病防治院（所、站）、疾病预防控制中心（防疫站）、卫生监督所、卫生监督检验（监测、检测）机构、医学科研机构、医学在职培训机构、健康教育所（站）等其他卫生机构。

医疗机构 指从卫生行政部门取得《医疗机构执业许可证》的机构，包括医院、疗养院、社区卫生服务中心（站）、卫生院、门诊部、诊所（卫生所、医务室）、妇幼保健院（所、站）、专科疾病防治院（所、站）、急救中心（站）和临床检验中心。

社区卫生服务中心（站） 指为本社区居民提供预防、医疗、保健、康复、健康教育、计划生育技术服务等的基层卫生机构。包括社区卫生服务中心和社区卫生服务站。

卫生人员 指在医疗、预防保健、医学科研和在职教育等卫生机构工作的职工，包括卫生技术人员、其他技术人员、管理人员和工勤人员。

卫生技术人员 包括执业（助理）医师、注册护士、药剂人员、检验和影像人员等卫生专业人员。不包括从事管理工作的卫生技术人员（一律计入管理人员）。

执业医师 指具有《医师执业证》及其“级别”为“执业医师”且实际从事医疗、预防保健工作的人员，不包括实际从事管理工作的执业医师。执业医师类别分为临床、中医、口腔和公共卫生。

执业助理医师 指具有《医师执业证》及其“级别”为“执业助理医师”且实际从事医疗、预防保健工作的人员，不包括实际从事管理工作的执业助理医师。执业助理医师类别同样分为临床、中医、口腔和公共卫生四类。

15 城市概况

资料整理: 张效良　曲　娟　张红芳
张红丽　翟晋瑞　李　婕

15—1 城市主要经济指标

中心城市(盐湖区)

指　　标	2011	2012
总户数(万户)	22.07	22.37
总人口(万人)	68.42	68.73
#非农业人口		
出生人口(人)	6787	6438
死亡人口(人)	3429	3336
年末单位从业人员数(万人)	6.67	7.79
土地面积(平方公里)	1215	1215
国内生产总值(万元)	1395678	1621611
第一产业	103411	110665
第二产业	430522	538927
第三产业	861745	972019
规模以上工业经济指标		
工业企业数(个)	59	72
内资企业	53	69
港澳台商投资企业	1	0
外商投资企业	5	3
工业总产值(当年价·万元)	1612821	1729721
内资企业	1510277	1691640
港澳台商投资企业	10321	0
外商投资企业	92224	38081
流动资产合计(万元)	1041374	1288761
固定资产合计(万元)	1330688	1312903
主营业务收入(万元)	1853307	2196057
#主营业务税金及附加	7245	7604
本年应交增值税(万元)	31175	32791
利润总额(万元)	56320	56963
客运量(万人)	5210	
货运量(万吨)	5700	

15—1 续

指　　标	2011	2012
年末邮电局(所)数(处)	26	26
邮政业务总量(万元)	4454	
本地电话用户数(万户)	19.8	
年末移动电话用户数(户)	64.1	
国际互联网用户数(户)	83251	
全年用电量(万千瓦时)	370070	487769
#工业用电	266811	373749
城乡居民生活用电	45385	50701
固定资产投资总额(万元)	391168	1801033
房地产开发投资完成额(万元)	320026	435715
#住宅建设	239738	334088
商品房屋销售面积(万平方米)	96.1	98.5
#住宅建设	79.1	85.1
商品房屋销售额(万元)	252078	279973
#住宅建设	181363	180848
批发零售贸易业商品销售总额(万元)	1267416	1321610
地方财政收入(万元)	75931	73852
地方财政支出(万元)	184840	184926
在校学生数		
高等学校(人)		40682
中等专业学校(人)	35410	35472
普通中学(万人)	8.56	8.71
小　学(万人)	6.63	6.69
从事科技活动人员数(人)		2135
医院、卫生院数(个)	72	72
医院、卫生院床位数(张)	6375	6375
医生数(人)	3678	3678
在岗职工平均人数(万人)	7.98	7.99
在岗职工工资总额(万元)	240042	251079
城乡居民储蓄年末余额(万元)	1969161	2158331

15—2 城市公用事业及设施水平

中心城市(盐湖区)

指　　标	2011	2012
人均住宅使用面积(平方米)	34.6	35.2
自来水厂生产能力(万吨/日)	8	8
全年供水总量(万吨)	2012	2446
#生活用水量	815	812
平均每人生活用水(吨)		
城市下水道总长度(公里)	291	366
铺装道路面积(万平方米)		433
供气总量(万立方米)	472	467
#家庭用量	401	407
液化石油气供气总量(吨)	2025	2947
#家庭用量	2025	2318
用气普及率(%)		
公共汽(电)车营运车辆数(辆)	345	350
出租汽车数(辆)	1805	1805
公共汽(电)车客运总量(万人次)	430	438
园林绿地面积(公顷)	1225	1523
#公共绿地面积	398	425
建成区绿化覆盖面积(公顷)	1403	1712

15—3　人民物质文化生活水平提高情况

中心城市(盐湖区)

指　　标	单　位	2011	2012
一、城镇居民家庭总收入	元	18376.4	20789.5
(一)工资性收入	元	12910.0	14904.8
(二)经营净收入	元	856.7	842.8
(三)财产性收入	元	647.6	749.2
(四)转移性收入	元	3962.2	4292.7
可支配收入	元	17345.7	19661.4
二、家庭总支出	元	15148.3	17298.4
(一)消费性支出	元	11186.3	11777.1
1、食　品	元	3128.3	3354.9
(1)粮油类	元	495.6	516.0
①粮食.数量	千克	83.2	87.7
金　额	元	334.0	347.7
②淀粉及薯类	元	41.1	48.8
③干豆及豆制品	元	45.0	49.0
④油脂类	元	75.5	70.6
(2)肉禽蛋水产品类	元	503.2	567.8
①肉类.数量	千克	12.1	14.1
金　额	元	309.2	350.2
②禽类.数量	千克	3.3	4.1
金　额	元	57.9	69.6
③蛋类.数量	千克	11.5	11.8
金　额	元	98.4	96.2
④水产品类	元	37.6	51.7
(3)蔬菜类	元	319.7	350.0
①鲜菜.数量	千克	97.8	101.5
金　额	元	305.3	333.5
②干　菜	元	6.0	6.3
③菜制品	元	8.4	10.2
(4)调味品	元	41.4	49.0

15—3　续1

中心城市(盐湖区)

指　　标	单　位	2011	2012
(5)糖烟酒饮料类	元	302.2	296.4
①糖　类	元	30.4	40.9
②烟草类	元	152.3	150.7
③酒　类	元	51.2	35.7
④饮　料	元	68.4	69.0
(6)干鲜瓜果类	元	275.8	324.7
①鲜果.数量	千克	30.2	35.2
金　额	元	143.2	166.1
②鲜瓜.数量	千克	31.0	30.9
金　额	元	48.2	57.4
③其它干鲜瓜果及制品	元	84.4	101.1
(7)糕点、奶及奶制品	元	228.0	257.4
①糕　点	元	83.7	98.8
②奶及奶制品	元	144.3	158.6
(8)其他食品	元	94.7	106.5
(9)饮食服务	元	867.9	887.2
①食品加工服务费	元	0.3	0.2
②在外饮食	元	867.7	887.0
2、衣　着	元	1464.6	1354.5
3、家庭设备用品及服务	元	1114.2	817.4
4、医疗保健	元	695.6	741.2
5、交通和通讯	元	1670.2	2262.8
6、教育文化娱乐及服务	元	1192.4	1258.1
7、居　住	元	1535.9	1514.9
8、杂项商品和服务	元	385.2	473.3
(二)购房与建房支出	元	172.5	1307.4
(三)转移性支出	元	2885.4	3171.8
(四)财产性支出	元	19.1	29.0
(五)社会保障支出	元	885.0	1013.2
三、人均住房总建筑面积	平方米	34.6	35.2

15—3 续2

中心城市(盐湖区)

指　　标	单　位	2011	2012
四、主要消费品拥有量			
摩托车	辆/百户	19	20
组合音响	套/百户	20	
助力车	辆/百户	31	
家用汽车	辆/百户	29	30
洗衣机	台/百户	100	102
电冰箱	台/百户	91	93
彩电	台/百户	114	115
钢　琴	架/百户	3	
家用电脑	台/百户	76	77
摄像机	架/百户	6	7
照相机	架/百户	26	
中高档乐器	件/百户	4	
空　调	台/百户	123	125
消毒碗柜	台/百户	2	
淋浴热水器	台/百户	81	
微波炉	台/百户	42	
健身器材	套/百户	3	
固定电话	部/百户	58	60
移动电话	部/百户	188	191
五、按人均可支配收入分组	元		
最低10%	元	4260.6	4872.9
#更低5%	元	3572.4	3453.6
低10%	元	8517.7	9129.5
较低20%	元	11427.5	12873.8
中间20%	元	16064.3	17884.6
较高20%	元	21409.3	26766.5
高10%	元	29057.6	36924.2
最高10%	元	48739.1	50625.3
#更高5%	元	56085.2	60474.8

15—4　居民消费价格指数

中心城市(盐湖区)　　　　上年价格＝100

指　　标	2011	2012
居民消费价格总指数	**105.0**	**102.5**
一、食　品	112.8	105.2
1.粮　食	111.5	105.1
2.淀粉及薯类	119.8	103.9
3.干豆类及豆制品	107.6	105.6
4.油　脂	115.9	111.6
5.肉禽及其制品	133.0	102.5
6.蛋	119.5	99.2
7.水产品	111.7	107.3
8.菜	102.5	112.0
9.调味品	99.6	103.6
10.糖	105.4	109.0
11.茶及饮料	100.4	99.6
12.干鲜瓜果	129.4	104.7
13.糕点饼干面包	103.1	109.4
14.奶及奶制品	99.7	100.8
15.在外用膳食品	105.9	104.5
16.其它食品及食品加工服务	103.2	104.6
二、烟酒及用品	102.4	105.9
1.烟　草	100.0	106.6
2.酒	108.8	104.0
三、衣　着	101.1	97.5
1.服　装	101.7	97.1
2.衣着材料	104.4	103.3

15—4 续

中心城市(盐湖区) 上年价格＝100

指　　标	2011	2012
3.鞋袜帽	99.3	97.4
4.衣着加工服务	103.9	119.3
四、家庭设备用品及维修服务	100.5	97.8
1.耐用消费品	99.5	95.2
2.室内装饰品	102.8	101.6
3.床上用品	99.8	95.3
4.家庭日用杂品	100.9	100.7
5.家庭服务及加工维修服务	106.1	106.8
五、医疗保健和个人用品	102.3	103.2
1.医疗保健	102.3	101.6
2.个人用品及服务	102.1	107.5
六、交通和通讯	100.2	100.6
1.交　通	103.2	102.9
2.通　信	96.8	97.8
七、娱乐教育文化用品及服务	99.0	100.2
1.文娱用耐用消费品及服务	89.4	90.4
2.教　育	100.0	101.1
3.文化娱乐用品	99.9	104.2
4.旅游及外出	105.0	101.6
八、居　住	106.2	104.4
1.建房及装修材料	106.1	103.0
2.租　房	128.0	105.1
3.自有住房	106.7	104.0
4.水、电、燃料	104.0	105.9

15—5 商品零售价格指数

中心城市(盐湖区) 上年价格 = 100

指　　标	2011	2012
商品零售价格总指数	**103.6**	**101.0**
一、食　品	112.4	105.3
二、饮料、烟酒	102.7	104.0
三、服装、鞋帽	100.7	97.7
四、纺织品	101.8	98.2
五、家用电器及音像器材	94.9	92.9
六、文化办公用品	91.5	95.2
七、日用品	100.9	100.1
八、体育娱乐用品	100.0	101.5
九、交通、通信用品	87.4	90.9
十、家　具	105.0	98.1
十一、化妆品	98.3	100.4
十二、金银珠宝	114.5	104.6
十三、中西药品及医疗保健用品	103.6	103.7
十四、书报杂志及电子出版物	99.6	101.9
十五、燃　料	111.4	104.4
十六、建筑材料及五金电料	105.6	100.9

主要统计指标解释

城乡居民生活用电 指市民住宅、集体宿舍、招待所、机关、商店、学校等照明用电。

供水总量 指城建部门自来水公司(厂)和各单位自备水源水厂,共出厂外的全部水量,包括有效供水量及损失水量。

生活用水量 指居民日常生活与福利设施的用水量。包括饮食店、旅馆、理发店、浴室、商店、学校、机关、部队等单位的用水量。

实有公共汽(电)车营运车辆 指报告期末经主管机关核准,可参加营运的全部车辆数(不包括班车)。包括技术完好的、在修的、待修的、长期停驶的。以及拟报废尚未经上级部门批准的车辆。但不包括企业的非营运车辆(如工程车、油罐车、货车和其他专用车辆)和借入的客运车辆。

公共汽(电)车客运车总量 指城市公共交通企业实际运送的乘客人次数。包括月票乘客人数(每张月票按150人次计算),普通乘客人数和团体包车乘客人数。

煤气(人工煤气体天然气)液化石油气供气总量 指报告期内城市煤气公司向城市生产用户、家庭用户和其他用户供应的全部煤气和液化气量。还包括外购煤气量和损失量。

16 县(市、区)篇

16—1 总产出(2012)

单位:万元

县(市、区)	总产出	第一产业	#农 业	#林 业	#畜牧业	#渔 业
运城市	**31439448**	**3316019**	**2556338**	**39799**	**479652**	**20230**
盐湖区	6415913	196443	157499	4680	19597	767
临猗县	3061824	703807	611202	3160	28397	48
万荣县	1478097	309218	244410	2923	45551	1334
闻喜县	4264865	173643	124864	3672	37684	160
稷山县	2091839	190664	106403	1684	72527	50
新绛县	2371588	277709	163479	2786	95564	150
绛 县	1346265	138243	95798	8352	24521	72
垣曲县	1080804	67945	35269	3730	22168	1755
夏 县	867588	299569	245631	4568	29250	120
平陆县	983276	140567	104677	2097	24651	42
芮城县	1537065	366246	296157	3348	42591	1320
永济市	3653287	321767	244411	2171	42593	12092
河津市	5008558	134175	94205	2458	26855	157

县(市、区)	第二产业	工 业	#采掘业	#制造业	#电力煤气及水的生产和供应业	建筑业
运城市	**19035414**	**17523708**	**283167**	**16701476**	**539065**	**1511706**
盐湖区	2967099	1952501		1921896	30605	1014598
临猗县	1396643	1156470	156	1155034	1280	240173
万荣县	617068	401290	580	398683	2027	215778
闻喜县	3258594	2526475		2519281	7194	732119
稷山县	1389861	956108	4896	950420	792	433753
新绛县	1592659	1251108	47276	1140391	63441	341551
绛 县	820153	736903	4415	692696	39792	83250
垣曲县	696752	648880	79069	563228	6583	47872
夏 县	394945	255947		255729	218	138998
平陆县	580861	300000	16881	263171	19948	280861
芮城县	761407	654202	1584	447035	205583	107205
永济市	2636527	2506545	13061	2401123	92361	129982
河津市	3783460	3382138	209030	3003628	169480	401322

16—1 续

单位:万元

县(市、区)	第三产业	#交通运输仓储及邮政业	#信息传输计算机服务和软件业	#批发和零售业	#住宿和餐饮业	#金 融保险业
运城市	**9088015**	**2143313**	**472778**	**2464618**	**366005**	**822568**
盐湖区	3252371	318819	72909	1126430	217024	469572
临猗县	961374	246916	43938	243558	60369	66041
万荣县	551811	88965	21932	327099	12524	25680
闻喜县	832628	202585	27432	220207	9002	188967
稷山县	511314	77726	26331	196188	22985	24485
新绛县	501220	200253	34583	86274	26536	19688
绛 县	387869	140580	20356	106453	7338	11173
垣曲县	316107	114117	8455	63081	15853	17248
夏 县	173074	24859	7237	22888	7955	27924
平陆县	261848	21569	11827	63457	19289	75147
芮城县	409412	108225	20325	70506	37330	32532
永济市	694993	137655	22066	153032	40742	85881
河津市	1090923	402375	36475	200120	93880	81759

县(市、区)	#房地产业	#居民服务和其他服务业	#教 育	#卫生、社会保障和社会福利业	#文化、体育和娱乐业	#公共管理和社会组织
运城市	**688750**	**340850**	**395433**	**251836**	**197409**	**620905**
盐湖区	61832	203420	195734	152171	36642	293671
临猗县	56280	18180	37253	28840	17063	97101
万荣县	19973	3913	23702	4402	2370	18325
闻喜县	17932	28412	31526	27279	4044	67134
稷山县	38309	23237	27916	24380	5747	36902
新绛县	12247	10572	26300	11184	32674	36076
绛 县	22871	10676	22020	5556	3769	26886
垣曲县	23868	6977	17416	6535	5143	29247
夏 县	9778	1399	28856	14397	1146	24228
平陆县	17645	13651	9958	3962	2464	15261
芮城县	27821	16930	33162	15819	3824	34248
永济市	41173	21363	33655	37963	15062	64015
河津市	17011	38756	25720	25010	35120	37626

16—2 总产出指数(2012)

以上年为100

县(市、区)	总产出	第一产业	#农 业	#林 业	#畜牧业	#渔 业
运城市	**100.4**	**113.1**	**114.4**	**107.3**	**108.3**	**121.9**
盐湖区	115.3	114.9	118.3	116.1	93.5	149.9
临猗县	113.9	112.2	112.6	120.7	121.2	177.8
万荣县	121.8	135.6	138.6	173.3	123.2	3415.4
闻喜县	100.4	127.4	124.0	114.3	147.3	122.3
稷山县	112.0	113.3	121.4	72.2	105.0	183.8
新绛县	125.8	116.4	101.1	100.0	161.7	102.9
绛 县	118.4	124.0	128.9	86.1	125.0	114.3
垣曲县	108.9	108.3	120.0	79.8	119.5	101.0
夏 县	115.6	116.8	116.8	124.4	127.8	101.3
平陆县	121.6	112.0	253.2	122.5	249.4	115.4
芮城县	107.2	111.5	113.4	88.2	99.9	150.4
永济市	108.7	107.4	106.6	114.2	112.9	113.6
河津市	79.5	105.7	108.4	99.5	94.5	79.2

县(市、区)	第二产业	工 业	#采掘业	#制造业	#电力煤气及水的生产和供应业	建筑业
运城市	**94.2**	**93.1**	**70.0**	**93.5**	**102.0**	**109.8**
盐湖区	119.3	119.0		118.0	246.3	120.0
临猗县	116.4	120.0	105.3	120.0	105.0	102.0
万荣县	122.3	121.0	122.7	121.0	127.0	126.6
闻喜县	97.9	95.6		95.6	95.7	130.2
稷山县	109.7	90.7	129.3	90.7	122.3	157.2
新绛县	128.8	134.0	155.5	131.1	191.3	104.6
绛 县	121.2	122.9	122.9	122.9	122.9	108.2
垣曲县	106.8	105.8	104.3	106.2	99.0	132.3
夏 县	116.9	112.5		112.5	130.1	125.7
平陆县	113.6	109.0	109.0	109.0	109.0	120.0
芮城县	102.6	100.1	128.6	85.4	166.5	125.2
永济市	108.5	108.4	99.6	107.9	127.4	110.5
河津市	75.8	73.8	122.9	70.9	128.0	101.4

16—2 续

以上年为100

县(市、区)	第三产业	#交通运输仓储及邮政业	#信息传输计算机服务和软件业	#批发和零售业	#住宿和餐饮业	#金 融保险业
运城市	**110.8**	**106.5**	**110.1**	**112.3**	**111.0**	**119.9**
盐湖区	112.2	111.2	109.2	112.0	113.0	129.5
临猗县	111.6	114.4	107.3	114.0	115.0	111.3
万荣县	113.4	118.4	107.0	116.0	115.0	92.6
闻喜县	107.5	97.5	137.5	120.5	108.2	109.4
稷山县	119.8	129.6	125.1	115.6	131.4	122.7
新绛县	121.4	134.3	112.1	121.9	125.5	106.8
绛　县	110.5	114.2	122.6	107.1	124.3	119.3
垣曲县	114.1	115.4	99.9	119.4	115.2	109.2
夏　县	111.3	110.5	104.1	120.1	125.6	127.1
平陆县	107.6	103.6	100.3	110.4	102.7	107.9
芮城县	113.4	112.2	115.2	111.6	131.5	116.5
永济市	110.0	114.3	103.9	111.2	114.2	111.5
河津市	94.0	90.1	104.0	89.7	96.8	103.5

县(市、区)	#房地产业	#居 民 服务和其他服 务 业	#教　育	#卫生、社会保障和社会福利业	#文化、体育和娱乐业	# 公共管理和社会组织
运城市	**125.0**	**108.0**	**107.0**	**107.1**	**109.6**	**106.5**
盐湖区	106.0	109.3	105.0	106.0	109.0	105.0
临猗县	104.9	108.8	108.3	108.5	108.0	108.0
万荣县	115.0	152.6	103.1	102.8	67.2	117.7
闻喜县	107.1	124.3	94.1	94.4	137.2	93.8
稷山县	121.6	123.3	112.3	117.5	109.3	119.9
新绛县	111.9	111.0	103.5	112.4	117.8	115.9
绛　县	108.7	107.4	103.7	105.4	109.1	103.1
垣曲县	111.0	97.6	113.2	117.7	123.4	107.6
夏　县	104.1	104.8	101.2	114.9	94.0	105.3
平陆县	116.3	107.6	103.2	107.6	112.4	107.6
芮城县	107.7	119.2	107.0	111.8	112.3	110.5
永济市	103.1	110.3	106.2	104.5	122.1	105.5
河津市	111.2	99.6	92.8	94.5	109.5	94.4

16—3 地区生产总值(2012)

单位:万元

县(市、区)	地区生产总值	第一产业	#农 业	#林 业	#畜牧业	#渔 业
运城市	**10686498**	**1769858**	**1406025**	**15989**	**222909**	**7935**
盐湖区	1621611	110665	91599	2195	9335	308
临猗县	1080336	394570	346274	1150	12623	23
万荣县	516373	152908	121525	1386	21398	599
闻喜县	946977	86868	62110	1998	3736	87
稷山县	637547	106039	59121	1012	40587	16
新绛县	634832	146330	109367	1579	24760	73
绛 县	521424	76338	56294	3087	12009	29
垣曲县	344590	36049	19767	1591	10635	1035
夏 县	357148	157909	133068	1600	13698	43
平陆县	293629	78283	62441	795	10429	15
芮城县	668500	202720	170918	1333	18192	547
永济市	1193999	182581	145351	928	21037	4577
河津市	1846652	74037	55564	945	11808	57

县(市、区)	第二产业	工 业	#采掘业	#制造业	#电力煤气及水的生产和供应业	建筑业
运城市	**4923225**	**4242957**	**35400**	**4116052**	**91505**	**680268**
盐湖区	538927	321666	0	316624	5042	217261
临猗县	343423	282497	138	281579	780	60926
万荣县	196609	132426	156	131459	811	64183
闻喜县	515681	480773	0	477408	3365	34908
稷山县	289539	246503	1232	245024	247	43036
新绛县	307315	282255	11851	257366	13038	25060
绛 县	257420	235575	1413	221441	12721	21845
垣曲县	179724	158221	36825	120295	1101	21503
夏 县	93492	66325	0	66170	155	27167
平陆县	111582	88569	5845	73513	9211	23013
芮城县	229420	198802	681	178813	19308	30618
永济市	718112	665352	9031	639818	16503	52760
河津市	1222736	1039205	76656	936010	26539	183531

16—3 续

单位:万元

县(市、区)	第三产业	#交通运输仓储及邮政业	#信息传输计算机服务和软件业	#批发和零售业	#住宿和餐饮业	#金融保险业
运城市	**3993415**	**960025**	**204382**	**849061**	**139086**	**308056**
盐湖区	972019	92918	34230	312293	27212	110105
临猗县	342343	105562	24121	44145	7424	26098
万荣县	166856	43879	14398	37741	1226	12895
闻喜县	344428	157693	9153	44328	3769	21243
稷山县	241969	42594	15008	49047	5976	16650
新绛县	181187	57392	8601	27396	9266	14726
绛　县	187666	50751	11974	38570	4032	11124
垣曲县	128817	26024	7311	33553	4171	12468
夏　县	105747	13194	2990	21172	4145	10900
平陆县	103764	17410	3836	16626	6444	10771
芮城县	236360	61823	9624	31513	7149	14952
永济市	293306	56759	11901	48624	18486	22488
河津市	549879	220404	16010	80240	43147	34826

县(市、区)	#房地产业	#居民服务和其他服务业	#教　育	#卫生、社会保障和社会福利业	#文化、体育和娱乐业	#公共管理和社会组织
运城市	**283156**	**174854**	**273736**	**166212**	**106601**	**405370**
盐湖区	27683	109825	71559	35486	14932	76600
临猗县	43568	7973	17821	13457	5312	28274
万荣县	16047	2229	18917	3489	142	14570
闻喜县	14151	10165	25411	14298	927	39167
稷山县	38194	19287	15354	12434	3425	19558
新绛县	8737	5913	19306	4380	7879	14693
绛　县	22008	6280	13989	2894	2217	17713
垣曲县	13624	5480	6546	1565	3428	10376
夏　县	9524	835	19044	8314	787	13803
平陆县	11467	5999	8582	1903	1636	13399
芮城县	23272	11513	27524	11718	2491	28940
永济市	34791	10502	20040	13556	10708	28154
河津市	12040	21330	19562	15823	19557	23168

16—4　地区生产总值指数(2012)

以上年为100

县(市、区)	地区生产总值	第一产业	#农　业	#林　业	#畜牧业	#渔　业
运城市	**107.8**	**106.5**	**106.7**	**107.5**	**102.8**	**132.2**
盐湖区	112.0	106.4	108.2	127.5	85.9	162.2
临猗县	111.8	106.4	106.5	112.5	107.1	157.1
万荣县	113.0	106.4	107.8	154.0	97.4	2390.5
闻喜县	94.4	105.0	105.2	105.1	110.3	102.2
稷山县	113.7	106.5	104.6	120.3	109.1	125.0
新绛县	113.6	106.4	106.1	107.9	104.4	119.3
绛　县	115.4	106.4	111.5	56.3	102.5	108.0
垣曲县	113.8	106.5	112.4	76.2	107.2	102.6
夏　县	111.8	106.6	105.4	94.1	125.7	119.4
平陆县	114.0	106.0	111.0	73.0	85.0	106.0
芮城县	113.4	106.6	109.7	74.7	80.8	171.1
永济市	113.5	106.6	105.8	114.2	112.1	116.1
河津市	88.9	103.6	108.1	96.3	83.6	54.1

县(市、区)	第二产业	工　业	#采掘业	#制造业	#电力煤气及水的生产和供应业	建筑业
运城市	**107.5**	**106.8**	**86.4**	**107.9**	**98.4**	**112.2**
盐湖区	116.2	116.8		116.0	200.9	115.4
临猗县	119.6	124.7	110.5	124.7	110.3	103.2
万荣县	121.9	126.3	125.9	126.3	126.2	110.0
闻喜县	89.9	88.6		88.6	79.6	119.3
稷山县	118.5	117.3	116.5	117.3	127.1	131.0
新绛县	118.2	119.5	108.7	120.1	118.5	103.3
绛　县	121.1	122.7	118.1	123.1	116.5	101.2
垣曲县	118.9	118.9	127.5	116.2	77.0	119.6
夏　县	121.4	125.5		125.6	106.7	112.7
平陆县	126.0	123.0	123.0	123.0	123.0	141.0
芮城县	121.7	122.6	123.3	130.9	72.3	115.7
永济市	117.3	118.2	105.0	118.5	108.0	108.8
河津市	87.5	85.7	100.4	84.2	140.9	101.1

16—4 续

以上年为100

县(市、区)	第三产业	#交通运输仓储及邮政业	#信息传输计算机服务和软件业	#批发和零售业	#住宿和餐饮业	#金融保险业
运城市	**108.6**	**105.0**	**109.4**	**111.3**	**109.0**	**119.4**
盐湖区	110.7	110.7	108.9	110.7	112.8	128.2
临猗县	111.8	115.2	108.9	113.0	107.8	125.7
万荣县	110.8	117.3	113.2	115.2	109.0	99.1
闻喜县	99.6	92.0	107.7	117.3	106.1	108.9
稷山县	110.5	111.7	98.8	123.6	130.7	100.5
新绛县	110.9	111.6	109.5	110.5	102.7	128.6
绛　县	110.3	114.4	136.6	112.6	126.1	119.0
垣曲县	110.1	113.4	91.6	118.6	113.3	108.0
夏　县	111.2	112.0	104.1	121.5	127.5	127.2
平陆县	110.0	118.0	96.0	119.0	112.0	109.0
芮城县	111.6	121.9	114.5	111.1	119.9	115.1
永济市	110.0	113.2	104.4	112.2	119.1	111.2
河津市	90.5	86.3	103.9	85.8	89.3	103.8

县(市、区)	#房地产业	#居民服务和其他服务业	#教育	#卫生、社会保障和社会福利业	#文化、体育和娱乐业	#公共管理和社会组织
运城市	**113.7**	**109.2**	**104.3**	**105.1**	**110.5**	**105.6**
盐湖区	106.0	108.9	105.0	105.0	108.9	105.0
临猗县	105.1	109.2	108.5	108.1	108.9	108.3
万荣县	112.9	176.7	101.1	100.9	8.0	115.4
闻喜县	106.1	107.4	100.0	102.7	109.2	100.6
稷山县	109.8	100.3	106.6	107.2	100.5	107.4
新绛县	95.0	119.4	107.1	116.5	120.0	106.4
绛　县	106.1	92.2	102.8	102.6	100.4	102.5
垣曲县	105.0	84.2	112.5	115.9	120.6	101.0
夏　县	104.6	102.2	100.3	108.5	91.7	109.5
平陆县	108.0	104.0	101.0	112.0	113.0	108.0
芮城县	98.7	116.3	105.3	105.9	113.8	106.2
永济市	101.8	95.4	107.2	103.7	224.9	106.3
河津市	105.6	98.0	90.5	92.6	107.2	91.1

16—5 居民消费水平(2012)

县(市、区)	居民总消费(万元)	农村居民	城镇居民	居民消费总水平(元/人)	农村居民	城镇居民
运城市	**4126057**	**1553959**	**2572098**	**7964**	**5038**	**12270**
盐湖区	666416	120712	545704	9717	5251	11970
临猗县	495084	249426	245658	8568	6635	12167
万荣县	222030	112537	109493	4997	3329	10300
闻喜县	324607	91037	233570	7960	3830	13731
稷山县	224539	117199	107340	6404	4915	9576
新绛县	216582	127036	89546	6454	5925	7388
绛　县	216028	101693	114335	7607	6918	8346
垣曲县	160113	62078	98035	6869	4657	9823
夏　县	179145	129378	49767	5034	4054	13524
平陆县	143614	88012	55602	5526	4490	8701
芮城县	314567	122998	191569	7896	5268	11617
永济市	382928	156503	226425	8532	6154	11641
河津市	583339	230207	353132	14609	10952	18674

16—6 居民消费水平指数(2012)

以上年为100

县(市、区)	居民总消费	农村居民	城镇居民	居民消费总水平	农村居民	城镇居民
运城市	**108.9**	**106.8**	**110.2**	**108.3**	**109.7**	**104.4**
盐湖区	106.5	105.3	106.8	106.0	111.6	102.8
临猗县	119.5	121.0	118.0	118.8	123.9	118.0
万荣县	127.9	127.1	129.0	127.2	129.8	129.0
闻喜县	120.5	85.3	156.0	120.0	87.3	127.0
稷山县	114.7	115.6	113.7	114.5	115.2	114.7
新绛县	104.3	104.3	104.3	100.8	100.2	101.1
绛　县	113.7	103.7	124.4	113.3	109.3	116.2
垣曲县	110.6	107.4	112.7	110.1	110.7	106.8
夏　县	116.3	111.0	132.4	117.1	112.7	126.7
平陆县	110.0	111.0	107.0	109.6	111.2	107.0
芮城县	114.3	107.2	119.3	113.7	110.3	113.0
永济市	104.0	104.2	103.8	110.6	112.3	109.6
河津市	89.7	84.7	93.6	89.1	87.3	93.6

16—7 资本形成总额(2012)

单位:万元

县(市、区)	资本形成总额	固定资本形成总额	存货增加
运城市	**7969367**	**7312080**	**657287**
盐湖区	708781	1365318	-656537
临猗县	515124	464636	50488
万荣县	355560	400310	-44750
闻喜县	742061	563965	178096
稷山县	325534	256175	69359
新绛县	381329	365010	16319
绛　县	270555	202291	68264
垣曲县	145966	94002	51964
夏　县	302817	284220	18597
平陆县	135433	88901	46532
芮城县	313235	296617	16618
永济市	678428	371960	306468
河津市	937709	750196	187513

16—8 资本形成总额指数(2012)

以上年为100

县(市、区)	资本形成总额	固定资本形成总额	存货增加
运城市	**115.8**	**115.1**	**111.2**
盐湖区	118.4	94.4	
临猗县	108.1	107.9	109.0
万荣县	110.0	110.0	
闻喜县	83.1	84.6	78.7
稷山县	113.7	113.2	115.3
新绛县	107.9	107.9	107.9
绛　县	116.7	114.4	123.9
垣曲县	125.3	126.9	123.1
夏　县	110.5	108.2	116.1
平陆县	99.0	103.0	95.0
芮城县	113.2	116.2	80.2
永济市	115.9	113.2	120.3
河津市	87.8	88.4	85.7

16—9　人均地区生产总值及排序(2012)

单位:元、%

县(市、区)	人均水平	排　序	比上年增长	排　序
运城市	**20628**	**—**	**7.2**	**—**
盐湖区	23646	3	11.5	7
临猗县	18697	6	11.2	9
万荣县	11622	11	12.0	6
闻喜县	23222	4	-6.1	12
稷山县	18184	8	9.1	11
新绛县	18916	5	9.9	10
绛　县	18360	7	13.3	2
垣曲县	14780	10	13.2	3
夏　县	10034	13	11.3	8
平陆县	11237	12	17.5	1
芮城县	16780	9	12.8	4
永济市	26604	2	12.8	4
河津市	46247	1	-11.7	13

16—10　地区生产总值三次产业比例关系(2012)

单位:%

县(市、区)	第一产业	第二产业	第三产业
运城市	**16.6**	**46.0**	**37.4**
盐湖区	6.8	33.3	59.9
临猗县	36.5	31.8	31.7
万荣县	29.6	38.1	32.3
闻喜县	9.2	54.4	36.4
稷山县	16.6	45.4	38.0
新绛县	23.1	48.4	28.5
绛　县	14.6	49.4	36.0
垣曲县	10.5	52.1	37.4
夏　县	44.2	26.2	29.6
平陆县	26.7	38.0	35.3
芮城县	30.3	34.3	35.4
永济市	15.3	60.1	24.6
河津市	4.0	66.2	29.8

16—11 总人口数

单位:人

县(市、区)	2005	2006	2007	2008	2009	2010	2011	2012
运城市	**4984769**	**5016814**	**5045986**	**5075670**	**5095010**	**5139218**	**5166767**	**5194592**
盐湖区	624250	628032	631062	635374	640457	680609	684220	687322
临猗县	555595	559425	563121	566261	567174	572999	576214	579290
万荣县	440524	443796	446391	448727	448808	439732	442002	444229
闻喜县	390881	393666	396026	398377	400295	404516	406676	408950
稷山县	335953	338005	340074	342032	343852	347719	349511	351676
新绛县	323600	325482	327374	329614	330980	332775	334635	336627
绛　县	274525	275920	277310	278814	280841	281881	283296	284669
垣曲县	226201	227380	228564	229974	230746	231224	232460	233835
夏　县	355657	358213	360372	362856	363965	353132	354975	356881
平陆县	251381	252917	254407	255982	256422	258461	259855	261283
芮城县	385957	388692	390905	393014	394099	395212	397273	399456
永济市	437537	440390	443125	445293	446375	445095	447577	449956
河津市	382708	384896	387255	389352	390996	395863	398073	400418

16—12 城镇人口数

单位:人

县(市、区)	2005	2006	2007	2008	2009	2010	2011	2012
运城市	**1548713**	**1631113**	**1709597**	**1788363**	**1866816**	**1930497**	**2041386**	**2151157**
盐湖区	379839	387873	399721	411538	422432	432923	444639	457033
临猗县	109750	123241	130959	139787	147916	183535	195735	208076
万荣县	55132	69543	75169	81980	89858	87161	96641	106257
闻喜县	79714	87630	93658	98676	104745	156106	165612	174621
稷山县	70000	74564	79157	85576	91010	100318	108188	115997
新绛县	86918	90354	95061	100425	105441	110143	117450	124915
绛　县	78596	82279	86286	90741	95304	124680	131162	136979
垣曲县	70055	72421	75801	79557	83032	92003	97288	102330
夏　县	85597	89768	94825	100667	106033	78813	86151	93737
平陆县	45022	50128	55495	59499	63467	57949	63595	69187
芮城县	99811	103897	109446	114438	120231	151714	160603	169155
永济市	235086	240761	248980	255185	260898	179187	189499	199550
河津市	153193	158654	165039	170294	176449	175965	184823	193320

16—13　乡村人口数

单位:人

县(市、区)	2005	2006	2007	2008	2009	2010	2011	2012
运城市	**3436056**	**3385701**	**3336389**	**3287307**	**3228194**	**3208721**	**3125381**	**3043435**
盐湖区	244411	240159	231341	223836	218025	247686	239581	230289
临猗县	445845	436184	432162	426474	419258	389464	380479	371214
万荣县	385392	374253	371222	366747	358950	352571	345361	337972
闻喜县	311167	306036	302368	299701	295550	248410	241064	234329
稷山县	265953	263441	260917	256456	252842	247401	241323	235679
新绛县	236686	235128	232313	229189	225539	222632	217185	211712
绛　县	195929	193641	191024	188073	185537	157201	152134	147690
垣曲县	156146	154959	152763	150417	147714	139221	135172	131505
夏　县	270060	268445	265547	262189	257932	274319	268824	263144
平陆县	206359	202789	198912	196483	192955	200512	196260	192096
芮城县	286146	284795	281459	278576	273868	243498	236670	230301
永济市	202451	199629	194145	190108	185477	265908	258078	250406
河津市	229515	226242	222216	219058	214547	219898	213250	207098

16—14　城镇全部单位从业人员(2012)

单位:人

县(市、区)	单位从业人员	#女　性	#非全日制	#在岗职工合计	#其他从业人员
运城市	**324168**	**136781**	**1638**	**298841**	**14220**
盐湖区	79794	35321	802	70546	3390
临猗县	28301	14005	173	28251	15
万荣县	13995	6742	6	13914	16
闻喜县	17606	8053	504	16477	1088
稷山县	12582	5299	38	11817	415
新绛县	13376	5357	12	12508	622
绛　县	16516	6855	2	16407	46
垣曲县	23339	7571	98	20633	403
夏　县	12042	5310		10898	1070
平陆县	13307	3278		13033	176
芮城县	19500	8351		19044	394
永济市	29569	12088		28781	398
河津市	44241	18551	3	36532	6187

16—15　城镇全部单位从业人员劳动报酬(2012)

单位:万元

县(市、区)	单位从业人员劳动报酬	在岗职工工资总额	其他从业人员劳动报酬	单位从业人员平均劳动报酬(元)	在岗职工平均工资(元)	其他从业人员平均劳动报酬(元)
运城市	**1008551**	**945357**	**29465**	**31557**	**31950**	**23037**
盐湖区	292809	267394	5148	36852	38001	15672
临猗县	76571	76445	38	29673	29681	25200
万荣县	39609	39507	37	28083	28173	23000
闻喜县	47388	46082	1165	26884	27890	10969
稷山县	35569	34848	533	28579	29323	12316
新绛县	37187	35042	1546	28294	28550	24507
绛　县	46759	46553	147	27839	27900	31277
垣曲县	68514	60811	627	29318	29547	15438
夏　县	31330	30414	827	25909	27770	7739
平陆县	34891	34487	233	26279	26514	13153
芮城县	58583	58071	436	30466	30904	11660
永济市	95589	93930	458	32183	32504	11097
河津市	143754	121773	18270	33783	33687	37569

16—16 城镇国有单位从业人员(2012)

单位:人

县(市、区)	单位从业人员	#女性	#非全日制	#在岗职工合计	#其他从业人员
运城市	**233136**	**105741**	**900**	**214581**	**12123**
盐湖区	60342	27336	128	53012	2689
临猗县	19240	10056	125	19240	
万荣县	12040	5707	6	12003	16
闻喜县	14876	7130	496	13777	1080
稷山县	10961	4832	38	10496	413
新绛县	9041	4013	4	8760	266
绛　县	13520	5826	2	13441	46
垣曲县	9635	3999	98	9429	198
夏　县	10637	4959		10040	543
平陆县	8735	2639		8556	137
芮城县	12887	5277		12475	394
永济市	22342	9556		21933	349
河津市	28880	14411	3	21419	5992

16—17 城镇国有单位从业人员劳动报酬(2012)

单位:万元

县(市、区)	单位从业人员劳动报酬	在岗职工工资总额	其他从业人员劳动报酬	单位从业人员平均劳动报酬(元)	在岗职工平均工资(元)	其他从业人员平均劳动报酬(元)
运城市	**725694**	**679616**	**25694**	**31740**	**32136**	**23928**
盐湖区	236458	215893	4412	39376	40885	16851
临猗县	50900	50900	0	29841	29841	
万荣县	34321	34264	37	28581	28623	23000
闻喜县	41568	40297	1155	27755	28984	10959
稷山县	31063	30456	527	28791	29552	12218
新绛县	24097	23861	214	26813	27411	8026
绛　县	38594	38424	147	28272	28313	31277
垣曲县	24041	23843	185	25014	25359	9204
夏　县	28428	28114	240	26593	27850	4420
平陆县	23158	22940	147	26524	26825	10730
芮城县	36922	36458	436	29507	30078	11660
永济市	70893	70283	363	31604	31935	10006
河津市	85251	63882	17832	31410	30443	38045

16—18　城镇集体单位从业人员(2012)

单位:人

县(市、区)	单位从业人员	#女　性	#非全日制	#在岗职工合计	#其他从业人员
运城市	**20204**	**8782**	**111**	**18538**	**1106**
盐湖区	4802	2809	55	4638	85
临猗县	3563	1240	48	3528	10
万荣县	785	344		741	
闻喜县	2140	713		2110	8
稷山县	385	159		347	2
新绛县	1257	527		888	312
绛　县	367	168		337	
垣曲县	302	192		266	
夏　县	1341	329		794	527
平陆县	1181	301		1097	35
芮城县	631	270		587	
永济市	2092	1075		2009	8
河津市	1358	655		1196	119

16—19　城镇集体单位从业人员劳动报酬(2012)

单位:万元

县(市、区)	单位从业人员劳动报酬	在岗职工工资总额	其他从业人员劳动报酬	单位从业人员平均劳动报酬(元)	在岗职工平均工资(元)	其他从业人员平均劳动报酬(元)
运城市	**58006**	**54231**	**2378**	**29063**	**29641**	**21325**
盐湖区	13698	12964	84	28668	28097	9894
临猗县	9923	9835	33	27787	27813	25200
万荣县	2147	2101		27354	28359	
闻喜县	3714	3680	10	18804	18919	12250
稷山县	1596	1555	7	41898	44951	33500
新绛县	5058	3682	1275	40888	42473	39713
绛　县	1436	1400		39123	41537	
垣曲县	1190	1137		41190	45291	
夏　县	2852	2250	587	21317	28376	11171
平陆县	3160	3022	81	27363	28109	22472
芮城县	2167	2119		34724	36664	
永济市	5995	5874	12	28385	28963	12889
河津市	5070	4612	298	37639	38919	25050

16—20 其他单位从业人员(2012)

单位:人

县(市、区)	单位从业人员	#女性	#非全日制	#在岗职工合计	#其他从业人员
运城市	**70828**	**22258**	**627**	**65722**	**991**
盐湖区	14650	5176	619	12896	616
临猗县	5498	2709		5483	5
万荣县	1170	691		1170	
闻喜县	590	210		590	
稷山县	1236	308		974	
新绛县	3078	817		2860	44
绛　县	2629	861		2629	
垣曲县	13402	3380		10938	205
夏　县	64	22		64	
平陆县	3391	338		3380	4
芮城县	5982	2804		5982	
永济市	5135	1457		4839	41
河津市	14003	3485		13917	76

16—21 其他单位从业人员劳动报酬(2012)

单位:万元

县(市、区)	单位从业人员劳动报酬	在岗职工工资总额	其他从业人员劳动报酬	单位从业人员平均劳动报酬(元)	在岗职工平均工资(元)	其他从业人员平均劳动报酬(元)
运城市	**224851**	**211510**	**1393**	**31669**	**31993**	**14864**
盐湖区	42653	38537	652	29163	29765	11210
临猗县	15748	15710	4	30419	30434	25200
万荣县	3141	3141		23958	23958	
闻喜县	2106	2106		31200	31200	
稷山县	2910	2836		22803	23018	
新绛县	8032	7498	57	27517	27751	13326
绛　县	6730	6730		24225	24225	
垣曲县	43282	35832	442	32135	32789	21551
夏　县	49	49		7719	7719	
平陆县	8572	8525	5	25280	25220	12250
芮城县	19494	19494		32000	32000	
永济市	18701	17774	84	36256	36557	20366
河津市	53433	53279	140	37992	38113	24614

16—22 固定资产投资(2012)

单位:万元

县(市、区)	施工项目个数(个)	#本年新开工	本年投产项目个数(个)	本年新增固定资产	本年完成投资	#住宅	按构成分本年完成投资	
							建筑工程	安装工程
运城市	**1385**	**1105**	**1084**	**6400277**	**8268454**	**589795**	**3781839**	**973170**
跨县项目	3	1	2	116786	266042	0	183221	13076
盐湖区	151	121	122	1403315	1801033	334088	994630	269247
临猗县	150	139	138	433878	603271	10832	165107	29625
万荣县	92	92	82	428133	432610	11148	248657	6838
闻喜县	79	67	70	744840	732119	25863	235299	113604
稷山县	67	63	54	352682	433753	21567	173023	29825
新绛县	89	54	48	416120	470067	19835	167704	82747
绛县	87	55	69	518082	532828	4475	215773	60855
垣曲县	79	43	53	178343	301446	38867	187319	32014
夏县	94	92	89	326914	342394	1462	126760	2792
平陆县	80	64	64	269503	340802	24505	245809	7965
芮城县	145	117	128	383906	402926	47613	309287	63943
永济市	172	136	110	346951	632651	20427	393663	40794
河津市	97	61	55	480824	976512	29113	135587	219845

县(市、区)	按构成分本年完成投资		按建设性质分本年完成投资						
	设备工器具购置	其他费用	新建	扩建	改建和技术改造	单纯建造生活设施	迁建	恢复	单纯购置
运城市	**2836502**	**676943**	**4259050**	**1388415**	**1828757**	**54167**	**19466**	**5006**	**35851**
跨县项目	10993	58752	248497		17545				
盐湖区	331675	205481	1055740	179319	124679	2600		2980	
临猗县	309973	98566	282440	151338	156294				
万荣县	150325	26790	105628	270870	44858				
闻喜县	379407	3809	261127	52370	373407	2810			17105
稷山县	177313	53592	165204	89764	142590	3066			
新绛县	202252	17364	70911	38024	328425	1870	9686		
绛县	251467	4733	426921	72226	24924				
垣曲县	69423	12690	155645	8013	87394	18013	5775		
夏县	177243	35599	193959	92222	36509	530			17746
平陆县	82088	4940	132880	96413	84748	5198		1326	
芮城县	22066	7630	263313	46918	39782	6000			
永济市	172875	25319	395235	134352	69719	2080	4005	700	
河津市	499402	121678	501550	156586	297883	12000			1000

16—23 固定资产投资房屋面积及价值(2012)

单位:平方米、万元

县(市、区)	本年施工房屋面积	#住 宅	本年竣工房屋面积	#住 宅	本年竣工房屋价值	#住 宅
运城市	**19711892**	**9390161**	**7553757**	**3182634**	**1108038**	**461794**
盐湖区	11105198	5693801	3377083	1599549	526873	246633
临猗县	1039130	331894	560944	104646	52293	11590
万荣县	909400	190181	529787	80059	93315	10758
闻喜县	261293	228639	142444	136440	26486	25598
稷山县	852024	390222	348226	115577	31323	12537
新绛县	487268	253965	87419	39476	10157	6373
绛 县	337363	218273	131043	118471	12580	11048
垣曲县	924446	630963	286878	205915	48760	33066
夏 县	690507	37836	623407	32836	71071	4834
平陆县	470232	250420	317174	161575	38844	19895
芮城县	1239559	435235	592827	296533	107009	43622
永济市	1055900	437610	408483	161366	73086	22656
河津市	339572	291122	148042	130191	16241	13184

16—24 房地产开发投资(2012)

单位:万元

县(市、区)	本年完成投资	#住宅	按构成分本年完成投资 建筑工程	安装工程	设备工器具购置	其他费用
运城市	**677742**	**522581**	**495735**	**74352**	**6123**	**101532**
盐湖区	435715	334088	317474	55331	3859	59051
临猗县	13199	10832	9750	233		3216
万荣县	11254	11148	10372	341		541
闻喜县	25300	22703	19687	3588	30	1995
稷山县	33129	18501	21018	213		11898
新绛县	21151	17965	16084	2334	210	2523
绛　县	8757	4475	7609	893		255
垣曲县	26606	17565	19534	1697	800	4575
夏　县	1428	932	1220	208		
平陆县	20237	18107	16994	2025	52	1166
芮城县	46913	42813	35662	3621		7630
永济市	26560	18347	16668	1615	872	7405
河津市	7493	5105	3663	2253	300	1277

16—25 房地产开发销售面积(2012)

单位:平方米

县(市、区)	商品房销售面积	住宅	#90平米以下住房	#144平米以上住房	#别墅、高档公寓	办公楼	商业营业用房	其他房屋
运城市	**2645781**	**2404251**	**519899**	**290561**	**2429**	**9910**	**201241**	**30379**
盐湖区	1684946	1505404	239163	247502	1044	9910	150653	18979
临猗县	70661	68786		795			1686	189
万荣县	47104	46895	28403				209	
闻喜县	99751	96894	28208	1579	1385		1667	1190
稷山县	53106	49994	5036	4320			3112	
新绛县	51121	48142	14696	6870			2919	60
绛　县	70098	65286	10884	15050			4812	
垣曲县	32699	31629	3269	3243			209	861
夏　县	23152	22936					216	
平陆县	59706	55549	16323	7860			4157	
芮城县	124301	124301	22000					
永济市	168429	130481	91644				28848	9100
河津市	160707	157954	60273	3342			2753	

16—26 房地产开发销售额(2012)

单位:万元

县(市、区)	商品房销售额	住宅	#90平米以下住房	#144平米以上住房	#别墅、高档公寓	办公楼	商业营业用房	其他房屋
运城市	**668932**	**577861**	**112785**	**86383**	**1503**	**3875**	**84146**	**3050**
盐湖区	479973	408488	70524	76545	982	3875	65513	2097
临猗县	14552	13763		134			774	15
万荣县	7595	7540	3950				55	
闻喜县	19541	18918	7015	549	521		480	143
稷山县	11537	9788	655	632			1749	
新绛县	10520	9684	2871	1208			825	11
绛　县	10676	9172	1741	2116			1504	
垣曲县	7203	6993	532	799			62	148
夏　县	3960	3827					133	
平陆县	11465	10681	2335	3509			784	
芮城县	30459	30459	3600					
永济市	35444	23367	12517				11441	636
河津市	26007	25181	7045	891			826	

16—27 房地产开发待售面积(2012)

单位:平方米

县(市、区)	商品房待售面积	住宅	#90平米以下住房	#144平米以上住房	#别墅、高档公寓	办公楼	商业营业用房	其他房屋
运城市	**2196770**	**1707326**	**268161**	**286125**	**24860**	**27746**	**404729**	**56969**
盐湖区	1463605	1106582	114677	223033	5600	27746	315035	14242
临猗县	203254	177340	408	9596	7200		18151	7763
万荣县	28610	28610	28610					
闻喜县	81449	76140	60068	16072	7092		300	5009
稷山县	48926	46944	13808	4608			1812	170
新绛县	25644	2015	876	142			11029	12600
绛　县	46115	40145					4963	1007
垣曲县	9841	9841		5891				
夏　县	6600	3624		1978			996	1980
平陆县	64047	63107	26564					940
芮城县	14554	11494					3060	
永济市	12796	12796	4793	734				
河津市	191329	128688	18357	24071	4968		49383	13258

16—28 房地产开发房屋面积及价值(2012)

单位:平方米、万元

县(市、区)	本年施工房屋面积	#住宅	本年竣工房屋面积	#住宅	本年竣工房屋价值	#住宅
运城市	**11109399**	**8775180**	**3550792**	**2848662**	**531444**	**407664**
盐湖区	7442643	5693801	2180405	1599549	355719	246633
临猗县	394599	331894	130870	104646	13297	11590
万荣县	192198	190181	82076	80059	10938	10758
闻喜县	257063	224409	138214	132210	20089	19201
稷山县	415815	340478	70847	65833	10440	9471
新绛县	266078	222085	37389	27596	3052	2453
绛　县	323314	218273	125043	118471	11580	11048
垣曲县	435675	317198	37683	33405	5476	4117
夏　县	44295	32836	44295	32836	6023	4834
平陆县	212599	191136	128104	114434	16601	14677
芮城县	412597	401235	270293	262533	40511	39122
永济市	475562	423143	157531	146899	21477	20576
河津市	236961	188511	148042	130191	16241	13184

16—29　居民消费价格指数(2012)

以上年为100

县(市、区)	居民消费价格总指数	食品	烟酒及用品	衣着	家庭设备用品及维修服务	医疗保健和个人用品	交通和通信	娱乐教育文化用品及服务	居住
运城市	**102.5**	**104.4**	**100.9**	**100.9**	**100.0**	**103.6**	**99.3**	**102.1**	**103.8**
盐湖区	102.5	105.2	105.9	97.5	97.8	103.2	100.6	100.2	104.4
临猗县	102.4	104.2	101.1	100.7	101.3	101.1	100.3	102.5	102.5
万荣县	102.4	101.7	101.0	105.8	101.9	103.6	98.2	100.5	104.7
闻喜县	102.3	106.8	102.1	97.1	99.4	104.4	99.1	100.3	99.8
稷山县	102.5	103.4	101.3	100.9	103.4	104.9	100.5	99.2	103.5
新绛县	102.2	103.7	104.9	106.9	98.2	97.8	100.2	99.5	103.4
绛　县	102.4	105.1	101.8	99.5	100.8	101.2	99.0	102.3	103.1
垣曲县	101.5	99.9	101.0	101.4	102.8	103.1	105.7	101.7	100.1
夏　县	102.6	104.0	96.8	100.8	103.6	101.7	101.9	100.5	104.8
平陆县	102.1	103.1	100.5	105.3	103.2	101.6	100.3	98.7	101.8
芮城县	102.5	103.0	94.9	97.1	97.8	99.7	107.0	111.7	106.4
永济市	102.5	104.5	102.3	102.9	99.8	101.5	99.5	98.8	103.5
河津市	102.8	104.7	99.8	99.7	100.7	104.8	99.7	102.2	103.8

16—30 商品零售价格指数(2012)

以上年为100

县(市、区)	商品零售价格总指数	食品	饮料、烟酒	服装、鞋帽	纺织品	家用电器及音像器材	文化办公用品	日用品
运城市	**101.9**	**105.7**	**102.3**	**98.9**	**99.9**	**95.0**	**97.8**	**100.2**
盐湖区	101.0	105.3	104.0	97.7	98.2	92.9	95.2	100.1
临猗县	101.5	104.0	100.9	100.5	99.2	99.6	99.9	102.0
万荣县	101.4	100.7	102.2	104.4	105.1	89.0	100.6	98.7
闻喜县	102.5	107.4	101.5	97.9	94.6	103.8	90.9	102.1
稷山县	101.9	104.1	101.7	100.2	104.0	99.8	90.5	104.0
新绛县	100.5	100.6	97.8	100.2	98.0	96.5	91.9	105.6
绛县	101.5	105.5	101.4	97.6	102.3	95.5	97.8	102.3
垣曲县	100.2	100.3	102.5	96.0	101.3	100.4	100.5	99.7
夏县	102.9	106.7	93.5	101.3	101.9	96.9	97.0	102.1
平陆县	101.3	105.0	101.3	101.8	106.3	95.6	98.7	102.5
芮城县	100.2	102.3	98.9	97.8	98.6	98.5	90.0	103.4
永济市	101.6	103.0	101.3	102.0	100.6	98.1	99.2	99.9
河津市	102.4	104.1	100.9	99.2	100.3	96.5	98.6	100.4

县(市、区)	体育娱乐用品	交通、通信用品	家具	化妆品	金银珠宝	中西药品及医疗保健用品	书报杂志及电子出版物	燃料	建筑材料及五金电料
运城市	**100.9**	**95.1**	**98.5**	**100.1**	**102.5**	**103.3**	**102.7**	**107.5**	**104.6**
盐湖区	101.5	90.9	98.1	100.4	104.6	103.7	101.9	104.4	100.9
临猗县	100.1	98.8	97.4	100.4	106.3	101.6	100.0	102.2	103.1
万荣县	94.8	90.6	109.1	97.1	103.3	103.8	100.3	102.4	107.3
闻喜县	96.6	93.6	99.3	99.4	97.5	101.4	101.2	108.9	99.5
稷山县	101.0	97.9	106.4	103.2	105.5	102.1	100.8	100.5	101.3
新绛县	113.5	95.9	119.0	89.0	103.6	98.8	100.6	101.3	101.1
绛县	101.9	93.6	93.0	96.1	101.8	103.3	99.7	107.6	100.3
垣曲县	99.2	91.0	99.9	100.7	101.6	101.2	100.0	106.9	99.9
夏县	93.0	97.0	114.2	101.1	116.7	100.3	100.0	103.9	105.2
平陆县	99.6	90.0	100.0	102.1	100.0	100.2	97.7	97.3	102.5
芮城县	102.7	97.7	96.7	99.9	108.8	97.6	100.1	115.6	104.7
永济市	100.0	96.5	100.2	100.0	102.3	104.4	100.0	103.1	103.7
河津市	101.0	99.5	97.4	99.7	98.8	108.3	104.8	108.3	106.4

16—31 农业生产资料价格指数(2012)

(以上年=100)

县(市、区)	农业生产资料价格指数	农用手工工具	饲料	畜产品	半机械化农具	机械化农具	化学肥料	农药及农药器械	农用机油	其他农业生产资料	农业生产服务
运城市	**92.9**	**103.0**	**91.7**	**103.0**	**90.9**	**91.4**	**84.2**	**91.2**	**98.0**	**96.6**	**106.0**
盐湖区											
临猗县	103.5	100.0	105.3	98.7	101.0	107.2	105.5	111.3	102.7	99.4	100.0
万荣县	105.3	115.6	109.7	120.5	99.5	99.5	103.7	104.7	111.8	95.9	106.8
闻喜县	117.7	115.3	124.6	140.0	94.6	107.9	136.1	115.5	116.1	111.1	111.6
稷山县	104.7	100.0	105.9	102.1	100.0	100.0	103.6	108.7	101.1	100.5	100.0
新绛县	101.5	105.5	100.2	100.0	100.0	100.0	104.4	100.0	100.0	100.0	100.0
绛县	100.8	101.9	98.6	100.5	98.3	98.7	99.5	99.9	104.2	103.2	104.0
垣曲县	100.5	100.3	100.7	102.7	100.0	100.0	100.1	100.0	101.6	100.0	0.0
夏县	101.3	98.9	102.5	126.1	86.5	90.3	107.8	93.4	102.9	100.2	107.6
平陆县	100.8	97.9	101.0	104.8	100.0	98.0	102.9	100.0	103.8	100.6	100.7
芮城县	129.1	100.0	100.0	112.5	100.0	101.0	103.0	99.6	100.0	125.1	289.8
永济市											
河津市											

16—32　城镇居民家庭基本情况(2012)

市(县、区)	调查户数(户)	户均家庭人口(人)	平均每一就业者负担数(人)	户均就业人口数(人)	国有经济单位职工人数(人)	城镇集体经济单位人数(人)	离退休人数(人)	无收入人数(人)
运城市	**700**	**2.9**	**1.9**	**1.5**	**679**	**112**	**322**	**623**
盐湖区	100	2.8	2.1	1.4	79	6	39	94
临猗县	50	2.9	1.7	1.8	39	20	13	45
万荣县	50	3.2	1.8	1.8	54	26	10	59
闻喜县	50	3.2	1.9	1.7	39	4	18	56
稷山县	50	3.7	1.7	2.2	27	44	4	72
新绛县	50	3.7	1.9	1.9	28	3	32	55
绛　县	50	3.4	1.8	1.9	70	17	8	60
垣曲县	50	3.6	1.9	1.9	16	20	15	70
夏　县	50	3.3	1.9	1.7	48	16	19	59
平陆县	50	3.1	1.9	1.7	60	5	17	55
芮城县	50	3.0	1.6	1.9	52	6	6	53
永济市	50	2.6	2.1	1.3	54	3	31	33
河津市	50	2.9	1.9	1.5	54	8	17	51

16—33　城镇居民家庭人均收入情况(2012)

单位:元

市(县、区)	可支配收入	总收入	工资性收入	经营净收入	转移性收入	财产性收入	提取储蓄存款	期初手存现金
运城市	**18248.3**	**19475.3**	**13225.4**	**1329.4**	**4496.3**	**424.2**	**1528.3**	**1724.0**
盐湖区	19661.4	20789.5	14904.8	842.8	4292.7	749.2	3811.4	1736.4
临猗县	18288.0	18695.1	13898.7	2373.6	2045.1	377.8	1129.3	
万荣县	16327.7	16681.4	12655.2	932.7	1932.6	1160.9	626.0	
闻喜县	18390.4	19417.1	1093.8	1093.8	3629.5	681.0	3605.8	
稷山县	17125.3	17922.2	12575.9	2507.8	1286.6	1551.9	304.3	565.4
新绛县	17945.5	18176.7	10931.7	2454.2	3807.1	983.7	1448.8	1303.5
绛　县	16737.4	17243.3	12788.6	1623.0	1971.2	860.6	1076.0	
垣曲县	16951.3	17254.4	12706.5	1164.9	2657.4	725.7	779.2	261.1
夏　县	16862.9	17556.2	11563.5	1953.4	3677.7	361.6	2558.6	355.3
平陆县	15172.4	15749.6	10995.7	1484.1	3032.4	237.5	1857.5	
芮城县	18839.6	19201.1	9447.6	9065.8	588.1	99.6	2638.7	168.8
永济市	19175.3	21035.4	14388.7	291.4	6284.3	70.9	908.4	3238.9
河津市	19176.1	19635.4	12826.6	2273.1	3988.4	547.3	2765.0	

16—34　城镇居民家庭居住构成情况(2012)

单位:%

县(市、区)	建筑面积(平方米)	居住房改私房	居住商品房	原有私房	独用自来水	有厕所无浴室	有浴室有厕所	单栋住宅
运城市	**35.8**	**33.9**	**44.5**	**19.0**	**93.5**	**14.7**	**77.4**	**76.9**
盐湖区	35.2	38.8	38.8	16.5	99.0	13.6	80.6	60.2
临猗县	39.0		73.5	14.3	98.0	8.2	83.7	48.0
万荣县	31.9		100.0	0.0	100.0	96.0	2.0	100.0
闻喜县	38.8		2.0	94.0	50.0	56.0	44.0	98.0
稷山县	37.2	10.0	56.0	28.0	100.0	26.0	72.0	96.0
新绛县	31.8		6.0	94.0	100.0	54.0	32.0	100.0
绛　县	36.8			100.0	100.0	64.0	36.0	62.0
垣曲县	25.6			84.0	96.0		76.0	80.0
夏　县	37.4	60.0	6.0	26.0	82.5	22.5	72.5	66.0
平陆县	43.5	2.0	76.0	16.0	100.0		94.0	26.0
芮城县	36.7		94.0	6.0	100.0		98.0	64.0
永济市	36.0	56.0	44.0		100.0	2.0	88.0	84.0
河津市	35.6		94.0	2.0	100.0	6.0	94.0	46.0

县(市、区)	暖气	煤	液化石油气	管道天然气	自来水	单元式配套住宅	普通楼房	普通平房
运城市	**84.1**	**8.4**	**30.4**	**1.6**	**182.3**	**13.9**	**3.0**	**16.4**
盐湖区	74.8	6.8	21.4	0.0	191.3	2.9	1.0	17.5
临猗县	73.5	2.0	30.6	32.7	196.0	30.6	4.1	4.1
万荣县	4.0	4.0		4.0	202.0	2.0	6.0	40.0
闻喜县	87.8		6.1		202.0	24.0	22.0	10.0
稷山县	58.0	36.0	32.0	14.0	230.0	30.0	4.0	6.0
新绛县	98.0	42.0	4.0	2.0	130.0	44.0	4.0	46.0
绛　县	100.0		0.0		236.0	20.0		
垣曲县	34.0		56.0		130.0	62.0	20.0	
夏　县	55.0	18.9	24.3		204.0	20.4	12.2	30.6
平陆县	66.0		18.0		224.0	26.0	4.0	2.0
芮城县	98.0		100.0		186.0	8.0		
永济市	98.0	8.0	32.0		172.0	6.0		18.0
河津市	82.0		58.0	42.0	182.0	12.0		18.0

16—35 城镇居民家庭人均支出情况(2012)

单位:元

县(市、区)	家庭总支出	(一)消费性支出	1.食品支出	#粮食	#油脂类	#肉禽及制品	#蛋类	#菜类
运城市	**14078.2**	**10804.8**	**3339.5**	**369.7**	**88.9**	**394.2**	**101.7**	**407.4**
盐湖区	17298.4	11777.1	3354.9	347.7	70.6	419.9	96.2	350.0
临猗县	12332.6	10931.9	3484.4	420.0	42.9	333.8	91.9	504.5
万荣县	11119.0	10384.2	3597.4	397.2	140.0	290.0	69.6	534.1
闻喜县	16346.6	13730.0	3845.6	316.9	97.2	457.6	151.7	576.4
稷山县	11514.6	9575.6	2857.5	313.9	60.9	313.4	91.8	425.4
新绛县	11500.3	9782.6	2578.8	218.6	78.7	341.0	103.3	315.3
绛　县	12033.5	10185.5	3031.0	318.6	100.8	458.1	100.0	300.6
垣曲县	10339.6	8289.0	2569.2	374.5	106.7	402.6	63.2	284.2
夏　县	14514.7	11297.2	2947.7	355.9	91.3	352.0	81.3	451.9
平陆县	10716.7	8754.6	2363.3	264.6	77.5	275.6	76.5	289.9
芮城县	13669.6	9131.0	2226.3	257.8	78.2	208.7	51.7	192.9
永济市	14944.3	10999.9	3703.4	418.8	93.6	436.7	114.9	438.7
河津市	15190.6	12166.8	3516.2	371.5	86.3	399.3	108.4	392.0

县(市、区)	#糖类	#烟草类	#酒和饮料	食品支出占消费性支出(%)	2.衣着支出	3.家庭设备用品及服务支出	4.医疗保健用品支出	5.交通及通迅支出
运城市	**44.8**	**152.4**	**95.0**	**30.9**	**1503.2**	**785.9**	**629.0**	**1655.0**
盐湖区	40.9	150.7	104.8	28.5	1354.5	817.4	741.2	2262.8
临猗县	18.4	129.5	153.6	31.9	2216.7	814.2	368.2	1573.2
万荣县	58.5	375.4	135.4	34.6	1939.0	512.7	502.1	1315.7
闻喜县	328.0	267.3	96.1	28.0	1835.5	1050.4	1130.8	1721.1
稷山县	20.5	117.0	48.5	29.8	1941.8	624.7	445.1	1059.2
新绛县	73.5	129.2	93.4	26.4	784.8	1326.6	604.9	659.9
绛　县	39.4	101.6	108.4	29.8	1789.5	648.2	351.1	1401.8
垣曲县	24.3	161.3	150.3	31.0	1404.9	686.7	495.2	963.3
夏　县	19.6	144.9	109.9	26.1	1376.0	947.8	611.6	1538.4
平陆县	21.3	54.1	56.2	27.0	1468.6	499.0	787.5	1673.2
芮城县	16.8	99.7	73.7	24.4	1467.5	811.1	510.4	1481.4
永济市	30.6	145.2	90.9	33.7	1386.9	746.9	656.2	1735.6
河津市	31.1	189.8	33.7	28.9	1944.5	849.3	674.1	2018.7

16—35 续

单位:元

县(市、区)	6. 文教娱乐支出	7. 居　住	8. 杂项商品及服务	(二)服务性消费支出	#转移性支　出	#购建房支　出	储　蓄存　款	期末手存现　金
运城市	**1231.3**	**1177.1**	**483.8**	**2714.3**	**1890.0**	**248.8**	**5558.5**	**3200.8**
盐湖区	1258.1	1514.9	473.7	3104.1	3171.8	1307.4	7787.7	1612.0
临猗县	1048.0	1133.5	293.8	2751.6	995.6		340.5	6988.0
万荣县	1124.6	710.4	682.4	2698.1	381.3		6049.6	95.9
闻喜县	1691.8	1853.7	601.2	4192.5	1672.7		6445.6	169.5
稷山县	1448.5	972.7	226.1	2494.2	1193.4		1436.6	6218.8
新绛县	1660.8	2094.7	72.1	2783.6	1507.8		7012.6	2115.3
绛　县	1213.3	1228.9	521.7	2557.9	1376.3		5357.1	596.0
垣曲县	869.5	1049.0	251.1	1670.5	1761.2		6353.9	1438.0
夏　县	1477.9	1935.3	462.6	3128.8	2499.2		3292.5	1963.6
平陆县	1016.9	712.6	233.4	2231.4	1443.0		7267.2	145.2
芮城县	1374.0	954.0	306.3	2889.9	1554.8	2619.5	7826.8	160.7
永济市	1122.5	1042.4	606.1	2633.5	2128.7		5184.5	4842.7
河津市	1679.1	1024.9	460.0	2752.4	1342.7	1266.9	7479.3	253.1

16—36 城镇居民家庭每百户耐用消费品拥有量(2012)

县(市、区)	摩托车(辆)	自行车(辆)	洗衣机(台)	电冰箱(台)	彩电(台)	组合音响(套)	家用汽车(辆)
运城市	**65**	**57**	**100**	**95**	**118**	**20**	**28**
盐湖区	20	33	102	93	115	18	30
临猗县	62	72	100	86	114	14	44
万荣县	98	86	100	100	100	12	44
闻喜县	62	68	102	106	154	26	26
稷山县	90	78	100	94	126	66	14
新绛县	104	108	100	104	112	22	22
绛　县	68	72	102	82	128	18	36
垣曲县	60	4	92	70	118	8	20
夏　县	64	46	96	100	140	6	34
平陆县	88	2	100	88	108	24	28
芮城县	82	46	96	98	110	12	22
永济市	64	62	100	96	116	20	26
河津市	42	38	104	104	124	14	40

县(市、区)	空调器(台)	摄像机(架)	照相机(架)	家用电脑(台)	微波炉(个)	淋浴热水器(台)	移动电话(部)
运城市	**114**	**5**	**31**	**79**	**39**	**77**	**182**
盐湖区	125	7	30	77	41	81	191
临猗县	116	8	42	86	34	84	196
万荣县	52	4	36	82	22	2	202
闻喜县	148	14	40	78	54	66	202
稷山县	120	14	40	72	18	72	230
新绛县	48	6	8	62	28	20	130
绛　县	78	4	28	78	28	68	236
垣曲县	46	0	6	56	8	56	130
夏　县	78	6	10	80	22	56	204
平陆县	96	24	68	82	58	94	224
芮城县	124	0	30	88	68	74	186
永济市	128	2	32	82	46	88	172
河津市	128	4	20	66	6	94	182

16—37 城镇居民人均可支配收入

单位:元

县(市、区)	2011	2012	2012 年比 2011 年增长(%)
运城市	**15937**	**18248**	**14.5**
盐湖区	17346	19661	13.4
临猗县	16036	18288	14.0
万荣县	14186	16328	15.1
闻喜县	16101	18390	14.2
稷山县	14975	17125	14.4
新绛县	15721	17946	14.1
绛　县	14552	16737	15.0
垣曲县	14867	16951	14.0
夏　县	14658	16863	15.0
平陆县	13076	15172	16.0
芮城县	16519	18840	14.1
永济市	16648	19175	15.2
河津市	20131	19176	-4.8

16—38 占城镇调查户数 20% 的低收入家庭人均可支配收入

单位:元

县(市、区)	2011	2012	2012 年比 2011 年增长(%)
运城市	**8751**	**9693**	**10.8**
盐湖区	6404	6611	3.2
临猗县	11671	12200	4.5
万荣县	9973	11232	12.6
闻喜县	10371	12444	20.0
稷山县	8825	10316	16.4
新绛县	9485	11007	16.1
绛　县	8112	9296	14.6
垣曲县	8349	9743	16.7
夏　县	7134	8880	24.5
平陆县	5536	6309	13.9
芮城县	9278	8198	-11.6
永济市	9061	11394	25.7
河津市	12943	12049	-6.9

16—39 农民人均纯收入

单位:元

县(市、区)	2011	2012	2012年比2011年增长(%)
运城市	**5622**	**6381**	**13.5**
盐湖区	6469	7405	14.5
临猗县	6815	7785	14.2
万荣县	4909	5597	14.0
闻喜县	5279	5934	12.4
稷山县	5911	6709	13.5
新绛县	6165	6991	13.4
绛　县	5192	5886	13.4
垣曲县	3732	4220	13.1
夏　县	4138	4692	13.4
平陆县	3734	4237	13.5
芮城县	6005	6809	13.4
永济市	7121	8082	13.5
河津市	11347	8625	-24.0

16—40 农林牧渔服务业总产值

单位:万元

县(市、区)	2011	2012	2012年比2011年增长(%)
运城市	**2906330**	**3316018**	**12.9**
盐湖区	182707	195930	6.9
临猗县	609357	703807	12.2
万荣县	247775	291292	22.1
闻喜县	155255	172292	11.4
稷山县	173042	190664	6.4
新绛县	233230	283485	20.2
绛　县	123458	138243	9.1
垣曲县	59591	67781	15.2
夏　县	253329	299569	14.9
平陆县	124669	140567	12.0
芮城县	327473	366246	11.5
永济市	308577	321767	7.4
河津市	126575	134071	5.4

16—41 农林牧渔服务业增加值

单位:万元

县(市、区)	2011	2012	2012 年比 2011 年增长(%)
运城市	**1645026**	**1769858**	**6.4**
盐湖区	103411	110363	6.4
临猗县	360064	394570	6.4
万荣县	140941	144346	6.4
闻喜县	83000	86868	5.0
稷山县	96143	106039	6.5
新绛县	136054	146330	6.4
绛　县	69878	76338	6.4
垣曲县	34129	35882	6.5
夏　县	143891	157909	6.6
平陆县	73169	78283	6.4
芮城县	187638	202720	6.6
永济市	176513	182581	6.6
河津市	71160	74037	3.5

16—42 粮食面积

单位:万元

县(市、区)	2011	2012	2012 年比 2011 年增长(%)
运城市	**660238**	**667600**	**1.1**
盐湖区	61820	64725	4.7
临猗县	59568	60646	0.7
万荣县	58834	56947	-3.2
闻喜县	66535	66581	0.1
稷山县	48929	49666	1.5
新绛县	47909	48245	0.7
绛　县	40556	38303	-5.6
垣曲县	26722	26360	-1.4
夏　县	48364	49194	1.7
平陆县	33424	34058	1.9
芮城县	63026	63646	1.0
永济市	72479	76664	5.8
河津市	32072	32565	1.5

16—43 小麦面积

单位:公顷

县(市、区)	2011	2012	2012 年比 2011 年增长(%)
运城市	**342463**	**343401**	**0.3**
盐湖区	28512	27539	-3.4
临猗县	26702	27102	1.5
万荣县	31309	31384	0.2
闻喜县	42761	42829	0.2
稷山县	26703	27299	2.2
新绛县	26434	26308	-0.5
绛　县	21873	21511	-1.7
垣曲县	14732	15492	5.2
夏　县	21961	22219	1.2
平陆县	19250	19325	0.4
芮城县	31184	31636	1.4
永济市	34374	34076	-0.9
河津市	16668	16680	0.1

16—44 秋粮面积

单位:公顷

县(市、区)	2011	2012	2012 年比 2011 年增长(%)
运城市	**317775**	**324199**	**2.0**
盐湖区	33308	37186	11.6
临猗县	32866	33545	1.5
万荣县	27525	25563	-7.1
闻喜县	23774	23752	-0.1
稷山县	22226	22366	0.6
新绛县	21475	21937	2.2
绛　县	18683	16792	-10.1
垣曲县	11990	10867	-9.4
夏　县	26403	26974	2.2
平陆县	14174	14733	3.9
芮城县	31842	32010	0.5
永济市	38105	42588	11.8
河津市	15404	15885	3.1

16—45 棉花面积

单位:公顷

县(市、区)	2011	2012	2012 年比 2011 年增长(%)
运城市	**50092**	**33080**	**-34.0**
盐湖区	10619	6440	-39.4
临猗县	14146	11677	-17.5
万荣县	1126	1001	-11.1
闻喜县	687	553	-19.5
稷山县	389	226	-41.8
新绛县	1080	665	-38.4
绛　县	168	167	-0.6
垣曲县	557	414	-25.8
夏　县	3587	2826	-21.2
平陆县	286	298	4.1
芮城县	3167	1473	-53.5
永济市	14025	7224	-48.5
河津市	255	116	-54.5

16—46 油料面积

单位:公顷

县(市、区)	2011	2012	2012 年比 2011 年增长(%)
运城市	**11297**	**10915**	**-3.4**
盐湖区	324	328	1.2
临猗县	1346	1516	12.6
万荣县	2315	2203	-4.8
闻喜县	971	1225	26.2
稷山县	707	533	-24.5
新绛县	403	357	-11.4
绛　县	414	249	-39.8
垣曲县	453	333	-26.5
夏　县	727	469	-35.5
平陆县	1472	1361	-7.5
芮城县	1417	1437	1.4
永济市	269	388	44.3
河津市	478	515	7.8

16—47 水果面积

单位:公顷

县(市、区)	2011	2012	2012年比2011年增长(%)
运城市	**135901**	**148214**	**9.1**
盐湖区	9975	11407	14.4
临猗县	50611	52420	3.6
万荣县	18325	21735.9	18.6
闻喜县	1143	1208.5	5.7
稷山县	8946	11010	23.1
新绛县	2316	2443	5.5
绛　县	2891	3384	17.1
垣曲县	482	505	4.8
夏　县	6000	6533.5	8.9
平陆县	8838	9027.8	2.1
芮城县	15074	17036	13.0
永济市	9561	9851.5	3.0
河津市	1738	1650	-5.1

16—48 蔬菜面积

单位:公顷

县(市、区)	2011	2012	2012年比2011年增长(%)
运城市	**55900**	**57309**	**2.5**
盐湖区	2345	2491	6.2
临猗县	1945	1947	0.1
万荣县	2980	3121	4.7
闻喜县	7379	7425	0.6
稷山县	1016	1087	6.9
新绛县	10450	11263	7.8
绛　县	869	883	1.6
垣曲县	1388	1450	4.5
夏　县	13965	14028	0.4
平陆县	1493	1625	8.9
芮城县	5256	5278	0.4
永济市	3930	4241	7.9
河津市	2886	2472	-14.4

16—49　粮食总产量

单位:吨

县(市、区)	2011	2012	2012年比2011年增长(%)
运城市	**2664700**	**3042493**	**14.2**
盐湖区	239200	268645	12.3
临猗县	279900	310829	11.1
万荣县	142200	178421	25.5
闻喜县	202800	263640	30.0
稷山县	200400	224268	11.9
新绛县	198900	232116	16.7
绛　县	146500	167935	14.6
垣曲县	69800	85937	23.1
夏　县	235100	259080	10.2
平陆县	89800	107760	20.0
芮城县	280400	315328	12.5
永济市	414700	450779	8.7
河津市	165200	177755	7.6

16—50　小麦总产量

单位:吨

县(市、区)	2011	2012	2012年比2011年增长(%)
运城市	**1210016**	**1541930**	**27.4**
盐湖区	108374	132047	21.8
临猗县	115607	135550	17.3
万荣县	68304	101237	48.2
闻喜县	110406	170321	54.3
稷山县	96748	125042	29.2
新绛县	94329	122428	29.8
绛　县	57053	73900	29.5
垣曲县	34062	54650	60.4
夏　县	101392	119018	17.4
平陆县	48475	64671	33.4
芮城县	119115	155790	30.8
永济市	177405	199852	12.7
河津市	78746	87424	11.0

16—51　秋粮总产量

单位:吨

县(市、区)	2011	2012	2012年比2011年增长(%)
运城市	**1454884**	**1500563**	**3.1**
盐湖区	130826	136598	4.4
临猗县	164293	175279	6.7
万荣县	73896	77184	4.4
闻喜县	92394	93319	1.0
稷山县	103652	99226	-4.3
新绛县	104571	109688	4.9
绛　县	89447	94035	5.1
垣曲县	35738	31287	-12.5
夏　县	133708	140062	4.8
平陆县	41325	43089	4.3
芮城县	161285	159538	-1.1
永济市	237295	250927	5.7
河津市	86454	90331	4.5

16—52　棉花总产量

单位:吨

县(市、区)	2011	2012	2012年比2011年增长(%)
运城市	**57983**	**41770**	**-28.0**
盐湖区	9233	5216	-43.5
临猗县	20712	18386	-11.2
万荣县	814	871	6.9
闻喜县	643	573	-10.8
稷山县	609	298	-51.1
新绛县	1445	898	-37.9
绛　县	113	130	14.9
垣曲县	539	409	-24.0
夏　县	3578	3638	1.7
平陆县	252	306	21.4
芮城县	4925	3011	-38.9
永济市	14872	7898	-46.9
河津市	250	136	-45.5

16—53 油料总产量

单位:吨

县(市、区)	2011	2012	2012 年比 2011 年增长(%)
运城市	**18627**	**20959**	**12.5**
盐湖区	557	578	3.8
临猗县	3450	4327	25.4
万荣县	2821	3307	17.2
闻喜县	1657	1896	14.4
稷山县	1601	1299	-18.8
新绛县	753	922	22.4
绛　县	664	410	-38.3
垣曲县	534	589	10.3
夏　县	1218	898	-26.3
平陆县	1466	1549	5.7
芮城县	2519	2993	18.8
永济市	381	1007	164.3
河津市	1005	1184	17.8

16—54 水果总产量

单位:吨

县(市、区)	2011	2012	2012 年比 2011 年增长(%)
运城市	**3730749**	**4490934**	**20.4**
盐湖区	270408	321205	18.8
临猗县	1568900	1808172	15.3
万荣县	393780	571298	45.1
闻喜县	13728	14465	5.4
稷山县	89727	101331	12.9
新绛县	67691	84470	24.8
绛　县	76918	92643	20.4
垣曲县	15396	17239	12.0
夏　县	195357	214267	9.7
平陆县	286278	325670	13.8
芮城县	451676	590377	30.7
永济市	256965	304482	18.5
河津市	43926	45316	3.2

16—55　蔬菜总产量

单位:吨

县(市、区)	2011	2012	2012 年比 2011 年增长(%)
运城市	**2018792**	**2527392**	**25.2**
盐湖区	81485	107882	32.4
临猗县	75991	92083	21.2
万荣县	141063	146400	3.8
闻喜县	203899	230299	12.9
稷山县	58892	64028	8.7
新绛县	475975	653602	37.3
绛　县	27542	46760	69.8
垣曲县	34445	44307	28.6
夏　县	557385	720092	29.2
平陆县	60360	84204	39.5
芮城县	160471	173669	8.2
永济市	66936	77258	15.4
河津市	74348	86810	16.8

16—56 工业企业主要经济指标(2012)

单位:万元

县(市、区)	企业单位数(个)	#亏损企业	工业总产值(当年价格)	工业销售产值(当年价格)	#出口交货值	年初存货	#产成品	#在产品
运城市	**462**	**118**	**14106433**	**13521031**	**188371**	**2739011**	**1019937**	**314088**
盐湖区	72	14	1729721	1749974	11049	313103	132315	45586
临猗县	43	5	740078	648901	63517	93345	57248	10275
万荣县	22	1	353658	303707		71877	11413	15289
闻喜县	31	6	1703142	1710238	35570	458111	105909	9219
稷山县	24	5	716807	640687	8121	103389	44383	
新绛县	31	5	1274824	1235292	1642	98455	35092	3052
绛　县	35	9	774938	759145	47272	139729	48307	30394
垣曲县	11	2	389160	245892		285357	138737	62785
夏　县	24	7	148581	135178	1542	24856	10465	4754
平陆县	17	3	279161	251520		43708	18110	1361
芮城县	23	8	450856	395807	11	64346	41936	4673
永济市	53	19	2107459	2081960	19647	371414	180860	52104
河津市	76	34	3438050	3362732		671322	195161	74597

县(市、区)	资产总计	#流动资产合计	#应收账款	#存货	#产成品	#在产品	#固定资产合计	#固定资产原价
运城市	**17348290**	**8295093**	**1443915**	**2994922**	**1143845**	**369069**	**7250922**	**13955116**
盐湖区	2975465	1288761	237662	328018	134524	37994	1312903	1580241
临猗县	849981	500780	108228	140734	72631	21102	278904	358605
万荣县	308008	197868	66920	53524	11363	12419	75217	181496
闻喜县	2331388	1247831	72378	510260	105551	9046	579345	1742785
稷山县	471592	240300	44205	106652	55128	141	218334	377811
新绛县	907599	465917	94085	98537	25701	640	405118	485753
绛　县	953658	394451	79925	157685	57806	30826	523162	671934
垣曲县	1043120	553461	24713	332602	185716	68058	242446	354227
夏　县	165827	79927	14067	34920	13691	5623	58057	71270
平陆县	321568	146348	27012	50570	18247	1824	150179	163095
芮城县	832430	278432	47019	67515	44385	12372	472041	702900
永济市	1879210	960614	337226	376070	199414	39489	736219	995174
河津市	4308443	1940402	290476	737836	219688	129537	2198997	6269825

16—56 续1

单位:万元

县(市、区)	#累计折旧	#本年折旧	#在建工程	负债合计	流动负债合计	#应付账款	非流动负债合计	所有者权益合计
运城市	**7364072**	**1157270**	**970434**	**12016884**	**9441415**	**1977568**	**2252345**	**5312681**
盐湖区	522102	79013	115908	2242138	1604753	292656	593725	724334
临猗县	105032	32186	63119	534747	472524	61194	53560	310580
万荣县	134573	16545	29709	166009	159251	51390	6486	141678
闻喜县	1181871	201052	217880	1415177	1342081	280250	70095	915964
稷山县	170931	50148	14152	262181	205239	76306	49690	208885
新绛县	153053	48185	55735	705662	648728	132979	40295	201926
绛　县	211683	55214	18947	725894	447896	142360	84820	224656
垣曲县	116685	16236	138915	554055	444601	106755	109005	489065
夏　县	17995	25353	4911	92618	80730	-1311	2962	73209
平陆县	23176	6821	13739	194351	133124	40203	47897	127216
芮城县	236195	40509	48471	741013	282759	55066	458253	91418
永济市	327404	75345	74471	1162429	1088421	262025	59975	717043
河津市	4163372	533483	174407	3220612	2531307	477694	675582	1086707

县(市、区)	实收资本	国家资本	集体资本	法人资本	个人资本	港澳台资本	外商资本	营业收入
运城市	**3157107**	**623946**	**47701**	**1340938**	**1050279**	**10090**	**84155**	**14536824**
盐湖区	537918	80058	19698	280303	133202	90	25468	2259615
临猗县	182034	5608	4260	54835	113281		4050	669845
万荣县	46451			23861	22590			294591
闻喜县	273604	57449	362	154808	60985			1811877
稷山县	153417			37161	116256			659658
新绛县	154724			88458	56066		10200	1201415
绛　县	340759	62642	535	25075	218672		33835	765908
垣曲县	105395	87386		11985	6024			282882
夏　县	39249		1050	15877	22322			165435
平陆县	60554			37123	13431	10000		210477
芮城县	125198			107938	6708		10552	436726
永济市	336231	135295	13527	138203	49206			2292352
河津市	801575	195508	8270	365311	232436		50	3486045

16—56 续2

单位:万元

县(市、区)	#主营业务收入	营业成本	#主营业务成本	营业税金及附加	#主营业务税金及附加	其他业务收入	其他业务利润	销售费用
运城市	**14071205**	**13133713**	**12719088**	**34912**	**34554**	**465618**	**39728**	**298135**
盐湖区	2196057	2046893	1989759	7608	7604	63558	5954	57740
临猗县	654029	545639	536730	1216	1216	15816	7401	19849
万荣县	291152	242704	239123	1367	1367	3439	567	14237
闻喜县	1803923	1652179	1646979	2273	2102	7954	860	25698
稷山县	659658	618302	618302	2228	2228			8338
新绛县	1194525	1033756	1029229	2321	2321	6890	212	6608
绛　县	749574	663525	646415	799	799	16334	507	13282
垣曲县	271846	264279	241528	2192	2192	11036	823	9274
夏　县	164487	142034	141078	508	507	948	76	9587
平陆县	204869	187474	185220	439	439	5608	76	3604
芮城县	434122	348769	346613	2838	2818	2604	51	32960
永济市	2128578	2046271	1889279	3899	3785	163774	6429	23297
河津市	3318386	3341890	3208834	7225	7177	167658	16773	73662

县(市、区)	管理费用	#税　金	#差旅费	#工会经费	财务费用	#利息收入	#利息支出	营业利润
运城市	**426840**	**25406**	**29063**	**2291**	**428094**	**13835**	**404425**	**378715**
盐湖区	80023	3210	4982	299	83469	7424	87321	29601
临猗县	21513	903	2308	131	18234	2862	19576	59485
万荣县	12626	995	842	89	3077	219	2604	21202
闻喜县	37321	4597	1488	193	67383	274	66352	85143
稷山县	11824	1000	724	43	5878	69	4307	10987
新绛县	18826	1678	1132	80	18502	－645	11970	144822
绛　县	23144	496	1270	292	12903	－119	12791	62223
垣曲县	30125	756	848	140	12642	182	12157	7733
夏　县	8691	1453	694	43	2204	44	1789	1608
平陆县	6004	139	271	26	7279	63	6422	6483
芮城县	25870	1488	7466	195	35948	1326	37208	－10197
永济市	75608	2971	3674	369	49008	434	47630	87840
河津市	75266	5722	3366	392	111566	1702	94299	－128213

16—56 续3

单位:万元

县(市、区)	资产减值损失	公允价值变动收益	投资收益	营业外收入	补贴收入	营业外支出	利润总额	应交所得税
运城市	**17648**	**553**	**136116**	**66712**	**22291**	**26761**	**418665**	**46502**
盐湖区	5560		46804	10117	1309	2755	36963	5232
临猗县	-6		-2373	873	55	1022	59336	5804
万荣县	910	0		666	47	467	21401	2808
闻喜县	366	1	57708	6399	2059	1075	90467	21950
稷山县	2		2	692	734	3286	8393	1444
新绛县			26609	3207	44	3039	144990	3062
绛　县	16			5991	2314	142	68071	1906
垣曲县			-138	8087	7065	1410	14410	679
夏　县	692		1	1218	20	518	2308	989
平陆县				638	382	157	6964	659
芮城县	421	1	6	5591	107	514	-5120	1999
永济市	1198	551	4231	8609	2686	907	95540	-2639
河津市	8489		3268	14625	5469	11468	-125056	2606

县(市、区)	亏损企业亏损总额	利税总额	应交税金及附加	本年应付职工薪酬	本年应交增值税	本年进项税额	本年销项税额	土地和固定资产支出
运城市	**329679**	**787555**	**440798**	**716390**	**333978**	**2489431**	**2681359**	**1600198**
盐湖区	90133	67362	38841	107408	22791	252355	248372	126187
临猗县	3428	69036	16408	25575	8484	50588	53815	26572
万荣县	496	33279	15681	7797	10512	24918	33333	9938
闻喜县	1205	161841	97921	131977	69101	812592	823327	791630
稷山县	2405	24944	18996	13209	14324	47063	60118	12337
新绛县	2662	172387	32137	40495	25076	138345	148280	160109
绛　县	5703	77115	11446	39601	8244	126401	129596	54547
垣曲县	120	26914	13940	65381	10312	236239	251387	65703
夏　县	2822	6857	6992	11083	4042	16708	20687	9492
平陆县	3929	14222	8056	6893	6819	35941	34674	48828
芮城县	24262	21048	29655	29584	23331	50076	73172	3911
永济市	34910	133625	38416	90231	34186	250638	284459	57258
河津市	157605	-21076	112308	147158	96755	447568	520140	233689

16—56 续4

单位:万元

县(市、区)	#土地购置	#房屋和建筑物	#机器设备	#运输工具	#其他费用	全部从业人员年平均人数(人)
运城市	**45743**	**278868**	**1222643**	**42227**	**10716**	**200858**
盐湖区	7172	32041	80090	2610	4275	33254
临猗县	1121	1790	17699	4971	991	11210
万荣县	4688	859	4275	108	8	3314
闻喜县	2570	82041	689473	17249	296	26469
稷山县	2432	1744	7911	214	36	8363
新绛县	7401	36290	114720	1366	332	11425
绛　县	5019	18848	28948	977	756	11994
垣曲县	632	5467	59600		3	15486
夏　县	1253	2603	4956	400	281	4065
平陆县	1449	3996	42594	329	459	3179
芮城县	876	1395	883	31	727	5903
永济市	5304	22381	26866	936	1772	20249
河津市	5827	69414	144629	13038	780	45947

县(市、区)	亏损面(%)	总资产贡献率(%)	资产负债率(%)	成本费用利润率(%)	人均实现利税(元/人)	产品销售率(%)
运城市	**25.5**	**6.8**	**69.3**	**2.9**	**39210**	**95.9**
盐湖区	19.4	5.0	75.4	1.6	20257	101.2
临猗县	11.6	10.1	62.9	9.8	61585	87.7
万荣县	4.6	11.6	53.9	7.9	100420	85.9
闻喜县	19.4	9.8	60.7	5.1	61144	100.4
稷山县	20.8	6.2	55.6	1.3	29827	89.4
新绛县	16.1	20.4	77.8	13.5	150886	96.9
绛　县	25.7	9.4	76.1	9.6	64294	98.0
垣曲县	18.2	3.7	53.1	4.6	17380	63.2
夏　县	29.2	5.2	55.9	1.4	16870	91.0
平陆县	17.7	6.4	60.4	3.4	44736	90.1
芮城县	34.8	6.8	89.0	-1.2	35657	87.8
永济市	35.9	9.6	61.9	4.4	65991	98.8
河津市	44.7	1.7	74.8	-3.5	-4587	97.8

16—57 国有控股工业企业主要经济指标(2012)

单位:万元

县(市、区)	企业单位数(个)	#亏损企业	工业总产值(当年价格)	工业销售产值(当年价格)	#出口交货值	年初存货	#产成品	#在产品
运城市	**45**	**23**	**3682199**	**3561949**	**54136**	**990417**	**321931**	**202676**
盐湖区	7	5	677765	680486	3508	101799	30430	16579
临猗县	3	1	73081	62105	962	11212	8731	1612
万荣县	1		10032	9758		7070		
闻喜县	3	1	108357	123405		28257	14102	5183
稷山县								
新绛县	1		81394	82086		5950	1682	
绛　县	5	4	95480	99348	42378	59581	17303	16031
垣曲县	1		303780	158786		267757	131270	59786
夏　县	1	1	9704	8871		1450	802	
平陆县								
芮城县	2	1	208575	202486		13174	12840	
永济市	12	6	984018	1021713	7289	197935	85029	41776
河津市	9	4	1130014	1112906		296232	19744	61708

县(市、区)	资产总计	#流动资产合计	#应收账款	#存货	#产成品	#在产品	#固定资产合计	#固定资产原价
运城市	**6194654**	**2218051**	**435550**	**1018336**	**371592**	**206223**	**3349347**	**5433305**
盐湖区	1573091	515578	54111	94081	30260	13513	899701	1098799
临猗县	83284	35081	2121	19355	14984	2807	43561	57465
万荣县	9296	6059		5765			3116	6923
闻喜县	156835	43025	6840	15066	4614	3100	108643	119781
稷山县								
新绛县	76805	14640	496	4891	980		56018	90522
绛　县	171202	105958	18528	56139	19674	12547	63896	137241
垣曲县	817630	444545	6920	307885	173454	65930	176953	267208
夏　县	12153	4550	1745	1499	958		7603	13893
平陆县								
芮城县	412831	78698	19219	16428	13644		329432	486734
永济市	1149403	554285	296249	182165	89018	31716	442811	681505
河津市	1732124	415632	29322	315063	24004	76611	1217616	2473235

16—57 续1

单位:万元

县(市、区)	#累计折旧	#本年折旧	#在建工程	负债合计	流动负债合计	#应付账款	非流动负债合计	所有者权益合计
运城市	**2356630**	**291303**	**236363**	**4712115**	**3184581**	**706936**	**1514866**	**1482604**
盐湖区	399369	55075	34020	1398450	944597	144288	453853	174641
临猗县	13905	5734	465	58807	55019	17660	3788	24478
万荣县	3807	442		6902	6902	917		2394
闻喜县	26227	10997	5261	73229	69198	14981	4031	83606
稷山县								
新绛县	34504	5249	755	25954	25954	5114		50850
绛　县	73816	3673	1042	159016	116148	42738	42868	12187
垣曲县	90255	11612	108275	407845	342086	81366	65759	409786
夏　县	5941	-736		14556	14556	1857		-2403
平陆县								
芮城县	157302	27253		520275	95695	37668	424580	-107444
永济市	243129	49283	26609	765907	708632	224901	47731	383561
河津市	1308375	122721	59936	1281176	805795	135446	472257	450948

县(市、区)	实收资本	国家资本	集体资本	法人资本	个人资本	港澳台资本	外商资本	营业收入
运城市	**1178627**	**606374**	**23467**	**491030**	**43556**		**14200**	**4227787**
盐湖区	279534	79618	12900	146642	40374			1121178
临猗县	39000		3000	32000			4000	74496
万荣县	1765			1765				14834
闻喜县	57449	57449						170986
稷山县								
新绛县	30000			19800			10200	76090
绛　县	55075	54440		634				105769
垣曲县	87386	87386						173296
夏　县	4419			4419				7750
平陆县								
芮城县	31469			31469				202693
永济市	244301	134872	7067	100800	1563			1140113
河津市	348228	192608	500	153500	1620			1140583

16—57 续2

单位:万元

县(市、区)	#主营业务收入	营业成本	#主营业务成本	营业税金及附加	#主营业务税金及附加	其他业务收入	其他业务利润	销售费用
运城市	**4042107**	**4006424**	**3811985**	**11946**	**11775**	**185680**	**11140**	**70110**
盐湖区	1069537	1095419	1049271	1605	1605	51641	5493	22077
临猗县	73224	70839	69459	113	113	1272	231	2827
万荣县	14834	13207	13207	26	26			640
闻喜县	169123	143658	141837	543	372	1864	118	4079
稷山县								
新绛县	75437	56964	56542	19	19	653		1329
绛　县	99184	106660	90054	176	176	6586	408	2339
垣曲县	172407	166944	164498	1456	1456	889	749	4455
夏　县	7586	6090	5840	38	38	164		925
平陆县								
芮城县	202458	193708	193687	1007	1007	235		809
永济市	1034304	1050009	947213	3007	3007	105809	2641	15280
河津市	1124015	1102927	1080377	3956	3956	16568	1501	15351

县(市、区)	管理费用	#税　金	#差旅费	#工会经费	财务费用	#利息收入	#利息支出	营业利润
运城市	**169414**	**8173**	**5879**	**597**	**179083**	**6453**	**184918**	**-110488**
盐湖区	41848	1286	1257	131	58481	5222	62309	-55071
临猗县	2203	236	43	10	1733	2	1658	-2674
万荣县	267		14	1	388	1	388	306
闻喜县	8884	393	301	65	2110	116	2207	12420
稷山县								
新绛县	3131	265	42	9	2277	-90	2187	12456
绛　县	9377	185	237	148	2071	182	2226	-4398
垣曲县	22143	589	598		9226	181	8804	1808
夏　县	2496	168	159		2	0		-2487
平陆县								
芮城县	416	72	3	2	28684	48	28675	-21932
永济市	58518	2491	2379	121	32538	477	31266	-6845
河津市	20132	2489	848	111	41574	313	45197	-44071

16—57 续3

单位:万元

县(市、区)	资产减值损失	公允价值变动收益	投资收益	营业外收入	补贴收入	营业外支出	利润总额	应交所得税
运城市	**14098**	**551**	**51103**	**25806**	**11622**	**12786**	**-97468**	**784**
盐湖区	3647		46804	6622	536	1615	-50065	-3
临猗县	-6			6		127	-2795	37
万荣县				5		1	311	3
闻喜县	157		3	493	479	18	12895	3494
稷山县								
新绛县				21		65	12412	685
绛　县				194	25	34	-4238	524
垣曲县			-149	7671	6957	1209	8270	585
夏　县	685			767		326	-2046	
平陆县								
芮城县				614		1	-21318	16
永济市	1126	551	4334	6941	2644	205	-109	-3410
河津市	8489		111	2471	981	9185	-50785	-1146

县(市、区)	亏损企业亏损总额	利税总额	应交税金及附加	本年应付职工薪酬	本年应交增值税	本年进项税额	本年销项税额	土地和固定资产支出
运城市	**201884**	**16033**	**122458**	**302728**	**101555**	**745878**	**818692**	**380913**
盐湖区	79355	-37861	13487	69446	10599	127963	112754	64368
临猗县	3276	-2680	388	2208	2	17037	15587	23
万荣县		727	419	539	391	1673	2522	
闻喜县	254	16973	7965	11158	3535	19638	21753	340
稷山县								
新绛县		12656	1195	4902	226	419	644	90522
绛　县	4775	-1252	3696	12416	2811	10591	13242	19450
垣曲县		13144	6047	56957	3418	221027	227398	61823
夏　县	2046	-1573	641	1797	434	871	1305	3163
平陆县								
芮城县	22587	-10096	11311	3023	10215	22932	32981	
永济市	29361	31915	31105	58550	29017	148995	178916	33932
河津市	60231	-5922	46206	81731	40907	174733	211592	107292

16—57 续4

单位:万元

县(市、区)	#土地购置	#房屋和建筑物	#机器设备	#运输工具	#其他费用	全部从业人员年平均人数(人)
运城市	**10275**	**87015**	**266610**	**13767**	**3247**	**68925**
盐湖区	2331	14240	44979	1456	1362	19553
临猗县			10	11	2	696
万荣县						150
闻喜县			340			2572
稷山县						
新绛县		16913	72731	879		1050
绛　县	3626	8486	6818	508	13	5006
垣曲县		2968	58855			12519
夏　县		887	2221	30	25	802
平陆县						
芮城县						439
永济市		9667	21942	588	1736	9868
河津市	4318	33855	58713	10296	109	16270

县(市、区)	亏损面(%)	总资产贡献率(%)	资产负债率(%)	成本费用利润率(%)	人均实现利税(元/人)	产品销售率(%)
运城市	**51.1**	**3.1**	**76.1**	**-2.2**	**2326**	**96.7**
盐湖区	71.4	1.2	88.9	-4.1	-19363	100.4
临猗县	33.3	-1.2	70.6	-3.6	-38500	85.0
万荣县		12.0	74.3	2.1	48493	97.3
闻喜县	33.3	12.2	46.7	8.1	65992	113.9
稷山县						
新绛县		19.4	33.8	19.5	120530	100.9
绛　县	80.0	0.5	92.9	-3.5	-2500	104.1
垣曲县		2.7	49.9	4.1	10499	52.3
夏　县	100.0	-13.0	119.8	-21.5	-19613	91.4
平陆县						
芮城县	50.0	4.5	126.0	-9.5	-229966	97.1
永济市	50.0	5.5	66.6	0.0	32342	103.8
河津市	44.4	2.3	74.0	-4.3	-3640	98.5

16—58 外商投资和港澳台商投资工业企业主要经济指标(2012)

单位:万元

县(市、区)	企业单位数(个)	#亏损企业	工业总产值(当年价格)	工业销售产值(当年价格)	#出口交货值	年初存货	#产成品	#在产品
运城市	**14**	**2**	**337238**	**308866**	**18814**	**65529**	**46770**	**4652**
盐湖区	3	1	38081	36286	1562	3843	316	2525
临猗县	4		55126	39322		16398	14950	65
万荣县								
闻喜县	1	1	4755	4541		13	1	
稷山县								
新绛县	1		81394	82086		5950	1682	
绛　县	1		31565	34003	4894	6826	4514	1187
垣曲县								
夏　县								
平陆县	1		84547	71773		8998	3886	564
芮城县	2		25523	23909		10561	9228	311
永济市	1		16249	16945	12358	12941	12193	
河津市								

县(市、区)	资产总计	#流动资产合计	#应收账款	#存货	#产成品	#在产品	#固定资产合计	#固定资产原价
运城市	**394421**	**201277**	**27386**	**58373**	**38620**	**4299**	**166875**	**263486**
盐湖区	37934	10041	1133	3697	456	2619	23997	41980
临猗县	46237	28254	4116	16130	13440	232	15996	20913
万荣县								
闻喜县	4395	2883		1366	1024		1496	1496
稷山县								
新绛县	76805	14640	496	4891	980		56018	90522
绛　县	58012	38578	7647	5977	3013	959	9535	32918
垣曲县								
夏　县								
平陆县	98000	53101	4188	8064	3304	347	42794	44601
芮城县	43490	36256	6797	4504	3112	142	6081	16672
永济市	29548	17525	3010	13746	13292		10959	14386
河津市								

16—58 续1

单位:万元

县(市、区)	#累计折旧	#本年折旧	#在建工程	负债合计	流动负债合计	#应付账款	非流动负债合计	所有者权益合计
运城市	**111480**	**13985**	**19212**	**208600**	**181931**	**19606**	**19850**	**185820**
盐湖区	17983	2488	2039	14194	14194	4502		23740
临猗县	10730	1015		30562	30562	3316		15675
万荣县								
闻喜县				243	243	12		4152
稷山县								
新绛县	34504	5249	755	25954	25954	5114		50850
绛　县	23383	1172	7454	23621	8872	2489	14750	34391
垣曲县								
夏　县								
平陆县	10861	2112	8533	62520	50600	944	5100	35480
芮城县	10590	1472	432	32392	32392	1758		11097
永济市	3429	477		19113	19113	1470		10435
河津市								

县(市、区)	实收资本	国家资本	集体资本	法人资本	个人资本	港澳台资本	外商资本	营业收入
运城市	**141247**	**13301**	**7900**	**45031**	**5000**	**10000**	**60015**	**314676**
盐湖区	20856	5100	4900	9479			1378	37726
临猗县	13050		3000	6000			4050	57727
万荣县								
闻喜县	5000				5000			3454
稷山县								
新绛县	30000			19800			10200	76090
绛　县	42036	8201					33835	34142
垣曲县								
夏　县								
平陆县	10000					10000		64279
芮城县	10552						10552	24171
永济市	9752			9752				17088
河津市								

16—58 续2

单位:万元

县(市、区)	#主营业务收入	营业成本	#主营业务成本	营业税金及附加	#主营业务税金及附加	其他业务收入	其他业务利润	销售费用
运城市	**306745**	**259221**	**252190**	**608**	**608**	**7931**	**586**	**9241**
盐湖区	32787	32361	27677	174	174	4939	255	1670
临猗县	56693	49099	48351	234	234	1034	231	3718
万荣县								
闻喜县	3454	3565	3565	2	2			
稷山县								
新绛县	75437	56964	56542	19	19	653		1329
绛　县	34003	26035	25985	11	11	139	99	1032
垣曲县								
夏　县								
平陆县	64279	54384	54384	94	94			481
芮城县	23004	21876	20749	58	58	1167		600
永济市	17088	14937	14937	17	17			411
河津市								

县(市、区)	管理费用	#税　金	#差旅费	#工会经费	财务费用	#利息收入	#利息支出	营业利润
运城市	**14499**	**703**	**564**	**87**	**7179**	**115**	**6774**	**24311**
盐湖区	2835	115	288	8	555	90	236	337
临猗县	1894	65	26	7	1322	1	1312	1558
万荣县								
闻喜县	199	4			8		8	-320
稷山县								
新绛县	3131	265	42	9	2277	-90	2187	12456
绛　县	3165	32	107	60	-8	52	69	3902
垣曲县								
夏　县								
平陆县	1461	23	57	1	2786		2508	5073
芮城县	1193	108	37	3	385	60	455	58
永济市	621	92	8	1	-146	2		1248
河津市								

16—58 续3

单位:万元

县(市、区)	资产减值损失	公允价值变动收益	投资收益	营业外收入	补贴收入	营业外支出	利润总额	应交所得税
运城市	**16**			**1048**		**797**	**24562**	**1769**
盐湖区	6			9		468	-121	332
临猗县	-6			346		35	1869	202
万荣县								
闻喜县				4			-316	
稷山县								
新绛县				21		65	12412	685
绛　县	16			4		15	3891	492
垣曲县								
夏　县								
平陆县							5073	
芮城县				663		213	508	57
永济市						0	1248	
河津市								

县(市、区)	亏损企业亏损总额	利税总额	应交税金及附加	本年应付职工薪酬	本年应交增值税	本年进项税额	本年销项税额	土地和固定资产支出
运城市	**3150**	**32283**	**10193**	**16708**	**7113**	**39736**	**43532**	**110990**
盐湖区	2834	1389	1957	3126	1335	8617	9593	1574
临猗县		3526	1925	2847	1424	9259	10264	23
万荣县								
闻喜县	316	-314	6	509		635	587	
稷山县								
新绛县		12656	1195	4902	226	419	644	90522
绛　县		3902	534	2750		6124	5056	18078
垣曲县								
夏　县								
平陆县		8738	3689	1276	3572	8896	12467	
芮城县		1122	779	920	557	3491	4109	325
永济市		1265	109	380		2296	811	467
河津市								

16—58 续4

单位:万元

县(市、区)	#土地购置	#房屋和建筑物	#机器设备	#运输工具	#其他费用	全部从业人员年平均人数(人)
运城市	**544**	**23429**	**85881**	**915**	**220**	**4523**
盐湖区	544		1030			779
临猗县			10	11	2	643
万荣县						
闻喜县						252
稷山县						
新绛县		16913	72731	879		1050
绛　县		6474	11403		201	789
垣曲县						
夏　县						
平陆县						596
芮城县			286	25	14	284
永济市		43	422		3	130
河津市						

县(市、区)	亏损面(%)	总资产贡献率(%)	资产负债率(%)	成本费用利润率(%)	人均实现利税(元/人)	产品销售率(%)
运城市	**14.3**	**9.9**	**52.9**	**8.5**	**71376**	**91.6**
盐湖区	33.3	4.1	37.4	-0.3	17827	95.3
临猗县		10.5	66.1	3.3	54841	71.3
万荣县						
闻喜县	100.0	-7.0	5.5	-8.4	-12468	95.5
稷山县						
新绛县		19.4	33.8	19.5	120530	100.9
绛　县		6.8	40.7	12.9	49452	107.7
垣曲县						
夏　县						
平陆县		11.5	63.8	8.6	146612	84.9
芮城县		3.5	74.5	2.1	39511	93.7
永济市		4.3	64.7	7.9	97300	104.3
河津市						

16—59 大中型工业企业主要经济指标(2012)

单位:万元

县(市、区)	企业单位数(个)	#亏损企业	工业总产值(当年价格)	工业销售产值(当年价格)	#出口交货值	年初存货	#产成品	#在产品
运城市	**132**	**37**	**10654276**	**10226901**	**160938**	**2293771**	**777732**	**266787**
盐湖区	20	5	1212332	1242937	8814	228479	89732	20194
临猗县	10	1	443934	395590	53871	47651	25423	7595
万荣县	3		89163	76835		43547	5622	15208
闻喜县	17	3	1654065	1657646	35570	438223	95936	7909
稷山县	8	2	499888	438816	8121	86349	37748	
新绛县	9	1	1078147	1041448		82890	27980	2507
绛　县	13	3	637552	621743	47272	122951	39440	29387
垣曲县	3		356214	215081		273728	135007	60659
夏　县	7	1	88997	69807		12223	5999	503
平陆县	3		199110	176288		34020	14465	564
芮城县	1		111540	86029		22184	9355	3893
永济市	10	3	1332905	1323822	7289	278624	127739	44474
河津市	28	18	2950430	2880860		622901	163286	73893

县(市、区)	资产总计	#流动资产合计	#应收账款	#存货	#产成品	#在产品	#固定资产合计	#固定资产原价
运城市	**14012006**	**6773245**	**1078783**	**2461914**	**852578**	**320746**	**5706665**	**11750508**
盐湖区	2356274	976991	155427	226276	76850	15825	1105634	1362893
临猗县	571582	339687	69910	76681	32749	18529	178454	234021
万荣县	105728	67588	9829	28907	4288	11649	20267	74493
闻喜县	2272709	1208791	68811	482555	93235	7540	560737	1715588
稷山县	370748	200273	40245	88217	45363		163931	299762
新绛县	790295	399562	82597	80417	18210	179	361708	432466
绛　县	790142	322345	61248	138702	50469	30134	445411	576217
垣曲县	968347	508023	11396	314748	176606	66638	219663	330072
夏　县	82971	42260	6084	16605	7718	1053	36797	48422
平陆县	164084	97982	13967	34255	13408	363	49799	54008
芮城县	286845	117240	10641	28852	17311	11541	100036	136121
永济市	1332589	757630	309282	271578	133182	34164	426887	596325
河津市	3919692	1734875	239345	674121	183189	123131	2037343	5890121

16—59 续1

单位:万元

县(市、区)	#累计折旧	#本年折旧	#在建工程	负债合计	流动负债合计	#应付账款	非流动负债合计	所有者权益合计
运城市	**6568054**	**1008057**	**817592**	**9752609**	**7894982**	**1547914**	**1621152**	**4251297**
盐湖区	472683	69007	61793	1897108	1333613	231479	552617	459165
临猗县	67966	24169	54941	397381	348134	36831	49247	170289
万荣县	65931	7893	8681	36504	35183	5286	1321	68945
闻喜县	1172874	199675	217472	1380247	1313216	274838	67031	892348
稷山县	143044	35614	10004	215683	169161	70152	41758	155065
新绛县	139607	44597	49453	640320	603024	124990	29298	149964
绛　县	190963	50476	15960	644406	379321	126029	75648	142634
垣曲县	110730	15922	132595	506461	402730	92058	103730	461886
夏　县	12329	1533	1051	54727	54514	-6181	213	28244
平陆县	13263	2680	9315	92338	73439	4574	5580	71746
芮城县	36085	5582	39457	124907	104273	9930	20634	161938
永济市	203734	52536	54256	806769	796059	172561	10708	525820
河津市	3938847	498374	162614	2955757	2282314	405366	663366	963253

县(市、区)	实收资本	国家资本	集体资本	法人资本	个人资本	港澳台资本	外商资本	营业收入
运城市	**2431598**	**549515**	**19263**	**995251**	**789534**	**10000**	**68035**	**11236225**
盐湖区	399113	74518	8000	213210	79385		24000	1713896
临猗县	107422	5608		30030	71784			391795
万荣县	17220			8966	8254			78262
闻喜县	255534	57449	362	146652	51070			1756825
稷山县	120964			27000	93964			454336
新绛县	112520			56020	46300		10200	1018554
绛　县	307533	62226		7557	203915		33835	616531
垣曲县	97386	87386		9985	15			243763
夏　县	21135			6139	14996			96597
平陆县	15260			4500	760	10000		142274
芮城县	68700			68700				126763
永济市	217307	71480	7631	107470	30726			1537877
河津市	691503	190848	3270	309022	188364			3058754

16—59 续2

单位:万元

县(市、区)	#主营业务收入	营业成本	#主营业务成本	营业税金及附加	#主营业务税金及附加	其他业务收入	其他业务利润	销售费用
运城市	**10806646**	**10185620**	**9805976**	**25819**	**25600**	**429578**	**37527**	**222686**
盐湖区	1656157	1580965	1530577	5991	5991	57739	5686	44976
临猗县	377547	322730	314724	562	562	14247	7169	8559
万荣县	76921	60122	59088	516	516	1341	307	3137
闻喜县	1750022	1600948	1596934	2128	1957	6803	790	24612
稷山县	454336	424150	424150	1367	1367			6733
新绛县	1013174	870165	867141	2011	2011	5380	204	3908
绛　县	603523	527978	512626	665	665	13008	419	10912
垣曲县	232753	232397	209826	1957	1957	11010	823	5664
夏　县	95665	87758	86816	144	144	932	76	4436
平陆县	137081	125770	124745	208	208	5193	67	2517
芮城县	126763	61830	61830	1125	1125			28221
永济市	1389415	1337561	1196550	2774	2774	148463	6448	16596
河津市	2893292	2953245	2820971	6371	6323	165462	15540	62415

县(市、区)	管理费用	#税　金	#差旅费	#工会经费	财务费用	#利息收入	#利息支出	营业利润
运城市	**350897**	**20134**	**22914**	**1837**	**333971**	**12968**	**314339**	**283564**
盐湖区	63870	2248	3273	259	72125	6969	76549	－10266
临猗县	13467	651	1732	86	12483	2833	14244	29812
万荣县	6686	259	221	43	909	176	860	6538
闻喜县	35666	4518	1097	153	66825	273	65817	84538
稷山县	8856	820	568	24	4739	67	3734	9266
新绛县	15982	1547	892	59	17240	－647	10770	133325
绛　县	19230	417	1090	260	9505	－119	9993	58111
垣曲县	28943	732	793	116	11563	181	11092	6450
夏　县	5025	298	609	18	913	44	647	－1865
平陆县	2478	26	65	3	4031	36	3236	7269
芮城县	20946	1006	7207	156	4328	1200	5507	9897
永济市	65125	2560	3013	321	27616	382	26576	80041
河津市	64624	5053	2356	341	101692	1574	85316	－129550

16—59 续3

单位:万元

县(市、区)	资产减值损失	公允价值变动收益	投资收益	营业外收入	补贴收入	营业外支出	利润总额	应交所得税
运城市	**16894**	**553**	**136620**	**57394**	**19445**	**23291**	**317667**	**35367**
盐湖区	5179		46804	8660	536	2118	-3725	2995
临猗县			-1979	375	14	500	29687	4878
万荣县	610			257	47	223	6571	944
闻喜县	366	1	57708	6331	2011	1056	89813	21872
稷山县	2		2	995	734	2861	7400	1243
新绛县			26609	2887	39	2945	133266	3034
绛　县	16			5175	2065	102	63183	1070
垣曲县			-138	7775	6957	1399	12825	591
夏　县	685			1005		388	-1249	18
平陆县				134		74	7329	
芮城县	421	1	6	3624		283	13238	1855
永济市	1126	551	4341	7311	2604	563	86788	-3515
河津市	8489		3268	12866	4439	10778	-127461	383

县(市、区)	亏损企业亏损总额	利税总额	应交税金及附加	本年应付职工薪酬	本年应交增值税	本年进项税额	本年销项税额	土地和固定资产支出
运城市	**256162**	**624843**	**362678**	**617187**	**281357**	**2136257**	**2283417**	**1453397**
盐湖区	81738	21056	30025	93335	18790	174794	167932	105206
临猗县	3276	36107	11948	16267	5858	28520	26297	15277
万荣县		11796	6427	3013	4709	6121	9160	9141
闻喜县	874	159633	96210	122987	67691	804863	814192	790542
稷山县	2065	19124	13787	9626	10358	43273	53625	11632
新绛县	1462	159160	30475	34901	23883	117555	126577	156538
绛　县	4372	70935	9238	33917	7086	112048	114179	39712
垣曲县		23660	12158	62848	8878	230046	243700	61823
夏　县	2046	188	1752	8451	1292	12961	14276	3892
平陆县		13105	5802	3343	5568	20728	25143	1485
芮城县		25113	14736	21431	10750	15645	26284	
永济市	13620	115418	27674	69875	25855	172463	199549	54158
河津市	146710	-30451	102446	137193	90640	397242	462504	203992

16—59　续4

单位:万元

县(市、区)	#土地购置	#房屋和建筑物	#机器设备	#运输工具	#其他费用	全部从业人员年平均人数(人)
运城市	**35502**	**249292**	**1123647**	**38085**	**6870**	**163644**
盐湖区	4512	26649	68885	2005	3155	27555
临猗县		52	12024	2811	390	7489
万荣县	4514	639	3896	93		1494
闻喜县	2570	81878	688683	17126	285	23915
稷山县	1932	1744	7707	213	36	6310
新绛县	7399	35558	111911	1364	305	9226
绛　县	3802	15254	20096	326	233	9876
垣曲县		2968	58855			14345
夏　县		887	2634	332	40	2898
平陆县	1425	36	25			1480
芮城县						3343
永济市	5030	21696	24827	849	1756	14269
河津市	4318	61930	124105	12967	671	41444

县(市、区)	亏损面(%)	总资产贡献率(%)	资产负债率(%)	成本费用利润率(%)	人均实现利税(元/人)	产品销售率(%)
运城市	**28.0**	**6.6**	**69.6**	**2.9**	**38183**	**96.0**
盐湖区	25.0	3.9	80.5	-0.2	7641	102.5
临猗县	10.0	8.3	69.5	8.3	48214	89.1
万荣县		11.8	34.5	9.3	78952	86.2
闻喜县	17.7	9.9	60.7	5.2	66750	100.2
稷山县	25.0	6.2	58.2	1.7	30308	87.8
新绛县	11.1	21.6	81.0	14.7	172513	96.6
绛　县	23.1	10.3	81.6	11.1	71825	97.5
垣曲县		3.6	52.3	4.6	16493	60.4
夏　县	14.3	1.0	66.0	-1.3	648	78.4
平陆县		9.9	56.3	5.4	88547	88.5
芮城县		10.3	43.6	11.5	75122	77.1
永济市	30.0	10.6	60.5	6.0	80887	99.3
河津市	64.3	1.4	75.4	-4.0	-7347	97.6

16—60 建筑业企业总产值和竣工产值(2012)

单位:万元

县(市、区)	总产值	#建筑工程	#安装工程	竣工产值
运城市	**1275079**	**1031455**	**182319**	**637102**
盐湖区	302768	275073	21211	186078
临猗县	134239	118990	15249	56745
万荣县	60283	47264	9947	31388
闻喜县	3831	3533	297	4474
稷山县	25497	17716	1098	18023
新绛县	36560	26503	9943	16258
绛　县	24625	19765	3000	14815
垣曲县	47872	43425	2500	22599
夏　县	16465	13390	500	11448
平陆县	27368	7645		22186
芮城县	52205	49959	1421	29433
永济市	14814	10972	2212	11062
河津市	528553	397222	114940	212593

16—61 建筑业企业房屋建筑面积(2012)

单位:平方米

县(市、区)	房屋建筑施工面积	#本年新开工面积	#投标承包的面积
运城市	**8446908**	**4323049**	**6989954**
盐湖区	2083357	963126	1293320
临猗县	959017	682671	909017
万荣县	675068	416329	511480
闻喜县	62025	45595	45595
稷山县	213840	188837	213840
新绛县	126822	22536	126822
绛　县	76400	40000	76400
垣曲县	295199	94929	222756
夏　县	152134	84990	122134
平陆县	149770	95070	55900
芮城县	415270	378844	221514
永济市	107521	64071	62571
河津市	3130485	1246051	3128605

16—62 按主要用途分的房屋建筑竣工面积(2012)

单位:平方米

县(市、区)	总　计	住宅房屋	商业及服务用房屋	办公用房　屋	科研、教育医疗用房　屋	文化、体育娱乐用房屋	厂房及建筑　　物	仓　库	其他未列明的房屋建 筑 物
运城市	**2871275**	**1648283**	**88965**	**184660**	**251729**	**1000**	**506955**	**22149**	**167534**
盐湖区	488194	315360		59132	22788		46914		44000
临猗县	314046	259836	27104	27106					
万荣县	346992	216187	8643	40172	51261		27053		3676
闻喜县	44586	37821			4389	1000	1376		
稷山县	93583	70791		510	20432				1850
新绛县	89856	75680							14176
绛　县	40000	29000		7000			4000		
垣曲县	45247	28049					17198		
夏　县	108709	95366			13343				
平陆县	118730	24860					93870		
芮城县	170150	124325		13000	32825				
永济市	81543	58121	18966	3120					1336
河津市	929639	312887	34252	34620	106691		316544	22149	102496

16—63 按主要用途分的房屋建筑竣工价值(2012)

单位:万元

县(市、区)	总　计	住宅房屋	商业及服务用房屋	办公用房　屋	科研、教育医疗用房　屋	文化、体育娱乐用房屋	厂房及建筑　　物	仓　库	其他未列明的房屋建 筑 物
运城市	**330413**	**197112**	**8521**	**20054**	**28170**	**120**	**55633**	**2514**	**18289**
盐湖区	55436	38545		4017	2665		3584		6625
临猗县	45382	37251	4066	4066					
万荣县	30468	18118	1223	4178	4036		2361		552
闻喜县	4474	3941			347	120	66		
稷山县	10865	8584		40	2072				169
新绛县	16258	14132							2126
绛　县	6000	4000		1500			500		
垣曲县	5677	2238					3440		
夏　县	11448	10018			1430				
平陆县	7445	2263					5182		
芮城县	22016	16955		2080	2981				
永济市	9219	7023	1795	336					64
河津市	105727	34044	1438	3837	14639		40502	2514	8752

16—64 建筑业企业机械设备情况(2012)

县(市、区)	自有机械设备年末总台数(台)	自有机械设备年末总功率(千瓦)	自有机械设备净值(万元)
运城市	**21325**	**243511**	**70646**
盐湖区	3479	45065	13235
临猗县	630	11018	6524
万荣县	3349	23580	4116
闻喜县	207	1184	242
稷山县	858	6304	1282
新绛县	56	5400	255
绛　县	66	4250	4640
垣曲县	736	10557	1992
夏　县	409	3432	1263
平陆县	310	4656	4266
芮城县	514	8341	3740
永济市	552	5386	2119
河津市	10159	114338	26973

16—65 建筑业企业资本金及资产(2012)

单位:万元

县(市、区)	实收资本	资产总计	#流动资产合计	#固定资产合计	固定资产原价合计	固定资产折旧	#本年折旧
运城市	**250563**	**1148110**	**858243**	**169319**	**213597**	**65726**	**9998**
盐湖区	100379	347892	275468	45002	71978	28273	4061
临猗县	12490	25514	11739	12628	13047	1618	311
万荣县	11942	18617	7468	10229	16132	6083	646
闻喜县	1512	2991	2605	381	727	346	4
稷山县	6121	19696	14274	5403	4427	1925	146
新绛县	3911	50164	31731	3420	2629	370	83
绛　县	6093	16227	7782	8214	8981	1287	291
垣曲县	17610	56670	29379	11883	14035	2291	902
夏　县	3573	8282	5080	3027	3435	785	134
平陆县	8830	19290	12127	6816	8446	1728	459
芮城县	7000	56873	36437	7750	9503	1753	665
永济市	5389	24161	19094	4440	4340	1564	481
河津市	65715	501733	405058	50127	55918	17705	1815

16—66 建筑业企业负债及所有者权益(2012)

单位:万元

县(市、区)	负债合计	流动负债	长期负债	所有者权益合计
运城市	**806916**	**719857**	**45774**	**806916**
盐湖区	243831	207613	6459	243831
临猗县	11171	10405	186	11171
万荣县	1932	1512	421	1932
闻喜县	1268	1253		1268
稷山县	7329	7211	118	7329
新绛县	31477	31477		31477
绛　县	8324	8217	107	8324
垣曲县	28042	27577	465	28042
夏　县	3977	3977		3977
平陆县	4155	4155		4155
芮城县	14497	12595	865	14497
永济市	17407	9501	215	17407
河津市	433506	394364	36940	433506

16—67 建筑业企业收入情况(2012)

单位:万元

县(市、区)	工程结算收入	#工程结算成本	#工程结算税金及附加
运城市	**1188980**	**1047948**	**36605**
盐湖区	306145	276056	6609
临猗县	84173	67091	3175
万荣县	47690	42336	1595
闻喜县	3881	3181	113
稷山县	24854	21126	687
新绛县	33679	29237	1564
绛　县	14261	11781	719
垣曲县	61659	56341	1008
夏　县	11498	8341	248
平陆县	26340	21170	1608
芮城县	51481	41779	1514
永济市	18286	16121	695
河津市	505033	453388	17071

16—68　建筑业企业费用情况(2012)

单位:万元

县(市、区)	管理费用	#差旅费	#工会经费	财务费用
运城市	**50943**	**2885**	**771**	**10345**
盐湖区	12351	922	131	2288
临猗县	12079	68	228	129
万荣县	2063	250	115	180
闻喜县	231	14	4	42
稷山县	910	35	65	147
新绛县	1462	4		316
绛　县	392	27	11	215
垣曲县	2722	29	47	83
夏　县	520	111	2	170
平陆县	878	91	16	115
芮城县	1536	67	21	233
永济市	1149	55	6	109
河津市	14652	1213	125	6319

16—69　建筑业企业工资总额、利润及税金情况(2012)

单位:万元

县(市、区)	利润总额	税金总额	#工程结算税金及附加	#管理费用中的税金	营业利润	其他业务利润	本年应付工资总额
运城市	**33236**	**42710**	**38850**	**3860**	**33941**	**283**	**109356**
盐湖区	6075	9461	8610	851	5611	195	16485
临猗县	1443	3223	3175	49	1442		4173
万荣县	1493	1800	1639	162	1493		12629
闻喜县	261	120	113	7	261		834
稷山县	1677	770	687	82	1708		3705
新绛县	124	1643	1628	15	103	9	2879
绛　县	789	775	719	56	858		1927
垣曲县	718	3012	1008	2004	1232	393	4857
夏　县	1353	438	248	189	1428		1293
平陆县	1933	1639	1608	32	1886		2589
芮城县	5987	1617	1514	103	5988		7258
永济市	-323	728	695	33	16		1861
河津市	11708	17485	17207	278	11918	-314	48865

16—70 社会消费品零售总额(2012)

单位:万元

县(市、区)	社会消费品零售总额	城 镇	乡 村
运城市	**4831791**	**3860212**	**971580**
盐湖区	1570000	1369702	200298
临猗县	419769	308537	111233
万荣县	207851	157075	50776
闻喜县	281506	230223	51282
稷山县	188681	115282	73400
新绛县	281787	198322	83464
绛 县	159453	116760	42693
垣曲县	156812	117178	39634
夏 县	174774	128131	46643
平陆县	181589	154253	27336
芮城县	211179	169630	41549
永济市	386293	359572	26722
河津市	612096	435547	176549

16—71 批发和零售业商品销售额(2012)

单位:万元

县(市、区)	商品销售额	#批发业	#零售业
运城市	**9887682**	**3729838**	**6157844**
盐湖区	4502568	1235999	3266569
临猗县	630124	231768	398356
万荣县	327100	148151	178948
闻喜县	474119	249080	225039
稷山县	587186	410072	177114
新绛县	313749	134660	179089
绛 县	591809	449926	141883
垣曲县	303471	152345	151126
夏 县	270136	79346	190790
平陆县	199066	24458	174608
芮城县	563645	229008	334638
永济市	540416	171279	369137
河津市	584294	213747	370546

16—72　住宿和餐饮业营业额(2012)

单位:万元

县(市、区)	营业额	#住宿业	#餐饮业
运城市	**837932**	**367243**	**470689**
盐湖区	106937	31157	75781
临猗县	54147	9455	44692
万荣县	12524	5648	6876
闻喜县	30275	7856	22419
稷山县	73770	43283	30488
新绛县	128922	74376	54546
绛　县	23233	17428	5805
垣曲县	14263	6533	7731
夏　县	31807	16208	15600
平陆县	45117	1803	43313
芮城县	37329	6596	30734
永济市	103099	38228	64872
河津市	176508	108674	67834

16—73　财政收入情况(2012)

单位:万元

县(市、区)	财政总收入		一般预算收入	
	总　量	比上年增长(%)	总　量	比上年增长(%)
运城市	**800889**	**-8.4**	**415406**	**1.8**
市　级	50288	72.9	108478	23.4
盐湖区	224951	7.0	77269	5.9
临猗县	38120	8.0	18607	34.1
万荣县	24517	-14.0	9408	-8.2
闻喜县	51460	-29.1	21925	-25.7
稷山县	37685	-20.0	14879	-14.7
新绛县	50090	15.1	18176	24.4
绛　县	18451	-12.8	7410	-5.2
垣曲县	37484	13.7	12136	10.7
夏　县	16911	7.7	8105	6.0
平陆县	25688	16.1	10634	24.7
芮城县	42991	7.8	17558	3.4
永济市	60050	-5.7	28190	16.8
河津市	122203	-42.5	62631	-26.8

16—74 一般预算支出

单位:万元

县(市、区)	2011	2012	2012 年比 2011 年增长(%)
运城市	**1657721**	**1926351**	**16.2**
市　级	188517	223724	18.7
盐湖区	184843	197770	7.0
临猗县	133175	161516	21.3
万荣县	109369	126647	15.8
闻喜县	116355	130722	12.3
稷山县	92953	111942	20.4
新绛县	99053	118015	19.1
绛　县	89865	103521	15.2
垣曲县	90949	102610	12.8
夏　县	89557	118782	32.6
平陆县	95354	109732	15.1
芮城县	121369	144550	19.1
永济市	115432	136747	18.5
河津市	130930	140073	7.0

16—75 教育情况(2012)

县(市、区)	普通中学						
	高 中						
	学校数(所)	招生数(人)	在校学生数(人)	#女生(人)	毕业生数(人)	教职工(人)	#专任教师数(人)
运城市	**73**	**49620**	**142529**	**70236**	**52886**	**13866**	**11341**
盐湖区	20	11705	34058	16818	12464	3703	2850
临猗县	7	4595	13199	6593	6299	1336	1044
万荣县	6	3617	10497	5243	3804	947	743
闻喜县	4	3508	9152	4505	2986	747	659
稷山县	5	3283	8782	4011	3335	657	594
新绛县	7	3949	11082	5107	3840	1763	1274
绛 县	3	2100	4452	2403	1496	426	388
垣曲县	3	2042	5829	2862	2395	509	430
夏 县	2	1751	5454	2767	1667	453	378
平陆县	1	1552	5547	2700	1700	455	411
芮城县	5	3277	10544	5100	3661	762	674
永济市	3	3513	9791	5035	2972	780	700
河津市	7	4728	14142	7092	6267	1328	1196

县(市、区)	普通中学						
	初 中						
	学校数(所)	招生数(人)	在校学生数(人)	#女生(人)	毕业生数(人)	教职工(人)	#专任教师数(人)
运城市	**280**	**67657**	**226288**	**108153**	**83327**	**20781**	**18928**
盐湖区	32	15553	50392	24665	17093	2396	2138
临猗县	26	6468	21559	10271	9360	2397	2118
万荣县	29	4178	15147	7212	6134	1620	1465
闻喜县	20	5148	16159	7920	6017	1810	1590
稷山县	20	4455	14380	6732	6935	1209	1147
新绛县	24	5786	18736	8638	7802	1636	1474
绛 县	19	2267	9841	5020	3273	1069	1039
垣曲县	10	2877	10323	5045	3747	816	734
夏 县	18	3146	10423	4764	3980	1294	1145
平陆县	13	2603	9323	4351	3166	1312	1202
芮城县	17	4354	14780	7156	6374	1311	1252
永济市	20	4556	15813	7944	6051	2115	1965
河津市	32	6266	19412	8435	3395	1796	1659

16—75 续

县(市、区)	小学						
	学校数（所）	招生数（人）	在校学生数（人）	#女生(人)	毕业生数（人）	教职工（人）	#专任教师数（人）
运城市	**1078**	**55386**	**360523**	**170111**	**80648**	**26162**	**25016**
盐湖区	108	10859	65224	30198	11361	3848	3367
临猗县	53	4953	30995	14861	8159	1763	1705
万荣县	120	3887	26327	12373	6032	2527	2398
闻喜县	125	4931	30442	14694	5264	2376	2333
稷山县	102	3948	24734	11447	5967	1565	1565
新绛县	74	4092	27741	12944	7737	1287	1262
绛　县	89	2616	20270	10051	3510	1470	1453
垣曲县	52	1941	18023	8768	3946	1405	1352
夏　县	63	3194	21049	9917	5604	2002	1921
平陆县	30	1962	14352	6769	4125	1158	1132
芮城县	47	3040	21575	10362	5309	1774	1686
永济市	95	4292	26573	13178	6994	2301	2269
河津市	120	5671	33218	14549	6640	2686	2573

县(市、区)	职业中学			特殊教育					
	学校数（所）	在校学生数（人）	教职工（人）	学校数（所）	招生数（人）	在校学生数（人）	#女生	毕业生数（人）	专任教师数（人）
运城市	**58**	**43071**	**4024**	**14**	**109**	**1022**	**465**	**107**	**212**
盐湖区	24	19899	1998	2	22	201	95	45	39
临猗县	4	2315	240	1		14	5		
万荣县	2	967	138	4	12	148	45	12	19
闻喜县	5	2586	198	1	25	205	104	30	60
稷山县	2	1377	63	1	2	21	16	4	5
新绛县	3	2315	145	1	5	101	48		18
绛　县	2	883	81						
垣曲县	2	1654	199	1	22	82	43		13
夏　县	2	580	62						
平陆县	3	1883	132						
芮城县	3	3516	298	1	16	126	57	16	32
永济市	3	3045	234	1	5	75	33		18
河津市	3	2051	236	1		49	19		8

16—76 单位地区生产总值能源消耗情况

单位:吨标准煤/万元

县(市、区)	2007	2008	2009	2010	2011	2012	2012 年比 2011 年增长(%)
运城市	**3.56**	**3.26**	**2.96**	**2.72**	**2.48**	**2.36**	**-4.78**
盐湖区	2.39	2.22	1.96	1.80	1.47	2.56	-4.79
临猗县	3.14	2.89	2.49	2.40	2.18	1.19	-4.77
万荣县	2.01	1.84	1.55	1.54	1.27	1.23	-3.79
闻喜县	5.42	5.30	4.77	4.27	4.35	3.30	-3.51
稷山县	3.49	3.19	2.93	2.93	2.51	2.42	-3.51
新绛县	3.86	3.59	3.24	3.01	2.35	2.77	-3.50
绛　县	4.38	3.91	3.43	3.45	2.96	2.85	-3.52
垣曲县	2.91	2.67	2.95	2.68	2.16	2.06	-4.82
夏　县	2.76	2.15	1.97	1.95	1.62	1.54	-4.74
平陆县	3.51	3.29	3.07	2.98	2.30	1.84	-4.70
芮城县	5.04	4.74	4.44	3.12	2.64	2.55	-3.54
永济市	4.00	3.66	2.98	2.36	2.23	2.12	-4.79
河津市	4.42	4.01	3.65	3.48	3.45	3.40	-1.58

16—77 单位地区生产总值能源消耗增减速度

单位:±%

县(市、区)	2007	2008	2009	2010	2011	2012
运城市	**-4.43**	**-8.38**	**-9.24**	**-7.97**	**-4.19**	**-4.78**
盐湖区	-0.38	-7.05	-11.85	-8.11	-3.99	-4.79
临猗县	-5.99	-7.83	-13.93	-3.78	-3.59	-4.77
万荣县	-5.69	-8.52	-15.54	-0.66	-3.77	-3.79
闻喜县	-5.99	-2.11	-10.05	-10.39	-3.61	-3.51
稷山县	-6.68	-8.45	-8.36	-0.02	-4.11	-3.51
新绛县	-0.52	-7.06	-9.71	-7.14	-3.60	-3.50
绛　县	-0.69	-10.75	-12.16	0.59	-3.60	-3.52
垣曲县	-18.72	-8.21	10.55	-9.11	-3.92	-4.82
夏　县	-6.46	-21.82	-8.57	-1.10	-4.20	-4.74
平陆县	-8.66	-6.27	-5.89	-5.72	-3.51	-4.70
芮城县	22.38	-5.93	-6.42	-29.76	-4.20	-3.54
永济市	-3.38	-8.52	-16.70	-20.68	-4.00	-4.79
河津市	-3.70	-9.14	-8.98	-4.62	-3.91	-1.58

16—78 单位地区生产总值电耗情况

单位:千瓦时/万元

县(市、区)	2007	2008	2009	2010	2011	2012
运城市	**4441.6**	**4112.1**	**3617.2**	**3552.6**	**3101.0**	**2891.7**
盐湖区	4261.8	3896.5	3302.6	3620.2	2773.4	3505.7
临猗县	3418.5	3153.0	3155.3	2705.2	2554.5	1139.1
万荣县	1541.1	1584.4	1911.3	1768.0	1405.4	1337.5
闻喜县	4055.0	4302.2	4034.3	3933.2	3771.2	3769.6
稷山县	2589.3	2295.0	2249.6	2283.1	1851.0	1545.8
新绛县	3530.9	3468.3	3484.4	3534.9	2790.8	2375.2
绛　县	2597.6	3035.2	2832.5	3072.8	2754.0	2712.4
垣曲县	3746.3	4290.0	3653.4	3530.6	2736.0	2531.8
夏　县	2414.0	2345.1	2434.6	1814.1	1412.5	1324.9
平陆县	5913.1	5778.7	5311.4	5667.3	4554.6	3595.0
芮城县	1337.4	1286.0	1159.4	1028.7	873.7	834.5
永济市	7959.1	7500.7	6851.2	5895.7	5055.7	4257.4
河津市	5180.7	4337.4	4426.5	4144.2	3823.2	4308.9

16—79 单位地区生产总值电耗增减速度

单位: ±%

县(市、区)	2007	2008	2009	2010	2011	2012
运城市	**14.2**	**-7.4**	**-10.3**	**-1.8**	**-8.0**	**-6.8**
盐湖区	27.9	-8.6	-14.2	9.6	-9.6	-11.4
临猗县	-3.0	-7.8	-2.1	-14.3	-0.2	-7.3
万荣县	14.0	2.8	6.3	-7.5	-7.3	-4.8
闻喜县	1.2	6.1	-4.6	-2.5	-10.3	-0.1
稷山县	2.6	-11.4	2.2	1.5	-9.4	-1.1
新绛县	39.4	-1.8	-0.2	1.5	-2.6	-3.4
绛　县	-35.3	16.8	-11.1	8.5	0.9	-3.4
垣曲县	14.7	14.5	-2.5	-3.4	-7.7	-7.5
夏　县	-4.9	-2.9	-6.7	-25.5	-10.2	-6.2
平陆县	19.7	-2.3	-5.0	6.7	-2.4	-10.4
芮城县	9.3	-3.8	-15.1	-11.3	-4.2	-4.5
永济市	37.6	-5.8	-2.4	-14.0	-12.7	-15.8
河津市	6.0	-16.3	-14.3	-6.4	-10.5	12.7

16—80　规模以上工业增加值能源消耗情况

单位:吨标准煤/万元

县(市、区)	2007	2008	2009	2010	2011	2012
运城市	**6.86**	**6.46**	**5.47**	**4.55**	**4.18**	**4.41**
盐湖区	10.17	5.30	5.47	3.75	4.23	7.93
临猗县	10.57	13.11	7.57	7.50	6.31	0.66
万荣县	3.17	2.56	1.48	1.49	0.94	0.82
闻喜县	9.99	8.22	6.53	4.90	6.26	5.15
稷山县	6.81	6.15	4.86	4.62	5.14	4.64
新绛县	7.53	8.44	6.47	6.24	5.75	4.46
绛　县	9.16	6.57	4.20	4.15	3.60	3.46
垣曲县	2.35	2.66	3.80	3.64	2.19	0.72
夏　县	6.27	3.76	1.55	1.65	1.17	1.43
平陆县	6.22	5.73	5.23	4.94	4.59	4.14
芮城县	4.93	13.87	12.57	12.10	5.47	10.53
永济市	6.49	5.75	4.49	3.45	2.33	3.44
河津市	7.31	5.44	5.34	5.05	4.98	6.85

16—81　规模以上工业增加值能耗增减速度

单位:±%

县(市、区)	2007	2008	2009	2010	2011	2012
运城市	**-6.4**	**-10.8**	**-14.7**	**-18.0**	**-14.2**	**-8.7**
盐湖区	-0.4	-30.4	-33.5	-35.4	-17.7	-14.9
临猗县	-8.1	-3.6	-32.2	-29.0	-5.0	-20.4
万荣县	-17.4	-21.7	-44.2	-0.9	-32.4	-21.8
闻喜县	11.8	11.4	-9.2	-10.2	0.0	-11.0
稷山县	-15.9	-15.7	-18.1	-3.9	-0.5	-14.0
新绛县	-4.1	2.0	-23.8	-13.3	-0.4	-5.2
绛　县	-12.6	-23.0	-40.0	-5.4	-26.5	-23.6
垣曲县	-15.6	-19.3	85.4	-58.0	-18.2	-60.5
夏　县	0.4	-36.0	-51.2	-13.0	-13.9	-13.1
平陆县	-2.2	6.1	-1.1	-5.5	-7.5	-17.0
芮城县	206.4	217.8	-8.3	-41.4	-49.0	-4.3
永济市	4.5	-24.4	-11.3	-27.0	-22.5	-11.8
河津市	-8.4	-17.3	-11.3	-13.5	-15.5	9.6

17 企业篇

资料整理：曲　勇　毕晓虹　宋化霞
赵　亚　乔　鹏

17—1 大中型企业主要经济指标(2012)

单位:万元、人

单位名称	工业总产值(当年价格)	全部从业人员年平均人数	营业收入	主营业务收入	利 税	资产总计	固定资产合 计
海鑫钢铁集团有限公司	1217864	9496	1213373	1209945	116632	1627295	332270
山西高义钢铁有限公司	491787	2943	474376	474376	89016	290651	159637
山西华泽铝电有限公司	477575	2438	477528	475988	1249	569920	420086
中国铝业股份有限公司山西分公司	465209	11412	472593	458262	-25025	856422	570561
山西宏达钢铁集团有限公司	438550	3955	406966	406949	1045	258897	111875
山西阳光焦化集团股份有限公司	419268	5873	609443	482769	12247	600627	145870
永济市新时速电机电器有限责任公司	417738	4274	564778	464722	42111	543876	62656
山西阳煤丰喜肥业(集团)有限责任公司	414629	9818	805209	764702	9953	840537	568161
山西省绛县明迈特有限公司	314266	1261	288764	288764	40573	385523	292070
中条山有色金属集团有限公司	303780	12519	173296	172407	13144	817630	176953
山西华圣铝业有限公司	286736	2309	288510	286134	-5232	232477	137240
山西粟海集团有限公司	282528	2974	290237	285214	35313	235481	119049
山西阳光焦化集团河津华泰能源有限公司	194851	1939	166989	163178	28334	121892	73155
山西忠民集团有限公司	186297	1145	186721	186716	36216	146861	50545
山西大运汽车制造有限公司	161061	1689	214009	204982	225	204299	70692
山西永恒工贸有限公司	151865	1789	109934	109934	2059	72340	22163
新绛县中信焦化厂	145224	684	125142	125142	15152	128485	44131
运城市解州九龙潜水电机有限公司	145014	554	140654	140654	29793	88010	5496
山西东方资源发展有限公司	141778	2418	141117	141117	5674	149190	77088
河津市华鑫源钢铁有限责任公司	123883	2761	120925	120925	-1752	156844	58095
山西漳泽电力股份有限公司河津发电分公司	119220	560	120387	120169	16488	175773	150786
山西鑫升焦化集团有限公司	113482	1038	95423	95423	-28606	88280	22144
亚宝药业集团股份有限公司	111540	3343	126763	126763	25113	286845	100036
平陆昌盛不锈钢炉料有限公司	110748	552	74180	68987	4293	52256	6553
山西银光华盛镁业股份有限公司	102070	2980	107691	107691	11549	174633	47850
山西关铝股份有限公司	100355	1929	147816	145303	-35734	142206	49104

17—1　续 1

单位:万元、人

单位名称	工业总产值(当年价格)	全部从业人员年平均人数	营业收入	主营业务收入	利　税	资产总计	固定资产合　计
山西高义煤化有限公司	97380	672	91395	91191	13877	81658	17076
南风化工集团股份有限公司	90661	5276	99191	93866	28183	293284	56537
永鑫实业集团有限公司	86837	670	68805	56466	1894	56359	16329
山西武圣新材料有限公司	84547	596	64279	64279	8738	98000	42794
山西丰喜华瑞煤化工有限公司	81394	1050	76090	75437	12656	76805	56018
山西丰喜化工设备有限公司	78152	915	83281	80992	8153	76781	17677
威顿水泥集团有限责任公司	72455	692	82948	78425	9704	135263	43065
山西省新绛县重庆冶炼有限公司	71677	635	50312	50312	13364	21373	16066
山西曙光煤焦集团有限公司	70471	1213	70908	70069	-23140	205623	82446
山西兵娟制衣有限公司	67611	1335	66058	66058	8756	58694	29274
山西永东化工股份有限公司	66986	313	72496	72496	9813	68985	23887
中磁科技股份有限公司	65440	561	55261	53920	9555	78690	12203
稷山县晋华焦化有限公司	64865	354	58253	58253	1076	21890	14103
龙门科技集团有限公司	62619	1259	74725	74725	4773	112059	64246
山西华晋纺织印染有限公司	61947	1109	62739	51497	578	110768	28019
山西恒晟纺织有限公司	60158	850	60271	60271	4679	55749	17945
新绛县宇丰冶炼有限公司	56826	580	54302	54302	5573	38147	15777
闻喜县瑞格镁业有限公司	56490	752	56112	55441	1379	33339	10400
国营华晋冶金铸造厂	56357	1913	57591	52511	3007	53625	17473
冀东海天水泥闻喜有限责任公司	54687	503	54092	54092	10509	98591	81464
际华三五三四制衣有限公司	49968	1543	113129	111384	6410	52438	25273
山西青山化工有限公司	49318	500	40552	40552	8213	57686	11550
山西发鑫集团有限公司	48070	936	48070	48070	817	95899	58887
山西卓里集团有限公司	47198	758	33607	33607	2710	66025	19372
新绛县祥益工贸有限公司	46608	660	48491	48491	-1139	10998	9599
河津市康庄焦化有限公司	46486	400	45710	44896	44	30514	10953

17—1 续2

单位:万元、人

单位名称	工业总产值(当年价格)	全部从业人员年平均人数	营业收入	主营业务收入	利税	资产总计	固定资产合计
山西闻喜银光镁业(集团)有限责任公司	46218	1190	53094	53094	3917	86074	17467
运城市博鸣木业有限公司	45695	340	36945	36944	5148	59210	22672
垣曲国泰矿业有限公司	43826	1286	58175	48128	8986	94506	34342
山西恒天镁业有限公司	43722	520	42010	42010	8181	30467	19635
运城市绛县开发区通达化工有限公司	43432	590	34784	34784	1706	40911	24939
山西理成科贸集团有限公司	43387	378	35173	35173	-881	25704	3918
山西翔宇化工有限公司	42298	703	31253	31253	4421	121430	10827
稷山县希尧煤焦有限公司	42059	423	41924	41924	843	18998	3631
山西八达镁业有限公司	39104	1060	39916	39916	3513	29984	13775
山西阳煤丰喜化工有限责任公司	38764	476	37924	37625	-3269	55425	36806
永济中农化工有限公司	36592	824	37037	37003	-981	41499	18593
山西华恩机械制造有限公司	34940	1050	26663	23991	5358	18683	11588
山西黑马炭黑有限公司	32820	406	33036	33036	-704	57862	16073
亚新科国际铸造(山西)有限公司	31565	789	34142	34003	3902	58012	9535
运城市绛县开发区天龙农科贸有限公司	29742	323	28904	28857	5256	25445	10329
山西金宇粉末冶金有限公司	28812	400	28164	28130	4112	10660	2554
山西达康科工贸集团有限公司	28611	890	14856	14856	316	58806	19552
山西三联技术产业集团有限公司	27002	700	34247	34247	-296	85796	55769
运城市鑫源骏达木业有限公司	25913	357	25891	25891	1528	171404	20879
运城关铝热电有限公司	24997	491	25887	25887	-35085	212402	181143
山西达胜金属材料有限公司	24593	752	24593	23880	-9924	97827	46631
山西志信化工有限公司	23977	340	24969	24969	2037	23795	8493
山西省运城安瑞节能风机有限公司	23901	355	21188	21188	373	20704	4021
山西恒大化工有限公司	23714	352	31525	24343	1273	18852	3760
河津市永鑫洗煤有限公司	23460	356	22562	22562	497	8822	2875
山西关铝集团有限公司	22926	1439	19331	19331	-1934	43379	15613
山西维之王食品有限公司	22894	560	21066	21066	5439	32235	7538

17—1 续3

单位:万元、人

单位名称	工业总产值(当年价格)	全部从业人员年平均人数	营业收入	主营业务收入	利 税	资产总计	固定资产合计
华润雪花啤酒(运城)有限公司	22767	312	28330	28330	5613	36618	24831
永济电机厂工业公司	22633	703	27942	26789	1257	10098	2794
河津市华晟能源有限公司	22541	400	21914	21914	-6718	123922	56151
河津市华晋选煤有限公司	21736	376	28190	28190	1021	11357	4520
石药银湖制药有限公司	21717	896	22384	22367	7143	45628	16098
山西迎太塑料有限公司	20418	420	20418	20418	981	45917	6785
河津市中达铝业有限公司	20201	500	9494	9494	-1515	24646	4977
山西渝煤科安运风机有限公司	20052	296	18499	18387	1805	33283	5680
闻喜县振鑫镁业有限责任公司裴社镁厂	19562	752	17911	17600	824	15024	7531
国营红山机械厂	19123	986	23975	23912	-196	44362	16277
山西飞宇建材有限公司	18587	398	18878	18878	2021	27864	6193
山西华康药业股份有限公司	18148	449	16805	16805	1507	18491	5086
运城市鑫洲玻璃制品有限公司	17578	689	21938	21938	1245	13563	6163
运城市空港华雄纺织有限公司	17489	420	18285	18285	-4693	37184	15348
山西天海泵业有限公司	17155	1100	22897	22836	1152	16603	1769
夏县运力化工有限公司	16861	300	14374	14374	309	5129	2632
山西闻喜宏富镁业有限责任公司	15267	476	10317	10317	1677	16290	7188
新绛县鸿远纺织有限责任公司	14798	1310	15499	15499	958	6915	339
闻喜县慧众选煤成套装备有限责任公司	14256	675	52301	51772	-414	85727	3564
山西金绛食品有限公司	13599	310	13206	13206	3624	8801	6312
山西天石建材有限公司	12889	308	4562	4562	550	16462	10518
中信机电车桥有限责任公司	12500	1433	13062	12599	-2691	43816	12680
山西合盛工贸有限公司	12059	343	11971	11971	398	13637	9389
山西宇达集团有限公司	12046	360	5083	5083	288	15209	7786
山西海丰铝业有限责任公司	11914	341	49101	11914	-1848	34481	13774
山西运城萨瓦莱斯制版有限公司	11802	483	11875	11802	3751	10538	5609
河津市民政福利煤化有限公司	11167	304	11823	11823	266	12570	7453

17—1 续4

单位:万元、人

单位名称	工业总产值(当年价格)	全部从业人员年平均人数	营业收入	主营业务收入	利税	资产总计	固定资产合计
山西华南纺织有限责任公司	10988	362	9337	9337	-854	15783	8509
山西天王台建材集团有限公司	10520	409	10457	10457	2486	13633	5973
山西晋新双鹤药业有限责任公司	9704	802	7750	7586	-1573	12153	7603
夏县鹏晋镁业有限公司	9559	368	9689	9689	310	4287	3218
山西三维丰海化工有限公司	9549	317	11688	11672	682	16748	12719
夏县中森木业有限公司	9313	303	10208	10208	274	9600	4937
山西志峰农科贸有限公司	9288	308	9304	9304	116	9927	5162
垣曲县五龙实业有限公司	8608	540	12292	12218	1529	56211	8368
中铝集团晋铝耐材有限公司	8590	494	11227	7802	-222	23055	9140
闻喜县宏伟玻璃器皿有限公司	8535	1050	10158	10158	10	5177	2362
山西津华药业有限公司	7636	334	7444	7441	-5	21506	8055
山西金星镁业有限公司	7613	410	28305	27537	207	15888	6600
永济市凯通印染有限责任公司	6575	424	5964	5624	258	6373	1901
山西铝厂水泥厂	6096	314	6263	6047	-1592	14173	4778
朗致集团万荣药业有限公司	5574	484	6197	6197	733	8546	2978
闻喜县新达玻璃器皿有限公司	5237	775	4546	4546	308	3442	1007
闻喜县宏业玻璃制品有限公司	4662	1035	4285	4285	226	18597	1233
闻喜县华隆瓷业有限公司	4028	409	3626	3626	271	4746	1145
运城市引水供水有限公司	3969	331	3772	3681	-720	17599	14142
平陆虞东电冶集团有限责任公司	3815	332	3815	3815	74	13828	452
永济市中远食品有限公司	3740	360	4307	4307	171	4662	2657
山西中信燎原机械制造有限公司	3702	526	3766	3648	55	5806	1906
晋铝实业总公司	3359	401	15330	14829	170	14830	4057
河津市宏泰粉煤灰开发有限公司	2712	385	4132	4109	768	9709	7962
国营山西冲压厂	2662	499	2536	2501	-1177	24299	16370
闻喜县智利玻璃有限公司	1896	284	2052	2052	283	1915	329

工作人员

（以姓氏笔画为序）

马　啸	王文龙	王东峰	王鹏雷
付建鹏	刘　畅	刘艳萍	任　飞
孙　霞	闫　琦	李　凡	李院红
宋新生	陈新刚	杨运生	张庆丽
张　敏	张红社	张润娥	张晓旭
单红玉	岳省民	郑春梅	周鸿忠
胡　明	荆　娟	赵运莉	赵艳荣
郭苏杰	徐银爱	崔建立	曹洁玲

中国统计出版社最新图书简目

（仅供参考，以最后出书为准）

统计资料

中国统计年鉴－2013	中国统计摘要－2013	国际统计年鉴－2013
2013 中国发展报告	中国第三产业统计年鉴－2013	中国区域经济统计年鉴－2013
中国劳动统计年鉴－2013	中国社会统计年鉴－2013	中国城市统计年鉴－2013
中国建筑业统计年鉴－2013	中国人口和就业统计年鉴－2013	中国工业经济统计年鉴－2013
中国商品交易市场统计年鉴－2013	中国房地产统计年鉴－2013	中国能源统计年鉴－2013
中国民政统计年鉴－2013	中国贸易外经统计年鉴－2013	2013 中国地区经济监测报告
中国科技统计年鉴－2013	中国农村统计年鉴－2013	中国农产品价格调查年鉴－2013
中国高技术产业统计年鉴－2013	中国教育经费统计年鉴－2013	中国农村贫困监测报告－2013
全国农产品成本收益资料汇编－2013	中国科学技术协会统计年鉴－2013	工业企业科技活动资料－2013
大中型批发零售和住宿餐饮企业统计年鉴－2013	中国住户调查年鉴－2013	中国价格统计年鉴－2013
第二次全国 R&D 资源清查资料汇编－工业企业卷	中国县域统计年鉴－2013	中国农村全面建设小康监测报告－2013
第二次全国 R&D 资源清查资料汇编－综合卷	中国人才资源统计报告－2011	中国零售和餐饮连锁企业统计年鉴－2013
	中国民族统计年鉴－2013	2010 年中国第六次人口普查公报

2013 年省级综合统计年鉴系列

北京　天津　河北　山西　内蒙古	辽宁　吉林　黑龙江　上海　江苏	浙江　安徽　福建　江西　山东
河南　湖北　湖南　广东　广西	海南　重庆　四川　贵州　云南	西藏　陕西　甘肃　青海　宁夏
		新疆　新疆生产建设兵团

2013 年市（县）级综合统计年鉴系列

天津滨海新区	石家庄　唐山　邯郸　太原　大同	长治　阳泉　晋城　朔州　晋中
运城　忻州　临汾　呼和浩特　鄂尔多斯	包头　通辽　沈阳　大连　长春　吉林市	四平　哈尔滨　黑龙江垦区
上海浦东新区　南京　苏州　无锡	常州　徐州　南通　盐城　镇江　淮安	宿迁　泰州　连云港　江阴　丹阳
杭州　宁波　绍兴　台州　温州	金华　嘉兴　衢州　舟山	福州　福州经济技术开发区
厦门经济特区　宁德　南昌　上饶	济南　青岛　潍坊　郑州　洛阳　南阳	三门峡　商丘　平顶山　武汉　宜昌
十堰　荆州　荆门　咸宁　长沙　广州	东莞　惠州　深圳　桂林　南宁　柳州	来宾　河池　海口　三亚　成都　绵阳
	贵阳　昆明　西安　兰州　庆阳	银川　乌鲁木齐

2010 年人口普查资料系列

中国 2010 年人口普查资料	北京　天津　河北　山西　内蒙古	辽宁　吉林　黑龙江　上海　江苏
浙江　安徽　福建　江西　山东	河南　湖北　湖南　广东　广西	海南　重庆　四川　贵州　云南
西藏　陕西　甘肃　青海　宁夏	新疆　新疆生产建设兵团	河南省各市 2010 年人口普查资料丛书
中国分县 2010 年人口普查资料	中国分乡镇、街道 2010 年人口普查资料	中国分民族 2010 年人口普查资料

"十一五"规划教材

统计学（"十二五"规划，黄良文）	抽样调查理论与实践（"十二五"规划，冯士雍）	
统计学（"十二五"规划，单微）	试验设计（"十二五"规划，茆诗松）	贝叶斯统计（"十二五"规划，茆诗松）
统计学：从数据到结论（十二五规划，吴喜之）		医学统计学（陆守曾）
非参数统计（吴喜之）	概率论与数理统计（茆诗松）	现代金融投资统计分析（李腊生）
多元统计分析（任雪松）	应用时间序列分析（王振龙）	统计指数理论及应用（徐国祥）
经济计量学教程（贺铿）	质量管理统计方法（茆诗松）	统计实验系列教材（许涤龙）
社会统计学（蒋萍）	市场调查与预测（蒋志华）	统计学原理（非统计专业用，朱胜）
国民经济核算教程（杨灿）	概率论与数理统计（经济、管理类专业使用，朱胜）	

重点图书

挑大学选专业 2013—高考志愿填报指南　　　挑大学选专业 2013—考研择校指南

中国统计出版社发行部电话：(010)63376907，63376908　　**同榍行书店电话：68783171，68783172**

通讯地址：北京市西城区三里河月坛南街 57 号　　**邮政编码：100826**

网　　址：http://csp.stats.gov.cn

改革创新 铸就辉煌

2012年，运城市统计系统在市委、市政府的正确领导和省统计局的具体指导下，深入贯彻落实科学发展观，紧紧围绕全市中心工作，攻坚克难，开拓创新，服务奉献，企业一套表顺利实施，统计改革建设不断深化，统计优质服务水平进一步提升，统计法制和基层基础建设取得较大进展，统计能力、统计数据质量和政府统计公信力得到新提高，各项工作迈上了新的台阶，为运城推进“两强”战略、转型跨越发展提供了有力的统计保障，受到了国家、省、市的表彰和奖励。

模范单位
中共运城市委
运城市人民政府
二〇一三年四月

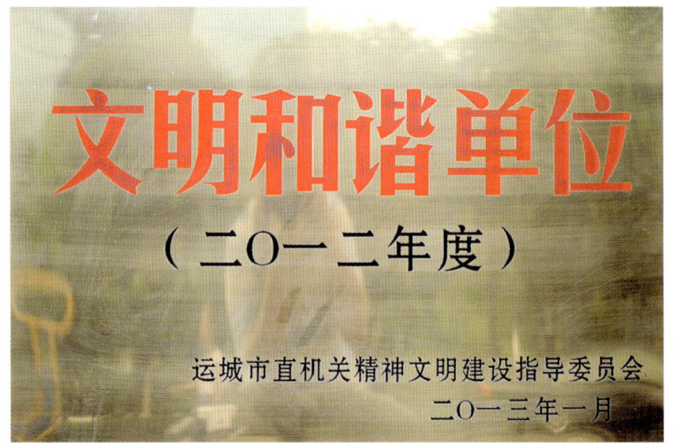
文明和谐单位
（二〇一二年度）
运城市直机关精神文明建设指导委员会
二〇一三年一月

五一劳动奖状
运城市劳动竞赛委员会

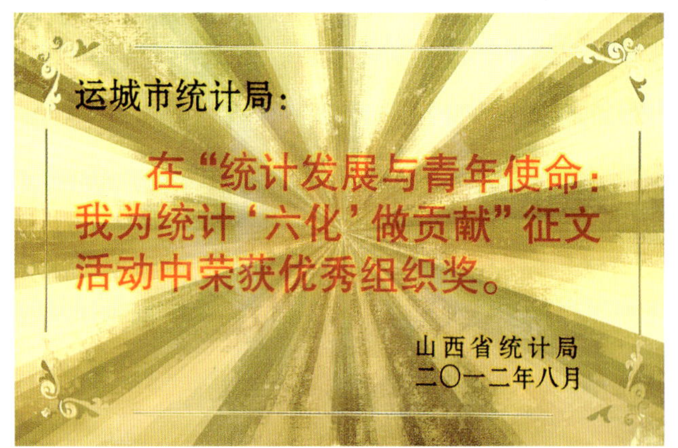
运城市统计局：
在"统计发展与青年使命：我为统计'六化'做贡献"征文活动中荣获优秀组织奖。
山西省统计局
二〇一二年八月

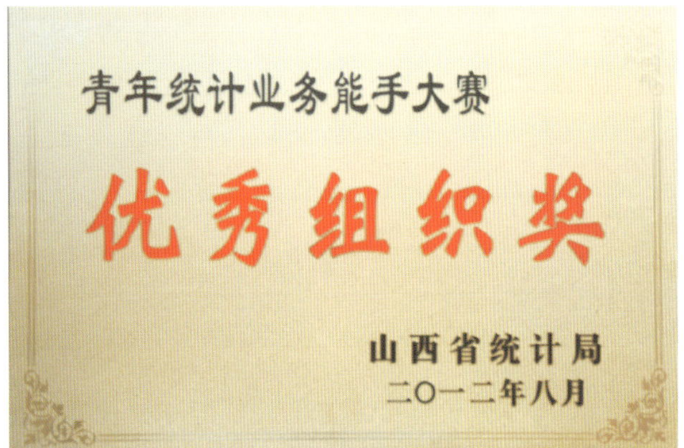
青年统计业务能手大赛
优秀组织奖
山西省统计局
二〇一二年八月

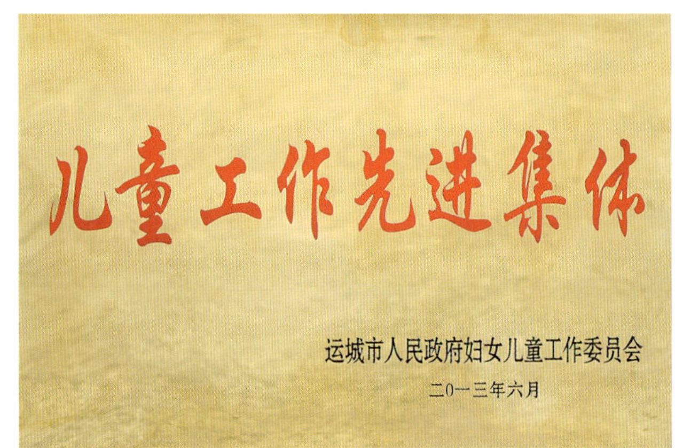
儿童工作先进集体
运城市人民政府妇女儿童工作委员会
二〇一三年六月

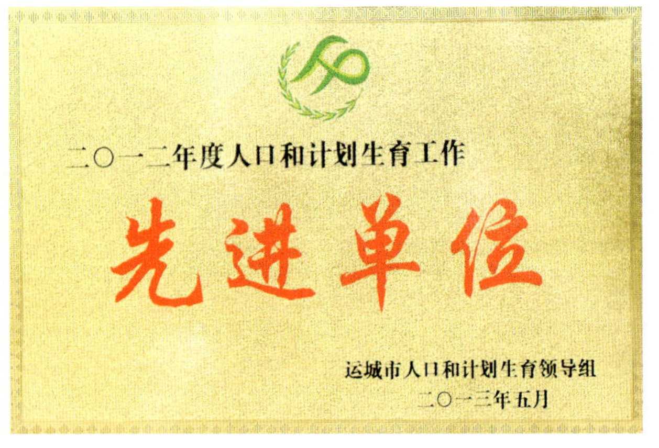
二〇一二年度人口和计划生育工作
先进单位
运城市人口和计划生育领导组
二〇一三年五月

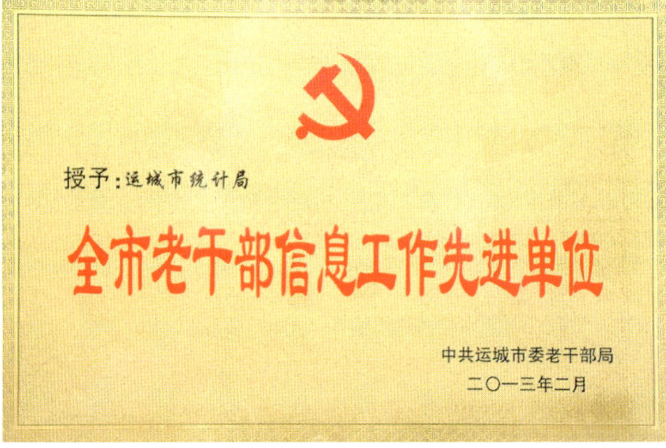
授予：运城市统计局
全市老干部信息工作先进单位
中共运城市委老干部局
二〇一三年二月

落实人口计生法定职责

先进单位

运城市人口计生领导组
二〇一二年元月

运城市“电力杯”节能知识竞赛

二等奖

运城市节约能源工作领导组
运城市经济和信息化委员会
二〇一二年六月

奖状

运城市统计局：

被评为2011--2012年度中国信息报统计宣传工作先进单位。

特颁此状，以资鼓励。

二〇一二年八月二十四日

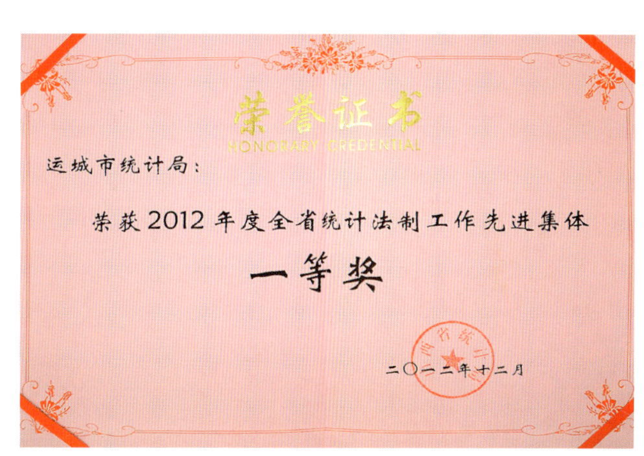
荣誉证书

HONORARY CREDENTIAL

运城市统计局：

荣获2012年度全省统计法制工作先进集体

一等奖

二〇一二年十二月

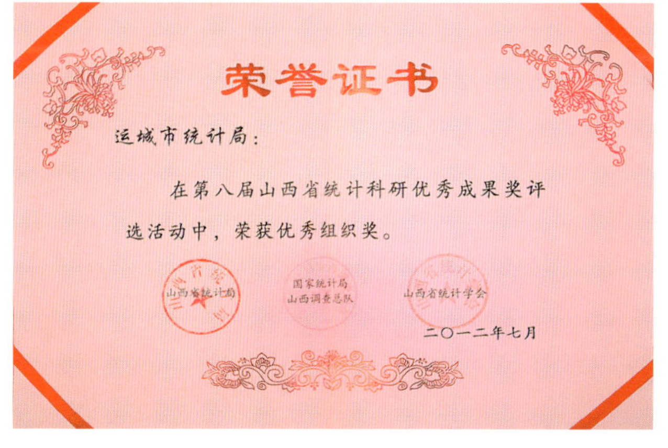
荣誉证书

运城市统计局：

在第八届山西省统计科研优秀成果奖评选活动中，荣获优秀组织奖。

二〇一二年七月

荣誉证书

运城市统计局：

在2012年统计代理机构调查工作中，成绩突出，被评为先进单位。

特发此证，以资鼓励。

二〇一二年十二月

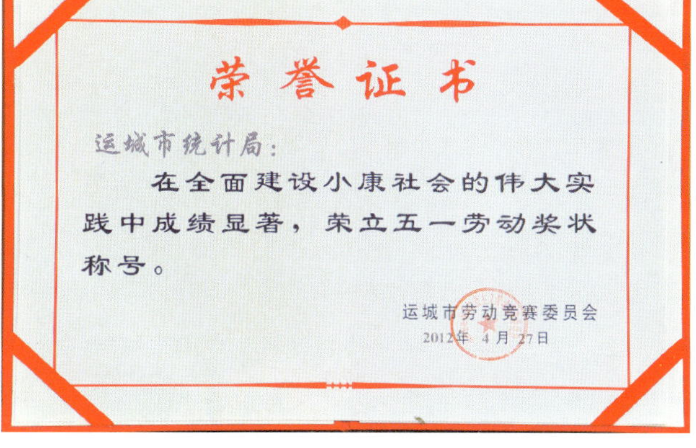
荣誉证书

运城市统计局：

在全面建设小康社会的伟大实践中成绩显著，荣立五一劳动奖状称号。

运城市劳动竞赛委员会
2012年4月27日

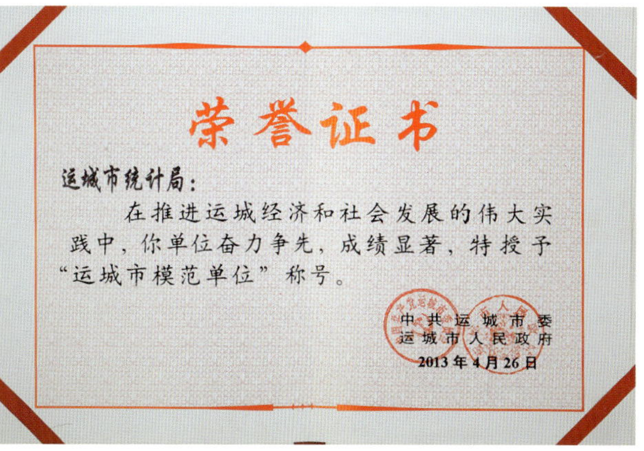
荣誉证书

运城市统计局：

在推进运城经济和社会发展的伟大实践中，你单位奋力争先，成绩显著，特授予“运城市模范单位”称号。

中共运城市委
运城市人民政府
2013年4月26日